Kommunalrecht
in Sachsen-Anhalt

Darstellung für Studium und Praxis

von
Prof. Dr. Thorsten Franz
Hochschule Harz, Halberstadt

2. Aufl., 2024

Bibliografische Information der Deutschen Nationalbibliothek: Die Deutsche Nationalbibliothek verzeichnet diese Publikation in der Deutschen Nationalbibliografie; detaillierte bibliografische Daten sind im Internet über dnb.dnb.de abrufbar.

© 2024 Prof. Dr. Thorsten Franz, HS Harz, Domplatz 18, 38820 Halberstadt
Verlag: BoD • Books on Demand GmbH, In de Tarpen 42, 22848 Norderstedt
Druck: Libri Plureos GmbH, Friedensallee 273, 22763 Hamburg
ISBN: 978-3-7597-1264-6

Kommunalrecht Sachsen-Anhalt

Gewidmet
zum Ruhestand
meinem Freund und ehemaligen Kollegen

Prof. Dr. Wolfgang Beck
Professur für Verwaltungsrecht, Schwerpunkt Kommunalrecht

Vorwort

Vor zwanzig Jahren erschien im NOMOS-Verlag das Kompendium „Kommunalrecht Sachsen-Anhalt". Seitdem erschien kein anderes Lehrbuch zum Kommunalrecht Sachsen-Anhalts, was zu bedauern ist. Zwar ist der Erwerb kommunalrechtlichen Wissens fraglos auch ohne Studienliteratur für das jeweilige Land möglich, jedoch ist der Weg zum Wissenserwerb ohne sie mühsamer und riskanter, denn die zahlreichen Besonderheiten des Landesrechts werden vernachlässigt.

Die vorliegende völlige Neubearbeitung der Erstauflage vermittelt einen systematisierenden Überblick über das in Sachsen-Anhalt geltende Kommunalrecht. Kommentierungen kommunalrechtlicher Gesetze kann das Buch nicht ersetzen. Es soll aber Antworten auf die häufigsten kommunalrechtlichen Fragen liefern. Es wendet sich nicht nur an diejenigen, die an den Hochschulen Sachsen-Anhalts das Kommunalrecht studieren, sondern auch an jene, die in Ausbildung, Beruf oder kommunalem Ehrenamt kommunalrechtliche Kenntnisse erwerben oder vertiefen wollen.

Nahezu alle Rechtssätze des Kommunalverfassungsgesetzes und besonders wichtige Rechtssätze angrenzender Gesetze werden wiedergegeben. Viele Rechtssätze wurden wörtlich übernommen, denn das KVG zeichnet sich dadurch aus, dass seine Aussagen meist in kurze, klare Rechtssätze gekleidet sind. Weniger wichtige und detailliertere Regelungen wurden in den Fußnoten aufgenommen. Im Interesse besserer Lesbarkeit wurde das generische Maskulinum verwendet. Die hier übernommenen regelmäßig Personen- und Funktionsbezeichnungen des KVG sind auf Amtsinhaberinnen in weiblicher Form anzuwenden (so auch die gesetzliche Vorgabe des § 159 KVG). Die Bearbeitung berücksichtigt die neue Rechtslage und die Rechtsprechung des Bundesverwaltungsgericht sowie der sachsen-anhaltischen Gerichte bis zum 1. Juli 2024. An diesem Tag traten aufgrund des Gesetzes zur Fortentwicklung des Kommunalverfassungsrechts vom 16. Mai 2024 zahlreiche Änderungen des KVG LSA, des GKG-LSA und des Eigenbetriebsgesetzes in Kraft.

Wie bereits im Vorwort zur Erstauflage beklagt, befindet sich die kommunale Selbstverwaltung in einer schwierigen, ja bedrohlichen Lage. Die Situation hat sich seit Erscheinen der Erstauflage sogar verschlechtert. Die unzureichende Finanzausstattung ist nach wie vor das kommunale Kernproblem, jedoch sind weitere Probleme hinzugekommen, etwa die abnehmende Bereitschaft zu ehrenamtlicher Tätigkeit. „Die Kommunen sind an einer Belastungs- bzw. Überlastungsgrenze angekommen. Die Handlungsfähigkeit des Staates steht auf dem Spiel. ... Unsere heutigen staatlichen Aufgaben bekommen wir mangels personeller und finanzieller Ressourcen kaum hin." (Lutz Goebel, Vorsitzender des Normenkontrollrates, Behörden Spiegel 2023/April, S. 6). Wenn die Finanz- und Verwaltungskraft der Kommunen nicht gestärkt werden kann, drohen auch Funktionsverluste des Rechts.

Thorsten Franz
im August 2024

Inhaltsübersicht

Inhaltsverzeichnis

A. Grundlagen des Kommunalrechts

Lit.: *Bull*, Kommunale Selbstverwaltung heute – Idee, Ideologie und Wirklichkeit, DVBl. 2008, 1 ff.; *Dietlein/Peters*, Kommunale Selbstverwaltung im Föderalstaat, 2017; *Gern/Brüning*, Deutsches Kommunalrecht, 5. Aufl., 2024 (angekündigt); *Henneke*, Die Kommunen im föderalen Schuldenstaat, VBlBW 2023, 265-275; *Kluth*, in: Wolff/Bachof/Stober/Kluth, Verwaltungsrecht II, § 96; *v. Kraack*, Kommunale Selbstverwaltung im Bundes- und Finanzstaat, NWVBl. 2023, 308 ff.; *Mann/Püttner*, Handbuch der kommunalen Wissenschaft und Praxis: Band 1: Grundlagen und Kommunalverfassung, 3. Aufl., 2007; *Preuß*, Die kommunale Selbstverwaltung in Deutschland: Selbstverwaltung im deutschen Rechtssystem: Analyse und historische Perspektiven, 2024

In diesem Kapitel werden die Begriffe Kommune und Kommunalrecht definiert, die Gesetzgebungskompetenzen für das Kommunalrecht behandelt und die Rechtsquellen des Kommunalrechts werden im Überblick genannt (I.). Sodann werden die kommunalen Gebietskörperschaften Gemeinde (II.), Verbandsgemeinde (III.) und Landkreis (IV.) im Hinblick auf ihre allgemeine Rechtsstellung beschrieben. Es folgt eine Beschreibung der Rechtsgrundlagen kommunaler Zusammenschlüsse (V.).

I. Begriffe, Gesetzgebungskompetenz, Rechtsquellen

1. Begriffe: Kommune und Kommunalrecht

1 Einen allgemeingültigen Begriff der **Kommune** gibt es nicht. Die Begriffsbedeutung ergibt sich aus dem jeweiligen Kontext der Begriffsverwendung. Nach dem engen Begriff der Landesverfassung Sachsen-Anhalts[1] sind Kommunen nur Gemeinden und Landkreise.[2] Hingegen sind Kommunen im Sinne des Kommunalverfassungsgesetzes des Landes Sachsen-Anhalt[3] (Kommunalverfassungsgesetz Sachsen-Anhalt – KVG LSA) die **Gemeinden, Verbandsgemeinden und Landkreise**.[4] Formen der Zusammenarbeit von Kommunen, wie etwa der Zweckverband, fallen nicht unter diese gesetzlichen Begriffe der Kommune.

2 Nach einem weiten kommunalwissenschaftlichen Begriffsverständnis sind Kommunen alle rechtsfähigen Selbstverwaltungskörperschaften unterhalb der Landesebene mit Ausnahme der Körperschaften der funktionalen Selbstverwaltung[5]. M.a.W. sind dies alle rechtsfähigen **Kommunalkörperschaften**[6] und damit insbesondere auch rechtsfähige Zusammenschlüsse zwischen Gemeinden, Verbandsgemeinden und Kreisen. Rechtsfähig sind sie, wenn sie Träger eigener Rechte und Pflichten sind. Derartige „Kommunalkörperschaften" sind alle im Kommunalrecht vorgesehe-

---

[1] Vgl. Art. 87 I LVerfLSA. Zum Zeitpunkt des Erlasses der Norm gab es in Sachsen-Anhalt noch keine Verbandsgemeinden. Dies führt zur (verfassungsrechtlichen) Frage, ob die Verbandsgemeinde zu den „Gemeinden" oder „Gemeindeverbänden" i.S.d. Art. 87 I VerfLSA zählt.

[2] Mitunter trifft man sogar ein noch engeres Begriffsverständnis an, das Kommunen mit Gemeinden gleichsetzt. Dieses (unsinnige) Verständnis liegt etwa § 78 I KVG zugrunde, wenn es dort heißt „Kommunen, die nicht Mitgliedsgemeinden von Verbandsgemeinden sind".

[3] Kommunalverfassungsgesetz des Landes Sachsen-Anhalt (Kommunalverfassungsgesetz - KVG LSA) vom 17. Juni 2014 (GVBl. LSA S. 288), zuletzt geändert durch Gesetz vom 5.4.2024 (GVBl. LSA S. 96).

[4] Vgl. § 1 I KVG LSA.

[5] Zur funktionalen Selbstverwaltung zählt man etwa die Selbstverwaltung durch berufsständische Kammern oder durch Hochschule und Rundfunkanstalten. Grundlegend hierzu *Kluth*, Funktionale Selbstverwaltung, 1997; *Kluth*, in: Wolff u.a., a.a.O., § 99.

[6] Der Begriff „kommunale Körperschaft" taucht im Landesrecht etwa in § 3 I GKG-LSA auf.

nen Körperschaften. Zu den Körperschaften auf kommunaler Ebene zählen neben den Gemeinden, Verbandsgemeinden und Kreisen insbesondere auch die (rechtsfähigen) Zweckverbände.[7] Unter einer „Körperschaft" wird hier eine Organisation verstanden, die durch Hoheitsakt geschaffen und mit bestimmten öffentlichen Aufgaben betraut wird, wobei ihr Spezifikum die mitgliedschaftliche Struktur ist.[8]

3   Mitglieder der Körperschaft sind im Fall der Gebietskörperschaften Gemeinde, Verbandsgemeinde und Landkreis deren **Bürger**.[9] Bürger einer Kommune sind die Einwohner, die Deutsche im Sinne des Art. 116 GG sind oder die Staatsangehörigkeit eines anderen EU-Mitgliedstaats besitzen, das 16. Lebensjahr vollendet haben und seit mindestens drei Monaten in dieser Kommune wohnen (§ 21 II 1 KVG[10]).[11] Mitglieder der Verbandskörperschaft Zweckverband[12] sind die im Verband zusammengeschlossenen Gemeinden (bzw. Kreise).[13] Auch die Verbandsgemeinde hat Elemente einer Verbandskörperschaft, jedoch gilt sie kraft gesetzgeberischer Festlegung als Gebietskörperschaft (§ 2 III 1 KVG).

4   Das **Kommunalrecht** ist das Recht der Kommunen. Dies sind alle Rechtssätze, die in spezifischer Weise für Kommunen gelten. Sie regeln insbesondere die Aufbau- und Ablauforganisation der Kommunen, die Wahl ihrer Organe, die Haushaltsführung, Wirtschaftstätigkeit und Abgabenerhebung von Kommunen, ihre Zusammenarbeit und die Aufsicht über sie.

5   Innerhalb des Kommunalrechts können **Teilrechtsgebiete** abgegrenzt werden. Dies sind insbesondere Kommunalwahlrecht, kommunales Wirtschaftsrecht, kommunales Haushaltsrecht, Kommunalabgabenrecht, Recht der kommunalen Zusammenarbeit und das Recht der Gebietsneugliederung.

2. Gesetzgebungskompetenz

6   Kommunalrecht wird nach Maßgabe der grundgesetzlichen Kompetenzordnung erlassen. Mangels einer **Gesetzgebungskompetenz** des Bundes ist die Gesetzgebung im Kommunalrecht dem Grundsatz nach Sache der Länder (Art. 70 I GG). Eine Ausnahme bildet die konkurrierende Gesetzgebungszuständigkeit des Bundes für die Statusrechte und -pflichten der Beamten der Gemeinden und anderer Körperschaften des öffentlichen Rechts (Art. 74 I Nr. 26 GG). Zudem hat der Bund in wenigen Fällen durch Bundesgesetz den Gemeinden Verwaltungsaufgaben übertragen.

Bsp.: Dies ist etwa in Bezug auf die Bauleitplanung der Fall (vgl. § 1 II BauGB).

---

[7] „..., d.h. neben den Gemeinden und Landkreisen die Kommunalverbände, Sonderverbände sowie die kommunalen Zweckverbände": *Schmidt-Aßmann*, in: ders., Besonderes Verwaltungsrecht, Kommunalrecht, Rn. 1.

[8] S. näher *Kluth*, in: Wolff/Bachof/Stober/Kluth, Verwaltungsrecht II, § 85.

[9] Vgl. BVerfG, Beschl. v. 24.7.1979 – 2 BvK 1/78 – BVerfGE 52, 95 (117f.). Die mitgliedschaftliche Stellung der Bürger kommt besonders deutlich im Begriff der Gemeindeversammlung (der stimmberechtigten Bürger) gem. Art. 28 I 3 GG zum Ausdruck, welche an Stelle der Volksvertretung entscheiden könnte.

[10] Nachfolgend wird statt der amtlichen Abkürzung „KVG LSA" die Abkürzung „KVG" gewählt, um die Textlesbarkeit zu erleichtern.

[11] Zum Begriff des Einwohners s. § 21 II 2 KVG: „Einwohner mehrerer Kommunen sind Bürger nur der Kommune, in der sie ihre Hauptwohnung haben."

[12] Zum Zweckverband s. Rn. 69 ff.

[13] Vgl. *Kluth*, a.a.O., Rn. 31 und 34.

7   Die **Steuergesetzgebungskompetenz** richtet sich nach Art. 105 GG. Im Hinblick auf die von den Gemeinden erhobenen Realsteuern Grund- und Gewerbesteuer liegt die Gesetzgebungskompetenz beim Bund. Auf dieser Grundlage wurden das GrdStG und das GewStG erlassen.

3. Rechtsquellen

8   Das Kommunalrecht gilt als Teilgebiet des besonderen Verwaltungsrechts. Die **Rechtsquellen** des Kommunalrechts sind vielgestaltig und finden sich im Europarecht, Bundesrecht, Landesrecht sowie im Ortsrecht. Unterscheidet man die Rechtsquellen ihrer Rechtsnatur nach können die Verordnungen und Richtlinien des Unionsrechts, Bundesgesetze und Bundesverordnungen, Landesgesetze und Landesverordnungen sowie Satzungen und sonstige Rechtsnormen des Ortsrechts unterschieden werden. Das Schwergewicht der Regelungen liegt bei den Landesgesetzen des Kommunalrechts.[14]

9   Das **Europarecht** spielt als Rechtsquelle des Kommunalrechts für die Verwaltungspraxis eine geringe Rolle.[15] Von einem europäischen Kommunalrecht als eigenständigem Rechtsgebiet kann keine Rede sein und es gelten nur sehr wenige Reglungen mit Kommunalbezug. Die vom Europarat beschlossene Europäische Charta der kommunalen Selbstverwaltung enthält völkerrechtlich verbindliche Grundprinzipien für die Konzeption der kommunalen Selbstverwaltung in den Mitgliedstaaten.[16] Sie gilt im deutschen Recht als einfaches Bundesgesetz. Ihr Regelungsgehalt reicht allerdings über den des Art. 28 II GG nicht hinaus.

10   Im Hinblick auf den Schutz der Kommunen vor einem Kompetenzverlust an die EU sind vor allem das Prinzip der begrenzten Einzelermächtigung (Art. 5 I, II EUV)[17] und das Subsidiaritätsprinzip (Art. 5 III EUV)[18] von Bedeutung. Das Subsidiaritätsprinzip bezieht auch die „lokale" Ebene mit ein.

11   Das Europarecht erkennt das im mitgliedschaftlichen Recht verbürgte „lokale" Selbstverwaltungsrecht an. So achtet die EU gem. Art. 4 II 1 EUV die EU die Gleichheit der Mitgliedstaaten vor den Verträgen und ihre jeweilige nationale Identität, die in ihren grundlegenden politischen und verfassungsmäßigen Strukturen einschließlich der regionalen und **lokalen Selbstverwaltung** zum Ausdruck komme. Auch im Hinblick auf die herkömmlich von Kommunen wahrgenommenen Zustän-

---

[14] S. hierzu die das Lehrbuch begleitende Textsammlung: *Franz*, Kommunalrecht Sachsen-Anhalt. Vorschriftensammlung, 2024.

[15] Anders: *Stirn*, Lokale und regionale Selbstverwaltung in Europa, 2013.

[16] BGBl. II 1987, 66; NVwZ 1988, 1111; hierzu *Knemeyer* (Hrsg.), Die Europäische Charta der kommunalen Selbstverwaltung, 1989; ders., DÖV 1988, 997 ff.

[17] Art. 5 I EUV „Für die Abgrenzung der Zuständigkeiten der Union gilt der Grundsatz der begrenzten Einzelermächtigung. Für die Ausübung der Zuständigkeiten der Union gelten die Grundsätze der Subsidiarität und der Verhältnismäßigkeit."; Art. 5 II EUV: „Nach dem Grundsatz der begrenzten Einzelermächtigung wird die Union nur innerhalb der Grenzen der Zuständigkeiten tätig, die die Mitgliedstaaten ihr in den Verträgen zur Verwirklichung der darin niedergelegten Ziele übertragen haben. Alle der Union nicht in den Verträgen übertragenen Zuständigkeiten verbleiben bei den Mitgliedstaaten."

[18] Art. 5 III EUV: „Nach dem Subsidiaritätsprinzip wird die Union in den Bereichen, die nicht in ihre ausschließliche Zuständigkeit fallen, nur tätig, sofern und soweit die Ziele der in Betracht gezogenen Maßnahmen von den Mitgliedstaaten weder auf zentraler noch auf regionaler oder lokaler Ebene ausreichend verwirklicht werden können, sondern vielmehr wegen ihres Umfangs oder ihrer Wirkungen auf Unionsebene besser zu verwirklichen sind.

Die Organe der Union wenden das Subsidiaritätsprinzip nach dem Protokoll über die Anwendung der Grundsätze der Subsidiarität und der Verhältnismäßigkeit an. Die nationalen Parlamente achten auf die Einhaltung des Subsidiaritätsprinzips nach dem in jenem Protokoll vorgesehenen Verfahren."

digkeiten gilt, dass die EU bei der Ausübung ihrer Zuständigkeiten die Grundsätze der **Subsidiarität** und der Verhältnismäßigkeit zu beachten hat (Art. 5 I 2 EUV). Gem. Art. 5 III 1 EUV wird die Union nach dem Subsidiaritätsprinzip in den Bereichen, die nicht in ihre ausschließliche Zuständigkeit fallen, nur tätig, sofern und soweit die Ziele der in Betracht gezogenen Maßnahmen von den Mitgliedstaaten weder auf zentraler noch auf regionaler oder lokaler Ebene ausreichend verwirklicht werden können, sondern vielmehr wegen ihres Umfangs oder ihrer Wirkungen auf Unionsebene besser zu verwirklichen sind. Die Organe der Union wenden das Subsidiaritätsprinzip nach dem Protokoll über die Anwendung der Grundsätze der Subsidiarität und der Verhältnismäßigkeit an (Art. 5 III 2 EUV). Die nationalen Parlamente, für Deutschland der Bundestag, achten auf die Einhaltung des Subsidiaritätsprinzips nach dem in jenem Protokoll vorgesehenen Verfahren (Art. 5 III 3 EUV). Über den sog. Europaartikel des Grundgesetzes (Art. 23 I 1 GG) wirkt das Subsidiaritätsprinzip zumindest normativ auf das Verhältnis zwischen Staat und Kommunen ein, insofern der Bund die Aufgabe hat, die Kommunen vor Rechtsakten der Union zu schützen, die das Subsidiaritätsprinzip zu deren Nachteil verletzen.[19] Einfachgesetzlich verpflichtet § 10 des Gesetzes über die Zusammenarbeit des Bundes und der Länder in Angelegenheiten der Europäischen Union[20] Bund und Länder, das Selbstverwaltungsrecht der Gemeinden und der Gemeindeverbände auch gegenüber der EU zu wahren und zu schützen.

12 Auch der (durch den Lissaboner Vertrag gestärkte) **Ausschuss der Regionen** kann Eingriffe in das Selbstverwaltungsrecht, die gegen das Subsidiaritätsprinzip verstoßen, abwehren.[21] Er kann wegen Verstößen gegen die Pflicht zu seiner Beteiligung gem. Art. 263 AEUV Klage erheben und die Verletzung des Subsidiaritätsprinzips gem. Art. 8 des Protokolls zum Subsidiaritätsprinzip rügen.

13 Als „EU-Kommunalrecht" könnte man die Regelung über das Kommunalwahlrecht für Unionsbürger bezeichnen, wonach diesen das aktive und passive Kommunalwahlrecht zusteht (Art. 22 I AEUV).[22]

---

[19] Vgl. Art. 23 GG: „(1) Zur Verwirklichung eines vereinten Europas wirkt die Bundesrepublik Deutschland bei der Entwicklung der Europäischen Union mit, die demokratischen, rechtsstaatlichen, sozialen und föderativen Grundsätzen und dem Grundsatz der Subsidiarität verpflichtet ist und einen diesem Grundgesetz im wesentlichen vergleichbaren Grundrechtsschutz gewährleistet. (...). (1a) Der Bundestag und der Bundesrat haben das Recht, wegen Verstoßes eines Gesetzgebungsakts der Europäischen Union gegen das Subsidiaritätsprinzip vor dem Gerichtshof der Europäischen Union Klage zu erheben. Der Bundestag ist hierzu auf Antrag eines Viertels seiner Mitglieder verpflichtet. Durch Gesetz, das der Zustimmung des Bundesrates bedarf, können für die Wahrnehmung der Rechte, die dem Bundestag und dem Bundesrat in den vertraglichen Grundlagen der Europäischen Union eingeräumt sind, Ausnahmen von Artikel 42 Abs. 2 Satz 1 und Artikel 52 Abs. 3 Satz 1 zugelassen werden." S.a. *Hübner*, Normative Auswirkungen des Grundsatzes der Subsidiarität gemäß Artikel 23 Absatz 1 Satz 1 GG auf die Verfassungsposition der Kommunen, 2000; *Möller*, Subsidiaritätsprinzip und kommunale Selbstverwaltung, 2009.

[20] Gesetz vom 12.3.1993 (BGBl. I S. 313), zuletzt geändert durch Gesetz vom 22.9.2009 (BGBl. I S. 3031).

[21] Zum Ausschuss der Regionen vgl. Art. 300 AEUV (1) Das Europäische Parlament, der Rat und die Kommission werden von einem Wirtschafts- und Sozialausschuss sowie einem Ausschuss der Regionen unterstützt, die beratende Aufgaben wahrnehmen. (3) Der Ausschuss der Regionen setzt sich zusammen aus Vertretern der regionalen und lokalen Gebietskörperschaften, die entweder ein auf Wahlen beruhendes Mandat in einer regionalen oder lokalen Gebietskörperschaft innehaben oder gegenüber einer gewählten Versammlung politisch verantwortlich sind. (4) Die Mitglieder des Wirtschafts- und Sozialausschusses und des Ausschusses der Regionen sind an keine Weisungen gebunden. Sie üben ihre Tätigkeit in voller Unabhängigkeit zum allgemeinen Wohl der Union aus."

[22] Art. 22 I EUV: „Jeder Unionsbürger mit Wohnsitz in einem Mitgliedstaat, dessen Staatsangehörigkeit er nicht besitzt, hat in dem Mitgliedstaat, in dem er seinen Wohnsitz hat, das aktive und passive Wahlrecht bei Kommunalwahlen, wobei für ihn dieselben Bedingungen gelten wie für die Angehörigen des betreffenden Mitgliedstaats. Dieses Recht wird vorbehaltlich der Einzelheiten ausgeübt, die vom Rat einstimmig gemäß einem besonderen Gesetzgebungsverfahren und nach Anhörung des Europäischen Parla-

A. Kommunen und Kommunalrecht

Die Kommunen müssen wie andere Hoheitsträger die grundsätzliche Geltung der Wettbewerbsregeln des Unionsrechts für ihre Unternehmen (Art. 101 ff. AEUV) sowie das grundsätzliche Beihilfeverbot (Art. 107 I AEUV) beachten (vgl. auch Art. 106 I AEUV). Für kommunale Unternehmen, die mit Dienstleistungen von allgemeinem wirtschaftlichem Interesse betraut sind oder den Charakter eines Finanzmonopols haben, gelten die Vorschriften der Verträge, insbesondere die Wettbewerbsregeln, soweit die Anwendung dieser Vorschriften nicht die Erfüllung der ihnen übertragenen besonderen Aufgabe rechtlich oder tatsächlich verhindert (Art. 106 II 1 AEUV). Bedeutung für Kommunen können auch europarechtliche Regelungen erlangen, die das kommunale Selbstverwaltungsrecht mittelbar beschränken, wie z.B. die Regelungen über die Vergabe öffentlicher Aufträge oder solche, die mitunter die Bauleitplanung betreffen.

Bsp.: Pflicht zur Verträglichkeitsprüfung nach der FFH-Richtlinie bzw. deren Umsetzung im nationalen Recht (§ 34 I BNatSchG)

14 Angesichts der Ländergesetzgebungskompetenz für das Kommunalrecht finden sich im Wesentlichen nur solche Regelungen des **Bundesrechts**, welche die allgemeine Stellung der Kommunen im Staatsaufbau regeln. Dies sind neben der für die Länder allgemein geltenden Bindung an republikanische, demokratische, soziale und rechtsstaatliche Grundsätze (Art. 28 I 1 GG) vor allem die Regelung über die demokratische Binnenstruktur der Gemeinden und Kreise (Art. 28 I 2 GG), die Rechtsgrundlage der kommunalen Selbstverwaltungsgarantie (Art. 28 II GG), die kommunale Verfassungsbeschwerde (Art. 93 Nr. 4b GG) und die Grundgesetzartikel über die kommunale Finanzausstattung (Art. 28 II 2, 106 V-VIII GG). Auf den Europaartikel Art. 23 GG und § 10 des Gesetzes über die Zusammenarbeit des Bundes und der Länder in Angelegenheiten der Europäischen Union wurde bereits hingewiesen.

15 Die meisten Regelungen des Kommunalrechts sind solche des **Landesrechts**. Die Landesverfassungen gewährleisten die kommunale Selbstverwaltung[23] und regelmäßig auch deren Schutz durch die kommunale Verfassungsbeschwerde. Die Universalität (Allzuständigkeit) des kommunalen Wirkungskreises wird zwar regelmäßig gewährleistet, jedoch ist die jederzeitige Hochzonung von Aufgaben und die Übertragung von staatlichen Aufgaben auf die Kommunen grundsätzlich zulässig (vgl. Art. 87 III VerfLSA).[24] Der institutionelle Bestand der Gemeinde darf hierdurch aber nicht ausgehöhlt werden.[25] Die Selbstverwaltung steht zudem unter Staatsaufsicht.[26] Die meisten Landesverfassungen enthalten zudem Finanzgarantien der Kommunen, wie etwa die Verpflichtung zu einer angemessenen Finanzausstattung der Kommunen und sehen ein eigenes Steuer- und Abgabenrecht der Kommunen vor.

---

ments festgelegt werden; in diesen können Ausnahmeregelungen vorgesehen werden, wenn dies aufgrund besonderer Probleme eines Mitgliedstaats gerechtfertigt ist." S. *Olsen-Ring/Ring*, Das passive Wahlrecht von EU-Bürgern bei deutschen Kommunalwahlen am Beispiel eines dänischen Wahlbewerbers, NJ 2024, 213-215.

[23] Vgl. Art. 87 I VerfLSA.

[24] LVerfG LSA, Urt. v. 20.10.2015 – LVG 2/14 – juris Ls Nr. 3 (Rn. 127): "Der Gesetzgeber darf jederzeit aus Zweckmäßigkeitsgründen Aufgaben von den Gemeinden auf die Landkreise verlagern (sofern der institutionelle Bestand der Gemeinden nicht ausgehöhlt wird).

[25] LVerfG LSA, Urt. v. 20.10.2015 a.a.O.

[26] Vgl. Art. 87 IV LVerfLSA.

16　Zentrale Gesetzeswerke des deutschen Kommunalrechts sind die Kommunalordnungen (Gemeinde- und Landkreisordnungen) bzw. **Kommunalverfassungsgesetze** der Bundesländer. Sie stellen die wichtigsten Rechtsquellen des Kommunalrechts dar und sind gleichsam Zentral- oder Basisgesetze des Kommunalrechts. Die zentrale Stellung eines Kommunalverfassungsgesetzes (bzw. einer Kommunalordnung) drückt sich darin aus, dass andere Kommunalgesetze (im weiten Sinn) auf sie Bezug nehmen bzw. diese Regelungen voraussetzen. Die Kommunalverfassungsgesetze regeln Wesen und Aufgabe der Gemeinde, ihre innere Verfassung und Verwaltung im Hinblick auf Organe, Bedienstete und besondere Verwaltungsformen, die Kommunalwirtschaft, d.h. insbesondere Haushalt und wirtschaftliche Betätigung sowie die Staatsaufsicht über die Kommunen. In manchen Bundesländern heißt das Kommunalverfassungsgesetz Kommunalordnung oder die Länder verfügen über eine Gemeindeordnung und eine Landkreisordnung. Auch Sachsen-Anhalt verfügte neben einer Gemeindeordnung[27] über eine Landkreisordnung. Die Regelungen sind außer Kraft getreten und gelten nur noch für den Sonderfall, dass eine Gemeinde ihre Geschäftsvorfälle noch nach dem System der Kameralistik bewirtschaftet (§ 156 II KVG).

17　Für Sachsen-Anhalt gilt das **Kommunalverfassungsgesetz des Landes Sachsen-Anhalt**[28], das der Sache nach eine Gemeindeordnung, eine Verbandsgemeindeordnung und eine Landkreisordnung umfasst. Das Kommunalverfassungsgesetz ist vielfach geändert worden.[29] Es ist gleichsam das „Grundgesetz des Kommunalrechts" des Landes. Die letzten Änderungen erfolgten durch das Gesetz zur Fortentwicklung des Kommunalverfassungsrechts vom 16. Mai 2024.[30] Das Kommunalverfassungsgesetz wird im Folgenden im Interesse der Platzersparnis anstelle der amtlichen Kurzbezeichnung („KVG LSA") in diesem Buch mit „KVG" abgekürzt.[31]

18　Neben dem KVG gelten zahlreiche weitere landesrechtliche Vorschriften des Kommunalrechts, die im Folgenden sachgebietsbezogen aufgelistet sind. Bei diesen Vorschriften handelt es sich um weitere Gesetze im formellen Sinn als auch um Rechtsverordnungen auf Grundlage von Parlamentsgesetzen. Die Rechtsverordnungen werden im Regelfall vom zuständigen Innenministerium erlassen.

---

[27] Gemeindeordnung für das Land Sachsen-Anhalt in der Fassung vom 10.8.2009 (GVBl. LSA S. 383), zuletzt geändert durch Artikel 1 des Gesetzes vom 18. Oktober 2013 (GVBl. LSA S. 498).

[28] Kommunalverfassungsgesetz des Landes Sachsen-Anhalt (Kommunalverfassungsgesetz - KVG LSA) vom 17. Juni 2014 (GVBl. LSA S. 288), zuletzt geändert durch Gesetz vom 5. April 2024 (GVBl. LSA S. 96).

[29] Änderungen des KVG durch 1. §§ 61 und 69 geändert durch Artikel 14 Absatz 5 des Gesetzes vom 13. Juni 2018 (GVBl. LSA S. 72, 116), 2. mehrfach geändert, § 80 neu gefasst durch Artikel 1 des Gesetzes vom 22. Juni 2018 (GVBl. LSA S. 166) - Artikel 11 Absatz 3 des Gesetzes vom 22. Juni 2018 (GVBl. LSA S. 166, 181) geändert durch Artikel 2 des Gesetzes vom 4. April 2022 (GVBl. LSA S. 78, 80), 3. § 23 geändert durch Gesetz vom 5. April 2019 (GVBl. LSA S. 66), 4. § 145 geändert durch Artikel 2 des Gesetzes vom 7. Juli 2020 (GVBl. LSA S. 372), 5. mehrfach geändert durch Artikel 1 des Gesetzes vom 2. November 2020 (GVBl. LSA S. 630), 5. § 99 geändert durch Artikel 2 des Gesetzes vom 15. Dezember 2020 (GVBl. LSA S. 712, 713), 6. Inhaltsübersicht und § 56a geändert durch Gesetz vom 19. März 2021 (GVBl. LSA S. 100), 7. §§ 100 und 103 geändert durch Gesetz vom 7. Juni 2022 (GVBl. LSA S. 130), 8. §§ 38, 42, 63 und 156 geändert durch Artikel 2 des Gesetzes vom 21. April 2023 (GVBl. LSA S. 209), 9. Inhaltsübersicht und § 129 geändert sowie § 76a neu eingefügt durch Artikel 1 des Gesetzes vom 5. April 2024 (GVBl. LSA S. 96).

[30] GVBl. LSA S. 128.

[31] Für die übrigen Kommunalgesetze wird, soweit vorhanden, die amtliche Abkürzung verwendet.

19 *Kommunalwahlrecht:* Kommunalwahlgesetz für das Land Sachsen-Anhalt (KWG LSA)[32]; Kommunalwahlordnung für das Land Sachsen-Anhalt (KWO LSA)[33]; Kommunalwahlgeräte-Verordnung (KWGer-VO)[34]

20 *Kommunale Gemeinschaftsarbeit:* Gesetz über kommunale Gemeinschaftsarbeit (GKG-LSA)[35]

21 *Kommunalwirtschaft/Daseinsvorsorge:* Gesetz über die kommunalen Eigenbetriebe (Eigenbetriebsgesetz – EigBG)[36]; Verordnung über die Wirtschaftsführung und das Rechnungswesen der Eigenbetriebe (Eigenbetriebsverordnung - EigBVO)[37]; Gesetz über die kommunalen Anstalten des öffentlichen Rechts (Anstaltsgesetz - AnstG)[38]; Verordnung über die kommunalen Anstalten des öffentlichen Rechts (Anstaltsverordnung - AnstVO)[39]

22 *Kommunales Haushaltsrecht und sonstiges Finanzwesen:* Verordnung über die Aufstellung und Ausführung des Haushaltsplanes der Gemeinden, Landkreise und Verbandsgemeinden im Land Sachsen-Anhalt nach den Grundsätzen der doppelten Buchführung (Kommunalhaushaltsverordnung - KomHVO)[40]; Verordnung über die Kassen- und Buchführung der Kommunen im Land Sachsen-Anhalt nach den Grundsätzen der doppelten Buchführung (Kommunalkassen- und Buchführungsverordnung - KomKBVO)[41]; Gesetz zur Einführung des Neuen Kommunalen Haushalts- und Rechnungswesens für die Kommunen des Landes Sachsen-Anhalt[42]; Verordnung über die Erhebung kommunaler Haushaltseckdaten im Rahmen des Haushaltskennzahlensystems in Sachsen-Anhalt (Verordnung Kommunales Haushaltskennzahlensystem - KomHKSVO)[43]; Kommunalbesoldungsverordnung (KomBesVO)[44]; Verordnung über die Entschädigung bei ehrenamtlicher Tätigkeit in den Kommunen (Kommunal-Entschädigungsverordnung - KomEVO)[45]; Kommunalabgabengesetz (KAG-LSA)[46]; Verordnung über die monatlichen Zuweisungen an die Gemeinden und Verbandsgemeinden im Land Sachsen-Anhalt nach dem Kinderförderungsgesetz für das Jahr 2022[47]

23 *Gebietsneugliederung:* Gesetz über die Grundsätze der Neugliederung der Gemeinden im Land Sachsen-Anhalt (Gemeindeneugliederungs-Grundsätzegesetz - GemNeuglGrG)[48]; Gesetz zur Kreis-

---

[32] Gesetz vom 27.2.2004 (GVBl. LSA S. 92), zuletzt geändert durch Gesetz vom 25.10.2023 (GVBL. LSA S. 590)..

[33] Verordnung vom 24.2.1994 (GVBl. LSA S. 338, 435), zuletzt geändert durch Verordnung vom 23.9.2023 (GVBl. LSA S. 501).

[34] Verordnung vom 30.4.2001 (GVBl. LSA S. 148), zuletzt geändert durch VO vom 16.3.2004 (GVBl. LSA S. 204).

[35] Gesetz vom 26.2.1998 (GVBl. LSA S. 81), geändert durch G. v. 16.5.2024 (GVBl. LSA S. 128).

[36] Gesetz vom 24.3.1997 (GVBl. LSA S. 446), zuletzt geändert durch Gesetz vom 16.5.2024 (GVBl. LSA S. 128).

[37] Verordnung vom 25.5.2012 (GVBl. LSA S. 160).

[38] Gesetz vom 3.4.2001 (GVBl. LSA S. 136), zuletzt geänd. durch G. v. 5.4.2024 (GVBl. LSA S. 96) und G. v. 16.5.2024 (GVBl. LSA S. 128).

[39] Verordnung vom 14.1.2004 (GVBl. LSA S. 38).

[40] Verordnung vom 16.12.2015 (GVBl. LSA S. 636), geändert durch Verordnung vom 12.12.2016 (GVBl. LSA S. 380).

[41] Verordnung vom 25.3.2021 (GVBl. LSA S. 133).

[42] Gesetz vom 22.3.2006 (GVBl. LSA S. 128), zuletzt geändert durch Gesetz vom 26.5.2009 (GVBl. LSA S. 238, 255).

[43] Verordnung vom 12.2.2020 (GVBl. LSA S. 14), zuletzt geändert durch VO vom 29.6.2021 (GVBl. LSA S. 365).

[44] Verordnung vom 13.6.2022 (GVBl. LSA S. 131).

[45] Verordnung vom 29.5.2019 (GVBl. LSA S. 116), zuletzt geändert durch Verordnung vom 12.6.2024 (GVBl. LSA S. 165).

[46] Gesetz in der Fassung der Bekanntmachung vom 13.12.1996 (GVBl. LSA S. 405), zuletzt geändert durch Gesetz vom 15.12.2020 (GVBl. LSA S. 712).

[47] Verordnung vom 5.1.2022 (GVBl. LSA S. 4).

[48] Gesetz vom 14.2.2008 (GVBl. LSA S. 40), zuletzt geändert durch Gesetz vom 26.5.2009 (GVBl. LSA S. 255).

gebietsreform[49]; Gesetz zur Kreisgebietsneuregelung (LKGebNRG)[50]; Verordnung zur Gemeindegebietsreform[51]; Verordnung über die Zuordnung von Gemeinden zu Verwaltungsgemeinschaften[52]; Gesetz zur Ausführung der Gemeindegebietsreform (GebRefAusfG)[53]; Gesetz zur Fortentwicklung der Verwaltungsgemeinschaften und zur Stärkung der kommunalen Verwaltungstätigkeit[54]

24   *Zuständigkeiten*: Allgemeine Zuständigkeitsverordnung für die Gemeinden und Landkreise zur Ausführung von Bundesrecht (AllgZustVO-Kom)[55]

25   *Sonstige:* Gesetz zu den Staatsverträgen des Landes Sachsen-Anhalt mit den Ländern Brandenburg und Niedersachsen und den Freistaaten Sachsen und Thüringen über grenzüberschreitende kommunale Zusammenarbeit[56]; Verordnung über die Festsetzung von Stellenobergrenzen (Stellenobergrenzenverordnung - StOGVO)[57]; Gesetz über den kommunalen Versorgungsverband Sachsen-Anhalt (KVSA)[58]

26   Zahlreiche **Fachgesetze** enthalten Aufgabenzuweisungen bzw. -übertragungen auf Kommunen.

   Bsp.: Übertragung staatlicher Aufgaben auf die Landkreise und kreisfreien Städte als untere Bauaufsichtsbehörden (vgl. § 56 I Nr. 1, § 57 I BauO LSA)

   Neben den oben aufgelisteten kommunalrechtlichen Verordnungen, die den Kommunen Aufgaben übertragen, existieren fachgesetzliche Verordnungen, die den Kommunen Aufgaben zuweisen.

27   Originäres Recht der Kommunen stellen die von ihnen erlassenen **Satzungen** dar. Auf die Rechtsgrundlagen der kommunalen Satzungen wird noch einzugehen sein. In Satzungsform können auch Geschäftsordnungen ergehen. Diese sind aber meist Innenrechtsakte ohne Satzungscharakter bzw. Rechtsnormen eigener Art.

28   Nicht zu den Rechtsquellen zählt man gemeinhin für Kommunen geltende **Verwaltungsvorschriften**. Im Rahmen ihrer Organisationshoheit kann jeder kommunale Verwaltungsträger für seine Selbstverwaltungsangelegenheiten Verwaltungsinnenrecht in Gestalt von Verwaltungsvorschriften erlassen (Organisations- und Dienstvorschriften, etwa Geschäftsverteilungspläne und Dienstkleidungsordnungen, gesetzesauslegende bzw. norminterpretierende, normkonkretisierende und ermessenslenkende Verwaltungsvorschriften). Für Angelegenheiten des übertragenen Wirkungskreises (Fachaufsicht!) ergehen Verwaltungsvorschriften der übergeordneten Behörden.

   Bsp.: Verwaltungsvorschrift des Landes Sachsen-Anhalt für das Personenstandswesen[59]

---

[49] Gesetz vom 13.7.1993 (GVBl. LSA S. 352), zuletzt geändert durch Gesetz vom 11.11.2005 (GVBl. LSA S. 692).

[50] Gesetz vom 11.11.2005 (GVBl. LSA S. 692), zuletzt geändert durch Gesetz vom 19.12.2006 (GVBl. LSA S. 544).

[51] Verordnung vom 8.10.1993 (GVBl. LSA S. 646), zuletzt geändert durch Gesetz vom 19.2.2002 (GVBl. LSA S. 130, 137).

[52] Verordnung vom 23.3.1994 (GVBl. LSA S. 495), geändert durch Verordnung vom 20.7.1994 (GVBl. LSA S. 899).

[53] Gesetz vom 8.7.2010 (GVBl. LSA S. 406) (verkündet als Art. 1 des Zweiten Begleitgesetzes zur Gemeindegebietsreform vom 8.7.2010 (GVBl. LSA S. 406).

[54] Gesetz vom 13.11.2003 (GVBl. LSA S. 318), zuletzt geändert durch Gesetz vom 25.2.2016 (GVBl. LSA S. 76).

[55] Verordnung vom 7.5.1994 (GVBl. LSA S. 568), zuletzt geändert durch § 8 des Gesetzes vom 12.5.2021 (GVBl. LSA S. 284, 285).

[56] Gesetz vom 18.7.1997 (GVBl. LSA S. 704), zuletzt geändert durch G. v. 19.3.2002 (GVBl. LSA S. 130, 137).

[57] Verordnung vom 15.12.2006 (GVBl. LSA S. 550), zuletzt geändert durch Verordnung vom 25.11.2014 (GVBl. LSA S. 456, 466).

[58] Gesetz vom 15.11.1991 (GVBl. LSA S. 434), zuletzt geändert durch Gesetz v. 5.4.2024 (GVBl. LSA S. 96).

[59] Verwaltungsvorschrift des Landes Sachsen-Anhalt zur Ausführung des Personenstandsgesetzes (VwV-LSA-PStG) v. 21.12.2010 – 42.21-11103/2-2 – (MBl. LSA 2011, S. 12), geändert durch Erlass vom 14.7.2020 (MBl. LSA S. 297).

II. Gemeinden

29 Die Gemeinden zählen zur „vollziehenden Gewalt" im Sinne des Grundgesetzes (Art. 20 II GG).[60] Sie sind Verwaltungsträger und auch Träger von Selbstverwaltung. Als Verwaltungsträger sind sie Teil der öffentlichen Verwaltung im Land Sachsen-Anhalt im Sinne der Landesverfassung (Art. 86 I VerfLSA)[61]. Ihrer Rechtsnatur nach sind die Gemeinden **Körperschaften des öffentlichen Rechts**,[62] d.h. mitgliedschaftlich organisierte Verwaltungsträger des öffentlichen Rechts, die aufgrund gesetzlicher Übertragung öffentliche Aufgaben wahrnehmen. Da den Gemeinden Gebietshoheit zusteht, zählen sie zu den **Gebietskörperschaften**. Dies stellt der Landesgesetzgeber auch ausdrücklich fest (§ 2 I KVG[63]).[64] Anders als bei sonstigen Körperschaften knüpft die Mitgliedschaft bei der Gebietskörperschaft an geografische Merkmale an. Das Gebiet der Gemeinde bilden die Grundstücke, die nach geltendem Recht zu ihr gehören (§ 16 I 1 KVG).[65] Zum Gemeindegebiet gehören alle im Verwaltungsgebiet gelegenen Grundstücke mit Ausnahme der sog. gemeindefreien Grundstücke. Ein idealtypischer Zuschnitt des Gemeindegebietes wahrt die örtliche Verbundenheit, sichert aber zugleich auch die Leistungsfähigkeit zur Aufgabenerfüllung.[66] Dies bedingt eine Mindestgröße und hierauf aufbauende Verwaltungskraft der Gemeinde, die es ihr erlaubt, die typischerweise von Gemeinden zu verwaltenden Angelegenheiten *aus eigener Kraft* wahrzunehmen. Da sich die Bevölkerungsdichten ändern, wurden und werden in den Bundesländern, so auch in Sachsen-Anhalt, Gemeindegebietsreformen durchgeführt. In Sachsen-Anhalt haben sie bisher im Wesentlichen dazu gedient, die Zahl nicht ausreichend verwaltungs- und finanzkräftiger Gemeinden zu verringern.[67]

30 Eine gesetzliche **Mindesteinwohnerzahl**[68] einer Gemeinde ist nicht vorgesehen. Sinkt die Einwohnerzahl einer Gemeinde aber derart ab, dass sie keine dauerhafte Leistungsfähigkeit zur selbständigen Erfüllung ihrer gesetzlichen Aufgaben mehr hat, kann die Gemeinde aufgelöst, in ihren Grenzen geändert oder neu gebildet werden,[69] sofern es nicht zu einer freiwilligen (vertraglichen) Gebietsänderung kommt.[70]

---

[60] Diese Zuordnung ist indes umstritten. S. u. Rn. 41.

[61] Vgl.: „Artikel 86 Öffentliche Verwaltung (1) Die öffentliche Verwaltung wird durch die Landesregierung, die ihr nachgeordneten Behörden und durch die Träger der Selbstverwaltung ausgeübt. (2) Der allgemeine Aufbau der öffentlichen Verwaltung und ihre räumliche Gliederung werden durch Gesetz geregelt."

[62] Dies folgt für Sachsen-Anhalt aus § 2 I KVG: „Gebietskörperschaften".

[63] Amtliche Abkürzung: KVG LSA. Hier aus Gründen der besseren Textlesbarkeit und Platzersparnis nur „KVG".

[64] Vgl. § 2 II 1 KVG LSA.

[65] Das Gebiet der Gemeinde soll so bemessen sein, dass die örtliche Verbundenheit der Einwohner gewahrt und die Leistungsfähigkeit der Gemeinde zur Erfüllung ihrer Aufgaben gesichert ist (§ 16 II KVG). Über Grenzstreitigkeiten entscheidet die Kommunalaufsichtsbehörde (§ 16 I 4 KVG).

[66] Vgl. § 16 II KVG.

[67] Es ist aber durchaus möglich, dass aufgrund einer Besiedlung zuvor unbesiedelter Bereiche bzw. eines Zuwachses der örtlichen Bevölkerung zusätzliche Gemeinden geschaffen werden.

[68] Zum Begriff des Einwohners einer Kommune s. § 21 I KVG: „Einwohner einer Kommune ist, wer in dieser Kommune wohnt."

[69] Vgl. § 17 KVG LSA.

[70] Vgl. § 18 KVG LSA.

31 Die Stellung der Gemeinden im Staat und seinem Verwaltungsaufbau wird durch ihre mehrfache Einbindung in übergeordnete Strukturen eines **Mehrebenensystems** gekennzeichnet. Die Gemeinden sind **Bestandteile des Bundesstaats** als Ganzem.[71] Sie sind nicht nur deutsche Gemeinden, weil sie in Deutschland liegen, sondern weil sie Bestandteile des deutschen Staates sind. Diese dogmatische Zuordnung ist allerdings nicht unbestritten, da sie die Sonderstellung der Gemeinden im Staat als Selbstverwaltungskörperschaften „eher vernebelt als erhellt"[72]. Richtig ist, dass die Gemeinde keine originäre, sondern eine vom Bundesstaat abgeleitete Hoheitsgewalt besitzen. Nach der verfehlten Gegenansicht soll es sich hingegen um eine dritte Ebene originärer Staatsgewalt neben Bund und Ländern,[73] mithin um „kleine Republiken"[74], handeln.

32 Die Gemeinden sind – anders als etwa die freien Reichsstädte im Mittelalter oder bundesunmittelbare Hauptstädte[75] – **Bestandteile der jeweiligen Länder**. So sind die sachsen-anhaltischen Gemeinden Bestandteile des Bundeslandes Sachsen-Anhalt. Dies drückt sich in Landesverfassung und Organisationsgesetz des Landes aus. Die Gemeinden sind der Geltung von Landesrecht unterworfen, das Land führt eine Staatsaufsicht über sie und ist für ihre ausreichende Finanzausstattung verantwortlich (vgl. die Art. 87, 88 VerfLSA, §§ 17 ff. OrgG LSA). Gleichwohl kommt den Gemeinden aufgrund ihres Selbstverwaltungsrechts eine Sonderstellung im Sinne einer gewissen Eigenständigkeit und Unabhängigkeit innerhalb des Aufbaus der Länder zu. Sie gehören nicht zur unmittelbaren, sondern zur mittelbaren Landesverwaltung (vgl. § 17 I OrgG LSA).[76]

33 Gemeinden **gehören in der Regel einem Landkreis an**, sind m.a.W. kreisangehörige Gemeinden (§ 12 I KVG), sofern sie nicht ausnahmsweise die Rechtsstellung einer kreisfreien Stadt haben. In Sachsen-Anhalt gibt es derzeit 11 Landkreise mit 215 kreisangehörigen Gemeinden.[77] Nicht kreisangehörig sind die drei kreisfreien Städte Dessau-Roßlau, Halle (Saale) und Magdeburg (§ 12 II KVG).[78]

34 Kreisangehörige Gemeinden sind entweder sog. **Einheitsgemeinden oder sie gehören einer Verbandsgemeinde an** (§ 12 II 2 KVG). Von den 215 kreisangehörigen Gemeinden sind 101 sog. Einheitsgemeinden und 114 Mitgliedsgemeinden von Verbandsgemeinden. In Sachsen-Anhalt gibt es 18 Verbandsgemeinden. Für Mitgliedsgemeinden von Verbandsgemeinden gelten die Vorschriften für Gemeinden geltenden entsprechend, sofern nicht ausdrücklich Abweichendes (insbesondere in §§ 95-97 KVG) bestimmt ist (§ 12 Satz 2 KVG). Die Unterschiede zwischen Einheitsgemeinden und Mitgliedsgemeinden von Verbandsgemeinden sind weitreichend. So sind die Mitgliedsgemeinden angesichts ihrer bescheidenen Verwaltungs- und Finanzkraft und der Dominanz ihrer Verbandsgemeinde in tatsächlicher Hinsicht eher mit einer aufgabenstarken „Ortschaft" als einer allzuständi-

---

[71] Vgl. BVerfG, Beschl. v. 19.11.2002 - 2 BvR 329/97 - – 2 BvR 329/97 – NVwZ 2003, 850 (851): „selbst ein Teil des Staates, in dessen Aufbau sie integriert … sind".

[72] *Nierhaus*, in: Sachs, GG, Art. 28 Rn. 31; (selbst-)kritisch auch *Maurer/Waldhoff*, Allgemeines Verwaltungsrecht, § 23 Rn. 1.

[73] I.d.S. insbes. *Meyer*, a.a.O., S. 174, 179, 180; ebs. *Hoppe/Kleindiek*, VR 1992, 83

[74] So die Bezeichnung der Gemeindeebene durch *Hoppe/Kleindiek*, VR 1992, 82.

[75] Wie Washington D.C.

[76] Vgl. *Maurer*/Waldhoff, Allgemeines Verwaltungsrecht, § 23 Rn. 1 ff.

[77] Vgl. https://mi.sachsen-anhalt.de/themen/kommunales/kommunale-strukturen (besucht am 6.05.2023).

[78] § 12 II KVG LSA.

gen klassischen Gemeinde vergleichbar, die als Einheitsgemeinde über eine eigene Verwaltung verfügt und auch zahlreiche staatliche Aufgaben wahrnimmt.

35　Die Gemeinde besitzt als juristische Person des öffentlichen Rechts[79] **Rechtsfähigkeit**, ist mithin Trägerin eigener Rechte und Pflichten. Dabei kann es sich um öffentlich-rechtliche oder zivilrechtliche Rechte und Pflichten handeln. Die Gemeinde besitzt auch Dienstherrnfähigkeit (§ 2 Nr. 1 BeamtStG). Sie darf somit eigene Beamte,[80] Angestellte und Arbeiter beschäftigen.

36　Die Stellung der Gemeinde im Staatsaufbau wird weiterhin durch ihre Bindung an grundlegende Prinzipien der Staatsorganisation bestimmt. Gemeinden sind trotz ihres Selbstverwaltungsrechts nicht von der **Bindung an die Verfassung** ausgenommen. So muss die verfassungsmäßige Ordnung in den Ländern den Grundsätzen des republikanischen, demokratischen und sozialen Rechtsstaates im Sinne des Grundgesetzes entsprechen (Art. 28 I 1 GG). Auch die Binnenordnung in den Gemeinden als Bestandteilen der Länder darf diesen Grundsätzen nicht widersprechen. Das Grundgesetz bezieht das **Demokratiegebot** ausdrücklich auf die Ebene der Gemeinden (und Kreise) und gebietet eine demokratische Binnenstruktur derselben: In den Gemeinden (und Kreisen) muss das Volk hiernach eine Vertretung haben, die aus allgemeinen, unmittelbaren, freien, gleichen und geheimen Wahlen hervorgegangen ist (Gebot demokratisch legitimierter Volksvertretung gem. Art. 28 I 2 GG).[81] Hierin drückt sich in Verbindung mit der Selbstverwaltungsgarantie das Staatsaufbauprinzip der „Demokratie von unten nach oben"[82] bzw. einer „Demokratie auf allen Ebenen" aus. Die rechtstatsächliche Bedeutung der Gemeinden für den demokratischen Staatsaufbau wird deutlicher, wenn auch es in der Kommunalverfassung (etwas pathetisch) heißt, die Gemeinde sei *Grundlage* und zugleich Glied des demokratischen Staates (§ 2 I KVG).

37　Aufgrund des Demokratiegebots müssen alle hoheitlichen Entscheidungen der Gemeinde durch eine **ununterbrochene Legitimationskette** personell demokratisch legitimiert sein, d.h. auf das Volk zurückgeführt werden können.[83] Jeder kommunale Amtsträger, der Staatsgewalt ausübt, bedarf dieser demokratischen Legitimation. Unmittelbar demokratisch legitimiert sind, aufgrund der Volkswahl dieser Organe, die Entscheidungen des Rates und des Bürgermeisters. Alle übrigen Entscheidungen müssen zumindest mittelbar legitimiert sein. Das Demokratieprinzip gebietet ein bestimmtes Legitimationsniveau, das von den Zielen, der Eigenart und Bedeutung des jeweiligen Staatshandelns abhängig ist.[84] Dem Demokratieprinzip unterliegt unabhängig von der Rechtsform des Tätigwerdens „alles amtliche Handeln mit Entscheidungscharakter"[85].

38　Die demokratische Grundordnung auf gemeindlicher Ebene folgt dem Prinzip der **repräsentativen Demokratie**. Diese demokratische Repräsentation vollzieht sich durch die Volksvertretung wie auch

---

[79] Dies folgt aus § 2 II 1 KVG LSA.

[80] Vgl. § 1 LBG LSA.

[81] Grundlegend hierzu: *Lenz*, Kommunalverwaltung und Demokratieprinzip, 2020.

[82] BVerfG, Beschl. v. 23.11.1988 BVerfGE 79, 127 (149); ebs. *Nierhaus*, in: Sachs, GG, Art. 28 Rn. 30.

[83] Vgl. etwa BVerfG, Beschl. v. 5.12.2002 – 2 BvL 5/98- juris; OVG NW, Urt. v. 9.6.1995 NWVBl. 1996, 254.

[84] BVerfG, Urt. v. 27.4.1959 BVerfGE 9, 268 (282f.); hierzu *Hecker*, VerwArch. 92 [2001], 278 ff.

[85] BVerfG, Urt. v. 31.10.1990 – 2 BvF 2/89, 2 BvF 6/89 – BVerfGE 83, 60 (73).

durch ihre Ausschüsse.[86] Der Landesgesetzgeber könnte im Einklang mit dem Grundgesetz bestimmen, dass an Stelle einer gewählten Körperschaft eine „Gemeindeversammlung" aller Bürger tritt.[87] Diese Form der Willensbildung wäre allerdings nur in sehr kleinen Gemeinden praktikabel. In größeren Gemeinden könnten die Bürger allenfalls durch eine Ausweisung plebiszitärer Elemente stärker an der Willensbildung beteiligt werden. Hierzu mag rechtspolitisch Anlass bestehen, weil die kommunalen Volksvertretungen aufgrund der geringen Wahlbeteiligung den Willen der Bevölkerung in materieller Hinsicht unzureichend repräsentieren. In Wahlbeteiligungen von weniger als der Hälfte der Wahlberechtigten manifestiert sich ein überwiegendes Desinteresse an der Kommunalpolitik. Daher kann davon gesprochen werden, dass das Prinzip der repräsentativen Demokratie auf der örtlichen Ebene sich in einer Krise befindet. Letztlich spiegelt die geringe Wahlbeteiligung wohl auch die geringe Entscheidungsmacht der zu Wählenden wider. Die Wähler erkennen, dass die Kommunen aus finanziellen, rechtlichen und sonstigen Gründen oft mehr in der Theorie denn in der Praxis substanzielle Handlungsspielräume bei der Politikgestaltung besitzen.

39   Eher akademischer Natur ist die Frage, ob **Rechts- und Sozialstaatsprinzip** für die Kommunen bereits unmittelbar aufgrund des Art. 20 I, III GG oder nur mittelbar aufgrund des Art. 28 I GG (i.V.m. dem jeweiligen Landesverfassungsrecht) gelten. Folgt man der herrschenden Zuordnung der Gemeinden zur vollziehenden Gewalt gem. Art. 20 III GG, ergibt sich die Bindung an Rechtsstaats- und Sozialstaatsprinzip bereits aus Art. 20 I bzw. III GG.[88] Ein ungeschriebener zentraler Inhalt des Rechtsstaatsprinzips ist die Bindung der vollziehenden Gewalt an den **Gesetzesvorbehalt**, der somit auch für die Kommunen gilt.[89] Hierauf wird bei der Behandlung des Satzungsrechts zurückzukommen sein.

40   Die **Grundrechtsbindung der Gemeinden** ergibt sich unmittelbar aus Art. 1 III GG.[90] Sie sind als Teil der vollziehenden Gewalt im Sinne dieses Artikels an die Grundrechte gebunden. Soweit auch die Grundrechtsbindung zum Inhalt des in Art. 28 I GG genannten Rechtsstaatsprinzips gezählt wird, geht die Grundrechtsbindung nach Art. 1 III GG als lex specialis vor.

41   Ob die Gemeinden (und andere Kommunen) der Staatsgewalt der **Exekutive oder aber der Legislative** angehören, wird kontrovers beurteilt. Im Hinblick auf den Erlass von Satzungen als zentralem Bestandteil der kommunalen Selbstverwaltung ist die Einordnung schwierig. Nach einer vom BVerfG in einer Entscheidung aus dem Jahre 1983 geäußerten Ansicht ist die kommunale Rechtsetzung „ungeachtet dessen, daß sie in mancher Hinsicht legislatorischen Charakter aufweist, im System der staatlichen Gewaltenteilung der Exekutive zuzuordnen"[91]. Im Jahre 1972 war das BVerfG

---

[86] BVerwG, Urt. v. 10.12.2003 NVwZ 2004, 621; Urt. v. 27.3.1992 NVwZ 1993, 375 (377), die dies uneingeschränkt auf die beschließenden Ausschüsse beziehen und im Hinblick auf die beratenden Ausschüsse davon sprechen, diese würden die Repräsentation „weitgehend vorwegnehmen".

[87] Vgl. Art. 28 I 3 GG (bislang nur in Brandenburg für Kleinstgemeinden vorgesehen).

[88] BVerfG, Beschl. v. 21.6.1988 BVerfGE 78, 344; BVerwG, Urt. v. 23.6.1976 BVerwGE 51, 49 (52).

[89] Seine Rechtsgrundlage richtet sich danach, welcher der vorgenannten Ansichten zum Rechtsstaatsprinzip man folgt. Während die h.M. den Gesetzesvorbehalt für die Kommunen aus Art. 20 III GG ableitet, ergibt er sich nach a.A. aus Art. 28 I 1 i.V.m. Art. 20 III GG.

[90] S.a. *Heusch*, Zur Geltung der Grundrechte auf kommunaler Ebene, NWVBl 2022, 357-362.

[91] BVerfG, Beschl. v. 22.11.1983 – 2 BvL 25/81 – BVerfGE 65, 283 (289).

allerdings noch anderer Ansicht und meinte, die Gemeinde sei zwar als solche der Exekutive zuzuordnen, die kommunale Rechtsetzung jedoch müsse dem Bereich der Legislative zugeordnet werden; anders als bei der Verordnungsgebung sei insoweit der Gewaltenteilungsgrundsatz nicht durchbrochen.[92] Folgt man indes der heute herrschenden uneingeschränkten Zuordnung der Gemeinden zur Exekutive, sind sprachliche Anleihen an die Parlamentsgesetzgebung in Bezug auf die kommunale Rechtsetzung jedenfalls ungenau. Dies gilt etwa im Hinblick auf die geläufige Bezeichnung der Gemeinden als „Ortsgesetzgeber"[93] oder die Bezeichnung des Gemeinderates als „Parlament".[94] Nur wenn man der Gegenauffassung folgt, die Gemeinden würden im Bereich der Satzungsgebung originäre Staatsgewalt wahrnehmen und seien insoweit der Legislative zuzuordnen, erschiene insoweit auch eine Bezeichnung kommunaler Volksvertretungen als Parlamente konsequent.[95]

42 Nach dem Landesverfassungsrecht zählt der Normerlass durch Kommunalkörperschaften nicht zur Gesetzgebung (vgl. Art. 2 IV, 77-82 VerfLSA). Landesverfassungsrechtlich gesehen sind die Kommunen (auch beim Normerlass) Bestandteil der Verwaltung.

43 Die Gemeinde ist ein Verwaltungsträger.[96] Sie darf daher wie alle Verwaltungsträger nur im Rahmen ihrer gesetzlich zugewiesenen **Zuständigkeit** handeln. Dieser Grundsatz drückt sich im Grundgesetz (Art. 28 II 1 GG), der Landesverfassung (Art. 87 II VerfLSA) sowie im KVG aus (§ 2 II KVG). Die Gemeinden sind in ihrem Gebiet die ausschließlichen Träger der gesamten öffentlichen Aufgaben, soweit die Gesetze nicht ausdrücklich etwas anderes bestimmen (§ 2 II KVG). Man spricht hier von einer „subsidiären **Allzuständigkeit**" oder bezeichnet diese umfassende Zuständigkeit der Gemeinden auch als „**Universalität des Wirkungskreises**"[97].

44 Mit ihrem rechtlichen „Können" korrespondiert allerdings oft ein rechtliches „Müssen", d.h. den Gemeinden sind zahlreiche Aufgaben als **Pflichtaufgaben** zugewiesen. Pflichtaufgaben können übertragene staatliche Aufgaben oder aber Selbstverwaltungsaufgaben sein. So müssen die Gemeinden etwa die für ihre Einwohner erforderlichen sozialen, kulturellen und wirtschaftlichen öffentlichen Einrichtungen bereitstellen (§ 4 Satz 2 KVG). Diese Verpflichtung haben sie indes nur in den Grenzen ihrer Leistungsfähigkeit. Die Gemeinde nimmt ihre Zuständigkeiten durch ihre Organe (Bürgermeister und Rat) wahr. Durch diese erlangt sie (als reine Konstruktion einer „fleischlosen" Rechtsperson) ihre Handlungsfähigkeit. Geschäftsfähigkeit erhält die Gemeinde durch die rechtsgeschäftliche Vertretung des Bürgermeisters.

45 Die Gemeinden sind **Selbstverwaltungsträger** (i.S.v. Art. 86 I VerfLSA). Dies ändert nichts an der Bindung an die Zuständigkeitsordnung, jedoch sind sie befugt, alle örtlichen Angelegenheiten wahr-

---

[92] BVerfG, Beschl. v. 23.2.1972 – 2 BvL 36/71 – BVerfGE 32, 346 (361)/NJW 1972, 860; Wolff/Bachof/*Stober*, Verwaltungsrecht, Bd. 1, § 25 Rn. 49

[93] So aber BVerwG, Urt. v. 15.4.1983 – 8 C 170.81 – BVerwGE 67, 129.

[94] BVerwG, Urt. v. 10.12.2003 NVwZ 2004, 621; Beschl. v. 7.9.1992 7.9.1992 – 7 NB 2.92 – BVerwGE 90, 359 (362)/ NJW 1993, 411.

[95] *Geis*, Kommunalrecht, 6. Aufl., 2023, § 10 Rn. 11; verfehlt hingegen *Hoppe/Kleindiek*, VR 1992, 82f.; *Ott*, Der Parlamentscharakter der Gemeindevertretung, 1994.

[96] So bereits oben Rn. 29.

[97] BVerfG, Beschl. v. 19.11.2002 – 2 BvR 329/97 – juris Rn. 56; Beschl. v. 23.11.1988 – 2 BvR 1619/83 etc. – juris Rn. 47 f.

zunehmen, die nicht gesetzlich anderen Aufgabenträgern zugewiesen sind. Die Gemeinde kennzeichnet die Selbstverwaltung ihrer eigenen Angelegenheiten, mögen sie auch teilweise staatliche Aufgaben wahrnehmen.

>**Bsp.** (eigene Angelegenheiten): Bau und Unterhaltung von Gemeindestraßen, Kultur- und Sportförderung

Die Funktion und das Recht der Gemeinden Sachsen-Anhalts, ihre eigenen Angelegenheiten (im Rahmen der Gesetze) zu verwalten, folgen bereits aus dem Grundgesetz (Art. 28 II GG) und der Landesverfassung (Art. 87 I, II VerfLSA). Die Vorgabe des § 1 KVG, dass die Gemeinden (sowie Verbandsgemeinden und Landkreise) ihre Angelegenheiten im Rahmen der Gesetze in eigener Verantwortung mit dem vorgegebenen Ziel verwalten, das Wohl ihrer Einwohner zu fördern geht nicht darüber hinaus. Soweit der Landesgesetzgeber die Gemeinde als „Grundlage und Glied des demokratischen Staates"[98] (§ 2 I KVG) bezeichnet, hebt dies die Bedeutung der Gemeinde für die demokratische Ordnung des gesamten deutschen Gemeinwesens hervor, ist aber keine vollzugsfähige normative Vorgabe.[99]

46 Die Aufgaben, die die Gemeinden im Rahmen ihrer Zuständigkeit wahrnehmen, sind zu unterscheiden nach Aufgaben im **eigenen und im übertragenen Wirkungskreis** (§ 4 Satz 1 KVG). Während die Gemeinde die eigenen Angelegenheiten (Angelegenheiten im eigenen Wirkungskreis) grundsätzlich kraft und im Rahmen ihres Selbstverwaltungsrechts wahrnehmen kann, übernimmt sie staatliche Aufgaben nur kraft gesetzlicher Aufgabenübertragung. Die Verpflichtung, in den Grenzen ihrer Leistungsfähigkeit die für ihre Einwohner erforderlichen sozialen, kulturellen und wirtschaftlichen öffentlichen Einrichtungen bereitzustellen (§ 4 Satz 2 KVG), bezieht sich nicht auf den übertragenen, sondern nur auf die Aufgaben des eigenen Wirkungskreises. Das Selbstverwaltungsrecht gilt für die Wahrnehmung von Aufgaben des übertragenen Wirkungskreises nicht, wozu bei den Gemeinden die Aufgaben gehören, die ihnen (von Bund oder Land) durch Gesetz als staatliche Aufgaben zur Erfüllung nach Weisung übertragen sind (§ 6 I Nr. 1 KVG). Den Gemeinden müssen hierfür die erforderlichen Mittel zur Verfügung gestellt werden.[100]

47 Als **Stadt** dürfen sich diejenigen Gemeinden bezeichnen, denen diese Bezeichnung nach altem Recht zustand oder von einer dafür nach Landesrecht vorgesehenen Behörde verliehen wurde.[101] In Sachsen-Anhalt gelten als Stadt Gemeinden, denen die Bezeichnung zum 30.06.2014 zustand oder denen die Bezeichnung von der Kommunalaufsichtsbehörde verliehen wird (§ 14 I 1 und 2 KVG). Die Kommunalaufsichtsbehörde kann auf Antrag der Gemeinde die Bezeichnung Stadt einer solchen Gemeinde verleihen, die nach Einwohnerzahl, Siedlungsform und Wirtschaftsverhältnissen städtisches Gepräge trägt (§ 14 I 2 KVG). Ob eine Gemeinde städtisches Gepräge trägt, hängt maßgeblich

---

[98] Unter Staat dürfte hierbei der Staat Sachsen-Anhalt ebenso gemeint sein wie der Staat Bundesrepublik Deutschland.

[99] Zu fragen ist indes, ob aus der Norm nicht eine Pflicht der Kommunen abzuleiten ist, dem Absinken des demokratischen Legitimationsniveaus und dem Unwillen zur Übernahme kommunaler Ehrenämter entgegenzuwirken.

[100] S. u. zur Finanzierung der Gemeinden.

[101] Vgl. § 14 I KVG LSA.

von ihrer Einwohnerzahl ab, wobei der Gesetzgeber eine entsprechende Fiktion vorgeben kann.[102] Wie bereits angeführt sind bestimmte Großstädte kraft Gesetzes „kreisfreie Städte", d.h. sie gehören keinem Landkreis an.

48 Die Gemeinde kann auch sonstige überkommene Bezeichnungen weiterführen (§ 14 III 1 KVG). Wird eine Gemeinde mit einer sonstigen überkommenen Bezeichnung in eine andere Gemeinde eingegliedert oder mit anderen Gemeinden zu einer neuen Gemeinde vereinigt, kann diese Bezeichnung für den entsprechenden Ortsteil der aufnehmenden oder neu gebildeten Gemeinde weitergeführt werden (§ 14 III 2 KVG). Die Kommunalaufsichtsbehörde kann auf Antrag der Gemeinde Bezeichnungen, die auf der geschichtlichen Vergangenheit, der heutigen Eigenart oder Bedeutung der Gemeinde beruhen, verleihen oder ändern (§ 14 III 3 KVG). In diesem Sinne können insbesondere Zusätze zum Gemeindenamen verliehen werden.

> **Bsp.:** Bäderstadt, Martin Luther-Stadt, Universitätsstadt

Magdeburg führt die Bezeichnung Landeshauptstadt (§ 14 IV KVG).

Sonderregelungen zu den Gemeindenamen gelten für den Fall der gemeindlichen Neugliederung.[103]

49 Großen Gemeinden kann unter bestimmten Voraussetzungen der Status **„kreisfreie Stadt"** verliehen werden. An die Kreisfreiheit knüpft insbesondere die Rechtsfolge an, dass die kreisfreie Stadt neben ihren Aufgaben als Gemeinde auch die Aufgaben wahrnimmt, die sonst dem Landkreis zugewiesen sind.

50 Jede Gemeinde (bzw. Stadt) führt den Namen, den sie am 30.06.2014 innehatte, fort (§ 13 I 1 KVG).[104] Gemeinden (bzw. Städten) steht ein **Namensrecht** zu.[105] Die gemeinderechtlichen Namensregelungen sind Schutznormen i.S.d. Zivilrechts (Schutz auch durch § 12 BGB, § 16 UWG).[106]

> **Bsp.:** Die Gemeinde hat daher etwa gegenüber der Deutschen Bahn AG einen Anspruch auf eine Bezeichnung des Gemeindebahnhofs mit dem korrekten amtlichen Gemeindenamen.[107]

Im Falle einer Namensrechtsverletzung kann daher die in ihrem Recht verletzte Kommune auf Unterlassung klagen. Ob eine unberechtigte Namensanmaßung vorliegt, ist Einzelfallfrage.

> **Bsp.:** Die Benennung der durch Zusammenschluss mehrerer Gemeinden gebildeten Stadt in Sachsen-Anhalt als „Oberharz am Brocken" ist keine unberechtigte Namensanmaßung gegenüber der in Niedersachsen gelegenen Samtgemeinde „Oberharz".[108]

---

[102] In Sachsen-Anhalt macht der maßgebliche § 14 I KVG LSA insoweit keine Vorgaben. Zur Verleihung der Bezeichnung „Stadt" s. VG Dessau, Urt. v. 18.7.2001 LKV 2002, 587f.

[103] Wird eine Gemeinde mit der Bezeichnung Stadt in eine andere Gemeinde eingegliedert oder mit anderen Gemeinden zu einer neuen Gemeinde vereinigt, kann diese Bezeichnung für den entsprechenden Ortsteil der aufnehmenden oder neu gebildeten Gemeinde weitergeführt werden (3 14 II 1 KVG). Die übernehmende oder neu gebildete Gemeinde kann die Bezeichnung Stadt als eigene Bezeichnung führen (§ 14 II 2 KVG).

[104] Bewohnte Gemeindeteile (Ortsteile) führen jeweils die Benennung, die sie am 30. Juni 2014 innehatten, fort (§ 13 I 2 KVG).

[105] Vgl. § 13 I KVG LSA.

[106] Vgl. auch LG Mannheim, Urt. v. 8.3.1996 NJW 1996, 2736 zum Namensgebrauch im Internet.

[107] Früher richtete sich der Anspruch gegen die Bundesbahn bzw. Reichsbahn als einer Anstalt des öffentlichen Rechts und war daher auf dem Verwaltungsrechtsweg zu verfolgen (vgl. BVerwG, Urt. v. 8.2.1974 BVerwGE 44, 351; restriktivere Anspruchsvoraussetzungen bei BVerwG, Beschl. v. 23.3.1993 NVwZ-RR 1993, 373).

[108] OVG LSA, Beschl. v. 19.11.2009 – 4 M 217/09 – juris Rn. 4, 7, 10/LKV 2010, 180.

Die Kommunalaufsichtsbehörde kann auf Antrag der Gemeinde den Namen der Gemeinde ändern (§ 13 II 1 KVG). Vor der Antragstellung sind die betroffenen Bürger zu hören (§ 13 II 2 KVG).

51 Die Gemeinde darf **Ortsteilen** Namen geben. Über die Benennung oder die Änderung der Benennung von Ortsteilen entscheidet die Gemeinde nach Anhörung der betroffenen Bürger (§ 13 III KVG). Ortsteilen, die vor einer Gebietsänderung als ehemalige Gemeinden eine sonstige Bezeichnung geführt hatten, kann die Kommunalaufsichtsbehörde auf Antrag der Gemeinde, des Ortschaftsrates oder des Ortsvorstehers das Recht verleihen, diese Bezeichnung wieder führen zu dürfen (§ 14 III 4 KVG). Dies gilt nicht, wenn der Name des Ortsteils mit dem der Gemeinde identisch ist und diese bereits die sonstige Bezeichnung führt (§ 14 III 5 KVG). Ortsteilen, die vor einer Gebietsänderung als ehemalige Gemeinden die Bezeichnung Stadt geführt hatten, kann die Kommunalaufsichtsbehörde auf Antrag der Gemeinde, des Ortschaftsrates oder des Ortsvorstehers das Recht verleihen, diese Bezeichnung wieder führen zu dürfen (§ 14 II 3 KVG). Dies gilt nicht, wenn der Name des Ortsteils mit dem der Gemeinde identisch ist und diese bereits die Bezeichnung Stadt führt (§ 14 II 4 KVG). Ortsteile von Gemeinden sind berechtigt, die Wappen und Flaggen, die sie bis zum 30. Juni 2014 geführt haben, weiterzuführen (§ 15 I 4 KVG)

52 Einen dem Namensrecht vergleichbaren Schutz genießt das Recht der Gemeinden, ihre bisherigen **Wappen und Flaggen** zu führen (§ 15 I 1 KVG LSA). Die Kommunen führen die Wappen und Flaggen, die sie bis zum 30.06.2014 geführt haben, weiter und sind berechtigt, diese zu ändern oder neue anzunehmen (§ 15 I 1-2 KVG). Die Annahme neuer Wappen und Flaggen oder ihre Änderung bedarf der Genehmigung der Kommunalaufsichtsbehörde (§ 15 I 3 KVG). Die Gemeinde ist berechtigt, ihre Hoheitszeichen auch im Rahmen ihres Schriftverkehrs (auf Briefköpfen etc.) zu verwenden. Gemeinden führen ein **Dienstsiegel** (vgl. § 15 II 1 KVG). Haben sie ein Wappen, so ist dieses Bestandteil des Dienstsiegels (§ 15 II 2 KVG).[109]

III. Verbandsgemeinde

Lit.: *Brodmerkel*, Kommunale Selbstverwaltung im ländlichen Raum: Entsprechen Verbands- und Samtgemeinden sowie Verwaltungsgemeinschaften noch dem Leitbild der (...),2020; *Nierhaus/Gebhardt*, Kommunale Selbstverwaltung zur gesamten Hand. Von der Samt- und Verbandsgemeinde zur Orts- und Amtsgemeinde?, 2000

53 Verbandsgemeinden sind in staatsrechtlicher Hinsicht Bestandteile der Bundesrepublik Deutschland und des Staates Sachsen-Anhalt[110]. Soweit sie staatliche Aufgaben wahrnehmen, zählen sie zur mittelbaren Staatsverwaltung (vgl. § 17 OrgG LSA). Zudem gehören Verbandsgemeinden jeweils einem Landkreis an (§ 13 KVG). Die Verbandsgemeinde ist kraft gesetzlicher Festlegung **Gebietskörperschaft** (§ 2 III 1, § 89 I KVG).[111] Ihr Gebiet besteht aus dem Gemeindegebiet ihrer Mitgliedsgemeinden (§ 16 I 2, § 89 I 1 KVG). Sie soll drei bis acht Mitgliedsgemeinden umfassen (§ 89 I 2 KVG). Für die Verbandsgemeinde gilt wie für die Gemeinde, dass sie durch die Wahrnehmung von

---

[109] Kommunen ohne eigenes Wappen können in ihrem Dienstsiegel das Landeswappen verwenden (§ 15 II 3 KVG).

[110] Die Verbandsgemeinde wird in der Landesverfassung nicht erwähnt, gehört aber zu den Trägern der Selbstverwaltung i.S.v. Art. 86 I VerfLSA.

[111] Im Widerspruch hierzu implizierte § 1 GKG-LSA a.F., bei der Verbandsgemeinde handele es sich nicht um eine Gebietskörperschaft.

Selbstverwaltungsaufgaben und ihr Recht zur Selbstverwaltung (zum Wohl ihrer Einwohner) gekennzeichnet ist. Die Verbandsgemeinde ist ein Verwaltungsträger und Selbstverwaltungsträger (i.S.v. Art. 86 I VerfLSA), der demgemäß mit Selbstverwaltungsrecht ausgestattet ist (vgl. Art. 87 I, II VerfLSA)[112]. Sie ist juristische Person des öffentlichen Rechts, mithin rechtsfähig und zudem dienstherrnfähig[113]. Als juristische Person kann sie insbesondere auch selbst Eigentümerin von Grundstücken und beweglichen Gegenständen sein. Für ihr Eigentumsrecht im Verhältnis zu Mitgliedsgemeinden gelten besondere Vorschriften.[114]

54 Die Verbandsgemeinde i.S.d. KVG ist keine „Gemeinde" im Sinne des Art. 28 II GG, weil sie einen Zusammenschluss mehrerer Gemeinden i.S.d. GG darstellt. Die Verbandsgemeinde ist vielmehr ein **„Gemeindeverband"** i.S.d. Art. 28 II GG. Die Verfassungsrechtsprechung versteht unter Gemeindeverbänden i.S.d. GG zum einen die kommunalen Gebietskörperschaften, zum anderen aber auch „die wegen des Gewichts ihrer Selbstverwaltungsaufgaben gleichzuachtenden Zusammenschlüsse".[115] Nach abweichender Ansicht fallen unter den Begriff der Gemeindeverbände ausschließlich die Landkreise.[116]

55 Auch im Hinblick auf die Landesverfassung (Art. 87 I VerfLSA) stellt sich die Frage, ob die (in ihr nicht erwähnte) Verbandsgemeinde ein Gemeindeverband ist. Die Ausgangslage ist insoweit eine

---

[112] LVerfG LSA, Urt. v. 20.10.2015 – LVG 2/14 – juris Rn. 76.

[113] § 2 BeamtenstatusG bestimmt die Dienstherrnfähigkeit von „Gemeinden" und „Gemeindeverbänden". Die Verbandsgemeinde wird nicht ausdrücklich erwähnt. Es mag hier dahinstehen, unter welchen Begriff die Verbandsgemeinde zu subsumieren ist, denn ihre Dienstherrnfähigkeit steht aber außer Frage.

[114] Vgl. § 92 Eigentum: „(1) Das Eigentum der Mitgliedsgemeinden an den Einrichtungen und Vermögensgegenständen, die überwiegend zur Erfüllung der in § 90 Abs. 1 bezeichneten Aufgaben bestimmt sind, ist zum Zeitpunkt der Wirksamkeit der Bildung der Verbandsgemeinde mit den Verbindlichkeiten auf die Verbandsgemeinde übergegangen, soweit in der Verbandsgemeindevereinbarung keine abweichenden Bestimmungen getroffen worden sind. Das Gleiche gilt für Einrichtungsgegenstände, Arbeitsmittel, Geräteausstattung und dergleichen, soweit keine Grundstücke übertragen wurden. Wenn die öffentliche Nutzung durch die Verbandsgemeinde entfällt, fällt das Eigentum auf Verlangen der jeweiligen Mitgliedsgemeinde an diese zurück. Wird durch den Eigentumsübergang eine Berichtigung des Grundbuchs oder anderer öffentlicher Bücher erforderlich, genügt zum Nachweis des Eigentumsüberganges eine Bestätigung der Kommunalaufsichtsbehörde. Die zuständigen Behörden sind verpflichtet, die öffentlichen Bücher zu berichtigen. Die hierzu erforderlichen Rechtshandlungen sind frei von öffentlichen Abgaben und Verwaltungskosten. Im Fall der Rückübertragung regeln die Beteiligten die Auseinandersetzung durch Vereinbarung, die der Genehmigung der Kommunalaufsichtsbehörde bedarf. (2) Nach Bildung der Verbandsgemeinde gilt Absatz 1 entsprechend, soweit die Mitgliedsgemeinde mit der Verbandsgemeinde den unentgeltlichen Übergang ihres Eigentums an den Einrichtungen und Vermögensgegenständen, die überwiegend zur Erfüllung der in § 90 Abs. 1 bezeichneten Aufgaben bestimmt sind, mit den Verbindlichkeiten vereinbart. § 115 Abs. 1 findet keine Anwendung. (3) Die Verbandsgemeinde ist berechtigt, Einrichtungen und Vermögensgegenstände, die nach Absatz 1 im Eigentum ihrer Mitgliedsgemeinden stehen, zur Erfüllung der ihr obliegenden Aufgaben zu nutzen und die erforderlichen Investitions-, Instandsetzungs- und Unterhaltungsmaßnahmen vorzunehmen. Für Investitions-, Instandsetzungs- und Unterhaltungsmaßnahmen ist die Mitgliedsgemeinde unabhängig von ihrer Aufgabenträgerschaft und der Eigentümerstellung berechtigt, Fördermittel und bei entsprechender Leistungsfähigkeit eigene Finanzmittel einzubringen. Die Einzelheiten zur Nutzung und Durchführung der Maßnahmen nach den Sätzen 1 und 2 sowie deren Finanzierung sind durch Vereinbarung zwischen der Verbandsgemeinde und der Mitgliedsgemeinde zu regeln. Der Entwurf der Vereinbarung über Investitionen und ihrer Änderungen sind der Kommunalaufsichtsbehörde unverzüglich anzuzeigen und dürfen erst sechs Wochen nach der Anzeige vollzogen werden. Die Sätze 1, 3 und 4 gelten entsprechend für die Mitgliedsgemeinden hinsichtlich der Einrichtungen und Vermögensgegenstände, die im Eigentum der Verbandsgemeinde stehen. (4) Im Fall einer Übertragung oder einer Rückübertragung von Aufgaben nach § 90 Abs. 3 gelten die Absätze 1 bis 3 hinsichtlich des Eigentums entsprechend."

[115] Vgl. BVerfG, Urt. v. 24.7.1979 – 2 BvK 1/78 – BVerfGE 52, 95.

[116] *Maurer/Waldhoff*, Allgemeines Verwaltungsrecht, § 23 Rn. 26; *Nierhaus*, in: Sachs, GG, Art. 28 Rn. 62.

andere als nach dem Grundgesetz, da dort nur zwei und nicht wie in der Landesverfassung drei Typen von Selbstverwaltungsträgern genannt sind (Gemeinden, Landkreise, Gemeindeverbände). Auch insoweit gilt aber, dass die Verbandsgemeinde einen Zusammenschluss mehrerer Gemeinden darstellt und daher als Gemeindeverband einzuordnen ist.

56 Die Verbandsgemeinde könnte auch als eine **„Gesamtgemeinde"** bezeichnet werden. Dieser Begriff findet im Recht Sachsen-Anhalts aber keine Verwendung. Als dogmatische Kategorie kann er dazu dienen, rechtsvergleichend institutionalisierte Formen einer intensiven nachbargemeindlichen Zusammenarbeit unter einen Oberbegriff zu fassen. Dieser Typus weit reichender Zusammenarbeit wird dadurch charakterisiert, dass der Gesamtgemeinde eine Vielfalt von Verwaltungsaufgaben übertragen werden, um so die unzureichende Verwaltungskraft von Mitgliedsgemeinden zu kompensieren und eine ansonsten erforderliche Eingliederung bzw. gemeindliche Gebietsreform zu vermeiden. Bedeutung hat der Zusammenschluss zu Gesamtgemeinden daher vor allem für ländliche Regionen mit einer Vielzahl kleinerer Gemeinden ohne ausreichende Verwaltungs- und Finanzkraft („Zwerggemeinden"). Unter Gesamtgemeinden werden hier so unterschiedliche Kommunalkörperschaften wie Verwaltungsgemeinschaften (in Baden-Württemberg und Sachsen oder die ehemaligen Verwaltungsgemeinschaften Sachsen-Anhalts), Verbandsgemeinden (Sachsen-Anhalt, Rheinland-Pfalz) oder Samtgemeinden (Niedersachsen) verstanden.[117]

57 Die Verbandsgemeinde entsteht durch **Verbandsgemeindevereinbarung** (arg. e § 89 II KVG). Die Verbandsgemeindevereinbarung muss gem. § 89 II KVG insbesondere bestimmen: 1. die Mitgliedsgemeinden, 2. den Namen der Verbandsgemeinde und den Sitz ihrer Verwaltung, 3. die Aufgaben, die der Verbandsgemeinde nach § 90 III KVG von den Mitgliedsgemeinden zur Erfüllung übertragen worden sind (§ 89 II KVG). Änderungen der Verbandsgemeindevereinbarung werden vom Verbandsgemeinderat mit der Mehrheit seiner Mitglieder beschlossen und bedürfen des Benehmens der von der Änderung unmittelbar betroffenen Mitgliedsgemeinden und der Genehmigung der Kommunalaufsichtsbehörde (§ 89 III 1 KVG).[118] Verbandsgemeinden können umgebildet werden.[119]

---

[117] Die niedersächsische Samtgemeinden und mehr noch die Verbandsgemeinden in Rheinland-Pfalz sind mit den Verbandsgemeinden Sachsen-Anhalts im Wesentlichen vergleichbar. Sie sind Körperschaften des öffentlichen Rechts mit von den Bürgern direkt gewählten Organen. Die Samtgemeinde verfügt in Niedersachsen über die Organe Samtgemeindebürgermeister und -rat (beide von den Bürgern direkt gewählt) sowie einen Samtgemeindeausschuss. Die Verbandsgemeinde hat demgegenüber nur zwei Organe: Verbandsgemeindebürgermeister und Verbandsgemeinderat (beide von den Bürgern direkt gewählt). Diese Formen einer Gesamtgemeinde sind Gebietskörperschaft, erfüllen aber zugleich die Merkmale einer Verbandskörperschaft.

[118] Sie sind mit der Genehmigung der Kommunalaufsichtsbehörde im Amtsblatt des Landkreises zu veröffentlichen (§ 89 III 2 KVG) Gibt der Landkreis kein eigenes Amtsblatt heraus, erfolgt die Veröffentlichung im Amtsblatt des Landesverwaltungsamtes (§ 89 III 3 KVG)

[119] Vgl.: „§ 94 Umbildung einer Verbandsgemeinde (1) Soweit Gründe des Gemeinwohls nicht entgegenstehen, können die Mitgliedsgemeinden eine Einheitsgemeinde bilden und kann die Verbandsgemeinde aufgrund übereinstimmender Beschlüsse der Gemeinderäte der Mitgliedsgemeinden und des Verbandsgemeinderates aufgelöst werden. Die Beschlüsse der Gemeinderäte der Mitgliedsgemeinden und des Verbandsgemeinderates bedürfen der Mehrheit ihrer Mitglieder. (2) Wird eine Verbandsgemeinde während der Wahlperiode der Verbandsgemeinderäte in eine Einheitsgemeinde umgebildet, so nimmt der Verbandsgemeinderat bis zum Ende seiner Wahlperiode die Aufgaben des Gemeinderates der neuen Gemeinde wahr. Der Verbandsgemeindebürgermeister der bisherigen Verbandsgemeinde nimmt bis zum Ablauf seiner Wahlperiode die Aufgaben des Bürgermeisters der neuen Gemeinde wahr. (3) Wird eine Mitgliedsgemeinde in eine Gemeinde, die der Verbandsgemeinde nicht angehört, eingemeindet oder mit ihr zu einer neuen Gemeinde zusammengeschlossen, so scheidet sie aus der Verbandsgemeinde aus. Die Kommunalaufsichtsbehörde kann

58 Jede Verbandsgemeinde führt den **Namen** fort, den sie am 30. Juni 2014 innehatte (§ 13 I 1 KVG). Verbandsgemeinden können ihren Namen ändern, indem sie die Verbandsgemeindevereinbarung entsprechend ändern (§ 13 IV KVG).

59 Die Verbandsgemeinde hat anders als die Gemeinde **keine Allzuständigkeit**. Sie erfüllt neben ihren Mitgliedsgemeinden öffentliche Aufgaben im Rahmen der Vorschriften des sechsten Teils des KVG (§ 2 III 2 KVG). Sie nimmt die ihr gesetzlich zugewiesenen und zusätzlich die durch ihre Mitgliedsgemeinden übertragene Aufgaben wahr.[120]

IV. Landkreis

60 In Sachsen-Anhalt bestehen folgende elf Landkreise: Altmarkkreis Salzwedel, Landkreis Anhalt-Bitterfeld, Landkreis Börde, Burgenlandkreis, Landkreis Harz, Landkreis Jerichower Land, Landkreis Mansfeld-Südharz, Saalkreis, Salzlandkreis, Landkreis Stendal und Landkreis Wittenberg. Die Landkreise Sachsen-Anhalts sind in staatsrechtlicher Hinsicht Bestandteile der Bundesrepublik Deutschland sowie des Landes Sachsen-Anhalt. Sie sind **Gebietskörperschaften** (§ 3 I KVG). Das Gebiet des Landkreises besteht aus den Gebieten der kreisangehörigen Gemeinden (§ 16 I 3 KVG).[121] Als Gebietskörperschaften sind sie juristische Person des öffentlichen Rechts, mithin rechtsfähig und dienstherrnfähig.

61 Landkreise sind Verwaltungsträger und gehören als solche zur öffentlichen Verwaltung (i.S.v. Art. 86 I Verf.LSA). Sie wirken als Bestandteil der sog. **mittelbaren Landesverwaltung** durch die Erfüllung von Aufgaben im übertragenen Wirkungskreis bei der Landesverwaltung mit (Art. 17 I 1 OrgG LSA) mit, wobei sie der Fachaufsicht unterliegen.[122] Landkreise wirken in dieser Funktion als „untere" Behörden im Verwaltungsaufbau.

   Bsp.: Kreis als untere Abfall-, Bau-, Jagd-, Naturschutz- und Wasserbehörde

Einen Schutz durch das Selbstverwaltungsrecht genießen sie bei der Wahrnehmung staatlicher Aufgaben nicht und es ergeben sich aus der Wahrnehmung staatlicher Aufgaben keine eigenen Rechte des Kreises.[123] Sie sind aber auch **Selbstverwaltungsträger** (i.S.v. Art. 86 I VerfLSA), die ihre

---

bestimmen, dass das Ausscheiden erst nach Ablauf eines bestimmten Zeitraumes erfolgt, wenn dies zur Anpassung der Verbandsgemeinde an die geänderte Situation aus Gründen des Gemeinwohls erforderlich ist. (4) Im Fall der Auflösung der Verbandsgemeinde oder des Ausscheidens von Mitgliedsgemeinden haben die Beteiligten die Rechtsfolgen durch eine Vereinbarung zu regeln, die der Genehmigung der Kommunalaufsichtsbehörde bedarf. Kommt eine Vereinbarung innerhalb angemessener Frist nicht zustande, wird sie nicht genehmigt oder sind weitere Angelegenheiten zu regeln, so trifft die Kommunalaufsichtsbehörde die erforderlichen Bestimmungen."

[120] S. u. Rn. 272 ff. und 287 ff.

[121] Das Gebiet des Landkreises soll so bemessen sein, dass die Verbundenheit mit den Einwohnern und mit den kreisangehörigen Gemeinden gewahrt und die Leistungsfähigkeit des Landkreises zur Erfüllung seiner Aufgaben gesichert ist (§ 16 III KVG).

[122] Nicht etwa ist die Kreisverwaltung in organisatorischer Hinsicht selbst Staatsverwaltung. Auch der Landrat ist bei der Wahrnehmung übertragener staatlicher Aufgaben nicht eine staatliche Behörde, sondern eine kommunale Behörde. Eine solche „Januskköpfigkeit des Landrats, wie etwa in Hessen, ist in Sachsen-Anhalt nicht vorgesehen.

[123] BVerwG, Urt. v. 9.12.2021 – 4 C 3.20 – juris Rn. 11; BVerwG, Urt. v. 28.2.2019 – 3 A 4.16 – BVerwGE 165, 33 Rn. 19 m.w.N.

eigenen Angelegenheiten (im Rahmen der Gesetze) verwalten (Art. 87 I, II VerfLSA)[124]. Das Recht zur Selbstverwaltung ist geschützt.[125]

62 Der **Kreis** ist Gemeindeverband sowohl im Sinne des Grundgesetzes[126] als auch i.S.d. meisten Landesverfassungen,[127] nicht jedoch der Verfassung Sachsen-Anhalts (!), weil diese explizit den Kreis neben dem Gemeindeverband nennt[128]. Die Bezeichnung des Kreises als „Gemeinde*verband im Sinne des Grundgesetzes*" kann die fehlerhafte Vorstellung erzeugen, beim Kreis handele es sich um eine Verbandskörperschaft. Der Landkreis darf jedoch nicht mit einer Form der Zusammenarbeit von Gemeinden in Verbänden, wie etwa dem Kommunalen Versorgungsverband, verwechselt werden. Er ist nicht nur ein Bund mehrerer Gemeinden, sondern eine rechtlich selbständige Gebietskörperschaft[129] mit seinen Bürgern als „Mitgliedern". Demgemäß besitzt er eine eigene Gebietshoheit. Sein Gebiet umfasst das Gebiet der kreisangehörigen Gemeinden. Der Kreis ist das wichtigste kommunale Rechtssubjekt oberhalb der Ortsebene.

63 Jeder Landkreis führt den **Namen**, den er am 30. Juni 2014 innehatte, fort (§ 13 I 3 KVG). Die oberste Kommunalaufsichtsbehörde kann auf Antrag des Landkreises den Kreisnamen ändern (§ 13 II 3 KVG). Der Name des Kreises ist rechtlich geschützt.[130]

64 Die Landkreise sind, soweit die Gesetze nichts anderes bestimmen, in ihrem Gebiet die Träger der öffentlichen **Aufgaben**, die von überörtlicher Bedeutung sind oder deren zweckmäßige Erfüllung die Verwaltungs- oder Finanzkraft der ihnen angehörenden Gemeinden und Verbandsgemeinden übersteigt (§ 3 II 1 KVG). Die Kreise unterstützen die ihnen angehörenden Gemeinden und Verbandsgemeinden bei der Erfüllung ihrer Aufgaben und sorgen für einen angemessenen Ausgleich der gemeindlichen Lasten (§ 3 II 2 KVG). Der Landkreis soll die Selbstverwaltung der kreisangehörigen Gemeinden ergänzen und fördern (§ 3 III 1 KVG). Der Landkreis und die kreisangehörigen Gemeinden sollen im Zusammenwirken alle Aufgaben der bürgerschaftlichen Selbstverwaltung erfüllen (§ 3 III 2 KVG).

65 Anders als die Gemeinde genießt der Kreis nach dem Grundgesetz **keine Allzuständigkeit** und nimmt nur ausdrücklich zugewiesene Aufgaben wahr. Nur im Hinblick auf die ihm durch Gesetz zugewiesenen, auf sein Gebiet begrenzten überörtlichen Angelegenheiten steht ihm ein Selbstverwaltungsrecht zu (vgl. Art. 28 II 2 GG).[131] Die meisten Landesverfassungen gewähren den Kreisen nur eine ähnliche Rechtsstellung. Die Landesverfassung Sachsen-Anhalts gewährt den Kreisen jedoch das Recht, alle öffentlichen Aufgaben selbständig wahrzunehmen, soweit diese nicht durch Gesetz anderen Stellen übertragen wurden.[132] Nach dem KVG sind die Kreise, wie bereits dargelegt,

---

124 Vgl. LVerfG LSA, Urt. v. 20.10.2015 – LVG 2/14 – juris Ls Nr. 3 (Rn. 129): „sind neben den Gemeinden auch die Landkreise gleichrangige Träger der kommunalen Selbstverwaltung".
125 S. hierzu Rn. 98 ff.
126 Vgl. *Nierhaus*, in: Sachs, GG, Art. 28 Rn. 62 zu Art. 28 II GG.
127 Vgl. Art. 10 I BayVerf; Art. 78 I VerfNRW; Art. 49 I, II VerfRLP.
128 Vgl. Art. 87 I Verf. LSA.
129 Vgl. § 3 I KVG LSA.
130 S. zur Gemeinde Rn. 50.
131 BVerwG, Urt. v. 9.12.2021 – 4 C 3.20 – juris Rn. 11.
132 Vgl. Art. 87 II VerfLSA.

in ihrem Gebiet die Träger der öffentlichen Aufgaben von überörtlicher Bedeutung oder solcher, deren zweckmäßige Erfüllung die Verwaltungs- oder Finanzkraft der ihnen angehörenden Gemeinden und Verbandsgemeinden übersteigt (§ 3 II 1 KVG LSA). Man könnte insoweit von einer originären Allzuständigkeit bei überörtlichen Aufgaben und von einer „subsidiären" Allzuständigkeit bei Aufgaben sprechen, die die Kräfte von Gemeinde und Verbandsgemeinde übersteigen. Letzteres ließe sich auch als eine Kompetenz-Kompetenz des Kreises bezeichnen bestimmte Gemeindeangelegenheiten in Umsetzung einer Ergänzungs- und Ausgleichsfunktion an sich zu ziehen.

66   In Sachsen-Anhalt handelt der Landrat **ausschließlich als Organ des Kreises** und nicht als staatliche Behörde. Bereits die Fassung der Fachgesetze spricht in der Regel für eine Wahrnehmung der Angelegenheiten des übertragenen Wirkungskreises als Kreisverwaltung und nicht als Teil der Landesverwaltung.[133] Man darf sich insoweit nicht von der unterschiedlichen Bedeutung des Wortes „Staatsverwaltung" bzw. „Landesverwaltung" beirren lassen. Versteht man den Begriff der Landesverwaltung im staatsorganisationsrechtlichen Sinne und damit sehr weit, sind Kreise und kreisfreie Städte Bestandteile der Landesverwaltung. Diese Bedeutung von „Landesverwaltung" ist in § 17 OrgG LSA enthalten, wonach Landkreise Teil der sog. mittelbaren Landesverwaltung sind.[134] Will man hingegen den Unterschied zwischen der Landesverwaltung und der Kommunalverwaltung betonen, werden der Kreis und die anderen Kommunalkörperschaften als „Kommunalverwaltung" gegenüber der Landesverwaltung abgegrenzt.

Bsp.: „Landesbehörde" i.S.v. § 8 AG VwGO LSA meint nur Behörden der unmittelbaren Landesverwaltung, nicht aber kommunale Behörden.

V. Kommunale Zusammenschlüsse

Lit.: *Fadavian*, Interkommunale Zusammenarbeit und ihre verfassungsrechtlichen Grenzen: Eine Untersuchung am Beispiel des Regionalverbands Ruhr, 2017; *Kluth*, in: Wolff/Bachof/Stober/Kluth, Verwaltungsrecht II, § 98; *Oebbecke*, Handbuch der kommunalen Wissenschaft und Praxis, Band I, § 29, 843 ff.; *Pencereci*, Quo vadis interkommunale Zusammenarbeit, LKV 2005, 137 ff.; *Schreiner*, Die Haftung im Zweckverband: Interkommunales Kooperationsrecht, Kommunalrecht und Gesellschaftsrecht, 2016

1. Überblick

67   Die Kommunen können nach Maßgabe des KVG **Formen kommunaler Gemeinschaftsarbeit** nutzen, um Aufgaben gemeinsam wahrzunehmen, zu deren Erfüllung sie berechtigt oder verpflichtet sind (§ 1 GKG-LSA). Zweck dieser kommunalen Gemeinschaftsarbeit ist es, dass Kommunen ihre Aufgaben gemeinschaftlich oder füreinander wahrnehmen, um ihre Verwaltungskraft besser auszuschöpfen oder Aufgaben durchzuführen, die über das eigene Gebiet hinaus wirken.[135] Die Zusammenarbeit kann sich auf sachlich und örtlich begrenzte Teile der Aufgaben beschränken (§ 1 Satz 2 GKG-LSA).

---

[133] Ebs. *Gern*, Deutsches Kommunalrecht, Rn. 906; näher zur Dogmatik allgemeiner unterer staatlicher Verwaltungsbehörden beim Kreis s. Seele, Die Kreise in der Bundesrepublik Deutschland, 1990, S. 198 ff.

[134] Vgl. auch § 1 II Nr. 2 EGovG LSA, wonach Landkreise „Stellen der Landesverwaltung" i.S.d. EGovG LSA sind.

[135] Vgl. die Altfassung des § 1 GKG-LSA.

Bsp.: Gemeinsame Vergabe von Bauleistungen (wobei das Vergaberecht unberührt bleibt)

Die Anstalten des öffentlichen Rechts und Zweckverbände werden für die ihnen satzungsgemäß obliegenden Aufgaben den Kommunen gleichgestellt, soweit dieses Gesetz nichts anderes bestimmt (§ 1 Satz 3 GKG-LSA).

68 Öffentlich-rechtliche **Formen kommunaler Gemeinschaftsarbeit** sind die Arbeitsgemeinschaft, die (delegierende oder mandatierende) Zweckvereinbarung und der Zweckverband (§ 2 I GKG-LSA). Kommunen haben auch die Befugnis, sich bei der gemeinsamen Wahrnehmung von Aufgaben der Rechtsformen des Privatrechts zu bedienen.[136] Von diesen Formen der Zusammenarbeit ist allein der Zweckverband eine rechtsfähige Kommunalkörperschaft. Von diesen Formen der Zusammenarbeit nach dem GKG-LSA zu unterscheiden sind weitere Formen öffentlich-rechtlicher Zusammenarbeit von Kommunen nach Fachgesetzen, wie nach dem KVSA LSA oder Formen kommunalpolitischer Zusammenarbeit. Zudem können sich aus Staatsverträgen besondere Regelungen über eine grenzüberschreitende Zusammenarbeit ergeben (vgl. § 2 IV KVG). Trifft das GKG-LSA keine besonderen Regelungen, gelten die allgemeinen kommunalrechtlichen Bestimmungen ergänzend (§ 2 III 1 GKG-LSA).

2. Zweckverband

69 Kommunen können sich zur gemeinsamen Erfüllung einzelner Aufgaben zu einem **Zweckverband** zusammenschließen (**Freiverband**, § 6 I 1 GKG-LSA). Neben Kommunen können auch andere Körperschaften, Anstalten und Stiftungen des öffentlichen Rechts Verbandsmitglieder sein, soweit nicht die für sie geltenden besonderen Vorschriften eine Beteiligung ausschließen oder beschränken (§ 6 I 2 GKG-LSA). Zweckverbände können nicht Mitglieder von Zweckverbänden sein (§ 6 I 5 GKG-LSA). Natürliche und juristische Personen des Privatrechts können Verbandsmitglieder sein, wenn es für die Erreichung des Zwecks von besonderer Bedeutung ist (§ 6 I 3 GKG-LSA). Die Kommunen müssen aber die Mehrheit der Verbandsmitglieder stellen und die Mehrheit der Stimmen in der Verbandsversammlung des Zweckverbandes haben (§ 6 I 4 GKG-LSA).

70 Ein Zweckverband darf nur errichtet werden, wenn die Aufgaben nicht ebenso wirkungsvoll und wirtschaftlich von einer Verbandsgemeinde oder im Rahmen einer Zweckvereinbarung wahrgenommen werden können (**Nachrang** der Zweckverbandsgründung, § 6 III GKG-LSA). Die Aufgabenwahrnehmung auf Grundlage einer Zweckvereinbarung hat mithin Vorrang, ebenso wie sich die Mitgliedsgemeinden von Verbandsgemeinden vorrangig des Instruments der Aufgabenübertragung auf die Verbandsgemeinde bedienen müssen.

71 Grundlage des jeweiligen Zweckverbandes bildet eine **Verbandssatzung**, welche die Beteiligten zur Bildung des Verbandes beschließen müssen (§ 8 I GKG-LSA). Sie muss einen gesetzlichen Mindestinhalt aufweisen.[137] Die Verbandssatzung bedarf der Genehmigung der Kommunalaufsichtsbe-

---

[136] Dies stellt § 2 II GKG-LSA klar.

[137] Die Verbandssatzung muss bestimmen 1. die Verbandsmitglieder, 2. den Namen und den Sitz des Zweckverbandes, 3. die Aufgaben des Zweckverbandes, 4. die Art und Weise der öffentlichen Bekanntmachungen des Zweckverbandes, 5. die Grundlagen für die Bemessung der Verbandsumlage, 6. das für die örtliche Prüfung zuständige Rechnungsprüfungsamt, 7. die Abwicklung bei Auflösung

hörde (§ 8 IV GKG-LSA).[138] Fehlerhaft gegründete Zweckverbände gelten nach näherer Maßgabe von **Heilungsvorschriften** als wirksam gegründet.[139] Das Landesverfassungsgericht des Landes Sachsen-Anhalt hatte die äußerst weit reichende, fragwürdige Heilungsregelung des § 8a GKG-LSA a.F. für mit der Landesverfassung vereinbar erklärt.[140]

72 Auch die Bildung von **Pflichtverbänden** ist möglich: Besteht für die Bildung eines Zweckverbandes zur Erfüllung bestimmter Pflichtaufgaben des eigenen Wirkungskreises ein dringendes öffentliches Bedürfnis, kann die Kommunalaufsichtsbehörde den zu beteiligenden Kommunen eine angemessene Frist zur Bildung eines Zweckverbandes setzen (§ 8b I GKG-LSA). Wird der Zweckverband innerhalb der gesetzten Frist nicht gebildet, verfügt die Kommunalaufsicht die Bildung eines Zweckverbandes und erlässt gleichzeitig die Verbandssatzung (§ 8b II 1 GKG-LSA). Vor dieser Entscheidung sind die Beteiligten zu hören (§ 8b II 2 GKG-LSA). Zudem ist die zwangsweise Gründung von Pflichtverbänden nach Maßgabe von Fachgesetzen zulässig.

> **Bsp.:** Die obere Wasserbehörde kann gem. § 84 I WG LSA im Benehmen mit der oberen Kommunalaufsichtsbehörde Gemeinden zur gemeinsamen Wahrnehmung von Aufgaben der Trinkwasserversorgung und der Abwasserbeseitigung zu einem Zweckverband zusammenschließen oder einem bestehenden Zweckverband anschließen, wenn für den Zusammenschluss oder Anschluss ein dringendes öffentliches Bedürfnis besteht.

Die Vorschriften über den Freiverband gelten für den Pflichtverband entsprechend (§ 8b IV GKG-LSA). Soweit das GKG-LSA nichts anderes bestimmt, gelten für den Zweckverband (Pflicht- wie Frei-

---

des Zweckverbandes (§ 8 II GKG-LSA). Im übrigen soll die Verbandssatzung die sonstigen Rechtsverhältnisse des Zweckverbandes, insbesondere das Verfahren seiner Organe, die Voraussetzungen und das Verfahren bei Beitritt eines weiteren Mitglieds oder bei Ausschluss oder Austritt (Kündigung) eines Mitglieds oder die Voraussetzungen für die Auflösung des Zweckverbandes, regeln, soweit dieses Gesetz ihre Regelung in der Verbandssatzung zulässt oder keine Vorschriften darüber enthält (§ 8 III GKG-LSA).

[138] Die Kommunalaufsichtsbehörde hat die Verbandssatzung und ihre Genehmigung nach den für die Satzungen ihres Landkreises geltenden Vorschriften bekannt zu machen (§ 8 V 1 GKG-LSA). Ist das Landesverwaltungsamt Kommunalaufsichtsbehörde, macht es die Zweckvereinbarung in seinem amtlichen Bekanntmachungsblatt öffentlich bekannt (§ 8 V 2 GKG-LSA). Ist das für Kommunalangelegenheiten zuständige Ministerium Kommunalaufsichtsbehörde, erfolgt die öffentliche Bekanntmachung im Ministerialblatt für das Land Sachsen-Anhalt (§ 8 V 3 GKG-LSA). Die Kommunen haben in der für die Bekanntmachung ihrer Satzungen vorgesehenen Form auf die Veröffentlichung hinzuweisen (§ 8 V 4 GKG-LSA). Der Zweckverband entsteht am Tag nach der Bekanntmachung nach Satz 1 oder Satz 2, soweit nicht in der Verbandssatzung ein späterer Zeitpunkt bestimmt ist (§ 8 V 5 GKG-LSA).

[139] Als Körperschaften öffentlichen Rechts entstanden gelten rückwirkend auch diejenigen Zweckverbände, die vor dem 16. Oktober 1992 gegründet worden sind; dabei aufgetretene Gründungsmängel gelten nach Maßgabe von § 8a I GKG-LSA als geheilt (§ 7 Satz 2 GKG-LSA).

[140] VerfG LSA, Urt. v. 3.7.1997 – LVG 1/97 – LVerfGE 7, 251 zum ersten Heilungsgesetz (Anm. Wellmann, LKV 1997, 402-404) ; vgl. auch Urt. v. 23.10.1997 LVerfGE 7, S. 275, 282 zum zweiten Heilungsgesetz. Von einer Wirksamkeit des § 8a GKG LSA gehen auch aus: OVG LSA, Beschl. v. 4.7.2000 VwRR MO 2000, S. 303; VG Dessau, Beschl. v. 5.2.1998 1 K 235/97 VerwRR MO 1998, S. 106; Urt. v. 8.2.1999 VwRR MO 2000, S. 45. Nach dieser Ansicht bewirkt § 8 a Abs. 1 Satz 3 GKG-LSA (in der seit 9.10.1997 geltenden Fassung), dass Abgabensatzungen des „gesetzlich geheilten" Zweckverbandes am 9.10.1997 in Kraft getreten sind (VG Dessau, Beschl. v. 5.2.1998, a.a.O.). Nach Ansicht der dritten Kammer des VG Halle, Beschl. v. 13.8.1998 LKV 1999, S. 80 Ls ist die Heilungsregelung § 8 a GKG-LSA (i.d.F. vom 26.2.1998, GVBl. LSA S. 81) hingegen grundgesetzwidrig. Die Kammer ist davon überzeugt, dass die Vorschrift mit den Art. 31, 20 Abs. 3, 28 Abs. 1 Satz 2, Abs. 2 Satz 1 und 19 Abs. 4 GG unvereinbar ist. Sie hat durch Vorlagebeschluss gem. Art. 100 GG die Frage dem Bundesverfassungsgericht vorgelegt. Dieses hat die Vorlage für unzulässig erklärt und erkennen lassen, dass es die Vorschriften für verfassungsgemäß hält.. Das Gericht hält zudem § 7 Satz 2 Halbs. 2 GKG-LSA für grundgesetzwidrig. BVerfG, Beschl. v. 23.7.2002 LKV 2002, S. 569ff. Zur Ansicht des BVerfG bzgl. der materiellen Rechtslage s. vor allem Rn. 84ff. des amtlichen Umdrucks der Entscheidung.

verband) die Vorschriften für Gemeinden sinngemäß (§ 16 I 1 GKG-LSA). Hiernach können in der Verbandsversammlung etwa Fragestunden durchgeführt werden.[141]

73 Der Zweckverband ist eine Körperschaft des öffentlichen Rechts (§ 7 Satz 1 GKG-LSA)[142] und zwar **Verbandskörperschaft**, nicht Gebietskörperschaft[143]. Die Mitgliedschaft knüpft nicht, wie bei Gebietskörperschaften, an den Wohnsitz natürlicher Personen (bzw. an den Sitz juristischer Personen als Mitgliedern) in einem Gebiet an.[144] Vielmehr beruht sie auf einer Willenserklärung ihrer Mitglieder. Bisherige Rechte und Pflichten der Gemeinde gehen frühestens ab dem Beitritt und nur mit Wirkung für die Zukunft auf den Zweckverband über.[145] Der Zweckverband besitzt Dienstherrenfähigkeit (§ 7 Satz 1 2. HS KVG).[146]

74 Sofern es sich nicht um einen Pflichtverband mit zugewiesenen bzw. gesetzlichen Aufgaben handelt, entscheiden die Beteiligten durch ihre Verbandssatzung, welche **Aufgaben** der Freiverband wahrnimmt.[147]

75 Mit der Entstehung des Zweckverbandes gehen das Recht und die Pflicht der beteiligten Kommunen, die übertragenen Aufgaben zu erfüllen und die dazu notwendigen Befugnisse auszuüben, auf den Zweckverband über (**Übergang von Recht und Pflicht zur Aufgabenwahrnehmung**, § 9 I 1 GKG-LSA). Dies schließt die Befugnis ein, für die betreffenden Aufgaben Satzungen oder Verordnungen zu erlassen (**Übergang des Satzungs- und Verordnungsrechts**, § 9 I 2 GKG-LSA).[148] Die Zweckverbände sind im Hinblick auf Zuwiderhandlungen gegen ihre Satzungen zur Verfolgung und Ahndung zuständige Verwaltungsbehörden im Sinne des Ordnungswidrigkeitenrechts[149] (§ 9 II GKG-LSA).

76 Zweckverbände können **aufgelöst** werden, Mitglieder können austreten oder ausgeschlossen werden, Aufgaben können **geändert** werden. Änderungen der Verbandssatzung, die den Beitritt, den Ausschluss oder den Austritt von Verbandsmitgliedern sowie die Auflösung des Zweckverbandes betreffen, bedürfen einer Mehrheit von mindestens zwei Dritteln der satzungsmäßigen Stimmen der Verbandsversammlung und der Mehrheit der Verbandsmitglieder (§ 14 I GKG-LSA).[150] Es

---

[141] Vgl. § 16 IV GKG-LSA: „Auf öffentliche Sitzungen der Verbandsversammlung und ihrer Ausschüsse finden die Bestimmungen des §28 Abs.2 des Kommunalverfassungsgesetzes über Fragestunden insoweit entsprechende Anwendung, als den im Verbandsgebiet wohnenden Personen sowie natürlichen und juristischen Personen, die im Verbandsgebiet Grundstücke besitzen oder ein Gewerbe betreiben, die Möglichkeit einzuräumen ist, in Angelegenheiten des Zweckverbandes Fragen zu stellen."

[142] Als Körperschaften öffentlichen Rechts entstanden gelten rückwirkend auch diejenigen Zweckverbände, die vor dem 16. Oktober 1992 gegründet worden sind; dabei aufgetretene Gründungsmängel gelten nach Maßgabe von § 8 a Abs. 1 als geheilt (§ 7 Satz 2 GKG-LSA).

[143] *Kluth*, in: Wolff/Bachof/Stober/Kluth, Verwaltungsrecht II, § 85 Rn. 34; a.A. *Bauernfeind*, in: Driehaus, Kommunalabgabenrecht, § 1 Rn. 23f.

[144] *Kluth*, in: Wolff/Bachof/Stober/Kluth, Verwaltungsrecht II, § 85 Rn. 31.

[145] VG Dessau, Urt. v. 19.8.2003 LKV 2004, 190: Unzulässigkeit des „rückwirkenden Beitritts".

[146] § 7 GKG-LSA.

[147] Zu den Aufgaben des Zweckverbands s. Rn. 314 ff.

[148] Die § 9 I Sätze 1 und 2 KVG gelten für den Fall des Beitritts eines weiteren Verbandsmitglieds entsprechend (§ 9 I 3 GKG-LSA) Der Übergang von Rechten und Pflichten gilt auch für diejenigen Zweckverbände als von Anfang an eingetreten, die nach § 7 Satz 2 als Körperschaft des öffentlichen Rechts entstanden gelten (§ 9 I 4 GKG-LSA).

[149] I.S.v. von § 36 I Nr. 1 OWiG.

[150] Die Kommunalaufsichtsbehörde kann die Genehmigung zur Auflösung eines Zweckverbandes, zum Ausschluss oder zum Austritt eines Verbandsmitglieds mit der Maßgabe erteilen, dass die Auflösung, der Ausschluss oder der Austritt erst nach Ablauf eines in der

kann geregelt werden, dass ein Austritt nur unter Beachtung von Fristen und aus wichtigem Grund zulässig ist.[151] Das GKG-LSA regelt den Fall des Wegfalls von Verbandsmitgliedern (§ 15 GKG-LSA) ebenso wie den Formenwechsel (§ 15a GKG-LSA), etwa in eine Anstalt des öffentlichen Rechts.

77 Die Rechtsnatur des Zweckverbandes und das für ihn geltende Rechtsregime ändert sich auch dann nicht, wenn er **Private als Mitglieder** aufnimmt. ES wurde bereits genannt, dass natürliche und juristische Personen des Privatrechts Verbandsmitglieder sein können, wenn es für die Erreichung des Zwecks von besonderer Bedeutung ist (§ 6 I 3 GKG-LSA).

3. Zweckvereinbarung

78 Keine körperschaftliche Strukturen hat die kommunale **Zweckvereinbarung** Sie ist eine nicht-institutionalisierte vertragliche Zusammenarbeit i.S.d. GKG-LSA. Kommunen, Anstalten des öffentlichen Rechts und Zweckverbände können durch öffentlich-rechtlichen Vertrag zwei unterschiedliche Formen der Zweckvereinbarung begründen. Sie können vereinbaren, dass einer der am Vertrag beteiligten Körperschaft einzelne oder mehrere Aufgaben der übrigen Beteiligten zur Erfüllung übertragen werden, wobei eine beteiligte Körperschaft insbesondere den übrigen Beteiligten die Mitbenutzung einer von ihr betriebenen Einrichtung gestatten kann (**delegierende Zweckvereinbarung**, § 3 I Nr. 1 GKG-LSA).

> **Bsp.:** Gemeinden A und B vereinbaren, dass Gemeinde A für beide Gemeinden eine Kläranlage baut und betreibt.

79 Eine oder mehrere der am Vertrag beteiligten Körperschaften können einzelne oder mehrere Aufgaben für die übrigen Beteiligten in deren Namen und in deren Auftrag gemeinschaftlich durchführen (**mandatierende Zweckvereinbarung**, § 3 I Nr. 2 GKG-LSA)[152].

80 Kommunen, Anstalten des öffentlichen Rechts und Zweckverbände können in einer mandatierenden Zweckvereinbarung auch den Betrieb einer **gemeinsamen Dienststelle** vereinbaren (§ 3 II 1 GKG-LSA).[153]

> **Bsp.:** Einrichtung und Betrieb gemeinsamer Rettungsleitstelle der Landkreise Salzwedel und Stendal

---

Genehmigung bestimmten Zeitraumes wirksam wird, wenn dies zur Anpassung des Zweckverbandes oder der Verbandsmitglieder an die Änderungen aus Gründen des öffentlichen Wohls erforderlich ist (§ 14 II 2 GKG-LSA).

[151] Was ein wichtiger Grund ist, wird nicht allein durch die Interessen der austretenden Gemeinde bestimmt, sondern erfordert eine Abwägung der Interessen (vgl. zum ehem. § 14 I 2 GKG-LSA a.F. OVG LSA, Beschl. v. 6.3.2000 – A 2 S 364/98 – juris/VwRR MO 2000, 406.

[152] In einer mandatierenden Zweckvereinbarung kann auch vereinbart werden, dass eine Körperschaft den beteiligten anderen Körperschaften Beschäftigte zur Durchführung ihrer Aufgaben zu Verfügung stellt (§ 3 I 2 GKG-LSA). Die Übertragung und die Durchführung von Aufgaben der Beteiligten kann auf sachlich oder örtlich begrenzte Aufgaben beschränkt werden (§ 3 I 3 GKG-LSA). Die Zweckvereinbarung kann befristet oder unbefristet geschlossen werden (§ 3 I 4 GKG-LSA). In der Zweckvereinbarung soll eine Kostendeckungsregelung enthalten sein (§ 3 I 5 GKG-LSA). Gemeinden derselben Verbandsgemeinde dürfen eine Zweckvereinbarung nicht schließen (§ 3 I 6 GKG-LSA).

[153] Eine gemeinsame Dienststelle kann auch als Teil einer der Beteiligten eingerichtet werden (§ 3 II 2 GKG-LSA). In einer gemeinsamen Dienststelle üben die Beschäftigten ihre Tätigkeiten nach der fachlichen Weisung des im Einzelfall sachlich und örtlich zuständigen Beteiligten aus; ihre dienstrechtliche Stellung im Übrigen bleibt unberührt (§ 3 II 3 GKG-LSA).

81 **Gegenstand der Zweckvereinbarung** können Aufgaben des eigenen wie des übertragenen Wirkungskreises sein. Soweit delegierende und mandatierende Zweckvereinbarungen eine Aufgabe des übertragenen Wirkungskreises betreffen, bedürfen sie der Genehmigung der Kommunalaufsichtsbehörde im Einvernehmen mit der Fachaufsichtsbehörde (§ 3 III 1 GKG-LSA).[154]

82 Eine Zweckvereinbarung bedarf der Genehmigung der Kommunalaufsichtsbehörde, soweit eine Aufgabe des übertragenen Wirkungskreises erfüllt werden soll (**Genehmigungspflicht** gem. § 3 III 1 GKG-LSA). Die Kommunalaufsichtsbehörde bedarf des Einvernehmens der Fachaufsichtsbehörde. Auch Änderungen von Zweckvereinbarung über übertragene Aufgaben sind genehmigungspflichtig. Im Übrigen sind Zweckvereinbarungen der Kommunalaufsichtsbehörde nach Abschluss anzuzeigen (**Anzeigepflicht**, § 3 III 2 GKG-LSA),

83 Die nur anzeigepflichtige Zweckvereinbarung wird ohne amtliche Bekanntmachung mit ihrem Abschluss wirksam (**Wirksamkeit ohne Bekanntmachung**, § 3 V 1 GKG-LSA). Die beteiligten Kommunen und Zweckverbände haben die Zweckvereinbarung nach den für ihre Satzungen geltenden Vorschriften öffentlich bekannt zu machen (§ 3 V 2 GKG-LSA). Für die öffentliche Bekanntmachung und das Wirksamwerden einer genehmigungspflichtigen Zweckvereinbarung gilt hingegen § 8 V GKG-LSA, wonach die Kommunalaufsichtsbehörde die Satzung und ihre Genehmigung nach den für die Satzungen ihres Landkreises geltenden Vorschriften bekannt zu machen hat (§ 3 V 3 GKG-LSA). In diesem Fall tritt die **Wirksamkeit erst mit dieser Bekanntmachung** ein.

84 Rechtsfolge der wirksamen delegierenden Zweckvereinbarung ist der **Übergang des Rechts und der Pflicht** zur Aufgabenerfüllung auf die übernehmende Körperschaft (§ 4 I 1 GKG-LSA). Die übrigen Beteiligten werden von der Pflicht zur Aufgabenerfüllung frei (§ 4 I 2 GKG-LSA). Der Rechts- und Pflichtenübergang schließt den Übergang der Befugnis mit ein, für die betreffende Aufgabe Satzungen und Verordnungen zu erlassen (vgl. § 4 I 1 GKG-LSA). Es entsteht mithin ein besonderes Satzungsrecht der übernehmenden Kommune. Die Satzungen und Verordnungen im Rahmen der Aufgabenübertragung gelten für das gesamte Gebiet der Beteiligten. Die die Aufgabe übernehmende Körperschaft hat Satzungen und Verordnungen, die sie für das Gebiet der übrigen Beteiligten erlässt, in den Bekanntmachungsorganen aller Beteiligten öffentlich bekannt zu machen (§ 4 I 3 GKG-LSA).[155] In der Zweckvereinbarung kann dem eine Aufgabe übertragenden oder mit der Durchführung der Aufgabe beauftragenden Beteiligten ein Mitwirkungsrecht eingeräumt werden (§ 4 III GKG-LSA).

85 Bei der mandatierenden Zweckvereinbarung tritt hingegen kein Rechts- und Pflichtenübergang ein. Die Rechte und Pflichten verbleiben bei den Beteiligten (§ 4 II GKG-LSA).

86 Die **Kündigung** einer Zweckvereinbarung ist möglich. Sie bedarf nicht der Genehmigung der Kommunalaufsichtsbehörde.[156]

---

[154] Im Übrigen sind Zweckvereinbarungen der Kommunalaufsichtsbehörde nach Abschluss anzuzeigen (§ 3 III 2 GKG-LSA).

[155] Abweichend hiervon geht die Befugnis, in Bezug auf die übertragene Aufgabe Satzungen und Verordnungen zu erlassen; auf die die Aufgabe übernehmende Kommune oder Anstalt des öffentlichen Rechts oder den übernehmenden Zweckverband nur über, wenn die Zweckvereinbarung dies bestimmt (§ 4 I 4 GKG-LSA).

[156] VG Halle, Urt. v. 25.2.2015 – 6 A 94/13 – juris Rn. 92.

4. Arbeitsgemeinschaft

87 Gemeinden und Landkreise können durch öffentlich-rechtlichen Vertrag eine **Arbeitsgemeinschaft** bilden (§ 2a I 1 GKG-LSA).[157] An ihr können sich auch sonstige Körperschaften, Anstalten und Stiftungen des öffentlichen Rechts sowie ferner natürliche und juristische Personen des Privatrechts beteiligen (§ 2a I 2 GLG LSA). Die Arbeitsgemeinschaft ist ein Zusammenschluss ohne eigene Rechtspersönlichkeit (§ 2a II 1 GKG-LSA). Durch die Beteiligung an einer Arbeitsgemeinschaft werden die Rechte und Pflichten der Beteiligten als Träger von Aufgaben und Befugnissen nicht berührt (§ 2a II 2 GKG-LSA).

88 In einer Arbeitsgemeinschaft beraten die Beteiligten Angelegenheiten, die sie gemeinsam betreffen (§ 2a III 1 GKG-LSA). Die Arbeitsgemeinschaft dient insbesondere dazu, Planungen sowie Tätigkeiten von Einrichtungen ihrer Beteiligten aufeinander abzustimmen, um eine möglichst wirtschaftliche und effektive Erfüllung der Aufgaben in einem größeren nachbarlichen Gebiet sicherzustellen (§ 2a III 2 GKG-LSA). Die Abstimmung des Tätigwerdens der Mitglieder zur effektiveren und wirtschaftlicheren Erfüllung betrifft Aufgaben, die von überörtlicher Bedeutung sind.

89 Die Befugnis, sich bei der gemeinsamen Wahrnehmung von Aufgaben der Rechtsformen des Privatrechts zu bedienen, bleibt unberührt (§ 2 II GKG-LSA). Soweit im KVG keine besonderen Regelungen getroffen sind, gelten die allgemeinen kommunalrechtlichen Bestimmungen ergänzend (§ 2 III 1 GKG-LSA). Besondere Regelungen in Staatsverträgen über eine grenzüberschreitende Zusammenarbeit bleiben unberührt (§ 2 IV GKG-LSA).

90 Die **einfache Arbeitsgemeinschaft** hat mangels Rechtspersönlichkeit keine Organe und keine Kompetenzen.
Sitzungen der AG, d.h. die Versammlungen von Vertretern der Mitglieder der Gemeinschaft, haben daher keine Befugnisse. Weder die AG noch deren Mitglieder können durch Beschluss Rechte oder Pflichten der Gemeinschaft oder der von ihnen vertretenen Kommunalkörperschaft begründen. Im Rahmen einer einfachen AG sind die Mitglieder an die Ergebnisse der Beratung und Abstimmung der AG nicht gebunden.

91 Etwas anderes gilt im Fall der sog. **besonderen Arbeitsgemeinschaft**. Gemeinden und Landkreise können eine solche besondere Arbeitsgemeinschaft durch öffentlichen-rechtlichen Vertrag begründen (§ 2b GKG-LSA). Bei dieser Zusammenarbeit in einer Arbeitsgemeinschaft wird vereinbart, dass die Beteiligten an Beschlüsse der Arbeitsgemeinschaft gebunden sind, wenn die zuständigen Organe aller Beteiligten diesen Beschlüssen zugestimmt haben (§ 2b Satz 1 GKG-LSA). In der Vereinbarung kann vorgesehen werden, dass die zuständigen Organe der Beteiligten innerhalb einer bestimmten Frist über die Beschlüsse der Arbeitsgemeinschaft zu beschließen haben (§ 2b Satz 2 GKG-LSA).

---

[157] In dem öffentlich-rechtlichen Vertrag über die Arbeitsgemeinschaft sollen die Aufgaben der Arbeitsgemeinschaft, die Geschäftsführung und die Deckung des Finanzbedarfs geregelt werden (§ 2a IV 1 GKG-LSA). Der öffentlich-rechtliche Vertrag wird wirksam, sobald er von allen Beteiligten unterzeichnet ist (§ 2a IV 2 GKG-LSA). In dem öffentlich-rechtlichen Vertrag kann ein anderer Zeitpunkt für sein Wirksamwerden bestimmt werden (§ 2a IV 3 GKG-LSA).

5. Höherstufige Gemeindeverbände

92 In Sachsen-Anhalt gibt es keine **höherstufigen Gemeindeverbände** in Gestalt von Gebietskörperschaften. Solche finden sich nur in wenigen Bundesländern.

> **Bsp.:** Höherstufige Gemeindeverbände sind etwa die Landschaftsverbände und Stadtbezirke in Nordrhein-Westfalen, der Bezirksverband Pfalz in Rheinland-Pfalz, der Umlandverband Frankfurt am Main oder die Bezirke in Bayern.

93 Eine kommunale Verbandskörperschaft ist der **Kommunale Versorgungsverband Sachsen-Anhalt** (KVSA). Er ist eine Körperschaft des öffentlichen Rechts, die ihre eigenen Angelegenheiten im Rahmen der Gesetze unter eigener Verantwortung verwaltet und Dienstherrnfähigkeit besitzt (§ 1 I KVSAG LDSA). Der Verband hat die Aufgaben eines Versorgungswerks für die Kommunalbeamten des Landes Sachsen-Anhalt (das die beamtenrechtliche Versorgung und die beamtenrechtliche Krankenfürsorge absichert) und betreibt zudem die Versorgung der kommunalen Tarifbeschäftigten im Sinne einer betrieblichen Alters-, Erwerbsminderungs- und Hinterbliebenenversorgung. Pflichtmitglieder des Versorgungsverbandes sind 1. Kommunen i.S.v. § 1 KVG, 2. Zweckverbände sowie 3. kommunale Anstalten und Stiftungen des öffentlichen Rechts im Land Sachsen-Anhalt, wenn sie versorgungsberechtigte Beamte oder Arbeitnehmer mit beamtenmäßigen Versorgungsrechten haben (§ 10 KVSAG LSA). Ob man den KVSA als Kommunalkörperschaft bezeichnet, hängt von der Begriffsdefinition ab.

6. Sonstige Formen kommunaler Zusammenarbeit

94 Die **kommunalen Spitzenverbände** (Städte- und Gemeindebund Sachsen-Anhalt[158], Landkreistag Sachsen-Anhalt e.V.,[159] Deutscher Städtetag und Deutscher Landkreistag e.V.) mögen zwar eine körperschaftliche Struktur besitzen, jedoch handelt es sich bei ihnen um politische Interessenvertretungen der Kreise bzw. Gemeinden ohne *gesetzliche* Aufgaben. Sie sind aber kraft Gesetzes in die Rechtsetzung einzubinden: Die Landesregierung muss die Verbindung zu den kommunalen Spitzenverbänden Sachsen-Anhalts wahren und sie bei der Vorbereitung von Rechtsvorschriften und von Verwaltungsvorschriften von grundsätzlicher Bedeutung, die unmittelbar die Belange der Kommunen berühren, rechtzeitig anhören (§ 160 KVG).

---

[158] S. https://www.kommunales-sachsen-anhalt.de/St%C3%A4dte-und-Gemeindebund/Verbandsinformationen/Aktuelles/ (besucht am 16.5.24).

[159] https://www.kommunales-sachsen-anhalt.de/Landkreistag/Aktuelle-Informationen/

B. Kommunale Aufgaben und ihre Rechtsbindungen

Lit.: *Bogumil/Kuhlmann* (Hrsg.), Kommunale Aufgabenwahrnehmung im Wandel: Kommunalisierung, Regionalisierung und Territorialreform in Deutschland und Europa, 2010; *Dümke*, Daseinsvorsorge, Wettbewerb und kommunale Selbstverwaltung im Bereich der liberalisierten Energiewirtschaft (KWI-Gutachten), 2023; *Eggers*, Die Verzonung von Aufgaben, Zuständigkeiten, Kompetenzen und Befugnissen: Grenzen der legislativen Gestaltungsmacht auf kommunaler Ebene, 2011; *Fettig/Späth* (Hrsg.), Privatisierung kommunaler Aufgaben, 1997; *Gebhardt*, Das kommunale Selbstverwaltungsrecht: Verfassungsrechtliche Maßstäbe und verfassungsgerichtliche Maßstabsbildung für kommunale Gebietsreformen, staatliche Aufgabenübertragungen und Ausgestaltungen des kommunalen Finanzausgleichs, 2007; *Hellermann*, Örtliche Daseinsvorsorge und gemeindliche Selbstverwaltung: Zum kommunalen Betätigungs- und Gestaltungsspielraum unter den Bedingungen europäischer (...) Deregulierungspolitik, 2000; *Henkel*, Die Kommunalisierung von Staatsaufgaben: Eine Herausforderung für die kommunale Selbstverwaltung und ihre Dogmatik., 2014; *Henneke*, Organisation kommunaler Aufgabenerfüllung – Optimierungspotentiale im Spannungsfeld von Demokratie und Effizienz, DVBl. 1997, 1270 ff.; *Kment*, Energiewirtschaft und kommunale Selbstverwaltung, 2018; *Kneuper*, Privatisierung kommunaler Pflichtaufgaben: Die Pflichtenübertragung nach § 16 Abs. 2 KrW-/AbfG und gleichartigen Vorschriften, 2011; *Mann/Püttner* (Hrsg.), Handbuch der kommunalen Wissenschaft und Praxis: Band 3: Kommunale (Fach-)Aufgaben und Instrumente der Aufgabenerfüllung, 4. Aufl., angekündigt für Juni 2025; *Sander*, Öffentliche Wasserversorgung zwischen Daseinsvorsorge, Regulierung und Privatisierung, 2014; *Schwarz*, Kommunale Aufgaben und Formenmissbrauch bei Aufgabenübertragung, NVwZ 1997, 238 ff.; *Vogelsang/Lübking/Ulbrich*, Kommunale Selbstverwaltung. Rechtsgrundlagen – Organisation – Aufgaben – Neue Steuerungsmodelle, 3. Aufl., 2005

I. Verfassungsrechtliche Aufgabenverteilung

95 Die Stellung der Kommunen Sachsen-Anhalts im bundesstaatlichen System wird maßgeblich durch Art. 28 II GG sowie durch Art. 86 I, 87 ff. VerfLSA bestimmt. Mithin kann von einer **doppelten Verfassungsstellung** der Kommunen gesprochen werden. Die Landesverfassung ist nicht bloß Konkretisierung der grundgesetzlichen Rechtsstellung, sondern eine Regelung kraft der verfassungsgebenden Gewalt des Volks des Landes Sachsen-Anhalt.

96 Die **Aufgabenverteilung** zwischen dem Bund bzw. dem Land Sachsen-Anhalt auf der einen Seite und seinen Kommunen auf der anderen Seite geben Grundgesetz und Landesverfassung nur im Hinblick auf das Selbstverwaltungsrecht vor. Daneben haben die Gemeinden aber auch staatliche Aufgaben des Bundes und des Landes wahrzunehmen (sog. klassischer **Aufgabendualismus**). Sowohl Bund als auch Land dürfen jenseits eines unantastbaren Kernbereichs in den (noch darzustellenden) verfassungsrechtlichen Grenzen in den Bereich geschützter Selbstverwaltungsaufgaben eingreifen.[160] Der Bund darf Gemeinden (und Gemeindeverbänden) aber nicht durch Bundesgesetz Aufgaben übertragen (Art. 84 I 7 GG).[161] Hingegen darf das Land Sachsen-Anhalt seinen Kommunen durch Gesetz Pflichtaufgaben zur Erfüllung in eigener Verantwortung zuweisen und staatliche Aufgaben zur Erfüllung nach Weisung übertragen (Art. 87 III 1 VerfLSA).

97 Für die Aufgabenübertragung durch das Land gilt ein **Subsidiaritätsgebot**, wonach die staatliche Aufgaben unter Beachtung ihrer örtlichen und überörtlichen Bezüge sowie einer zweckmäßigen und wirtschaftlichen Aufgabenwahrnehmung auf die Gemeinden und Landkreise zur Erfüllung nach Weisung zu übertragen sind (§ 5 I OrgG LSA). Soweit sich staatliche Aufgaben hierfür eignen, sind

---

[160] S. Rn. 104 f.

[161] Hierzu etwa *Waldhoff*, Kommunalrecht: Durchgriffsverbot des Art. 84 I 7 GG und kommunale Selbstverwaltung, JuS 2021, 476-478.

sie den Gemeinden und Landkreisen zur Erfüllung im eigenen Wirkungskreis zu übertragen (Kommunalisierungsvorrang gem. § 5 II OrgG LSA).

Bsp.: Zuständigkeit der Gemeinden für Maßnahmen gegen die Verwahrlosung von Wohnraum (§ 5 I Wohnraumaufsichtsgesetz LSA).

II. Gemeinde

1. Selbstverwaltungsaufgaben

a) Selbstverwaltungsrecht: Grundlage und Inhalt

98 Die Stellung der Gemeinden im Staatsaufbau wird maßgeblich durch ihr **Recht auf Selbstverwaltung** geprägt. Rechtsgrundlagen der Selbstverwaltungsgarantie sind Art. 28 II 1 GG und ihre Gewährleistung durch die jeweilige Landesverfassung[162]. Den Gemeinden wird durch Art. 28 II 1 GG das Recht gewährleistet, alle Angelegenheiten der örtlichen Gemeinschaft im Rahmen der Gesetze in eigener Verantwortung zu regeln. Hierbei handelt es sich um eine Staatsfundamentalnorm des Grundgesetzes, die in Verbindung mit Art. 28 I 2 GG das Prinzip der „Demokratie von unten nach oben" verwirklicht.[163] Die Selbstverwaltung ist in erster Linie ein demokratietheoretisches Staatsaufbauprinzip, das in funktioneller Hinsicht zugleich politisch-administrative Dezentralisation bewirkt.[164]

99 Die kompetenzielle Dimension der gemeindlichen Selbstverwaltungsgarantie bezeichnet man als **Verbandskompetenz** der Gemeinde (in Abgrenzung zur Organkompetenz des jeweils für die Gemeinde handelnden Organs).[165] Eine Aufgabenzuweisung ist auch für die Gemeinden unverzichtbar: Während die Privatautonomie die Grundlage des privaten Sektors bildet, bedarf es für den öffentlichen Sektor gesetzlicher Kompetenzzuweisungen.

100 Nach der Rspr. des BVerfG[166] sind **Angelegenheiten der örtlichen Gemeinschaft** im Sinne von Art. 28 II 1 GG „diejenigen Bedürfnisse und Interessen, die **in ihr wurzeln oder auf sie einen spezifischen Bezug haben**, die also den Gemeindeeinwohnern gerade als solchen gemeinsam sind, indem sie das Zusammenleben und -wohnen der Menschen in der Gemeinde betreffen; auf die Verwaltungskraft der Gemeinde kommt es hierfür nicht an".[167] Dabei hat man sich am historisch gewachsenen Erscheinungsbild der Selbstverwaltung zu orientieren. Der Begriffsinhalt ist jedoch **wandelbar**. Ein feststehender bestimmbarer Aufgabenbereich besteht nach der Rspr. nicht.[168] Vielmehr steht dem Gesetzgeber insoweit eine weitreichende Definitionsmacht zu.

101 Das Recht, die eigenen Angelegenheiten **in eigener Verantwortung** zu regeln, bedeutet die Freiheit, über das „Ob", „Wann" und „Wie" der Aufgabenwahrnehmung ohne staatliche Einflussnahme oder

---

[162] Z.B. Art. 10 I, 11 II BayVerf; Art. 78 I, II LVerfNRW; Art. 49 I,II, III LVerfRLP; Art. 2 III, 87 I, II LVerfLSA

[163] *Nierhaus*, in: Sachs, GG, Art. 28 Rn. 30.

[164] I.d.S. *Nierhaus*, in: Sachs, GG, Art. 28 Rn. 31; ähnl. *Püttner*, in: Isensee/Kirchhof, Handbuch des Staatsrechts/IV, § 107 Rn. 1-7.

[165] Vgl. etwa Berg, BayVBL.1990, 33; *Gern*, Deutsches Kommunalrecht, Rn. 57; 113; Oldiges, DÖV 1989, 873 ff.

[166] BVerfG, Beschl. v. 23.11.1988 – 2 BvR 1619/83 etc. – DVBl. 1989, 300 ff. – Rastede.

[167] BVerfG, Beschl. v. 23.11.1988 – 2 BvR 1619/83 etc. – BVerfGE 79, 127 (151) – Rastede.

[168] BVerfG, Beschl. v. 23.11.1988 – 2 BvR 1619/83 etc. – BVerfGE 79, 127 (152).

Bevormundung zu entscheiden.[169] Eigenverantwortlichkeit umfasst Gestaltungs-, Ermessens- und Weisungsfreiheit.[170] Mit der Eigenverantwortlichkeit in Selbstverwaltungsangelegenheiten wäre insbesondere ein umfassendes Weisungsrecht der staatlichen Stellen gegenüber der Gemeinde nicht zu vereinbaren. Aus der Eigenverantwortlichkeit folgt daher u.a. die Beschränkung der Kommunalaufsicht auf eine reine Rechtsaufsicht.

102 Das Recht zur Selbstverwaltung ist nur „**im Rahmen der Gesetze**" gewährleistet. Die Garantieelemente „eigener Aufgabenbereich" und „Eigenverantwortung" unterliegen somit einem Gesetzesvorbehalt.[171] Gemeindliche Selbstverwaltung erfährt nicht als unveränderlicher Bestand von Aufgaben Schutz, sondern ihr Inhalt kann durch Gesetze beschränkt oder erweitert werden. Dies bezieht sich auf den Aufgabenkreis und die Organisationsbefugnisse.[172] Gesetze i.S.v. Art. 28 II GG sind nicht nur förmliche Gesetze, sondern auch Rechtsverordnungen die auf bundesrechtlicher Ermächtigung (i.S.v. Art. 80 I GG) oder die auf Grundlage einer landesrechtlichen Verordnungsermächtigung ergehen.[173]

103 Nicht einmal der Bestand einer konkreten Gemeinde wird durch Art. 28 II GG gewährleistet.[174] Dies wird oft auf die Formel gebracht, die Vorschrift begründe keine (individuelle) Bestandsgarantie[175], sondern nur eine **institutionelle Garantie**.[176] Diese Aussage ist jedoch missverständlich, weil sich eine von einer rechtswidrigen Auflösung bzw. Eingemeindung bedrohte Gemeinde fraglos auf die Verletzung ihres Selbstverwaltungsrechts berufen darf.[177] Ob dieses indes durch die Auflösung verletzt wird, ist Einzelfallfrage.

104 Art. 28 II GG schafft eine institutionelle Garantie im Sinne eines **unantastbaren Kernbereichs** von Selbstverwaltung, der dem Gesetzgeber eine Grenze vorgibt.[178] Dieser darf die „identitätsbestimmenden Merkmale gemeindlicher Selbstverwaltung weder faktisch noch rechtlich beseitigen"[179]. Zu diesem Kernbereich des Selbstverwaltungsrechts gehört kein gegenständlich bestimmter oder nach feststehenden Merkmalen bestimmbarer Aufgabenkatalog.[180] Es gehört aber jedenfalls die Befugnis dazu, sich aller Angelegenheiten der örtlichen Gemeinschaft, die nicht durch Gesetz anderen Verwaltungsträgern übertragen sind, ohne besonderen Kompetenztitel anzunehmen (sog. Allzuständigkeit oder **Universalität des Wirkungskreises**).[181] Die Bestimmung des unantastbaren Kernbereichs muss sich an der geschichtlichen Entwicklung und den historischen Erscheinungsformen der

---

[169] *Nierhaus*, in: Sachs, GG, Art. 28 Rn. 43; enger (das „Ob" nicht erwähnen: BVerfG, Beschl. v. 19.11.2002 –2 BvR 329/97 – NVwZ 2003, 850 (851): „Freiheit vor staatlicher Reglementierung hinsichtlich der Art und Weise der Aufgabenerledigung").

[170] OVG LSA, Beschl. v. 18.12.1996 – B 2 539/96 – juris Rn. 7; *Gern*, Deutsches Kommunalrecht, Rn. 75.

[171] BVerfG, Beschl. v. 19.11.2002 – 2 BvR 329/97 – NVwZ 2003, 850 (851).

[172] BVerfG, Beschl. v. 19.11.2002 – 2 BvR 329/97 a.a.O.

[173] BVerfG, Beschl. v. 19.11.2002 – 2 BvR 329/97 - NVwZ 2003, 850 (852); Beschl. v. 25.11.1980 BVerfGE 55, 226.

[174] BVerfG, Beschl. v. 7.10.1980 – 2 BvR 584/76 u.a. – BVerfGE 56, 298 (312).

[175] *Gern*, Deutsches Kommunalrecht, Rn. 200; *Maurer*, Staatsrecht, § 10 Rn. 18.

[176] So etwa BVerfG, Beschl. v. 27.11.1978 – 2 BvR 165/75 – BVerfGE 50, 50; *Maurer*, Staatsrecht, § 10 Rn. 18

[177] Hierauf weist zu Recht *Nierhaus*, in: Sachs, GG, Art. 28 Rn. 36, hin.

[178] BVerfG, Beschl. v. 19.11.2002 - 2 BvR 329/97 - NVwZ 2003, 850 (851); Beschl. v. 27.11.1978 – 2 BvR 165/75 – BVerfGE 50, 50.

[179] BVerfG, Beschl. v. 19.11.2002 - 2 BvR 329/97 - NVwZ 2003, 850 (851).

[180] BVerfG, Beschl. v. 19.11.2002 - 2 BvR 329/97 - NVwZ 2003, 850 (851).

Selbstverwaltung orientieren.[182] Diese Aussage wird durch die o.g. Aussage des BVerfG erheblich relativiert, da nach dieser ein bestimmter bzw. nach feststehenden Merkmalen bestimmbarer Aufgabenbereich nicht existiere.[183] Die herrschende Kernbereichslehre schützt aber vor einer Aushöhlung der Garantie. Eine solche Aushöhlung wäre erreicht, wenn der Gemeinde kein Raum mehr für eine kraftvolle Betätigung verbliebe. Mit der sog. Substraktionsmethode ist daher im Sinne einer bilanzierenden Bewertung jeweils zu fragen, was nach dem Aufgabenentzug der Gemeinde noch an Selbstverwaltung verbleibt. Der Kernbereichsschutz hat sich bislang nicht praktisch ausgewirkt, so dass die Wesensgehaltsgarantie weitgehend leerläuft.[184]

105 Von dem unantastbaren Kernbereich (Wesensgehalt) ist der **übrige Gewährleistungsbereich** zu unterscheiden, in den nur unter Beachtung des verfassungsrechtlichen Übermaßverbots „im Rahmen der Gesetze" eingegriffen werden darf. Man kann daher auch von dem „absoluten" Kernbereichsschutz und dem „relativen" Randbereichsschutz sprechen. Die Bezeichnung dieses nur relativ geschützten Bereichs als „Schutzbereich" wird meist vermieden, um die Verschiedenheit der Garantie von einem Grundrecht hervorzuheben. Die Selbstverwaltungsgarantie ist insofern ein „relatives" Recht, als sie der Ausgestaltung und Ausformung durch den Gesetzgeber bedarf. Eingriffe in diesen Gewährleistungsbereich können insbesondere die Übertragung neuer Aufgaben, die Entziehung bisheriger Aufgaben[185] sowie staatliche Reglementierungen der Art und Weise der Aufgabenerledigung darstellen[186]. Die Selbstverwaltungsgarantie begründet weder einen allgemeinen Schutz vor Aufgabenentzug oder -zuweisung[187] noch vor Regelungen der Art und Weise der Aufgabenerfüllung.

106 Eingriffe in das Selbstverwaltungsrecht sind grundsätzlich durch alle **staatlichen Maßnahmen des Bundes oder der Länder** denkbar. Sie können auf Gesetz, untergesetzlicher Rechtsnorm, Verwaltungsakt oder anderen staatlichen Handlungsformen beruhen. Man kann insoweit von einer vertikalen Schutzrichtung der Garantie sprechen.

  Bsp.: Verletzung des Selbstverwaltungsrechts durch eisenbahnrechtlichen Planfeststellungsbeschluss[188]

107 Verletzungen können auch von Kreisen oder Verbandsgemeinden ausgehen.

  Bsp.: Kreis drängt Gemeinde zum Abschluss einer Zielvereinbarung[189], die der Sache nach eine Beschränkung ihrer Organisationshoheit zum Gegenstand hat

108 Der Schutz des gemeindlichen Selbstverwaltungsrechts wirkt zudem nicht nur „vertikal", also gegenüber einem Aufgabenentzug oder Vorgaben für die Aufgabenerfüllung durch Bund, Land und

---

[181] BVerfG, Beschl. v. 23.11.1988 - 2 BvR 1619/83 etc. - BVerfGE 79, 127 (146).

[182] BVerfG, Beschl. v. 23.11.1988 - 2 BvR 1619/83 etc. - a.a.O.; Beschl. v. 26.11.1963 BVerfGE 17, 182.

[183] BVerfG, Beschl. v. 23.11.1988 - 2 BvR 1619/83 etc. - BVerfGE 79, 127 (152).

[184] Vgl. hierzu *Nierhaus*, in: Sachs, GG, Art. 28 Rn. 50f.

[185] Vgl. BVerfG, Beschl. v. 23.11.1988 – 2 BvR 1619/83 etc. – BVerfGE 79, 127 ff.

[186] BVerfG, Beschl. v. 7.1.1999 – 2 BvR 929/97 – NVwZ 1999, 520.

[187] Näher *Kronisch*, Aufgabenverlagerung und gemeindliche Aufgabengarantie, 1993.

[188] Vgl. OVG LSA, Urt. v. 27.6.2019 – 1 K 126/17 – juris Rn. 92 (Verletzung verneint).

[189] Näher zu kommunalen Zielvereinbarungen: Sensburg, Der kommunale Verwaltungskontrakt: Rechtliche Einordnung kommunaler Zielvereinbarungen, 2004.

Kreis, sondern auch „**horizontal**", d.h. gegenüber anderen Gemeinden, aber auch gegenüber den Trägern funktionaler Selbstverwaltung (Kammern, Wasser- und Bodenverbände etc.).[190]

> **Bsp.**: Schutz vor unabgestimmter Bauleitplanung durch Nachbargemeinde; Schutz vor unabgestimmter Wirtschaftstätigkeit der Nachbargemeinde auf dem Gemeindegebiet; Schutz vor einer Kreisumlage, die gemeindliche Finanzkraft aushöhlt

109 Eine staatliche Maßnahme, die zwar den Kernbereich nicht antastet, jedoch den übrigen Gewährleistungsbereich berührt, steht unter **Gesetzesvorbehalt** („im Rahmen der Gesetze"). Ein solches Gesetz bedarf der sachlichen Rechtfertigung durch **Gemeinwohlgründe**.[191] Bei der Bestimmung der Gemeinwohlinteressen ist von einem grundsätzlichen **Aufgabenverteilungsprinzip** zugunsten einer Eigenverwaltung der örtlichen Angelegenheiten durch die Gemeinden auszugehen.[192] M.a.W. entspricht ein prinzipieller Vorrang der dezentralen gemeindlichen Aufgabenerfüllung grundsätzlich dem Willen des Verfassungsgesetzgebers. Es darf daher nicht ausschließlich danach gefragt werden, welche Selbstverwaltungssubstanz nach dem Eingriff noch übrigbleibt. Diese sog. Substraktionsmethode ist nur im Hinblick auf den Kernbereichsschutz anwendbar.[193]

110 Zudem darf das Gesetz nicht **unverhältnismäßig** sein. Das BVerfG hat zwar in der grundlegenden Rastede-Entscheidung[194] die Verwendung des Begriffs Übermaßverbot bzw. Verhältnismäßigkeitsprinzip vermieden und stattdessen von einer Vertretbarkeitsprüfung gesprochen, dies ist aber nichts anderes als eine Verhältnismäßigkeitsprüfung, die den gesetzgeberischen Einschätzungsspielraum betont. In der Sache findet daher nach wie vor eine Verhältnismäßigkeitsprüfung statt.[195] Dem Gesetzgeber steht jedoch anerkanntermaßen grundsätzlich ein **weiter Einschätzungs- und Beurteilungsspielraum** zu.[196] Er muss von seinem Ermessen sachgerecht Gebrauch machen. Die Entscheidung ist insoweit auf ihre Vertretbarkeit hin zu prüfen.[197]

111 Ob die Selbstverwaltungsgarantie als **subjektives öffentliches Recht** anzusehen ist, wird unterschiedlich beurteilt. Nur wenige sprechen sich eindeutig für die Anerkennung eines subjektiven Rechts der Kommune aus.[198] Oft wird diese Einordnung vermieden und davon gesprochen, Art. 28 II GG besitze trotz seines institutionellen Charakters zugleich die Wirkung einer „subjektiven Rechtsstellungsgarantie" bzw. einer „begrenzt individuellen Rechtssubjektsgarantie".[199]

112 Auf der Grundlage der herrschenden Dogmatik ist Art. 28 II GG kein Grundrecht der Gemeinde.[200] Im Hinblick auf seine Struktur und Schutzwirkungen erscheint es jedoch als sachgerecht, es als

---

[190] Näher: *Joseph*, Zwischengemeindliche Konfliktbewältigung durch Gesetz und Verfassung, 2023.

[191] BVerfG, Beschl. v. 19.11.2002 - 2 BvR 329/97 - NVwZ 2003, 850 (852); Beschl. v. 7.1.1999 – 2 BvR 929/97 – NVwZ 1999, 520.

[192] BVerfG, Beschl. v. 19.11.2002 - 2 BvR 329/97 - NVwZ 2003, 850 (852); Beschl. v. 7.1.1999 – 2 BvR 929/97 – NVwZ 1999, 520.

[193] Vgl. *Gern*, Deutsches Kommunalrecht, Rn. 85. Zur Substraktionsmethode BVerfG, Beschl. v. 23.11.1988 – 2 BvR 1619/83 etc. – BVerfGE 79, 127 (148).

[194] BVerfG, Beschl. v. 23.11.1988 - 2 BvR 1619/83 etc. - DVBl. 1989, 300 ff. (Rastede)

[195] Zur Verhältnismäßigkeitsprüfung s. *Nierhaus*, in: Sachs, GG, Art. 28 Rn. 55f.

[196] BVerfG, Beschl. v. 19.11.2002 – 2 BvR 329/97 – NVwZ 2003, 850 (852); Beschl. v. 7.2.1991 NVwZ 1992, 365 (367).

[197] Schoch, Verfassungsrechtlicher Schutz der Finanzautonomie, 1997, S. 121.

[198] So etwa *Ehlers*, DVBl. 2000, 1301 ff.

[199] Vgl. *Nierhaus*, in: Sachs, GG, Art. 28 Rn. 39; *Brohm*, Öffentliches Baurecht, § 9 Rn. 3

[200] Vgl. etwa (der Sache nach) BVerfG, Beschl. v. 14.4.1994 NVwZ 1994, 893.

grundrechtsähnliches Recht anzusehen.[201] Angesichts der individuellen Wirkung ist eine grundrechtsorientierte Strukturierung unter Bildung eines Schutzbereichs anzunehmen.[202] Mag auch immer wieder betont werden, dass es nicht mit einem Grundrecht vergleichbar sei, so enthält es doch wie ein Freiheitsgrundrecht einen unantastbaren Wesensgehalt und einen darüber hinausgehenden Schutzbereich. Zudem müssen Eingriffe wie bei Grundrechten mit Schrankenvorbehalt einem Gesetzesvorbehalt und dem Verhältnismäßigkeitsprinzip genügen.

113 Die Regelung über die Verbandskompetenz der Gemeinde ist **rein staatsgerichtet**.[203] Sie enthält daher keine Aussagen über das Verhältnis der Gemeinde zu ihren Bürgern. Der Bürger hat somit auch keinen allgemeinen Anspruch gegen seine Gemeinde auf Wahrung der Verbandskompetenz oder dass „seine" Abgabenzahlungen ausschließlich zur Finanzierung kompetenzgemäßer Verwaltung verwendet werden.[204]

114 Die Verbandskompetenz steht der Gemeinde **als solcher** und nicht den Organteilen zu. Daher hat das einzelne Ratsmitglied keinen Anspruch darauf, dass die Gemeinde nur innerhalb ihrer Kompetenz tätig wird.[205] Wer die Verbandskompetenz „im Inneren" wahrzunehmen hat, ist eine Frage der Organkompetenz, die bei Darstellung der inneren Kommunalverfassung behandelt wird.

b) Freiwillige und pflichtige Aufgaben

115 Selbstverwaltungsaufgaben können freiwillige oder pflichtige Aufgaben sein. Das Grundgesetz regelt seinem Wortlaut nach nur das Recht zur Selbstverwaltung, eine allgemeine Pflicht zur Selbstverwaltung ist nicht geregelt. Die Wahrnehmung von eigenen Angelegenheiten erfolgt grundsätzlich freiwillig (**freiwillige Selbstverwaltungsaufgaben**). Die Gemeinden (einschließlich kreisfreier Städte) können grundsätzlich frei darüber befinden, welcher freiwilligen Selbstverwaltungsaufgabe sie sich annehmen wollen (und in welcher Art und Weise sie diese wahrnehmen wollen). Stehen keine Gesetze entgegen, kann lediglich die Finanzierbarkeit eine gemeindliche Aufgabenwahrnehmung hindern. Wichtige Bereiche sind etwa Bau und Unterhaltung öffentlicher Grün- und Erholungsanlagen, die sonstige Verschönerung des öffentlichen Raums sowie die Sport- und Kulturförderung,[206] wo die Kommune durch Subventionen fördern kann. Vor allem in den Bereichen freiwilliger Daseinsvorsorgeleistungen durch kommunale Unternehmen einschließlich der kommunalen Wohnungswirtschaft, kommunaler Telekommunikationsdienste, Gründung kommunaler Sparkassen sowie im Bereich der kommunalen Wirtschaftsförderung[207] kann es zum Konflikt mit dem europa-

---

[201] *Maunz*, in: Maunz/Dürig, GG, Art. 28 Rn. 57; a.A. *Nierhaus*, in: Sachs, GG, Art. 28 Rn. 34.

[202] Vgl. *Brohm*, DVBl. 1984, 296; *Maurer*, DVBl. 1995, 1041.

[203] *Nierhaus*, in: Sachs, GG, Art. 28 Rn. 34 (h.M.); a.A. *Hellermann*, Örtliche Daseinsvorsorge, S. 138.

[204] Vgl. *Oebbecke*, NVwZ 1988, 393 ff.; a.A. *Theiß*, JuS 1984, 430.

[205] BVerwG, Beschl. v. 7.1.1994 – 7 B 224.93 – NVwZ-RR 1994, 352; OVG NW, Beschl. v. 12.11.1992 NVwZ-RR 1993, 157f.

[206] Vgl. *Junk/Schneider/Wiener*, Vereinfachte Vergabe von Zuwendungen der Kommune an Dritte, LKV 2024, 141–145; *Hufen*, NVwZ 1983, 516 ff.; *Pappermann*, DVBl. 1980, 701 ff.

[207] Näher: *Boyken*, Handbuch zur kommunalen Wirtschaftsförderung, 2002.

rechtlichen Beihilfeverbot, den Grundrechten der Wirtschaftstreibenden sowie dem Gesetz zum Schutz gegen unlauteren Wettbewerb kommen.[208]

116 Nur wenige, aber keineswegs unbedeutende Aufgaben der Gemeinden sind **pflichtige Selbstverwaltungsaufgaben kraft Bundesrechts**. Dabei handelt es sich in erster Linie um die die Bauleitplanung (§§ 1 III, 2 I BauGB),[209] die Erschließung (§ 123 I BauGB) und die Erhebung von Erschließungsbeiträgen (§ 127 I BauGB).

117 Weitaus häufiger sind **pflichtige Selbstverwaltungsaufgaben** der Gemeinden **kraft Landesrechts**. Hervorzuheben sind die Trinkwasserversorgungsaufgabe und die Abwasserbeseitigungspflicht, einschließlich der Verpflichtung zum Kanalisationsbau nach den jeweiligen kommunalen Abwasserverordnungen (wobei diese Aufgaben im Fall von Mitgliedsgemeinden einer Verbandsgemeinde von dieser wahrgenommen werden, § 90 I Nr. 6 KVG). Bei beiden Aufgaben ist allerdings nach dem Landesrecht eine Aufgabenübertragung auf Freiverbände (§ 83 I KVG), auf Pflichtverbände (§ 84 I KVG), auf den Landkreis (§ 83 II KVG) möglich und war eingeschränkt auf Private möglich[210]. Weitere Aufgaben treten hinzu. Auch die **Landkreise und kreisfreien Städte** müssen zahlreiche **pflichtige Selbstverwaltungsaufgaben kraft Landesrechts** wahrnehmen.

c) Gemeindehoheiten
aa) Allgemeines

118 Zentrale Bereiche gemeindlicher Eigenverantwortlichkeit sind die sog. **Gemeindehoheiten** als Ausfluss der gemeindlichen Allzuständigkeit. Welche Gemeindehoheiten existieren und wie sie voneinander abzugrenzen sind, wird sehr unterschiedlich beurteilt. Allgemein anerkannt sind jedenfalls die Gebiets-, die Personal-, die Organisations-, die Planungs-, die Finanz- und die Rechtssetzungshoheit. Die Kooperationshoheit wird mitunter als selbständige Hoheit genannt, meist aber der Organisationshoheit zugeschlagen.[211] Sie ist indes am ehesten als bereichsübergreifende Hoheit zu verstehen. Dies gilt sinngemäß für die Verwaltungshoheit und die Daseinsvorsorge.[212] Die Abgabenhoheit wird meist als Unterfall der Finanzhoheit gewertet. Mitunter werden weitere Hoheiten, wie die Kulturhoheit[213], die Umweltschutzhoheit[214], die Informations- und Statistikhoheit[215] oder die Sparkassenhoheit[216] genannt. Ihre Einbeziehung in die Gemeindehoheiten hat sich bislang aber nicht durchgesetzt.

119 Die Einteilung in Gemeindehoheiten beschreibt lediglich pauschal gemeindliche Verantwortungsbereiche. Ob ein konkreter Gegenstand den Schutz des Art. 28 II GG genießt, beurteilt sich daher allein

---

[208] Einige weitere Bereiche freiwilliger Selbstverwaltungsaufgaben ließen sich nennen, wobei eine Systematisierung jedoch nur schwer möglich erscheint.
[209] Hierzu *Scheidler*, Bauleitplanung und Kommunalrecht, DVP 2024, 127-132.
[210] Vgl. jetzt § 79a IV WG LSA und ehemals § 151 VIII, § 151a WG LSA.
[211] *Gern,* Deutsches Kommunalrecht, Rn. 174 (s.u.).
[212] Zur Verwaltungshoheit *Stober*, Kommunalrecht, S. 87.
[213] Hierzu *Gern,* Deutsches Kommunalrecht, Rn. 177f.
[214] *Gern,* Deutsches Kommunalrecht, Rn. 179.
[215] *Stober*, Kommunalrecht, S. 88.
[216] *Hoppe*, DVBl. 1982, 51; *Nierhaus*, in: Sachs, GG, Art. 28 Rn. 44.

danach, ob es sich um eine eigene Angelegenheit i.S.d. Gesetzes handelt. Die Gemeindehoheiten dienen dazu, als „Hoheitsbündel den **Wesenskern der Selbstverwaltung**" zu beschreiben.[217] Welche Gemeindehoheiten mit welchen Teilbereichen zum unantastbaren Kernbereich gehören, ist allerdings umstritten. Dies gilt etwa im Hinblick auf die Organisations- und die Abgabenhoheit. Der Streit ist von geringer Bedeutung, weil in der Rechtspraxis ohnehin keine Gesetze existieren, die zu einem völligen Entzug einer Gemeindehoheit führen. Vielmehr geht es stets um Eingriffe in den sonstigen Gewährleistungsbereich des Selbstverwaltungsrechts. Nur in seltenen Fällen mag es darum gehen, ob eine einschränkende Maßnahme im Ergebnis zu einer schleichenden Aushöhlung des Selbstverwaltungsrechts führt. Sofern das die Selbstverwaltung einschränkende Gesetz nicht den Kernbereich antastet bzw. das Selbstverwaltungsrecht nicht aushöhlt, ist es nach Maßgabe der genannten Einschränkungen hingegen grundsätzlich zulässig.

bb) Gebietshoheit

120 Unter **Gebietshoheit** versteht man, dass jede Person innerhalb eines bestimmten Gebiets der Hoheitsgewalt der Körperschaft unterworfen ist.[218] Zum Kernbereich der Selbstverwaltung gehört insoweit, dass die örtliche Zuständigkeit der Gemeinde zur Wahrnehmung der eigenen Angelegenheiten innerhalb der Gemeindegrenzen garantiert ist.[219] Hingegen gehört der unveränderte Gebietsbestand nicht zum Kernbereich.[220] Das Selbstverwaltungsrecht sichert, wie bereits dargelegt, weder den Bestand einer bestimmten Gemeinde noch die Unveränderlichkeit ihres Gebiets. Nur die gemeindliche Gebietshoheit als Institution ist unantastbar. Hingegen darf in den individuellen Gebietsbestand einer Gemeinde im Rahmen der Gesetze eingegriffen werden. Solche Eingriffe erscheinen in der Regel in Gestalt von (Sammel-) Gesetzen über eine Gemeindegebietsreform bzw. über die Gemeindeneugliederung. Gebietsveränderungen durch staatlichen Zwang müssen stets den Anforderungen an einen Eingriff in das Selbstverwaltungsrecht gem. Art. 28 II GG genügen (**relativer Gebietsschutz**). Dabei gelten in materieller Hinsicht die allgemeinen Schranken Gesetzesvorbehalt, Gemeinwohlvorbehalt und Verhältnismäßigkeitsprinzip. In formeller Hinsicht gilt die Pflicht zur vorherigen Anhörung der betroffenen Gebietskörperschaft.[221] Nach dem Rechtsgedanken „Dem Wollenden geschieht kein Unrecht" (volenti non fit inuria) steht die Selbstverwaltungsgarantie Gebietsverlusten auf freiwilliger Basis nicht entgegen, wird mithin durch den Zusammenschluss als solchen gar nicht berührt.

121 Das Erfordernis einer **gesetzlichen Grundlage** für die zwangsweise Gebietsänderung ergibt sich konkludent aus Art. 28 II GG sowie aus den Landesverfassungen und den jeweiligen Kommunalverfassungen. In bestimmten Fällen lassen einige Kommunalverfassungen auch eine Gebietsänderung auf dem Verordnungsweg zu. Für Sachsen-Anhalt gilt, dass die zwangsweise Gebietsänderung *von Landkreisen* nur durch Gesetz oder aufgrund eines Gesetzes zulässig (§ 17 II 1 KVG). Hingegen hat

---

[217] *Nierhaus*, in: Sachs, GG, Art. 28 Rn. 44.
[218] BVerfG, Urt. v. 24.7.1979 – 2 BvK 1/78 – BVerfGE 52, 95 (118).
[219] *Gern*, Deutsches Kommunalrecht, Rn. 160.
[220] BVerfG, Beschl. v. 27.11.1978 – 2 BvR 165/75 – BVerfGE 50, 50.
[221] BVerfG, Beschl. v. 19.11.2002 – 2 BvR 329/97 – NVwZ 2003, 850 (854).

der Landesgesetzgeber für die Gemeindegebietsänderung keinen Gesetzesvorbehalt geregelt, sondern sieht nur ein Anhörungserfordernis vor. Daher ergibt sich der Gesetzesvorbehalt für die Gemeindegebietsänderung insoweit unmittelbar aus der Verfassung.

122 Das Erfordernis der **Gemeinwohlrechtfertigung** einer zwangsweisen Gebietsänderung ergibt sich konkludent aus Art. 28 II GG, mitunter auch explizit aus Kommunalverfassungen. Gebietsänderungen dürfen nur aus Gründen des öffentlichen Wohls erfolgen. Dabei handelt es sich um einen unbestimmten Rechtsbegriff mit einem (weiten) Beurteilungsspielraum. Er beinhaltet bereits eine Güterabwägung.[222] Die Abwägung zur Gemeinwohlbestimmung ist nur eingeschränkt justiziabel, zumal es sich in hohem Maße um prognostische Wertungen auf der Grundlage eines politischen Gestaltungsspielraums handelt. Ein Gericht darf daher weder seine eigene Wertung an die Stelle der Wertung des Gesetzgebers setzen noch nach der bestmöglichen Lösung suchen. Die Entscheidung ist nur darauf zu untersuchen, ob der Gesetzgeber den für seine Maßnahmen erheblichen Sachverhalt zutreffend und vollständig ermittelt und seiner Entscheidung zugrunde gelegt hat, ob er alle Gemeinwohlgründe sowie Vor- und Nachteile der Regelung umfassend und nachvollziehbar abgewogen hat, der Eingriff geeignet, erforderlich und verhältnismäßig ist und ob die Gebote der Sach- und Systemgerechtigkeit beachtet wurden (Willkürverbot!).[223] Das Gericht hat des Weiteren zu prüfen, ob der Gesetzgeber seiner Gebietsreform ein nachvollziehbares System zugrunde gelegt hat und ob dieses mit der Verfassungsordnung vereinbar ist.[224]

123 Der **Verhältnismäßigkeitsgrundsatz** ist, wie dargelegt, kaum justiziabel, weil bei Gebietsänderungen ein weiter Einschätzungs- und Beurteilungsspielraum für diese in hohem Maße prognostische und politische Entscheidungen über den Gebietszuschnitt anzuerkennen ist. Der Sache nach beschränkt sich die Prüfung auf die Suche nach evidenten Fehlentscheidungen. Justiziabel sind etwa Fehlbewertungen, die aufgrund einer evidenten Missachtung der verfassungsrechtlichen Bedeutung eines Rechtsguts zu einer Disproportionalität der Ausgleichsentscheidung geführt haben.

124 Schließlich lässt sich aus der Selbstverwaltungsgarantie ein formelles subjektives **Recht der Gemeinde auf Beteiligung** bzw. Anhörung im Gebietsänderungsverfahren ableiten.[225] Es ist allerdings auch einfachgesetzlich verankert. Gebietsänderungsgesetze dürfen nur nach Anhörung der betroffenen Gemeinde bzw. der betroffenen Bevölkerung erlassen werden. Weitere Einzelheiten zu den Voraussetzungen einer Gebietsänderung finden sich in den Landesverfassungen oder im einfachen Gesetz.

125 In Umsetzung dieser verfassungsrechtlichen Vorgaben enthält das KVG detaillierte Regelungen zu **Gebietsänderungen**, die Eingriffe in die Gebietshoheit zulassen. Aus Gründen des Gemeinwohls können Gemeinden oder Landkreise aufgelöst, in ihren Grenzen geändert oder neu gebildet und Gebietsteile von Gemeinden oder von Landkreisen umgegliedert werden (grundsätzliche Zulässig-

---

[222] *Gern,* Deutsches Kommunalrecht, Rn. 204.
[223] BVerfG, Beschl. v. 19.11.2002 – 2 BvR 329/97 – NVwZ 2003, 850 (854); Beschl. v. 27.11.1978 – 2 BvR 165/75 – BVerfGE 50, 50; *v. Mutius,* Kommunalrecht, Rn. 81.
[224] VerfG LSA, Urt. v. 31.5.1994 – LVG 4/94 – LKV 1995, 75.
[225] BVerfG, Beschl. v. 12.5.1992 – 2 BvR 470/90 – DVBl. 1992, 960.

keit von Gebietsänderungen gem. § 17 I KVG).[226] Gebietsänderungen von Landkreisen sind nur durch Gesetz oder aufgrund eines Gesetzes zulässig (§ 17 II 1 KVG). Für Gemeinden gilt dies nach dem KVG nicht, jedoch ist ein entsprechender Vorbehalt für die Gemeinden aus dem Selbstverwaltungsrecht abzuleiten. Vor der Gebietsänderung müssen die beteiligten Landkreise und Gemeinden gehört werden (§ 17 II 2 KVG).

126 Gemeinden können über die Änderung ihres Gebiets Vereinbarungen treffen (Zulässigkeit von **Gebietsänderungsverträgen** gem. § 18 I 1 KVG). Der Vertrag bedarf der Genehmigung der Kommunalaufsichtsbehörde (§ 18 I 2 KVG).[227] Regelungen zum zulässigen Vertragsinhalt finden sich in § 19 KVG und solche zu den Rechtsfolgen in § 20 KVG.

> **Bsp.:** Festschreibung von Steuerhebesätzen[228]

Der Gebietsänderungsvertrag stellt in Verbindung mit seiner Genehmigung durch die Aufsichtsbehörde einen Organisationsakt dar, der dazu führt, dass die von Gemeinden vereinbarte Gebietsänderung mit konstitutiver Wirkung festgestellt, die eingemeindete Gemeinde aufgelöst und die neu gebildete Gemeinde existent wird.[229]

127 Aus dem KVG oder sonstigem Kommunalrecht ergeben sich **keine subjektiven Rechte der Bürger**, die bei Entscheidung über Gebietsreformen wie die Eingemeindung und Neubildung von Gemeinden oder der Entscheidung über Aufgaben und Befugnisse der neu gebildeten Gemeinde zu beachten wären.[230]

cc) Personalhoheit

128 Die gemeindliche **Personalhoheit** umfasst das Recht auf freie Auswahl, Anstellung, Beförderung und Entlassung der Gemeindebediensteten.[231] Auch diese Hoheit ist nicht absolut geschützt. Zum Kernbereich gehört nur, dass es den Gemeinden grundsätzlich gestattet sein muss, eigene Gemein-

---

[226] Werden durch eine Gebietsänderung Gemeindegrenzen geändert, die zugleich Landkreisgrenzen sind, so bewirkt die Änderung der Gemeindegrenzen unmittelbar auch die Änderung der Landkreisgrenzen (§ 17 III KVG).

[227] Bei der Erteilung der Genehmigung ist in der Regel davon auszugehen, dass im Fall einer Gebietsänderung zu Gemeinden mit mindestens 10 000 Einwohnern das Interesse an der Bildung oder Vergrößerung dem Gemeinwohl entspricht (§ 18 I 3 KVG). Daneben sollen Gesichtspunkte der Raumordnung und Landesplanung sowie die örtlichen Zusammenhänge, insbesondere wirtschaftliche und naturräumliche Verhältnisse wie auch historische und landsmannschaftliche Verbundenheiten, berücksichtigt werden (§ 18 I 4 KVG). Der Gebietsänderungsvertrag muss von den Gemeinderäten der beteiligten Gemeinden mit der Mehrheit der Mitglieder beschlossen werden (§ 18 I 5 KVG). Vor der Beschlussfassung über den Gebietsänderungsvertrag sind die Bürger der Gemeinden zu hören, deren gemeindliche Zugehörigkeit durch die Gebietsänderung wechselt (§ 18 I 6 KVG). Die Bürgeranhörung entfällt, wenn über die Eingliederung einer Gemeinde in eine andere Gemeinde oder die Neubildung einer Gemeinde durch Vereinigung von Gemeinden ein Bürgerentscheid durchgeführt wird (§ 18 I 7 KVG). S. zu den Voraussetzungen der Genehmigung nach der Altregelung § 16 f., GO LSA: VG Magdeburg, Beschl. v. 12.11.2013 – 9 B 329/13 – juris Rn. 9.

[228] OVG LSA, Beschl. v. 24.11.2015 – 4 L 80/15 – juris (auch nicht durch Ratsbeschluss mit Zustimmung des Ortschaftsrats vor Ablauf des vereinbarten Zeitraums änderbar).

[229] OVG LSA, Beschl. v. 25.6.2009 – 4 K 462/08 – juris Ls Nr. 1 Satz 1 (Rn. 10). S.a. Satz 2: „Er trifft als solcher grundsätzlich keine Regelungen mit rechtlicher Außenwirkung über Rechte und Pflichten im Verhältnis zwischen den an der Vereinbarung beteiligten Gemeinden und den Bürgern."

[230] OVG LSA, Beschl. v. 25.6.2009 – 4 K 462/08 – juris Ls Nr. 2 (Rn. 12). S.a. Ls Nr. 3 (Rn. 13): „„Unmittelbar betroffen im Sinne des § 17 Abs. 1 Satz 8 GO LSA und damit anhörungspflichtig sind nur die Bürger, die eine Änderung der Gemeindezugehörigkeit erfahren, d. h. bei einer Eingemeindung sind nur die Bürger der einzugliedernden Gemeinde anzuhören, da diese nach Inkrafttreten des Gebietsänderungsvertrages aufgelöst wird."

[231] Vgl. BVerfG, Beschl. v. 26.10.1994 – 2 BvR 445/91 – DVBl. 1995, 290.

debedienstete zu haben und diese grundsätzlich auch selbst auszuwählen. Außerhalb dieses unantastbaren Bereichs sind Beschränkungen der Personalhoheit zulässig und üblich. Verfassungsrechtlich unbedenklich sind etwa Vorschriften, welche die Gemeinden verpflichten, die zur Erfüllung ihrer Aufgaben erforderlichen oder geeigneten Beamten und Beschäftigten einzustellen. Dies gilt sinngemäß für die gesetzliche Vorgabe, dass die Gemeinde in einem Stellenplan die Stellen ihrer Beamten sowie der nicht nur vorübergehend Beschäftigten bestimmen muss. Zulässig sind auch Bestimmungen über die Überleitung von Beschäftigungsverhältnissen im Falle von Gebietsreformen bzw. Zusammenschlüssen von Kommunen.[232]

129 Die staatliche Vorgabe von Stellenobergrenzen berührt zwar nicht den Kernbereich, greift aber in intensiver Weise in das gemeindliche Selbstverwaltungsrecht ein.[233] Da die Bindung auf Durchschnittsfälle zugeschnitten ist, kann sie in den von der Regel abweichenden Fällen das Selbstverwaltungsrecht verletzen, so dass Ausnahmeregelungen zwingend erforderlich sind.[234]

dd) Organisationshoheit

130 Das Selbstverwaltungsrecht umfasst auch die **Organisationshoheit**.[235] Unter Organisationshoheit versteht man das Recht der Kommunen, die Angelegenheiten ihrer inneren Verwaltungsorganisation nach eigenem Ermessen zu regeln.[236] Gesetzgeberischen Eingriffen in diese Hoheit sind nach Ansicht des BVerfG in doppelter Hinsicht Grenzen gesetzt: Zum einen verbiete der Kernbereichsschutz Gesetze, welche die organisatorische Gestaltungsfähigkeit der Kommunen im Ergebnis ersticken würde. Zum anderen müsse den Gemeinden ein hinreichender organisatorischer Spielraum bei der Wahrnehmung der einzelnen Aufgabenbereiche verbleiben.[237] Anders als für die Bestimmung der staatlichen Aufgaben gelte im Hinblick auf die Organisationshoheit allerdings keine Allzuständigkeit. Nicht jede staatliche Organisationsmaßnahme bedürfe der verfassungsrechtlichen Rechtfertigung, weil das Prinzip selbst durch staatliche Regelungen inhaltlich ausgeformt, mithin nur „relativ" gewährleistet werde.

> **Bsp.:** Zulässig sind im Grundsatz etwa Gesetze, die die Verpflichtung zur Schaffung von Stellen für Gleichstellungsbeauftragte begründen[238] oder Gleichstellungsbeauftragten bestimmte Beteiligungsrechte einräumen[239]. Unzulässig wäre hingegen ein Landesgesetz, das den Kommunen die Verwendung einer bestimmten EDV auch dann vorschriebe, wenn sie bereits über andere EDV-Systeme verfügten. Ein derart schwerwiegender Eingriff in die Organisationshoheit wäre al-

---

[232] BVerfG, Beschl. v. 15.11.1993 LKV 1994, 145; Beschl. v. 26.11.1963 BVerfGE 17, 172 – Die Gemeindeumbildung ist im Übrigen kein Betriebsübergang i.S.v. § 613a BGB (BAGE 86, 148).

[233] Zur grundsätzlichen Vereinbarkeit staatlicher Stellenobergrenzenvorgaben auch mit Art. 3, 33 GG s. BVerfG, Beschl. v. 13.3.1985 NVwZ 1985, 415 (416); krit. zu Stellenobergrenzen *v. Mutius*, DVBl. 1981, 1077 ff.

[234] *V. Mutius*, DVBl. 1981, 1089.

[235] BVerfG, Beschl. v. 26.10.1994 – 2 BvR 445/91 – DVBl. 1995, 290 (291); BVerfG, Beschl. v. 27.11.1986 NVwZ 1987, 123 (124).

[236] BVerfG, Beschl. v. 27.11.1986 NVwZ 1987, 123; *Gern*, Deutsches Kommunalrecht, Rn. 174.

[237] BVerfG, Beschl. v. 19.11.2002 – 2 BvR 329/97 – NVwZ 2003, 850 (851); Beschl. v. 26.10.1994 – 2 BvR 445/91 a.a.O.

[238] BVerfG, Beschl. v. 26.10.1994 – 2 BvR 445/91 – DVBl. 1995, 290 (auch die Personalhoheit und Finanzhoheit sei nicht verletzt).

[239] VerfG LSA, Urt. v. 12.12.1997 LVerfGE 7, 284, 285 zum Frauenfördergesetz LSA.

lenfalls bei schweren organisatorischen Missständen zu rechtfertigen, die zu einer defizitären Aufgabenerfüllung führen. Andernfalls wäre das Gesetz unverhältnismäßig.

131 Die Organisationshoheit wirkt nur gegenüber **direkten staatlichen Eingriffen**.

Bsp.: Sie schützt nicht vor Finanzierungsregelungen, die sich lediglich mittelbar auf Organisationsentscheidungen auswirken.[240]

132 Nach Ansicht des BVerfG kann die Organisationshoheit traditionell nicht vor der gesetzgeberischen Festlegung der „**äußeren Grundstrukturen der Gemeinde**" schützen, die allein Sache des Gesetzgebers sei.[241] Das BVerfG spricht insoweit auch davon, die „freie Bestimmung über die Organisation der Gemeinde überhaupt" gehöre nicht zum Kernbereich.[242] Hierunter fallen die organisationsrechtlichen Regelungen über den Gemeindeverfassungstypus, insbesondere Stellung und Aufgaben der Gemeindeorgane sowie die Regelung von plebiszitären Verfahren.

133 Die dogmatische Abgrenzung der Organisationshoheit zu anderen Gemeindehoheiten wird uneinheitlich vorgenommen. Das BVerfG hat die Personal- und die Haushaltshoheit als Unterfälle der Organisationshoheit angesehen.[243] Die **Kooperationshoheit** wird mitunter als eigenständige Gemeindehoheit,[244] häufiger aber als Unterfall bzw. besondere Ausprägung der Organisationshoheit gewertet.[245] Die Kooperationshoheit besagt, dass die Kommunen für einzelne Aufgaben zusammen mit anderen Kommunen gemeinschaftliche Handlungsinstrumente schaffen können.[246] Sie dürfen daher grundsätzlich in Formen der kommunalen Gemeinschaftsarbeit zusammenfinden. Auch insoweit gilt, dass die Selbstverwaltungsgarantie der Ausgestaltung und Formung durch den Gesetzgeber bedarf. Insbesondere ist der Gesetzgeber berechtigt, die Grundformen der interkommunalen Zusammenarbeit vorzugeben. Er kann etwa die Gründung rechtlich selbständiger Kommunalkörperschaften vorsehen. Hat das Gesetz keine Ausschlusswirkung, können Kommunen daneben sonstige Formen öffentlich-rechtlicher oder privatrechtlicher interkommunaler Kooperation suchen, die ihrerseits der Kooperationshoheit unterliegen.

134 Der Gesetzgeber kann nach Ansicht des BVerfG Regelungen über Zwangszusammenschlüsse in Verwaltungsgemeinschaften vorsehen.[247] Der Gemeinde stünde zwar auch eine „**negative Kooperationshoheit**" zu, jedoch führe die Zwangseinbindung in eine Verwaltungsgemeinschaft nicht zur Aushöhlung des Selbstverwaltungsrechts. Die Verlagerung von Aufgaben auf die Verwaltungsgemeinschaft berühre den Kernbereich nicht, weil gerade sie es ermöglichen solle, die politisch-demokratische Eigenständigkeit und Identität kleinerer Gemeinden zu bewahren. Diese Rspr. ist auf die Einordnung von Gemeinden in Verbandsgemeinden übertragbar. Eine überwiegende Übertra-

---

[240] BVerfG, Beschl. v. 27.11.1986 NVwZ 1987, 123 (124).

[241] BVerfG, Beschl. v. 26.10.1994 – 2 BvR 445/91 – DVBl. 1995, 290 (291).

[242] BVerfG, Beschl. v. 19.11.2002 - 2 BvR 329/97 - NVwZ 2003, 850 (851).

[243] BVerfG, Beschl. v. 7.2.1991 NVwZ 1992, 365 (366).

[244] *Stober,* Kommunalrecht, S. 87.

[245] BVerfG, Beschl. v. 30.5.1986 NVwZ 1987, 125; *Gern,* Deutsches Kommunalrecht, Rn. 174.

[246] BVerfG, Beschl. v. 27.11.1986 NVwZ 1987, 123 (124).

[247] BVerfG, Beschl. v. 19.11.2002 – 2 BvR 329/97 – NVwZ 2003, 850.

gung von Aufgaben des eigenen Wirkungskreises auf Verbandsgemeinden dürfte allerdings mit der Selbstverwaltungsgarantie nicht zu vereinbaren sein.[248]

ee) Planungshoheit

135 Zu den Gemeindehoheiten zählt auch die **Planungshoheit**.[249] Sie beinhaltet die Befugnis, ohne durchgängige und strikte Bindung an staatliche Vorgaben aufgrund eines eigenen Gestaltungs- und Entscheidungsspielraums über die bauliche und sonstige Nutzung von Grund und Boden im Gemeindegebiet entscheiden zu können.[250] Die wohl h.M. zählt die kommunale Planungshoheit zum durch Art. 28 II GG geschützten Kernbereich der Selbstverwaltung, da die Bauleitplanung jedenfalls seit dem Ende des Zweiten Weltkriegs zentrale Bedeutung für die gesamte gemeindliche Entwicklung besitze.[251] Außerhalb des Kernbereichs sei eine gesetzliche Einschränkung der Planungshoheit einzelner Gemeinden zulässig, wenn und soweit sich bei der vorzunehmenden Güterabwägung ergebe, dass schutzwürdige überörtliche Interessen die Einschränkung erforderten.[252]

136 Das gesetzliche Gebot, die gemeindlichen Bauleitpläne an die **Ziele der Raumordnung** anzupassen (vgl. § 1 IV BauGB), ist mit der Selbstverwaltungsgarantie zu vereinbaren.[253] Die konkrete Zielfestlegung im Landesraumordnungsplan oder in Regionalen Raumordnungsplänen kann aber einen unzulässigen Eingriff in das Selbstverwaltungsrecht darstellen. Die Festlegung von Zielen der Landesplanung in Raumordnungsplänen beeinträchtigt die gemeindliche Planungshoheit regelmäßig nur, wenn die überörtliche Planung eine hinreichend konkrete örtliche Planung nachhaltig stört.[254]

> **Bsp.:** Beschränkungen der kommunalen Planungshoheit durch den Landesraumordnungsplan im Interesse des Freiraumschutzes sind grundsätzlich zulässig.[255]

137 Häufiger kommt es zu Eingriffen in das Selbstverwaltungsrecht durch **Fachplanungen**, wobei allerdings ein einfachgesetzlicher Vorrang der Planfeststellung vor gemeindlicher Bauleitplanung gilt.[256]

> **Bsp.:** Die Planung eines Verkehrsflughafens auf dem Gebiet einer Gemeinde verstößt gegen das Abwägungsgebot, wenn keine Alternativenprüfung stattfindet, obwohl sich Planungsalternativen aufdrängen, die die gemeindliche Planungshoheit weit weniger beeinträchtigen würden.[257] Bei der Planfeststellung einer Sondermülldeponie ist auf die gemeindlichen Interessen Rücksicht zu nehmen.[258]

---

[248] Vgl. auch *Kluth*, in: Wolff/Bachof/Stober/Kluth, Verwaltungsrecht II, § 98 Rn. 104.

[249] BVerfG, Beschl. v. 7.5.2001 – 2 BvK 1/00 – DVBl. 2001, 1415 (1420)/BVerwGE 103, 332; BVerwG, Urt. v. 15.12.1989 BVerwGE 84, 209 (214).

[250] Vgl. *Just*, in: Hoppe/Grotefels, ÖffBauR, § 2 Rn. 27 m.w.Nachw.

[251] StGH Bad.-Württ., ESVGH 26, 6; *Just*; in: Hoppe/Bönker/Grotefels, ÖffBauR, § 2 Rn. 35.

[252] BVerfG, Beschl. v. 7.10.1980 – 2 BvR 584/76 u.a. – BVerfGE 56, 298.

[253] BVerwG, Urt. v. 20.5.1958 BVerwGE 6, 342.

[254] VerfGH NW, Urt. v. 25.6.2002 NVwZ 2003, 203.

[255] VerfGH NW, Urt. v. 15.12.1989 NVwZ 1990, 456 zu regionalem Grünzug.

[256] Vgl. i.E. §§ 7, 38 BauGB. S.a. *Ritter*, Planfeststellungsverfahren aus kommunaler Sicht, UPR 2023, 81-89.

[257] Zur Stellung der Gemeinden in der luftverkehrsrechtlichen Fachplanung s. *Quaas*, NVwZ 2003, 649 ff.

[258] HessVGH, Beschl. v. 28.8.1996 NVwZ 1987, 987 ff.

Auch insoweit kommt es darauf an, ob die Gemeinde angehört wurde und der Inhalt des Fachplans auf die gemeindlichen Planungsbelange im gebotenen Maße Rücksicht nimmt.

138 Schließlich können **nachbargemeindliche Planungen** die Planungshoheit der Gemeinde verletzen, weil ein Verstoß gegen das interkommunale Abstimmungsgebot vorliegt bzw. die Nachbargemeinde ihre materielle Abstimmungspflicht missachtet (vgl. § 2 II BauGB).[259]

139 Die gemeindliche Planungshoheit ist ein nach § 10 II Nr. 2 **Denkmalschutzgesetz** LSA zu berücksichtigender Belang in Gestalt eines **überwiegenden öffentlichen Interesses anderer Art**, das den Eingriff verlangt.[260] Das Denkmalschutzinteresse genießt gegenüber dem gemeindlichen Selbstverwaltungsrecht (wie auch gegenüber anderen rechtlich geschützten Belangen) keinen prinzipiellen oder generellen Vorrang.[261] Im Konfliktfall sind die öffentlichen Denkmalschutzinteressen und die gemeindlichen Planungsinteressen in einen gerechten Ausgleich zu bringen. „Ein Vorrang der gemeindlichen Planungshoheit vor den Belangen des Denkmalschutzes kommt nur dann in Betracht, wenn eine hinreichend konkrete, verbindliche Planung - etwa in Gestalt eines Bebauungsplans - vorliegt, in deren Rahmen unter Beteiligung der Denkmalschutzbehörde und ggf. der Denkmalfachbehörde die Belange des Denkmalschutzes (...) mit den widerstreitenden Interessen, u.a. mit beschlossenen städtebaulichen Entwicklungskonzepten (...), abgewogen wurden"[262].

140 Ein Konfliktfeld ist zudem der Erlass von **Schutzgebietsverordnungen**, die die gemeindlichen Planungsmöglichkeiten beschränken.

> **Bsp.:** Erlass naturschutzrechtlicher Schutzgebietsverordnungen,[263] Wasserschutzgebietsfestsetzungen oder Verordnungen über militärische Sicherheitsbereiche

141 Aus der Selbstverwaltungsgarantie folgt ein Recht der Gemeinden, an überörtlichen oder ortsrelevanten Planungen beteiligt zu werden, die die kommunale Infrastruktur gestalten (formelles **Beteiligungsrecht**).[264] Man spricht insoweit auch von einer Erstreckungsgarantie. Das Recht ist ungeschriebener Ausfluss der Planungshoheit, soweit es nicht spezialgesetzlich geregelt ist.[265] So existiert etwa ein besonderes grundgesetzliches Anhörungsrecht der von einer Länderneugliederung durch Staatsvertrag betroffenen Gemeinden und Kreise.[266] Im Falle einer einfachgesetzlichen Regelung gilt der Anwendungsvorrang des (verfassungsmäßigen) einfachen Gesetzes vor dem abstrakten Verfassungsrechtssatz.

142 Um dem formellen Beteiligungsrecht zu genügen, müssen staatlichen Planungsträger bzw. Verordnungsgeber die betroffenen Gemeinden rechtzeitig **unterrichten** und ihnen **Gelegenheit zur Stellungnahme geben**. Mit dem formellen Beteiligungsrecht korrespondiert ein materiell-

---

[259] Vgl. etwa BVerwG, Urt. v. 15.12.1989 – 4 C 36.86 – NVwZ 1990, 464.

[260] OVG LSA, Urt. v. 23.6.2022 – 2 L 84/20 – juris Rn. 35; Urt. v. 18.8.2016 – 2 L 65/14 – juris Rn. 65.

[261] OVG LSA, Urt. v. 23.06.2022 a.a.O., Rn. 35, unter Hinweis auf VGH BW, Urt. v. 10.10.1989 – 1 S 736/88 – NVwZ 1990, 586.

[262] OVG LSA, Urt. v. 23.06.2022, 26a.a.O. unter Hinweis auf ThürOVG, Urt. v. 16.01.2008 – 1 KO 717/06 – juris Rn. 38).

[263] Vgl. zur Normenkontrolle über die Rechtmäßigkeit der Einschränkung gemeindlicher Planungsmöglichkeiten durch eine Schutzverordnung HessVGH, Beschl. v. 21.1.1986 ESVGH Bd. 36, 167).

[264] BVerwG, Beschl. v. 23.3.1993 NVwZ-RR 1993, 373; HessVGH, Urt. v. 27.9.1974 HessVGRspr. 1975, 26.

[265] Vgl. etwa BVerwG, Urt. v. 7.7.1978 BVerwGE 56, 110 (111) zu § 10 II 2 LuftVG.

[266] Art. 29 VIII 2 GG.

rechtliches Recht auf gerechte Berücksichtigung der kommunalen Belange bei staatlichen Planungen. Die Planungshoheit der Gemeinde stellt bei staatlichen Planungen insbesondere dann einen bei der Abwägung zu berücksichtigenden Belang dar, wenn und soweit eine konkrete Umsetzung in Entwürfen und Satzungen über Bebauungspläne und in Flächennutzungsplänen stattgefunden hat.[267] Das Recht ist wehrfähig. Die Planungshoheit der Gemeinden schließt nämlich das Recht ein, sich gegen solche Planungen anderer Stellen zur Wehr zu setzen, die die eigene Planungshoheit rechtswidrig verletzen.[268]

ff) Finanzhoheit

143 Einen wichtigen Teilaspekt des Selbstverwaltungsrechts bildet die Selbstverwaltung in finanzieller Hinsicht. Die Gewährleistung der Selbstverwaltung umfasst gem. Art. 28 II 3 GG auch die Grundlagen der finanziellen Eigenverwaltung. Damit bekennt sich der Grundgesetzgeber ausdrücklich zur sog. **Finanzautonomie** der Gemeinden und Gemeindeverbände, d.h. zu einer eigenverantwortlichen Einnahmen- und Ausgabenwirtschaft der Kommunen.[269] Die Verfassung gewährleistet insbesondere eine den Gemeinden mit Hebesatzrecht zustehende wirtschaftskraftbezogene Steuerquelle. Hierbei handelt es sich derzeit um die Grund- und die Gewerbesteuer. Die verfassungsrechtliche Hervorhebung der finanziellen Eigenverantwortung hat lediglich deklaratorischen Charakter und soll nur stärker als bisher zum Ausdruck bringen, was ohnehin bereits in der kommunalen Selbstverwaltungsgarantie enthalten ist.[270] Zur Finanzhoheit zählt auch die Rechtsmacht, das eigene Vermögen verwalten und wirtschaftlich nutzen zu dürfen.[271] Ob aus der Selbstverwaltungsgarantie auch ein gemeindlicher Anspruch auf angemessene Finanzausstattung folgt, ist umstritten. Hierauf wird bei der Darstellung des Gemeindefinanzierungssystems eingegangen.

144 Als ein Unterfall der Finanzhoheit, z.T. auch als selbständige Gemeindehoheit, wird die **Abgabenhoheit** angesehen. Die gemeindliche Abgabenhoheit umfasst das Recht, Abgabensatzungen zu erlassen (Abgabenrechtssetzungshoheit), Abgaben zu verwalten (Abgabenverwaltungshoheit) und Abgabenaufkommen zu erhalten (Abgabenertragshoheit). Ob die Abgabenhoheit zum Kernbereich des grundgesetzlichen Selbstverwaltungsrechts gehört, ist umstritten.[272] Dieser Streit kann aber letztlich dahinstehen, da jedenfalls die Landesverfassungen den Gemeinden das Recht gewährt, nach Maßgabe der Gesetze eigene Steuern bzw. Abgaben zu erheben.[273] Auf das Recht der Kommunalabgaben wird im Rahmen der Darstellung der Kommunalfinanzierung eingegangen.

---

[267] VGH BW, Beschl. v. 11.1.1995 NVwZ-RR 1996, 16.

[268] BVerwG, Urt. v. 8.9.1972 DÖV 1973, 200.

[269] Vgl. BVerfG, Beschl. v. 7.1.1999 – 2 BvR 929/97 – NVwZ 1999, 520 (521); Beschl. v. 27.11.1986 NVwZ 1987, 123.

[270] Vgl. BT-Dr. 12/6000, S. 48; ebs. *Löwer,* in: von Münch/Kunig, Grundgesetz, Band 2, Art. 28 Rn. 88.

[271] Beschl. v. 7.1.1999 – 2 BvR 929/97 – NVwZ 2000, 520 (521); *Gern,* Deutsches Kommunalrecht, Rn. 75.

[272] Bejahend: BayVerfGH, E. v. 27.3.1992 NVwZ 1993, 163 (164); E. v. 15.12.1988 NVwZ 1989, 551; verneinend: *Gern,* Deutsches Kommunalrecht, Rn. 162.

[273] Art. 88 III VerfLSA

gg) Rechtsetzungshoheit

145 Die **Rechtsetzungshoheit** der Gemeinden ergibt sich unmittelbar aus dem Wortlaut des Art. 28 II GG, wenn dort vom gemeindlichen Recht gesprochen wird, die eigenen Angelegenheiten „zu regeln". Das Instrument einer Körperschaft zur Regelung ihrer eigenen Angelegenheiten ist die Satzung, weswegen die Rechtsetzungs- oft nur als Satzungsautonomie bezeichnet wird.[274] Sie gehört unstrittig zum Kernbereich der Selbstverwaltung.[275] Das BVerfG hat allerdings bislang offengelassen, in welchem Umfang sie zum Kernbereich gehört. Auf die Satzungsautonomie wird im Rahmen eines eigenen Abschnitts eingegangen. Nicht zur Rechtsetzungshoheit als Ausfluss des Selbstverwaltungsrechts gehört die kommunale Verordnungsgebung, sofern Kommunen durch Gesetz ermächtigt sind, staatliche Angelegenheiten durch Verordnung zu regeln. Dies gilt auch dann, wenn diese nach den für Satzungen geltenden Vorschriften erlassen werden.

Bsp.: Erlass von Gefahrenabwehrverordnungen gem. § 94 I, II SOG LSA

hh) Erstreckungsgarantien

146 Als sog. **Erstreckungsgarantien** bezeichnet man aus der Selbstverwaltungsgarantie abgeleitete Rechtsgrundsätze neben den Gemeindehoheiten.[276] In erster Linie handelt es sich hierbei um die bereits beschriebenen Beteiligungsrechte als Ausfluss der Planungshoheit. Zu den Erstreckungsgarantien zählt auch der ungeschriebene Rechtsgrundsatz **gemeindefreundlichen Verhaltens**.[277] Nach Ansicht des OVG NW handelt es sich hierbei um eine aus Art. 28 II GG ableitbare Verpflichtung zur Rücksichtnahme auf gemeindliche Belange.[278] Soweit die Trägerschaft von kommunalen Schulen als eigene Angelegenheit zu werten ist, bedarf es der Regelung einer wirksamen Mitbestimmung der Kommunen bei Eingriffen in das Selbstverwaltungsrecht.[279]

d) Aufgabe der Daseinsvorsorge

147 Das Spektrum kommunaler Selbstverwaltungsaufgaben ist bunt und reicht „von der Wiege bis zur Bahre", d.h. vom Krankenhaus in kommunaler Trägerschaft über die kommunale Kindertageseinrichtung und Schule bis hin zum Gemeindefriedhof. Zahlreiche Versorgungs- und Entsorgungseinrichtungen dienen der Versorgung der Einwohner mit Gütern und Dienstleistungen des täglichen Bedarfs (Abfallentsorgung, Abwasserbeseitigung, Wasserversorgung, Entwässerung, Erschließung, Straßenausbau und -unterhaltung). Man spricht insoweit auch von **kommunaler Daseinsvorsorge**, die im Regelfall durch kommunale Einrichtungen geleistet wird. Der Begriff der Daseinsvorsorge taucht im KVG nicht auf, jedoch sind die Kommunen verpflichtet, in den Grenzen ihrer Leistungsfä-

---

[274] Vgl. etwa BVerwG, Beschl. v. 7.9.1992 – 7 NB 2.92 – BVerwGE 90, 359/ NJW 1993, 411; *Gern,* Deutsches Kommunalrecht, Rn. 173; *Henneke,* ZG 1994, 212 ff.

[275] BVerfG, Beschl. v. 22.11.1983 – 2 BvL 25/81 – BVerfGE 65, 283 (290).

[276] S. hierzu *Gern,* Deutsches Kommunalrecht, Rn. 50 und 170. Sie werden auch Ergänzungsgarantien genannt – vgl. *Nierhaus,* in: Sachs, GG, Art. 28 Rn. 57 ff.

[277] S. *Macher,* Der Grundsatz des gemeindefreundlichen Verhaltens.: Zur Aktualisierung der Garantie der kommunalen Selbstverwaltung (Art. 28 II GG), 1971.

[278] OVG NW, OVGE 19, 192 (197); *Tettinger,* Besonderes Verwaltungsrecht/1, Rn. 143.

[279] OVG LSA, Beschl. v. 5.2.2015 – 3 M 473/14 – juris Rn. 10.

higkeit die für ihre Einwohner erforderlichen sozialen, kulturellen und wirtschaftlichen öffentlichen Einrichtungen bereitzustellen (§ 4 Satz 2 KVG). Aus Fachgesetzen ergeben sich mitunter konkretere Verpflichtungen der Gemeinde, Daseinsvorsorgeleistungen zu erbringen.

Bsp.: gemeindliche Abwasserbeseitigungspflicht gem. § 78 I 1 WG LSA

148 Ehemals kommunale (bzw. staatliche) Bereiche der Daseinsvorsorge wurden mitunter ganz oder teilweise (materiell) **privatisiert**.[280] Hierzu zählen die Stromversorgung, die Gasversorgung, die Versorgung mit Telekommunikationsdienstleistungen und die Wohnraumbewirtschaftung (durch kommunale Wohnungsbauunternehmen bzw. kommunale Wohnungsgenossenschaften). Dies wirft die Frage auf, ob und ggf. inwieweit Gemeinden ein rechtlich gesicherter Einfluss auf diese Versorgungsbereiche zusteht.[281]

149 Zudem stellt sich die Frage, welche Aufgabenbereiche (etwa beim Auslaufen von Konzessionsverträgen) **rekommunalisiert** werden dürfen (und sollten).[282] Eine Rekommunalisierung kommt sowohl bei voll- wie teilprivatisierten Aufgaben und Einrichtungen der Daseinsvorsorge in Betracht. Viele Kommunen haben bereits Einrichtungen bzw. Aufgaben „rekommunalisiert".

Bsp.: Rekommunalisierungen der Stadt Saarbrücken; Rückkauf von Wohnungen durch Stadt Dresden

150 Die Wahrnehmung von Aufgaben der **Daseinsvorsorge** fällt in den Schutzbereich der gemeindlichen Selbstverwaltungsgarantie, wenn und soweit es sich hierbei um Angelegenheiten der örtlichen Gemeinschaft handelt.[283] Das gemeindliche Selbstverwaltungsrecht vermittelt daher ein Abwehrrecht gegenüber erheblichen staatlichen Beeinträchtigungen gemeindlicher Einrichtungen der Daseinsvorsorge.[284] Ob eine Angelegenheit im Einzelfall unter den verfassungsrechtlichen Schutz der kommunalen Selbstverwaltungsgarantie fällt, richtet sich maßgeblich nach der konkreten Erscheinungsform der kommunalen Daseinsvorsorge, insbesondere nach der „Dominanz des örtlichen Bezuges"[285]. Dabei geht es jedenfalls überwiegend um Selbstverwaltungsaufgaben.

151 Das BVerfG zählte die **Wasser- und die Energieversorgung** zu den durch Art. 28 II GG geschützten Gemeindeaufgaben.[286] Auch das BVerwG hatte die kommunale Energieversorgung noch im Jahr 1995 „als in der örtlichen Gemeinschaft wurzelnde Angelegenheit" der Daseinsvorsorge den verfassungsrechtlich geschützten gemeindlichen Selbstverwaltungsangelegenheiten zugeordnet.[287] Bedenkt man jedoch, dass gerade kleinere Gemeinden gar nicht in der Lage wären, eine selbständige Elektrizitätsversorgung zu organisieren und dieser Wirtschaftsbereich heute durch eine großräumige Verflechtung und Vermarktung gekennzeichnet ist, muss in Zweifel gezogen werden, ob die

---

[280] S. hierzu *Mayen*, Privatisierung öffentlicher Aufgaben. Rechtliche Grenzen und rechtliche Möglichkeiten, DÖV 2001, 110 ff.

[281] Vgl. *Decher*, Die Rechte der Gemeinden beim Ausbau des Übertragungsnetzes. Verfahrensbeteiligung – Berücksichtigungspflichten – Rechtsschutz, 2021.

[282] Lit.: *Rummel*, Rechtliche Aspekte der Rekommunalisierung, 2018.

[283] Ebs. *Schenke*, VerwProzR, Rn. 498a; *Henneke*, NdsVBl. 1998, 279.

[284] BVerwG, Urt. v. 12.8.1999 NVwZ 2000, 675.

[285] *Tettinger*, Besonderes Verwaltungsrecht/1, Rn. 124.

[286] BVerfG, Beschl. v. 16.5.1989 JZ 1990, 335.

[287] BVerwG, Urt. v. 18.5.1995 – 7 C 58.94 – BVerwGE 98, 273 (275) - MEAG.

Energieversorgung noch generell als Angelegenheit der örtlichen Gemeinschaft gewertet werden kann.[288] Das gilt insbesondere für die Gemeinden in den neuen Bundesländern, von denen 98 % nie eine eigene Energieversorgung betrieben haben.[289] Es wäre indes wünschenswert, wenn der Gesetzgeber die Energieversorgung als gemeindliche Aufgabe festschriebe und ihre Umsetzung, insbesondere die Finanzierbarkeit, auch absichern würde, so dass die mit der Errichtung von Windkraft- und Photovoltaikanlagen verbundene Zerstörung des Landschaftsbildes der ganzen örtliche Gemeinschaft und nicht nur wenigen Investoren zugutekommt.

152 Ebenso erscheint angesichts von immer großflächigeren Entsorgungsstrukturen zweifelhaft, ob die **Abfallentsorgung** noch eine örtliche Angelegenheit ist.[290] Diese Überlegungen zeigen, dass es angesichts der starken Veränderlichkeit der Bedingungen der Daseinsvorsorge in hohem Maße vom Stand der technisch-wirtschaftlichen Entwicklung und den jeweiligen örtlichen Verhältnissen abhängt, ob und ggf. inwieweit die Daseinsvorsorge vom Schutzbereich der Selbstverwaltungshoheit umfasst wird.

> **Bsp.:** Die gesetzgeberische Hochzonung der bisherigen Aufgabe der Beseitigung des Hausmülls von den kreisangehörigen Gemeinden auf die Landkreise ist nicht zu beanstanden.[291] Ebenso wenig zu bemängeln ist, wenn der Landesgesetzgeber die Aufgabe der Versorgung der Bevölkerung mit leistungsfähigen Krankenhäusern im kreisangehörigen Raum dem Landkreis aufträgt.[292]

153 Zur Daseinsvorsorge i.w.S. kann auch die Unterhaltung örtlicher Straßen gezählt werden. Die Gemeinden sind **Träger der Straßenbaulast** für die Gemeindestraßen (§ 42 I 3 StrG LSA). Gemeindestraßen sind die Straßen, die überwiegend dem Verkehr innerhalb einer Gemeinde oder dem nachbarlichen Verkehr zwischen Gemeinden oder dem weiteren Anschluss von Gemeinden oder räumlich getrennten Ortsteilen an überörtliche Verkehrswege dienen oder zu dienen bestimmt sind (§ 3 I Nr. 3 StrG LSA). Für Mitgliedsgemeinden von Verbandsgemeinden übernimmt die Verbandsgemeinde die Aufgaben nach dem Straßengesetz (§ 90 I Nr. 5 KVG).[293] Die Gemeinden mit mehr als 50.000 Einwohnern sind Träger der Straßenbaulast für die Ortsdurchfahrten im Zuge von Landes- und Kreisstraßen (§ 42 II 1 StrG LSA).[294] Eine Gemeinde mit mehr als 25.000 bis zu 50.000 Einwohnern kann Träger der Straßenbaulast für die Ortsdurchfahrten werden, wenn sie es mit Zustimmung der Straßenaufsichtsbehörde gegenüber der obersten Straßenbaubehörde erklärt (§ 42 IV 1 HS 2 StrG LSA).[295] Soweit dem Land oder den Landkreisen die Straßenbaulast für die Ortsdurchfahrten

---

[288] *Gern*, Deutsches Kommunalrecht, Rn. 60; *Löwer*, DVBl. 1991, 132.

[289] *Berg*, WiVerw. 2000, 143, der die Zahl von 7563 Gemeinden nennt.

[290] *Frenz*, DÖV 2000, 805; ders., GewArch. 1994, 149; bejahend hingegen *Hoppe*, DVBl. 1990, 610.

[291] BVerfG, Beschl. v. 23.11.1988 - 2 BvR 1619/83 etc. - BVerfGE 79, 127 ff.

[292] BVerfG, Beschl. v. 7.2.1991 NVwZ 1992, 365 (367).

[293] S. Rn. 273.

[294] Maßgebend ist die Einwohnerzahl, die das Landesamt für Statistik am 31. Dezember des vorletzten Jahres ermittelt hat (§ 42 II 2 StrG LSA).

[295] § 42 II 2 und III 1 StrG LSA gelten entsprechend (§ 42 IV 1 HS 2 StrG LSA). Die Straßenaufsichtsbehörde hat die Kommunalaufsichtsbehörde zu beteiligen (§ 42 IV 2 StrG LSA). Die Zustimmung darf nur versagt werden, wenn Tatsachen vorliegen, die die Leistungsfähigkeit der Gemeinde zur Übernahme der Straßenbaulast ausschließen (§ 42 IV 3 StrG LSA).

obliegt, erstreckt sich diese nicht auf Gehwege, Parkplätze und damit in Zusammenhang stehende Entwässerungsanlagen; insoweit ist die Gemeinde Träger der Straßenbaulast (§ 42 V 1 StrG LSA).[296]

154 Die kommunale Daseinsvorsorge gehört trotz des beschriebenen Umbruchs zwar in tatsächlicher Hinsicht nach wie vor zum Kernbereich der Selbstverwaltung, hieraus folgt jedoch **nicht**, dass sie auch **zum Kernbereich des Selbstverwaltungs***rechts* gehört. Dies wäre ein Fehlschluss vom Sein aufs Sollen. Soweit in der Literatur Teilbereiche der Daseinsvorsorge, so insbesondere die Wasserversorgung[297], die Abwasserbeseitigung[298], die Elektrizitätsversorgung[299] und bisweilen sogar die gesamte (kommunale) Daseinsvorsorge[300] zum Kernbereich bzw. Wesensgehalt des Selbstverwaltungsrechts gezählt werden, ist dem nicht zu folgen.[301] Zwar würde sich ein vollständiger Entzug aller bisherigen Daseinsvorsorgeaufgaben so weit vom traditionellen Leitbild gemeindlicher Selbstverwaltung entfernen, dass ihr Kernbereich angetastet würde, jedoch sind die Einzelbereiche der Daseinsvorsorge für sich betrachtet kein wesensnotwendiger Bestandteil des Selbstverwaltungsrechts. Die Aufgabenwahrnehmung im Hinblick auf die Einzelbereiche unterliegt vielmehr der beschriebenen Veränderlichkeit. Ein nur teilweiser Aufgabenentzug berührt den Kern der Selbstverwaltung daher nur, wenn er so gewichtig ist, dass er einem vollständigen Entzug der kommunalen Daseinsvorsorgeaufgabe nahekommt bzw. die einzelnen Aufgabenentziehungen in der Summe das Selbstverwaltungsrecht zu einer inhaltsleeren Hülle verkümmern lassen.

e) Kommunalwirtschaft

155 Besonders kontrovers ist die Diskussion über das Verhältnis von Selbstverwaltungsgarantie und **Kommunalwirtschaft**. Nach h.M. umfasst die Selbstverwaltungsgarantie auch das Recht zu kommunaler Wirtschaftstätigkeit, sofern sie durch ein öffentliches Interesse gerechtfertigt ist.[302] M.a.W. begründet sie eine kompetenzielle Legitimation der Kommunalwirtschaft. Nach h.M. ist die Kommunalwirtschaft dabei an das bundesstaatliche Kompetenzgefüge des Art. 30, 83 ff. GG gebunden und damit grundsätzlich auf ihr Gebiet beschränkt.[303] Vereinzelt wird das Tätigwerden der Kommunen im wirtschaftlichen Bereich sogar zum unantastbaren Kernbereich der Selbstverwaltungsgarantie gezählt.[304]

156 Wirtschaftstätigkeit **allein zur Gewinnerzielung** ist nicht vom Schutzbereich der Selbstverwaltungsgarantie erfasst.[305] Nach wohl h.M. ist eine gleichsam von öffentlichen Aufgaben gelöste, rein ge-

---

[296] Dies gilt auch in den Fällen des § 5 III und IIIa FStrG (§ 42 V 2 StrG LSA).

[297] *Cronauge*, Kommunale Unternehmen, Rn. 647.

[298] Vgl. *Gruneberg*, GemHH 1998, 80.

[299] *Cronauge*, GemHH 1996, 202; Löwer, DVBl. 1991, 142; *Püttner*, DÖV 1990, 463 f.

[300] So *Hill*, BB 1997, 427; *Cronauge*, Kommunale Unternehmen, Rn. 35.

[301] Zu einem weitreichenden Kernbereichsschutz tendieren - ohne Nennung konkreter Sachbereiche - auch Scholz, DÖV 1976, 442; *Burmeister*, in: HdBKommW, S. 7.

[302] VerfGH Rh.-Pfalz, Urt. v. 28.3.2000 DVBl. 2000, 992: „unbezweifelbar".

[303] Vgl. nur *Ehlers*, DVBl. 1998, 503, 504; *Schink*, NVwZ 2002, 135.

[304] *Cronauge*, GemHH 1997, 266.

[305] Vgl. etwa Hellermann, Örtliche Daseinsvorsorge, S. 354.

winnorientierte kommunale Wirtschaftstätigkeit vom Selbstverwaltungsrecht nicht gedeckt.[306] Hingegen sei eine „Gewinnmitnahme" zulässig.[307] Mitunter wird die Gewinnmitnahme gar insoweit als „unproblematisch" bezeichnet.[308]

157 Art. 28 II GG schützt als staatsorganisationsrechtliche Norm die Wahrnehmung der örtlichen Angelegenheiten durch die Gemeinde vor einer (ungerechtfertigten) Hochzonung auf den Landkreis oder das Land. Hingegen ist die Norm nicht bürgergerichtet. Sie enthält daher **keine Aussagen zum Verhältnis der kommunalen Aufgabenwahrnehmung zur Privatwirtschaft** und dient insbesondere nicht dem Schutz der Kommune vor privatwirtschaftlicher Konkurrenz.[309] Sie vermag weder einen Vorrang der Kommunalwirtschaft zu begründen noch eine Verdrängung der Privatwirtschaft zu rechtfertigen.[310] Andererseits folgt aus ihr kein Recht Privater, von der Kommune die Einhaltung der Grenzen ihrer Verbandskompetenz zu verlangen.[311] Sie ist mithin nicht drittschützend.

158 Da die Selbstverwaltungsautonomie den Gemeinden keine Befugnisse gegen ihre Bürger verleiht,[312] haben die Gemeinden nicht bereits kraft der Verfassung das Recht, für ihre Einrichtungen den Anschluss- und Benutzungszwang anzuordnen. Eine **staatliche Aufhebung von kommunalen Monopolen**, um Märkte der Privatwirtschaft zu öffnen, berührt demgemäß das Selbstverwaltungsrecht nicht.[313] Zwar ist der Übergang von bisherigen Staatsaufgaben auf die Privatwirtschaft an sich nicht nach Art. 28 II GG rechtfertigungsbedürftig,[314] jedoch sind staatliche Beschränkungen der Kommunalwirtschaft, die im Interesse der Privatwirtschaft erfolgen, an Art. 28 II GG zu messen.[315]

f) Außenbeziehungen, Außen- und Innenpolitik

159 In der Rechtspraxis existieren zahlreiche weitere Problemfelder der Verbandskompetenz, auf die hier nur kurz eingegangen werden kann. So ist die Begründung einer **Städtepartnerschaft** grundsätzlich von der Verbandskompetenz gedeckt.[316]

> **Bsp.:** Die Stadt Fürth bewegte sich mit einem Stadtratsbeschluss, dem von den Städten Hiroshima und Nagasaki initiierten, auf weltweite Kernwaffenabrüstung zielenden „Programm zur Förderung der Solidarität der Städte" beizutreten, noch innerhalb ihrer Verbandskompetenz.[317]

160 Hingegen sind Beschlüsse über „**kommunale Entwicklungshilfe**" nur bei positiver Rückkoppelung für die Gemeinde zulässig (etwa Wirtschaftskontakte, Kulturaustausch, Werbung für die Gemeinde etc.).[318]

---

[306] BVerfG, Beschl. v. 8.7.1982 BVerfGE 61, 82 (107); VerfGH Rh.-Pfalz, Urt. v. 28.3.2000 DVBl. 2000, 992.

[307] So *Ehlers*, DVBl. 1998, 500; *Heimlich*, NVwZ 2000, 746; *Ruffert*, VerwArch. 92 (2001), 42.

[308] *Schink*, NVwZ 2002, 134.

[309] *Ehlers*, Gutachten E, S. 104; *Ruffert*, NVwZ 2000, 764; *Schink*, NVwZ 2002, 133.

[310] Vgl. BayVerfGH, Urt. v. 4.7.1996 NVwZ 1997, 481.

[311] *Ehlers*, Gutachten E, S. 48; *Henneke*, Öffentliches Finanzwesen, Rn. 499; *Ruffert*, NVwZ 2000, 763, 764. Ein solches Recht könnte sich aber aus den Kommunalverfassungen ergeben (RhPfVerfGH, Urt. v. 28.3.2000 NVwZ 2000, 801.

[312] *Berg*, WiVerw. 2000, 148; *Pieroth*, in: Jarass, GG, Art. 28 Rn. 10; *Ruffert*, VerwArch. 92 (2001), S. 36.

[313] *Ehlers*, Gutachten E, S. 69; *Pielow*, NWVBl. 1999, 374: kein Schutz vor materieller Privatisierung durch Gesetz.

[314] *Burgi*, NVwZ 2001, 602 m.w.Nachw.

[315] *Ehlers*, Gutachten E, S. 69.

[316] *Gern*, NVwZ 1991, 685 ff.; *Heberlein*, DÖV 1990, 374 ff.; ders, NVwZ 1992, 543 ff.

[317] BVerwG, Urt. v. 7.12.1990 BVerwGE 87, 237.

161 Die Gemeinde hat nur ein kommunalpolitisches, aber **kein allgemeinpolitisches Mandat.**[319] Daher sind etwa Beschlüsse eines Gemeinderats zur Außenpolitik der Bundesregierung grundsätzlich unzulässig und dürfen von der Kommunalaufsicht beanstandet werden.

> **Bsp.:** Unzulässig wäre ein Ratsbeschluss, der Waffenlieferungen der Bundesregierung an eine Kriegspartei verurteilt und den sofortigen Stopp der Lieferungen fordert.

Etwas anderes gilt jedoch im Falle **spezifischer** Betroffenheit. In keinem Falle dürfen die Gemeinden aber in die Kompetenz des Bundes zur Pflege der Beziehungen zu auswärtigen Staaten eingreifen, indem sie etwa ein Protestschreiben an einen ausländischen Staatschef richten.[320] Die Kommunen sind im Übrigen auch auf Grund des Grundsatzes der Bundestreue zur Rücksichtnahme auf die Außenpolitik der Bundesregierung verpflichtet. Die verfassungsrechtliche Zulässigkeit politischer Ratserklärungen richtet sich in besonderer Weise nach den Umständen des Einzelfalls.

162 Der Beschluss eines Gemeinderates über die Erklärung der Gemeinde zur **„atomwaffenfreien Zone"** ist nach h.M. grundsätzlich unzulässig.[321] Hierin liegt jedenfalls dann ein Verstoß gegen Art. 28 II GG, Art. 73 Nr. 1, 87a GG, wenn der Beschluss keinen Bezug zu einem konkreten Atomwaffenlager im Gemeindegebiet hat (Erfordernis des lokalen Anknüpfungspunkts bzw. der konkreten Betroffenheit). Hingegen kann sich eine Gemeinde grundsätzlich zu einer etwaigen Atomwaffenstationierung in ihrem örtlichen Umfeld äußern, wenn dieses für eine Stationierung bevorzugt in Betracht kommt, selbst wenn eine konkrete Stationierungsabsicht noch nicht feststellbar ist.[322]

g) Verkehrspolitik und Klimaschutz

163 Die Gemeinden sind „regelmäßig befugt, durch bauplanerische Festsetzungen im Rahmen der Selbstverwaltung eine gemeindliche ‚Verkehrspolitik' zu betreiben."[323] Sie dürfen Festsetzungen von Gemeindestraßen zur Einbindung eingemeindeter Ortsteile in ein Straßen- und Wegenetz treffen (§ 9 I Nr. 11 BauGB). Gemeinde-Verkehrskonzepte sind jedenfalls als städtebauliche Konzepte i.S.v. § 1 VI Nr. 11 BauGB zulässig. Sie müssen mit den straßenrechtlichen Vorgaben in Einklang stehen, können jedoch gerade auf eine Änderung straßenrechtlicher bzw. straßenverkehrsrechtlicher Verhältnisse abzielen, d.h. ein kommunales Einwirken auf erwünschte Änderungen beinhalten. Elemente einer kommunalen Verkehrspolitik kann auch ein städtebauliches Konzept zum Schutz zentraler Versorgungsbereiche beinhalten.

164 Zulässig ist es auch ein gemeindliches **Klimaschutz**konzept zu erstellen.[324] Dies kann Leitbilder wie die „Schwammstadt" oder die „Grüne Stadt" verfolgen. Im Hinblick auf den kommunalen Klima-

---

[318] *Schmidt-Jortzig*, DÖV 1989, 142 ff.

[319] *Nierhaus*, in: Sachs, GG, Art. 28 Rn. 32; Wolff/Bachof/*Stober*, VerwR, Bd. 1, § 32 Rn. 9: lokalpolitisches Mandat; *Stober*, Kommunalrecht, § 7 II 1 c m.w.Nachw.

[320] Vgl. Art. 32 I GG; näher *Heberlein*, NVwZ 1991, 531 (533).

[321] BVerwG, Urt. v. 14.12.1990 NVwZ 1991, 682; Urt. v. 14.12.1990 NVwZ 1991, 684; *Theiß*, JuS 1984, 422 ff.

[322] BVerwG, Urt. v. 14.12.1990 NVwZ 1991, 682.

[323] BVerwG, Urt. v. 7.06.2001 – 4 CN 1.01 – juris (Ls. Nr. 3).

[324] Lit. zum kommunalen Klimaschutz: *Britz*, Verfassungsrechtliches Klimaschutzgebot in den Kommunen, NdsVBl. 2023, 65-69; *Burgi*, Beiträge: Klimaschutz und kommunale Selbstverwaltung, KlimaRZ 2022, 79-85; s.a. zum Verhältnis von Klimaschutz und Bauplanungsrecht *Franz*, Öffentliches Baurecht in Sachsen-Anhalt. Handbuch, 2024, Rn. 142 m.w.Nachw.

schutz stellt u.a. die Aufstellung von Wärmeplänen nach dem Gebäudeenergiegesetz (GEG) eine gemeindliche Pflichtaufgabe dar.

h) Verfassungsrechtliche Gewährleistungs- und Erfüllungspflichten

165 In verfassungsrechtlicher Hinsicht ist problematisch, unter welchen Voraussetzungen sich das gemeindliche Ermessen zur Wahrnehmung bestimmter (grundsätzlich freiwilliger) Verwaltungsaufgaben **zu einer gesetzlichen Pflicht verdichten** kann. Da nämlich die Gemeinden auch die freiwilligen Selbstverwaltungsaufgaben nach pflichtgemäßen Ermessen auszuüben haben, kann sich im Einzelfall durch eine Ermessensreduktion auf null eine Aufgabenwahrnehmungspflicht ergeben.[325]

> **Bsp.**: keine Verbandskompetenz des Kreises zur sachlichen Befassung mit der gesetzgeberischen Gestaltung des Arbeitsförderungsgesetzes[326]

i) Sonderfälle Aufgabenübertragung durch Zweckvereinbarung und gemeinsame Aufgabenwahrnehmung

166 Einer Kommunalkörperschaft können **Aufgaben von anderen Kommunalkörperschaften** auf der Grundlage einer **Zweckvereinbarung** (vgl. §§ 3 ff. GKG-LSA) übernehmen. Mit der Wirksamkeit einer sog. delegierenden Zweckvereinbarung gehen das Recht und die Pflicht, die Aufgabe zu erfüllen, auf die übernehmende Körperschaft über sowie die mit der Erfüllung der Aufgabe verbundenen Rechte und Pflichten (§ 4 I 1 GKG-LSA). Die übrigen Beteiligten werden von der Pflicht zur Aufgabenerfüllung frei (§ 4 I 2 GKG-LSA), können sich aber in der Zweckvereinbarung Mitwirkungsrechte an bestimmten Angelegenheiten vorbehalten (§ 4 III GKG-LSA). Im Übrigen können sie auch Aufgaben mit anderen Kommunalkörperschaften in einem Zweckverband gemeinschaftlich wahrnehmen.

2. Aufgaben des übertragenen Wirkungskreises
a) Aufgabenzuweisungen

167 Gemeinden[327] erfüllen auch Aufgaben im sog. **übertragenen Wirkungskreis** (vgl. § 4 Satz 1, § 6 I KVG). Zum übertragenen Wirkungskreis gehören bei den Gemeinden die Aufgaben, die ihnen durch Gesetz als staatliche Aufgaben zur Erfüllung nach Weisung übertragen sind (§ 6 I Nr. 1 KVG). Auch Aufgaben der Gemeinden aufgrund von Bundesgesetzen, die das Land im Auftrag des Bundes ausführt oder zu deren Ausführung die Bundesregierung Einzelweisungen erteilen kann, gehören zum übertragenen Wirkungskreis (vgl. § 6 III KVG). Aufgaben, die einer Gemeinde mit mehr als 10.000 Einwohnern übertragen wurden, gelten als den Gemeinden, die keiner Verbandsgemeinde angehören, unabhängig von ihrer Einwohnergröße übertragen (§ 6 II KVG). Nach der Terminologie des KVG werden die staatlichen Aufgaben der Gemeinde als „Aufgaben des übertragenen Wirkungskreises" bezeichnet, könnten nach ihrem Gegenstand aber ebenso staatliche, übertragene oder Fremdverwaltungsaufgaben heißen. Welche Aufgaben des übertragenen Wirkungskreises wahrzunehmen sind, ergibt sich aus den jeweiligen gesetzlichen Aufgabenzuweisungen. Diese bestimmen in der

---

[325] So auch *Gern*, Deutsches Kommunalrecht, Rn. 232
[326] OVG Rh.-Pfalz, Urt. v. 15.3.1988 NVwZ-RR 1989, 35.
[327] Im Regelfall nur Einheitsgemeinden. S. hierzu den nachfolgenden Abschnitt b).

Regel ausdrücklich, dass es sich bei der übertragenen Aufgabe um eine solche des übertragenen Wirkungskreises handelt, bzw., dass sie zur Erfüllung nach Weisung übertragen ist.

> **Bsp.:** § 1 I PStGAG LSA (staatliche Aufgaben des Personenstandswesen); Aufgaben der kreisfreien Städte als untere Abfallbehörden (§ 31 Satz 2 AbfG LSA).

168 Die zu vollziehenden staatlichen Aufgaben lassen sich nach übertragenen Angelegenheiten **kraft Bundesrechts** und kraft Landesrechts unterscheiden. Die Zuständigkeit für den Vollzug von durch Bundesgesetz geregelten staatlichen Aufgaben bestimmt sich gem. Art. 30, 83 GG grundsätzlich nach Maßgabe des Landesrechts. Im Ergebnis entscheidet daher beim Vollzug von Bundes- wie Landesgesetzen der Landesgesetzgeber, welche Behörden diese vollziehen. Das Bundesrecht in diesen Fällen entweder keine Aussagen zu den zuständigen Behörde oder begnügt sich mit der deklaratorischen Formel, dass die „nach Landesrecht" zuständige Behörde handelt.

> **Bsp.:** So werden etwa die für das Personenstandswesen zuständigen Behörden (sog. Standesämter) durch Landesrecht bestimmt (§ 1 II PStG).

169 Der Bund darf Gemeinden nicht durch Gesetz Aufgaben zuweisen.[328] Nur ausnahmsweise finden sich vereinzelte bundesgesetzliche Aufgabenzuweisungen an die Gemeinde.

> **Bsp.:** Die Gemeinde stellt zur Vorbereitung der Schöffenernennung in jedem fünften Jahr eine Vorschlagsliste für Schöffen auf. Für die Aufnahme in die Liste ist die Zustimmung von zwei Dritteln der anwesenden Mitglieder der Gemeindevertretung, mindestens jedoch der Hälfte der gesetzlichen Zahl der Mitglieder der Gemeindevertretung erforderlich (§ 36 I 1-2 GVG).

170 Die meisten der von den Gemeinden wahrzunehmenden staatlichen Aufgaben sind ihnen **durch Landesgesetze** übertragen.

> **Bsp.:** Aufgaben der Gemeinden als allgemeine Sicherheitsbehörden, § 84 I Nr. 1, III SOG LSA; Feiertagsschutz gem. § 8 I 1 und 2 Feiertagsgesetz Sachsen-Anhalt; § 11 Ladenöffnungszeitengesetz Sachsen-Anhalt; Meldewesen gem. § 1 I BMG-AG LSA; Personenstandswesen gem. § 1 I PStG AG LSA; Aufgaben der drei kreisfreien Städte als untere Abfall-, Bau-, Bodenschutz-, Naturschutz-, Wasserbehörde etc. (etwa zu kreisfreien Städten als untere Abfallbehörden: § 30 III, § 31, § 32 I 1 AbfG LSA).

171 Zudem sind ihnen kraft der **Allgemeinen Zuständigkeitsverordnung für die Gemeinden und Landkreise zur Ausführung von Bundesrecht** (AllgZustVO-Kom) einige Zuständigkeiten übertragen.[329]

> **Bsp.:** Durchführung des PassG (§ 2 Nr. 2 AllgZustVO-Kom) und Durchführung des Personalausweisgesetzes (§ 2 Nr. 2a AllgZustVO-Kom). Als „zuständige Behörden" für die Entgegennahme der Fundanzeige (§ 965 II 1 BGB) hat der Verordnungsgeber die Gemeinden bestimmt (§ 2 Nr. 6 AllgZustVO-Kom).

172 Die Aufgaben können nach Sachgebieten unterschieden werden. Eine große Bedeutung hat etwa das Sachgebiet **Personenstandswesen**.

---

[328] Vgl. Art. 84 I 6, Art. 85 I 2 GG.
[329] Abdruck im Vorschriftenanhang.

Bsp.: Das gemeindliche Standesamt stellt folgende Personenstandsurkunden aus. 1. aus allen Personenstandsregistern beglaubigte Registerausdrucke, 2. aus dem Eheregister Eheurkunden (§ 57 PStG)[330], 3. aus dem Lebenspartnerschaftsregister Lebenspartnerschaftsurkunden (§ 58 PStG), 4. aus dem Geburtenregister Geburtsurkunden (§ 59 PStG), 5. aus dem Sterberegister Sterbeurkunden (§ 60 PStG), 6. aus der Sammlung der Todeserklärungen beglaubigte Abschriften (§ 55 I PStG).

b) Adressaten der Zuweisung
aa) Allgemeines

173 **Adressat** der Zuweisung staatlicher Aufgaben ist die Gemeinde als juristische Person. Der Gemeinde steht insoweit die sog. Verbandskompetenz für die Aufgabenwahrnehmung zu. Die **Organkompetenz** für die übertragenen staatlichen Aufgaben zur Erfüllung nach Weisung hat der Hauptverwaltungsbeamte, in Gemeinden mithin der Bürgermeister (vgl. § 66 IV KVG). Er unterliegt dabei der Überwachung durch den Rat.[331]

174 Fachgesetze des Bundes- oder Landesrechts können kommunalen Hauptverwaltungsbeamten unmittelbar konkrete staatliche Aufgaben übertragen bzw. diese ermächtigen, als Behörde der Landesverwaltung zu handeln. In diesen Fällen spricht man von (echter) **Organleihe**. Der Gemeinderat hat in den Fällen der (echten) Organleihe keinerlei Kompetenz, dem Hauptverwaltungsbeamten Weisungen zu erteilen. Es handelt sich in diesen Fällen nicht um kommunale Aufgaben i.e.S., weil die Gemeinde als solche keine Verbandskompetenz besitzt. Die echte Organleihe von Kommunalorganen kommt in Sachsen-Anhalt indes nicht vor.[332]

   Bsp.: echte Organleihe etwa in Bayern und Hessen

bb) Unterschiede von Einheitsgemeinden und Mitgliedsgemeinden (von Verbandsgemeinden)

175 Dass Gemeinden auch Aufgaben im übertragenen Wirkungskreis erfüllen (§ 4 Satz 1 KVG), gilt uneingeschränkt nur für Einheitsgemeinden. Für Mitgliedsgemeinden von Verbandsgemeinden gilt hingegen: Die Verbandsgemeinde erfüllt die Aufgaben des übertragenen Wirkungskreises ihrer Mitgliedsgemeinden, soweit nicht Bundesrecht oder Landesrecht entgegenstehen (§ 90 II 1 KVG). Sie erfüllt auch diejenigen Aufgaben des übertragenen Wirkungskreises, deren Wahrnehmung an eine bestimmte Einwohnergröße von Gemeinden gebunden ist, sofern die Verbandsgemeinde selbst diese Größe aufweist (§ 90 II 2 KVG). Unabhängig von der Gesamtzahl der Einwohner der Mitgliedsgemeinden nimmt die Verbandsgemeinde zumindest die Aufgaben wahr, die einer Gemeinde mit mehr als 10 000 Einwohnern obliegen würden (§ 90 II 3 KVG).

176 Die (Einheits-) Gemeinden wirken durch die Erfüllung dieser Aufgaben bei der Landesverwaltung nach Maßgabe der hierfür geltenden gesetzlichen Vorschriften mit (§ 17 I 1 KVG). Dabei unterliegen

---

[330] Bis zu der Beurkundung der Eheschließung im Eheregister können Eheurkunden auch aus der Niederschrift über die Eheschließung ausgestellt werden.

[331] S. u. Rn. 383 ff.

[332] Mitunter wird eine anderer (weiter) Begriff der Organleihe vertreten. Hier wird demgemäß in den Fällen übertragener Angelegenheiten von einer Organleihe im Hinblick auf den Bürgermeister gesprochen.

sie der Fachaufsicht.[333] Die Gemeinde muss die Dienstkräfte und Einrichtungen zur Verfügung stellen, die für die Erfüllung der Aufgaben des übertragenen Wirkungskreises erforderlich sind (§ 6 IV 1 KVG). Die Wahrnehmung staatlicher Aufgaben geht naturgemäß auf eine besondere gesetzliche Kompetenzzuweisung durch das Land oder den Bund zurück. Aus eigener Machtvollkommenheit dürfen Gemeinden nur ihre eigenen Angelegenheiten, nicht aber sonstige Aufgaben wahrnehmen. Zur Wahrnehmung sonstiger Aufgaben bedürfen sie m.a.W. einer gesetzlichen Kompetenzzuweisung. Die Kommunen müssen im Übrigen Kompetenzsperren durch abschließende bundes- oder landesrechtliche Regelung beachten.

Bsp.: Unzulässigkeit einer kommunalen Verpackungssteuer wegen Missachtung des bundesrechtlich abschließend geregelten Abfallvermeidungskonzepts[334]

cc) Sonderfall kreisfreie Städte

177 Alle Gemeindeaufgaben sind auch von den **kreisfreien Städten** wahrzunehmen. Ihnen obliegen neben ihren Aufgaben als Gemeinde noch besondere, an ihre Eigenschaft als *kreisfreie* Stadt anknüpfende Zuständigkeiten. Diese besonderen Zuständigkeiten stehen ansonsten nur den Landkreisen zu. **Bei den kreisfreien Städten** kommt es mithin zu einer **Bündelung der Angelegenheiten des übertragenen Wirkungskreises**, da sie auch die staatlichen Aufgaben wahrnehmen, die ansonsten Landkreise wahrnehmen. Sie sind für ihr Gebiet alleiniger Adressat der bunten Vielfalt der Angelegenheiten des übertragenen Wirkungskreises („Mädchen für alles"). Sie sind daher die Kommunalkörperschaften mit den meisten Aufgaben. Bedenkt man auch deren Selbstverwaltungsaufgaben wird klar, dass sie – abgesehen von den Ländern als Träger unmittelbarer Landesverwaltung – keine anderen Verwaltungsträger in Deutschland gibt, die mehr Verwaltungsaufgaben wahrnehmen. Aufgaben des übertragenen Wirkungskreises der kreisfreien Städte (wie der Landkreise) kraft Landesrechts sind in der Regel Aufgaben, die der Landkreis als untere Behörde im Rahmen eines dreistufigen Verwaltungsaufbaus im Land wahrnimmt.

c) Verfassungsrechtslage

178 Im **Grundgesetz** wird die Besorgung staatlicher Aufgaben durch die Gemeinden nicht besonders erwähnt, jedoch vorausgesetzt. Das Grundgesetz steht einer Aufgabenübertragung vom Land auf seine Gemeinden nicht entgegen und verbietet nur eine Übertragung von Aufgaben des Bundes auf die Gemeinden.[335] Man könnte daher nach dem Grundgesetz zwischen den Selbstverwaltungsaufgaben und „sonstigen" Gemeindeaufgaben unterscheiden. Diese sonstigen Aufgaben sind vom Land auf Gemeinden übertragenen staatliche Aufgaben. Man könnte diese staatlichen Aufgaben auch als „Fremdverwaltungsaufgaben" bezeichnet werden, weil sie gerade keine *eigenen* Angelegenheiten

---

[333] Der Gesetzgeber hat insoweit die (wenig sinnvolle) Aussage getroffen, dass sich die Fachaufsicht über die Gemeinden nach den hierfür geltenden gesetzlichen Vorschriften richtet (§ 17 I 2 KVG). Es richtet sich indes alles nach den hierfür jeweils geltenden Vorschriften.

[334] BVerfG, Urt. v. 7.5.1998 ZUR 1998, 147.

[335] Das Grundgesetz steht einer Aufgabenübertragung von den Ländern auf ihre Gemeinde nicht entgegen. Eine Aufgabenübertragung vom Bund auf die Gemeinden ist grundsätzlich unzulässig (Art. 84 I 6, Art. 85 I 2 GG): „Durch Bundesgesetz dürfen Gemeinden und Gemeindeverbänden Aufgaben nicht übertragen werden."

betreffen, jedoch hat sich dieser Begriff nicht durchgesetzt.[336] Sie sollten nicht als „Auftragsangelegenheiten" bezeichnet werden, da dieser Begriff eine Bundesauftragsverwaltung durch Landesbehörden (Art. 85 GG) impliziert. Die staatlichen Aufgaben sind nach landesrechtlicher Diktion als „Aufgaben des übertragenen Wirkungskreises" zu bezeichnen.

179 Nach der **Landesverfassung** können durch Gesetz auch staatliche Aufgaben zur Erfüllung nach Weisung übertragen werden (Art. 87 III VerfLSA). Die Übertragung staatlicher Aufgaben ist mit einem Weisungsrecht bzw. der sog. Fachaufsicht verknüpft. Die Landesverfassungen stellen diese Verbindung ausdrücklich her.

d) Fachaufsicht

180 Die **Fachaufsicht** wacht, wie dargelegt, über die Wahrnehmung der Aufgaben des übertragenen Wirkungskreises und kann der Gemeinde **Weisungen erteilen**. Das staatliche Weisungsrecht bei der Wahrnehmung von Aufgaben des übertragenen Wirkungskreises ergibt sich bereits unmittelbar aus der Verfassung.[337] Es wird im KVG vorausgesetzt (§ 155 KVG) und das Organisationsgesetz verweist hinsichtlich der Fachaufsicht über die Kommunen auf die Fachgesetze (§ 17 I 2 OrgG LSA). Die Rechtsgrundlagen der Fachaufsicht über Kommunen finden sich mithin verstreut in den Fachgesetzen.

> **Bsp.:** Fachaufsicht der Landkreise über die Standesämter (§ 2 Nr. 3 PStGAG LSA); Fachaufsicht der oberen Bauaufsichtsbehörde über die kreisfreien Städte als untere Bauaufsichtsbehörden (§ 57 V 2 BauO LSA); Fachaufsicht der oberen Naturschutzbehörde über die kreisfreien Städte als untere Naturschutzbehörden (§ 1 IV 1 NatschG LSA).

181 Im Verhältnis zwischen Landesverfassung und einfachem Recht gilt insoweit der Anwendungsvorrang des einfachen Gesetzes, das ein Weisungsrecht vorsieht. Im Verhältnis zwischen Fachgesetz und KVG geht das Fachgesetz als lex specialis vor. Weisungen können ins Detail gehen und müssen nicht begründet werden. Die nachgeordnete Behörde hat die Weisung zu befolgen, selbst wenn sie sie für rechtswidrig hält. Wer als Amtsträger angewiesen wird, hat aber ein sog. Remonstrationsrecht. Wird eine Weisung nicht befolgt, kann die anweisende Behörde die Maßnahme in der Regel im Rahmen ihres Selbsteintrittsrechts selbst vornehmen.[338] Vom Selbsteintrittsrecht zu unterscheiden ist eine gesetzliche Ermächtigung der Aufsicht, anstelle der örtlich zuständigen Behörde eine andere Behörde anzuweisen, die Aufgabe zu übernehmen.

> **Bsp.:** Im Notfall kann die untere Fachaufsichtsbehörde, bei kreisfreien Städten die obere Fachaufsichtsbehörde, die Wahrnehmung der Geschäfte des Standesamtes vorübergehend gegen Erstattung der Kosten einem anderen Standesamt übertragen (§ 3 I PStG-AG LSA).[339]

182 Selbst- und Fremdverwaltung stehen nicht im Sinne zweier voneinander unabhängiger Verwaltungsbereiche beziehungslos nebeneinander. Der Staat macht sich vielmehr die vorhandenen Ver-

---

[336] So auch *Schmidt-Jortzig*, DÖV 1993, 976. anders *Gern*, Deutsches Kommunalrecht, Rn. 237

[337] Vgl. Art. 87 III VerfLSA (.s.a. Art 83 IV VerfBay; Art. 78 IV VerfNRW; Art. 49 IV VerfRLP).

[338] Näher hierzu u. Rn. 231 f.

[339] Gesetz zur Ausführung des Personenstandsgesetzes im Land Sachsen-Anhalt (PStG-AG LSA) v. 5.12.2008 (GVBl. LSA S. 406), zuletzt geändert durch Gesetz vom 14.2.2019 (GVBl. LSA S. 32).

waltungsstrukturen der Selbstverwaltungsträger zunutze. Das Selbstverwaltungsrecht wirkt zumindest teilweise in die Fremdverwaltung hinein. Die Gemeinde unterliegt bei der Fremdverwaltung einerseits den gesetzlichen Vorgaben und staatlichen Weisungen, ohne in eigenem Recht betroffen zu sein. Staatliche Weisungen, die nur die Art und Weise der Aufgabenwahrnehmung betreffen, sind daher grundsätzlich nicht angreifbar.[340] Die **Weisungen** in staatlichen Angelegenheiten **dürfen** aber andererseits **nicht das gemeindliche Selbstverwaltungsrecht verletzen**. Der Gemeinde steht nämlich auch bei der Wahrnehmung der Aufgaben des übertragenen Wirkungskreises ihre Organisations-[341], Personal-[342] und Finanzhoheit zu.[343] Gesetze und Weisungen, die das Selbstverwaltungsrecht verletzen, sind angreifbar. Weisungen, die in das Selbstverwaltungsrecht eingreifen, stellen Verwaltungsakte dar.

> **Bsp.:** rechtswidrige Weisung des Kreises, mit der Bearbeitung einer Angelegenheit einen bestimmten Gemeindebediensteten zu betrauen; rechtswidrige Weisung, bestimmte Gebühreneinnahmen, die der Deckung eigener Kosten der Gemeinde dienen, getrennt vom allgemeinen Haushalt zu halten

e) Zusammenfassung der Unterschiede

183 Die **wesentlichen Unterschiede von Selbst- und Fremdverwaltung** lassen sich wie folgt zusammenfassen: die Selbstverwaltung der Gemeinde wird durch Art. 28 II GG geschützt. Insoweit besteht ein wehrfähiges Recht. Selbstverwaltungsaufgaben nimmt die Gemeinde in eigener Verantwortung wahr und unterliegt dabei nur der Rechtsaufsicht. Sofern das Widerspruchsverfahren nicht entfällt,[344] ist die Selbstverwaltungsbehörde in der Regel zugleich Widerspruchsbehörde[345]. Hingegen gilt für die Wahrnehmung von staatlichen Aufgaben, dass diese nicht vom Schutz des Art. 28 II GG erfasst wird, der Aufgabenentzug nicht wehrfähig ist, die Übertragung nur durch oder aufgrund Gesetzes zulässig ist, regelmäßig ein staatliches Weisungsrecht besteht und die nächsthöhere Behörde zuständige Widerspruchsbehörde ist.

---

[340] BVerfG, Beschl. v. 7.2.1991 NVwZ 1992, 365 (366).
[341] *Gern,* Deutsches Kommunalrecht, Rn. 174.
[342] *Gern,* Deutsches Kommunalrecht, Rn. 175.
[343] S. auch *Petz,* DÖV 1991, 320 und *Vietmeier,* DVBl. 1993, 190.
[344] Vgl. § 68 I 2 VwGO i.V.m. § 8° AG VwGO LSA.
[345] § 73 I 2 Nr. 3 VwGO.

3. Aufsicht über die Gemeinden

Lit.: *Brüning/Söbbeke*, Die Kommunalaufsicht: Aufgaben – Rechtsgrundlagen – Organisation, 3. Aufl., 2024; *Ehlers*, Kommunalaufsicht und europäisches Gemeinschaftsrecht, DÖV 2001, 412 ff.; *Franz*, Die Staatsaufsicht über die Kommunen, JuS 2004, S. 937-942; *Groth*, Aufsicht und Kontrolle im Bereich der kommunalen Haushaltswirtschaft, 2020; *Knemeyer*, Staatsaufsicht über die Kommunen, JuS 2000, 521 ff.; *Lühmann*, Das Prinzip der kommunalisierten Kommunalaufsicht im Kommunalrecht der deutschen Länder, 2004; *Oebbecke*, Kommunalaufsicht – nur Rechtsaufsicht oder mehr?, DÖV 2001, 406 ff.; *Schrapper*, Zweckmäßigkeitskontrolle in der Kommunalaufsicht?, NVwZ 1990, 931 ff.

a) Allgemeines

184 Die **Staatsaufsicht** über die Gemeinden, und Landkreise ist Sache des Landes. Die Länder sichern durch ihre Aufsicht, dass die Gesetze beachtet und die übertragenen Aufgaben weisungsgemäß ausgeführt werden.[346] Eine Bundeskommunalaufsicht gibt es nicht.[347] Sie wäre auch unzulässig, weil der Bund nach der grundgesetzlichen Kompetenzordnung insoweit nicht regelungszuständig ist. Die Staatsaufsicht wird oft als verfassungsrechtlich notwendiges Gegenstück des gemeindlichen Selbstverwaltungsrechts bezeichnet.[348] Für die Aufsicht gelten die §§ 143 ff. KVG, sofern nicht spezialgesetzliche Normen einschlägig sind.

> **Bsp.:** Die Rechtsaufsicht über die kommunalen Schulträger richtet sich nach dem Schulgesetz LSA, wonach diese der Kommunalaufsicht entzogen und hierfür allein die Schulbehörden zuständig sind (§ 82, § 83 I Nr. 5 SchulG LSA).[349]

185 Grundlegend ist die Unterscheidung von **zwei Arten der Aufsicht**: Zu unterscheiden sind Rechts- und Fachaufsicht. Die (reine) Rechtsaufsicht dient der Rechtmäßigkeitskontrolle der Wahrnehmung (weisungsfreier) Selbstverwaltungsaufgaben. Diese Aufsicht in den Selbstverwaltungsangelegenheiten (**Kommunalaufsicht**) hat sicherzustellen, dass die Verwaltung der Kommunen im Einklang mit den Gesetzen erfolgt und die Rechte der Organe der Kommune und von deren Teilen geschützt werden (§ 143 II KVG). Die Beschränkung auf eine Rechtmäßigkeitskontrolle ist grundsätzlich notwendige Folge des Rechts zur Selbstverwaltung. Eine über die Rechtmäßigkeitskontrolle hinausgehende allgemeine Zweckmäßigkeitskontrolle mit Weisungsrechten wäre mit der Selbstverwaltungsgarantie nicht in Einklang zu bringen.[350] Die Aufsichtsbehörde hat insbesondere gesetzliche Ermessens- und Beurteilungsspielräume der Kommune gem. § 114 VwGO analog zu beachten.[351]

186 Von der Kommunalaufsicht ist die **Fachaufsicht** abzugrenzen. Sie überwacht sowohl die Recht- als auch die Zweckmäßigkeit der Wahrnehmung von Fremdverwaltungsangelegenheiten. Charakteristisch für sie ist ein umfassendes Weisungsrecht der Fachaufsichtsbehörde. Die Aufsicht über die

---

[346] Vgl. *Kluth*, in: Wolff/Bachof/Stober/Kluth, Verwaltungsrecht II, § 98 Rn. 125.

[347] BVerfG, Urt. v. 23.1.1957 BVerfGE 6, 104 (118): „Korrelat" gemeindlicher Selbstverwaltung; Urt. v. 30.7.1958 BVerfGE 8, 122 (137); Beschl. v. 10.6.1969 BVerfGE 26, 172 (181); *Gern*, Deutsches Kommunalrecht, Rn. 801; vgl. auch Kahl, a.a.O., S. 498: „Essentiale" der Selbstverwaltung (abzl.).

[348] BVerfG, Beschl. v. 21.6.1988 BVerfGE 78, 331 (341): das „verfassungsrechtlich gebotene Korrelat der Selbstverwaltung".

[349] OVG LSA, Beschl. v. 4.11.2013 – 4 M 224/13 – juris Rn. 3. Das Gericht lässt offen, ob die Schulbehörden auf die aufsichtlichen Befugnisse (nach altem Recht die §§ 135 ff. GO LSA) zurückgreifen dürfen (a.a.O. Rn. 9).

[350] *Gern*, Deutsches Kommunalrecht, Rn. 806.

[351] Vgl. *Kluth*, in: Wolff/Bachof/Stober/Kluth, Verwaltungsrecht II, § 96 Rn. 135.

Erfüllung der Aufgaben des übertragenen Wirkungskreises ist nicht im KVG geregelt, sondern bestimmt sich nach den hierfür geltenden Gesetzen und erstreckt sich auf die rechtmäßige und zweckmäßige Wahrnehmung der Aufgaben (§ 143 III KVG).

> **Bsp.:** Der Kommunalaufsicht unterliegt die Verwaltung gemeindeeigenen Vermögens, die Einstellung von Beamten, die Bauleitplanung oder der Erlass von Abgabensatzungen. Der Fachaufsicht unterliegt z.B. die Tätigkeit von Kommunen als untere Bauaufsichts- und Wasserbehörden.

187 Die **Kontrolltiefe** der Rechtmäßigkeitsprüfung hängt in Selbstverwaltungsangelegenheiten vor allem davon ab, ob es sich um eine gebundene Entscheidung handelt oder der Behörde ein Ermessen zusteht. Ermessensakte sind nur im Rahmen des § 114 VwGO (eingeschränkt) justiziabel. Die Vorschrift gilt analog für die Kontrolle von Entscheidungen auf der Grundlage kommunaler Beurteilungsspielräume,[352] die im Kommunalrecht häufig anzutreffen sind. Die Aufsicht darf nicht in diese Einschätzungsprärogative der Kommunen eingreifen.

188 Eine weitere bedeutsame Klassifizierung der Aufsicht ist die Unterscheidung nach Art der Aufsichtsmaßnahme und zwar nach **präventiver und repressiver Aufsicht**. Repressive Aufsichtsmaßnahmen sind die Beanstandung, die Anordnung, die Ersatzvornahme und die Bestellung eines Beauftragten. Präventive Aufsichtsmaßnahmen sind vor allem die Beratung sowie Genehmigungsvorbehalte. Die auf Information gerichteten Handlungen der Aufsicht können sowohl präventiver als auch repressiver Natur sein.

189 Die Tätigkeit der Aufsicht unterliegt dem **Opportunitätsprinzip**, d.h., die Entscheidung über das „Ob" und „Wie" des Einschreitens liegt grundsätzlich im (pflichtgemäßen) Ermessen der Aufsichtsbehörde.[353] Die Aufsicht ist zu einem Einschreiten nicht verpflichtet.[354] Ein Ermessen folgt bereits aus der allgemeinen Beschreibung der Aufgaben der Aufsicht in § 143 KVG und ist im Übrigen in den einzelnen Rechtsgrundlagen angelegt. Nur im Einzelfall kann sich das Einschreitermessen reduzieren und eine Einschreitpflicht bestehen. Eine Einschreitpflicht ist jedenfalls anzunehmen, wenn es sich um eindeutige, schwerwiegende Rechtsverletzungen handelt, die eine Kommune beseitigen könnte, aber erkennbar nicht beseitigen will.

190 Vertreten wird, dass sich eine Rechtspflicht zum Einschreiten aus dem Grundsatz der Bundestreue ergeben kann.[355] In Betracht zu ziehen ist auch, dass im Einzelfall eine europarechtliche Vollzugspflicht eine Einschreitpflicht bewirken kann.[356]

191 Bei ihrer Ermessensbetätigung muss die Kommunalaufsicht beachten, dass die Aufsicht so auszuüben ist, dass die Rechte der Kommunen geschützt und die Erfüllung ihrer Pflichten gesichert werden (§ 143 I 1 KVG). Sie muss die Entschlusskraft und Verantwortungsbereitschaft der Kommunen fördern und hat Erfahrungen bei der Lösung kommunaler Aufgaben zu vermitteln (§ 143 I 2 KVG). Die Aufsicht muss daher grundsätzlich ein **kooperatives Verhältnis** im Sinne einer **Beratung**

---

[352] Vgl. *Schenke*, VerwProzR, Rn. 772; Schmidt-Aßmann/Groß, NVwZ 1993, 624.

[353] VGH BW, Urt. v. 25.4.1989 NJW 1990, 136; a.A. VG Hannover, Urt. v. 30.6.1974 DVBl. 1975, 555.

[354] Vgl. etwa VG Magdeburg, Urt. v.28.10.2021 – 9 A 183/20 MD – juris Rn. 60, 62.

[355] BVerfG, Urt. v. 30.7.1958 BVerfGE 8, 123 (137); NdsOVG, Urt. v. 25.3.1987 NVwZ 1988, 464.

[356] Hierzu *Ehlers*, DÖV 2001, 412 ff.

und Betreuung der Kommunen anstreben.[357] Es gilt ein ungeschriebenes Gebot der Zurückhaltung bei der Anwendung repressiver Aufsichtsmittel und das Gebot des gemeindefreundlichen Verhaltens[358]. Die Kommunalaufsicht darf keine „Einmischungsaufsicht" sein.[359] Mitunter wird auch betont, dass das Einschreiten im öffentlichen Interesse geboten sein muss.[360] Es ist Ausdruck des auch im Rahmen der Aufsicht geltenden Verhältnismäßigkeitsgrundsatzes.[361] Einem öffentlichen Interesse am Einschreiten steht grundsätzlich nicht entgegen, dass die von der Aufsichtsmaßnahme Betroffenen Rechtsmittel einlegen können.[362]

192 Die oberste Kommunalaufsichtsbehörde kann im Benehmen mit der Fachaufsicht zur Erprobung neuer Lösungen bei der kommunalen Aufgabenerledigung für einen vorgeschriebenen Zeitraum einzelne Kommunen auf Antrag von der Einhaltung landesgesetzlicher und von der Fachaufsicht generell vorgegebener Rechtsvorschriften und von Standards befreien, wenn die grundsätzliche Erfüllung des Gesetzesauftrages sichergestellt ist (**Experimentierklausel** des § 143 IV KVG).

193 Die Aufsicht dient **ausschließlich dem öffentlichen Interesse**. Eine Begünstigung Privater durch Aufsichtsmaßnahmen ist ein reiner Rechtsreflex. Weder Private noch der Gemeinderat haben einen Anspruch auf ein Einschreiten der Kommunalaufsicht.[363] Private werden auch durch die Erteilung oder Versagung einer kommunalaufsichtlichen Genehmigung nicht in ihren Rechten berührt.[364] Einer Klage des Privaten gegen die oder auf die Vornahme von Aufsichtsmaßnahmen fehlt die Klagebefugnis. Der Private, der sich auf der Grundlage seines Petitionsrechts an die Kommunalaufsicht wenden kann,[365] hat lediglich einen Anspruch auf eine Antwort, aus der sich Kenntnisnahme vom Inhalt und Art der Erledigung ergeben muss.[366]

b) Mittel der Kommunalaufsicht
aa) Präventive Mittel

194 Das klassische Mittel der präventiven Rechtsaufsicht ist der **Genehmigungsvorbehalt**. Zahlreiche Gegenstände bedürfen der kommunalaufsichtlichen Genehmigung.[367]

> **Bsp.:** Beschlüsse der Vertretung, wenn bei mehr als der Hälfte der stimmberechtigten Mitglieder ein gesetzlicher Grund ihrer Anwesenheit oder Mitwirkung entgegenstand (§ 55 III 2 KVG); Verbandssatzung eines Zweckverbandes, § 8 IV GKG-LSA; Gesamtbetrag der vorgesehenen Kreditaufnahmen für Investitionen und Investitionsfördermaßnahmen, § 108 II 1 KVG

---

[357] Vgl. *Vetter*, Die Beratung als Instrument der Kommunalaufsicht, 2024; *Knemeyer*, BayVBl. 1999, 193 ff.; *Kahl*, Die Staatsaufsicht, 2000, insbes. S. 472 ff.

[358] OVG NW, Urt. v. 8.1.1964 OVGE 19, 192.

[359] BVerfG, Beschl. v. 21.6.1988 – 2 BvR 602/83; 2 BvR 974/83 – juris; VG Magdeburg, Urt. v. 17.7.2012 – 9 A 219/11 – juris Rn. 23.

[360] VGH BW, Urt. v. 25.4.1989 NJW 1990, 136; *Gern*, Deutsches Kommunalrecht, Rn. 803; *v. Mutius*, Kommunalrecht, Rn. 853; ähnl. *Hasselbach*, DVBl. 1985, 697 ff.

[361] Zu seiner Geltung: *v. Mutius*, Kommunalrecht, Rn. 866.

[362] *Kluth*, in: Wolff/Bachof/Stober/Kluth, Verwaltungsrecht II, § 96 Rn. 131.

[363] Vgl. etwa BVerwG, Beschl. v. 19.6.1972 DÖV 1972, 723; OVG Rh.-Pfalz, Beschl. v. 29.5.1985 DÖV 1986, 152.

[364] *Schenke*, Verwaltungsprozessrecht, Rn. 502d.

[365] Vgl. Art. 17 GG

[366] *Gern*, Deutsches Kommunalrecht, Rn. 804; allg. zum Petitionsrecht BVerfG, Beschl. v. 22.4.1953 BVerfGE 2, 225 (230).

[367] Die Genehmigungsvorbehalte decken sich in den Bundesländern trotz aller Unterschiedlichkeit im Wesentlichen.

195 Satzungen bedürfen der Genehmigung der Kommunalaufsichtsbehörde nur, soweit dies gesetzlich bestimmt ist.[368] Die Genehmigung ist ein Verwaltungsakt, der nach Maßgabe der §§ 48, 49 VwVfG (i.V.m. § 1 I VwVfG LSA) wieder aufgehoben werden kann.[369] Satzungen, Beschlüsse und andere Maßnahmen der Kommune, die der Genehmigung der Kommunalaufsichtsbehörde bedürfen, werden erst mit der Genehmigung wirksam (§ 150 I 1 KVG). Versagt oder verweigert die Aufsichtsbehörde die Genehmigung genehmigungspflichtiger Handlungen des öffentlichen Rechts, werden die jeweiligen Satzungen, Beschlüsse und andere Maßnahmen der Gemeinde nicht wirksam. Sie gelten als von Anfang an (ex tunc) unwirksam.

196 Die Genehmigung nach dem KVG gilt als erteilt, wenn die zuständige Kommunalaufsicht über sie nicht binnen zwei Monaten, bei Haushaltssatzungen binnen eines Monats, nach Eingang des Genehmigungsantrages[370] entschieden ist und die Kommune einer Fristverlängerung nicht zugestimmt hat (**Genehmigungsfiktion**, § 150 I 2 KVG).[371] Dies gilt auch dann, wenn die für die Genehmigung zuständige Kommunalaufsichtsbehörde die Genehmigung nach § 102 III 1 KVG nicht zurückstellt (§ 150 I 2 KVG). Die Frist beginnt nur zu laufen, wenn die Kommune die Erteilung der Genehmigung beantragt. Erklärungen der Kommune sind insoweit auszulegen.

> **Bsp.:** Geht es um die Genehmigung eines Austritts aus einem Zweckverband, reicht es für den Fristlauf nicht aus, dass die Kommune ihren Austrittsbeschluss dem Landkreis und dem Zweckverband „zur Kenntnis" übersendet.[372]

197 § 150 I und II KVG gelten auch für die gemeindlichen **Rechtsgeschäfte** des bürgerlichen Rechtsverkehrs, die der Genehmigung der Kommunalaufsichtsbehörde bedürfen (§ 150 III 1 KVG). Hat die Kommunalaufsichtsbehörde die Genehmigung versagt und ist die Versagung noch nicht rechtskräftig, so ist der andere Teil zum Rücktritt berechtigt (§ 150 III 2 KVG). Ein privatrechtliches Rechtsgeschäft ist schwebend unwirksam. Mit der endgültigen Versagung wird der Vertrag nichtig. Die Genehmigung des Rechtsgeschäfts führt hingegen dazu, dass es rückwirkend wirksam wird (§ 184 I BGB).

198 Als sog. ermessensförmige oder **kondominiale Genehmigungsvorbehalte** bezeichnet man in Abgrenzung zu aufsichtlichen Genehmigungsvorbehalten solche, die der Genehmigungsbehörde über die reine Rechtmäßigkeitskontrolle hinaus einen eigenen Entscheidungsanteil vermitteln und ihrem Zweck nach darauf abzielen, staatliche „Bestimmungsinteressen" zu wahren.[373] Nur soweit ein solcher Vorbehalt zur Wahrung überörtlicher Belange geeignet, erforderlich und angemessen ist, lässt er sich verfassungsrechtlich rechtfertigen.[374] In den Bundesländern, deren Verfassung das Modell eines uneingeschränkt weisungsfreien Selbstverwaltungsbereichs zugrunde liegt, erscheint seine Zulässigkeit zweifelhaft. Die h.M. bejaht gleichwohl die grundsätzliche Zulässigkeit kondomi-

---

[368] S. u. Rn. 881 ff.

[369] Vgl. hierzu *Zacharias*, NVwZ 2002, 1306 ff.

[370] Fristbeginn ist der Eingang bei der für die Genehmigung zuständigen Kommunalaufsichtsbehörde.

[371] Dies gilt nicht für die Zulassung von Ausnahmen und in den Fällen der §§ 18, 19 und 89 KVG (§ 150 I 3 KVG).

[372] Vgl. OVG LSA, Beschl. v. 6.3.2000 – A 2 S 364/98 – juris/VwRR MO 2000, 406, Ls Nr. 1.

[373] Hierzu *Humpert*, DVBl. 1990, 805 (810) m.w.Nachw.; *Erichsen*, NWVBl. 1990, 41. Oft werden sie auch als „res mixtae" bezeichnet.

[374] Humpert, DVBl. 1990, 810f.; krit. auch zur ausnahmsweisen Zulässigkeit: *Oebbecke*, DÖV 2001, 406.

nialer Genehmigungsvorbehalte, um staatsspezifische Zweckmäßigkeitsentscheidungen in die Genehmigungsentscheidung einfließen lassen zu können.[375] Im Zweifel ist jedoch von einem nichtkondominialen Vorbehalt auszugehen.[376]

199 Die Kommunalaufsicht kann auf Antrag **Ansprüche der Kommune für diese verfolgen**. Ansprüche der Kommune gegen ehrenamtliche Mitglieder der Vertretung und gegen Hauptverwaltungsbeamte werden zwar grundsätzlich von der Vertretung geltend gemacht (§ 151 I 1 KVG), jedoch kann die Kommunalaufsichtsbehörde auf Antrag der Vertretung die Rechtsverfolgung an sich ziehen (§ 151 I 2 KVG). Die Kommunalaufsichtsbehörde handelt dabei in gesetzlicher Prozessstandschaft (§ 151 I 3 KVG). Die Kommune trägt die Kosten der Rechtsverfolgung, die der Kommunalaufsichtsbehörde entstehen (§ 151 I 4 KVG).

200 Beschlüsse über Verträge der Gemeinde mit einem ehrenamtlichen Mitglied des Rates oder dem Bürgermeister sind der Kommunalaufsichtsbehörde vorzulegen (**Vorlagepflicht** gem. § 151 II 1 KVG). Dies gilt nicht für Beschlüsse über Verträge, die nach feststehendem Tarif abgeschlossen werden oder die für die Gemeinde nicht von erheblicher wirtschaftlicher Bedeutung sind. (§ 151 II KVG). Ein Beschluss der Gemeinde, der nach gesetzlicher Vorschrift der Kommunalaufsichtsbehörde vorzulegen ist, darf erst vollzogen werden, wenn die Kommunalaufsichtsbehörde die Gesetzmäßigkeit bestätigt oder den Beschluss nicht innerhalb eines Monats beanstandet hat (§ 146 II KVG).

bb) Repressive Aufsicht

201 Die gesetzlich vorgesehenen **Mittel der repressiven Rechtsaufsicht** sind das Informationsrecht[377], die Beanstandung einschließlich des Verlangens nach Aufhebung und Rückgängigmachung, das Anordnungsrecht, die Ersatzvornahme sowie die Bestellung eines Beauftragten. Die gesetzlich vorgesehenen Maßnahmen sind aufgrund des Gesetzesvorbehalts für Eingriffe in das gemeindliche Selbstverwaltungsrecht abschließend.[378] Sie dürfen nicht kumulativ angewendet werden.[379] Es handelt sich mit Ausnahme von bestimmten Handlungen schlichter Informationsgewinnung um Verwaltungsakte.[380] Sie sind denjenigen gegenüber bekannt zu geben, in deren Rechtskreis eingegriffen wird. Es handelt sich um Ermessensakte, für die die Ermessensfehlerlehre gilt. Der Eingriff in die Rechte der adressierten Kommune muss verhältnismäßig, d.h. vom gesetzlichen Ziel getragen, geeignet, notwendig und verhältnismäßig sein.

> **Bsp.:** Eine aufsichtliche Anordnung ist ermessensfehlerhaft und damit rechtswidrig, wenn sie ungeeignet ist, um die mit ihr beabsichtigte Entsendung gemeindlicher Aufsichtsratsmitglieder zu bewirken.[381]

---

[375] BVerwG, Beschl. v. 22.1.1971 DVBl. 1971, 213; OVG NW, Urt. v. 15.12.1989 NVwZ 1990, 689.

[376] *Gern,* Deutsches Kommunalrecht, Rn. 293.

[377] Oder auch Unterrichtungsrecht

[378] *Kluth,* in: Wolff/Bachof/Stober/Kluth, Verwaltungsrecht II, § 96 Rn. 134.

[379] OVG NW, Urt. v. 28.1.1992 NVwZ-RR 1992, 449.

[380] Vgl. *v. Mutius,* Kommunalrecht, Rn. 871; *Schenke,* VerwProzR, Rn. 222.

[381] VG Halle, Beschl. v. 22.3.2016 – 6 B 11/16 – juris Rn. 16 f.

202 Das schwächste Mittel der repressiven Aufsicht ist ein Informationsrecht: Soweit es zur Erfüllung ihrer Aufgaben erforderlich ist, kann sich die Kommunalaufsichtsbehörde über einzelne Angelegenheiten der Kommune in geeigneter Weise unterrichten (**Unterrichtungsrecht gem. § 145 Satz 1 KVG**). Sie kann insbesondere mündliche, schriftliche oder elektronische Berichte anfordern sowie Akten und sonstige Unterlagen einsehen (§ 145 Satz 2 KVG). Es steht im Ermessen der Behörde, sich des Rechts zu bedienen.

Die aufsichtliche Informationsbeschaffung kann auch präventiver Natur sein. Während etwa die bloße Teilnahme an einer Ratssitzung[382] i.d.R. der präventiven Aufsicht zugeordnet werden kann, wenn sie dazu dient, drohende Rechtsverstöße zu verhindern, ist die Anforderung eines schriftlichen Berichts zur Vorbereitung einer Beanstandungsverfügung wegen vermutlicher Verstöße repressiver Natur. Die Rechtsnatur der repressiven Maßnahmen ist nach dem Einzelfall zu bestimmen. Während die Einsichtnahme in Unterlagen grundsätzlich schlicht-hoheitliches Verwaltungshandeln ist, hat die aufsichtliche Anforderung eines Berichts Verwaltungsaktcharakter.

203 Das Unterrichtungsrecht ist durch die **Erforderlichkeit** der Informationsbeschaffung zur Wahrnehmung der Aufsicht beschränkt.[383] Die Unterrichtung der Aufsicht muss der sachgerechten Wahrnehmung ihrer Aufgaben dienen, was eine laufende Totalkontrolle unzulässig macht.[384] Die Ausübung der Informationsrechte ist nur dann zur Erfüllung der Aufgaben der Kommunalaufsichtsbehörde erforderlich, wenn einzelfallbezogene Umstände vorliegen, die das geltend gemachte Informationsbedürfnis objektiv nachvollziehbar machen, ohne dass sich die bisherigen behördlichen Erkenntnisse und Erwägungen zu Rechtmäßigkeitszweifeln gegenüber einem Handeln der auf Auskunft in Anspruch genommenen Körperschaft verdichtet haben müssen.[385]

204 Das typische Mittel der repressiven Aufsicht ist die **Beanstandung**. Dabei handelt es sich um die Rüge der Gesetzwidrigkeit einer gemeindlichen Maßnahme. Die Kommunalaufsichtsbehörde kann Beschlüsse und andere Maßnahmen der Gemeinde, die das Gesetz verletzen, beanstanden und verlangen, dass sie von der Gemeinde binnen einer angemessenen Frist aufgehoben werden (vgl. § 146 I 1 KVG). Die Aufsicht kann ferner verlangen, dass bereits getroffene Maßnahmen **rückgängig gemacht werden** (§ 146 I 2 KVG). Die Beanstandung stellt einen Verwaltungsakt dar.[386] Bezüglich der Anwendung dieses Mittels steht der Aufsichtsbehörde Ermessen zu.[387] Von diesem Ermessen ist gemäß dem Zweck der Ermächtigung Gebrauch zu machen (vgl. § 40 VwVfG i.V.m. § 1 I VwVfG LSA). Das Beanstandungsermessen reduziert sich auch bei einem Verstoß, etwa gegen § 98 III KVG, nicht notwendigerweise auf eine Einschreitpflicht. Die Beanstandung hat aufschiebende Wirkung (§ 146 I 3 KVG).

---

[382] Zu den Rechtsgrundlagen und Grenzen des Rederechts der Rechtsaufsicht in Sitzungen kommunaler Vertretungskörperschaften s. von *Mutius/Ruge*, LKV 1998, 377 ff.
[383] VG Magdeburg, Urt. v. 24.2.2015 – 9 A 84/14 – juris Rn. 13.
[384] *Gern*, Deutsches Kommunalrecht Rn. 811
[385] OVG LSA, Beschl. v. 11.7.2013 – 4 L 145/13 – juris R. 6 (noch zu § 135 GemO LSA).
[386] Vgl. etwa HessVGH, Beschl. v. 23.11.1995 HessVGRspr. 1996, 57.
[387] S. zur Ermessensausübung VG Magdeburg, Urt. v. 28.10.2021 – 9 A 183/20 MD – juris Rn. 54 ff., 68 ff.

205 Die Beanstandung darf auch dann ergehen, wenn die rechtswidrige Verhaltensweise der Gemeinde nicht mehr rückgängig gemacht werden kann.[388] Zur Beanstandung i.w.S. gehört auch das Verlangen, dass Beschlüsse und Anordnungen aufgehoben werden und dass die Maßnahmen, die auf Grundlage jener Beschlüsse oder Anordnungen getroffen wurden, rückgängig gemacht werden. Beanstandet werden können grundsätzlich auch geringfügige Verstöße bzw. Rechtsverletzungen mit geringfügigen Auswirkungen, sofern sie eine "**Bagatellgrenze**" überschreiten.

> **Bsp.:** So kann grundsätzlich jede mögliche Verbesserung der Einnahme- und Ausgabesituation die Beanstandung der gesamten Haushaltssatzung rechtfertigen.[389]

206 Die Beanstandung ist zu **begründen** (vgl. § 39 I VwVfG, § 1 I VwVfG LSA). Die Begründung muss jenseits dieses formellen Erfordernisses auch inhaltlich die Beanstandung rechtfertigen und eine (fehlerfreie) Ermessensbetätigung widerspiegeln. Die Begründungsintensität der Beanstandungsverfügung muss sich bei substantiiertem Vorbringen der betroffenen Gemeinde hieran orientieren.[390] Die Begründung kann auch für die Beurteilung der Bestimmtheit der kommunalaufsichtlichen Anordnung Bedeutung erlangen, da diese hinreichend bestimmt ist, wenn sich die Regelung mindestens aus der Begründung sowie weiteren, dem Beteiligten bekannten oder ohne Weiteres erkennbaren Umständen ergibt.[391]

207 Häufiger Gegenstand von Beanstandungsverfügungen sind **Haushaltssatzungen** bzw. einzelne Inhalte von ihnen. Bereits die Möglichkeit einer Verbesserung der Einnahme- und Ausgabesituation in einem mehr als unerheblichem Umfang rechtfertigt die Beanstandung der gesamten Haushaltssatzung.[392] Hat die Kommune ein den gesetzlichen Vorgaben genügendes Haushaltskonsolidierungskonzept aufgestellt oder fortgeschrieben, ist die Beanstandung der Haushaltssatzung nur in Ausnahmefällen ermessensgerecht.[393] Hat die betroffene Gemeinde im Rahmen der Anhörung oder mit ihrem Widerspruch gegenüber der Aufsichtsbehörde dargelegt, warum sie die geforderten Einnahmeerhöhungs- oder Ausgabereduzierungsmöglichkeiten nicht nutzt, obliegt es der Aufsichtsbehörde, sich mit den vorgetragenen Gründen auseinanderzusetzen und das Für und Wider eines Eingriffs sachgerecht abzuwägen.[394] Daher kann die Aufsichtsbehörde gehalten sein, über zunächst allgemein beschriebene und in der Verfügung aufgezeigte Maßnahmen Einnahmemöglichkeiten und Einsparpotenziale konkretisierend aufzuführen und dabei die Einwände der Gemeinde wertend zu berücksichtigen.[395]

---

[388] VGH BW, Urt. v. 5.8.2002 DÖV 2003, 125 (126) - Auftragsvergabe nach rechtswidrigem Vergabeverfahren); a.A. v. *Mutius*, Kommunalrecht, Rn. 867, der im Fall eines unwirksamen privatrechtlichen Kaufvertrages allein die Anordnung für statthaft hält, die Kaufsache vom Vertragspartner der Kommune wieder gem. § 985 BGB herauszuverlangen.

[389] OVG LSA, Urt. v. 7.6.2011 – 4 L 216/09 – juris Rn. 41.

[390] OVG LSA, Urt. v. 7.6.2011 – 4 L 216/09 – juris Rn. 44.

[391] OVG LSA, Beschl. v. 18.03.2005 – 4 M 701/04 – juris Rn. 4 (Ls Nr. 1).

[392] OVG LSA, Beschl. v. 5.8.2009 – 4 L 353/08 – juris Rn. 5.

[393] OVG LSA, Beschl. v. 5.8.2009 – 4 L 353/08 – juris Rn. 4.

[394] OVG LSA, Urt. v. 7.6.2011 – 4 L 216/09 – juris Rn. 44.

[395] OVG LSA, Urt. v. 7.6.2011 – 4 L 216/09 – juris Rn. 44.

208 Die Aufhebung und Rückgängigmachung darf nur verlangt werden, wenn sie **tatsächlich möglich**[396] **und rechtlich zulässig** ist.[397] So ist die Rücknahme eines (rechtswidrigen) Verwaltungsaktes der Gemeinde nur nach Maßgabe der gesetzlichen Rücknahmevoraussetzungen zulässig (vgl. § 48 II-IV VwVfG). Sind die auf der Grundlage rechtswidriger Beschlüsse vorgenommenen Rechtsgeschäfte zivilrechtlich wirksam geworden, kann sich das Verlangen nur auf die Wahrnehmung von Rücktritts- oder Kündigungsrechten oder auf eine einvernehmliche Vertragsaufhebung richten. Für die Beanstandung eines Beschlusses, der Grundlage eines bereits vollzogenen Rechtsgeschäftes war, reicht es allerdings aus, wenn die Rückabwicklung des Rechtsgeschäfts nicht aussichtslos erscheint.[398] Das Aufhebungs- und Rückgängigmachungsverlangen ist mit der Setzung einer angemessenen Frist zu verbinden. Keine angemessene Frist in diesem Sinne ist die Aufforderung „unverzüglich" tätig zu werden.[399]

209 Ein **Anordnungsrecht** steht der Aufsicht zu, wenn die Gemeinde untätig bleibt, obwohl sie zum Handeln verpflichtet ist. Erfüllt die Gemeinde die ihr gesetzlich obliegenden Pflichten nicht, kann die Kommunalaufsichtsbehörde anordnen, dass die Gemeinde innerhalb einer angemessenen Frist die notwendigen Maßnahmen durchführt (§ 147 KVG). Auch dieses Recht steht im Ermessen der Aufsichtsbehörde. Gegenstand der Anordnung ist demnach ein Unterlassen. Auf ein Verschulden kommt es nicht an.[400] Die Anordnung setzt eine „gesetzliche" Verpflichtung voraus, den Beschluss mit dem in der Anordnung vorgesehenen Inhalt zu erlassen.[401]

> **Bsp.:** Anordnung zur Durchsetzung der Pflicht zur Anpassung eines Bauleitplans an die Ziele der Raumordnung gem. § 1 IV BauGB;[402] Anordnung, bestimmte Funktionen in der Gemeindeverwaltung mit Beamten zu besetzen;[403] Anordnung der Entsendung von Mitgliedern in den Aufsichtsrat;[404] Anordnung die Realsteuersätze einer Gemeinde zu erhöhen;[405] Anordnung der Nacherhebung von Beiträgen[406]

Die Anordnung ist ein Verwaltungsakt.[407] Die Anordnung muss die Verpflichtung der Kommune hinreichend genau bezeichnen.[408] Das Anordnungsrecht verwirkt auch durch längere Nichtwahrnehmung nicht.

210 Kommt die Gemeinde einer Unterrichtungsanordnung, Beanstandung oder Anordnung der Kommunalaufsichtsbehörde nach den §§ 145-147 KVG nicht innerhalb der bestimmten Frist nach,

---

[396] Wie stets gilt auch hier: Zu etwas Unmöglichem wird niemand verpflichtet (ultra posse nemo obligatur).

[397] Vgl. etwa BayVGH, Urt. v. 27.5.1992 NVwZ-RR 1993, 373 (374).

[398] OVG NW, Urt. v. 6.5.1986 NVwZ 1987, 155; zust., *Gern*, Deutsches Kommunalrecht, Rn. 814.

[399] HessVGH, Beschl. v. 27.7.1989 NVwZ-RR 1990, 96 (97): „unverzüglich auf die Dauer von vier Wochen".

[400] VG Dessau, Beschl. v. 16.12.2002 LKV 2003, 293 (294).

[401] VG Dessau, Beschl. v. 16.12.2002 LKV 2003, 293 (294).

[402] Vgl. VG Magdeburg, Beschl. v. 25.9.2012 – 9 B 120/12 – juris Rn. 33.

[403] OVG LSA, Beschl. v. 18.12.1996 – B 2 539/96 – juris Rn. 7 f.

[404] VG Halle, Beschl. v. 22.3.2016 – 6 B 11/16 – juris Rn. 12.

[405] Zu den Voraussetzungen einer solchen Anordnung s. VG Magdeburg, Beschl. v. 12.5.2015 – 9 B 307/15 – juris Rn. 9; Beschl. v. 28.8.2014 – 9 B 176/14 – juris Rn. 8.

[406] Vgl. OVG LSA, Beschl. v. 18.03.2005 – 4 M 701/04 – juris Rn. 5.

[407] Vgl. etwa HessVGH, Beschl. v. 27.7.1989 NVwZ-RR 1990, 96.

kann die Kommunalaufsichtsbehörde die Anordnung anstelle und auf Kosten der Kommune selbst durchführen oder die Durchführung einem Dritten übertragen (§ 148 KVG).[409] Man spricht insoweit von einer aufsichtsbehördlichen **Ersatzvornahme**. Sie stellt ebenfalls einen Verwaltungsakt dar, zu dessen Erlass der Aufsicht ein Ermessen zusteht. Die Ersatzvornahme setzt auch dann eine vorherige Anordnung voraus, wenn von vornherein zu erwarten ist, dass die Anordnung nicht befolgt wird. Das Fehlen der Anordnung bewirkt i.d.R. aber nicht die Nichtigkeit der Ersetzungsverfügung.[410] Die Ersatzvornahme betrifft sämtliche Angelegenheiten der Gemeinde.[411]

Bsp.: Kommt etwa die Gemeinde einer Anordnung zur Behebung der Rechtswidrigkeit einer fehlerhaften Satzung nicht nach, kann die Aufsicht selbst im Wege der Ersatzvornahme die gebotene Satzungsänderung erlassen.[412] Dies gilt sinngemäß, wenn eine Pflichtsatzung nicht erlassen wird.[413]

211 Die **Ersetzung eines rechtswidrig verweigerten gemeindlichen Einvernehmens** richtet sich nach dem Kommunalaufsichtsrecht,[414] soweit sie nicht durch das Fachgesetz spezialgesetzlich geregelt wurde (vgl. insbesondere die Ersetzung des gemeindlichen Einvernehmens gem. § 36 II 3 BauGB, § 70 BauO LSA)[415]. Die aufsichtsbehördliche Entscheidung gilt u.U. nach Landesrecht zumindest als Ersatzvornahme. Widerspruch und Anfechtungsklage der Gemeinde gegen die Ersetzungsverfügung haben keine aufschiebende Wirkung (§ 70 III 3 BauO LSA). Ein Bauherr hat im Übrigen kein subjektives Recht gegen die Aufsichtsbehörde auf Vornahme der Ersetzung.[416]

212 Die Ersatzvornahme wirkt **für und gegen die Gemeinde**. Dies bedeutet z.B., dass eine von der Aufsichtsbehörde erlassene Satzung oder Satzungsänderung der Gemeinde zuzurechnen ist und Rechtswirkung gegenüber den Adressaten (Bürger etc.) entfaltet. Ob allerdings auch privatrechtliche Rechtsgeschäfte, die die Kommunalaufsicht im Wege der Ersatzvornahme vornimmt

Bsp.: dringend erforderliche Beauftragung eines Privaten mit der Sicherung eines Straßenbaums der Gemeinde zuzurechnen sind, ist umstritten.[417] Dies beurteilt sich indes nach zivilrechtlichen Grundsätzen. Soweit die Kommunalaufsicht nicht ausdrücklich im Namen der Gemeinde auftritt, handelt sie nach dem Erklärungswert ihrer auf den Vertragsschluss gerichteten Willenserklärung im eigenen Namen und wird selbst zum Vertragspartner. Für den Privaten muss grundsätzlich eindeutig erkennbar sein, wenn die Aufsichtsbehörde für eine andere Person des öffentlichen Rechts handeln möchte.

---

[408] OVG LSA, Beschl. v. 18.12.1996 – B 2 S 539/96 – juris Rn. 6.

[409] Zur Vorgängerregelung der GO LSA s. OVG LSA, Beschl. v. 3.9.1998 LKV 1999, 233.

[410] VG Dessau, Urt. v. 16.8.2000 LKV 2001, 426.

[411] *Gern*, Deutsches Kommunalrecht, Rn. 814.

[412] Hierzu OVG LSA, Beschl. v. 3.9.1998 LKV 1999, 233 ff.

[413] Vgl. zur früheren Rechtslage mit Pflicht zum Erlass einer Straßenausbaubeitragssatzung OVG LSA, Beschl. v. 3.9.1998 – B 2 S 337/98 – JMBl. 1998, 476/LKV 1999, 233 (Ls Nr. 3): „Zum Erlaß einer Satzung können die Gemeinden durch die Kommunalaufsicht angehalten werden, welche die Satzung bei endgültiger Weigerung notfalls im Weg der Ersatzvornahme erlassen darf."; Zur kommunalaufsichtlichen Ersetzung einer Satzung eines Abwasserzweckverbandes VG Dessau, Urt. v. 16.8.2000 LKV 2001, 426f.

[414] *Gern*, Deutsches Kommunalrecht, Rn. 814.

[415] Hierzu *Franz*, Öffentliches Baurecht in Sachsen-Anhalt. Handbuch, 2024, Rn.735.

[416] *Schenke*, Verwaltungsprozessrecht, Rn. 685.

213 Die Kommunalaufsicht kann eine **vorzeitige Beendigung der Amtszeit des Bürgermeisters** herbeiführen: Wird der Hauptverwaltungsbeamte den Anforderungen seines Amtes nicht gerecht und treten dadurch so erhebliche Missstände in der Verwaltung ein, dass eine Weiterführung des Amtes im öffentlichen Interesse nicht vertretbar ist, kann, sofern andere Maßnahmen nicht ausreichen, die Amtszeit des Hauptverwaltungsbeamten für beendet erklärt werden (§ 153 I KVG).

Bsp.: Amtsinhaber übernimmt fast nur Repräsentationsaufgaben und überträgt seinem Vertreter seine Aufgaben vollständig, der aufgrund der Überlastung häufig erkrankt.

Die Erklärung der vorzeitigen Beendigung der Amtszeit erfolgt in einem förmlichen Verfahren, das von der oberen Kommunalaufsichtsbehörde eingeleitet wird (§ 153 II 1 KVG). Auf dieses Verfahren finden die Vorschriften über das Disziplinarverfahren und die vorläufige Dienstenthebung entsprechende Anwendung (§ 153 II 2 KVG). Die dem Hauptverwaltungsbeamten erwachsenen notwendigen Auslagen trägt die Kommune (§ 153 II 3 KVG)

214 Ultima ratio der Aufsicht ist die **Bestellung eines Beauftragten** (sog. Staatskommissar). Sie ist nur zulässig, wenn die sonstigen Aufsichtsmittel nicht ausreichen, um die Gesetzmäßigkeit der Verwaltung zu sichern: Soweit und solange die Verwaltung der Kommune in erheblichem Umfang nicht den Erfordernissen einer gesetzmäßigen Verwaltung entspricht und die Befugnisse der Kommunalaufsichtsbehörde nach den §§ 145-148 KVG nicht ausreichen, um die Gesetzmäßigkeit der Verwaltung der Kommune zu sichern, kann die Kommunalaufsichtsbehörde einen Beauftragten bestellen, der alle oder einzelne Aufgaben der Kommune auf deren Kosten wahrnimmt (§ 149 Satz 1 KVG). Es muss sich dabei zudem um gewichtige Rechtsverletzungen handeln, da andernfalls ein derart massiver Eingriff in das Selbstverwaltungsrecht nicht angemessen erscheint (Gebot der Verhältnismäßigkeit i.e.S.). Die Beauftragung kann zur Wahrnehmung aller oder einzelner Aufgaben eines Organs oder mehrerer Organe der Kommune erfolgen (§ 149 Satz 2 KVG). Der Beauftragte hat im Rahmen seines Auftrages die Stellung eines Organs der Kommune (§ 149 Satz 3 KVG), d.h. Handlungen des Beauftragten werden der Gemeinde zugerechnet. Die Gemeinde haftet auch für Pflichtverletzungen des Beauftragten und gilt insoweit als Anstellungs- bzw. Anvertrauenskörperschaft.[418] Die Kosten der Beauftragung trägt ebenfalls die Gemeinde.

cc) Sonstige Aufgaben der Aufsicht

215 Zur Einleitung der **Zwangsvollstreckung** gegen eine Gemeinde wegen einer Geldforderung bedarf der Gläubiger einer Zulassungsverfügung der Kommunalaufsichtsbehörde, es sei denn, dass es sich um die Verfolgung dinglicher Rechte handelt (§ 152 Satz 1 KVG). Die Kommunalaufsichtsbehörde hat die Zulassungsverfügung zu erteilen, in ihr die Vermögensgegenstände zu bestimmen, in welche die Zwangsvollstreckung zugelassen wird, und über den Zeitpunkt zu befinden, in dem sie stattfinden soll (§ 152 Satz 2 KVG). Die Zulassung der Zwangsvollstreckung in solche Vermögensgegenstände, die für den geordneten Gang der Verwaltung oder für die Versorgung der Bevölkerung unent-

---

[417] Bejahend *Gern,* Deutsches Kommunalrecht, Rn. 814; verneinend OVG NW, Urt. v. 24.2.1989 NVwZ 1989, 987.

[418] BGH, Urt. v. 21.4.1983 BGHZ 87, 202; *Gern,* Deutsches Kommunalrecht, Rn. 816. Eine Ausnahme gilt dann, wenn der Schaden unmittelbar infolge einer rechtswidrigen Weisung der Aufsichtsbehörde eintrat (OVG NW, DVBl. 1989,S. 1009).

behrlich sind, sowie in Vermögensgegenstände, die durch Stiftungsakt zweckgebunden sind, ist ausgeschlossen (§ 152 Satz 3 KVG). Die Zwangsvollstreckung wird nach den Vorschriften der Zivilprozessordnung durchgeführt (§ 152 Satz 4 KVG). Die §§ 147 und 148 finden daneben Anwendung (§ 152 Satz 5 KVG). Die Zwangsvollstreckung kann nicht zur Insolvenz der Kommune führen.[419]

dd) Rechtsschutz und Haftung

216 Gegen Verfügungen auf dem Gebiet der Kommunalaufsicht kann die Kommune nach Maßgabe des achten Abschnitts der Verwaltungsgerichtsordnung Anfechtungs- oder Verpflichtungsklage erheben (§ 154 KVG). Der **Rechtsschutz gegen aufsichtsbehördliche Maßnahmen** richtet sich nach dem jeweiligen Rechtsschutzbegehren. Zielt das Klagebegehren auf die Aufhebung eines belastenden Verwaltungsaktes der Aufsichtsbehörde, ist eine Anfechtungsklage statthaft (§ 42 I VwGO).[420]

Bsp.: Erlass einer Beanstandungsverfügung

Begehrt die Kommune den Erlass eines begünstigenden Verwaltungsaktes, ist die Verpflichtungsklage statthaft (§ 42 I VwGO). Gegen die Versagung einer Genehmigung kann die Kommune unmittelbar verwaltungsgerichtliche Klage erheben (§ 150 II 1 KVG). Dies gilt nicht für die Versagung einer Genehmigung, die freiwillige Gebietsänderungen oder die Änderung der Verbandsgemeindevereinbarung zum Gegenstand hat (§ 150 II 2 KVG).

217 Die gemäß § 42 II VwGO notwendige **Klagebefugnis**, also die Geltendmachung einer subjektiven Rechtsverletzung, ergibt sich bei der Klage gegen eine aufsichtsbehördliche Maßnahme grundsätzlich aus der Verletzung des gemeindlichen Selbstverwaltungsrechts gemäß Art. 28 II GG.[421]

218 Da die Kommunalaufsicht über die Gemeinde als Ganzes und nicht über **einzelne Organe oder deren Mitglieder** ausgeübt wird, können Letztere Maßnahmen der Kommunalaufsicht grundsätzlich mangels Klagebefugnis nicht aus eigenem Recht selbständig anfechten.[422] Erlässt die Kommunalaufsicht allerdings einen aufsichtlichen Verwaltungsakt nicht nur gegenüber der Gemeinde, sondern auch gegenüber Ratsmitgliedern, können diese den (offenkundig rechtswidrigen) Verwaltungsakt insoweit anfechten, als er zu Unrecht auch ihnen gegenüber ergangen ist.[423] Insoweit findet aber keine materielle Überprüfung der Voraussetzungen des Einschreitens statt.[424]

219 Der **Prüfungsmaßstab** richtet sich nach der jeweiligen Klageart. Eine gemeindliche Anfechtungsklage ist begründet soweit der angefochtene Verwaltungsakt rechtswidrig ist und die Gemeinde in ihren Rechten verletzt (§ 113 I 1 VwGO). Bestimmte Einwendungen der Gemeinde können präkludiert sein: Wendet sich der Kläger gegen eine Ersetzungsverfügung, kann die Rechtmäßigkeit einer ihr zugrunde liegenden Anordnung, die in der Form eines Verwaltungsaktes erging und unanfechtbar wurde, im Rahmen der Anfechtung der nachfolgenden Ersetzungsverfügung nicht mehr über-

---

[419] S. hierzu Rn. 1086.
[420] Vgl. BVerwG, Urt. v. 12.12.1969 BVerwGE 34, 301.
[421] Die Gemeinden können sich laut *Gern* weiterhin auf andere Verfassungsrechtsnormen berufen, die das verfassungsrechtliche Bild der Selbstverwaltung mitbestimmen (*Gern*, Deutsches Kommunalrecht, Rn. 829).
[422] OVG LSA, Beschl. v. 5.11.2003 – 2 M 500/03 – juris Ls Nr. 2.
[423] OVG LSA, Beschl. v. 5.11.2003 – 2 M 500/03 – juris Ls Nr. 3.
[424] OVG LSA, Beschl. v. 5.11.2003 – 2 M 500/03 – juris Ls Nr. 3.

prüft werden.[425] Eine Verpflichtungsklage der Gemeinde ist begründet, wenn die Gemeinde einen Anspruch auf Erlass des begehrten Verwaltungsakts hat (§ 113 V VwGO).

220 Ein das Recht der Kommunalaufsicht änderndes Landesgesetz ist grundsätzlich tauglicher Gegenstand einer **Landesverfassungsbeschwerde**[426]. Der Gewährleistungs- oder gar Kernbereich des Selbstverwaltungsrechts ist aber nur bei spürbaren Auswirkungen der Regelung berührt. Das Bundesverfassungsgericht geht davon aus, dass eine gesetzliche Übertragung der Aufsicht über die selbständigen Gemeinden auf den Landkreis den Normbereich des Art. 28 II GG „im allgemeinen" nicht berührt.[427] Nur wenn zu besorgen sei, dass die Aufsicht ihren Charakter ändere, „insbesondere ... die grundsätzlich zulässige Rechtsaufsicht sich zu einer Einmischungsaufsicht entwickelt oder zur Fachaufsicht verdichtet", komme eine Beeinträchtigung des Selbstverwaltungsrechts in Betracht. Diese Erwägungen sind auf das Landesverfassungsrecht übertragbar.

221 Im Falle rechtswidriger Verweigerung der Genehmigung oder rechtswidriger repressiver Maßnahmen der Kommunalaufsicht, die zu Schädigungen der Gemeinde führen, kommen gemeindliche **Amtshaftungsansprüche** gem. Art. 34 GG i.V.m. § 839 BGB in Betracht.[428] Nach Ansicht des BGH kommen sogar im Falle der rechtswidrigen Erteilung einer Genehmigung Amtshaftungsansprüche der begünstigten Gemeinde in Betracht.[429]

222 Das **Land** haftet für Amtspflichtverletzungen von Aufsichtsbehörden der Landesverwaltung i.e.S. (Innenministerium, Landesverwaltungsamt etc.). Darüber hinaus haftet das Land aber nach vorzugswürdiger Auffassung auch dann, wenn es nicht Träger der Aufsichtsbehörde ist.[430] Die Haftung des Landes insbesondere für Amtspflichtverletzungen des Landkreises als Kommunalaufsichtsbehörde lässt sich damit begründen, dass dem Kreis die Aufgabe vom Land als Fremdverwaltungsangelegenheit gesetzlich übertragen wurde.[431]

---

[425] *Schenke*, Verwaltungsprozessrecht, Rn. 502h.

[426] näher zu den einzelnen Bundesländern: *Gern*, Deutsches Kommunalrecht, Rn. 840 ff.

[427] BVerfG, Beschl. v. 21.6.1988 BVerfGE 78, 331.

[428] Vgl. NdsOVG, Urt. v. 18.9.1996 NdsVBl. 1997, 9f. zu einer Anordnung der Kommunalaufsicht, zwei Ortsfeuerwehren als Feuerwehrstützpunkte einzurichten; BVerwG, Urt. v. 12.12.1969 BVerwGE 34, 301 ff. zur rechtswidrigen Verweigerung der Genehmigung eines Bebauungsplans; VG Potsdam, Urt. v. 16.10.1996 LKV 1998, 79: kein Drittbezug bei Genehmigungspflicht für Grundstücksverkauf; näher zu Haftungsfragen *Alexis/Komorowski*, NJ 2001, 337 ff.; Cromme, DVBl. 1996, 1230ff.; *Komorowski*, VerwArch. 93 (2002), 62 ff.

[429] BGH, Urt. v. 12.12.2002 JZ 2003, 958, wegen rechtswidriger Genehmigung eines Leasinggeschäfts (die Rechtswidrigkeit ergab sich auf der Grundlage eines Prüfberichts des Landesrechnungshofs). Die Entscheidung ist in der Literatur aber zu Recht auf deutliche Kritik gestoßen und fragwürdig (ablehnend *Meyer*, NVwZ 2003, 818 ff). Die Kausalität für den Schadenseintritt könnte allenfalls dann bejaht werden, wenn der der Genehmigungsbehörde bekannte (negative) Prüfbericht des Landesrechnungshofes der Gemeinde nicht bekannt gegeben wurde. Kannte sie aber die Gründe, die die Rechtswidrigkeit herbeiführten, so sind ihr auch die finanziellen Folgen der Investitionsentscheidung voll zuzurechnen, zumindest aber muss ihr Mitverschulden in hohem Maße angerechnet werden. Im Ergebnis steht die Entscheidung in merkwürdigem Widerspruch zu den gesetzlichen Grundlagen der Kommunalaufsicht, die die Eigenverantwortung der Gemeinde betonen. In Bezug auf den voll verantwortlich Handelnden gilt: dem wissentlich Handelnden geschieht kein Unrecht (volenti non fit inuria). Die Gemeinde aber erhält lediglich exakt dies, was sie erhalten wollte.

[430] *Gern*, Deutsches Kommunalrecht, Rn. 827. Näher hierzu OLG Brandenburg, Urt. v. 6.11.2001 - 2 U 2/01-; *Kaden*, LKV 2002, 362 ff. (die von einer Haftung des Kreises ausgeht); *Cromme*, DVBl. 1996, 1230 ff.

[431] Vgl. hierzu BGH, Urt. v. 12.12.2002 LKV 2003, 343 (Oderwitz) bejahte eine Haftung des Landkreises; vgl. auch *Maurer/Waldhoff*, Allgemeines Verwaltungsrecht, § 25 Rn. 38; *Pegatzky*, LKV 2003, 451 ff.; *Sponer*, LKV 2003, 314 ff.

223 Vom Rechtsschutz der Kommune gegen Akte der Kommunalaufsicht zu unterscheiden sind die Fälle der **Geltendmachung kommunaler Ansprüchen durch die Kommunalaufsicht**. Die Kommunalaufsichtsbehörde handelt bei der Geltendmachung von Ansprüchen gegen den Bürgermeister gegenüber der Gemeinde als Prozessstandschafterin, denn die Kommunalaufsichtsbehörde setzt aufgrund einer eigenen Entscheidung im eigenen Namen, indes „für fremde Rechnung" Ansprüche der Gemeinde durch.[432] Eine Prozessführungsbefugnis des Landkreises als Kommunalaufsicht besteht aber nur im Hinblick auf im Amt befindliche Bürgermeister. Hingegen muss die Gemeinde Ansprüche gegen einen ehemaligen Bürgermeister selbst, vertreten durch den jetzigen Bürgermeister, geltend machen.[433] M.a.W. geht die erforderliche Aktivlegitimation für die Verfolgung von Ansprüchen gegen Bürgermeister von der Kommunalaufsicht auf die Gemeinde über, wenn das Beamtenverhältnis, in das der Bürgermeister berufen wurde, erlischt bzw. endet.[434] Entfallen die Voraussetzungen für die Geltendmachung von Ansprüchen durch die Kommunalaufsicht, findet im Rahmen einer allgemeinen Leistungsklage ein Wechsel in der Aktivlegitimation statt, der seinerseits einen Wechsel in der Person des Klägers nach sich ziehen muss.[435]

ee) Zuständigkeiten

224 Die Kommunalaufsicht über die Gemeinden ist **dreistufig** aufgebaut. (Untere) Kommunalaufsichtsbehörde für die Gemeinden und Verbandsgemeinden ist der Landkreis, für kreisfreie Städte das Landesverwaltungsamt (§ 144 I 1 KVG) Obere Kommunalaufsichtsbehörde ist das Landesverwaltungsamt (§ 144 I 2 KVG). Oberste Kommunalaufsichtsbehörde ist das für Kommunalangelegenheiten zuständige Ministerium (§ 144 I 3 KVG). Dies ist das Innenministerium. Ist der Landkreis zugleich als Gebietskörperschaft oder der Landrat in einer vom Landkreis als Kommunalaufsichtsbehörde zu entscheidenden Angelegenheit beteiligt, tritt an seine Stelle das Landesverwaltungsamt als obere Kommunalaufsichtsbehörde (§ 144 II KVG).

225 Die Wahrnehmung der Aufgabe der Kommunalaufsicht durch den Landkreis wird in den Kommunalordnungen regelmäßig nicht ausdrücklich als Selbst- oder Fremdverwaltungsangelegenheit bezeichnet. Die Einordnung als staatliche Aufgabe ergibt sich aber aus der Landesverfassung, falls diese bestimmt, dass das Land „durch seine Aufsicht" die Einhaltung der Gesetze in den Kommunen sichert. Dies ist in Sachsen-Anhalt der Fall (Art. 87 IV Verf.LSA).

226 Geht man daher von einer staatlichen bzw. Fremdverwaltungsangelegenheit aus, stellt sich die Frage, ob der Landkreis insoweit als untere *staatliche* Verwaltungsbehörde handelt oder lediglich als kommunale Behörde staatliche Aufgaben wahrnimmt. Das Fehlen einer insoweit eindeutigen organisationsrechtlichen Bestimmung spricht dafür, den Landkreis bzw. den Landrat[436] organisationsrechtlich auch bei der Wahrnehmung von Aufgaben der Kommunalaufsicht als Selbstverwal-

---

[432] OVG LSA, Beschl. v. 6.7.2006 – 1 L 379/05 – juris Rn. 5 Bzgl. der Altregelung § 142 GO LSA.
[433] OVG LSA, Beschl. v. 6.7.2006 – 1 L 379/05 – juris Rn. 6 bzgl. der Altregelung § 142 GO LSA.
[434] OVG LSA, Beschl. v. 6.7.2006 – 1 L 379/05 – juris Rn. 6.
[435] OVG LSA, Beschl. v. 6.7.2006 – 1 L 379/05 – juris Rn. 6.
[436] Die Organkompetenz liegt beim Landrat

tungskörperschaft bzw. -behörde zu betrachten.[437] Hingegen handeln z.B. in Baden-Württemberg das Landratsamt, in Hessen der Landrat oder in Rheinland-Pfalz die Kreisverwaltung im Rahmen der Kommunalaufsicht als Behörden der (unmittelbaren) Landesverwaltung.[438]

c) Fachaufsicht

227 Die **Fachaufsicht** ist die Aufsichtstätigkeit im Bereich der Fremdverwaltungsangelegenheiten (vgl. § 17 KVG). Der Begriff der Sonderaufsicht wird z.T. synonym gebraucht, mitunter aber auch nur für durch besondere Gesetze geregelte Aufsicht in Selbstverwaltungsangelegenheiten verwendet.[439] Für Sachsen-Anhalt hat der Begriff der Sonderaufsicht keine Bedeutung. Die Fachaufsicht ist sowohl Rechtmäßigkeits- als auch Zweckmäßigkeitskontrolle.[440] Die Fachaufsicht richtet sich nicht nach der Kommunalverfassung (!), sondern nach den für sie geltenden (Fach-)Gesetzen (§ 17 I KVG). Das typische Mittel der Fachaufsicht ist die **Weisung**.[441] Man bezeichnet daher die den Kommunen übertragenen staatlichen Aufgaben auch als Weisungsangelegenheiten oder Angelegenheiten zur Erfüllung nach Weisung. Das Weisungsrecht der Fachaufsichtsbehörde ergibt sich regelmäßig auch aus dem jeweiligen Fachgesetz des Landes. Es ist mintunter auch ausdrücklich oder konkludent fachgesetzlich geregelt.

> **Bsp.:** arg .e § 57 VI BauO LSA; § 1 IV NatSchG

228 Ihrer **Rechtsnatur** nach sind Weisungen grundsätzlich nur reine Innenrechtsakte. Die Kommune hat grundsätzlich keine Klagebefugnis gegenüber Weisungen, die sich im fachgesetzlichen Rahmen halten. Trotz ihrer Bindung an Fachaufsicht und Weisungsrecht bleibt die kommunale Behörde auch bei der Wahrnehmung von Angelegenheiten des übertragenen Wirkungskreises bzw. von Auftragsangelegenheiten stets kommunale Behörde und handelt nicht als Behörde der Landesverwaltung im engeren Sinn. Daher darf die Weisung auch nicht in die Freiheit der Selbstverwaltung übergreifen.

> **Bsp.:** Weisung des LVwA, die die gesamte Organisationsstruktur eines Dezernates vorgibt

229 Wird ein Bundesgesetz vom Land im Auftrag des Bundes ausgeführt (**Bundesauftragsverwaltung**), können die Fachaufsichtsbehörden auch im Einzelfall Weisungen erteilen (§ 155 III 1 KVG). Werden Einzelweisungen der Bundesregierung auf Grundlage des Art. 84 V GG erteilt, können die Fachaufsichtsbehörden insoweit Weisungen erteilen, als dies zum Vollzug der Einzelweisungen der Bundesregierung erforderlich ist (§ 155 III 2 HS 1 KVG). Ein durch Landesgesetz begründetes weitergehendes Weisungsrecht ist zu beachten (§ 155 III 2 HS 2 KVG).

---

[437] Vgl. allg. *Gern*, Deutsches Kommunalrecht, Rn. 906; a.A. offenbar *Maurer/Waldhoff*, AllgVerwR, § 25 Rn. 41f.

[438] Vgl. *Gern*, Deutsches Kommunalrecht, Rn. 898, 901, 905.

[439] Vgl. 119 II GO NRW; zu dem unscharfen Begriff der Sonderaufsicht NdsOVG, Urt. v. 22.2.1982 DÖV 10983, 251f; HessVGH, Urt. v. 29.11.1983 HSGZ 1984, 130; *Korte*, VerwArch. 1970, 153; *Schneider/Dreßler/Lüll*, HGO, § 11 Rn. 2. Wegen seines ungesicherten Bedeutungsgehalts sollte der Begriff vermieden werden, soweit es sich nicht um einen Gesetzesbegriff handelt

[440] Vgl. hierzu *Groß*, Was bedeutet „Fachaufsicht"?, DVBl. 2002, 793 ff. Zur Zweckmäßigkeitskontrolle s. *Schrapper*, NVwZ 1990, 931 ff.; zur Situation in Brandenburg: *Benedens*, LKV 2000, 89 ff.

[441] Vgl. *Maurer/Waldhoff*, AllgVerwR, § 23 Rn. 23.

230 Den Fachaufsichtsbehörden steht im Rahmen ihrer Zuständigkeit neben dem Weisungsrecht ein **Unterrichtungsrecht** (Informationsrecht) nach den Vorschriften des § 145 KVG zu (§ 155 II 1 KVG). Die Unterrichtung kann u.a. dazu dienen, eine Weisung vorzubereiten.

231 Wird eine Weisung der Fachaufsichtsbehörde nicht oder nicht innerhalb der von ihr bestimmten Frist befolgt, kann die Fachaufsichtsbehörde selbst anstelle und auf Kosten der Kommune tätig werden (**Selbsteintrittsrecht**, § 17 IV KVG).[442] Zudem ergibt sich ein Selbsteintrittsrecht der nächsthöheren Behörde aus Fachgesetzen.

> **Bsp.:** Das LVwA kann als Fachaufsichtsbehörde über Landkreise als untere Abfallbehörden anstelle der nachgeordneten Behörden und auf deren Kosten tätig werden, wenn diese eine Weisung nicht fristgerecht befolgen oder wenn Gefahr in Verzug ist (§ 32 I 4 AbfG LSA). Jede jagdliche Fachaufsichtsbehörde kann anstelle der zuständigen Jagdbehörde tätig werden, wenn diese eine Weisung nicht fristgemäß befolgt oder wenn Gefahr im Verzug ist.[443]

232 Die Mittel repressiver Aufsicht nach den §§ 146-149 KVG darf **allein die Kommunalaufsichtsbehörde** einsetzen, um die ordnungsgemäße Durchführung der Aufgaben des übertragenen Wirkungskreises sicherzustellen (§ 155 II 2 KVG). Der Fachaufsicht stehen diese Mittel nicht zu, soweit gesetzlich nicht anderes bestimmt ist. Die Fachaufsicht muss sich daher an die Kommunalaufsicht wenden, um diese zur Anwendung der in den Kommunalordnungen vorgesehenen Mittel zu bewegen (!).[444] Dies wird sie in der Regel nur dann tun, wenn eine Weisung erfolglos bleibt und auch der Selbsteintritt nicht möglich ist oder keine Rechtsdurchsetzung verspricht (etwa weil der oberen Behörde hierfür Fachkräfte zur Überwachung fehlen). Die Kommunalaufsichtsbehörde prüft nicht die Zweckmäßigkeit der fachaufsichtlichen Weisung.[445]

233 Die **Zuständigkeit** zur Ausübung der Fachaufsicht bestimmt sich nach den hierfür geltenden besonderen Gesetzen (§ 155 I KVG). Zuständige Fachaufsichtsbehörde über die Gemeinde ist die fachlich zuständige übergeordnete Landesbehörde, soweit durch Rechtsvorschrift nichts anderes bestimmt ist (vgl. § 17 II KVG). Landesbehörde insoweit ist das Landesverwaltungsamt. Im Regelfall unterliegen die Gemeinden (mit Ausnahme der kreisfreien Städte) jedoch nach dem Fachrecht der Fachaufsicht durch die Kreise und kreisfreien Städte im Rahmen eines meist dreistufigen Aufbaus der Fachaufsicht. Hingegen unterliegt die Wahrnehmung übertragener Angelegenheiten durch die kreisfreien Städte in der Regel der Fachaufsicht durch das Landesverwaltungsamt.

> **Bsp.:** Die Fachaufsicht über die Standesämter führen: 1. das für Personenstandswesen zuständige Ministerium als oberste Fachaufsichtsbehörde, 2. das Landesverwaltungsamt als obere Fachaufsichtsbehörde, 3. die Landkreise und die kreisfreien Städte als untere Fachaufsichtsbehörden (§ 2 PStG AG LSA). Für das Jagdwesen gilt, dass das Landesverwaltungsamt (obere Jagdbehörde)

---

[442] . § 6 V KVG gilt entsprechend.

[443] § 38 IV 4 LJagdG.

[444] Vgl. HessVGH, Beschl. v. 7.3.1996 NVwZ 1997, 304; Beschl. v. 18.1.1988 NVwZ-RR 1998, 111. Nach Ansicht des BVerwG, Urt. v. 25.7.2002 DÖV 2003, 84 (86), gelte dies auch im Verhältnis von Immissionsschutzbehörde-Kommunalaufsicht-Kommune.

[445] *Gern,* Deutsches Kommunalrecht, Rn. 823; *Erlenkämper,* NVwZ 1990, 122. Die Gemeinde kann die Weisung mithin zwar nicht auf ihre fachliche Richtigkeit überprüfen lassen, ohne einen Verstoß der Gemeinde gegen eine Rechtspflicht fehlt es jedoch an der Voraussetzung für ein Einschreiten der Rechtsaufsicht.

unter der Fachaufsicht der obersten Jagdbehörde steht, seinerseits die Funktion der Fachaufsichtsbehörde über die unteren Jagdbehörden wahrnimmt (d.h. auch kreisfreie Städte), welche Fachaufsicht über die Gemeinden sind.[446]

234 Der **Rechtsschutz gegen fachaufsichtliche Maßnahmen** richtet sich nach dem Klagebegehren. Fachaufsichtliche Weisungen sind mangels Außenwirkung grundsätzlich keine Verwaltungsakte, sondern schlichtes Verwaltungshandeln,[447] so dass die Anfechtungsklage ausscheidet. Die Gegenansicht, die Rechtsakten im Verhältnis „Staat-Kommune" stets Außenwirkung beimisst,[448] verkennt die besondere Stellung der Gemeinden (und Kreisen) bei der Wahrnehmung von Aufgaben im übertragenen Wirkungskreis.[449] I.d.R. kann aber die Bestimmung der Klageart dahinstehen, weil im Bereich der Fremdverwaltungsangelegenheiten eine Weisung die Gemeinde nämlich grundsätzlich nicht in eigenen Rechten betrifft, sie mithin keine Klagebefugnis gegenüber fachaufsichtlichen Weisungen besitzt.[450] Etwas anderes gilt, wenn in Betracht kommt, dass die Weisung den Rahmen der Fachaufsicht überschreitet und in den Bereich der Selbstverwaltung eingreift.[451]

235 Die **Kosten der Aufsicht** können nach Maßgabe des Verwaltungskostenrechts gegenüber der Kommune geltend gemacht werden, die zu der jeweiligen aufsichtlichen Maßnahme Anlass gegeben hat (vgl. § 1 I 1 VwKostG LSA i.V.m. Gebührenordnung). Auch Gerichtskosten und außergerichtliche Kosten, die dadurch entstehen, dass die von der Aufsicht angewiesene Maßnahme von der pflichtigen Kommune angegriffen wird, sind erstattungsfähige notwenige Kosten.[452] Wird eine Weisung der Fachaufsichtsbehörde nicht oder nicht innerhalb der von ihr bestimmten Frist befolgt und macht die Fachaufsichtsbehörde von ihrem Selbsteintrittsrecht Gebrauch, hat die Kommune die Kosten der Maßnahme zu erstatten (vgl. § 155 IV KVG). Die Kosten der Ausführung einer von der Aufsicht angewiesenen Maßnahme trägt im Grundsatz die angewiesene Kommune. Hat die Kommune bei der Erfüllung von Aufgaben des übertragenen Wirkungskreises eine Maßnahme aufgrund einer Weisung der Fachaufsicht getroffen und wird die Maßnahme aus rechtlichen oder tatsächlichen Gründen aufgehoben, erstattet das Land der Kommune alle notwendigen Kosten, die ihr durch die Ausführung der Weisung entstanden sind (§ 6 V KVG).

236 Eine besondere Kostenregelung gilt für die Fälle der aufsichtlichen Geltendmachung von Ansprüchen der Kommune, wonach die Kosten der Rechtsverfolgung die Kommune trägt (§ 151 I 7 KVG). Die Kosten der Rechtsverfolgung umfassen grundsätzlich sämtliche rechtmäßig festgesetzten Verfahrenskosten.[453] Eine Beschränkung gilt insoweit nur für Fälle des Rechtsmissbrauchs.

---

446 § 38 IV 3 LJagdG. Genauer gesagt ist der Rechtsträger der unteren Jagdbehörde, d.h. Kreis bzw. kreisfreie Stadt, Fachaufsicht.

447 BVerwG, Urt. v. 29.6.1983 NVwZ 1983, 610; Urt. v. 14.12.1994 NVwZ 1995, 910.

448 *Erichsen*, DVBl. 1985, 947; *Hufen*, Verwaltungsprozessrecht, § 14 Rn. 42 m.w.Nachw.

449 *Kluth,* in: Wolff/Bachof/Stober/Kluth, Verwaltungsrecht II, § 96 Rn. 175.

450 BVerwG, Urt. v. 14.12.1994 NVwZ 1995, 910; *Maurer*/Waldhoff, Allgemeines Verwaltungsrecht, § 23 Rn. 23; *Schenke*, Verwaltungsprozessrecht, Rn. 222.

451 BVerfG, Beschl. v. 21.6.1988 BVerfGE 78, 331 (341); *Maurer*, a.a.O.

452 Vgl. zur alten Rechtslage VG Magdeburg, Urt. v. 17.3.2010 – 9 A 211/08 – juris Rn. 13.

453 OVG LSA, Beschl. v. 29.1.2015 – 4 L 93/14 – juris Rn. 32.

4. Verwaltungsverfahren

a) Bindung an das Verwaltungsverfahrensrecht

237 Die Gemeinde ist bei der Wahrnehmung von Selbstverwaltungsaufgaben wie bei staatlichen Aufgaben an das **allgemeine Verwaltungsverfahrensrecht** gebunden. Für Sachsen-Anhalt gilt aufgrund der Verweisung des § 1 I VwVfG LSA das VwVfG (des Bundes). Zudem ergeben sich aus den Fachgesetzen besondere verfahrensrechtliche Vorgaben im Hinblick auf Zuständigkeit, Verfahren und Form des gemeindlichen Handelns. Für das Verwaltungsverfahren ist der Untersuchungsgrundsatz prägend (§ 24 VwVfG) Das Verwaltungsverfahren ist (möglichst) einfach, zweckmäßig und zügig durchzuführen (§ 10 VwVfG). Für die Kostenerhebung im Widerspruchsverfahren gelten die § 80 II und III VwVfG. Ergänzend gelten für übertragene Angelegenheiten § 13 VwKostG LSA zur Begrenzung der Kostentragungspflicht und zur Höhe der Gebühr sowie für Selbstverwaltungsangelegenheiten § 4 IIIa KAG-LSA zur Beschränkung der Gebührenerhebung auf erfolglose Widersprüche. Kosten für Amtshandlungen in eigenen Angelegenheiten können im Übrigen nach Maßgabe einer kommunalen Satzung erhoben werden (vgl. §§ 1 , 2 I KAG-LSA). Kosten für Amtshandlungen im übertragenen Wirkungskreis werden nach Maßgabe des VwKostG LSA erhoben (§ 1 I Nr. 2 VwKostG). Verwaltungskosten sind abzugrenzen u.a. Benutzungsgebühren (keine Gebühren i.S.v. § 1 I VwKostG LSA), Kosten der Justizverwaltung (für sie gilt das VwKostG nicht, § 16 VwKostG LSA) und Gerichtskosten i.S.v. § 161 VwGO. Für die Digitalisierung der Verfahren wird das Onlinezugangsgesetz (OZG) Bedeutung erlangen (Portalverbund etc.), das auch für „Gemeinden, Gemeindeverbände" und sonstige der Landesaufsicht unterstehende juristische Personen des öffentlichen Rechts gilt (§ 1 I Nr. 2 OZG).

238 Die Vorgaben des **Datenschutzrechts** und des Informationsfreiheitsrechts sind zu beachten.[454] Im Grundsatz ist aber Transparenz und ein kooperatives Verhältnis zum Bürger anzustreben.[455] Die Überwachung des öffentlichen Raums und kommunaler Einrichtungen durch Videokameras ist nur eingeschränkt zulässig.[456] Den gesetzlichen Auskunfts- und Akteneinsichtsansprüchen Beteiligter ist Rechnung zu tragen (s.u.). Die Gemeinde ist zur **Geheimhaltung** im Hinblick auf Geheimhaltungsinteresse der Beteiligten verpflichtet (§ 30 VwVfG, § 1 I VwVfG LSA). Die Kommune ist im Übrigen zur Geheimhaltung aller Angelegenheiten verpflichtet, deren Geheimhaltung allgemein vorgeschrieben oder im Einzelfall von der dazu befugten staatlichen Behörde angeordnet ist (§ 6 VI KVG).

239 Aus dem VwVfG bzw. dem jeweiligen Landes-VwVfG ergeben sich insbesondere zahlreiche **formelle Anforderungen** für schriftliche Verwaltungsakte der Gemeinde. Vor Erlass eines Verwaltungsaktes, der in die Rechte eines Beteiligten eingreift, ist dieser grundsätzlich anzuhören, es sei denn, einer der im Gesetz angeführten Ausnahmefälle ist gegeben (§ 28 I VwVfG). Ist die Bekanntgabe durch Zustellung angeordnet, gilt das Verwaltungszustellungsrecht (VwZG i.V.m. § 1 VwZG LSA).[457] Nebenbestimmungen zum Verwaltungsakt sind nach Maßgabe der Fachgesetze, im Übrigen nach

---

[454] Näher: *Ambrock/Bongartz/Drubba* u.a., Datenschutz in der Kommunalverwaltung: Recht – Technik – Organisation, 6. Aufl., 2023.
[455] Hierzu *Scherzberg*, Die Öffentlichkeit der Verwaltung, 2000; *Würtenberger*, Die Akzeptanz von Verwaltungsentscheidungen, 1996.
[456] Vgl. etwa *Seidl*, Achtung! Dieser Bereich ist videoüberwacht. Erfolgreiche Klage gegen eine Gemeinde auf Unterlassen der Videoüberwachung in eine kommunalen Einrichtung. Anmerkung zu BayVGH v. 30.5.2023 – 5 BV 20.2104, jurisPR-ITR 19/2023 Anm. 3.
[457] § 1 I VwZG-LSA i.V.m. §§ 2-16 VwZG.

Maßgabe des § 36 VwVfG zulässig. Der schriftliche Verwaltungsakt ist ordnungsgemäß zu begründen (§ 39 VwVfG). Die sofortige Vollziehung eilbedürftiger Verwaltungsakte kann nach Maßgabe des § 80 II Nr. 4 VwGO angeordnet werden.

b) Auskunft, Beratung, amtliche Hilfe und Äußerungen

240 Für Gemeinden gilt die allgemeine Auskunftspflicht: Die Behörde soll die Abgabe von Erklärungen, die Stellung von Anträgen oder die Berichtigung von Erklärungen oder Anträgen anregen, wenn diese offensichtlich nur versehentlich oder aus Unkenntnis unterblieben oder unrichtig abgegeben oder gestellt worden sind (§ 25 I 1 VwVfG, § 1 I VwVfG LSA). Sie erteilt, soweit erforderlich, **Auskunft** über die den Beteiligten im Verwaltungsverfahren zustehenden Rechte und die ihnen obliegenden Pflichten (§ 25 I 2 VwVfG, § 1 I VwVfG LSA). Die Gemeinde erörtert, soweit erforderlich, bereits vor Stellung eines Antrags mit dem zukünftigen Antragsteller, welche Nachweise und Unterlagen von ihm zu erbringen sind und in welcher Weise das Verfahren beschleunigt werden kann (§ 25 II 1 VwVfG, § 1 I VwVfG LSA). Soweit es der Verfahrensbeschleunigung dient, soll sie dem Antragsteller nach Antragseingang unverzüglich Auskunft über voraussichtliche Verfahrensdauer und Vollständigkeit der Antragsunterlagen geben (§ 25 II 2 VwVfG, § 1 I VwVfG LSA).

241 Das KVG verpflichtet die Gemeinden gegenüber ihren Einwohnern zu einer **Hilfe bei Verwaltungsangelegenheiten**, die über die Vorgaben des VwVfG hinausgeht: Die Kommunen sind ihren Einwohnern in den Grenzen ihrer Verwaltungskraft dabei behilflich, Verwaltungsverfahren einzuleiten, auch wenn sie für deren Durchführung nicht zuständig sind (§ 29 I KVG). Die Kommunen haben Vordrucke für Anträge, Anzeigen und Meldungen, die ihnen von anderen Behörden überlassen werden, für ihre Einwohner bereitzuhalten (§ 29 II KVG). Die Kommunen haben Anträge, die bei einer anderen Kommune des Landes oder bei einer Landesbehörde einzureichen sind, entgegenzunehmen und unverzüglich an die zuständige Behörde weiterzuleiten (§ 29 III 1 KVG). Die Einreichung bei der Kommune gilt als Antragstellung bei der zuständigen Behörde, soweit Bundesrecht nicht entgegensteht (§ 29 III 2 KVG).[458] Die Rechtsvorschriften sind anzuwenden, die Kommunen zur Auskunftserteilung verpflichten (s.o.) oder sie verpflichten, Anträge in Verwaltungsverfahren entgegenzunehmen und weiterzuleiten, wenn sie für die Durchführung nicht zuständig sind oder an der Verfahrensdurchführung nur mitwirken (§ 29 IV KVG).

242 Unabhängig davon, ob sie innerhalb oder außerhalb eines Verwaltungsverfahrens fallen, unterliegen auch **amtliche Äußerungen** der kommunalen Amtsträger zahlreichen öffentlich-rechtlichen Bindungen. Zu nennen ist insbesondere die Grundrechtsbindung, die Geltung der Strafgesetze (Volksverhetzung etc.), das Datenschutzrecht und sonstige Rechtsbindungen.[459] Für die Auslegung behördlicher Erklärungen gelten die allgemeinen Auslegungsgrundsätze des § 133 BGB.[460] Es gilt der objektive Erklärungswert.

c) Aktenführung

---

[458] Rechtsbehelfe sind keine Anträge im Sinne dieses Gesetzes (§ 29 III 3 KVG).

[459] S. Rn. 659 ff.

[460] Vgl. BVerwG, Urt. v. 21.7.1983 – 3 C 11.82 – BVerwGE 67, 306; OVG LSA, Beschl. v. 18.12.1996 – B 2 539/96 – juris Rn. 3.

243 Die **Aktenführung** in der Gemeinde muss den hierfür geltenden Anforderungen entsprechen. Die Aktenführung durch die Gemeinden (und ihre Formen kommunaler Gemeinschaftsarbeit) liegt bei der Wahrnehmung eigener (örtlicher) Angelegenheiten im Schutzbereich der Selbstverwaltungsautonomie (gem. Art. 28 II 1 GG, Art. 88 Verf. LSA). Gemeindeinterne Vorgaben zur Aktenführung können insoweit als Ausdruck einer „Verfahrenshoheit" bzw. Organisationshoheit der Gemeinde über ihre Verwaltungsprozesse gewertet werden. Der Staat kann zwar in dieses Recht eingreifen (und er tut dies insbesondere mit den §§ 1 ff. VwVfG i.V.m. § 1 I VwVfG LSA), jedoch muss er dabei die verfassungsrechtlichen Schranken dieser Eingriffe beachten (Gemeinwohlerfordernis, Verhältnismäßigkeit etc.). Bei staatlichen Angelegenheiten, die der Bund (unter Beachtung des Art. 84 GG) oder das Land (unter Beachtung der Verf. LSA) den Gemeinden überträgt, können Bund und Land Vorgaben für die Aktenführung machen. Die Papieraktenordnung für die unmittelbare Landesverwaltung Sachsen-Anhalt (PAktO)[461] gilt ausschließlich für die Führung von Papierakten der Landesbehörden und Einrichtungen des Landes (Stellen der unmittelbaren Landesverwaltung) in den Fällen des § 4 PAktO (§ 1 I PAktO) und gilt mithin nicht für die mittelbare Landesverwaltung i.S.d. §§ 17 ff. Org LSA u.a. durch Kommunalkörperschaften. Ebenso wenig gilt die Elektronische Aktenverordnung[462] des Landes, die ebenfalls nur die unmittelbare Landesverwaltung erfasst.[463] Führen Gemeinden jedoch ihre Akten elektronisch, müssen sie durch geeignete technisch-organisatorische Maßnahmen nach dem Stand der Technik sicherstellen, dass die Grundsätze ordnungsgemäßer Aktenführung eingehalten werden (§ 3 II EGovG LSA). Die elektronische Aktenführung muss außerdem u.a. den Anforderungen des Datenschutzrechts und Akteneinsichtsrechten genügen.[464]

244 Die Rechtsgrundlage von **Akteneinsichtsrechten** gegenüber der kommunalen Verwaltung finden sich neben § 29 I VwVfG (i.V.m. § 1 I VwVfG LSA) auch in spezialgesetzlichen Regelungen wie in § 25 SGB X gegenüber der Sozialverwaltung. Im Verwaltungsprozess ergeben sich mittelbar Akteneinsichtsrechte gegenüber der Verwaltung nach Maßgabe von § 100 VwGO (bzw. im sozialgerichtlichen Verfahren gem. § 120 SGG). Akteneinsichtsrechte in einem weiteren Sinne können sich insbesondere auch ergeben aus Art. 15 DSGVO sowie dem Informationszugangs- bzw. Informationsfreiheitsrecht. Der Auskunftsanspruch nach § 1 I IZG LSA besteht neben dem Akteneinsichtsrecht (vgl. § 1 III IZG LSA) und kann sich auf Akteninhalte kommunaler Akten beziehen. Meist versteht man unter „dem" Akteneinsichtsrecht gegenüber der Verwaltung das Recht i.S.d. § 29 VwVfG. Das Akteneinsichtsrecht gilt nach dem Grundsatz der beschränkten Aktenöffentlichkeit. Es steht nur Beteiligten i.S.d. § 13 VwVfG zu, die ein rechtliches Interesse an der Akteneinsicht geltend machen kön-

---

[461] Papieraktenordnung vom 14.09.2021 (MBl. LSA S. 2021, 614)

[462] Verordnung über die elektronische Aktenführung und Vorgangsbearbeitung, das Übertragen und Vernichten von Papierdokumenten und die Festlegung und Ausgestaltung von Metainformationen in der unmittelbaren Landesverwaltung Sachsen-Anhalt (Elektronische Aktenverordnung Sachsen-Anhalt – EAktVO LSA) vom 7. Dezember 2020 (GVBl. LSA S. 683).

[463] Vgl. § 1 EAktVO LSA: „(1) Diese Verordnung gilt für die elektronische Aktenführung der Landesbehörden und Einrichtungen des Landes (Stellen der unmittelbaren Landesverwaltung). Sie gilt nicht für die Gerichtsverwaltungen, die Behörden der Justizverwaltung einschließlich der ihrer Aufsicht unterliegenden Körperschaften des öffentlichen Rechts und die in § 1 Abs. 3 des E-Government-Gesetzes Sachsen-Anhalt genannten Stellen. Für die Verfassungsschutzbehörde gilt diese Verordnung nur bei der Wahrnehmung von Aufgaben nach § 1 Abs. 3 und § 15 des Gesetzes über den Verfassungsschutz im Land Sachsen-Anhalt."

[464] S.a. *Kögel*, Entwicklung und Veröffentlichung von Open-Source-Software durch Kommunen, KommunalPraxisBay 2023, 130-133.

nen, und nur hinsichtlich Verfahrensakten zu. Ein rechtliches Interesse besteht, wenn die Kenntnis des Akteninhalts zur Rechtsverfolgung bzw. -verteidigung notwendig erscheint. Besteht das Akteneinsichtsrecht gegenüber Gemeinden, Verbandsgemeinden oder Kreisen,[465] die ihre Akten elektronisch führen, kann Akteneinsicht dadurch gewährt werden, dass die Behörde 1. einen Aktenausdruck zur Verfügung stellt, 2. die elektronischen Dokumente auf einem Bildschirm wiedergibt, 3. elektronische Dokumente übermittelt oder 4. den elektronischen Zugriff auf den Inhalt der Akten gestattet (§ 6 EGovG LSA). Das EGovG LSA gilt zwar grundsätzlich auch für die Kommunen, jedoch gilt die Pflicht zur elektronischen Aktenführung des § 3 I EGovG LSA nur für die unmittelbare Landesverwaltung,[466] so dass Pflichten, die an eine elektronische Aktenführung anknüpfen, nur gelten, wenn die Kommune (freiwillig) elektronische Aktenführung betreibt.

d) Verwaltungsvollstreckung

245 Die **Verwaltungsvollstreckung** durch die Gemeinden richtet sich nach dem Verwaltungsvollstreckungsrecht des Landes. Zu unterscheiden sind die Beitreibung öffentlich-rechtlicher Geldforderungen der Gemeinden (i.S.v. §§ 3 ff. VwVG LSA) und die Anwendung von Verwaltungszwang (gem. § 71 I VwVG i.V.m. §§ 53 ff. SOG LSA). Zwangsmittel des Verwaltungszwangs sind unmittelbarer Zwang, Ersatzvornahme oder Zwangsgeld. Diese Mittel stehen jeweils unter dem Vorbehalt der Verhältnismäßigkeit. Für Amtshandlungen des Verwaltungszwangs erhebt die Vollstreckungsbehörde Kosten (§ 68a SOG LSA). Die Behörde kann neben den Verwaltungsgebühren insbesondere den Ersatz der Kosten der Beauftragung von Fremdunternehmern bei Ersatzvornahmen verlangen.[467]

Bsp.: Ersatz der Kosten der Stadt X für die Beauftragung eines Unternehmers mit dem Abschleppen eines verbotswidrig abgeparkten Fahrzeugs

e) Widerspruchsverfahren

246 Gemeinden führen **Widerspruchsverfahren** i.S.v. §§ 68 ff. VwGO, §§ 79 f. VwVfG, wenn ein Anfechtungswiderspruch gegen einen gemeindlichen Verwaltungsakt oder ein Verpflichtungswiderspruch auf Erlass eines gemeindlichen Verwaltungsakts erhoben wurde. In Selbstverwaltungsangelegenheiten entfällt dem Grundsatz nach ein Widerspruchsverfahren (§ 68 I 2, § 73 I Nr. 3 VwGO i.V.m. § 8a I 1 AG VwGO LSA). Dies gilt aber nicht für Entscheidungen in Selbstverwaltungsangelegenheiten kreisangehöriger Gemeinden (§ 8a I Nr. 4a AGVwGO) und auch nicht für Entscheidungen nach abgaberechtlichen Vorschriften, die insbesondere Beiträge, Gebühren, kommunale Steuern, steuerliche Nebenleistungen und Entscheidungen über Billigkeitsmaßnahmen betreffen (§ 8a I Nr. 4 AG VwGO LSA). Der Sache nach entfällt das Vorverfahren in eigenen Angelegenheiten daher nur bei kreisfreien Städten, sofern es sich nicht um abgabenrechtliche Angelegenheiten handelt.

5. Rechtsschutz der Gemeinde

---

[465] Die Gemeinden, Verbandsgemeinden und Landkreise sind „Stellen der Landesverwaltung" i.S.v. nach § 1 I, II Nr. 2 EGovG LSA, für die daher das EGovG LSA gilt.

[466] S.a. *Rüdebusch*, Rolle der Kommunen im Rahmen der Digitalisierung, KommJur 2020, 41-44.

[467] § 74 VwVG LSA.

a) Überblick

247 Die kommunalen Rechtssubjekte sind nicht nur Träger eigener Pflichten, sondern auch Träger eigener Rechte. Der **Rechtsschutz** der Kommunen lässt sich in den öffentlich-rechtlichen und den zivilrechtlichen Rechtsschutz aufspalten. Gemeinden können ihre privatrechtlichen Rechtspositionen, wie etwa Ansprüche aus ihren Eigentumsrechten, ihrem Namensrecht oder Ansprüche aus privatrechtlichen Verträgen genauso wie andere juristische Personen auf dem Zivilrechtsweg durchsetzen bzw. verteidigen. In ihrer Eigenschaft als Arbeitgeber können sie arbeitsrechtliche Ansprüche auf dem Arbeitsrechtsweg durchsetzen.

248 Im Hinblick auf ihre öffentlich-rechtlich begründeten Rechtspositionen

> **Bsp.:** Selbstverwaltungsrecht, Mitgliedschaftsrechte in Verbandsgemeinde, Ansprüche aus Erschließungsvertrag mit Investor, Ansprüche auf kommunalaufsichtliche Genehmigung

steht den Kommunen der **verwaltungsgerichtliche Rechtsschutz** nach Maßgabe des § 40 I VwGO (bzw. aufdrängenden Sonderzuweisungen) offen. Darüber hinaus wird den Kommunen aber nach näherer Maßgabe des Gesetzes **verfassungsrechtlicher Rechtsschutz** vor den Verfassungsgerichten gewährt. Gemeinden steht die kommunale Verfassungsbeschwerde vor dem BVerfG und vor dem LVerfG offen,[468] um Verletzungen ihres Selbstverwaltungsrechts durch den Bund und das Land abzuwehren. Aufgrund der Subsidiarität der Verfassungsbeschwerde müssen allerdings Verletzungen des Selbstverwaltungsrechts, soweit möglich, zunächst vor den Instanzgerichten geltend gemacht werden. Hinzu tritt der europarechtliche Rechtsschutz.

b) Rechtsschutz nach Unionsrecht

249 Auf **europäischer Ebene** kommen Nichtigkeitsklagen von Gemeinden gegen Unionsrechtsakte wegen Unzuständigkeit von EU-Organen, Verletzung wesentlicher Formvorschriften, Verletzung des EU-Vertrags oder einer bei seiner Durchführung anzuwendenden Rechtsnorm oder wegen Ermessensmissbrauchs in Betracht (Art. 263 AEUV). Die Gemeinde kann als juristische Person Klage erheben gegen an sie gerichtete oder sie unmittelbar und individuell betreffende Handlungen sowie gegen Rechtsakte mit Verordnungscharakter, die sie unmittelbar betreffen und keine Durchführungsmaßnahmen nach sich ziehen.

b) Kommunale Verfassungsbeschwerde
aa) Bundesverfassungsbeschwerde

250 Der Rechtsweg zum BVerfG ist nur in den ausdrücklich durch die Verfassung zugewiesenen Fallgruppen eröffnet (Enumerationsprinzip). Daher ist im Rahmen der Prüfung einer kommunalen Verfassungsbeschwerde zunächst klarzustellen, dass sich **die Eröffnung des Verfassungsrechtswegs** auf Art. 93 I Nr. 4b GG (i.V.m. § 13 Nr. 8a, 90 ff. BVerfGG) gründet. Die Erhebung einer kommunalen Verfassungsbeschwerde vor dem BVerfG ist unter folgenden Voraussetzungen zulässig:

251 Die Beschwerde muss sich gegen einen zulässigen Gegenstand richten. Tauglicher **Beschwerdegenstand** einer kommunalen Verfassungsbeschwerde sind **Gesetze** (vgl. Art. 93 I 4b GG, § 91 BVer-

---

[468] Eine Ausnahme bildet Schleswig Holstein, wo das BVerfG gem. Art. 99 GG auch für Landesverfassungsstreitigkeiten zuständig ist.

fGG). Die kommunale Beschwerde ist mithin stets „Rechtssatzverfassungsbeschwerde".[469] Der Gesetzesbegriff wird weder im GG noch im BVerfGG konkretisiert. Nach allgemeiner Ansicht ist der Wortlaut im Interesse eines wirksamen Rechtsschutzes[470] der Selbstverwaltung weit zu verstehen, so dass alle Gesetze *im materiellen Sinn* beschwerdefähig sind.[471] Erfasst werden demnach neben Parlamentsgesetzen insbesondere auch Rechtsverordnungen des Bundes. Andernfalls würde eine Rechtsschutzlücke entstehen.

252 Die Verfassung erklärt zwar im Grundsatz sowohl Bundes- wie Landesgesetze für beschwerdefähig, macht jedoch hiervon sogleich eine gewichtige Ausnahme. **Landesgesetze** scheiden nämlich als tauglicher Prüfungsgegenstand aus, wenn gegen die kommunale Verfassungsbeschwerde vor dem LVerfG erhoben werden kann. Die kommunale Verfassungsbeschwerde vor dem BVerfG ist daher bereits kraft der Verfassung ausdrücklich „subsidiär" gegenüber der Möglichkeit der Landesverfassungsbeschwerde. Da die Bundesländer mit Ausnahme Schleswig-Holsteins eine eigene Landesverfassungsgerichtsbarkeit eingerichtet haben, die auch für kommunale Verfassungsbeschwerden zuständig ist, findet in der Bundesrepublik in der Regel kein Verfassungsbeschwerdeverfahren über Landesgesetze vor dem BVerfG statt.

253 **Beschwerdeführer** können nur Gemeinden oder Gemeindeverbände sein (vgl. Art. 93 I Nr. 4b GG). Wurde der Beschwerdeführer durch ein Gesetz aufgelöst, steht dies seiner Verfassungsbeschwerde im Wege, wenn er aufgrund der Rechtswirksamkeit des Gesetzes rechtlich nicht mehr existent ist. Wendet er sich allerdings gerade gegen das Auflösungsgesetz, wird sein Fortbestehen bis zur endgültigen Entscheidung über die Verfassungsmäßigkeit des Auflösungsgesetzes rechtlich fingiert.[472] Die aufgelöste Gemeinde kann auch gegen alle späteren gesetzlichen Verletzungen ihres Selbstverwaltungsrechts (nach Inkrafttreten des Auflösungsgesetzes) Verfassungsbeschwerde erheben, wenn sie das Auflösungsgesetz mit der Verfassungsbeschwerde angegriffen hatte oder insoweit ein Verfahren beabsichtigt und die Jahresfrist noch nicht abgelaufen ist. Nicht beschwerdeberechtigt sind einzelne Organe bzw. Teile von Gemeinden und Gemeindeverbänden. Unzulässig ist etwa die (kommunale) Verfassungsbeschwerde eines kommunalen Mandatsträgers.[473]

254 Die Frage der **Prozessfähigkeit** im Verfassungsgerichtsprozess ist ungeregelt. Insoweit kann auf den in § 62 III VwGO kodifizierten prozessrechtlichen Grundsatz zurückgegriffen werden. Demgemäß erlangen die Gemeinden und Gemeindeverbände durch ihre gesetzlichen Vertreter Prozessfähigkeit. Für die Prozessfähigkeit ist grundsätzlich ohne Bedeutung, ob der gesetzliche Vertreter der Gemeinde auch im Innenverhältnis legitimiert ist. Fehlt etwa der kommunalrechtlich erforderliche Beschluss des Gemeinderates zur Einlegung der Beschwerde, ändert dies nichts an der grundsätzlich unbeschränkten Vertretungsmacht von Bürgermeister bzw. Landrat.[474]

---

[469] *Benda*, in: Benda/Klein, Verfassungsprozessrecht, Rn. 694.

[470] Bzw. „lückenlosen Rechtsschutzes – vgl. BVerfG, Beschl. v. 15.10.1985 BVerfGE 71, 25 (34); Beschl. v. 23.6.1987 BVerfGE 76, 107 (114).

[471] BVerfG, Beschl. v. 19.11.2002 - 2 BvR 329/97 - NVwZ 2003, 850; Beschl. v. 23.6.1987 BVerfGE 76, 107 (114).

[472] BVerfG, Urt. v. 24.5.1954 BVerfGE 3, 267 (279).

[473] BVerfG, Beschl. v. 21.6.1988 BVerfGE 78, 344.

[474] S. hierzu Rn. 651 ff.

255 Der Beschwerdeführer ist **beschwerdebefugt**, wenn er plausibel geltend macht, dass das Gesetz sein Selbstverwaltungsrecht verletzt. Er muss Tatsachen vortragen, aus denen sich die Möglichkeit der Rechtsverletzung ergibt.[475] Die Verfassungswidrigkeit muss sich nicht aus einem in spezifischer Weise gegen die Selbstverwaltung gerichteten Gesetz ergeben. Es genügt, wenn das Selbstverwaltungsrecht durch ein Gesetz beschränkt wird, das in formeller oder materieller Hinsicht verfassungswidrig ist. Die Beschwerdebefugnis kann sich auch aus der Verletzung anderer Verfassungsnormen ergeben, die den verfassungsrechtlichen Schutz der Selbstverwaltung mitprägen. Dies gilt etwa im Hinblick auf Art. 106 V GG, der in den Gewährleistungsbereich des Art. 28 II GG hineinwirkt, so dass dessen mögliche Verletzung zugleich die Beschwerdebefugnis begründet.

256 Der Beschwerdeführer muss weiterhin geltend machen, **selbst, unmittelbar und gegenwärtig** betroffen zu sein.[476] Das Erfordernis der **eigenen** Betroffenheit des Beschwerdeführers fehlt bei der sog. Popularbeschwerde. An einer **gegenwärtigen** Betroffenheit fehlt es, wenn sich die Rechtsverletzung bereits erledigt hat oder wenn sie erst irgendwann in der Zukunft eintreten wird. Eine **unmittelbare** Betroffenheit fehlt, wenn die Beschränkung erst durch einen weiteren Vollzugsakt eintritt. Dies gilt etwa dann, wenn ein Gesetz der Konkretisierung durch eine Verordnung bedarf und ohne den Verordnungserlass nicht vollzugsfähig ist.[477] Zu berücksichtigen ist indes, dass das Erfordernis der unmittelbaren Betroffenheit den Rechtsschutz nicht leerlaufen lassen darf. Führt etwa ein Gesetz noch keine konkrete Zahlungspflicht herbei, sondern wird diese erst durch den Umlagebescheid eines Kreises oder Zweckverbands begründet, kann gleichwohl gegen das Gesetz etwa mit der Behauptung vorgegangen werden, es lasse verfassungswidrig hohe Zahlungspflichten zu.[478]

257 Die Beschwerde muss Mindestanforderungen an die **Form** erfüllen. Die Beschwerde ist schriftlich einzureichen.[479] Sie ist, wie sich aus § 92 BVerfGG ergibt, zu begründen. Dabei sind das verletzte Recht und die Handlung zu bezeichnen, durch die sich der Beschwerdeführer verletzt sieht. Die Beschwerde ist nur binnen eines Jahres seit Inkrafttreten des Gesetzes zulässig (**Jahresfrist**).[480] Ist vor Erhebung des Beschwerdeverfahrens ein Normenkontrollverfahren vor dem OVG durchzuführen, so beginnt die Jahresfrist mit Abschluss des Verfahrens.[481]

258 Zulässigkeitsvoraussetzung ist nach Ansicht des BVerfG weiterhin die vorherige **Erschöpfung des Rechtswegs**. Das Gericht wendet insoweit § 90 II BVerfGG an, obwohl die Vorschrift nach ihrer systematischen Stellung nur für die allgemeine Verfassungsbeschwerde gilt. Hiernach gehöre zum vorrangig auszuschöpfenden Rechtsweg das Normenkontrollverfahren gem. § 47 VwGO, soweit dieses statthaft ist. Diese Verkürzung des Rechtsschutzes lässt sich nicht aus Art. 93 GG ableiten

---

[475] BVerfG, Beschl. v. 15.10.1985 BVerfGE 71, 25 (34).

[476] BVerfG, Beschl. v. 15.10.1985 BVerfGE 71, 25 (34).

[477] BVerfG, Beschl. v. 15.10.1985 BVerfGE 71, 25 (36); Beschl. v. 23.6.1987 BVerfGE 76, 107; VerfGH NW, Urt. v. 10.12.2002 NVwZ 2003, 982: Unmittelbarkeit verneint, weil die Gemeinde erst auf der Grundlage einer das Gesetz konkretisierenden Kreissatzung zu konkreten Leistungen herangezogen wurde.

[478] *Stober,* Kommunalrecht, S. 110.

[479] § 23 I BVerfGG.

[480] § 93 III BVerfGG.

[481] BVerfG, Beschl. v. 19.11.2002 - 2 BvR 329/97 - NVwZ 2003, 850; Beschl. v. 23.6.1987 NVwZ 1988, 47.

und ist abzulehnen. Die Voraussetzungen für eine analoge Anwendung der Vorschrift auf die kommunale Verfassungsbeschwerde liegen nicht vor. Während bei Grundrechtsverletzungen grundsätzlich die gesamte Palette der Rechtsschutzformen und der Instanzenzug offensteht, kommt im Hinblick auf Gesetze nur die Normenkontrolle vor dem OVG in Betracht. Die Interessenlage ist daher nicht vergleichbar. Im Übrigen fehlen auch Anhaltspunkte, dass der Gesetzgeber eine entsprechende Einschränkung der Beschwerdemöglichkeiten gewollt haben könnte. Es reicht nicht aus, dass die Einschränkung „sachgerecht" wäre.[482]

259 Im Rahmen der **Begründetheitsprüfung** sind alle Normen des Grundgesetzes Prüfungsmaßstab, soweit sie geeignet sind, das verfassungsrechtliche Bild der Selbstverwaltung mitzubestimmen.[483] Zu beachten ist dabei die eingeschränkte Justiziabilität der gesetzgeberischen Entscheidung. Die Betätigung gesetzgeberischer Ermessensspielräume ist nur auf ihre Vertretbarkeit hin überprüfbar. Zu untersuchen ist aber auch, ob sachfremde, verfassungswidrige Erwägungen die Entscheidung geleitet haben (Willkürverbot). Des Weiteren sind die Verfahrensgrundrechte der Art. 101 I, 103 I GG nach Ansicht des BVerfG rügefähige Grundrechte der Gemeinde.

260 Das BVerfG kann vorläufigen Rechtsschutz durch Erlass einer **einstweiligen Anordnung** gewähren, wenn dies aus einem wichtigen Grund, insbesondere zur Abwehr schwerer Nachteile, dringend geboten ist.[484] Demnach muss die summarische Prüfung zum einen eine zu sichernde Rechtsstellung und zum anderen einen Anordnungsgrund (besondere Eilbedürftigkeit) ergeben. Ist die Verfassungsbeschwerde weder von vornherein unzulässig noch unbegründet, bedarf es einer Güterabwägung. Angesichts des insoweit anzulegenden strengen Maßstabs kommt eine einstweilige Anordnung nur im Ausnahmefall in Betracht.

bb) Landesverfassungsbeschwerde

261 Die Zulässigkeit der **kommunalen Verfassungsbeschwerde** (Art. 75 Nr. 7 VerfLSA) richtet sich nach den Vorgaben der Landesverfassung und denen des LVerfGG[485]. Tauglicher **Beschwerdegegenstand** ist ein Landesgesetz. Das Landesverfassungsgericht hält nur das förmliche Gesetz für beschwerdefähig.[486] Hierfür scheint zu sprechen, dass zuvor im Rahmen der abstrakten Normenkontrolle (Nr. 5) nur ein „Landesgesetz" Gegenstand des Verfahrens ist, wobei es sich aufgrund des Bezugs zur konkreten Normenkontrolle gem. Art. 100 GG um ein förmliches Gesetz handeln muss.[487] Das LVerfG argumentiert, ein „doppelter Rechtsschutz" durch Verfassungsbeschwerde und Normenkontrollverfahren sei vom Gesetzgeber „erkennbar" nicht gewollt.[488] Andererseits ist für die Bundesverfassungsbeschwerde anerkannt, dass ein Gesetz im materiellen Sinne ausreicht. Es spricht viel dafür,

[482] So aber *Stober,* Kommunalrecht, S. 111.

[483] *Gern,* Deutsches Kommunalrecht, Rn. 859.

[484] § 32 I BVerfGG.

[485] Ausführliche Darstellung der Möglichkeiten einer kommunalen Verfassungsbeschwerde in den jeweiligen Bundesländern s. *Gern,* Deutsches Kommunalrecht Rn. 840 ff.

[486] VerfG LSA, Urt. v. 22.2.1996 LVerfGE 4, 401; ebs. *Kilian,* in: ders. Verfassungshandbuch, S. 490. Die Kommentierung der Landesverfassung von Reich schweigt hierzu.

[487] Im Ergebnis ebs. *Reich,* Verfassung des Landes Sachsen-Anhalt, S. 264.

[488] VerfG LSA, a.a.O., S. 406.

dass sich das Land an das Modell der kommunalen Verfassungsbeschwerde nach dem Grundgesetz anlehnen wollte, so dass von einem weiten Gesetzesbegriff auszugehen ist. Demgemäß sind nach vorzugswürdiger Sicht etwa auch Pläne der Raumordnung mit Rechtsnormcharakter beschwerdefähig.[489] Eine Kompetenz für die Überprüfung von Bundesgesetzen besitzen die jeweiligen Verfassungsgerichte nicht.

262 **Beschwerdeberechtigt** sind „Kommunen und Gemeindeverbände" (Art. 75 Nr. 7 VerfLSA). Kommunen im Sinne der Landesverfassung sind die Gemeinden und Landkreise (Art. 87 I). Gemeindeverbände sind somit in landesverfassungsrechtlicher Hinsicht gegenüber Kreisen (und Gemeinden) ein aliud, so dass namentlich der Kreis kein Gemeindeverband ist, obwohl er nach der andersartigen Diktion des Grundgesetzes sogar das wichtigste Beispiel eines Gemeindeverbandes ist. Unter Gemeindeverbänden im landesverfassungsrechtlichen Sinn sind nach vorzugswürdiger Auffassung die das Gebiet mehrerer Gemeinden umfassenden rechtsfähigen Kommunalkörperschaften, ausgenommen Landkreise, zu verstehen. Vom LVerfG wurde jedenfalls die Beschwerdeberechtigung der Verwaltungsgemeinschaften anerkannt.[490] Sie ist indes auch für den Zweckverband anzuerkennen.[491] Auch die Verbandsgemeinde ist beschwerdeberechtigt.

263 Der Beschwerdeführer muss **beschwerdebefugt** sein.[492] Er muss die Behauptung erheben, durch ein Landesgesetz in seinem Recht auf Selbstverwaltung verletzt zu sein. Die Möglichkeit der Rechtsverletzung ist nicht ausdrücklich eine Zulässigkeitsvoraussetzung. Sie besteht indes als allgemeiner prozessrechtlicher Grundsatz für Verfahren, die auf den Schutz eigener Rechte des Antragstellers gerichtet sind. Es muss nach dem Vortrag des Beschwerdeführers möglich erscheinen, dass das Selbstverwaltungsrecht nach der Landesverfassung durch ein Landesgesetz verletzt ist. Der Beschwerdegegner muss außerdem **selbst, unmittelbar und gegenwärtig** betroffen sein. Dies kann als ungeschriebene Voraussetzung aus Art. 75 Nr. 7 VerfLSA i.V.m. § 51 LVerfGG LSA abgeleitet werden.

264 Die Landesverfassungsbeschwerde ist **begründet**, wenn das Selbstverwaltungsrecht des Beschwerdeführers aus der jeweiligen Landesverfassung durch das Landesgesetz verletzt ist. Ist das Verfassungsgericht der Überzeugung, dass das gesamte Gesetz oder einzelne seiner Vorschriften verfassungswidrig sind, stellt es in seiner Entscheidung die Unvereinbarkeit oder Nichtigkeit fest.[493] Die Entscheidung des Gerichts hat Gesetzeskraft.[494] Einstweilige Anordnungen sind auch in diesem Verfahren zulässig.[495] Der Landtag und die Landesregierung können sich in dem Verfahren äußern und ihm in jeder Lage beitreten.[496]

cc) Unzulässigkeit der Jedermann-Verfassungsbeschwerde

---

[489] BVerfG, Beschl. v. 23.6.1987 BVerfGE 76, 107.

[490] Urt. v. 23.2.1999 LVerfGE 10, 413.

[491] So auch *Kilian*, in: ders., VerfHdB LSA, S. 489 Fn. 167.

[492] § 51 I LVerfGG.

[493] § 51 i.V.m. § 41 LVerfGG.

[494] § 30 II 1 LVerfGG LSA.

[495] § 31 I LVerfGG LSA. Vgl. zur sächsischen Rechtslage SächsVerfGH, Beschl. v. 22.10.1998 LKV 2000, 23 ff.

[496] § 51 II i.V.m. §§ 48-50 LVerfGG.

265 Eine **Grundrechts-Verfassungsbeschwerde** einer Kommune gem. Art. 94 I Nr. 4a GG ist grundsätzlich unzulässig. Nach h.M. in Rspr.[497] und Lit.[498] gilt nämlich, dass die Kommunen grundsätzlich keine Grundrechtsträger sind. So soll ihnen etwa die Eigentumsfreiheit nicht zustehen.[499] Ausnahmen von diesem Grundsatz werden allerdings mitunter anerkannt. So finden sich Ansichten, wonach sich Kommunen als Arbeitgeber auf die Koalitionsfreiheit gem. Art. 9 III GG[500] und im Übrigen auf das Willkürverbot sowie auf die Verfahrensgrundrechte (Art. 101 I 2, 103 I GG)[501] berufen können.

266 Die **Grundrechtsberechtigung kommunaler Eigen- und Mehrheitsgesellschaften** ist ebenso umstritten wie die Frage ihrer Grundrechtsbindung. Nach Ansicht des BVerfG[502] ist die Grundrechtsberechtigung von Kapitalgesellschaften zu verneinen, wenn die öffentliche Hand Mehrheitsgesellschafterin ist.

dd) Verwaltungsgerichtlicher Rechtsschutz

267 Die Gemeinden können mit der **Normenkontrolle** die Ungültigkeit von Landesverordnungen feststellen lassen, die ihr Selbstverwaltungsrecht verletzen; zuständig ist das OVG (§ 47 I Nr. 2 VwGO, § 10 AG VwGO LSA). Die Zulässigkeit setzt unter anderem die Beachtung der Jahresfrist des § 47 II VwGO voraus. Eine Antragsbefugnis besteht, soweit wie eine Verletzung von eigenen Rechten durch die angegriffene Norm möglich erscheint.[503] Ist die Norm offensichtlich teilbar, kann sie nicht angegriffen werden, soweit der Antragsteller von den Regelungen nicht betroffen sein kann.[504]

268 Der Normenkontrollantrag ist **begründet**, wenn die von der Gemeinde angegriffene Norm gegen höherrangiges Recht verstößt und dieser Rechtsfehler die Ungültigkeit der Norm zur Folge hat.

> **Bsp.:** Ein Verstoß kann etwa darin bestehen, dass die Rechtsgrundlage der Norm nicht angegeben ist. Beruht eine untergesetzliche Norm auf mehreren gesetzlichen Ermächtigungsgrundlagen, muss sie diese vollständig zitieren und diese bei inhaltlicher Überschneidung gemeinsam angeben.[505]

269 Die Gemeinde kann sich gegen belastende Verwaltungsakte des Bundes oder Landes mit der **Anfechtungsklage** wehren. In diesem Rahmen kann es auch zur inzidenten Normenkontrolle der Rechtsgrundlage des angefochtenen Verwaltungsakts und Verwerfung von untergesetzlichem Landesrecht kommen. Auf die Darstellung des Rechtsschutzes gegen kommunalaufsichtliche Maßnahmen wird verwiesen.[506]

---

[497] Vgl. BVerfG, Beschl. v. 16.5.1989 NJW 1990, 1783.

[498] *Dürig*, in: Maunz/Dürig, GG, Art. 2 I Rn. 67; *Gern*, Deutsches Kommunalrecht, Rn. 730.

[499] BVerfG, Beschl. v. 8.7.1982 BVerfGE 61, 82 (100f., 105f.) – Sasbach.

[500] Wolff/Bachof/*Stober*, Verwaltungsrecht, Band 1, § 33 Rn. 52.

[501] BVerfG, Beschl. v. 2.5.1967 BVerfGE 21, 362 (373); BVerfG, Beschl. v. 16.5.1989 JZ 1990, 335.

[502] BVerfG, Beschl. v. 16.5.1989 NJW 1990, 1783; *Gern*, Deutsches Kommunalrecht, Rn. 730.

[503] OVG LSA, Beschl. v. 28.12.2004 – 2 R 730/04 – juris Ls Nr. 1.

[504] OVG LSA, Beschl. v. 28.12.2004 – 2 R 730/04 – juris Ls Nr. 1.

[505] OVG LSA, Beschl. v. 28.12.2004 – 2 R 730/04 – juris Ls Nr. 2.

[506] S. o. Rn. 216 ff.

270 Die Gemeinde muss **klagebefugt** gem. § 42 II VwGO sein, d.h. es muss die Möglichkeit einer Verletzung der Gemeinde in eigenen Rechten plausibel sein. Gemeinden kann etwa eine Klagebefugnis gegen die Feststellung der Einwohnerzahl aufgrund eines Zensus zustehen.[507]

271 **Rechte ihrer Bürger** kann die Gemeinde nicht geltend machen.[508] Dabei würde es sich um einen Fall der im öffentlichen Recht unzulässigen gewillkürten Prozessstandschaft handeln.[509] Die Gemeinde kann sich z.B. nicht darauf berufen, dass die gemeindliche Wirtschaftsstruktur durch eine staatliche Maßnahme beeinträchtigt werde, weil etwa zahlreiche Gewerbebetriebe in ihrer Existenz bedroht sind.[510] Sie muss nachvollziehbar darlegen, inwiefern durch eine primär bürgergerichtete Maßnahme ihr Selbstverwaltungsrecht beeinträchtigt sein soll, was ihr in der Regel nicht gelingen wird. Insbesondere ist die Gemeinde trotz ihrer Allzuständigkeit kein allgemeiner Sachwalter des öffentlichen Interesses.[511] Ebenso wenig kann im Übrigen ein Bürger eine Klage auf die Verletzung des gemeindlichen Selbstverwaltungsrechts stützen. Es handelt sich hierbei um keine drittschützende Rechtsposition.

III. Verbandsgemeinde
1. Selbstverwaltungsaufgaben
a) Selbstverwaltungsrecht: Grundlage und Inhalt

272 Die Verbandsgemeinden verwalten ihre eigenen Angelegenheiten im Rahmen der Gesetze in eigener Verantwortung (Selbstverwaltungsrecht, Art. 87 I 1 VerfLSA). Für die Verbandsgemeinden gilt allerdings keine Allzuständigkeit nach der Landesverfassung, d.h. die Berechtigung und Verpflichtung im Rahmen ihrer Leistungsfähigkeit in ihrem Gebiet alle öffentlichen Aufgaben selbständig wahrzunehmen, soweit nicht bestimmte Aufgaben im öffentlichen Interesse durch Gesetz anderen Stellen übertragen sind. Diese gilt nur für die Kommunen i.S.d. Landesverfassung (vgl. Art. 87 I 2 VerfLSA). Die Verbandsgemeinden verwalten ihre Angelegenheiten im Rahmen der Gesetze in eigener Verantwortung mit dem Ziel, das Wohl ihrer Einwohner zu fördern (§ 1 I KVG). Sie erfüllen neben ihren Mitgliedsgemeinden öffentliche Aufgaben im Rahmen der Vorschriften der §§ 89-94 KVG (§ 3 III 2 KVG). Die Verbandsgemeinden erfüllen ihre Aufgaben im eigenen oder im übertragenen Wirkungskreis (§ 4 Satz 1 KVG), wobei der Begriff übertragener Wirkungskreis weiter als bei den Gemeinden ist.

273 Die Verbandsgemeinde erfüllt gem. § 90 I 1 KVG **anstelle ihrer Mitgliedsgemeinden folgende Aufgaben** des eigenen Wirkungskreises: 1. Aufstellung, Änderung, Ergänzung oder Aufhebung der **Flächennutzungspläne;**[512] 2. Trägerschaft der allgemeinbildenden **öffentlichen Schulen** nach Maß-

---

[507] OVG LSA, Urt. v. 15.6.2023 – 3 L 96/22 – juris Rn. 32.

[508] BVerwG, Beschl. v. 9.2.1996 NVwZ 1996, 1021; *Happ*, in: Eyermann, VwGO, § 42 Rn. 113.

[509] Vgl. zu dieser Rechtsfigur *Kopp/Schenke*, VwGO, Vorbem. § 40 Rn. 25.

[510] BVerwG, Urt. v. 12.12.1996 NVwZ 1997, 904.

[511] BVerwG, Beschl. v. 21.1.1993 NVwZ 1993, 884 (886).

[512] Die endgültige Entscheidung des Verbandsgemeinderates über die Aufstellung, Änderung, Ergänzung oder Aufhebung des Flächennutzungsplanes bedarf der Zustimmung der Mitgliedsgemeinden (§ 90 I 2 KVG). Die Zustimmung gilt als erteilt, wenn mehr als die Hälfte der Mitgliedsgemeinden zugestimmt hat und in diesen mehr als zwei Drittel der Einwohner der die Verbandsgemeinde

gabe des Schulgesetzes[513]; 3. Errichtung und Unterhaltung von **überörtlichen Sozial-, Sport-, Spiel- und Freizeiteinrichtungen**, die mehreren Mitgliedsgemeinden dienen und denen im Bereich der Verbandsgemeinde eine zentrale Funktion zukommt; 4. Aufgaben nach dem **Kinderförderungsgesetz;**[514] 5. **Straßenbaulast** für die Gemeindestraßen, die nach Maßgabe des Straßengesetzes für das Land Sachsen-Anhalt dem nachbarlichen Verkehr zwischen den Gemeinden oder dem weiteren Anschluss von Gemeinden oder räumlich getrennten Ortsteilen an überörtliche Verkehrswege dienen oder zu dienen bestimmt sind; 6. Aufgaben nach dem Wassergesetz für das Land Sachsen-Anhalt, insbesondere die **Trinkwasserversorgung und die Abwasserbeseitigung**; 7. Aufgaben nach dem Schiedsstellen- und Schlichtungsgesetz; 8. Aufgaben nach dem Brandschutzgesetz[515]; 9. Hilfe bei Verwaltungsangelegenheiten i.S.v. § 29 KVG. Diese Aufgaben darf die Gemeinde auch nicht durch Vertrag auf Private übertragen.[516]

274 Zudem nimmt die Verbandsgemeinde **übertragene Selbstverwaltungsangelegenheiten** ihrer Mitgliedsgemeinden wahr. Die Verbandsgemeinde erfüllt die Aufgaben des eigenen Wirkungskreises, die ihr von allen Mitgliedsgemeinden oder mit ihrem Einvernehmen von einzelnen Mitgliedsgemeinden zur Erfüllung übertragen werden (§ 90 III 1 KVG). Bei einer Aufgabenübertragung von nur einzelnen Mitgliedsgemeinden sind die damit verbundenen finanziellen Folgen durch Vereinbarungen zu regeln (§ 90 III 2 KVG). Soweit besondere Vorschriften zur Aufgabenübertragung vorhanden sind, gehen diese als lex specialis vor.

> **Bsp.:** Gem. § 10a KWG können alle oder einzelne Mitgliedsgemeinden einer Verbandsgemeinde die Aufgaben des Gemeindewahlleiters insgesamt auf den Verbandsgemeindebürgermeister und zugleich die Aufgaben des Gemeindewahlausschusses insgesamt auf einen vom Verbandsgemeinderat zu berufenden Wahlausschuss übertragen.

275 Die von Mitgliedsgemeinden auf die Verbandsgemeinde übertragenen Aufgaben sind zurück zu übertragen, wenn alle oder bei Einzelübertragung einer Aufgabe die betroffenen Mitgliedsgemeinden dies beantragen, die Verbandsgemeinde zustimmt und Gründe des Gemeinwohls nicht entgegenstehen (**Aufgabenrückübertragung** gem. § 90 III 3 KVG). Der Antrag der Mitgliedsgemeinde auf Rückübertragung und die Zustimmung der Verbandsgemeinde bedürfen jeweils der Mehrheit von zwei Dritteln der Mitglieder des Gemeinderates und des Verbandsgemeinderates (§ 90 III 4 KVG).

---

bildenden Mitgliedsgemeinden wohnen (§ 90 I 3 KVG). Sofern Änderungen und Ergänzungen des Flächennutzungsplanes die Grundzüge der Gesamtplanung nicht betreffen, bedürfen sie nur der Zustimmung derjenigen Mitgliedsgemeinden, die selbst oder als Nachbargemeinden von den Änderungen oder Ergänzungen berührt werden (§ 90 I 4 KVG). Kommt eine Zustimmung nach den Sätzen 3 und 4 nicht zustande, so entscheidet der Verbandsgemeinderat mit einer Mehrheit von zwei Dritteln seiner Mitglieder (§ 90 I 5 KVG).

[513] Schulgesetz des Landes Sachsen-Anhalt (SchulG LSA) i.d.F. v. 9.8.2018 (GVBl. LSA S. 244, 245), zuletzt geändert durch Gesetz vom 14.12.2923 (GVBl. LSA S. 680).

[514] Hierzu *Dietlein/Peters*, Kinderbetreuung und kommunale Selbstverwaltung, 2015.

[515] Hierzu *Koehler/Messal*, *Hilfeleistungsgesetze Sachsen-Anhalt.* Brandschutzgesetz, Katastrophenschutzgesetz, Rettungsdienstgesetz. Kommentar Stand 11/2023.

[516] Insoweit übertragbar zum Verhältnis von Gemeinde und Verwaltungsgemeinschaft: OVG LSA, Beschl. v. 2.5.2003 – 2 M 30/03 – juris Ls Nr. 1.

276 Neben die neun kraft Gesetzes für die Mitgliedsgemeinden wahrzunehmenden Gruppen von Selbstverwaltungsaufgaben der Gemeinden und die von den Mitgliedsgemeinden übertragenen Aufgaben treten auch alle übrigen Selbstverwaltungsaufgaben der Mitgliedsgemeinden insoweit, als die Aufgaben der Gemeindeverwaltung in Mitgliedsgemeinden von Verbandsgemeinden ohnehin **ausschließlich von der Verbandsgemeindeverwaltung erledigt** werden (§ 97 Satz 1 KVG). Dies lässt zwar die Satzungsgewalt des Gemeinderats unberührt, begründet aber eine umfassende Vollzugszuständigkeit der Verbandsgemeindeverwaltung.

> **Bsp.:** Eine Mitgliedsgemeinde mag zwar durch ihren Gemeinderat Bebauungsplanung betreiben, jedoch übernimmt die Verbandsgemeinde sämtliche Vorbereitungs- und Durchführungshandlungen wie die Erarbeitung des Entwurfs (sofern B-Plan gem. § 12 BauGB), Öffentlichkeits- und Behördenbeteiligung etc. und die Ausführung der Ratsbeschlüsse

277 Die Verbandsgemeinde nimmt ihre Aufgaben nach § 90 I KVG (neun gesetzliche Gruppen von Selbstverwaltungsaufgaben der Mitgliedsgemeinden), Aufgaben nach § 90 II KVG (des übertragenen Wirkungskreises) und die ihr ihr von den Mitgliedsgemeinden nach § 90 III KVG zur Erfüllung übertragenen Aufgaben **im eigenen Namen** wahr (§ 91 I 1 KVG). Dies schließt auch die Wahrnehmung dieser Aufgaben durch Mitgliedschaften in Zweckverbänden ein.[517]

278 Die Verbandsgemeindeverwaltung führt die **Verwaltungsgeschäfte** aller Aufgaben des **eigenen Wirkungskreises** der Mitgliedsgemeinden **in deren Namen und in deren Auftrag**, sofern diese der Verbandsgemeinde nicht nach § 90 III KVG zur Erfüllung übertragen wurden (§ 91 II 1 KVG). Sie ist dabei an Beschlüsse der Gemeinderäte und an Grundsatzentscheidungen der Bürgermeister der Mitgliedsgemeinden gebunden (§ 91 II 2 KVG). In diesem Rahmen vertritt die Verbandsgemeinde ihre Mitgliedsgemeinden in allen Rechts- und Verwaltungsgeschäften und in gerichtlichen Verfahren mit Ausnahme von Rechtsstreitigkeiten einer Mitgliedsgemeinde mit der Verbandsgemeinde oder zwischen Mitgliedsgemeinden derselben Verbandsgemeinde (§ 91 II 3 HS 1 KVG). Die Kosten der Verfahren trägt die Mitgliedsgemeinde (§ 91 II 3 KVG).

279 Zu den Verwaltungsgeschäften **zählen** insbesondere **nicht:** 1. die Wahrnehmung der Aufgaben des Bürgermeisters als Repräsentant und Vertreter der Mitgliedsgemeinde nach außen, 2. die Ausfertigung von Satzungen, 3. die Unterzeichnung von Verpflichtungserklärungen nach § 73 KVG (§ 91 II 4 KVG).

280 Von der Verbandsgemeinde im eigenen Namen wahrzunehmende Verwaltungsgeschäfte in eigenen Angelegenheiten der Mitgliedsgemeinden sind auch **Verwaltungsgeschäfte der gemeindlichen Unternehmen**, Einrichtungen, Stiftungen i.S.v. § 121 I Nr. 2 und § 122 I KVG und der **Zweckverbände**, soweit bei diesen keine eigene Verwaltung eingerichtet ist (§ 91 III 1 KVG).[518] Die Verbandsge-

---

[517] Soweit für die in § 90 KVG bezeichneten Aufgaben eine Mitgliedschaft in einem Zweckverband besteht, gilt § 15 I GKG-LSA entsprechend (§ 91 I 2 KVG). § 15 GKG-LSA regelt den Wegfall von Verbandsmitgliedern. Hiernach tritt der Zweckverband als Rechtsnachfolger der Gemeinde im Zweckverband in die Rechtsstellung der Gemeinde als weggefallenen Verbandsmitglieds ein, wenn die Gemeinde durch Eingliederung in eine andere Körperschaft, durch Zusammenschluss mit einer anderen Körperschaft oder aus einem sonstigen Grund als Verbandsmitglied wegfällt (§ 15 I GKG-LSA).

[518] § 91 II KVG gilt auch insoweit (§ 91 III 1 HS 2 KVG).

meinde kann verlangen, dass das Unternehmen der Mitgliedsgemeinde ihr die Aufwendungen für die Führung ihrer Verwaltungsgeschäfte ersetzt (§ 91 III 2 KVG).

281 Für die Zusammenarbeit mit den Mitgliedsgemeinden gelten besondere Vorgaben. Die Verbandsgemeinde und ihre Mitgliedsgemeinden haben bei der Erfüllung ihrer Aufgaben unter Beachtung der beiderseitigen Verantwortungsbereiche vertrauensvoll zusammenzuarbeiten (§ 93 I 1 KVG).[519] Neben diese **Pflicht zur vertrauensvollen Zusammenarbeit** treten vor allem Informationspflichten. Die Mitgliedsgemeinden haben die Verbandsgemeinde über alle Beschlüsse des Gemeinderates und über alle Entscheidungen des Bürgermeisters von grundsätzlicher Bedeutung zu unterrichten und sich in Angelegenheiten von grundsätzlicher oder besonderer wirtschaftlicher Bedeutung der fachlichen Beratung durch die Verbandsgemeinde zu bedienen (**Unterrichtungs- und Konsultationspflicht** gem. § 93 I 2 KVG). Der Bürgermeister hat vor der Unterzeichnung von Verpflichtungserklärungen im Sinne des § 73 den Verbandsgemeindebürgermeister zu unterrichten (Unterrichtungspflicht gem. § 93 I 3 KVG).

282 Der Verbandsgemeindebürgermeister berät und unterstützt die Mitgliedsgemeinden bei der Erfüllung ihrer Aufgaben (**Beratungs- und Unterstützungspflicht** gem. § 93 II 1 1. HS KVG). Er hat ferner die Bürgermeister der Mitgliedsgemeinden über alle Angelegenheiten von grundsätzlicher oder besonderer wirtschaftlicher Bedeutung, welche die Belange der Mitgliedsgemeinden unmittelbar berühren, insbesondere über die Ausführung des Haushaltsplans der einzelnen Mitgliedsgemeinden, rechtzeitig zu unterrichten (**Unterrichtungspflicht** gem. § 93 II 2 KVG). Ihm stehen **keine Weisungsbefugnisse gegenüber den Mitgliedsgemeinden** zu (Ausschluss von Weisungsrechten, § 93 II 1 2. HS KVG). Der Verbandsgemeindebürgermeister ist aber berechtigt und verpflichtet, Beschlüssen des Gemeinderates und Maßnahmen der Bürgermeister der Mitgliedsgemeinden zu widersprechen, wenn er der Auffassung ist, dass diese gesetzeswidrig sind (§ 95 V 1 KVG). Der Verbandsgemeindebürgermeister ist somit gegenüber Mitgliedsgemeinden nicht nur Berater, Unterstützter und Informierender, sondern hat auch die Funktion einer Aufsichtsperson. Die Wahrnehmung dieser Pflichten und Befugnisse gegenüber den Mitgliedsgemeinden muss vom Bemühen getragen sein, vertrauensvoll zusammenzuarbeiten. Alle Mitgliedsgemeinden müssen gleich behandelt werden.

b) Freiwillige und pflichtige Aufgaben

283 Auch im Hinblick auf die Verbandsgemeinden können **freiwillige und pflichtige Selbstverwaltungsaufgaben** unterschieden werden.

> **Bsp.:** Die Aufstellung von Flächennutzungsplänen ist Pflichtaufgabe nach Maßgabe des § 1 III BauGB. Das Aufstellen von Schildern, die auf historisch bedeutsame Orte hinweisen, ist eine freiwillige Aufgabe.

---

[519] Die Sinnhaftigkeit einer solchen Festlegung mag bezweifelt werden. Die Akteure dürften insbesondere bisherige negative Erfahrungen miteinander nicht aufgrund einer gesetzlichen Pflicht zur vertrauensvollen Zusammenarbeit Gesetzes ausblenden. Wenn etwa zwischen einem Bürgermeister und einem Verbandsgemeindebürgermeister schon vor Amtsantritt wechselseitig Misstrauen herrschte, dürfte nicht allein aufgrund des Gesetzes Vertrauen entstehen. Es kann daher nur darum gehen, sich ab Amtsantritt um eine vertrauensvolle Zusammenarbeit *zu bemühen*.

Pflichtige Aufgaben sind insbesondere die neun in § 90 I KVG genannten Aufgabengruppen von Angelegenheiten des eigenen Wirkungskreises der Mitgliedsgemeinden. Die der Verbandsgemeinde von Mitgliedsgemeinden übertragenen Aufgaben (vgl. § 90 III KVG) können pflichtige oder freiwillige Aufgaben der Mitgliedsgemeinden sein. Ist eine Aufgabe übertragen, handelt es sich für die Verbandsgemeinde insofern um eine pflichtige Aufgabe, als sie diese Aufgabe gemäß der Übertragungsvereinbarung auch tatsächlich wahrnehmen muss.

c) Verbandsgemeindehoheiten

284 Die Gemeindehoheiten stehen auch der Verbandsgemeinde zu, soweit ihnen durch Gesetz oder Entscheidung von Mitgliedsgemeinden Selbstverwaltungsaufgaben übertragen sind. Die Ausführungen zur Gemeinde gelten mit dieser Einschränkung sinngemäß.

d) Aufgabe der Daseinsvorsorge

285 Die Verbandsgemeinden stellen in den Grenzen ihrer Leistungsfähigkeit die für ihre Einwohner erforderlichen sozialen, kulturellen und wirtschaftlichen öffentlichen Einrichtungen bereit (§ 4 Satz 2 KVG). Sie treten insoweit an die Stelle ihrer Mitgliedsgemeinden, die mangels Verwaltungsunterbau nicht über die Möglichkeit der Erbringung von Leistungen der Daseinsvorsorge verfügen.

e) Kommunalwirtschaft

286 Die Ausführungen zur gemeindlichen Kommunalwirtschaft gelten für die verbandsgemeindliche Wirtschaftstätigkeit grundsätzlich entsprechend.[520]

2. Aufgaben des übertragenen Wirkungskreises

287 Die Verbandsgemeinden wirken durch die Erfüllung von Aufgaben im **übertragenen Wirkungskreis** bei der Landesverwaltung nach Maßgabe der hierfür geltenden gesetzlichen Vorschriften mit (§ 17 I 1 KVG). Zum übertragenen Wirkungskreis gehören bei den Verbandsgemeinden die Aufgaben, die sie nach § 90 II KVG für ihre Mitgliedsgemeinden erfüllen (§ 6 I Nr. 2 KVG). Damit ergibt sich für die Verbandsgemeinden ein gegenüber den Gemeinden und Landkreisen grundsätzlich anderer Begriff der „übertragenen" Angelegenheiten. Hier geht es, anders als dort, nicht nur um „staatliche" Angelegenheiten, sondern die den Verbandsgemeinden übertragenen Angelegenheiten sind sowohl staatliche Angelegenheiten als auch (bestimmte) eigene Angelegenheiten der Mitgliedsgemeinden (!). Die Zuweisung von staatlichen Angelegenheiten kann sich aus Bundes- oder Landesrecht ergeben.

 Bsp.: Aufgaben der Verbandsgemeinden als allgemeine Sicherheitsbehörden, § 84 I Nr. 1, III SOG LSA[521]

288 Die Verbandsgemeinde erfüllt die Aufgaben des übertragenen Wirkungskreises ihrer Mitgliedsgemeinden, soweit nicht Bundes- oder Landesrecht entgegensteht (§ 90 II 1 KVG). Sie erfüllt auch

---

[520] S. Rn. 155 ff., 1003 ff.
[521] § 84 II SOG LSA ist zu entnehmen, dass der Begriff der Gemeinde i.S.d. § 89 SOG LSA auch die Verbandsgemeinde umfasst, diese mithin auch allgemeine Sicherheitsbehörde ist.

diejenigen Aufgaben des übertragenen Wirkungskreises, deren Wahrnehmung an eine bestimmte Einwohnergröße von Gemeinden gebunden ist, sofern die Verbandsgemeinde selbst diese Größe aufweist (§ 90 II 2 KVG). Unabhängig von der Gesamtzahl der Einwohner der Mitgliedsgemeinden nimmt die Verbandsgemeinde zumindest die Aufgaben wahr, die einer Gemeinde mit mehr als 10.000 Einwohnern obliegen würden (§ 90 II 3 KVG).

289 Auch im Hinblick auf die übertragenen Angelegenheiten gelten die Pflicht zur vertrauensvollen Zusammenarbeit und die Informationspflichten des § 93 KVG. Bei der Wahrnehmung staatlicher Angelegenheiten sind die Handlungsspielräume der Verbandsgemeinde indes i.d.R. stärker eingeschränkt, so dass dort die Information über gesetzliche Handlungs- oder Unterlassungspflichten mehr im Vordergrund stehen dürfte, während bei Selbstverwaltungsangelegenheiten das Informationsinteresse der Mitgliedsgemeinden stärker auf den Umgang mit Handlungsspielräumen ausgerichtet sein dürfte.

3. Aufsicht über die Verbandsgemeinden

290 Die Verbandsgemeinden unterliegen im Bereich der Wahrnehmung von Selbstverwaltungsaufgaben der Kommunalaufsicht und bei der Wahrnehmung übertragener (staatlicher) Angelegenheiten der Fachaufsicht. Kommunalaufsichtsbehörde für die Verbandsgemeinden ist der Landkreis (vgl. § 144 I 1 KVG). Im Hinblick auf Aufgaben und Befugnisse der Aufsicht wird auf die Ausführungen zur Aufsicht über die Gemeinden verwiesen. Für die Verbandsgemeinde bestehen neben den auch für andere Kommunen geltenden Genehmigungsvorbehalten

> **Bsp.:** Gesamtbetrag der vorgesehenen Kreditaufnahmen für Investitionen und Investitionsfördermaßnahmen in der Haushaltssatzung, § 108 II KVG

zudem verbandsgemeindespezifische kommunalaufsichtliche Genehmigungsvorbehalte.

> **Bsp.:** Änderung der Verbandsgemeindevereinbarung, § 89 III 1 KVG; Rückübertragung von Eigentum gem. § 92 I 7 KVG; Vereinbarung über die Auflösung der Verbandsgemeinde oder das Ausscheidens von Mitgliedsgemeinden, § 94 IV KVG

291 Auch gelten Anzeige-, Informations- bzw. Vorlagepflichten gegenüber der Aufsicht.

> **Bsp.:** Anzeige des Entwurf der Vereinbarung über Investitionen und ihrer Änderungen gem. § 92 III 4 KVG; Anzeige des Beschlusses zur Übertragung von Kassengeschäften, § 117 I 3 KVG; Einholung der aufsichtlichen Entscheidung bei wiederholt gesetzwidrigen Ratsbeschlüssen durch Verbandsgemeindebürgermeister, § 95 V III KVG; Vorlage der (beschlossenen) Haushaltssatzung durch Verbandsgemeinderat, § 102 I KVG

4. Verwaltungsverfahren

292 Das Verwaltungsverfahren der Verbandsgemeinden richtet sich wie bei den Gemeinden nach den allgemeinen Verwaltungsverfahrensrecht (§ 1 I VwVfG LSA i.V.m. VwVfG; § 1 I VwZG LSA i.V.m. VwZG etc.), sofern nicht Fachgesetze Abweichendes regeln. Die Ausführungen zu den Gemeinden gelten entsprechend.

5. Rechtsschutz

293 Den Verbandsgemeinden stehen dem Grundsatz nach dieselben Rechtsschutzmöglichkeiten wie den Gemeinden offen. Sie sind selbst Träger des Selbstverwaltungsrechts gem. Art. 87 I, II VerfLSA und damit vor dem Landesverfassungsgericht beschwerdeberechtigt.[522] Gegen aufsichtliche Verwaltungsakte können sie wie Gemeinden Anfechtungswiderspruch und Anfechtungsklage erheben.

IV. Landkreis

Lit.: *Henneke*, Kreisrecht in den Ländern der Bundesrepublik Deutschland, 2. Aufl., 2007; ders., Optimale Aufgabenerfüllung im Kreisgebiet?, 1999; *Ritgen*, Der Landkreis als Zukunftsmodell – Zur Rolle der Kreise im Mehrebenensystem, DVBl. 2013, 708-712; *Schmidt*, „in dubio pro municipio?" – Zur Aufgabenverteilung zwischen Landkreisen und Gemeinden, DÖV 2013, 509 ff.; *Stüer*, Verwaltungsreform auf Kreisebene, DVBl. 2007, 1267 ff.

1. Selbstverwaltungsaufgaben

294 Landkreise verwalten ihre Angelegenheiten, d.h. ihre eigenen Angelegenheiten oder **Selbstverwaltungsaufgaben**, im Rahmen der Gesetze in eigener Verantwortung (§ 17 I 1 KVG). Das KVG gibt als Zweck und Ziel dieser Verwaltung der eigenen Angelegenheiten der Landkreise vor, dass die Verwaltung das Wohl ihrer Einwohner zu fördern hat (§ 1 I KVG). Diese Zielbetonung ist nur deklaratorisch, da der Staat ohnehin nur um des Gemeinwohls willen besteht.

295 Eigene Aufgaben des Kreises sind die überörtlichen Aufgaben der Kreisebene, die einen spezifischen Bezug zur Einwohnerschaft des Kreises haben.

Bsp.: Unterhaltung eines Kreiskrankenhauses, einer Kreismusikschule oder eines Kreistheaters

296 Nicht anders als bei eigenen Angelegenheiten der Gemeinde können auch im Hinblick auf die eigenen Angelegenheiten des Landkreises **freiwillige und pflichtige** Selbstverwaltungsangelegenheiten unterschieden werden. Freiwillige Aufgaben finden sich etwa im kulturellen Bereich.

Bsp.: Einrichtung von Kreisbibliotheken, Kreisvolkshochschulen, kulturelle Kreispartnerschaften

Viele Kreisaufgaben sind pflichtige Selbstverwaltungsangelegenheiten.

Bsp.: Träger der örtlichen Jugendhilfe gem. § 1 KJHG LSA

Aufgabenbezogene Pflichten bestehen in eigenen Angelegenheiten nur dann gegenüber Dritten, wenn sich dies aus dem Gesetz herleiten lässt.

Bsp.: Die Pflicht des Kreises als Jugendhilfeträger, Unrichtigkeiten bei Datenübermittlungen zu beheben, besteht nicht gegenüber der Kommune.[523]

297 Die Landkreise genießen nach dem Grundgesetz zwar das Recht zur Selbstverwaltung im Rahmen der ihnen übertragenen Aufgaben (Art. 28 II 2 GG), jedoch keinen Schutz originärer Aufgaben. Hingegen gewährleistet die Landesverfassung die Selbstverwaltung der Landkreise (Art. 2 III VerfLSA) und räumt ihnen das Recht ein, ihre eigenen Angelegenheiten im Rahmen der Gesetze in eigener Verantwortung zu regeln (vgl. Art. 87 I 1 VerfLSA sowie § 1 I KVG). Das Selbstverwaltungsrecht der Landkreise nach dem Grundgesetz ist **nicht identisch** mit dem der Gemeinden. Den sog. „Gemein-

---

[522] LVerfG LSA, Urt. v. 20.10.2015 –LVG 2/14 – juris Rn. 76.
[523] OLG LSA, Urt. v. 9.4.2015 – 2 U 52/14 – juris Rn. 40.

deverbänden" steht nämlich nach dem Grundgesetz in deutlicher Abgrenzung zum gemeindlichen Selbstverwaltungsrecht nur eine gesetzesabhängige Selbstverwaltungsgarantie zu.[524] Mithin ist ihnen nach Bundesrecht auch eine Allzuständigkeit verwehrt. Die Zuweisung konkreter Aufgaben obliegt allein dem Gesetzgeber. Der Gesetzgeber darf ihnen allerdings nicht lediglich Fremdverwaltungsaufgaben übertragen, sondern muss den Kreisen „kreiskommunale Aufgaben des eigenen Wirkungskreises zuweisen"[525]. Soweit die gesetzliche Zuweisung von Selbstverwaltungsangelegenheiten reicht, besitzt der Kreis die Verbandskompetenz und ein wehrfähiges Selbstverwaltungsrecht.

298 Landkreise sind berechtigt und im Rahmen ihrer Leistungsfähigkeit verpflichtet, in ihrem Gebiet alle öffentlichen Aufgaben selbständig wahrzunehmen, soweit nicht bestimmte Aufgaben im öffentlichen Interesse durch Gesetz anderen Stellen übertragen sind (**Allzuständigkeit** für die überörtlichen gebietsbezogenen Aufgaben gem. Art. 87 II VerfLSA). Andere Stellen in diesem Sinn sind insbesondere die Gemeinden und Behörden der unmittelbaren Landesverwaltung. Die überörtlichen Selbstverwaltungsangelegenheiten unter dem Schutz der Landesverfassung könnten auch als „**Kreishoheiten**" bezeichnet werden. Soweit diese kreisliche Gebiets-, Personal-, Rechtsetzungs-, Planungs-, Finanzhoheit etc. unter dem Schutz des kreislichen Selbstverwaltungsrechts der Landesverfassung steht, darf hierin nur unter Beachtung der dargestellten Grenzen eingegriffen werden (Gesetzes- und Gemeinwohlvorbehalt, Verhältnismäßigkeit, Beteiligungsrecht).

> **Bsp.:** Gesetz über die Auskreisung einer bisher kreisangehörigen Stadt, die einem anderen Landkreis zugeordnet wird (oder kreisfreie Stadt wird)[526] darf nicht dazu führen, dass Rest-Landkreis seine Aufgaben nicht mehr erfüllen kann

299 Viele Selbstverwaltungsaufgaben des Kreises sind solche der örtlichen **Daseinsvorsorge**.[527] Die Landkreise und die kreisfreien Städte sind **Träger der Straßenbaulast** für die Kreisstraßen (§ 42 I 2 StrG LSA). Kreisstraßen sind Straßen, die überwiegend dem Verkehr zwischen benachbarten Kreisen und kreisfreien Städten, dem überörtlichen Verkehr innerhalb eines Kreises oder dem unentbehrlichen Anschluss von Gemeinden oder räumlich getrennten Ortsteilen an überörtliche Verkehrswege dienen oder zu dienen bestimmt sind (§ 3 I Nr. 2 StrG LSA).

300 Die Wahrnehmung bestimmter Selbstverwaltungsaufgaben richtet sich nach besonderen Vorschriften. Dies gilt etwa für die Wahrnehmung der Interessen von Landkreisen innerhalb der **Regionalen Planungsgemeinschaften**, in die die Landkreise ihre Vertreter entsenden (vgl. § 22 LEntwicklG LSA)[528]. Überdies werden sog. weitere Vertreter gewählt (§ 22 IV LEntwicklG LSA)[529]. Die

---

[524] BVerfG, Beschl. v. 7.2.1991 – 2 BvL 24/84 – BVerwGE 83, 363/NVwZ 1992, 365 (367), Beschl. v. 23.11.1988 - 2 BvR 1619/83 etc. - BVerfGE 79, 127 (150f.).

[525] BVerfG, Beschl. v. 7.2.1991 a.a.O.

[526] S. a. *Schmidt*, Die Auskreisung kreisangehöriger Städte, DÖV 2023, 1035-1043.

[527] Zu diesen bereits oben Rn. 147 f.

[528] Vgl. § 22 LEntwicklG LSA: „(2) Die Regionalversammlung besteht aus den Hauptverwaltungsbeamten der Landkreise, der kreisfreien Städte und der Mittelzentren sowie weiteren Vertretern. Die Regionalversammlung hat mindestens zwölf Mitglieder; wird diese Zahl in Anwendung des Verfahrens nach den Absätzen 3 und 4 nicht erreicht, beträgt die nach Absatz 3 Satz 1 zugrunde zu legende Zahl 10 000 Einwohner. (3) Die Landkreise und kreisfreien Städte im Gebiet der Regionalen Planungsgemeinschaft entsenden

Vertreter in der Regionalversammlung sind an Aufträge oder Weisungen nicht gebunden und üben ihre Tätigkeit ehrenamtlich aus (§ 22 VI LEntwicklG LSA).[530] Wegen der fehlenden Bindung an Aufträge und Weisungen können sie nur eingeschränkt als Interessenvertreter des Landkreises bezeichnet werden, mögen sie auch im Landkreis bestellt bzw. gewählt wurden, um die Interessen des Landkreises zu vertreten. Sie sind auch nicht vorzeitig vom Kreis abrufbar, wenn sie nach Ansicht des Landrates gegen die Interessen des Landkreises handeln oder ihr Mandat in der Vertretung verlieren.[531]

2. Aufgaben des übertragenen Wirkungskreises

301 Landkreise nehmen in einem großen Umfang **übertragene** (staatliche) Angelegenheiten bzw. Aufgaben wahr. Den Landkreisen können durch Gesetz Pflichtaufgaben zur Erfüllung in eigener Verantwortung zugewiesen und staatliche Aufgaben zur Erfüllung nach Weisung übertragen werden (Art. 87 III 1 VerfLSA). Das KVG wiederholt dies sinngemäß: Gem. § 17 I 1 KVG wirken die Landkreise durch die Erfüllung von Aufgaben im übertragenen Wirkungskreis bei der Landesverwaltung nach Maßgabe der hierfür geltenden gesetzlichen Vorschriften mit. Die Landesverfassung verpflichtet das Land bei einer solchen Aufgabenübertragung gleichzeitig die Deckung der Kosten zu regeln (Art. 87 III 2 VerfLSA). Führt die Aufgabenwahrnehmung zu einer Mehrbelastung der Kommunen, ist ein angemessener Ausgleich zu schaffen (Art. 87 III 3 VerfLSA).[532] Die Wahrnehmung von Aufgaben des übertragenen Wirkungskreises steht nicht unter dem Schutz des Selbstverwaltungsrechts nach Art. 28 II GG, so dass sich aus staatlichen Aufgaben auch keine eigenen Rechte des Landkreises ergeben können.[533]

302 Die Landkreise und die kreisfreien Städte erfüllen die Aufgaben des übertragenen Wirkungskreises **als untere Verwaltungsbehörde** (§ 6 I 2 KVG). Diese Aufgaben erfüllen sie als Behörden der mittelbaren Landesverwaltung (§ 17 I 1 Org LSA).

303 **Staatliche Kreisaufgaben** finden sich in zahlreichen Fachgesetzen. Dies gilt etwa für Fachgesetze, die Aufgaben der Ordnungsverwaltung regeln,

---

für je angefangene 20 000 Einwohner einen weiteren Vertreter in die Regionalversammlung. Maßgebend ist die Einwohnerzahl, die für den letzten Termin vor Beginn der Wahlzeit vom Statistischen Landesamt festgestellt wurde. Hauptverwaltungsbeamte der Landkreise, der kreisfreien Städte und der Mittelzentren werden insoweit angerechnet."

[529] § 22 LEntwicklG LSA: „(4) Die weiteren Vertreter in der Regionalversammlung sowie deren Stellvertreter werden in den kreisfreien Städten vom Stadtrat, in den Landkreisen von den Kreistagen für die Dauer der kommunalen Wahlperiode gewählt. Dabei wählen die Kreistage ein Viertel der weiteren Vertreter auf Vorschlag der Gemeinden. Wählbar zum Vertreter ist, wer seit mindestens sechs Monaten seinen Hauptwohnsitz im Gebiet der Regionalen Planungsgemeinschaft hat. Nicht wählbar ist, wer in einer Landesentwicklungsbehörde tätig ist."

[530] Dabei § 35 KVG hinsichtlich der Entschädigungspflicht entsprechend.

[531] Vgl. VG Magdeburg, Urt. v. 17.3.2010 – 9 A 127/09 – juris Rn. 24: § 11 II 3 GKG-LSA insoweit nicht analog anwendbar(zur Rechtslage nach dem LPlaG LSA). Nach Ansicht des VG können Vertreter in der Regionalversammlung einer Regionalen Planungsgemeinschaft „allenfalls nach §§ 21 LKO LSA, 30 Abs. 4 GO LSA" abgewählt werden" (Ls und juris Rn. 26). Dies ergibt aber keinen Sinn, da § 30 IV GO LSA nur die Ahndung ordnungswidrigen Verhaltens regelte und keine Abwahlmöglichkeit vorsah. Vielmehr bestimmte § 28 II GO LSA, dass die Bestellung zu ehrenamtlicher Tätigkeit jederzeit zurückgenommen werden kann, wenn sie nicht auf Zeit erfolgt ist (und dass, sie mit dem Verlust des Bürgerrechts erlischt). Im Umkehrschluss spricht mithin§ 28 II GO LSA gegen die Abwahlmöglichkeit.

[532] S. hierzu Rn. 1109 ff.

[533] BVerwG, Urt. v. 9.12.2021 – 4 C 3.20 – juris Rn. 11; Urt. v. 28.2.2019 – 3 A 4.16 – BVerwGE 165, 33 Rn. 19 m.w.Nachw.

Bsp.: § 30 III AbfG LSA; § 56 I Nr. 1 BauO LSA; § 16 III BodSchAG LSA; § 1 I Nr. 3 NatschG LSA; § 10 III WG LSA; § 84 I Nr. 2, III SOG LSA

nach denen die Kreise die jeweilige Aufgabe als **untere** (staatliche) Abfall-, Bauaufsichts-, Bodenschutz-, Jagd-, Naturschutz-, Tierschutzbehörde etc. wahrnehmen. Andere Fachgesetze regeln Aufgaben der Kreise als **Sozialverwaltung**. Die Kreise erfüllen ihre Aufgaben als örtliche Träger der Sozialhilfe zwar grundsätzlich im eigenen Wirkungsreis (§ 1 S. 1-2 AG SGB II). Soweit jedoch Geldleistungen nach dem 4. Kapitel SGB XII erbracht werden, erfüllen sie diese Aufgaben im übertragenen Wirkungskreis (§ 1 I 3 AG SGB II). Mitunter werden sie auch nur zu Hilfsaufgaben herangezogen.

Bsp.: Die Sozialagentur Sachsen-Anhalt zieht die Kreise (und kreisfreien Städte) zur Durchführung ihrer Aufgaben hinsichtlich der Eingliederungshilfe (§ 90 SGB IX) heran (§ 2 SGB IX)[534].

304 Weitere Aufgabenübertragungen finden sich insbesondere im Katalog der **Allgemeinen Zuständigkeitsverordnung für die Gemeinden und Landkreise zur Ausführung von Bundesrecht**,

Bsp.: Einbürgerungen, auf die ein Rechtsanspruch besteht (§ 1 I Nr. 1 a AllgZustVO-Kom); Durchführung des Asylbewerberleistungsgesetzes (§ 1 I Nr. 7 AllgZustVO-Kom); aufenthalts- und passrechtliche Maßnahmen und Entscheidungen der Ausländerbehörde i.S.d. § 71 I 1 Aufenthaltsgesetz (soweit nicht LVwA bzw. ZASt zuständig sind, § 1 I Nr. 13 AllgZustVO-Kom); Entgegennahme, Prüfung und Weiterleitung von Anträgen auf Bewilligung von Wohnungsbauförderungsmitteln nach dem Zweiten Wohnungsbaugesetz (§ 1 I Nr. 9a AllgZustVO-Kom)

Verordnung über die Zuständigkeiten auf verschiedenen Gebieten der Gefahrenabwehr (ZustVO SOG)[535]

Bsp.: tierseuchenrechtliche Anordnung, etwa einer Bestandssperre für Schafbestand (§ 6 I Nr. 2 ZustVO SOG);[536] lebensmittelrechtliche Anordnung (§ 7 Nr. 3 ZustVO SOG); tierschutzrechtliche Anordnung (§ 10 Nr. 2 ZustVO SOG)

305 Hinzu treten weitere durch besondere Verordnungen begründete Zuständigkeiten der Landkreise für staatliche Aufgaben.

Bsp.: Überwachung genehmigungsfreier Anlagen i.S.v. Nr. 1.16 der Anlage zu § 1 I Immi-ZustVO (LSA)[537] als untere Immissionsschutzbehörde

306 Einen breiten Raum nehmen Zuständigkeiten im Bereich des **Kraftfahrzeugverkehrswesens** ein. Auch ihre Zuständigkeiten im **sozialen Bereich** sind vielfältig. Weitere Zuständigkeiten für staatliche Aufgaben kraft Landesrechts bestehen etwa auf dem Gebiet des **Gewerbe- und des Immissions-**

---

[534] Hierzu: *Oebbecke*, Die Eingliederungshilfe und das Kommunalrecht der Länder, NVwZ 2023, 1869-1872. S.a. *Klaes/Greiser*, Der Grundsatz der Leistungsgewährung "aus einer Hand"- zum Verhältnis von Bund, Ländern und Kommunen im SGB II, NdsVBl 2021, 225-229.

[535] VO vom 31.7.2002 (GVBl. LSA S. 328), zuletzt geändert durch G. v. 2.7.2024 (GVBl. LSA S. 197, 200)

[536] Hier i.V.m. § 41 II VO (EU) 2020/689.

[537] Verordnung über Zuständigkeiten auf dem Gebiet des Immissionsschutzes (Immi-ZustVO) vom 8.10.2015 (GVBl. LSA S. 518), zuletzt geändert durch VO v. 18.12.2018 (GVBl. LSA S. 430, 431).

schutzrechts. Neben **aufsichtliche Zuständigkeiten des Kreises** treten weitere Zuständigkeiten der Kreise und der kreisfreien Städte.[538]

307 Die Aufgaben des übertragenen Wirkungskreises der Kreise und kreisfreien Städte werden diesen durch das Land, d.h. durch Landesrecht, zugewiesen. Soweit es sich um den Vollzug von Bundesrecht handelt, ist im Bundesrecht allenfalls bestimmt, dass die Länder die für den Vollzug zuständigen Behörden bestimmen.[539]

> **Bsp.:** § 56b I SGB XII

3. Aufsicht über die Landkreise
a) Kommunalaufsicht

308 Die Landkreise unterliegen der Staatsaufsicht. Zu unterscheiden sind die **Kommunalaufsicht** über die Kreise bei Wahrnehmung ihrer Selbstverwaltungsangelegenheiten sowie die Fachaufsicht über die Wahrnehmung der ihnen übertragenen (staatlichen) Angelegenheiten. Auf die Ausführungen zur Aufsicht über die Gemeinden wird insoweit verwiesen. Gegenüber Gemeinden, Verbandsgemeinden und Zweckverbänden dieser Ebene sind die Landkreise selbst Kommunalaufsicht („Kreise sind und unterliegen der Kommunalaufsicht.").

309 Kommunalaufsichtsbehörde und obere Kommunalaufsichtsbehörde für den Landkreis ist das **Landesverwaltungsamt** (§ 144 III 1 KVG). Oberste Kommunalaufsichtsbehörde ist das für Kommunalangelegenheiten zuständige Ministerium (§ 144 III 2 KVG). Dies ist regelmäßig das Innenministerium (Bezeichnung gegenwärtig: Ministerium für Inneres und Sport).

---

[538] Sie sind vielfältig und lassen sich hier nicht mit Erkenntnisgewinn systematisieren.

[539] Dies folgt aus Art. 84 I 1 GG, da grundsätzlich die Länder die zuständigen Behörden zu bestimmen haben. Ausnahmsweise können mit Zustimmung des Bundesrates durch Bundesrecht die Behörden bestimmt werden, wenn ein besonderes Bedürfnis nach bundeseinheitlicher Verfahrensregelung besteht.

b) Fachaufsicht

310 Die Landkreise wirken durch die Erfüllung von Aufgaben im übertragenen Wirkungskreis bei der Landesverwaltung nach Maßgabe der hierfür geltenden gesetzlichen Vorschriften mit (§ 17 I 1 OrgG LSA). Dabei unterliegen sie der Fachaufsicht. Das Land sichert durch seine Aufsicht über die Landkreise nicht nur, dass diese die Gesetze beachten, sondern auch (soweit die Fachaufsicht reicht), dass die Weisungen eingehalten werden (Art. 87 IV VerfLSA). Die Fachaufsicht über die Landkreise richtet sich nach den hierfür geltenden gesetzlichen Vorschriften (§ 17 I 2 OrgG LSA), mithin nach den jeweiligen Fachgesetzen.

Bsp.: Die Fachaufsicht über die Kreise als untere Bauaufsichtsbehörden wird durch das Landesverwaltungsamt als obere Bauaufsichtsbehörde ausgeübt (§ 57 V 2 BauO LSA).

Zuständige Fachaufsichtsbehörde über die Landkreise ist die fachlich zuständige übergeordnete Landesbehörde, soweit durch Rechtsvorschrift nichts anderes bestimmt ist (vgl. § 17 II KVG).[540] Ist nichts anderes bestimmt, ist mithin das Landesverwaltungsamt zuständige Fachaufsicht, was indes ohnehin durch die Fachgesetze regelmäßig vorgegeben wird.

4. Verwaltungsverfahren

a) Bindung an das allgemeine Verwaltungsverfahrensrecht

311 Die Ausführungen zur Bindung der Gemeinden an das allgemeine Verwaltungsverfahrensrecht gelten in Bezug auf die Landkreise entsprechend. Auch die Landkreisverwaltung ist gem. § 1 I VwVfG LSA an das VwVfG gebunden. Sie ist zu Beratung, Auskunft und Hilfe verpflichtet. Die Zustellung von Verwaltungsakten des Kreises richtet sich nach § 1 I VwZG LSA i.V.m. §§ 1 ff. VwZG. Die sofortige Vollziehung eilbedürftiger Verwaltungsakte kann nach Maßgabe des § 80 II Nr. 4 VwGO angeordnet werden. Die Verwaltungsvollstreckung richtet sich für Beitreibungen öffentlich-rechtlicher Geldforderungen nach den §§ 3 ff. VwVG LSA. Für die Anwendung von Verwaltungszwang sind hingegen die § 71 I VwVG i.V.m. §§ 53 ff. SOG LSA maßgeblich. Eine unmittelbare Ausführung von Gefahrenabwehrmaßnahmen (adressatlose Eilmaßnahme) durch den Kreis ist möglich (§ 9 SOG LSA).

b) Aktenführung

312 Die Aktenführung durch die Landkreise und ihre Formen kommunaler Gemeinschaftsarbeit liegt bei der Wahrnehmung eigener Angelegenheiten im Schutzbereich ihres (auf den gesetzlichen Aufgabenbereich beschränkten) Selbstverwaltungsrechts (i.S.v. Art. 28 II 2 GG, Art. 88 Verf. LSA). Kreisinterne Vorgaben zur Aktenführung können insoweit als Ausdruck der „Verfahrenshoheit" bzw. Organisationshoheit des Kreises angesehen werden. Die Organkompetenz zur Wahrnehmung der Organisationshoheit des Kreises im Hinblick auf die Ablauforganisation (Binnenorganisation von Verfahrensprozessen) sowie der Aufbauorganisation liegt beim Landrat als Verwaltungsleiter. Der Staat kann zwar in dieses Recht eingreifen (und er tut dies insbesondere mit den §§ 1 ff. VwVfG i.V.m. § 1

---

[540] Vgl. auch § 17 II OrgG LSA, wonach Fachaufsichtsbehörde die fachlich zuständige übergeordnete Landesbehörde ist, soweit durch Rechtsvorschrift nichts anderes bestimmt ist (§ 17 II OrgG LSA).

I VwVfG LSA), jedoch muss er dabei die verfassungsrechtlichen Schranken dieser Eingriffe beachten (Gemeinwohlerfordernis, Verhältnismäßigkeit etc.). Bei staatlichen Angelegenheiten, die der Bund (unter Beachtung des Art. 84 GG) oder das Land (unter Beachtung der Verf. LSA) den Gemeinden überträgt, können Bund und Land Vorgaben für die Aktenführung machen. Die Papieraktenordnung des Landes Sachsen-Anhalt gilt für Kommunen aber auch bei der Wahrnehmung staatlicher Angelegenheiten nicht (vgl. § 1 I PAktVO LSA).

313 Landkreise können Archive führen, die den Bestimmungen des Archivgesetzes unterliegen.[541]

V. Kommunale Zusammenschlüsse
1. Zweckverband

314 Landkreise können dem Zweckverband einzelne oder mehrere sachlich verbundene Aufgaben des eigenen Wirkungskreises zur gemeinschaftlichen Erfüllung übertragen (§ 6 II 1 GKG-LSA). Mit der (wirksamen) Übertragung gehen die Befugnis und die Pflicht zur Aufgabenwahrnehmung auf den Zweckverband über. Die Übertragung kann auf sachlich und/oder örtlich begrenzte Teile von Aufgaben beschränkt werden (§ 6 II 2 GKG-LSA).

315 Die Übertragung bestimmter Pflichtaufgaben des eigenen Wirkungskreises auf einen bestehenden Zweckverband (und der Anschluss von Gemeinden, Verbandsgemeinden und Landkreisen zur Erfüllung bestimmter Pflichtaufgaben des eigenen Wirkungskreises an ihn) ist zulässig, wenn hierfür ein dringendes öffentliches Bedürfnis besteht (§ 8 I, III GKG-LSA). Dem Zweckverband ist eine angemessene Frist zur Aufgabenübernahme zu setzen. Ist für die Aufgabenwahrnehmung eine Änderung der Verbandssatzung erforderlich, hat der Verband sie vorzunehmen. Wird die Aufgabe nicht fristgemäß wahrgenommen und die Verbandssatzung nicht fristgemäß geändert, erlässt die Kommunalaufsicht die erforderliche Änderungssatzung (§ 8b II GKG-LSA). Vor dieser Entscheidung sind die Beteiligten zu hören (§ 8b II 2 GKG-LSA).

316 Zweckverbände unterliegen der **Kommunalaufsicht**. Zuständige Behörde ist für den Zweckverband ist 1. der Landkreis, wenn dem Zweckverband nur Gemeinden und Verbandsgemeinden desselben Landkreises angehören und dieser nicht selbst beteiligt ist, 2. das Landesverwaltungsamt oder die von ihm bestimmte Behörde, wenn die beteiligten Gemeinden und Verbandsgemeinden verschiedenen Landkreisen angehören oder wenn mindestens ein Landkreis oder eine kreisfreie Stadt beteiligt ist, 3. das für Kommunalangelegenheiten zuständige Ministerium oder die von ihm bestimmte Behörde, wenn das Land oder der Bund beteiligt ist (§ 17 I GKG-LSA).[542] Bei Wahrnehmung übertra-

---

[541] Im Abschnitt 4 (Kommunalarchive und Archive sonstiger öffentlicher Stellen) regelt § 11 (Kommunale Archive): „(1) Die in § 2 Abs. 1 Satz 1 Nr. 2 genannten Stellen archivieren ihr Archivgut in eigener Verantwortung und Zuständigkeit. Hierbei handelt es sich um eine Aufgabe des eigenen Wirkungskreises. Sofern die in Satz 1 genannten Stellen kein eigenes Archiv unterhalten, bieten sie ihre Unterlagen gemeinsamen Archiven oder als Depositum anderen kommunalen Archiven oder dem Landesarchiv Sachsen-Anhalt zur Archivierung an. (2) Die in § 2 Abs. 1 Satz 1 Nr. 2 genannten Stellen regeln das Verfahren der Anbietung und Übernahme des kommunalen Archivgutes in eigener Zuständigkeit. § 8 Abs. 2, § 9 Abs. 2 sowie die §§ 9a und 9b gelten entsprechend. Für die Nutzung des kommunalen Archivgutes gilt § 10 entsprechend. (3) Kommunale Archive können ihren Archivbestand durch notwendige Kopien aus dem Landesarchivgut (§ 3 Abs. 2) erweitern."

[542] Obere Kommunalaufsichtsbehörde ist das Landesverwaltungsamt (§ 17 II 1 GKG-LSA). Oberste Kommunalaufsichtsbehörde ist das für Kommunalangelegenheiten zuständige Ministerium (§ 17 II 2 GKG-LSA).

gener staatlicher Angelegenheiten unterliegen Zweckverbände der Fachaufsicht. Die Zuständigkeiten der Fachaufsicht bleiben vom GKG-LSA grundsätzlich unberührt (§ 17 III 1 GKG-LSA).[543]

2.Zweckvereinbarung

317 Die Zweckvereinbarung ist keine institutionalisierte Form der Zusammenarbeit, d.h. keine Körperschaft, und sie ist daher nicht selbst Trägerin von Aufgaben. Mit der Wirksamkeit der Zweckvereinbarung gehen aber das Recht und die Pflicht, die Aufgabe zu erfüllen, auf die übernehmende Körperschaft über (**Aufgabenübergang** gem. § 4 I 1 GKG-LSA). Dies gilt auch für die Erfüllung der Aufgabe verbundenen Rechte und Pflichten. Die übrigen Beteiligten können sich in der Zweckvereinbarung Mitwirkungsrechte an bestimmten Angelegenheiten vorbehalten (§ 4 I 2 GKG-LSA).

---

[543] Fachaufsichtsbehörde ist in den Fällen des § 17 I Nr. 2 GKG -LSA das Landesverwaltungsamt oder diejenige Fachbehörde, die die Fachaufsicht über die Landkreise ausübt, in den Fällen des § 17 I Nr. 3 GKG-LSA die zuständige oberste Fachaufsichtsbehörde oder die von ihr bestimmte Behörde (§ 17 III 2 GKG-LSA).

C. Innere Kommunalverfassung

Lit: *Kluth*, in: Wolff/Bachof/Stober/Kluth, Verwaltungsrecht II, § 97 (sowie die a.E. des Buchs angegebenen Werke)

I. Allgemeines

318 Die Rechtsstellung der Kommunen „nach außen" als Gebietskörperschaft (Gemeinden, Verbands-gemeinden und Landkreise) bzw. als Verbandskörperschaft (Zweckverbände) ist abzugrenzen von ihrer **Binnenstruktur**. Diese Binnenstruktur bezeichnet man auch als **innere Kommunalverfassung**. Damit ist mehr gemeint als nur der Verwaltungsaufbau der Kommune bzw. ihre innere Verwal-tungsorganisation durch den Hauptverwaltungsbeamten (i.S.v. § 66 I 2 KVG). Der Begriff innere Kommunalverfassung umfasst auch die Rechtsstellung, den Aufbau und die Bildung (Wahl, Beru-fung etc.) ihrer Organe einschließlich deren Teile, die Zuständigkeiten der Organe und die Ordnung ihres Verhältnisses zueinander in der jeweiligen Kommunen (Organzuständigkeiten, Befugnisse und Verfahren etc.) sowie die Ordnung ihrer Verfahren. Die Kommunalverfassungssysteme waren in der Bundesrepublik Deutschland zunächst recht unterschiedlich, haben sich aber im Laufe der Jahre in den Grundstrukturen zunehmend angeglichen. Das monistische Modell verschwand. Heute ist die innere Gemeindeverfassung durchgängig dualistisch ist, d.h., die Zuständigkeiten bzw. die Entschei-dungsgewalt sind auf zwei Organe[544] verteilt.

319 Nur noch zwei der ehemals vier Gemeindeverfassungssysteme existieren gegenwärtig:

1. **Süddeutsche Ratsverfassung** (Bayern, Baden-Württemberg, Brandenburg, Mecklenburg-Vorpommern, Nordrhein-Westfalen, Saarland, Sachsen, Schleswig-Holstein, eingeschränkt auch in Rheinland-Pfalz, Sachsen-Anhalt und Thüringen): dualistisches Modell, zwei unmittelbar vom Bürger gewählte Organe: Rat und Bürgermeister. Der Bürgermeister ist sowohl Verwaltungsspitze als auch Ratsvorsitzender und Vorsitzender der Ausschüsse (im Hinblick auf den Vorsitz ergeben sich einzel-ne Abweichungen vom Grundmodell).

2. (unechte) **Magistratsverfassung** (auf preußische Städteordnung zurückgehend: Hessen und Städ-te in Schleswig-Holstein): dualistisch, Haupt- und Beschlussorgan ist vom Volk gewählter Rat, Voll-zugsorgan ist der Magistrat als Kollegialorgan. Bei der unechten Magistratsverfassung besitzt der Bürgermeister eigene Vollzugskompetenzen. In den Bundesländern, in denen die Kommunalverfas-sung noch nach der Magistratsverfassung gestaltet ist, wird der Vorsitzende von der Gemeindever-tretung gewählt[545] und die Verwaltung besorgt der kollegial zu gestaltende Gemeindevorstand[546].

320 Aufgegeben wurde die Norddeutsche Ratsverfassung. Sie galt lange in Nordrhein-Westfalen und Niedersachsen und ging auf Vorgaben der Besatzungsmächte zurück. Sie war durch eine Doppelsit-ze gekennzeichnet, wobei das Schwergewicht der Aufgabenwahrnehmung beim Gemeinderat lag. Ein ehrenamtlich tätiger Bürgermeister war nur Vorsitzender des Rats und Gemeinderepräsentant. Vollzugsinstanz war ein Gemeinde- bzw. Stadtdirektor, der im Auftrag des Rates tätig wurde. Abge-schafft ist auch die sog. Bürgermeisterverfassung. Sie galt ehemals im Saarland, Rheinland-Pfalz und

---

[544] Zum Begriff des Organs s. sogleich Rn. 318, 326 f.
[545] Vgl. § 57 I 1 GO Hess.
[546] Vgl. § 9 II GO Hess.

Landgemeinden Schleswig-Holsteins und ging noch auf napoleonischen Einfluss zurück. Sie war zwar dualistisch geprägt, jedoch wurde der Bürgermeister vom Rat gewählt. Mithin sind nahezu alle Kommunalverfassungen in der Bundesrepublik Deutschland nach dem Grundmodell der **süddeutschen Ratsverfassung** gestaltet. Charakteristisch ist hierbei die Zentrierung der politischen Gewalt beim Hauptverwaltungsbeamten. Dieser Bürgermeister nimmt in den meisten Fällen auch automatisch die Position des Vorsitzenden der kommunalen Volksvertretung ein (nicht so in Sachsen-Anhalt).[547] Weiterhin hat er auch fast immer die Verwaltungsleitung inne.

321 Für Sachsen-Anhalt gilt das Modell der süddeutschen Ratsverfassung für alle drei kommunalen Gebietskörperschaften Gemeinde, Verbandsgemeinde und Landkreis. Dies drückt sich in der dort **dualistischen Struktur** aus, wonach Organe der Kommunen zum einen die Vertretung und zum anderen der Hauptverwaltungsbeamte sind (§ 7 I KVG) und diese direkt von den Bürgern der jeweiligen Kommune gewählt werden.[548] Die Organe tragen folgende Bezeichnungen: 1. in Gemeinden: Gemeinderat und Bürgermeister, 2. in Verbandsgemeinden: Verbandsgemeinderat und Verbandsgemeindebürgermeister und 3. in Landkreisen: Kreistag und Landrat (§ 7 II KVG). Die Vertretung ist ein Kollegialorgan (als Haupt- und Beschlussorgan), während der Hauptverwaltungsbeamte eine Person ist.

II. Gemeinde
1. Gemeinderat
a) Rechtsstellung

322 Die in Grundgesetz und den Landesverfassungen vorgesehene Volksvertretung auf örtlicher Ebene ist der **Gemeinderat**. In Städten führt er die Bezeichnung Stadtrat.[549] Im Folgenden soll zunächst von diesem Gremium „Gemeinderat" als örtlicher Volksvertretung die Rede sein. Mit dem Gemeinderat kann aber auch eine Person und zwar das einzelne Ratsmitglied (mit Ausnahme des Bürgermeisters) gemeint sein.

323 Das Volk in den Gemeinden muss gem. Art. 28 I 2 GG eine **Vertretung** haben, die aus allgemeinen, unmittelbaren, freien, gleichen und geheimen Wahlen hervorgegangen ist. In Gemeinden kann an die Stelle einer gewählten Körperschaft die Gemeindeversammlung treten. Auch die Landesverfassungen bestimmen, dass das Volk in den Kommunen eine Vertretung haben muss, die aus allgemeinen, unmittelbaren, gleichen und geheimen Wahlen hervorgegangen ist (für Sachsen-Anhalt: Art. 89 HS 1 Verf.LSA). Diese Vertretung heißt in den Ländern meist Rat oder Gemeinderat. Eine

---

[547] S. für Sachsen-Anhalt indes sogleich Rn. 331.

[548] Die Direktwahl stärkt gegenüber einer Wahl durch den Rat die Demokratie, weil den Bürgern mehr spürbare Entscheidungsgewalt gegeben wird. Der durch Volkswahl bestellte Bürgermeister ist zudem unabhängiger als ein vom Gemeinderat gewählter Bürgermeister. Bedeutung erlangt dies vor allem bei einem Wechsel der Mehrheitsverhältnisse im Gemeinderat während der Amtsperiode des Bürgermeisters.

[549] Eine entsprechende Klarstellung wurde im KVG offenbar vergessen (vgl. § 7 KVG). Das KVG regelt in § 36 I 4 KVG lediglich, dass die Gemeinderäte in Städten die Bezeichnung „Stadträte" tragen. Es spricht aber nichts dagegen, die in der Gemeindeordnung vorgesehene und überkommene Bezeichnung als Stadtrat beizubehalten. Ein Verbot der Benennung des Gemeinderats einer Stadt als „Stadtrat" kann dem Gesetz nicht entnommen werden.

sog. Gemeindeversammlung (aller Bürger) kann durch eine Landesverfassung zugelassen werden (so für Sachsen-Anhalt: Art. 89 HS 2 Verf.LSA). Für Sachsen-Anhalt ist eine Gemeindeversammlung aber einfachgesetzlich nicht vorgesehen. Sie ist einfachgesetzlich nur in Brandenburg eingerichtet.[550] Der plebiszitäre Bürgerentscheid ist keine derartige Gemeindeversammlung.

324 Vertretung der Gemeinde (i.S.d. Art. 28 I 2 GG, Art. 89 S. 1 Verf.LSA) ist in Sachsen-Anhalt der Gemeinderat (vgl. §§ 7, 36 ff. KVG). Der Gemeinderat (abgekürzt: Rat) nimmt zwar Zuständigkeiten der Gemeinde für diese wahr, ist aber keine Vertretung im Sinne eines gesetzlichen Vertreters der Gemeinde.[551] Dies ist allein der Bürgermeister (vgl. § 60 II KVG). Die oft anzutreffende Bezeichnung des Rates als Vertretungskörperschaft[552] ist insofern irreführend, als der Körperschaftsbegriff üblicherweise mit der Rechtsfähigkeit verbunden wird, der Rat aber keine Rechtsfähigkeit besitzt. Er ist nur in eingeschränktem Umfang Träger eigener Rechte. Der Rat ist allenfalls „Körperschaft in der Körperschaft", die die Bürger insofern „vertritt", als sie den Willen des Gemeindevolks repräsentiert[553].

325 Ob der Rat eine **Behörde** ist, richtet sich danach, welchen Behördenbegriff man anwendet. Wendet man einen engen (dogmatischen) Begriff der Behörde als Außenorgan eines Verwaltungsträgers an, ist der Rat keine Behörde. Der Rat ist aber Behörde im funktionalen Sinn des Verwaltungsverfahrensrechts (§ 1 IV VwVfG). Demgemäß kann der Rat grundsätzlich auch Verwaltungsakte erlassen. Seinen **Beschlüssen** kommt allerdings in der Regel **keine Außenwirkung** (i.S.v. § 35 Satz 1 VwVfG) zu, so dass der Erlass eines Verwaltungsakts die seltene Ausnahme bildet.[554] Derartige Ausnahmen sind die Widmung oder die Festlegung der Benutzungsbedingungen einer kommunalen Einrichtung,[555] die Straßenumbenennung,[556] die straßenrechtliche Einziehung eines öffentlichen Weges[557], der Beschluss über die Zulässigkeit eines Bürgerbegehrens und der Umlegungsbeschluss im Umlegungsverfahren.[558] Nach vorzugswürdiger Ansicht liegt erst mit der Bekanntgabe (an die Adressaten) ein Verwaltungsakt vor.

326 Der Gemeinderat ist ein **Organ der Gemeinde** (§ 7 I, II Nr. 1 KVG). Unter einem Organ versteht man „ein durch Rechtssatz gebildetes, selbständiges institutionelles Subjekt, durch das eine (teil-)rechtsfähige Organisation ihre Aufgaben derart wahrnimmt, dass die Handlungen des Organs ihr zugerechnet werden".[559]

---

[550] § 53 BbgGO

[551] Die Bezeichnung als „Vertretung" ist indes schon grundgesetzlich vorgegeben.

[552] BVerfG, Urt. v. 13.6.1989 DVBl. 1989, 820 (822); Urt. v. 5.4.1952 BVerfGE 1, 208 (229).

[553] BVerwG, Beschl. v. 7.12.1992 – 7 B 49.92 – DVBl. 1993, 890/NVwZ-RR 1993, 209.

[554] Vgl. HessVGH, Beschl. v. 24.1.2003 NVwZ-RR 2003, 773; VGH BW, Beschl. v. 6.9.1995 NVwZ-RR 1996, 89 (90). Zu den Ausnahmen s. *Schlüter*, VBlBW 1987, 54 (58).

[555] *Kluth*, in: Wolff/Bachof/Stober/Kluth, Verwaltungsrecht II, § 97 Rn. 188.

[556] VGH BW, Urt. v. 12.5.1980 NJW 1981, 1749; *Gern*, Deutsches Kommunalrecht, Rn. 505.

[557] OVG LSA, Beschl. v. 1.11.1999 NVwZ 2000, 208 (209).

[558] BGH, Beschl. v. 28.02.1991 – III ZR 53/90 – BGHZ 114, 1/NJW 1991, 1686/NVwZ 1991, 1012. Hingegen ist die Anordnung der Umlegung kein Verwaltungsakt, sondern ein innergemeindlicher Auftrag der Umlegungsstelle an den für die Umlegung zuständigen Umlegungsausschuss (Ernst/Otte, in: Ernst/Zinkahn u.a., BauGB, § 46 Rn. 13).

[559] *Kluth*, in: Wolff/Bachof/Stober/Kluth, Verwaltungsrecht II, § 82 Rn. 132.

Bsp.: Ein Ratsbeschluss über den Erlass einer Hundesteuersatzung wird der Gemeinde zugerechnet.

Der Gemeinderat ist ein **Kollegialorgan**, da er sich aus mehreren Mitgliedern zusammensetzt.[560]

327 Der Rat ist kein Außenorgan, das die Zuständigkeit des Verwaltungsträgers für diesen nach außen wirksam wahrnehmen kann.[561] In dieser Hinsicht ist allein der Bürgermeister Außenorgan der Gemeinde, während der Rat ein **Innenorgan** ist. Seine Beschlüsse erlangen in der Regel erst durch Ausführungshandlungen des Bürgermeisters Außenwirkung. Soweit seine Beschlüsse in seltenen Fällen unmittelbare Außenwirkung besitzen, hat dies Ausnahmecharakter und begründet keine allgemeine Stellung des Rats als Außenorgan.

328 Das bundes- und landesverfassungsrechtlich vorgegebene Prinzip der repräsentativen Demokratie auf der Gemeinde- bzw. Kreisebene beinhaltet, dass diese Volksvertretung auch die wesentlichen bzw. wichtigen Entscheidungen in der Gemeinde bzw. im Kreis trifft. Der Gemeinderat muss daher das „**Hauptorgan**" der Gemeinde sein (so auch explizit § 36 I 1 KVG).[562] Man kann ebenso von der „zentralen Führungsinstanz der Gemeinde"[563] oder der „Volksvertretung der Ortsebene"[564] sprechen. Diese Stellung ergibt sich bereits aus Art. 28 I GG, der zur repräsentativen Demokratie auf Gemeindeebene verpflichtet. Das beinhaltet, dass allein der Rat die für das örtliche Gemeinwesen wesentlichen Fragen entscheidet bzw. allein er die für die Gemeinde wichtigen Entscheidungen trifft (Ratsvorbehalt für wesentliche Entscheidungen).

329 Eine Entmachtung der Vertretung durch die Verwaltung ist ebenso unzulässig wie eine freiwillige Verlagerung wesentlicher Entscheidungen auf den Hauptverwaltungsbeamte (durch Aufgabenübertragung) oder auf das Volk (durch weitreichende plebiszitäre Elemente). Das Prinzip des Ratsvorbehalts für wesentliche Entscheidungen drückt sich einfachgesetzlich in einem umfangreichen Katalog nicht-übertragbarer Ratszuständigkeiten aus, welcher der Sache nach wichtige Gemeindeangelegenheiten beschreibt. In politischer Hinsicht könnte man indes den Bürgermeister als das wichtigere Gemeindeorgan bezeichnen (s.u.). Die Stellung des Gemeinderats als Hauptorgan drückt sich vor allem in seinen nicht übertragbaren Zuständigkeiten aus (vgl. § 45 I-III KVG), d.h. den Kompetenzen, die er nicht auf den Bürgermeister übertragen darf. Die frühere Formulierung, dass der Rat die „wichtigen Entscheidungen" zu treffen habe, findet sich zwar nicht mehr im Gesetz, jedoch trifft diese Aussage der Sache nach weiterhin zu und muss der Rat aufgrund des Demokratieprinzips des Art. 28 I GG die wesentlichen die örtliche Gemeinschaft betreffenden Entscheidungen selbst treffen.

---

[560] *Rothe*, DÖV 1991, 487.

[561] Auf die seltenen Ausnahmen außenwirksamer Beschlüssse wurde bereits oben hingewiesen.

[562] Ob der Rat indes auch de facto das Hauptorgan ist, darf bezweifelt werden. Die starke, bisweilen dominante Stellung des Bürgermeisters, kann den Rat zu einem reinen Akklamationsorgan degradieren. Zur Machtverteilung zwischen Rat und Bürgermeister und zum bisweilen problematischen Verhältnis von Rat und Verwaltung s. *Buß*, Das Machtgefüge der heutigen Kommunalverfassung, 2002; *v. Kodolitsch*, AfK 39 (2000), 199 ff.

[563] Vgl. auch *Tettinger*, BesVerwR I/1, Rn. 81

[564] *Gönnenwein*, Gemeinderecht, 1963, S. 261.

b) Zusammensetzung des Rats

330 **Mitglieder des Gemeinderats** sind der Bürgermeister und die ehrenamtlichen Mitglieder (§ 36 I 2 KVG). Dies gilt auch im Fall von Mitgliedsgemeinden von Verbandsgemeinden (§ 95 I 1 KVG). Die ehrenamtlichen Mitglieder sind in den Gemeinden die Gemeinderäte. In Städten tragen Gemeinderäte die Bezeichnung Stadträte (§ 36 I 4 KVG).

331 Der Rat einer Einheitsgemeinde wählt aus dem Kreis der ehrenamtlichen Mitglieder seinen **Vorsitzenden** und einen oder mehrere Stellvertreter (§ 36 II 1 KVG). Ein hauptamtlicher Bürgermeister kann mithin nicht zum Vorsitzenden gewählt werden. Bei Mitgliedsgemeinden von Verbandsgemeinden wird der Vorsitzende nicht gewählt, sondern ist der Bürgermeister kraft Gesetzes Vorsitzender des Gemeinderats (§ 96 IV 2 KVG). In Einheitsgemeinden kann der Rat den Vorsitzenden **abwählen** und einen neuen Vorsitzenden wählen. Die Abwahl bedarf der Mehrheit der Mitglieder der Vertretung (§ 36 II 2 KVG).[565]

332 Die **Zahl der Gemeinderäte** richtet sich nach der Einwohnerzahl und reicht in Sachsen-Anhalt von 10 bis hin zu 60 Gemeinderäten in großen Städten. Die Einzelheiten des Wahlverfahrens werden im Rahmen der Darstellung des aktiven und passiven Wahlrechts behandelt. Die Zahl der Gemeinderäte beträgt gem. § 37 I KVG in Gemeinden mit bis zu 1000 Einwohnern 10, mit 1.001 bis 2000 Einwohnern 12, mit 2001 bis 3000 Einwohnern 14, mit 3001 bis 5000 Einwohnern 16, mit 5001 bis 10.000 Einwohnern 20, mit 10.001 bis 20.000 Einwohnern 28, mit 20.001 bis 30.000 Einwohnern 36, mit 30.001 bis 50.0000 Einwohnern 40, mit 50.001 bis 150.000 Einwohnern 50 und mit 150.001 bis 300.000 Einwohnern 56 und mit mehr als 300.000 Einwohnern 60 Mitglieder. Ohne Bedeutung für die Zahl der Gemeinderäte ist, wenn sich die maßgebliche Einwohnerzahl während der laufenden Wahlperiode ändert (§ 37 IV KVG).

333 Bei Mitgliedsgemeinden von Verbandsgemeinden hat der Verbandsgemeindebürgermeister zwar weder Sitz noch Stimmrecht im Rat und den Ausschüssen, er hat aber ein Teilnahme- und Antragsrecht (§ 95 III 2 KVG).

c) Wahl des Gemeinderats
aa) Rechtsgrundlagen

334 Die Vertretung wird von den wahlberechtigten Bürgern für die Dauer von **fünf Jahren** gewählt (Amts- bzw. **Wahlperiode** gem. § 38 I 1 KVG). Die Wahl richtet sich nach den Vorschriften des KWG LSA (§ 38 I KVG) sowie der Kommunalwahlordnung (KWO LSA). Das Gebiet der Kommune bildet das Wahlgebiet (§ 39 KVG). Die Amtszeit der Vertretung endet mit dem Zusammentritt der neu gewählten Vertretung (§ 38 II 1 KVG). Die Vertretung führt nach Ablauf der Wahlperiode gemäß § 5 I KWG die Geschäfte bis zum Zusammentritt der neu gewählten Vertretung weiter (§ 38 II 2 KVG). Die Vertretung kann sich selbst vorzeitig auflösen.[566] Die Wahl des Gemeinderates folgt den **Wahl-**

---

[565] § 56 IV 2-4 KVG finden keine Anwendung (§ 36 II 2 HS 2 KVG).

[566] Vgl. § 38 II KVG „Die Vertretung kann sich vorzeitig auflösen, wenn nach Unanfechtbarkeit der Wahlprüfungsentscheidung ein schwerwiegender Rechtsverstoß nach den §§ 107a und 107b sowie nach den §§ 108 bis 108b des Strafgesetzbuches gerichtlich unanfechtbar festgestellt ist, aufgrund dessen die Wahl im Wahlprüfungsverfahren nach § 52 Abs. 1 Satz 1 Nr. 4 des Kommunalwahlgesetzes für das Land Sachsen-Anhalt für ungültig hätte erklärt werden müssen. Für den Beschluss ist eine Mehrheit von drei Vierteln

grundsätzen einer freiheitlichen Demokratie sowohl in Bezug auf das aktive wie das passive Wahlrecht. Der Gemeinderat wird in allgemeiner, unmittelbarer, freier, gleicher und geheimer Wahl von den wahlberechtigten Bürgern gewählt.

bb) Aktives Wahlrecht

335 Das Grundgesetz schreibt vor, dass das Volk in den Kreisen und Gemeinden eine Vertretung haben muss, die aus **allgemeinen, unmittelbaren, freien, gleichen und geheimen Wahlen** hervorgegangen ist (Art. 28 I 2 GG).[567] Die Landesverfassung enthält eine inhaltsgleiche Vorgabe (Art. 89 Verf.LSA). Diese verfassungsrechtlichen Vorgaben werden einfachgesetzlich durch das KVG, das Kommunalwahlgesetz und die Kommunalwahlordnung ausgeformt. So bestimmt § 23 I KVG, dass die Bürger im Rahmen der Gesetze zu den Kommunalwahlen wahlberechtigt sind und dass die Bürger und Einwohner in sonstigen Angelegenheiten der Kommunen stimmberechtigt sind.[568]

336 In verfassungsrechtlicher Hinsicht ist „**das Volk**" in den Gemeinden und Kreisen wahlberechtigt. Hierzu zählen die deutschen Staatsangehörigen und Statusdeutschen mit Wohnsitz in dem jeweiligen Kreis bzw. der Gemeinde. Bei Wahlen in Kreisen und Gemeinden sind aufgrund entsprechender europarechtlicher Vorgabe auch Personen, die die Staatsangehörigkeit eines Mitgliedstaates der EU besitzen, nach Maßgabe des Unionsrechts wahlberechtigt und wählbar (**EU-Ausländerwahlrecht gem. Art. 22 I AEUV**).

337 **Wahlberechtigt** zu den Gemeindewahlen sind die **Bürger** der Gemeinde (Wahlrecht gem. § 23 I 1 KVG). Bürger einer Kommune sind die Einwohner, die Deutsche im Sinne des Art. 116 GG sind oder die Staatsangehörigkeit eines anderen EU-Mitgliedstaates besitzen, das 16. Lebensjahr vollendet haben und seit mindestens drei Monaten in dieser Kommune wohnen (§ 21 II 1 KVG).[569] Dieses sog. aktive Wahlrecht besteht nur „im Rahmen der Gesetze". Damit sind insbesondere das Kommunalwahlgesetz und die Kommunalwahlordnung gemeint. Ausgeschlossen vom Wahlrecht sind Bürger, die infolge Richterspruchs das Wahlrecht nicht besitzen (§ 23 II KVG). Das Wahlrecht kann nur nach näherer Maßgabe des Kommunalwahlrechts ausgeübt werden. So darf etwa nur der Wahlberechtigte wählen, der in ein Wählerverzeichnis eingetragen ist oder einen Wahlschein hat (§ 4 I KWG LSA). Der im Wählerverzeichnis eines Wahlbezirks eingetragene kann nur in diesem Wahlbezirk wählen (§ 4 II KWG LSA). Er muss sich bei Ausübung seines Wahlrechts nach den Öffnungszeiten des Wahllokals richten und hat die Ordnung des Wahllokals zu beachten (vgl. etwa § 45 KWO LSA).

---

der Vertretung erforderlich. Den Tag der Neuwahl bestimmt die Kommunalaufsichtsbehörde. Die Neuwahl muss spätestens vier Monate nach dem Beschluss über die Auflösung der Vertretung stattfinden. Die Neuwahl erfolgt abweichend von Absatz 1 für die Zeit bis zum Ende der Wahlperiode. Findet die Neuwahl innerhalb von zwölf Monaten vor Ablauf der Wahlperiode statt, so endet die Wahlperiode mit dem Ende der nächsten Wahlperiode."

[567] S. BVerwG, Urt. v. 21.1.2015 – 10 C 11/14 – BVerwGE 151, 179/NVwZ 2015, 1613: Wahlrechtsgrundsätze bei der Wahl des Gemeinderats.

[568] Bei der Berechnung der Dreimonatsfrist nach § 21 II 1 KVG ist der Tag der Wohnsitz- oder Aufenthaltsnahme mitzurechnen (§ 23 I 2 KVG).

[569] Einwohner mehrerer Kommunen sind Bürger nur der Kommune, in der sie ihre Hauptwohnung haben (§ 21 II 2 KVG). S. zum Wahlalter auch *Hiller/Junk/Wiener*, Zur rechtlichen Zulässigkeit und rechtspolitischen Gebotenheit der Herabsetzung des Wahlalters bei Kommunalwahlen auf 14 Jahre, LKV 2023, 473–483.

338 Die Wahlrechtsgrundsätze entsprechen dem Verständnis einer freiheitlichen Demokratie. Ihre heutige Selbstverständlichkeit lässt leicht vergessen, dass sich das Bürgertum diese Rechte mühsam erkämpfen musste. Die Grundsätze können aufgrund ihres (auch) **subjektiv-rechtlichen Gehalts** notfalls gerichtlich durchgesetzt werden. So besteht etwa ein wehrfähiges subjektives Recht auf Gleichbehandlung im aktiven und passiven Wahlrecht.[570]

cc) Wahlrechtsgrundsätze

339 Die **Allgemeinheit** der Wahl gebietet, dass grundsätzlich alle Staatsbürger stimmberechtigt sind. Der Grundsatz schließt formelle Zulassungsvoraussetzungen nicht aus. So können etwa der Wohnsitz in der Gemeinde, eine Mindestwohnsitzdauer oder ein Mindestalter als sachgerechte Ausformung des Wahlrechts vorgegeben werden. Unzulässig wären etwa ein an den Besitzstand oder Grundbesitz in der Gemeinde anknüpfendes Wahlrecht, ein Wahlrecht erst ab dem 40. Lebensjahr oder ein solches nur für Einwohner mit akademischer Bildung.

340 Die **Freiheit** der Wahl muss gewährleistet sein. Jeder Wähler muss ohne Zwang oder sonstige unzulässige Wahlbeeinflussung von seinem Wahlrecht Gebrauch machen können.[571] Der Grundsatz schützt den Wähler vor Beeinflussungen, die geeignet sind, seine Entscheidungsfreiheit ernstlich zu beeinträchtigen.[572] Geschützt wird die Integrität der Willensbildung.[573] Eine Wahlbeeinflussung liegt insbesondere im Falle von Äußerungen von Wahlbewerbern oder Dritten vor, die bei objektivem Verständnis dazu geeignet sind, unmittelbar auf die Freiheit der Wahlentscheidung der Wähler einzuwirken.[574] Unzulässig ist die Wahlbeeinflussung etwa durch Drohungen und Stimmenkauf. Zulässig ist hingegen grundsätzlich die Einrichtung eines Fahrservice der Parteien und Wählergruppen für gebrechliche Wähler. Die zu schützende Integrität des Wählerwillens kann in unzulässiger Weise beeinträchtigt sein, wenn amtliche Stellen das ihnen obliegende Wahrheitsgebot missachten.[575] Dies gilt namentlich im Falle der Täuschung bzw. Desinformation und des Vorenthaltens von Informationen trotz einer dienstlichen Verpflichtung, die Öffentlichkeit über einen bestimmten Umstand zu informieren. Problematisch ist, ob falsche Werbeaussagen eine Unregelmäßigkeit der Wahl bedeuten können.[576]

341 Der Gemeindeverwaltung ist eine Wahlbeeinflussung in amtlicher Eigenschaft generell untersagt. Die Grenzen **unzulässiger Wahlwerbung** werden erreicht, wenn die Gemeindeverwaltung bzw. der Bürgermeister in amtlicher Eigenschaft Wahlwerbung für seine Wiederwahl bzw. für bestimmte Bewerber vornimmt (Verletzung des Grundsatzes der freien und gleichen Wahl sowie der **staatlichen Neutralitätspflicht**).[577] Die im Grundsatz zulässige Öffentlichkeitsarbeit der Kommunalverwaltung darf nicht der Wahlwerbung dienen.

---

[570] VerfG LSA, Urt. v. 27.10.1994 LVerfGE 2, 345.

[571] BVerfG, Beschl. v. 3.7.1957 BVerfGE 7, 63 (69).

[572] BVerwG, Urt. v. 8.4.2003 – 8 C 14.02 – BVerwGE 118, 101 (106)/NVwZ 2003, 983.

[573] BVerwG, Urt. v. 8.4.2003 a.a.O.

[574] VGH BW, Urt. v. 17.2.1992 – 1 S 2266/91 – NVwZ 1992, 504 (505).

[575] BVerwG, Urt. v. 8.4.2003 NVwZ 2003, 983 (985); hierzu *Rauber*, NJW 2003, 3609 ff.

[576] Vgl. hierzu *Hochstadt/Noack*, VR 2000, 128 ff.

[577] Vgl. z.B. BVerwG, Urt. v. 18.4.1997 BVerwGE 104, 323; Urt. v. 8.4.2003 BVerwGE 118, 101, 107.

342 Das Gebot parteipolitischer Neutralität der Öffentlichkeitsarbeit der Kommunalverwaltung kann die Chancengleichheit der Wahlbewerber sogar außerhalb der Wahlkampfzeit verletzen.[578] Der Grundsatz der Chancengleichheit wird aber nicht verletzt, wenn es sich um einen Vorgang von geringer Intensität handelt, mit dessen Wiederholung nicht zu rechnen ist.[579]

343 Mit dem Gebot der Chancengleichheit der Wahlbewerber ist u.a. auch jede **Wahlwerbung unmittelbar am Wahllokal** unvereinbar. Während der Wahlzeit sind in und an dem Gebäude, in dem sich das Wahllokal befindet sowie unmittelbar vor dem Zugang zum Gebäude jede Beeinflussung der Wähler durch Wort, Ton, Schrift oder Bild sowie jede Unterschriftensammlung verboten. Eine entfernungsmäßig bestimmte Zone im Sinne einer Bannmeile lässt sich hieraus jedoch nicht ableiten, sondern es kommt auf die gesamten Umstände des Einzelfalls an.[580]

344 Die **Unmittelbarkeit** bedeutet, dass die Volksvertreter unmittelbar durch und bei der Stimmabgabe bestimmt werden. Sie schließt es insbesondere aus, dass die Parteien selbst bestimmen, wer Einzug in die Vertretung hält. Auch kommunalwahlrechtlich wäre daher ein Rotationsprinzip unzulässig. Es verletzt im Übrigen die Bestimmungen über die Dauer der Amtszeit, da das Mandat nur nach Maßgabe gesetzlicher Gründe abgelehnt bzw. aufgegeben werden darf.[581]

345 Die Wahlrechts**gleichheit** ist streng formal zu verstehen.[582] Jeder Wähler muss von seinem Wahlrecht in einer in formaler Hinsicht möglichst gleichen Weise Gebrauch machen können und die gleichen Chancen besitzen. Die Wahlrechtsgleichheit gebietet den gleichen Zählwert und bei der Verhältniswahl auch den gleichen Erfolgswert der Stimmen.

346 Für das passive Wahlrecht bedeutet die Gleichheit der Wahl in erster Linie die Chancengleichheit der Bewerber.[583] Dies gilt auch im Hinblick auf die Rechtsstellung der Parteien und Wählergruppen. Nach heutiger Ansicht des BVerfG scheidet ein Rückgriff auf den allgemeinen Gleichheitssatz neben der Wahlrechtsgleichheit aus.[584] Die genaue verfassungsrechtliche Verortung des Anspruchs der Parteien auf Gleichbehandlung (**Chancengleichheit**) ist umstritten. Im Ergebnis ist dieser Anspruch aber anerkannt. Als Rechtsgrundlagen kommen (einzeln oder in unterschiedlicher Kombination) der allgemeine Gleichheitssatz, die Wahlrechtsgleichheit und der Verfassungsstatus der Parteien (Art. 21 GG) in Betracht.[585] Die Wahlrechtsgleichheit ist zu eng, um eine umfassende Chancengleichheit garantieren zu können.[586] Vorzugswürdig erscheint es daher, den Anspruch auf Chancengleichheit aus Art. 21 GG i.V.m. Art. 3 I GG herzuleiten.

---

[578] Vgl. für die Landtagswahl VerfG LSA, Urt. v. 22.2.1996 LVerfGE 3, 261.

[579] Vgl. VerfG LSA, a.a.O, S. 262.

[580] NdsOVG, Urt. v. 19.10.1993 NVwZ 1994, 589.

[581] *Gern*, Deutsches Kommunalrecht, Rn. 351.

[582] BVerfG, Beschl. v. 17.10.1994 NVwZ 1995, 577; näher hierzu Hobe, JA 1998, 50 ff.

[583] VGH BW, Urt. v. 2.12.1991 NVwZ-RR 1992, 261 (262).

[584] BVerfG, Beschl. v. 16.7.1998 NJW 1999, 43.

[585] Vgl. BVerfG, Urt. v. 16.7.1991 BVerfGE 84, 304 (324): Art 21 I 1 i.V.m. Art. 38 GG; anders BVerfG, Beschl. v. 17.11.1994 BVerfGE 91, 262 (269): nur Art. 21 GG als lex specialis.

[586] Osterloh, in: Sachs, GG, Art. 3 Rn. 62f.

347 Die Wahl ist nur dann **geheim**, wenn durch Wahlkabinen, Wahlurnen etc. dafür Sorge getragen wird, dass die konkrete Wahlentscheidung des Wählers auf seinem Stimmzettel seiner Person nicht zugeordnet werden kann und auch sonst niemand von der Wahlentscheidung des Betreffenden erfahren kann. Insoweit sind die Vorgaben nach KWG LSA und KWO LSA zu beachten. So sind etwa Wahlkabinen einzurichten (§ 41 KWO LSA), gilt in der Wahlkabine ein Verbot des Filmens und Fotografierens (§ 46 IV 3 KWO LSA), müssen (abgesehen von zulässiger Briefwahl)[587] Stimmzettel in Wahlurnen gesammelt werden (§ 42 KWO LSA) oder werden Wähler zurückgewiesen, die ihren Stimmzettel so gefaltet haben, dass ihre Stimmabgabe erkennbar ist (§ 46 V Nr. 5 KWO LSA).

348 Die Geheimheit der Wahl muss **bereits bei der Bestimmung der Listenbewerber** innerhalb von Parteien gewährleistet sein (vgl. Art. 21 I 3 GG i.V.m. § 24 I KWG LSA). Eine Abschrift der Niederschrift über die Wahl der Bewerber ist beim Wahlleiter einzureichen (§ 24 III 1 KWG LSA). Die Vorgaben der KWO sind nicht auf Wahlen innerhalb von Parteien übertragbar. Dort ist die „Geheimheit" der Wahl bei der Bestimmung der Wahlbewerber durch die Parteien gewährleistet, wenn die Wählenden die Stimmzettel verdeckt kennzeichnen und ohne Einsichtnahme anderer abgeben können.[588]

> **Bsp.:** Wenn die Wählenden bei dem Wahlvorgang an einem Tisch sitzen, reicht es hierfür aus, dass sie durch eine entsprechende Körperhaltung den Stimmzettel beim Wahlvorgang abdecken können oder den Tisch verlassen und den Stimmzettel in einem unbeobachteten Teil des Raums abgaben können.[589]

Wahrt der Wahlvorschlag einer Partei mit mehreren Bewerbern hinsichtlich eines Bewerbers nicht die Voraussetzungen, ist dieser Bewerber zurückzuweisen (§ 28 III KWG LSA). Wahrt der Wahlvorschlag elementare demokratische Mindestregeln nicht, ist er hinsichtlich aller Bewerber zurückzuweisen.[590]

349 Über die **Zulassung der Bewerbungen** beschließt der Wahlausschuss (§ 30 V 1 KWG).[591] Er darf eine Bewerbung nur zurückweisen, wenn die Voraussetzungen nach § 30 I-III KWG nicht erfüllt sind, der Bewerber nicht wählbar ist oder seine Person nicht feststeht (§ 30 V 2 KWG).[592] Weist der Wahlausschuss eine Bewerbung zurück, kann der Bewerber binnen drei Tagen nach Bekanntgabe der Entscheidung Beschwerde an den Wahlausschuss richten (§ 30 V 4 KWG).[593]

350 Das Wahlverfahren muss so ausgestaltet werden, dass es den verfassungsrechtlichen Vorgaben, insbesondere den Wahlrechtsgrundsätzen einschließlich des Gebots der Chancengleichheit, gerecht

---

[587] Zum Grundsatz der geheimen Wahl bei der Briefwahl s. VG Magdeburg, Urt. v. 6.5.2015 – 9 A 498/15 – juris Rn. 32, 39.

[588] OVG LSA, Urt. v. 17.10.2017 – 4 L 88/16 – juris Rn. 35.

[589] OVG LSA, Urt. v. 17.10.2017 a.a.O.

[590] OVG LSA, Urt. v. 17.10.2017 a.a.O. Rn. 44.

[591] Und zwar spätestens am 58. Tag vor der Wahl.

[592] Die Entscheidung ist in der Sitzung des Wahlausschusses bekannt zu geben (§ 30 V 3 KWG).

[593] Über die Beschwerde eines Bewerbers gegen die Zurückweisung seiner Bewerbung entscheidet der Wahlausschuss spätestens bis zum 52. Tag vor der Wahl; die erschienenen Beteiligten sind zu hören (§ 30 V 5 KWG). Die Entscheidung des Wahlausschusses ist vorbehaltlich einer anderen Entscheidung im Wahlprüfungsverfahren endgültig (§ 30 V 6 KWG).

wird.[594] Die Einzelheiten des Wahlverfahrens bestimmen sich vor allem nach dem im Bundesland gültigen **Kommunalwahlgesetz**.[595] Es regelt neben der Wahl der Gemeinderäte auch die Wahl der Ortschaftsräte und der Kreistage (Wahlorgane, Wahlehrenämter, Wahlvorbereitung, Wahlvorschläge, Wählerverzeichnis, Wahlschein, etc.).

dd) Durchführung der Wahl und Ergebnisfeststellung

351 Für die Durchführung der Kommunalwahlen sind die **Wahlorgane** verantwortlich. Wahlorgane sind 1. der Wahlleiter und der Wahlausschuss für das Wahlgebiet und 2. der Wahlvorsteher und der Wahlvorstand für jeden Wahlbezirk (§ 8a I KWG LSA).[596] Wahlleiter ist in den Gemeinden der Bürgermeister (Gemeindewahlleiter), jedoch kann die Vertretung der Gemeinde einen anderen Beschäftigten der Gemeinde zum Wahlleiter berufen (vgl. § 9 I 1 KWG LSA). Der Wahlleiter ist für die ordnungsgemäße Vorbereitung und Durchführung der Wahl zuständig (§ 9 V 1 KWG LSA). Für Gemeindewahlen wird ein Gemeindewahlausschuss gebildet (§ 10 I 1 KWG LSA). Dem Wahlausschuss obliegt die Vorbereitung[597] und Leitung der Wahl sowie die Feststellung und Nachprüfung des Wahlergebnisses im Wahlgebiet (§ 10 II 1 KWG LSA).

352 Für ein Wahlgebiet können nach näherer Maßgabe des Gesetzes Wahlbereiche (§ 7 KWG) und Wahlbezirke gebildet (§ 8 KWG) werden. Dabei ist das Gebot der Gleichheit der Wahl zu beachten.[598]

353 Der Wahlausschuss **stellt für jeden Wahlbereich fest**, wie viele Stimmen 1. auf jeden Bewerber und 2. auf jeden Wahlvorschlag entfallen sind (§ 38 KWG LSA). Auf Grund dieser Wahlergebnisse stellt der Wahlausschuss 1. die Gesamtstimmenzahl einer jeden Partei oder Wählergruppe und 2. die Stimmenzahl eines jeden Einzelwahlvorschlages (Einzelbewerbers) als Wahlergebnis im Wahlgebiet fest (§ 40 I KWG LSA). Die im Wahlgebiet zu vergebenden Sitze werden den Parteien, Wählergruppen und Einzelbewerbern auf Grund ihrer Gesamtstimmenzahl nach dem Verfahren gemäß § 39 II, III KWG LSA zugeteilt (§ 40 II KWG LSA).[599] Der Wahlausschuss stellt fest, auf welche Bewerber Sitze entfallen sind (§ 40 VI KWG LSA).

---

[594] Zur Frage, ob kommunale Wählergemeinschaften u.a. durch das bestehende Wahlrecht diskriminiert werden von Arnim, DVBl. 1999, 417 ff.

[595] S. auch *Saftig*, Kommunalwahlrecht in Deutschland, 1990.

[596] Weiteres Wahlorgan ist gem. § 9a I Nr. 3 KWG LSA die Wahlkommission im Falle einer Wahl in neue Strukturen (i.S.v. §§ 58 bis 65).

[597] Zur Zulassung der Bewerber s. Rn. 349.

[598] Vgl. „Mit der in § 7 Abs. 2 Satz 4 KWG LSA vorgesehenen beschränkten Ungleichheit in der Größe der Wahlbereiche hat der Landesgesetzgeber seinen - jedenfalls nicht nur eng begrenzten - Gestaltungsspielraum bei der Konkretisierung des bundesverfassungsrechtlichen Grundsatzes der gleichen Wahl (vgl. BVerwG, Beschl. v. 29.08.1985 - 7 B 166.85 -, DVBl. 1986, S 240) nicht überschritten. Die in § 7 Abs. 2 Satz 4 KWG LSA (KomWG ST) für die Festlegung der Wahlbereichsgrößen normierte Toleranzgrenze mit der Bandbreite der erlaubten Abweichungen in Höhe von +/- 25 % von der durchschnittlichen Wahlbereichsgröße ist zulässigerweise so pauschaliert, dass der Wahlausschuss in aller Regel den vorgegebenen unvermeidbaren rechtlichen und praktischen Schwierigkeiten, die der Bildung gleich großer Wahlbereiche (vgl. § 7 Abs. 2 Satz 3 KWG LSA (KomWG ST)) entgegenstehen, ohne besonderen administrativen Aufwand entsprechen kann (OVG LSA, Urt. v. 6.3.2007 – 4 L 138/05 – juris Rn. 41).

[599] Die einer Partei oder Wählergruppe nach Absatz 2 im Wahlgebiet zugefallenen Sitze werden ihren Wahlvorschlägen in den einzelnen Wahlbereichen nach dem Verfahren gemäß § 39 Abs. 2 zugeteilt (§ 40 III KWG LSA). Die Zuweisung der nach Absatz 3 auf den Wahlvorschlag einer Partei oder Wählergruppe entfallenen Sitze an die Bewerber dieses Wahlvorschlages richtet sich nach § 39 Abs. 4 und 5 (§ 40 IV KWG LSA). Ergibt die Berechnung nach Absatz 3 mehr Sitze für einen Wahlvorschlag als Bewerber auf ihm

354 Der Wahlausschuss stellt die festgestellten Stimmenzahlen[600] als Wahlergebnis im Wahlgebiet fest (**Feststellung des Wahlergebnisses**, § 39 I KWG LSA).

355 Die im Wahlgebiet zu vergebenden Sitze werden sodann vom Wahlausschuss auf die Wahlvorschläge verteilt § 39 II 1 KWG LSA). Die **Sitzzuteilung** erfolgt gem. §§ 40 II und 3, § 39 II und III KWG LSA nach dem **Hare-Niemeyer-Verfahren** (Quotenverfahren mit Restausgleich nach größten Bruchteilen). Dabei wird die Gesamtzahl der Sitze, vervielfacht mit der Zahl der Stimmen, die ein Wahlvorschlag erhalten hat, durch die Stimmenzahl aller Wahlvorschläge geteilt (§ 39 II 2 KWG LSA). Jeder Wahlvorschlag erhält zunächst so viele Sitze, wie ganze Zahlen auf ihn entfallen (§ 39 II 3 KWG LSA). Danach zu vergebende Sitze sind den Wahlvorschlägen in der Reihenfolge der höchsten Zahlenbruchteile, die sich bei der Berechnung nach Satz 2 ergeben, zuzuteilen § 39 II 4 KWG LSA).[601] Die auf den Wahlvorschlag einer Partei oder Wählergruppe hiernach entfallenen Sitze erhalten die Bewerber dieses Wahlvorschlages mit den höchsten Stimmenzahlen (§ 39 IV 1 KWG LSA). Bei gleichen Stimmenzahlen entscheidet die Reihenfolge der Bewerber auf dem Wahlvorschlag i.S.v. § 21 IV 4 KWG LSA (§ 39 IV 2 KWG LSA). Besondere Regeln gelten für den Fall, dass die Berechnung mehr Sitze für einen Wahlvorschlag ergibt als Bewerber mit Stimmenzahlen auf ihm vorhanden sind (§ 39 V 1 KWG LSA)[602] oder, dass mehr Bewerber ohne Stimmenzahlen vorhanden als noch Sitze zu vergeben sind (§ 39 V 2 KWG LSA)[603] oder dass die Berechnung mehr Sitze für einen Wahlvorschlag ergibt als Bewerber auf ihm vorhanden sind´(§ 39 VI KWG LSA).[604] Weitere Besonderheiten gelten für die Mehrheitswahl (i.S.v. § 3 II 2, § 39 VII KWG LSA)[605] und für die Feststellung des Wahlergebnisses im Wahlgebiet mit mehreren Wahlbereichen (§ 40 KWG LSA).

356 Der Wahlausschuss stellt fest, auf welche Bewerber Sitze entfallen sind (§ 39 VIII KWG LSA).

357 Die **Kommunalwahlordnung** ist die gesetzlich vorgesehene Ausführungsverordnung zum KWG.[606] Sie regelt etwa das genaue Aussehen von Wahlbenachrichtigungen, Wahlscheinanträgen, Wahl-

---

vorhanden sind, so erhalten die übrigen Sitze diejenigen Bewerber auf den Wahlvorschlägen dieser Partei oder Wählergruppe in den anderen Wahlbereichen, die dort keinen Sitz erhalten (§ 40 V 1 KWG LSA). Die Sitze werden an diese Bewerber in der Reihenfolge der höchsten Stimmenzahlen vergeben (§ 40 V 2 KWG LSA). Bei gleichen Stimmenzahlen entscheidet die Reihenfolge der Bewerber auf dem Wahlvorschlag (§ 40 V 3 KWG LSA).

[600] Vgl. § 38 LWG LSA.

[601] Bei gleichen Zahlenbruchteilen entscheidet das vom Wahlleiter zu ziehende Los (§ 39 II 5 KWG LSA). Erhält bei der Verteilung der Sitze nach § 39 II KWG LSA der Wahlvorschlag einer Partei oder Wählergruppe, auf den mehr als die Hälfte der Stimmenzahl aller Wahlvorschläge entfallen ist, nicht mehr als die Hälfte der insgesamt zu vergebenden Sitze, so wird ihm von den nach Zahlenbruchteilen zu vergebenden Sitzen abweichend von Absatz 2 Satz 4 und 5 ein weiterer Sitz zugeteilt (§ 39 III 1 KWG LSA). Danach zu vergebende Sitze werden nach Absatz 2 Satz 4 und 5 zugeteilt (§ 39 III 2 KWG LSA). Zur Anwendung der Korrekturregelung des § 39 III KWG s. OVG LSA, Beschl. v. 18.1.2016 – 4 L 105/15 – juris Rn. 5: „... erst dann, wenn sich bei einer Verteilung der im Wahlgebiet zu vergebenden Sitze gem. § 39 Abs. 2 KWG -einschließlich der Regelungen des§ 30 Abs. 2 Sätze 4 und 5 KWG LSA – herausstellt, dass der Wahlvorschlageiner Partei der Wählergruppe, auf den mehr als die Hälfte der Stimmenzahl aller Wahlvorschläge entfalle ist, nicht mehr als die Hälfte der insgesamt zu vergebende Sitze erhält."

[602] Hier erhalten die übrigen Sitze die Bewerber ohne Stimmenzahlen.

[603] Hier entscheidet die Reihenfolge der Bewerber auf dem Wahlvorschlag.

[604] Hier bleiben die übrigen Sitze bis zum Ablauf der Wahlperiode oder bis zu einer Ergänzungswahl gemäß § 49 KWG LSA unbesetzt.

[605] Hier sind abweichend von Absatz 2 bis 4 Bewerber mit den höchsten Stimmenzahlen in der Reihenfolge dieser Zahlen gewählt. Bei Stimmengleichheit entscheidet das vom Wahlleiter zu ziehende Los.

[606] Vgl. die Ermächtigungsgrundlage in § 68 KWG LSA.

scheinen, Wahlvorschlägen und Stimmzetteln durch Mustervorgaben. Umstritten ist die Anwendbarkeit des Landesverwaltungsverfahrensgesetzes auf die Durchführung der Wahl, jedoch ist diese Frage angesichts der Vielzahl kommunalwahlrechtlicher Bestimmungen von untergeordneter Bedeutung.[607]

ee) Einspruch und Klage

358 Gegen die Gültigkeit der Wahl kann nach Bekanntgabe des Wahlergebnisses **Wahleinspruch** eingelegt werden.[608] In Sachsen-Anhalt können jeder Wahlberechtigte des Wahlgebietes, jede Partei oder Wählergruppe, die einen Wahlvorschlag eingereicht hat, und der für das Wahlgebiet zuständige Wahlleiter sowie die für das Wahlgebiet zuständige Kommunalaufsichtsbehörde gegen die Gültigkeit der Wahl Einspruch erheben (Wahleinspruch) mit der Begründung, dass die Wahl nicht den Wahlrechtsvorschriften entsprechend vorbereitet oder durchgeführt oder in anderer unzulässiger Weise in ihrem Ergebnis beeinflusst worden ist (§ 50 I 1 KWG LSA). Gegen die Gültigkeit einer Direktwahl können auch Bewerber, die an der Direktwahl teilgenommen haben, sowie Bewerber nicht zugelassener Wahlvorschläge Wahleinspruch erheben (§ 50 I 2 KWG LSA).

359 Der Wahleinspruch ist bei dem für das Wahlgebiet zuständigen Wahlleiter **binnen zwei Wochen** nach Bekanntgabe des Wahlergebnisses mit Begründung schriftlich einzureichen oder zur Niederschrift zu erklären (§ 50 II 1 KWG LSA).[609] Die Einspruchsfrist ist eine Ausschlussfrist.[610] Eine Wiedereinsetzung in den vorigen Stand ist daher ausgeschlossen. Die Frist ist von den zuständigen Behörden zu beachten und steht nicht zur Disposition.[611] Bei Fristsäumnis darf auch keine Ausnahme durch die Gewährung einer Nachsicht gemacht werden, weil diese dem Zweck Wahlprüfungsverfahrens zuwiderläuft.[612]

360 Bei der Einspruchsfrist handelt es um eine **materielle Präklusionsfrist**. Nach ihrem Ablauf ist demgemäß auch eine Klage gegen die Gültigkeit der Wahl unzulässig.[613] Die Präklusion ist verfassungsrechtlich unbedenklich, da ein Bedürfnis nach rascher Rechtssicherheit hinsichtlich der Gültigkeit der Wahl anzuerkennen ist. Der Einspruch muss sich gegen die Gültigkeit der Wahl richten.

361 Entscheidungen und Maßnahmen, die sich unmittelbar auf das Wahlverfahren beziehen, können nur mit den in diesem Gesetz vorgesehenen Rechtsbehelfen angefochten werden (§ 50 IV KWG LSA). Der Wahleinspruch hat keine aufschiebende Wirkung (§ 50 V 1 KWG LSA).[614] Der Wahlleiter

---

[607] Vgl. *Kopp*/Ramsauer, VwVfG, § 20 Rn. 45; a.A. *Stelkens/Bonk/Sachs*, VwVfG, § 2 Rn. 11.

[608] Vgl. Art. 51 Satz 1 GLKrWG; § 39 I KWG NRW; § 48 KWG RLP; § 50 I KWG LSA; allg. dazu *Pfeiffer/Quecke*, VBlBW 1989, 401, 441.

[609] Der Wahleinspruch des Wahlleiters selbst ist an die Vertretung zu richten. Der Wahleinspruch gegen eine Feststellung oder Entscheidung, die auf Grund dieses Gesetzes oder der Kommunalwahlordnung nach Bekanntgabe des Wahlergebnisses getroffen wird, ist binnen zwei Wochen nach ihrer Bekanntgabe zulässig; dies gilt nicht für Feststellungen und Entscheidungen im Wahlprüfungsverfahren (§ 50 III 1 KWG LSA). Ist die Feststellung oder Entscheidung dem Einspruchsberechtigten zugestellt worden, so beginnt die Wahleinspruchsfrist für ihn mit dem Tage der Zustellung (§ 50 III 2 KWG LSA). Im Übrigen gilt Absatz 2 entsprechend (§ 50 III 3 KWG LSA).

[610] OVG LSA, Urt. v. 17.10.2017 – 4 L 84/16 – juris Rn. 34.

[611] OVG LSA, Urt. v. 17.10.2017 a.a.O. Rn. 34.

[612] OVG LSA, Urt. v. 17.10.2017 a.a.O. Rn. 36.

[613] Vgl. VGH BW, Urt. v. 2.12.1992 NVwZ-RR 1992, 261 ff.

[614] § 74 KVG findet Anwendung (§ 50 V 2 KWG LSA).

legt die bei ihm eingereichten Einsprüche mit seiner Stellungnahme unverzüglich der neugewählten Vertretung vor (§ 50 VI KWG LSA).

362 Der zulässige Wahleinspruch führt zu einer **Entscheidung über die Gültigkeit der Wahl.** Die neugewählte Vertretung entscheidet über die Wahleinsprüche und über die Gültigkeit der Wahl (§ 51 I 1 KWG LSA).[615] In der Verhandlung sind die Beteiligten auf Antrag zu hören (§ 51 II 1 KWG LSA).[616] Der Inhalt der Entscheidung muss einen der im KWG LSA abschließend aufgeführten Inhalte haben.[617] Die Feststellung eines Fehlers führt zwar zur Feststellung der Begründetheit des Einspruchs, jedoch nicht notwendig zur Ungültigkeit der Wahl. Haben die den begründeten Einwendungen zugrunde liegenden Tatbestände das Wahlergebnis nicht oder nur unwesentlich beeinflusst, wird die Wahl gleichwohl für gültig erklärt. Sind die Einwendungen gegen die Wahl sämtlich oder zum Teil begründet und sind die den begründeten Einwendungen zugrunde liegenden Tatbestände so schwerwiegend, dass bei einwandfreier Durchführung der Wahl ein wesentlich anderes Wahlergebnis zustande gekommen oder festgestellt worden wäre (**Ergebnisrelevanz des Fehlers**), wird die Wahl für ungültig erklärt. Insoweit kann ausreichen, wenn hinreichend wahrscheinlich ist, dass durch die geltend gemachte Rechtsverletzung die gesetzmäßige Zusammensetzung der zu wählenden Vertretung bzw. das Ergebnis einer Einzelwahl berührt sein kann.[618]

Bsp.: Ergebnisrelevanz bei konkreter, nicht ganz fern liegender Möglichkeit, dass ohne den Fehler in einer Wahlvorschlagsliste die Sitzverteilung im Gemeinderat anders ausgefallen wäre.[619]

363 Die Ergebnisrelevanz der festgestellten Rechtsverletzung setzt nicht voraus, dass ein Kläger bei Vermeidung des Wahlfehlers selbst einen Sitz im Rat erlangt hätte, da der Erfolg im Rahmen einer Wahlprüfung nicht davon abhängt, ob ein Kläger durch den Verfahrensfehler rechtlich betroffen ist, sondern nur davon, ob der Fehler objektiv erheblich für den Ausgang der Wahl war.[620] Schon geringfügige Veränderungen bei der Anzahl der Stimmen können Auswirkungen auf die Sitzverteilung

---

[615] Der Gemeinderat entscheidet über die Wahleinsprüche und über die Gültigkeit der Ortschaftsratswahlen und der Ortsvorsteherwahlen (§ 51 I 2 KWG LSA). Über die Gültigkeit einer während der Wahlperiode der Vertretung stattfindenden Bürgermeister- oder Landratswahl entscheidet die bestehende Vertretung, im Falle einer erforderlichen Stichwahl nach der Bekanntgabe des Ergebnisses der Stichwahl (§ 51 I 3 KWG LSA). Die Verhandlung und Beschlussfassung haben in öffentlicher Sitzung zu erfolgen (§ 51 I 4 KWG LSA). § 51 I KWG LSA gilt nicht für Entscheidungen im Sinne des § 52 Abs. 1 Satz 1 Nr. 1 KWG LSA (§ 52 III KWG LSA).

[616] Beteiligt sind der Wahlleiter, die Person, die den Wahleinspruch erhoben hat, und die Person, gegen deren Wahl der Wahleinspruch unmittelbar gerichtet ist (§ 51 II 2 KWG LSA). Eine Person, die hiernach Beteiligter ist, darf an der Beschlussfassung nicht teilnehmen (§ 51 III KWG LSA).

[617] Vgl. § 52 II KWG LSA: „(1) Die Vertretung trifft nach Ablauf der in § 50 Abs. 2 bezeichneten Frist durch Beschluss mit der Mehrheit der auf Ja oder Nein lautenden Stimmen folgende Entscheidung: 1. Einwendungen gegen die Wahl liegen nicht vor. Die Wahl ist gültig; oder 2. die Einwendungen gegen die Wahl sind unzulässig oder zulässig, aber nicht begründet und werden zurückgewiesen. Die Wahl ist gültig; oder 3. die Einwendungen gegen die Wahl sind begründet. Die ihnen zugrunde liegenden Tatbestände haben das Wahlergebnis nicht oder nur unwesentlich beeinflusst. Die Wahl ist gültig; oder 4. die Einwendungen gegen die Wahl sind sämtlich oder zum Teil begründet. Die den begründeten Einwendungen zugrunde liegenden Tatbestände sind so schwerwiegend, dass bei einwandfreier Durchführung der Wahl ein wesentlich anderes Wahlergebnis zustande gekommen oder festgestellt worden wäre. Dabei wird a) das Wahlergebnis neu festgestellt oder berichtigt oder b) die Wahl ganz oder teilweise für ungültig erklärt. Wird die Wahl eines oder mehrerer Gewählter wegen mangelnder Wählbarkeit für ungültig erachtet, so ist die Wahl dieser Person für ungültig zu erklären." § 52 II KWG LSA gilt nicht für Entscheidungen im Sinne des § 52 Abs. 1 Satz 1 Nr. 1 KWG LSA (§ 52 III KWG LSA).

[618] OVG LSA, Beschl. v. 30.4.2013 – 4 L 143/12 – juris Rn. 6 (Ls Nr. 1).

[619] VG Halle, Urt. v. 21.4.2015 – 6 A 177/14 – juris Rn. 33.

[620] OVG LSA, Beschl. v. 30.4.2013 a.a.O. Rn. 7 (Ls Nr. 2).

in der Vertretung haben.[621] Dies ist eine regelmäßige Folge der Sitzzuteilung nach dem Hare-Niemeyer-Verfahren. Bestimmte Beschlüsse sind zu begründen.[622] Bundesrechtlich ist ein solcher Erheblichkeitsgrundsatz für Wahlunregelmäßigkeiten im Übrigen nicht vorgegeben.[623]

364 Die Entscheidung der Vertretung über den Wahleinspruch ist den Beteiligten binnen einer Frist von zwei Wochen schriftlich mit Begründung und einer Rechtsmittelbelehrung **zuzustellen** (§ 53 I HS 1 KWG LSA).[624] Gegen die Entscheidung der Vertretung ist innerhalb eines Monats nach Zustellung Klage vor dem Verwaltungsgericht zulässig (§ 53 II 1 KWG LSA).[625]

365 Gegen die Entscheidung der zuständigen Wahlprüfungsbehörde kann kraft wahlrechtlicher Sonderzuweisung des Rechtswegs das **Verwaltungsgericht** angerufen werden.[626] Klage bzw. Antrag sind erfolgreich, wenn sie zulässig und begründet sind.[627] Klagebefugt ist nur, wer die Verletzung in eigenen Rechten dartun kann.

> **Bsp.:** Nicht klagebefugt ist im Hinblick auf eine Bürgermeisterwahl, wer kein Bewerber war. Nicht klagebefugt ist, wem kein subjektives Recht auf Einhaltung des Wahlverfahrens zustehen kann – etwa der unterlegene Bewerber im Fall der Konkurrenz um eine Wahlbeamtenstelle in der Kommunalverwaltung[628]

Wird die Wahl für ungültig erklärt, kommt es zu einer Wiederholungswahl. Von Nachwahl spricht man hingegen, wenn die Wahl infolge höherer Gewalt nicht durchgeführt werden konnte und nachgeholt wird.[629] Bei einer Ungültigerklärung der Wahl steht Wahlbewerbern, die durch eine Ungültigkeitserklärung der Wahl in eigenen Rechten betroffen sind, die Klagebefugnis zu.[630] Für die Kosten des Verwaltungsprozesses gelten die allgemeinen Regeln (§§ 154 ff. VwGO). Das Wahlprüfungsverfahren gilt aber hinsichtlich der Kosten nicht als Rechtsschutzverfahren gem. § 162 II 2 VwGO.[631]

ee) Passives Wahlrecht

---

[621] OVG LSA, Beschl. v. 30.4.2013 a.a.O. Rn. 8 (Ls Nr. 3).

[622] Vgl. § 52 III KWG LSA: „Die Beschlüsse zu Absatz 1 Satz 1 Nrn. 2 bis 4, Satz 2 sowie Absatz 2 sind zu begründen."

[623] BVerwG, Urt. v. 8.4.2003 – 8 C 14.02 – BVerwGE 118, 101.

[624] Der Kommunalaufsichtsbehörde ist die Entscheidung auch dann zuzustellen, wenn sie keinen Wahleinspruch erhoben hat (§ 53 I 1 HS 2 KWG LSA).

[625] Der Wahlleiter und die Kommunalaufsichtsbehörde sind auch dann klageberechtigt, wenn der Wahleinspruch nicht von ihnen erhoben worden ist (§ 53 II 2 KWG LSA).

[626] § 53 II KWG LSA. *Kopp/Schenke*, VwGO, § 40 Rn. 33.

[627] Zu den Voraussetzungen einer Wahlprüfungsklage s. VG Magdeburg, Urt. v. 6.6.2012 –– 9 A 107/10 – juris Rn. 24; Urt. v. 6.6.2012 – 9 A 112/10 – juris Rn. 27; Urt. v. 6.6.2012 – 9 A 111/10 – juris Rn. 11.

[628] OVG LSA, Beschl. v. 14.1.2001 – 2 M 257/00 – juris.

[629] In Bayern wird der Begriff Nachwahl für die Wiederholungswahl benutzt s. Art. 52 GLKrWG.

[630] OVG LSA, Urt. v. 10.10.2017 – 4 L 84/16 – juris Rn. 30.

[631] OVG LSA, Beschl. v. 16.4.2010 – 4 O 43/10 – juris Rn. 6 (vgl. § 162 I VwGO: „Kosten sind die Gerichtskosten (Gebühren und Auslagen) und die zur zweckentsprechenden Rechtsverfolgung oder Rechtsverteidigung notwendigen Aufwendungen der Beteiligten einschließlich der Kosten des Vorverfahrens".

366 Aktives und passives Wahlrecht für Kommunalwahlen haben in Sachsen-Anhalt nicht die gleichen Voraussetzungen. Während Gemeindebürger[632] das aktive Wahlrecht bereits mit Vollendung des 16. Lebensjahrs erwirbt, steht ihnen das passive erst ab Vollendung des 18. Lebensjahrs zu. Die **Wählbarkeit** in den Gemeinderat ist gegeben, wenn die Person Bürger der jeweiligen Gemeinde ist und am Wahltag das 18. Lebensjahr vollendet hat (§ 40 I KVG).[633] Nicht wählbar sind Bürger, die 1. vom Wahlrecht ausgeschlossen sind, 2. infolge Richterspruchs die Wählbarkeit oder die Fähigkeit zur Bekleidung öffentlicher Ämter verloren haben, 3. Staatsangehörige anderer Mitgliedstaaten der Europäischen Union sind, wenn ein derartiger Ausschluss oder Verlust nach den Rechtsvorschriften des Staates besteht, dessen Staatsangehörigkeit sie besitzen (§ 40 II KVG).

367 Zudem können dem passiven Wahlrecht gesetzliche **Hinderungsgründe** entgegenstehen (sog. **Inkompatibilität**, § 41 KVG). Zahlreiche Personen können von Gesetzes wegen nicht Mitglieder des Gemeinderates sein. Die Regelungen sollen allgemeine Interessenkollisionen aus Gründen der Unabhängigkeit der Ratsmitglieder vermeiden. Interessenkollisionen im konkreten Einzelfall sind hingegen Gegenstand der Befangenheitsregelungen (s.u.). Der wichtigste Grund einer Inkompatibilität ist die **Unvereinbarkeit von Amt und Mandat**, wobei es sich um ein Amt in der Gemeinde bzw. in einem Kreis, einer Verbandsgemeinde oder in einem Zweckverband handeln muss, dem die Gemeinde angehört. Das Vorliegen eines Hinderungsgrundes kann Gegenstand eines feststellenden Verwaltungsakts von Rat, Wahlleiter oder Kommunalaufsicht sein.[634] Wer gewählt wird, obwohl ein gesetzlicher Hinderungsgrund vorliegt, darf sein Mandat nicht annehmen.[635]

368 Erfasst werden nicht nur Gemeindebeamte, sondern alle **Beschäftigten der Gemeinde**, d.h. auch Angestellte (§ 41 I Nr. 2 KVG). Es muss sich nicht um hauptamtlich Beschäftigte handeln. Ausgenommen sind nur nicht leitende Beschäftigte in Einrichtungen der Jugendhilfe und Jugendpflege, der Sozialhilfe, des Bildungswesens und der Kulturpflege, des Gesundheitswesens, des Forst-, Gartenbau- und Friedhofsdienstes, der Eigenbetriebe und in ähnlichen Einrichtungen. Die Unvereinbarkeit setzt nicht voraus, dass es sich um eine Vollzeitbeschäftigung handelt.[636]

> **Bsp.:** Während eine teilzeitbeschäftigte Sachbearbeiterin des Ordnungsamts in dieser Gemeinde nicht wählbar ist, kann der Streetworker der städtischen Jugendhilfeeinrichtung Ratsmitglied werden. Keinen Hinderungsgrund stellt die Tätigkeit als Techniker in der von der Gemeinde betriebenen Mehrzweckhalle dar.[637]

---

[632] Bürger einer Kommune sind die Einwohner, die Deutsche im Sinne des Art. 116 GG sind oder die Staatsangehörigkeit eines anderen Mitgliedstaates der EU besitzen, das 16. Lebensjahr vollendet haben und seit mindestens drei Monaten in dieser Kommune wohnen. Einwohner mehrerer Kommunen sind Bürger nur der Kommune, in der sie ihre Hauptwohnung haben (§ 21 II KVG).

[633] § 23 Abs. 1 Satz 2 gilt entsprechend. So bestimmt § 23 I KVG, dass die Bürger im Rahmen der Gesetze zu den Kommunalwahlen wahlberechtigt sind, die Bürger und Einwohner in sonstigen Angelegenheiten der Kommunen stimmberechtigt. Bei der Berechnung der Dreimonatsfrist nach § 21 Abs. 2 Satz 1 ist der Tag der Wohnsitz- oder Aufenthaltsnahme mitzurechnen (§ 23 I 2 KVG).

[634] *Gern*, Deutsches Kommunalrecht, Rn. 344 unter Verweis auf VGH BW, BWGZ 1984, 398.

[635] VG Magdeburg, Urt. v. 10.6.2015 – 9 A 212/15 – juris Rn. 14.

[636] Vgl. zur verfassungsrechtlichen Zulässigkeit der Einbeziehung der Teilzeitbeschäftigten BVerwG, Urt. v. 29.7.2002 NVwZ 2003, 90; krit. hierzu *Schliesky*, JA 2003, 379 ff.

[637] VG Magdeburg, Urt. v. 11.2.2014 – 9 A 212/13 – juris Rn. 14.

369 Problematisch ist u.a. die Bewertung einer Aufsichtsratstätigkeit in einem Unternehmen der Gemeinde. Rechtlich zulässig, wenn auch im Einzelfall bedenklich, ist es, wenn zwischen dem Bürgermeister und Ratsmitgliedern enge wirtschaftliche oder verwandtschaftliche Beziehungen bestehen[638] oder wenn Ratsmitglieder aus eigenen wirtschaftlichen Motiven Mandate wahrnehmen. Zu beachten sind aber weitere Wählbarkeitsbeschränkungen nach einfachem Recht. So ist insbesondere nicht wählbar, wer kraft Richterspruchs das Wahlrecht verloren hat.

370 Gemeinderäte können nicht sein **Beschäftigte einer Verbandsgemeinde**, der die Gemeinde angehört. Hiervon ausgenommen sind leitende Beschäftigte in Einrichtungen der Jugendhilfe und Jugendpflege, der Sozialhilfe, des Bildungswesens und der Kulturpflege, des Gesundheitswesens, des Forst-, Gartenbau- und Friedhofsdienstes, der Eigenbetriebe und in ähnlichen Einrichtungen (§ 41 I Nr. 3 KVG).

371 Ausgeschlossen von der Ratsmitgliedschaft sind weiterhin **leitende Beschäftigte im Dienst des Landkreises**, dem die Gemeinde angehört (§ 41 I Nr. 4 KVG), leitende Beschäftigte eines Zweckverbandes, dessen Mitglied die Gemeinde ist (Nr. 5) sowie leitende Beschäftigte einer juristischen Person oder einer Vereinigung, wenn die Gemeinde in einem beschließenden Organ mehr als die Hälfte der Stimmen hat (§ 41 I Nr. 6 KVG) sowie Beschäftigte, die vorbereitend oder entscheidend unmittelbar Aufgaben der Rechts- oder Fachaufsicht oder der Rechnungsprüfung über die Gemeinde wahrnehmen (§ 41 I Nr. 7 KVG).

372 Die Beschränkungen des passiven Wahlrechts durch die Inkompatibilitätsregelungen der Kommunalverfassungen gelten als grundsätzlich **verfassungsgemäß**.[639] Art. 137 GG erlaubt ausdrücklich, die Wählbarkeit von Beamten und Angestellten des öffentlichen Dienstes in Bund, Ländern und Gemeinden gesetzlich zu beschränken.[640] Dies gilt entsprechend im Hinblick auf Soldaten und Richter.[641] Die Inkompatibilitätsregelungen **hindern im Übrigen nicht die Wählbarkeit an sich**, sondern führen nur dazu, dass sich der Gewählte für eine der beiden Tätigkeiten entscheiden muss.[642] Mit anderen Worten wirkt sich der Hinderungsgrund erst nach der Wahl aus. Demgemäß reicht etwa eine Beurlaubung vom öffentlichen Amte aus.[643]

373 Zahlreiche gesetzliche Gründe können zum **Verlust der Mitgliedschaft** im Rat führen Zum Ausscheiden aus dem Rat können insbesondere führen: ein Mandatsverzicht, der Verlust der Wählbarkeit, ein Inkompabilitätsgrund oder die Feststellung der Ungültigkeit der Wahl (vgl. § 42 I KVG).[644] Soweit es um den Verlust der Wählbarkeit oder einen Hinderungsgrund i.S.v. § 41 KVG

---

[638] Zur Zulässigkeit der Mitgliedschaft von (früheren) Eheleuten BVerfG, Beschl. v. 16.1.1996 NVwZ 1996, 573.

[639] So ist es etwa verfassungsrechtlich nicht zu beanstanden, wenn ein Landesgesetzgeber die Tätigkeit einer Teilzeitangestellten des die Gemeinde verwaltenden Amtes ohne Rücksicht auf die konkret ausgeübte Funktion generell für unvereinbar mit der gleichzeitigen Wahrnehmung eines Mandats in der Gemeindevertretung erklärt (BVerwG, Urt. v. 29.7.2002 – 8 C 22.01 – BVerwGE 117, 11/NVwZ 2003, 89, bzgl. Teilzeitangestellten).

[640] Näher VG Magdeburg, Urt. v. 10.6.2015 – 9 A 212/15 – juris Rn. 15.

[641] Hierzu BVerfG, Urt. v. 5.11.1975 BVerfGE 40, 296 (321). S. a. *Bernhard*, Richteramt und Kommunalmandat, 1983.

[642] *Gern*, Deutsches Kommunalrecht, Rn. 344.

[643] BVerfG, Beschl. v. 4.4.1978 BVerfGE 48, 64 (88).

[644] Ein ehrenamtliches Mitglied der Vertretung verliert gem. § 41 I KVG während der Wahlperiode sein Mandat, wenn 1. es auf das Mandat verzichtet; der Verzicht ist gegenüber dem Vorsitzenden der Vertretung schriftlich zu erklären und kann mit Wirkung ab

geht, stellt der Rat unverzüglich fest, ob eine der Voraussetzungen nach diesen Vorschriften vorliegt, soweit diese nicht bereits durch unanfechtbaren Richterspruch eingetreten ist (§ 42 II 1 KVG). Der Betroffene genießt Rechtsschutz gegen die Feststellung.[645] Der Zeitpunkt des Ausscheidens aus dem Rat richtet sich nach dem Ausscheidensgrund.[646] Durch das Ausscheiden eines ehrenamtlichen Mitglieds der Vertretung wird die Rechtswirksamkeit seiner bisherigen Tätigkeit nicht berührt (§ 42 III 2 KVG).

374 Das KVG enthält überdies Regelungen zum **Nachrücken** und zur Ergänzungswahl. Soweit ein Gewählter nicht in die Vertretung eintritt, im Laufe der Wahlperiode stirbt oder aus der Vertretung ausscheidet, rückt der nächste festgestellte Bewerber nach (§ 42 IV KVG). Ist die Zahl der ehrenamtlichen Mitglieder der Vertretung auf weniger als zwei Drittel der gesetzlichen Mitgliederzahl herabgesunken, weil ehrenamtliche Mitglieder der Vertretung ihr Amt nicht angetreten haben oder vorzeitig ausgeschieden sind, ist eine **Ergänzungswahl** für den Rest der Wahlperiode nach den für die Hauptwahl geltenden Vorschriften durchzuführen (§ 42 V 1 KVG).[647]

375 Mit der Inkompatibilitätsregelung in Zusammenhang steht der Streit um die Zulässigkeit der sog. **Scheinkandidatur.** Dabei geht es darum, dass eine Person für einen Sitz im Beschlussorgan kandidiert, aber von vornherein ein Amt beibehalten möchte, das mit einem Sitz im Gremium unverein-

---

einem bestimmten späteren Zeitpunkt erklärt werden; die Verzichtserklärung darf nicht in elektronischer Form abgegeben und kann nicht widerrufen werden, 2. die Wählbarkeit nach § 40 verloren geht oder sich nachträglich ergibt, dass das ehrenamtliche Mitglied zum Zeitpunkt der Wahl nicht wählbar war, 3. ein Hinderungsgrund nach § 41 I, II oder III KVG bereits zum Zeitpunkt der Annahme der Wahl vorliegt oder im Laufe der Wahlperiode eintritt, 4. die unanfechtbare Berichtigung des Wahlergebnisses oder seine Neufeststellung nach § 52 I 1 Nr. 4 S. 3 Buchst. a des Kommunalwahlgesetzes für das Land Sachsen-Anhalt dies ergeben hat, 5. durch eine unanfechtbare Entscheidung im Wahlprüfungsverfahren nach § 52 I Nr. 4 S. 3 b KWG LSA die Wahl der Vertretung oder des ehrenamtlichen Mitgliedes a) ganz ungültig oder b) teilweise ungültig ist, 6. die Vertretung einen Beschluss über die vorzeitige Auflösung der Vertretung nach § 38 III KVG fasst, 7. eine Partei oder die Teilorganisation einer Partei durch das Bundesverfassungsgericht nach Art. 21 II 2 GG für verfassungswidrig erklärt wird, sofern das ehrenamtliche Mitglied der Vertretung dieser Partei oder Teilorganisation zu irgendeinem Zeitpunkt zwischen der Antragstellung gemäß § 43 BVerfGG und der Verkündung der Entscheidung gem. § 46 BVerfGG angehört hat oder aufgrund eines Wahlvorschlages dieser Partei gewählt worden ist; dies gilt entsprechend für die Feststellung, dass eine Partei oder ein Teil einer Partei eine verbotene Ersatzorganisation ist.

[645] Dem Betroffenen ist Gelegenheit zur Stellungnahme zu geben (§ 42 II 2 KVG). Die Entscheidung der Vertretung nach Satz 1 ist dem ehrenamtlichen Mitglied der Vertretung durch den Hauptverwaltungsbeamten binnen einer Frist von zwei Wochen schriftlich mit Begründung zuzustellen (§ 42 II 3 KVG). Gegen die Entscheidung der Vertretung ist der Verwaltungsrechtsweg nach Maßgabe des 8. Abschnitts der Verwaltungsgerichtsordnung gegeben (§ 42 II 4 KVG).

[646] Das ehrenamtliche Mitglied der Vertretung scheidet gem. § 42 III 1 KVG aus der Vertretung aus 1. im Fall des Absatzes 1 Nr. 1 mit dem in der Verzichtserklärung bestimmten Zeitpunkt, im Übrigen mit dem Zugang der Verzichtserklärung beim Vorsitzenden der Vertretung, 2. in den Fällen des Absatzes 1 Nrn. 2 und 3 mit der Unanfechtbarkeit der Feststellung der Vertretung, 3. in den Fällen des Absatzes 1 Nrn. 4, 5 Buchst. a und Nr. 7 mit der Unanfechtbarkeit der Entscheidung der Vertretung im Wahlprüfungsverfahren oder der gerichtlichen Entscheidung, 4. in den Fällen des Absatzes 1 Nr. 5 Buchst. b nach erfolgter Teilwiederholungswahl mit der Feststellung des Wahlergebnisses für das gesamte Wahlgebiet durch den Wahlausschuss, 5. in den Fällen des Absatzes 1 Nr. 6 mit der Beschlussfassung der Vertretung über ihre Auflösung.

[647] Eine Ergänzungswahl findet auch dann statt, wenn bei der Neuwahl der Vertretung weniger als zwei Drittel der gesetzlichen Mitgliederzahl in die Vertretung gewählt worden sind (§ 42 V 2 KVG). Von einer Ergänzungswahl nach Satz 1 kann abgesehen werden, wenn die Durchführung der regulären Neuwahl der Vertretung innerhalb der nächsten neun Monate bevorsteht (§ 42 V 3KVG). Die Kommunalaufsichtsbehörde stellt die Voraussetzungen nach Satz 1 fest und entscheidet über die Anwendung der Möglichkeit nach Satz 3 (§ 42 V 4 KVG).

bar ist.[648] Den Listenplatz nimmt der Bewerber nur aufgrund seines Bekanntheitsgrades ein, d.h. um dem Wahlvorschlag mehr Stimmen zu verschaffen, wird im Fall seiner Wahl das Mandat aber nicht annehmen, sondern zugunsten eines Nachrückers verzichten. Eine ausdrückliche Regelung hierzu enthält das Kommunalwahlrecht nicht. Mitunter wird in diesen Fällen von einer Pflicht des Wahlleiters ausgegangen nachzufragen, ob eine ernsthafte Kandidatur vorliege.[649] *Von Arnim* sieht in der Praxis eine unzulässige Wählertäuschung, die mit dem Wahlrechtsgrundsatz der Freiheit der Wahl unvereinbar sei.[650] Fraglos ist die Scheinkandidatur eine Farce. Die Rspr. hält diese Praxis allerdings für rechtmäßig.[651] Für die Zulassung der Wahlvorschläge bedürfe es insbesondere nur einer Zustimmung des Bewerbers und nicht auch seiner Erklärung, dass er einen Sitz in jedem Falle annehmen wolle. Da dem Wahlvolk bekannt sei, dass der (Schein-)Kandidat sein bisheriges Amt beibehalten möchte, liege keine Täuschung vor.

376 Die verfassungsrechtliche Zulässigkeit des Erfordernisses von **Unterstützungsunterschriften** für Kandidaten, die keiner bereits im Rat vertretenen Partei oder Wählergruppe angehören, wird von der h.M. im Grundsatz bejaht.[652]

> **Bsp.:** Verfassungsrechtlich „noch" vertretbar sei das Erfordernis mindestens dreimal so viel Unterstützungsunterschriften wie zu vergebende Ratssitze nachzuweisen.[653]

Während im Falle von Kandidaten der Parteien oder Wählergruppen, die in der Volksvertretung der jeweiligen Kommune (bzw. im Landtag) bereits vertreten sind, nur eine sog. Unterstützungserklärung erforderlich ist, müssen sonstige Bewerber eine bestimmte Anzahl Unterstützungsunterschriften vorlegen. Dies verstößt insbesondere nicht gegen den Wahlrechtsgrundsatz der Gleichheit der Wahl. Die Ungleichbehandlung der Bewerbergruppen ist sachlich gerechtfertigt. Sie dient der Sicherung der Funktionsfähigkeit des Rates.[654]

377 Die Einführung eines allgemeinen **Ausländerwahlrechts** verstieße nach h.M. gegen Art. 28 I GG.[655] Hiernach muss das „Volk" eine Vertretung haben, womit das deutsche Volk gemeint ist. Das BVerfG erklärte demgemäß Ausländerwahlgesetze von Schleswig-Holstein und Hamburg für nichtig, da von Ausländern keine deutsche Staatsgewalt ausgehen darf.[656] Eine Ausnahme gilt für sog. EU-Ausländer. Art. 28 I 3 GG regelt ausdrücklich ein Kommunalwahlrecht der EU-Ausländer.[657] Zu die-

---

[648] Vgl. HessStGH, Beschl. v. 30.10.1980 ESVGH 31, 161; OVG Rh.-Pfalz, Urt. v. 17.12.1991 NVwZ-RR 1992, 255; *Glauben*, NVwZ 1991, 545 ff.

[649] VG Neustadt, Urt. v. 17.12.1990 NVwZ 1991, 603.

[650] *Von Arnim*, DÖV 1991, 737 ff.

[651] OVG Rh.-Pfalz, Urt. v. 17.12.1991 NVwZ-RR 1992, 255; ebs. *Gern,* Deutsches Kommunalrecht, Rn. 344.

[652] SaarlOVG, Urt. v. 14.12.1995 NVwZ-RR 1996, 589. Näher Lege, Unterschriftenquorum zwischen Parteistaat und Selbstverwaltung, 1997.

[653] SaarlOVG., a.a.O.

[654] Vgl. zur Bundes- und Landtagswahl: BVerfG, Beschl. v. 14.2.1978 BVerfGE 47, 198 (227); Urt. v. 10.4.1997 BVerfGE 95, 408 (420)

[655] BVerfG, Urt. v. 31.10.1990 – 2 BvF 2/89, 2 BvF 6/89 – BVerfGE 83, 37 (60). Näher *Barley*, Das Kommunalwahlrecht für Ausländer nach der Neuordnung des Art. 28 Abs. 1 Satz 3 GG, 1999; *Rittstieg*, Wahlrecht für Ausländer, 1983.

[656] BVerfG, Urt. v. 31.10.1990 –2 BvF 2/89, 2 BvF 6/89 – BVerfGE 83, 37 (60 ff.).

[657] Hierzu *Pieroth/Schmülling*, DVBl. 1998, 365, *Barley*, a.a.O.

ser Regelung war die Bundesrepublik nach dem Europarecht verpflichtet.[658] Die Kommunen werden somit in den europäischen Integrationsprozess auch auf der Legitimationsebene einbezogen.

378 Im Kommunalwahlrecht des Landes Sachsen-Anhalt ist eine **5%-Sperrklausel** nicht vorgesehen. Die Einführung einer 5 %-Sperrklausel wäre im Interesse der Sicherung der Funktionsfähigkeit kommunaler Vertretungen grundsätzlich zulässig.[659] Nur eine mit einiger Wahrscheinlichkeit zu erwartende Beeinträchtigung der Funktionsfähigkeit kommunaler Vertretungsorgane kann jedoch eine Fünf-Prozent-Sperrklausel rechtfertigen.[660] Die 5 %-Klausel muss zur Abwehr der Obstruktion durch politisch ohnmächtige Splittergruppen und der Bildung stabiler Mehrheiten, mithin der Sicherung der Arbeitsfähigkeit der Vertretung, erforderlich sein. Die Zulässigkeit einer Fünf-Prozent-Klausel auf der Ebene der Kommunalwahl wird mitunter bestritten, da die abstrakte Annahme einer Beeinträchtigung der Funktionsfähigkeit der örtlichen repräsentativen Demokratie nicht ausreiche.[661] Es müsse immer wieder neu beurteilt werden, ob diese Gefahr tatsächlich besteht (etwa anhand der Zahl der Bewerber).[662]

d) Zuständigkeiten des Gemeinderats
aa) Auffangzuständigkeit

379 Der Rat ist für alle Angelegenheiten zuständig, soweit nicht kraft Gesetzes oder Übertragung durch den Gemeinderat der Bürgermeister zuständig ist (**Auffangzuständigkeit** gem. § 45 I 1 KVG). Verschiedene wichtige Angelegenheiten, wie z.B. der Satzungserlass, sind nicht übertragbar. Der Rat führt seine Beschlüsse nicht selbst aus, sondern Ratsbeschlüsse werden durch den Bürgermeister ausgeführt. Der Rat überwacht die Ausführung seiner Beschlüsse und sorgt dafür, dass in der Verwaltung auftretende Missstände durch den Hauptverwaltungsbeamten beseitigt werden (§ 45 I 2 KVG). Nicht vom Rat, sondern vom Bürgermeister in eigener Verantwortung zu erledigen sind auch die Geschäfte der laufenden Verwaltung.

bb) Rechtsetzung

380 Die wichtigste Aufgabe des Rates ist die **Rechtsetzung**. Allein der Rat ist zur „Regelung" der eigenen Angelegenheiten der Gemeinde durch Satzung befugt. Die Entscheidung über den Erlass, die Änderung und Aufhebung von Satzungen ist eine nicht übertragbare Aufgabe des Gemeinderates (§ 45 II Nr. 1 KVG). Hervorzuheben ist dabei sein „Budgetrecht", welches den Erlass der Haushaltssatzung beinhaltet. Neben die allgemeine Satzungskompetenz nach Art. 28 II GG treten die durch einfaches Recht eingeräumten Kompetenzen zum Erlass von Satzungen wie Hauptsatzung, Bebauungspläne, Abwasserbeseitigungs- und Abwassergebühren-, Abfallentsorgungs- und Abfallgebührensatzung.

---

[658] Vgl. Art. 40 Charta der Grundrechte der EU sowie Art. 19 I EGV.

[659] BVerfG, Urt. v. 23.1.1957 – 2 BvF 3/56 –openJur 2011, 118061: „Auch im Kommunalwahlrecht kann eine 5 v.H.-Sperrklausel gegen Splitterparteien unter dem Gesichtspunkt der Gewährleistung eines störungsfreien Funktionierens der Selbstverwaltung gerechtfertigt sein."

[660] BVerfG, Urt. v. 13. 2. 2008 – 2 BvK 1/07 – BVerfGE 120, 82/lexetius.com/2008, 142; s.a. BVerfG, Urt. v. 29.9.1990 BVerfGE 82, 322.

[661] VerfGH NW, Urt. v. 6.7.1999 HSGZ 1999, 385; Anm. hierzu *Hönig*, JA 2000, 278 ff.; Abwartend: *Geis*, Kommunalrecht, 6. Aufl., 2023, § 11 Rn. 9.

[662] VerfGH NW, Urt. v. 29.9.1994 NVwZ 1995, 579.

Hinzu tritt der Erlass von Gefahrenabwehrverordnungen und anderen Verordnungen, soweit hierfür nicht der Bürgermeister zuständig ist.

381 Die Bezeichnung des Gemeinderats als „**Ortsgesetzgeber**" ist deshalb problematisch, weil der Rat nach h.M. kein **Parlament** ist und auch seine Rechtsetzungstätigkeit Tätigkeit der Exekutive ist.[663] Trotz des quasi-legislatorischen Charakters gehört der Erlass von Satzungen im System staatlicher Gewaltenteilung nicht zur Legislative. Der Begriff der Gesetzgebung muss aber nicht zwingend in diesem rein staatsorganisationsrechtlichen Sinne verstanden werden.[664] Da die Satzungen jedenfalls Gesetze im materiellen Sinn sind, ist die Bezeichnung des Rats als Ortsgesetzgeber vertretbar.

cc) Haushaltsplanung

382 Eine besonders bedeutsame Aufgabe des Rates ist die **Haushaltsplanung**, worauf noch einzugehen sein wird.[665] Der Rat beschließt einen **Stellenplan** als Bestandteil des Haushaltsplans (§ 101 I 3 KVG). Die Kommunen bestimmen im Stellenplan die Stellen ihrer Beamten sowie ihrer nicht nur vorübergehend beschäftigten Arbeitnehmer, die für die Erfüllung der Aufgaben im Haushaltsjahr erforderlich sind (§ 76 I 1 KVG).[666] In Personalsachen und dienstlichen Angelegenheiten entscheidet grundsätzlich der Bürgermeister in eigener Zuständigkeit, wenn es sich um ein Geschäft der laufenden Verwaltung handelt. Hingegen beschließt der Rat oder ein beschließender Ausschuss im Einvernehmen mit dem Bürgermeister über die 1. Ernennung, Einstellung, Versetzung in den Ruhestand und Entlassung mit Ausnahme der Entlassung innerhalb oder mit Ablauf der Probezeit von Beschäftigten der Kommune (§ 45 V 2 Nr. 1 KVG).[667] Dies gilt aber nicht, soweit durch Hauptsatzung dem Bürgermeister diese Entscheidung übertragen wurde oder sie zur laufenden Verwaltung gehört (§ 45 V 2 Nr. 1 KVG). Soweit der Rat dem Bürgermeister Personalentscheidungen durch Hauptsatzung übertragen hat und auch nicht wirksam ein inhaltlich bestimmtes Rückholrecht in der Hauptsatzung vorgesehen wurde, kann der Rat diese Entscheidung daher nur durch Satzungsänderung wieder an sich ziehen.[668]

dd) Kontrolle des Bürgermeisters

383 Der Rat hat auch die Funktion eines „Kontrollorgans" im Hinblick auf die Amtsführung des Bürgermeisters. Hierfür stehen ihm Kontrollrechte zu. So kann ein Zehntel der ehrenamtlichen

---

[663] BVerfG, Beschl. v. 22.11.1983 – 2 BvL 25/81 – BVerfGE 65, 283 (289): die kommunale Rechtsetzung ist „ungeachtet dessen, daß sie in mancher Hinsicht legislatorischen Charakter aufweist, im System der staatlichen Gewaltenteilung der Exekutive zuzuordnen; a.A. BVerfG, Beschl. v. 23.2.1972 BVerfGE 32, 346 (361): Gewaltenteilung nicht durchbrochen; insoweit dem Bereich der Legislative zuzuordnen.

[664] Vgl. *Franz*, Der Begriff des Gesetzes. Geschichte, Typologie und neuer Gesetzesbegriff, Zeitschrift für Gesetzgebung 2008, S. 140 ff.

[665] S. u. Rn. 1063, 1070 ff.

[666] Für Sondervermögen, für die Sonderrechnungen geführt werden, sind besondere Stellenpläne aufzustellen (§ 76 I 2 KVG). Beamte in Einrichtungen solcher Sondervermögen sind auch im Stellenplan nach Satz 1 aufzuführen und dort besonders zu kennzeichnen (§ 76 I 3 KVG).

[667] Das Gleiche gilt für die nicht nur vorübergehende Übertragung einer anders bewerteten Tätigkeit bei einem Arbeitnehmer sowie die Festsetzung des Entgelts, sofern kein Anspruch aufgrund eines Tarifvertrages besteht (45 V 2 Nr. 1 2.HS KVG).

[668] Nicht übertragbar ist daher eine Entscheidung des NdsOVG zur Besetzung der Stelle des Leiters des Rechnungsprüfungsamtes, wonach der Rat diese Entscheidung aus besonderen Gründen wieder an sich ziehen könne (OVG NW, Beschl. v. 9.11.2001 NVwZ-RR 2002, 291).

Mitglieder des Gemeinderats, mindestens jedoch zwei ehrenamtliche Mitglieder des Rats oder eine Fraktion, in allen Angelegenheiten der Gemeinde und ihrer Verwaltung sowohl zu allen Aufgaben des eigenen als auch des übertragenen Wirkungskreises verlangen, dass der Bürgermeister den Rat unterrichtet (**Unterrichtungsanspruch**, § 45 VI 1 KVG).[669] Der Bürgermeister unterliegt zwar auch bei Wahrnehmung der allein hm übertragenen Angelegenheiten des übertragenen Wirkungskreises der Kontrolle des Rates, jedoch bietet der Unterrichtungsanspruch keine Rechtsgrundlage ihm Weisungen in übertragenen Angelegenheiten zu erteilen oder für Ratsbeschlüsse, die auf eine Beeinflussung der Entscheidung des Bürgermeisters in übertragenen Angelegenheiten zielen (Missbilligung einer beabsichtigten Entscheidung etc.) bzw. solche, die in die Organisation des Vollzugs eingreifen.

Bsp.: unzulässige Weisung des Stadtrats gegenüber dem OB, einen Bauantrag zu genehmigen

384 Auf Antrag dieser Mehrheiten ist dem Rat oder einem von ihm bestellten Ausschuss Akteneinsicht zu gewähren (**Akteneinsichtsrecht**, § 45 VI 2 KVG).[670] Soll einem Ausschuss Einsicht gewährt werden, müssen die Antragsteller in dem Ausschuss vertreten sein (§ 45 VI 3 KVG). Unterrichtungs- und Akteneinsichtsrecht gelten nicht, soweit spezialgesetzliche Vorschriften entgegenstehen; sie gelten auch nicht für Angelegenheiten, die der Geheimhaltung[671] unterliegen (§ 45 II KVG). Der Rat überwacht insbesondere die Ausführung seiner Beschlüsse und wirkt beim Auftreten von Missständen in der Amtsführung des Bürgermeisters oder der Gemeindeverwaltung (soweit nicht bereits der Bürgermeister als Verwaltungsleiter entgegenwirkt) auf deren Beseitigung hin. Der Ratskontrolle unterliegt grundsätzlich der gesamte Bereich der Gemeindeverwaltung einschließlich der Personalangelegenheiten der Gemeinde.[672] Dies bedeutet aber nicht, dass der Rat in beamtenrechtlichen Entscheidungen Mitspracherecht hätte.[673] Auch in dienstrechtlichen Angelegenheiten besteht zwar ein Informationsrecht, aber keine Befassungskompetenz des Rates.

Bsp.: Die Verpflichtung eines Oberbürgermeisters zur Abgabe einer Nebentätigkeitserklärung gegenüber der Dienstaufsichtsbehörde ist grundsätzlich kein zulässiger Verhandlungsgegenstand des Rates.[674]

385 In eingeschränktem Maße hat der Rat die Aufgabe der **Selbstkontrolle des ordnungsgemäßen und rechtmäßigen Verhaltens seiner Mitglieder**. Diese Aufgabe wird in erster Linie durch den Vorsitzenden für den Rat wahrgenommen. Dieser kann Ordnungsverstöße, teilweise erst nach Zustimmung durch den Rat gegen Ratsmitglieder vorgehen, die ihre Pflichten nach dem KVG verletzen.

ee) Nicht übertragbare Angelegenheiten im Übrigen

386 Die Kommunalverfassung regelt umfangreiche Kataloge zahlreicher **weiterer nicht übertragbarer Angelegenheiten**. Dies umfasst einen größeren Katalog mit 21 Angelegenheiten[675] sowie einen

---

[669] Bei der Berechnung des Quorums § 45 VI 1 KVG bleibt der Bürgermeister unberücksichtigt (§ 95 I 2 KVG).

[670] S.a. *Eyermann*, Akteneinsicht durch kommunale Mandatsträger, NVwZ 2005, 43 ff.

[671] Gem. § 6 VI KVG.

[672] VG Gießen, Urt. v. 18.10.2002 NVwZ-RR 2003, 378.

[673] Vgl. OVG RH.-Pfalz, Urt. v. 18.8.1982 NVwZ 1983, 484.

[674] VGH BW, Urt. v. 22.2.2001 NVwZ 2002, 229.

kleineren[676] mit vier nicht übertragbaren Angelegenheiten. Einige dieser Katalogtatbestände werden indes inhaltlich bereits von der Ratszuständigkeit für den Satzungserlass erfasst.

Bsp.: Der Erlass von Bebauungsplänen (Satzungen gem. § 10 BauGB) ist sowohl nach § 45 II Nr.1 als auch nach § 45 III Nr. 4 BauGB nicht übertragbare Angelegenheit.

Die Kataloge listen Angelegenheiten, die der Landesgesetzgeber, unabhängig von der Größe der jeweiligen Kommune, für so bedeutend ansieht, dass er eine Befassung der Vertretung damit als erforderlich ansieht. Der Sache nach handelt es sich bei diesen nicht übertragbaren Angelegenheiten um die wichtigen bzw. wesentlichen Angelegenheiten der Gemeinde. Nach wie vor ist davon auszugehen, dass sich unabhängig von der Katalogfestlegung jedenfalls bei Angelegenheiten von herausragender Bedeutung für die Kommune eine Aufgabenübertragung verbietet,[677] weil aus dem Demokratieprinzip ein Wesentlichkeitsvorbehalt abzuleiten ist. Nicht übertragbar ist im Übrigen die Zuständigkeit des Rates oder eines beschließenden Ausschusses im Einvernehmen mit dem Bür-

---

[675] § 45 II KVG: „(...) 2. die Geschäftsordnung, 3. die Bildung und Zusammensetzung der Ausschüsse, 4. den Erlass und die Änderung der Haushaltssatzung nach § 100 Abs. 2, die Zustimmung zu nach Umfang und Bedeutung in der Hauptsatzung festzulegenden erheblichen über- und außerplanmäßigen Verpflichtungsermächtigungen, die Entgegennahme des Jahresabschlusses und die Entlastung des Hauptverwaltungsbeamten für die Haushaltsdurchführung, 5. die Stellungnahme zum Prüfungsergebnis der überörtlichen Prüfung sowie eine Stellungnahme zum Prüfungsbericht über die Jahresabschlussprüfung der Eigenbetriebe und den Gesamtabschluss, 6. die Festsetzung allgemein geltender öffentlicher Abgaben und privatrechtlicher Entgelte, 7. die Verfügung über das Vermögen der Kommune, insbesondere Schenkungen und Darlehen, und die Veräußerung oder Belastung von Grundstücken, ausgenommen Rechtsgeschäfte, deren Vermögenswert eine in der Hauptsatzung bestimmte Wertgrenze nicht übersteigt, 8. die Verpachtung von Unternehmen und sonstigen Einrichtungen der Kommune und solchen, an denen die Kommune beteiligt ist, sowie die Übertragung der Betriebsführung dieser Unternehmen und Einrichtungen auf Dritte, 9. die Errichtung, Übernahme, wesentliche Erweiterung, Einschränkung oder Auflösung kommunaler Einrichtungen und Unternehmen, die Beteiligung an Unternehmen in einer Rechtsform des Privatrechts und die Änderung der Beteiligungsverhältnisse sowie die Umwandlung der Rechtsform kommunaler Einrichtungen und Unternehmen, 10. die Aufnahme von Krediten, Übernahme von Bürgschaften, Abschluss von Gewährverträgen, Bestellung sonstiger Sicherheiten sowie wirtschaftlich gleichzustellender Rechtsgeschäfte, soweit eine von der Vertretung allgemein festgesetzte Wertgrenze überschritten wird, 11. die Zweckänderung, Zusammenlegung, Zulegung und Aufhebung sowie die Verwendung des Stiftungsvermögens von Stiftungen im Sinne von § 121 Abs. 1 Nr. 2 und § 122 Abs. 1, soweit der Stifterwille nicht entgegensteht, 12. die Bestellung und Abberufung von weiteren Vertretern der Kommune in Eigengesellschaften und anderen Unternehmen, an denen die Kommune beteiligt ist, 13. Verträge der Kommune mit ehrenamtlichen Mitgliedern der Vertretung, sonstigen Mitgliedern von Ausschüssen, von Ortschaftsräten, mit dem Ortsvorsteher oder mit dem Hauptverwaltungsbeamten, es sei denn, es handelt sich um Verträge aufgrund einer förmlichen Ausschreibung oder um Geschäfte der laufenden Verwaltung, deren Vermögenswert einen in der Hauptsatzung bestimmten Betrag nicht übersteigt, 14. den Namen, das Wappen, die Flagge und das Dienstsiegel der Kommune, 15. Vereinbarungen und die Mitwirkung bei Gebietsänderungen, 16. den Verzicht auf Ansprüche der Kommune und den Abschluss oder die Ablehnung von Vergleichen, soweit eine von der Vertretung allgemein festgesetzte Wertgrenze überschritten wird, 17. die Mitgliedschaft in Zweckverbänden und den Abschluss von Zweckvereinbarungen, 18. die Verleihung und Entziehung des Ehrenbürgerrechts und von Ehrenbezeichnungen, 19. die Führung von Rechtsstreitigkeiten von erheblicher Bedeutung, 20. die Übernahme neuer Aufgaben, für die keine gesetzliche Verpflichtung besteht, 21. Angelegenheiten, über die kraft Gesetzes die Vertretung entscheidet.“
[676] § 45 III KVG: „Der Gemeinderat kann über die Angelegenheiten nach Absatz 2 hinaus folgende Angelegenheiten nicht übertragen: 1. die Bestimmung einer Bezeichnung der Gemeinde sowie die Benennung von Ortsteilen, Straßen und Plätzen, 2. die Bildung, Änderung und Aufhebung von Ortschaften, 3. die Mitgliedschaft in einer Verbandsgemeinde und das Ausscheiden aus einer Verbandsgemeinde, die Übertragung von Aufgaben zur Erfüllung auf die Verbandsgemeinde sowie das Verlangen nach deren Rückübertragung, 4. die Aufstellung, Änderung, Ergänzung und Aufhebung von Bauleitplänen.“
[677] Vgl. OVG LSA, Urt. v. 15.6.2023 – 3 L 96/22 – juris Rn. 30: „Angesichts der von der Klägerin selbst hervorgehobenen „herausragenden Bedeutung“ der Feststellung der Einwohnerzahl dürfte es sich unabhängig vom Streitwert um die Führung einer Rechtsstreitigkeit von erheblicher Bedeutung gehandelt haben, bei der gemäß §§ 44 Abs. 3 Nr. 22, 63 Abs. 3 Satz 2 GO LSA a.F. eine Übertragung auf den Bürgermeister ausgeschlossen ist.“

germeister darüber zu entscheiden, ob eine Mitgliedschaft in kommunalen Verbänden und Vereinigungen begründet oder aufgehoben wird oder partnerschaftliche Beziehungen zu anderen Kommunen aufgenommen werden (§ 45 V Nr. 2 KVG).

e) Verfahren

387 Das **Verfahren im Rat** ist Gegenstand zahlreicher Regelungen des KVG sowie der jeweiligen Geschäftsordnungen.[678] Regelungsgegenstände sind vor allem die Einberufung der Sitzungen, einschließlich der Festlegung der Tagesordnung, die Sitzungsöffentlichkeit, die Verhandlungsleitung, das Verhalten in der Sitzung, das Verhältnis von Rat und Ausschüssen, die Beschlussfähigkeit, die Abstimmung und die Protokollierung. Nicht nur die Ausgestaltung des Verfahrens durch das KVG und die Geschäftsordnungen müssen verfassungsrechtlichen Anforderungen genügen. Auch die konkrete Ausgestaltung der tatsächlichen Bedingungen für die Wahrnehmung der Mitgliedschaftsrechte muss im Einklang mit Grundgesetz und Landesverfassung stehen.

aa) Verfassungsrechtliche Bindungen

388 Das Verfahren im Rat muss, wie die gesamte Ordnung im Land Sachsen-Anhalt, demokratisch-rechtsstaatlichen Anforderungen entsprechen (Art. 28 I GG, Art. 2 I VerfLSA). Der verfassungsrechtliche Status der Parteien ist zu beachten (Art. 21 GG).

> **Bsp.:** Unzulässig wäre eine Geschäftsordnungsregelung, die es verbietet, dass Beschlussanträge neben der Namensangabe des Antragstellers die Parteizugehörigkeit enthalten.

Der allgemeine Gleichheitssatz (Art. 3 I GG) ist u.a. im Hinblick auf die technische Ausstattung des Sitzungssaals, die Sitzordnung im Saal oder die Ausübung der Sitzungspolizei zu beachten.

> **Bsp.:** Gleichheitswidrig wäre die Ausstattung der Sitzplätze der Mehrheitsfraktion mit gepolsterten Sitzen, während der Opposition Holzbände zugewiesen werden. Gegen den Gleichheitssatz verstieße es, wenn nur bestimmten Ratsmitgliedern ein Mikrofon zur Verfügung gestellt wird, es sei denn, dies dient dazu, eine Sprechbehinderung zu kompensieren. Gleichheitswidrig ist es, wenn der Ratsvorsitzende Ordnungsrufe nur bei Störungen durch die Opposition, nicht durch die Mehrheitsfraktion erteilt.

Zu beachten ist die Religionsfreiheit und die hieraus folgende staatliche Neutralitätspflicht.

> **Bsp.:** Die Anbringung eines Kruzifixes im Sitzungssaal verstößt gegen das verfassungsrechtliche Gebot der staatlichen Neutralität gegenüber dem religiösen Bekenntnis.[679]

389 Die Grundrechte der Zuhörer sind zu beachten. So darf niemand wegen seines Geschlechtes, seiner Abstammung, seiner Rasse, seiner Sprache, seiner Heimat und Herkunft, seines Glaubens, seiner religiösen oder politischen Anschauungen benachteiligt oder bevorzugt werden; niemand darf wegen seiner Behinderung benachteiligt werden (Art. 3 III GG).

> **Bsp.:** Redeverbot für Einwohner in Einwohnerfragestunde, weil er als Roma „sowieso bald wieder woanders" lebe; Markierung von Sitzplätzen „Behinderte (geistig/körperlich)"

---

[678] S. näher hierzu Kommentierungen des KVG sowie *Bätge/Bennemann/Glaser* u.a., Beratungs- und Beschlussfassungsverfahren in der Gemeindevertretung, 5. Aufl., 2023.
[679] S. HessVGH, Beschl. v. 4.2.2003 NJW 2003, 2471; VG Darmstadt, Beschl. v. 26.11.2002 NJW 2003, 455.

Ratsmitglieder können sich bei der Ausübung ihrer Mitgliedschaftsrechte nach h.M. hingegen nicht auf Grundrechte berufen,[680] so dass die Ausgestaltung des Verfahrens im Rat ihnen gegenüber auch nicht an die Grundrechte gebunden ist.

bb) Einberufung der Sitzung

390 Die Einberufung (Ladung) zur konstituierenden Sitzung des neuen Gemeinderats erfolgt durch den Bürgermeister (vgl. § 53 I 2 KVG). Die Einberufung zur konstituierenden Sitzung kann bereits vor Beginn der Wahlperiode erfolgen (§ 53 I 1 2. HS KVG). Die konstituierende Sitzung muss spätestens einen Monat nach Beginn der Wahlperiode stattfinden (§ 53 I 1 1. HS KVG).

391 Im Hinblick auf die Einberufung zu allen auf die konstituierende Sitzung folgenden Sitzungen ist zwischen Einheits- und Verbandsgemeinden zu unterscheiden. Bei Einheitsgemeinden gilt für die folgenden Sitzungen der Wahlperiode: die Einberufung der Ratssitzungen erfolgt **durch den Ratsvorsitzenden im Einvernehmen mit dem Bürgermeister** (§ 53 IV 1 KVG).[681] Für Mitgliedsgemeinden von Verbandsgemeinden gilt: die Einberufung der Ratssitzungen erfolgt **durch den Bürgermeister im Einvernehmen mit dem Verbandsgemeindebürgermeister** (§ 95 II 1 KVG).[682] Die Information der Öffentlichkeit über eine bevorstehende Ratssitzung ersetzt nicht die Ladung der Ratsmitglieder.[683] Die Ladung ist kein Verwaltungsakt, sondern reiner Innenrechtsakt.[684]

392 Der Gemeinderat ist einzuberufen, (wenn und) **sooft es die Geschäftslage es erfordert** (vgl. § 53 III 1 KVG). Die Geschäftsordnung kann einen Zeitraum vorsehen, nach dem die Vertretung einzuberufen ist (§ 53 III 2 KVG). Gibt die Geschäftsordnung solche Zeiträume vor, ist das Einberufungsermessen insoweit reduziert. Im Hinblick auf die Beurteilung der Geschäftslage steht dem Vorsitzenden allerdings ein Beurteilungsspielraum zu, so dass die Notwendigkeit der Sitzungen nur eingeschränkt justiziabel ist. Die Einberufung einer Gemeinderatssitzung kann nur in den besonderen Fällen des § 53 V KVG erzwungen werden.[685]

393 Nur wenn der Rat in der Geschäftsordnung bestimmt hat, dass Ratssitzungen in bestimmten Abständen (unabhängig von der Geschäftslage) einzuberufen sind, wird das Einberufungsermessen des Vorsitzenden entsprechend beschränkt. Ein einfacher Beschluss ohne Geschäftsordnungsänderung reicht hierfür nicht aus. Sofern es sich nicht um einen Beschluss zur Geschäftsordnung handelt, ist ein Beschluss über Sitzungstermine ohne Zustimmung des Bürgermeisters rechtswidrig und kann allenfalls einen Wunsch bzw. eine Empfehlung darstellen, da dem Rat jenseits seiner Geschäftsordnungsmacht kein Einberufungsrecht bzw. Einberufungsermessen zusteht.

394 Die Einberufung hat **schriftlich oder elektronisch** in einer angemessenen Frist, mindestens jedoch **eine Woche vor der Sitzung**, unter Mitteilung der Verhandlungsgegenstände zu erfolgen (**Ladungsfrist** gem. § 53 IV 2 KVG). Es besteht mithin ein Wahlrecht, ob schriftlich oder elektronisch geladen

---

[680] S. Rn. 559.

[681] Ausschusssitzungen werden von ihrem Vorsitzenden einberufen (§ 53 IV 1 2. HS KVG).

[682] Ausschusssitzungen werden von ihrem Vorsitzenden einberufen; § 53 V KVG gilt entsprechend (§ 95 II 1 2. HS KVG).

[683] NdsOVG, Beschl. v. 10.3.1982 NVwZ 1983, 484 (485).

[684] Ebs. *Gern*, DtKomR, Rn. 445. Zu Rechtsfehlern der Ladung *Behnel*, NWVBl. 1993, 406 ff.

[685] S. Rn. 401 f.

wird. Hat die Gemeinde alle notwendigen Voraussetzungen zur Nutzung eines elektronischen Arbeitsplatzes für Mandatsträger geschaffen, ist die elektronische Ladung nicht von der Zustimmung der Mandatsträger abhängig.[686] Für die Beurteilung der Angemessenheit kann von Bedeutung sein, ob das die Rüge der Unangemessenheit erhebende Ratsmitglied zuvor im Ausschuss mit der Angelegenheit befasst war.[687] Der Ladung sind die für die Verhandlung erforderlichen Unterlagen grundsätzlich beizufügen (§ 53 IV 3 KVG). Von der Übersendung ist abzusehen, wenn das öffentliche Wohl oder berechtigte Interessen Einzelner dem entgegenstehen (§ 53 IV 4 KVG). Ein Verstoß gegen die Mindestladungsfrist soll nach h.M. durch die rügelose Verhandlung der Gemeinderäte geheilt werden.[688] Der Vorsitzende bzw. Bürgermeister muss die Ratsmitglieder schriftlich laden, sofern es sich nicht um eine Dringlichkeitssitzung handelt.

395 Weitere Einzelheiten zur Einberufung zur Sitzung kann die Geschäftsordnung regeln (§ 53 IV 6 KVG).

Bsp.: Einzelheiten der Einrichtung des elektronischen Arbeitsplatzes für Mandatsträger

396 Die Ladung hat unter **Mitteilung der Verhandlungsgegenstände** zu erfolgen (vgl. § 52 IV 2 KVG). Die Tagesordnung muss diese verschiedenen Tageordnungspunkte abbilden. Es genügt grundsätzlich, wenn die Bezeichnung der Tagesordnungspunkte den jeweiligen Verhandlungsgegenstand schlagwortartig bezeichnet. Eine Änderung der Tagesordnung über die zuvor mitgeteilten Verhandlungsgegenstände hinaus ist grundsätzlich unzulässig.[689] Zulässig ist es, wenn, nach näherer Maßgabe der Geschäftsordnung, der Rat eine Änderung der Reihenfolge der Verhandlungsgegenstände beschließt oder noch vor Beratung eines TOP dessen Vertragung beschließt.

397 Mit der Einberufung sind die für die Verhandlung der in der Ladung genannten Verhandlungsgegenstände **erforderlichen Unterlagen** grundsätzlich beizufügen (§ 53 IV 3 KVG). Ein bloßes „Vorhalten" der Unterlagen in der Verwaltung genügen nicht.[690] Welche Unterlagen erforderlich sind, richtet sich nach dem „Informationsbedarf eines verständigen Gemeinderats"[691]. Diejenigen Unterlagen sind erforderlich, derer es zu einer angemessenen Vorbereitung auf die Verhandlung des Gegenstands bedarf. Die Unterlagen müssen m.a.W. hinreichenden Aufschluss über die anstehenden Beratungsgegenstände bieten. Sie müssen das Ratsmitglied in den Stand versetzen, sich ein vorläufiges Bild machen zu können.[692] Die Einberufungsfrist, die Mitteilung unter Benennung der Verhandlungsgegenstände wie auch das Beifügen der erforderlichen Unterlagen sollen die Mandatsträger in die Lage versetzen, sich auf die Sitzung angemessen vorbereiten zu können. Für eine sachgerechte Vorbereitung bedarf es keiner absoluten Vollständigkeit der Unterlagen.[693] Vielmehr korrespondiert mit dem Gebot gewissenhafter Mandatsausübung die Pflicht des Ratsmitglieds in der Vorberei-

[686] VG Magdeburg, Beschl. v. 19.1.2015 – 9 B 466/14 – juris Rn. 8.

[687] VGH BW, Urt. v. 12.2.1990 – 1S 588/89 – juris Ls Nr. 3/NVwZ-RR 1990, 369.

[688] VGH BW, Urt. v. 24.6.2002 NVwZ-RR 2003, 56; Urt. v. 12.2.1990 – 1 S 588/89 – NVwZ-RR 1990, 370 (bzgl. verspätetem Zugang der Sitzungsunterlagen); *Gern*, Deutsches Kommunalrecht, Rn. 460.

[689] VG Magdeburg, Urt. v. 3.5.2011 – 9 A 51/10 – juris Rn. 36 bzgl. §§ 31 III, § 40 IV LKO LSA.

[690] Zum KVG MV: OVG MV, Beschl. v. 20-.0ß5.1998 – 2 M 66/98 – Juris Rn. 11.

[691] OVG LSA, Beschl. v. 9.4.2019 – 2 R 123/18 – juris (Ls Nr. 1); VG Magdeburg, Beschl. v. 28.7.2020 – 9 B 165/20 – juris Rn. 46.

[692] VG Magdeburg, Beschl. v. 28.7.2020 – 9 B 165/20 – juris Rn. 46.

[693] VG Magdeburg, Beschl. v. 28.12.2016 – 9 B 889/16 – juris Rn. 32.

tungsphase Erkundigungen einzuziehen, wenn sich für ihn Fragen ergeben und diese notfalls an den Vorsitzenden zu richten.[694]

398 Welche Unterlagen **erforderlich** sind, bestimmt sich nach den Umständen des Einzelfalles.[695] Liegen schriftliche Beschlussanträge vor, sind auch diese den Ratsmitgliedern zu übermitteln, da ein Zurückhalten sachwidriger Ermessensgebrauch wäre. Zu den erforderlichen Unterlagen zählen insbesondere die Kopien der dem Vorsitzenden übergebenen Fraktionsschreiben, in denen diese um die Aufnahme eines Punktes auf die Tagesordnung bitten, einen bestimmten Antrag ankündigen und diesen begründen. Der Verzicht auf die Beifügung der Unterlagen ist grundsätzlich unzulässig und kann nur durch besondere Rechtsgründe gerechtfertigt sein.[696]

> **Bsp.:** Gegenstände, die der Geheinhaltung nach § 30 VwVfG (i.V.m. § 1 I VwVfG LSA) unterliegen wie etwa Verschlusssachen i.S.v. § 7 VSA-LSA

399 Sind die erforderlichen Unterlagen nicht beigefügt, liegt ein wesentlicher Verfahrensmangel vor, der zu einer nicht-ordnungsgemäßen Einberufung der Sitzung führt. Sog. (reine) **Tischvorlagen** sind daher grundsätzlich unzulässig (Überreichung der Vorlagen während der Sitzung „am Tisch"). Eine Ausnahme ist dann anzuerkennen, wenn über einen leicht überschaubaren Tagesordnungspunkt abgestimmt werden soll, über den bereits interfraktionell verhandelt wurde und die Ratsmitglieder durch Boten die Vorlage am Tag der Beschlussfassung erhalten.[697] Ein Fehler der Ladung gilt als geheilt, wenn alle stimmberechtigten Mitglieder anwesend sind und keines der fehlerhaft geladenen Mitglieder den Fehler rügt.[698] Ein Verlust des Rügerechts ist nur dann anzunehmen, wenn der spätere Kläger in der Sitzung keine Rüge erhebt bzw. keine Vertagung beantragt, sondern sich (rügelos) an der Sachdiskussion und Abstimmung beteiligt.[699]

400 In **dringenden Angelegenheiten**, die keinen Aufschub dulden, kann die Vertretung ohne Frist, formlos und nur unter Angabe der Verhandlungsgegenstände einberufen werden (**Dringlichkeitssitzung** gem. § 53 IV 5 KVG).[700] Man mag hier auch von einer Notfallsitzung oder „außerordentlichen" Sitzung sprechen. Von einer dringenden Angelegenheit ist vor allem auszugehen, wenn ohne die sofortige Beschlussfassung des Gemeinderats ein erheblicher nicht wiedergutmachender Schaden für die Gemeinde entstünde. In diesem Fall gelten weder Ladungsfristen noch besondere Formvorschriften. Der Vorsitzende muss lediglich den Verhandlungsgegenstand benennen.

> **Bsp.:** dringlicher Beschluss über eine Sanierungssatzung, weil diese Voraussetzung einer Landesförderung und das Auslaufen der Frist für die Einreichung des Förderantrags droht; Beschluss

---

[694] VG Magdeburg, Beschl. v. 28.12.2006 a.a.O. Rn. 31.

[695] Zu GemO BW s. VGH BW, Urt. v. 12.02.1990 – 1 S 588/89 – Juris Rn. 25: „beurteilt sich, außer nach Ortsgröße und der Zusammensetzung des Gemeindeparlaments maßgeblich nach dem Umfang der Tagesordnung sowie nach der Bedeutung und Schwierigkeit der einzelnen Verhandlungsgegenstände und der anstehenden Entscheidungen".

[696] Wenn z.B. berechtigte Interessen einzelner dem entgegenstehen

[697] VGH BW, Urt. v. 24.6.2002 NVwZ-RR 2003, 56; s. zur Tischvorlage auch *Schmitz*, VR 1990, 266 ff. und *Gern,* Deutsches Kommunalrecht, Rn. 451, der Tischvorlagen generell bei „einfachen, leicht zu überschauenden Beratungsgegenständen" für zulässig hält.

[698] OVG LSA, Urt. v. 6.02.2019 – 2 K 40/16 – Ls. Nr. 1

[699] VGH BW, Urt. v. 24.6.2002 NVwZ-RR 2003, 56; Urt. v. 12.2.1990 – 1 S 588/89 – NVwZ-RR 1990, 369.

[700] Grasser, BayVBl. 1991, 42 ff.

über die Finanzausstattung einer kommunalen Eigengesellschaft, bei der Zahlungsunfähigkeit eingetreten ist

401 Die auf Initiative des Vorsitzenden bzw. Bürgermeisters einberufene Dringlichkeitssitzung ist zu unterscheiden von der durch andere Ratsmitglieder **„erzwungenen" Sitzung**. Die Vertretung ist unverzüglich einzuberufen, wenn es ein Viertel ihrer Mitglieder unter Angabe des Verhandlungsgegenstandes verlangt (§ 53 V 1 1. Alt. KVG). Die Vertretung ist auch dann unverzüglich einzuberufen, wenn die letzte Sitzung länger als drei Monate zurückliegt und ein Mitglied der Vertretung die Einberufung unter Angabe des Verhandlungsgegenstandes beantragt (§ 53 V 1 KVG). Der Vorsitzende muss unverzüglich einberufen, hat mithin insoweit kein Ermessen. Ob insoweit die Ladungsfristen gelten, ist im Gesetz nicht zweifelsfrei geregelt. Da jedoch kein Notfall für die Einberufung der Dringlichkeitssitzung vorliegen muss, sondern nur ein Verlangen eines bestimmten Mindestquorums, ist die Geltung der Ladungsfristen anzunehmen. Ein Fristverzicht ist nur zulässig, wenn auch die Voraussetzungen einer Dringlichkeitssitzung vorliegen, d.h. der Gemeinde ohne die Sitzung ein erheblicher nicht wiedergutzumachender Schaden drohen.

402 Auf **Antrag eines Viertels der Mitglieder** der Vertretung oder einer Fraktion ist ein Verhandlungsgegenstand auf die Tagesordnung spätestens der übernächsten Sitzung der Vertretung zu setzen (§ 53 V 2 KVG). Ein Einvernehmen mit dem Hauptverwaltungsbeamten ist in diesen Fällen nicht erforderlich (§ 53 II 3 KVG). Die Sätze 1 und 2 gelten nicht, wenn die Vertretung den gleichen Verhandlungsgegenstand innerhalb der letzten sechs Monate bereits verhandelt hat (§ 53 II 4 KVG). Die Verhandlungsgegenstände müssen zum Aufgabengebiet der Vertretung gehören (§ 53 II 5 KVG).

403 Die Einberufung richtet sich nur auf die Ratsmitglieder. Um die Öffentlichkeit der Sitzung zu gewährleisten, muss der Vorsitzende aber auch **Zeit, Ort und Tagesordnung der Sitzungen** rechtzeitig **ortsüblich bekanntmachen** (§ 52 IV KVG). Sofern ausnahmsweise eine Videokonferenzsitzung stattfindet, sind Zeit und Tagesordnung der Sitzung rechtzeitig ortsüblich bekannt zu machen, wobei die Öffentlichkeit darauf hinzuweisen ist, in welcher Weise die öffentliche Videokonferenzsitzung verfolgt werden kann (§ 56a II 6 KVG).

cc) Festlegung der Tagesordnung

404 Die **Festlegung der Tagesordnung** der Ratssitzungen erfolgt bei Einheitsgemeinden durch den Ratsvorsitzenden im Einvernehmen mit dem Bürgermeister (§ 53 IV 1 KVG). Bei Mitgliedsgemeinden von Verbandsgemeinden erfolgt die Festlegung der Tagesordnung **durch den Bürgermeister im Einvernehmen mit dem Verbandsgemeindebürgermeister** (§ 95 II 1 KVG).[701] Der Verbandsgemeindebürgermeister kann verlangen, dass ein bestimmter Beratungsgegenstand auf die Tagesordnung des Gemeinderates oder eines seiner Ausschüsse gesetzt wird (§ 95 II 2 KVG). Es liegt grundsätzlich im freien Ermessen des Vorsitzenden, welche Verhandlungsgegenstände er auf die Tagesordnung setzt. Die Festlegung von Verhandlungsgegenständen darf indes nicht sachwidrig sein und muss die Grenzen der gemeindlichen Verbandskompetenz beachten. Die Ratsmitglieder haben gegenüber dem Vorsitzenden keinen Anspruch auf ermessensfehlerfreie Entscheidung. Insbesondere hat das

---

[701] Bei Ausschusssitzungen bestimmt der Ausschussvorsitzende die Tagesordnung; § 53 V KVG gilt entsprechend.

einzelne Ratsmitglied keinen Anspruch darauf, dass ein von ihm gewünschter Verhandlungsgegenstand auf die Tagesordnung genommen wird.[702] Ein Anspruch einzelner Ratsmitglieder, dass eine bestimmte Angelegenheit auf die nächste Tagesordnung gesetzt wird, folgt insbesondere nicht aus Art. 28 II GG.[703] Eine Ausnahme gilt nur für den bereits genannten Fall, dass die Vertretung unverzüglich einzuberufen ist, wenn die letzte Sitzung länger als drei Monate zurückliegt und ein Mitglied der Vertretung die Einberufung unter Angabe des Verhandlungsgegenstandes beantragt (§ 53 V 1 1 KVG). Erst recht haben Dritte keinen Anspruch auf eine bestimmte Gestaltung der Tagesordnung.[704] Ein Antrag auf Vertagung des TOP, der schon vor Eröffnung der Sitzung schriftlich gestellt wird, ist im Kommunalrecht nicht vorgesehen und geht ins Leere.[705]

405 Auf **Antrag einer Fraktion oder mindestens eines Viertels der Ratsmitglieder** muss der Vorsitzende jedoch einen TOP spätestens auf die Tagesordnung der übernächsten Sitzung setzen, wobei es insoweit keines Einvernehmens mit dem Bürgermeister bedarf (§ 53 V 3 KVG). Problematisch ist, ob der Vorsitzende im Falle eines solchen Antrags ein materielles Prüfungsrecht hat und die Aufnahme solcher Gegenstände verweigern kann, die nicht in die Zuständigkeit des Rates fallen. Die Rechtsprechung der Oberverwaltungsgerichte hierzu ist uneinheitlich.[706]

406 Die Festlegung der Tagesordnung ist **kommunalpolitisch von großer Bedeutung**. Was, wann und wie etwas aufgenommen wird, entscheidet oft über Erfolg oder Misserfolg einer politischen Initiative. Abgesehen von den dargestellten Ausnahmen nach § 53 V KVG hat der Vorsitzende ein weit reichendes Ermessen. Diese Steuerungsgewalt des Vorsitzenden ist indes vom Gesetzgeber grundsätzlich gewollt und verfassungsrechtlich nicht zu beanstanden.[707]

407 Nach wohl h.M. darf der **Vorsitzende** noch in der Sitzung bis zum Beginn der Beratung **Tagesordnungspunkte streichen**.[708] Dies widerspricht jedoch Sinn und Zweck der Festlegung einer Tagesordnung und ist vor allem im Hinblick auf ihre Anstoßfunktion nicht zu rechtfertigen, weil sich die Gemeinderäte regelmäßig auf einen Verhandlungsgegenstand vorbereiten und daher nicht von einer plötzlichen Streichung überrascht werden dürfen.[709] Der Vorsitzende darf lediglich unter Wahrung der Ladungsfrist eine geänderte Tagesordnung übersenden; ansonsten ist er ebenso wie die Ratsmitglieder an seine Festlegung gebunden und kann die Tagesordnung während der einwöchigen

---

[702] BVerwG, Beschl. v. 14.12.1992 – 7 B 50.92 – DVBl. 1993, 891; *Gern,* Deutsches Kommunalrecht, Rn. 457; a.A. BayVGH, Urt. v. 10.11.1986 BayVBl. 1987, 239.

[703] BVerwG, Beschl. v. 14.12.1992 a.a.O.

[704] OVG NW, Beschl. v. 28.2.1995 NVwZ-RR 1995, 591 bzgl. Geschäftsordnungsregelungen; *Gern,* Deutsches Kommunalrecht, Rn. 452, 457.

[705] OVG LSA, Beschl. v. 6.5.2013 – 4 L 210/12 – juris Rn. 8.

[706] Vgl. VGH BW, Urt. v. 29.5.1984 – 1 S 474/84 – DVBl. 1984, S. 729 ff.; OVG NW, Urt. v. 16.12.1983 – 15 A 2027/83 –; NdsOVG, Beschl. v. 16.5.1983 – 5 B 9/83 – DVBl. 1983, 814 f. - ablehnend.

[707] BVerwG, Beschl. v. 7.1.1992 DVBl. 1992, 1025; *Gern,* Deutsches Kommunalrecht, Rn. 444; *Hill,* DVBl. 1993, 978 ff.

[708] *Gern,* Deutsches Kommunalrecht, Rn. 450.

[709] Die Änderung der TO verändert, auf welche Gegenstände sich die Ratsmitglieder vorbereiten und mit welchem Aufwand sie sich auf die einzelnen Gegenstände vorbereiten. Durch eine missbräuchliche Aufnahme von TOP könnten Ratsmitglieder gar gezielt in die Irre geleitet werden und dazu gebracht werden, ihre begrenzte Vorbereitungszeit vor allem auf einen vermeintlich wichtigeren (aber dann kurzfristig gestrichenen) TOP zu lenken, während sie die Vorbereitung auf einen tatsächlich verhandelten bedeutsamen TOP vernachlässigen.

Ladungsfrist nicht mehr ändern. Hat sich ein Tagesordnungspunkt erledigt bzw. stehen der Verhandlung plötzlich tatsächliche oder rechtliche Hindernisse entgegen, sollte er die Ratsmitglieder im Nachgang hierüber informieren, so dass eine unnötige Vorbereitung vermieden wird.

408 Eine **Erweiterung der Tagesordnung während der Sitzung** ist grundsätzlich unzulässig. Hierdurch würde die Schutzwirkung der Ladungsvorschriften unterlaufen. Vertreten wird, dass eine Erweiterung in Notfällen zulässig sei, wenn ohne den Beschluss für die Gemeinde oder einzelne Einwohner erhebliche Nachteile entstehen würden. Für die bayerische Rechtslage wurde angenommen, dass Beschlüsse bzw. Geschäftsordnungsregelungen zulässig sind, wonach in Fällen „äußerster Dringlichkeit" (Unaufschiebbarkeit) die Tagesordnung mit qualifizierter Mehrheit bzw. einstimmig[710] in nichtöffentlichen Sitzungen erweitert werden.[711] Für Sachsen-Anhalt ist zu fragen, ob man nicht weitergehend in analoger Anwendung des § 53 IV 5 KVG davon ausgehen muss, dass durch Mehrheitsbeschluss eine Erweiterung in „dringenden Angelegenheiten, die keinen Aufschub dulden" zulässig ist. Dies gilt jedenfalls dann, wenn die Aufnahme in die Tagesordnung dazu dient, einen der Kommune unmittelbar drohenden Schaden abzuwehren. Eine Eilentscheidung ohne Vorbereitung verspricht allerdings bei komplexen schwierigen Angelegenheiten keine ausgereiften Ergebnisse und hier dürfte das gesetzliche Eilentscheidungsrecht des Bürgermeisters die besseren Ergebnisse liefern, jedoch kann zumindest eine Befassung des Rates ohne Beschlussfassung sachgerecht sein, um dem Bürgermeister Argumente und ein Stimmungsbild für eine Eilentscheidung an die Hand zu geben

409 Anfragen kann der Fragesteller bis zu ihrer Beantwortung jederzeit **zurücknehmen**, so dass ein Tagesordnungspunkt insoweit entfällt.[712] Ist der TOP allerdings mit einem Antrag verknüpft, hat der Antragsteller spätestens mit der Versendung der Tagesordnung seine Dispositionsgewalt verloren. Eine einseitige „Rücknahme" eines Beschlussvorschlags von der Tagesordnung der Gemeinde durch das Ratsmitglied ist nicht vorgesehen. Allein der Ratsvorsitzende entscheidet nach pflichtgemäßem Ermessen, ob er die Tagesordnung ändert.[713] Hat der Vorsitzende den Verhandlungsgegenstand mit der Ladung zur nächsten Sitzung bereits bekannt gemacht, kann er die Tagesordnung nur im Wege einer erneuten Umladung unter Wahrung der Ladungsfristen ändern. Möchte ein Ratsmitglied nicht länger, dass über den von ihm zur Entscheidung gestellten Punkt verhandelt wird, kann es lediglich durch einen entsprechenden Geschäftsordnungsbeschluss in der Sitzung darauf hinwirken, dass der entsprechende Tagesordnungspunkt aufgehoben bzw. vertagt wird.

410 Die Einstellung eines Gegenstands zur Beschlussfassung ist (ebenso wie die Einberufung einer Sitzung) ist **nicht erforderlich**, wenn es sich um **Gegenstände einfacher Art** handelt, die vom Rat und seinen Ausschüssen im Wege der Offenlegung oder im **schriftlichen oder elektronischen Verfahren** beschlossen werden können (§ 54 Satz 2 KVG). Ein hierbei gestellter Antrag ist angenom-

---

[710] Zur bayerische Rechtslage zu Dringlichkeitsanträgen: BayVGH, Urt. v. 10.12.1986 – 4 B 85 A.916 – BayVBl. 1987, 239 (241); *Geis*, Kommunalrecht, 6. Aufl., 2023, § 11 Rn. 121; *Grasser*, BayVBl. 1992, 129 ff. Im Hinblick auf nichtöffentliche Sitzungen meint *Gern*, Deutsches Kommunalrecht, Rn. 452, die Erweiterung sei nur durch einstimmigen Beschluss zulässig

[711] Vgl. *Grasser*, a.a.O.

[712] Die Situation ist hier nicht mit einer Beschlussvorlage vergleichbar, weil sich die übrigen Ratsmitglieder nicht auf die Anfrage vorbereiten müssen und die Anfrage grundsätzlich nur dem Erkenntnisinteresse des jeweiligen Fragers dient.

[713] *Raum*, NVwZ 1990, 144 ff.

men, wenn kein stimmberechtigtes Mitglied widerspricht (§ 54 Satz 3 KVG). Das schriftliche bzw. elektronische Verfahren wird in der Geschäftsordnung näher geregelt. Das schriftliche Verfahren ist ein sog. **Umlaufverfahren**, wenn die Vorlage (mit Unterschriftsliste) von einem zum nächsten Mitglied der Vertretung (bzw. von Fraktion zu Fraktion) zur Unterschrift weitergeleitet wird. Dies ist ein für größere Kollegialorgane umständliches Verfahren, das daher nur bei Ausschüssen praktikabel ist. Es dürfte im Zeitalter der Digitalisierung verschwinden.

dd) Analoge und digitale Sitzungen

411 Der gesetzessystematische Regelfall einer Sitzung ist das (nur) physische Zusammenkommen der Mitglieder der Vertretung in einem Sitzungsraum („analoge Sitzung"). In außergewöhnlichen Notsituationen sind rein digitale (virtuelle) Sitzungen zulässig.[714] Eine Zwischenform stellt die hybride Sitzung dar, bei der zwar eine analoge Sitzung stattfindet, jedoch einzelne Mitglieder digital zugeschaltet werden.[715] Soweit die Hauptsatzung dies zulässt,[716] können der Rat und seine Ausschüsse auch außerhalb außergewöhnlichen Notsituationen[717] derartige **Hybridsitzungen** durchführen (§ 56b I 1 KVG). Bei einer Hybridsitzung können die Mitglieder ohne persönliche Anwesenheit am Sitzungsort durch Zuschaltung mittels Ton- und Bildübertragung an der Sitzung teilnehmen (§ 56b I 2 KVG). Dies gilt aber nicht für den Vorsitzenden der Sitzung der Vertretung oder des Ausschusses und den Hauptverwaltungsbeamten (§ 56b I 3 KVG). Die Mitglieder, die durch Zuschaltung mittels Ton- und Bildübertragung an der Sitzung teilnehmen, gelten als anwesend (§ 56b I 5 KVG).

412 Technische Störungen, die nicht im Verantwortungsbereich der Kommune liegen, haben keine Auswirkungen auf die Wirksamkeit eines ohne das betroffene Mitglied gefassten Beschlusses (§ 56b I 6 KVG). Für die Beschlussfähigkeit gilt § 55 I KVG entsprechend (§ 56b I 7 KVG), d.h., die Vertretung und ihre Ausschüsse sind beschlussfähig, wenn nach ordnungsgemäßer Einberufung die Mehrheit der stimmberechtigten Mitglieder im Sitzungsraum anwesend sind bzw. mittels Ton- und Bildübertragung teilnehmen (§ 55 I 1 KVG), sind auch bei einer Verletzung der Vorschriften über die Einberufung sind die Vertretung und die Ausschüsse beschlussfähig, wenn alle stimmberechtigten Mitglieder anwesend sind und keines der fehlerhaft geladenen Mitglieder den Einberufungsfehler rügt (§ 55 I 2 KVG). Auch bei der Hybridsitzung stellt der Vorsitzende die Beschlussfähigkeit zu Beginn der Sitzung fest (§ 56b I 7 i.V.m. § 55 I 4 KVG).

413 In einer Sitzung, an der Mitglieder durch Zuschaltung mittels Ton- und Bildübertragung teilnehmen, dürfen geheime Wahlen nicht durchgeführt werden (**Verbot geheimer Wahlen**, § 56b I 8 KVG).

---

[714] I.S.v. § 56a I KVG. S. hierzu u. Rn. 479 ff.

[715] Hierzu: *Junk/Wiener*, Livestreaming und On-demand-Verfügbarkeit von kommunalen Gremiensitzungen – zu den notwendigen Ergänzungen des Kommunalrechts in den Ländern, APF 2022, 279–284; s.a. *Junk/Wiener*, Digitalisierung der Einwohnerfragestunden – zu notwendigen Ergänzungen des Kommunalrechts in den Ländern, APF 2022, 316–320

[716] Die Vertretung kann die Teilnahme mittels Ton- und Bildübertragung insbesondere auf öffentliche Sitzungen oder bestimmte Ausschüsse beschränken oder von persönlichen Voraussetzungen abhängig machen (§ 56b I 4 KVG), mithin eine entsprechende Regelung in ihrer Hauptsatzung treffen.

[717] I.S.v. § 56a I KVG.

414 Die Kommune hat dafür Sorge zu tragen, dass in ihrem Verantwortungsbereich die **technischen Voraussetzungen** für eine Zuschaltung der Mitglieder mittels Ton- und Bildübertragung und für eine digitale Teilnahme der Öffentlichkeit in öffentlichen Sitzungen an der Sitzung durchgehend bestehen und dass sich die im Sitzungsraum anwesenden und die durch Zuschaltung mittels Ton- und Bildübertragung teilnehmenden Mitglieder während der gesamten Sitzung gegenseitig **optisch und akustisch wahrnehmen können** (technische Verantwortung gem. § 56b II 1 KVG). In öffentlichen Sitzungen müssen die durch Zuschaltung mittels Ton- und Bildübertragung teilnehmenden Mitglieder auch für die im Sitzungsraum anwesende Öffentlichkeit in Ton und Bild wahrnehmbar sein (§ 56b II 2 KVG).

415 Soweit die Hauptsatzung die Teilnahme durch Zuschaltung mittels Ton- und Bildübertragung auch an nicht öffentlichen Sitzungen zulässt, haben die zugeschalteten Mitglieder sicherzustellen, dass die Nichtöffentlichkeit gewahrt bleibt und bei ihnen keine weiteren Personen die Sitzung verfolgen können (§ 56b III KVG).[718] Dies ist offenkundig eine Schwachstelle der Neuregelung, da im Herrschaftsbereich der Zugeschalteten nicht überwacht werden kann, ob die Nichtöffentlichkeit gewahrt wird.

ee) Herstellung der Öffentlichkeit

416 Eine tatsächliche Voraussetzung der Öffentlichkeit von Ratssitzungen ist, dass die Öffentlichkeit von den Sitzungen erfährt. Daher sind Zeit, Ort und Tagesordnung der Sitzungen rechtzeitig ortsüblich bekannt zu machen (vgl. § 52 IV KVG). Zuständig hierfür ist der Bürgermeister im Rahmen seiner Zuständigkeit für die Geschäfte der laufenden Verwaltung.

417 Die Verhandlungen des Rates (Beratung und Beschlussfassung) sind grundsätzlich öffentlich (**Öffentlichkeitsgrundsatz**): Sowohl die Sitzungen der Vertretung als auch ihrer Ausschüsse sind öffentlich (§ 52 I KVG).[719] Dabei handelt es sich um einen tragenden Grundsatz des Kommunalrechts. In ihm drückt sich das Verständnis einer freiheitlichen, transparenten Demokratie aus.[720] Der Grundsatz beinhaltet, dass jedermann die Möglichkeit hat, an den Ratssitzungen als Zuhörer teilzunehmen.[721] Er bezweckt, dass das Interesse der Bürgerschaft an der Selbstverwaltung geweckt und erhalten wird sowie, dass den Bürgern Kritik (außerhalb des Gremiums) und Kontrolle ermöglicht wird.[722] Ein Verstoß gegen den Öffentlichkeitsgrundsatz liegt etwa vor, wenn der Sitzungssaal abge-

---

[718] Insoweit gilt § 32 V KVG entsprechend (§ 56b III HS 2 KVG).

[719] Lex specialis hierzu ist § 51 I 4 KWG LSA, wonach die Verhandlung und Beschlussfassung über die Gültigkeit der Wahl aufgrund Wahleinsprüchen in öffentlicher Sitzung zu erfolgen haben. Lit. zum Öffentlichkeitsgrundsatz s. etwa: *Papsthart*, Die kommunale Sitzungsöffentlichkeit und ihre Ausnahmetatbestände, BayVBl. 2023, 503-504 (Rechtslage Bayern); *Leisner-Egensperger*, Die kommunale Sitzungsöffentlichkeit und ihre Ausnahmetatbestände, ThürVBl. 2023, 267-268.

[720] BVerwG, Urt. v. 27.9.2021 – 8 C 31.20 – Entscheidungssammlung BVerwG, Rn. 17; Beschl. v. 15.3.1995 – 4 B 33.95 – Buchholz 406.11 § 24 BauGB Nr. 6 S. 2.

[721] VG Magdeburg, Beschl. v. 9.7.2012 – 9 B 137/12 – juris Rn. 27: Demokratieprinzip fordert Transparenz der kommunalpolitischen Entscheidungen und ermöglicht den Bürgern Kontrolle; NdsOVG, Beschl. v. 10.3.1982 NVwZ 1983, 484 (485).

[722] HessVGH, VerwRspr. 1979, Nr. 196; NdsOVG. Beschl. v. 10.3.1982 a.a.O.

schlossen oder aus sonstigen Gründen für Besucher unzugänglich ist.[723] Ein Verstoß kann aber auch darin liegen, dass ein Teil der Sitzplätze für die Öffentlichkeit gleichheitswidrig verteilt wurde.[724] Für das Vorliegen eines Verstoßes kommt es nach vorzugswürdiger Ansicht nicht darauf an, ob der Gemeinderat schuldhaft handelt.[725] Die Öffentlichkeit muss grundsätzlich während der gesamten Sitzung gewährleistet sein. Über die reine Sitzungsöffentlichkeit hinaus gilt ein umfassender Öffentlichkeitsgrundsatz.

418 Die Öffentlichkeit **ist auszuschließen**, wenn das öffentliche Wohl oder berechtigte Interessen Einzelner, insbesondere bei Personalangelegenheiten, der Ausübung des Vorkaufsrechts, Grundstücksangelegenheiten und Vergabeentscheidungen, dies erfordern (§ 52 II 1 KVG). Die Entscheidung, ob das Gemeinwohl oder Ansprüche einzelner einen Ausschluss der Öffentlichkeit begründen können, erfordert grundsätzlich eine Abwägung der widerstreitenden Interessen.[726] Ob etwa Grundstücksangelegenheiten in öffentlicher oder nicht-öffentlicher Sitzung zu verhandeln sind, richtet sich nach den gesamten Umständen des Einzelfalles.[727] Über Gegenstände, bei denen diese Voraussetzungen vorliegen, ist nicht öffentlich zu verhandeln (§ 52 II 2 KVG). In nicht öffentlicher Sitzung gefasste Beschlüsse sind nach Wiederherstellung der Öffentlichkeit oder, wenn dies ungeeignet ist, in der nächsten öffentlichen Sitzung bekanntzugeben, sofern nicht das öffentliche Wohl oder berechtigte Interessen Einzelner entgegenstehen (§ 52 II 3 KVG).

419 Grundsätzlich darf der Beginn von Ratssitzungen an Werktagen **nicht innerhalb der normalen Arbeitszeiten** liegen. Das Ratsmitglied hat einen notfalls gerichtlich durchsetzbaren Anspruch darauf, dass der Sitzungsbeginn im bzw. nach dem durchschnittlichen Feierabend liegt.[728] Dieser Anspruch ist aus der Mandatsstellung abzuleiten. Er ist zudem grundrechtlich untermauert, falls der Sitzungsbeginn während der Arbeitszeit im Einzelfall einen unverhältnismäßigen Eingriff in die Berufsausübungsfreiheit bedeutet. Ein regelmäßiger Beginn um 16.15 Uhr wurde für zulässig gehalten. Ein auswärtiger Sitzungsort kann grundsätzlich gewählt werden, wenn jedermann die tatsächliche und rechtliche Möglichkeit des Zugangs hat.[729]

420 In öffentlichen Sitzungen der Vertretung und ihrer Ausschüsse sind **Ton- und Bildübertragungen** sowie **Ton- und Bildaufzeichnungen** durch Presse, Rundfunk und ähnliche Medien zulässig (§ 52 V 1 KVG). Gleiches gilt für von der Vertretung und ihren Ausschüssen selbst veranlasste Ton- und Bildübertragungen sowie Ton- und Bildaufzeichnungen (§ 52 V 2 KVG). Näheres ist in der Geschäftsordnung zu regeln (§ 52 V 3 KVG). Sonstige Ton- und Bildübertragungen oder Ton- und Bildaufzeichnungen durch Ratsmitglieder oder Zuhörer sind unzulässig und verstoßen u.a. gegen das KUrhG.

---

[723] Hierzu dürfte auch das fehlende Angebot von Sitzplätzen für Zuhörer zählen. Eine Pflicht, unabhängig von der Zahl der Interessenten jedem einen Sitzplatz anzubieten, besteht indes nicht. Insoweit gelten die zur Öffentlichkeit von Gerichtsverhandlungen entwickelten Rechtsgrundsätze entsprechend.

[724] BVerwG, Urt. v. 27.9.2021 – 8 C 31.20 – juris (Ls).

[725] A.A. *Gern,* Deutsches Kommunalrecht, Rn. 466.

[726] *Ehlers/Heydemann,* DVBl. 1990, 4; *Gern,* Deutsches Kommunalrecht, Rn. 465.

[727] Vgl. *Stühler,* VBlBW 1997, 288 ff.

[728] SaarlOVG, Urt. v. 22.4.1993 NVwZ-RR 1994, 37; *Gramlich,* DÖV 1982, 139.

[729] OVG NW, Urt. v. 21.7.1989 NVwZ 1990, 186.

ff) Verhandlungsleitung, insbesondere Ordnungsgewalt

421 Die **Verhandlungsleitung** obliegt dem Vorsitzenden des Rates (§ 57 I 1 KVG). Er eröffnet die Sitzung, stellt die An- bzw. Abwesenheit der Ratsmitglieder sowie die Beschlussfähigkeit fest, ruft die Verhandlungsgegenstände auf, erteilt und entzieht das Wort, ruft zur Abstimmung auf, gibt das Abstimmungsergebnis bekannt und unterbricht die Sitzung, handhabt die Ordnung und das Hausrecht in der Sitzung und erklärt die Sitzung für beendet. Der Vorsitzende muss notfalls durch sitzungsleitende Maßnahmen sicherstellen, dass die Ratsmitglieder unbeeinträchtigt beratend und beschlussfassend an der Willensbildung des Rates teilnehmen können.[730]

> **Bsp.:** Der Vorsitzende muss zur Abwehr von Beeinträchtigungen eines Nichtrauchers auf dessen Wunsch ein Rauchverbot anordnen und durchsetzen. Ein Kruzifix hat er entfernen zu lassen, wenn ein Ratsmitglied dies verlangt.[731]

422 Eine besondere Bedeutung kommt dem Schutz der Funktionsfähigkeit der Vertretung durch den Ratsvorsitzenden zu, wenn sich **Extremisten** im Gemeinderat befinden, die obstruktives Verhalten zeigen.[732] Hier bedarf es seiner entschlossenen, gerichtsfesten Anwendung von Gesetz und Geschäftsordnung, damit sich die störenden bzw. zerstörerischen Kräfte nicht entfalten können. Unabhängig hiervon bedarf es einer Überprüfung der Resilienz der Kommunalverfassung gegenüber Angriffen auf Demokratie und Rechtsstaatlichkeit der Kommune „von innen".[733]

423 Der Vorsitzende darf erst dann zu einem **neuen Tagesordnungspunkt überleiten**, wenn über den vorhergehenden beraten und beschlossen wurde. Bei dem Beschluss muss es sich nicht um einen inhaltlichen, sondern kann sich auch um einen Verfahrensbeschluss handeln.

> **Bsp.:** Verweisung zur Vorberatung oder Entscheidung in einen Ausschuss, Absetzung von der Tagesordnung, Vertagung

Der Rat ist nicht verpflichtet, durch Beschluss in eine rechtswidrige Verhandlungsleitung des Vorsitzenden einzugreifen.[734] Beschlüsse, die in einer nicht ordnungsgemäß geleiteten Sitzung gefasst werden, sind rechtswidrig.

424 Der Vorsitzende handhabt die **Ordnung** und übt das Hausrecht aus (§ 57 II KVG).[735] Während das Hausrecht der Abwehr von Störungen durch Außenstehende dient,[736] mithin gegenüber Besuchern bzw. Zuhörern besteht, erfasst die „nach innen" gerichtete Ordnungsgewalt nur Personen, die den Vorschriften der Geschäftsordnung unterliegen. Dies sind beim Gemeinderat die Ratsmitglieder bzw. bei Ausschüssen die Ausschussmitglieder. Nicht der Ordnungsgewalt des Vorsitzenden unterliegt bei Mitgliedsgemeinden der Verbandsgemeindebürgermeister (§ 95 III 3 KVG).

---

[730] VG Darmstadt, Beschl. v. 26.11.2002 NJW 2003, 455.

[731] VG Darmstadt, a.a.O.

[732] Lit.: *Meyer*, Kommunale Fraktionen und politischer Extremismus, NVwZ 2024, 534-540; allgemeiner s.a.: *Barezak*, Politischer Wettstreit, kalkulierter Rechtsungehorsam und demokratische Resilienz, ZG 2024, 103-122; *Ritgen*, Forum: Wehrhafter(re) Kommunalverfassung, ZG 2023, 367-380. S.a. *Huber*, Die AfD – Facetten aktueller Rechtsprechung, NVwZ 2024, 119-125. S.a. *Schaefer*, Resilienz der Verfassung, AöR 146, 402-452 (2021).

[733] S. die Literaturangaben zuvor *Barezak*, ZG 2024, 103-122 und **Schaefer**, AöR 2021, 402-452.

[734] VG Darmstadt, Beschl. v. 26.11.2002 NJW 2003, 455.

[735] Zum Hausrecht an Verwaltungsgebäuden s. *Zeiler*, DVBl. 1981, 1000 ff.

[736] *Rothe*, NVwZ 1992, 535.

425 **Ordnungsmittel** des Ratsvorsitzenden sind insbesondere der Rüge als formlose Ermahnung, der Sachruf, der Ordnungsruf, die Entziehung des Wortes sowie der Sitzungsausschluss.[737] Hiervon zu unterscheiden sind die Ordnungsmittel des Rates, der ein Ratsmitglied wegen wiederholten Ordnungsverstößen für mehrere Sitzungen ausschließen kann. Bei den Ordnungsmitteln handelt es sich um **Ermessensentscheidungen**. Liegen die Voraussetzungen für eine Ordnungsmaßnahme nach der Kommunalverfassung und der Geschäftsordnung vor, entscheidet der Vorsitzende nach pflichtgemäßem Ermessen, ob er eine Ordnungsmaßnahme ergreift (Einschreitermessen) und welche er auswählt (Auswahlermessen). Bei der Auswahl von Adressaten und den Ordnungsmaßnahmen ist er insbesondere an das Verhältnismäßigkeitsprinzip (Geeignetheit, Erforderlichkeit und Angemessenheit) und den Gleichheitssatz gebunden.[738]

> **Bsp.:** Unterlässt der Vorsitzende ein Einschreiten gegen grob ungebührliches Verhalten eines Ratsmitglieds, schreitet aber gegen ein anderes Ratsmitglied wegen eines späteren minder schweren Vorfalls ein, ist dies in der Regel gleichheitswidrig.

426 Der Vorsitzende muss insbesondere das mildeste Mittel unter mehreren in Betracht kommenden Maßnahmen der Störungsabwehr wählen. Ihm ist allerdings bei der Beurteilung der Erforderlichkeit und Angemessenheit der Maßnahme für die Aufrechterhaltung bzw. Wiederherstellung der Ordnung ein **gewisser Einschätzungs- und Entscheidungsspielraum** einzuräumen. Die Wahl zwischen Alternativen hat sich auch an der Effektivität der Gefahrenabwehr zu orientieren.

427 Das Einschreitermessen kann sich bei besonderer Schwere des Ordnungsverstoßes zu einer Einschreitpflicht verdichten. Dies ist insbesondere im Falle des Begehens von Straftaten im Regelfall anzunehmen. Bei Beleidigungen kommt es indes auf die Gesamtumstände an (Schwere, Wiederholung, Entschuldigung, Provokation etc.). Hingegen wird man bei Straftaten, die Offizialdelikte sind, stets von einer Einschreitpflicht ausgehen müssen, sofern sie einen Bezug zur Sitzung haben.

> **Bsp.:** Aufrufung zu Straftaten, Volksverhetzung, Zeigen von Kennzeichen verbotener Organisationen

Eine Einschreitpflicht ist aber auch bei Antragsdelikten anzunehmen, wenn sie in besonderer Weise die Ordnung der Sitzung gefährden.

> **Bsp.:** Körperverletzung und Bedrohung

428 Jedem von Störungen betroffenen Ratsmitglied steht gegen den Vorsitzenden grundsätzlich ein **Anspruch** darauf zu, dass der **Vorsitzende ermessensfehlerfrei entscheidet, ob er eine Ordnungsmaßnahme** und ggfs. welche Ordnungsmaßnahme er zur Sicherung der Mitgliedschaftsrechte des Ratsmitglieds ergreift.

> **Bsp.:** Ordnungsruf gegenüber Ratsmitglied der beharrlich eine Rednerin bei ihren Ausführungen stört; Rauchverbot; Gebot, Masken zum Schutz vor einer übertragbaren Krankheit zu tragen (str.)[739]

---

[737] Hierzu O. *Franz*, HSGZ 1998, 261 ff.
[738] VG Frankfurt am Main, B. V. 19.10.1981 NVwZ 1982, 52; O. *Franz*, HSGZ 1998, 260.
[739] Hierzu: *Waldhoff*, Kommunalrecht und Infektionsschutzrecht: Maskenpflicht bei Kreistagssitzung, JuS 2021, 807-808.

Liegen massive Beeinträchtigungen vor, kann das Ermessen des Vorsitzenden auf null reduziert sein. Die ordnungsgemäße Handhabung der Ordnungsgewalt kann für die Rechtmäßigkeit der gefassten Beschlüsse Bedeutung erlangen, da die Störungen erheblichen Einfluss auf den ordnungsgemäßen Ablauf der Gemeinderatssitzung haben kann.

> **Bsp.:** Erlässt der Vorsitzende kein Rauchverbot, obwohl ein Ratsmitglied, das an Neurodermitis leidet und durch das extreme Rauchen erheblich beeinträchtigt wird, ihn darum ersucht, leidet ein sodann gefasster Beschluss an einem Verfahrensfehler.

429 Der Vorsitzende kann ein Mitglied der Vertretung bei grober Ungebühr oder wiederholten Verstößen gegen die Ordnung aus dem Sitzungsraum verweisen (**Ausschluss von der Sitzung** gem. § 57 II 1 KVG).[740] Diese Ordnungsmaßnahme dient dazu, die Funktionsfähigkeit des Gemeinderates zu gewährleisten. Angesichts der Bedeutung der Mitgliedschaftsrechte für den Mandatsträger, des möglichen Wegfalls des Aufwandsentschädigungsanspruchs für den Sitzungstag und vor allem aufgrund der Auswirkungen auf die demokratische Repräsentationsfunktion des Rates (Verschiebung der Mehrheitsverhältnisse unter Verfälschung des Wählerwillens!) ist von diesem Recht **zurückhaltend Gebrauch** zu machen.[741] Der Vorsitzende muss in besonderer Weise den Verhältnismäßigkeitsgrundsatz beachten.[742] Zudem ist darauf zu achten, dass ein Sitzungsausschluss nur dann in Betracht kommt, wenn der Ordnungsverstoß für die Störung der Funktionsfähigkeit ursächlich ist. Insoweit kann auch der Gleichheitsgrundsatz Bedeutung erlangen.

> **Bsp.:** Turbulente Ratssitzung mit wechselseitigen Beleidigungen der Mitglieder, wobei der Rat nur ein Mitglied wegen einer Äußerung ausschließt, die zwar fraglos eine Beleidigung darstellt, jedoch eine Reaktion auf weit schwerere Beleidigungen war, die bereits den Sitzungsverlauf gestört hatten und die nicht sanktioniert wurden.

430 Bei **wiederholten Verstößen** kann die Vertretung ein Mitglied für mehrere, höchstens jedoch vier Sitzungen ausschließen (§ 57 II 3 KVG). Wiederholt bedeutet, dass es sich um mindestens zwei Verstöße handeln muss. Ein bestimmter Schweregrad ist für die Verstöße nicht vorgegeben, so dass grundsätzlich auch zwei leichte Verstöße genügen, wobei indes der Verhältnismäßigkeitsgrundsatz zu beachten ist. Eine Entscheidung des Rates über einen Ausschluss für mehrere Sitzungen wird nicht dadurch gehindert, dass der Vorsitzende den Störer bereits für die laufende Sitzung ausgeschlossen hat oder sich dieser aus dem Sitzungsraum entfernt hat.

431 Grob ungebührlich sind insbesondere **Beschimpfungen und die Verächtlichmachung** anderer Sitzungsteilnehmer[743] oder das Verächtlichmachen der Gemeinde oder ihrer Organe. Grobe Ungebühr setzt voraus, dass das Verhalten die Würde des Rates verletzt. Insoweit ist zu beachten, dass der offene Meinungskampf für eine freiheitliche Demokratie unerlässlich ist und in der politischen Auseinandersetzung herabsetzende Werturteile und scharfe Kritik grundsätzlich zulässig sind.[744] Es

---

[740] Mit dieser Anordnung ist der Verlust des Anspruchs auf die auf den Sitzungstag entfallende Entschädigung verbunden (§ 57 II 2 KVG).

[741] HessVGH, Beschl. v. 15.12.1989 NVwZ-RR 1990, 371 (372); NdsOVG, Beschl. v. 14.7.1986 HSGZ 1987, 464f.; *Härth*, ZRP 1984, 316.

[742] HessVGH, Beschl. v. 15.12.1989 NVwZ-RR 1990, 371 (372).

[743] OVG Rh.-Pfalz, Urt. v. 29.11.1994 DÖV 1994, 474 (475).

[744] BVerfG, Beschl. v. 11.5.1976 NJW 1976, 1680 (1681).

liegt aber in der Verantwortung vor allem des Vorsitzenden, dass keine US-amerikanischen Zustände ohne Wahrung des Schutzes der Ehre der Person und der Würde der Volksvertretung entstehen. Ansonsten wird der Verfall der demokratischen Kultur wie letztlich der Demokratie selbst eingeleitet. Die Grenze des Zulässigen wird bei **Schmähkritik und Formalbeleidigungen** überschritten.[745] Der Begriff unzulässiger Schmähkritik ist eng zu verstehen. Eine Schmähung liegt vor, wenn nicht die Auseinandersetzung in der Sache, sondern die Diffamierung im Vordergrund steht. Dies muss über eine polemische und überspitzte Kritik in der Herabsetzung der Person bestehen.[746]

432 Der Sitzungsausschluss ist ein reiner Innenrechtsakt und kein **Verwaltungsakt**.[747] Er stellt zwar eine im Hinblick auf die demokratische Teilhabe äußerst bedeutsame Maßnahme dar, jedoch berührt sie den Rechtsstatus des Ratsmitglieds als solchen nicht und ist daher noch dem „Betriebsverhältnis" zuzuordnen. Im Übrigen würde das Rechtsregime des Verwaltungsakts der besonderen Situation nicht gerecht.[748] Dass die Maßnahme jedoch bereits ihrer Natur nach auf eine sofortige Umsetzung gerichtet ist, verdeutlicht, dass die Regelungen des VwVfG zum Verwaltungsakt letztlich hier nicht passen und von einem reinen Innenrechtsakt auszugehen ist. Wer der (rechtmäßigen) Aufforderung des Vorsitzenden, den Sitzungssaal zu verlassen, nicht Folge leistet, macht sich des Hausfriedensbruchs gem. § 123 StGB strafbar. Zur Durchsetzung des Sitzungsausschlusses kann sich der Rat bzw. der Ratsvorsitzende polizeilicher Hilfe bedienen, wenn der Ausgeschlossene den Sitzungsraum bzw. das Gebäude nicht freiwillig verlässt.

433 Bereits der **förmliche Ordnungsruf** ist wegen der hieran anknüpfenden Sanktionsmöglichkeiten (bis hin zum Sitzungsausschluss) ein Eingriff in das Statusrecht des Ratsmitgliedes.[749] Er ist abzugrenzen von einem bloßen Hinweis, einer Ermahnung bzw. einer Rüge im Vorfeld der förmlichen Ordnungsrüge.[750] Ein betroffenes Ratsmitglied kann die Rechtswidrigkeit des Ordnungsrufs feststellen lassen.[751] Bei fortdauernder Beeinträchtigung ergeben sich Ansprüche auf Beseitigung der Rechtsverletzung.[752] Ein förmlicher Ordnungsruf muss für das betroffene Ratsmitglied angesichts der damit drohenden weiteren Sanktionen eindeutig erkennbar sein.[753] Es sollten daher eindeutige Formulierungen gewählt werden.

Bsp.: „Ich erteile Ihnen hiermit einen Ordnungsruf!" oder „Ich rufe Sie hiermit zur Ordnung!".
Häufig geben Beschimpfungen anderer Ratsmitglieder Anlass zu Ordnungsrufen. Der Ordnungsruf kann aber etwa auch begründet sein in einer Verächtlichmachung des gesamten Rates, seiner Ausschüsse oder der Gemeindeverwaltung, in Verdächtigungen, die den Tatbestand der üblen Nachre-

---

[745] Vgl. hierzu BVerfG, Beschl. v. 26.6.1990 BVerfGE 82, 272 (281f.); vgl. etwa zum unberechtigten Vorwurf des Amtsmissbrauchs LG Trier, Urt. v. 29.8.1991 NVwZ-RR 1993, 282 ff.

[746] BVerfG, Beschl. v. 29.7.2003 NJW 2003, 3760.

[747] HessVGH, Urt. v. 19.7.1961 NJW 1962, 832; VG Frankfurt a.M., Beschl. v. 19.10.1981 NVwZ 1982, 52; *O. Franz*, HSGZ 1998, 264.

[748] Ein Widerspruch des Ratsmitglieds hätte aufschiebende Wirkung, es sei denn, der Vorsitzende bzw. der Rat ordnete die „sofortige Vollziehung" an.

[749] OVG Rh.-Pfalz, Urt. v. 29.11.1994 DÖV 1996, 474 ff.

[750] OVG Rh.-Pfalz, a.a.O.

[751] OVG.-Rh.-Pfalz, a.a.O.

[752] *Kopp/Schenke*, VwGO, § 42 Rn. 80; *Roth*, Verwaltungsrechtliche Organstreitigkeiten, S. 856 ff.

[753] OVG Rh.-Pfalz, Urt. v. 29.1.1994 a.a.O.

de erfüllen, Aufrufen zu Straftaten oder Ordnungswidrigkeiten oder anstößigem, unsittlichen Verhalten.

434 Ebenso kann wegen häufiger störender **Zwischenrufe**, unabhängig von ihrem Inhalt, ein Ordnungsruf erteilt werden. Das ordnungswidrige Verhalten kann selbstverständlich auch in störendem **nonverbalen Verhalten** bestehen.

> **Bsp.:** beharrliches Stehen vor dem eigenen Platz; „Vogel zeigen"; Tragen einer Narrenkappe

435 Vom Ordnungsruf ist der **Sachruf** abzugrenzen. Dieser kann etwa lauten: „Ich rufe Sie zur Sache!". Der (begründete) Sachruf kann einen Ordnungsruf rechtfertigen, wenn der Adressat ihn nicht beachtet. Wer beharrlich zu einem Thema spricht, dass nicht aktueller Verhandlungsgegenstand ist bzw. keinerlei Bezüge zum Verhandlungsgegenstand aufweist, handelt ordnungswidrig.

436 Durch Ordnungsmaßnahme des Vorsitzenden, aber auch auf der Grundlage eines entsprechenden Ratsbeschlusses kann ein **Rauchverbot** im Sitzungssaal angeordnet werden.[754] Das einzelne Ratsmitglied hat sogar einen Anspruch gegen den Vorsitzenden auf ein Einschreiten, wenn er durch das Rauchen in der Wahrnehmung seiner Mitgliedschaftsrechte beeinträchtigt wird.[755] Aus der Rechtsstellung des Mandatsträgers folgt ein ungeschriebener mitgliedschaftsrechtlicher Anspruch auf ungestörte Wahrnehmung seines Mandates und auf Abwehr von Beeinträchtigungen des ordnungsgemäßen Sitzungsablaufs. Das Ratsmitglied muss lediglich eine subjektiv empfundene Belästigung glaubhaft machen.[756] Adressat ist bezüglich eines Rauchverbots der Vorsitzende des Rates, da ihm mit der Ordnungsgewalt die Befugnis verliehen ist, im Interesse der Funktionsfähigkeit des Rates durch Erlass eines Rauchverbots einen ordnungsgemäßem Sitzungsablauf zu gewährleisten und die Wahrnehmung der Mandate zu sichern. Mit seiner Sitzungsgewalt korrespondiert insoweit der subjektive Leistungsanspruch des Ratsmitgliedes. Nach h.M. muss der Vorsitzende des Gemeinderats schon dann ein Rauchverbot für den Sitzungssaal erlassen, sobald ein Mitglied glaubhaft eine subjektive empfundene Belästigung geltend macht. Der Anspruch auf Erlass eines Rauchverbotes kann auch einem Zuhörer zustehen, wobei jedoch ein weniger strenger Zumutbarkeitsmaßstab zu gelten hat, zumal der Zuhörer dem Rauch i.d.R. eher ausweichen kann und nur das passive Zuhören und kein Recht zur aktiven Mitwirkung zu schützen ist.[757]

437 **Rechtsgrundlage des Anspruchs des Ratsmitglieds** ist die Regelung des freien Mandats in Verbindung mit jener der Ordnungsgewalt des Vorsitzenden. Folgt man der hier vertretenen Ansicht zur Geltung der Grundrechte im Innerorganverhältnissen, so ist der Anspruch aus dieser einfachgesetzlichen Stellung in Verbindung mit seinem grundrechtlichen Anspruch auf Schutz seiner körperlichen Gesundheit herzuleiten.

---

[754] Der Erlass eines Rauchverbotes hat zwei Stoßrichtungen: die Wahrung der Funktionsfähigkeit des Vertretungsorgans insgesamt und die Abwehr von Beeinträchtigungen der personalen Rechtsstellung. Unabhängig vom Aspekt der Sicherung eines ordnungsgemäßen Sitzungsablaufs ist der Vorsitzende verpflichtet, den einzelne Mitgliedern ohne Beeinträchtigung deren persönlicher Integrität die Ausübung derer Rechte zu ermöglichen (Specht, a.a.O. S. 314).

[755] OVG NW, Urt. v. 27.7.1990 DVBl. 1991, 499 in Fortführung von OVG NW, Urt. v. 10.9.1982 NVwZ 1983, 485; *Specht*, Zum Rauchverbot in Ratssitzungen, VR 1990, 312; s. a. BVerwG, Beschl. v. 19.1.1996 NJW 1996, 1297 zum Rauchverbot auf Inlandsflügen.

[756] OVG NW, Urt. v. 27.7.1990 NVwZ-RR 1991, 260 (262).

[757] Vgl. BVerwG, Beschl. v. 16.8.1989 NVwZ 1990, 165.

438 Ordnungsmaßnahmen des Vorsitzenden bzw. des Rates gegenüber den Gemeinderatsmitgliedern sind nach h.M. auch im Übrigen mangels **Außenwirkung** keine Verwaltungsakte.[758] Mitunter wird danach differenziert, ob subjektive „Außenrechte" des Organs oder organinterne Rechte geregelt werden.[759] Nach der Gegenansicht sind im Organstreit durchsetzbare Rechte stets subjektive Rechte im Außenverhältnis, so dass in diese Rechtsstellung eingreifende Ordnungsmaßnahmen Verwaltungsakte seien. Auf eine Außenwirkung gegenüber dem Bürger komme es insoweit gar nicht an, sondern darauf, ob die Handlung den organschaftlichen Rechtskreis des Organs selbst berührt.[760] Dies bejaht diese Mindermeinung etwa im Falle des Sitzungsausschlusses oder der Verweigerung von Redezeit.

439 Das von einer Ordnungsmaßnahme betroffene Ratsmitglied kann eine **Entscheidung des Rates über die Rechtmäßigkeit der Ordnungsmaßnahme** herbeiführen, wenn die Geschäftsordnung dies vorsieht. Ihm steht offen, im Rahmen eines Kommunalverfassungsstreits die Rechtswidrigkeit der Ordnungsmaßnahme im Wege der allgemeinen Feststellungsklage feststellen zu lassen. Gegen einen Ausschluss für mehrere Sitzungen kann er vorläufigen Rechtsschutz im Wege der einstweiligen Verfügung gem. § 123 VwGO beantragen. In der Rspr. ist nicht abschließend geklärt, ob dem von einer unberechtigten Ordnungsmaßnahme Betroffenen ein Folgenbeseitigungsanspruch zusteht. Dieser könnte sich auf die „Rehabilitierung" durch den Vorsitzenden richten, der öffentlich klarzustellen hätte, dass der Ordnungsruf unberechtigt war.

gg) Beschlussfassung

440 **Beschlüsse** des Gemeinderates können Abstimmungen oder Wahlen sein (vgl. § 56 VI 1 KVG).[761] Auch die Ausschüsse des Rates beschließen durch Abstimmungen und Wahlen.

α) Abstimmungen

441 Während sich Wahlen auf die Auswahl von Personen für ein bestimmtes Amt beziehen, sind sämtliche übrigen Beschlussfassungen **Abstimmungen**. Da die Stimmabgabe ein höchstpersönlicher Akt ist, kann sie nicht durch Vertreter oder durch schriftliche Erklärung erfolgen.[762] Die Stimme kann nur in der Sitzung abgegeben werden (Unmittelbarkeit der Stimmabgabe). Ein Beschluss setzt naturgemäß einen Antrag voraus. Der Antrag muss in der Sitzung des Gemeinderats gestellt werden. Der Abstimmung muss grundsätzlich eine Beratung vorausgegangen sein.[763] Abstimmen und zur Stimmabgabe zugelassen werden darf selbstverständlich nur, wer stimmberechtigt ist. Der Bürgermeister hat Stimmrecht im Rat und in den in den Ausschüssen, soweit er diesen vorsitzt (§ 56 I 2 KVG).

---

[758] BayVGH, Urt. v. 29.7.1987 BayVBl. 1988, 16; *Stober*, Kommunalrecht, S. 200; a.A. *Schenke*, Verwaltungsprozessrecht, Rn. 228.
[759] *Gern*, Deutsches Kommunalrecht, Rn. 477.
[760] So *Hufen*, VerwProzR, § 21 Rn. 12, *Kopp/Schenke*, VwGO, vor § 40 Rn. 7; *Streinz*, BayVBl. 1983, 747; ähnl. *Schenke*, a.a.O. Rn. 228.
[761] Hierzu *Pieroth*, JuS 1991, 89 ff.
[762] Vgl. *Gern*, Deutsches Kommunalrecht, Rn. 494.
[763] Dies folgt u.a. daraus, dass das Gesetzesmerkmal „Beratungsgegenstände" bzw. „Verhandlungsgegenstände" das Erfordernis einer „Beratung" impliziert. Die Zulässigkeit abgekürzter Abstimmungsverfahren ist umstritten - s. hierzu *Blum*, NdsVBl. 1996, 232 ff.

442 Der Rat entscheidet über die Annahme von Anträgen nach dem **Mehrheitsprinzip**. Beschlüsse werden mit der Mehrheit der auf Ja oder Nein lautenden Stimmen gefasst, soweit das Gesetz oder in Angelegenheiten des Verfahrens die Geschäftsordnung nichts anderes bestimmt (§ 56 II 3 KVG). Bei Stimmengleichheit ist ein Antrag abgelehnt (§ 56 II 4 KVG). Grundsätzlich genügt die einfache Mehrheit der auf „Ja" lautenden Stimmen. Unzulässig ist eine Geschäftsordnungsregelung, die ohne gesetzliche Grundlage von dem Erfordernis einfacher Mehrheit abweicht. Nur in den gesetzlich genannten Ausnahmefällen sind qualifizierte Mehrheiten erforderlich, wobei zwischen der Mitgliedermehrheit, der Zwei-Drittelmehrheit der abgegebenen Stimmen sowie der Zwei-Drittel-Mitgliedermehrheit zu unterscheiden ist.

> **Bsp.:** Die Hauptsatzung wird mit der Mehrheit der Mitglieder beschlossen (§ 10 II 1 KVG), der Vorsitzende des Rats der Einheitsgemeinde wird mit der Mehrheit der Mitglieder abgewählt (§ 36 II 2 KVG). Die Schöffenliste muss mit einer Mehrheit von mindestens zwei Dritteln der Mitglieder beschlossen werden.

In seltenen Fällen ist **Einstimmigkeit** erforderlich.[764]

> **Bsp.:** GO sieht Einstimmigkeit für Vertagungsbeschluss vor.

443 Bei Stimmengleichheit ist ein Antrag abgelehnt. Eine Stimmabgabe kann nicht geändert oder widerrufen werden. Bedingungen und Vorbehalte sind unzulässig. Auch eine **Verweigerung der Stimmabgabe ist unzulässig** und stellt eine Ordnungswidrigkeit dar. Sie bleibt bei der Feststellung des Abstimmungsergebnisses außer Betracht.[765] Dies gilt auch für Stimmenthaltungen, die zulässig sind.[766] Für die Gültigkeit des Mehrheitsbeschlusses ist es grundsätzlich ohne Belang, wenn ungültige Stimmen abgegeben werden. Es verstößt noch nicht einmal gegen das Demokratieprinzip, wenn die Mehrheit der Stimmen ungültig ist.[767] Eine bestimmte Mindestquote gültiger Stimmen ist nicht vorgegeben. Daher reicht es im Extremfall aus, wenn nur eine gültige Stimme für den Antrag abgegeben wurde (beim Fehlen von Gegenstimmen).

444 Werden zu einem Tagesordnungspunkt **mehrere Anträge** gestellt, ist zu klären, in welcher Reihenfolge über die Anträge abgestimmt wird. Die **Reihenfolge der Abstimmung** über vorliegende Beschlussanträge ist nicht gesetzlich vorgegeben. Soweit die Geschäftsordnung hierzu keine Regelung trifft, entscheidet der Vorsitzende über die Reihenfolge nach seinem pflichtgemäßen Ermessen.[768] Geht es um Anträge mit unterschiedlicher inhaltlicher Reichweite, sollte zunächst über den weitestgehenden Antrag abgestimmt werden. Dies sehen auch viele Geschäftsordnungen ausdrücklich vor.[769] Welcher Antrag am weitesten geht, beurteilt sich nach zeitlichen und sachlichen, hilfsweise auch nach finanziellen Kriterien.

---

[764] S. a. *Wilkens*, Eine Stimme reicht zur Einstimmigkeit, NdsVBl 2024, 72-74.

[765] *Gern,* Deutsches Kommunalrecht, Rn. 495: wie Enthaltungen zu behandeln.

[766] Anders etwa in Bayern, wo ein ausdrückliches Verbot der Enthaltung gilt (Art. 48 I GO Bay).

[767] BVerwG, Beschl. v. 4.2.1993 NVwZ 1993, 378.

[768] Vgl. *Schmitz*, Die vorrangige Abstimmung über den weitestgehenden Antrag – zur Auslegung der Geschäftsordnung des Gemeinderates, NVwZ 1992, 547-550; *Gern,* Deutsches Kommunalrecht, Rn. 495.

[769] Zur Auslegung entsprechender Geschäftsordnungsbestimmungen *Schmitz*, NVwZ 1992, 547-550.

Bsp.: Antrag Nr. 1 richtet sich auf Finanzierung des Vereins XY über 4 Jahre mit jeweils 1000 Euro; Antrag 2 auf einmaligen Zuschuss von 5.000 Euro; Antrag Nr. 3 richtet sich auf Ablehnung des Förderantrags. Angesichts der Haushaltswirksamkeit über mehrere Haushaltsjahre ist Antrag Nr. 1 weitergehend und ist zunächst über diesen abzustimmen.

445 Die Abstimmungen erfolgen **offen** (§ 56 II 1 KVG), d.h. es muss für die Sitzungsteilnehmer sichtbar sein, welches Mitglied jeweils wie abgestimmt hat. Dieses Gebot steht in sachlichem Zusammenhang mit dem Öffentlichkeitsgrundsatz und soll die Kontrolle durch die Öffentlichkeit ermöglichen. Das Kommunalrecht kann auch eine geheime Abstimmung zulassen, auf jeden Fall ist aber die Öffentlichkeit auszuschließen, wenn das Gemeinwohl oder berechtigte Einzelinteressen dies gebieten. Abstimmungen dürfen im Rahmen von Präsenzsitzungen auch im Wege der elektronischen Form erfolgen, wobei die Geschäftsordnung die Einzelheiten zu regeln hat (§ 56 II 2 KVG). Für Notlagen wie Pandemien gilt eine Sonderregelung.

446 Die sog. **namentliche Abstimmung** ist eine besondere Form der offenen Abstimmung. Hierbei werden die Ratsmitglieder mit ihrem Namen einzeln aufgerufen und zur Stimmabgabe aufgefordert. Regelmäßig werden der Name und die Art der Stimmabgabe protokolliert. Die namentliche Abstimmung kann durch einfachen Beschluss oder durch Geschäftsordnung für bestimmte Fälle angeordnet werden.

ß) Wahlen

447 Von den Abstimmungen sind die **Wahlen** zu unterscheiden. Wahlen sind Rechtsakte eigener Art.[770] Sie werden nur in den gesetzlich ausdrücklich genannten Fällen durchgeführt (§ 56 III 1 KVG).

> **Bsp.:** Wahl der Beigeordneten gem. § 69 I KVG

448 Die **Wahlvorschläge** kommen aus der Mitte der Vertretung. Sofern die Geschäftsordnung nichts anderes bestimmt, kann sich jedes Ratsmitglied selbst zur Wahl vorschlagen. Einer förmlichen Annahme der Wahl bedarf es nicht. Der Gewählte kann jedoch aus wichtigem Grund die Übernahme des Amtes ablehnen.

449 Wahlen werden **geheim** mit Stimmzetteln vorgenommen (§ 56 III 2 HS 1 KVG). Demgemäß ist etwa eine „namentliche Wahl" unzulässig. Die Stimmabgabe muss unbeobachtet und unbeobachtbar erfolgen. Das Gebot geheimer Wahl ist schon dann verletzt, wenn die ungehinderte Möglichkeit einer Beobachtung der Wahl bestand.[771] Es kann aber **offen gewählt** werden, wenn kein Mitglied widerspricht (§ 56 III 2 HS 2 KVG). Das Widerspruchsrecht kann durch die Geschäftsordnung nicht ausgeschlossen werden. Das widersprechende Ratsmitglied muss seine Gründe für den Widerspruch nicht offenlegen. Da es keines Beschlusses über die offene Abstimmungsweise bedarf, muss der Widerspruch vor der Abstimmung geäußert werden, um wirksam zu werden. Nach einer geheimen Abstimmung geht er ins Leere.

450 Gewählt ist die Person, die im **ersten Wahlgang** die Stimmen der Mehrheit der anwesenden stimmberechtigten Mitglieder erhalten hat (§ 56 IV 1 KVG). M.a.W. ist gewählt, wer mehr als die Hälfte der Stimmen der anwesenden Stimmberechtigten erhält. Wird diese Mehrheit nicht erreicht, findet ein zweiter Wahlgang statt (§ 56 IV 2 KVG) Im **zweiten Wahlgang** ist die Person gewählt, die die meisten Stimmen erhalten hat (§ 56 IV 3 KVG). Ergibt sich im zweiten Wahlgang Stimmengleichheit, so entscheidet das Los, das der Vorsitzende zieht (§ 56 IV 4 KVG). Soweit im ersten Wahlgang nur eine Person zur Wahl stand und diese Person die Mehrheit der anwesenden Stimmberechtigten nicht erreicht, ist kein zweiter Wahlgang erforderlich (§ 56 IV 5 KVG).[772] Wird bei der Ergebnisfeststellung eine Stimme zu viel gezählt, wird der Beschluss hierdurch nicht rechtswidrig, wenn unabhängig von dieser Stimme die erforderliche Mehrheit erreicht wurde.

451 Sind mehrere Personen zu wählen, können die Wahlen in einem Wahlvorgang durchgeführt werden, indem alle Bewerber auf einem Stimmzettel erfasst werden und je zu besetzende Stelle eine Stimme vergeben werden kann (§ 56 V 1 KVG). Gewählt sind die Bewerber in der Reihenfolge der Zahl der für sie abgegebenen gültigen Stimmen, wenn zugleich die Mehrheit der anwesenden stimmberechtigten Mitglieder erreicht ist (§ 56 V 2 KVG). Bei Stimmengleichheit entscheidet das Los, das der Vorsitzende zieht (§ 56 V 3 KVG). Leere Stimmzettel, Stimmzettel mit Zusätzen und Stimmzettel, die den Willen des Stimmberechtigten nicht zweifelsfrei erkennen lassen oder bei denen mehr als eine Stimme für einen Bewerber abgegeben wurden, sind ungültig.

---

[770] *Gern,* Deutsches Kommunalrecht, Rn. 318 für die Gemeinderatswahl.
[771] VG Aachen, Beschl. v. 19.9.1995 – 4 L 1360/95 – NVwZ-RR 1996, 414.
[772] Genauer: „finden die Sätze 2 bis 4 keine Anwendung".

452 Ist zur Besetzung einer Stelle eine Person durch Abstimmung zu bestellen, gilt § 56 IV KVG entsprechend (§ 56 VI 1 KVG). Sind zur Besetzung mehrerer Stellen mehrere Personen durch Abstimmung zu bestellen, findet § 56 V KVG entsprechende Anwendung mit der Maßgabe, dass in alphabetischer Reihenfolge der Namen abgestimmt wird (§ 56 VI 2 KVG).

γ) Rechtsnatur und Rechtswirkungen von Beschlüssen

453 Ratsbeschlüsse sind Akte der Willens- oder Meinungsäußerung des Rates.[773] Der Beschluss erlangt mit dem **Vollzug der Stimmabgabe rechtliche Existenz**, d.h. wenn die Ratsmitglieder auf Aufforderung durch den Vorsitzenden zur Stimmabgabe ihre Stimme (unwiderruflich) abgegeben haben (z.B. durch Handzeichen).

454 Der Ratsbeschluss kann seiner **Rechtsnatur** nach Rechtssatz (Satzung, Verordnung, Geschäftsordnung), Verwaltungsakt, Wahlentscheidung oder einfacher Ratsbeschluss sein. Rechtsnormen und Verwaltungsakte werden erst mit ihrer Bekanntgabe wirksam. Beschlüsse sind nach vorzugswürdiger Sicht stets dem öffentlichen Recht zuzuordnen.[774] Dies gilt auch dann, wenn sie einen zivilrechtlichen Sachverhalt betreffen, weil sich Verfahren wie auch die Wirksamkeit des Beschlusses nach öffentlichem Recht richten und Ausdruck der Wahrnehmung einer öffentlich-rechtlichen Zuständigkeit sind. Beschlüsse sind nach ihrem objektiven Erklärungswert **auszulegen**. Der wirkliche Wille des Rates, soweit erkennbar, ist maßgeblich.[775] Willensmängel sind unbeachtlich, es sei denn, der Beschluss wurde durch strafbare Handlungen herbeigeführt. Die Auslegung erfolgt durch den Adressaten, d.h. bei vollzugsbedürftigen Beschlüssen durch den Bürgermeister.[776] Der Gemeinderat kann aber grundsätzlich jederzeit die Auslegung durch eine entsprechende Klarstellung oder Ergänzung vorgeben.

455 Die **Bekanntgabe** richtet sich nach der Rechtsnatur des Beschlusses. Öffentlich bekanntzugeben sind namentlich Satzungen. Verwaltungsakte sind gegenüber ihren Adressaten bekanntzugeben (vgl. § 41 I VwVfG). Die „Bekanntgabe" des Abstimmungsergebnisses von einfachen Beschlüssen durch den Vorsitzenden ist nach hier vertretener Ansicht nicht konstitutiv, sondern deklaratorisch. Die Klarstellung des Vorsitzenden, dass ein Antrag angenommen bzw. eine Person gewählt wurde, ist im Hinblick auf das Gebot der Rechtssicherheit bedeutsam, jedoch keine Wirksamkeitsvoraussetzung des Beschlusses bzw. der Wahl. Ratsbeschlüsse sind zumindest in der Regel reine Innenrechtsakte und besitzen nur in seltenen Fällen eine unmittelbare Außenwirkung, da der Rat als Innenorgan handelt.[777]

456 Beschlüsse bedürfen in der Regel des **Vollzugs**[778]. Rechtmäßige Beschlüsse verpflichten den Bürgermeister grundsätzlich auch ohne entsprechenden expliziten Auftrag, die zum Vollzug des

---

[773] A.A. *Gern*, Deutsches Kommunalrecht, Rn. 498: Mittel der Willensbildung und Willensäußerung (abzl., da die Willensbildung in einen Beschluss mündet, er mithin das Ergebnis der Willensbildung ist).

[774] A.A. *Gern*, Deutsches Kommunalrecht, Rn. 499.

[775] Rechtsgedanke des § 133 BGB analog.

[776] A.A. *Gern*, Deutsches Kommunalrecht, Rn. 498: Auslegung durch den Gemeinderat.

[777] Hierzu bereits oben Rn. 325, 790 f.

[778] So auch *Gern*, Deutsches Kommunalrecht, Rn. 504

Beschlusses erforderlichen Maßnahmen zu ergreifen. Welche Vollzugshandlungen erforderlich sind, bestimmt sich nach den Vorgaben des Beschlusses und den Umständen des Einzelfalles. Im Interesse der besseren Kontrolle der Umsetzung von Beschlüssen kann in jeder TO ein Regel-TOP „Umsetzung von Beschlüssen" vorgesehen werden.

457 Der Gemeinderat darf im Rahmen seiner Verbandskompetenz auch Resolutionen verabschieden, Missbilligungen einer Verhaltensweise des Bürgermeisters oder bloße Empfehlungen beschließen, die regelmäßig keiner Vollzugshandlung bedürfen.[779]

δ) Beschlussfähigkeit

458 Der Gemeinderat (wie auch ein Ausschuss) ist **beschlussfähig**, wenn nach ordnungsgemäßer Einberufung die Mehrheit der stimmberechtigten Mitglieder anwesend ist (§ 55 I 1 KVG). Der Vorsitzende stellt die Beschlussfähigkeit zu Beginn der Sitzung fest (§ 55 I 3 KVG). Sofern es hierzu keinen Anlass gibt, muss die Beschlussfähigkeit nicht erneut festgestellt werden. Sie muss jedenfalls dann nicht vor jedem Beschluss erneut festgestellt werden, wenn das Protokoll die Beschlussfähigkeit zu einem früheren Zeitpunkt dokumentiert und keine Eintragung darauf hindeutet, dass sie bei einer späteren Beschlussfassung nicht mehr vorgelegen haben könnte.[780] Ein Verstoß gegen die Anforderungen an die Beschlussfähigkeit ist ein besonders schwerer Fehler. Ein entsprechender Beschluss ist daher als nichtig anzusehen. Dies gilt jedoch nicht zwingend zugleich für einen auf seiner Grundlage erlassenen Verwaltungsakt.

459 Der Grundsatz der Beschlussfähigkeit im Falle der Anwesenheit einer Mitgliedermehrheit wird in bestimmten Fällen durchbrochen. Bei einer Verletzung der Vorschriften über die Einberufung sind die Vertretung und die Ausschüsse beschlussfähig, wenn alle stimmberechtigten Mitglieder anwesend sind und keines der fehlerhaft geladenen Mitglieder den Einberufungsfehler rügt (§ 55 I 2 KVG).[781] Die **Rüge fehlerhafter Ladung**, etwa wegen unvollständiger Unterlagen, muss mithin unverzüglich zu Beginn der Sitzung, regelmäßig im Rahmen des entsprechenden TOP „Feststellung der Beschlussfähigkeit" erhoben werden. Sie kann nur von Mitgliedern der Vertretung, nicht aber von einer Fraktion als solcher erhoben werden.[782]

460 Sofern der Ladung die für die Verhandlung erforderlichen Unterlagen nicht beigefügt waren, soll sich die Rüge auf die hiervon betroffenen Tagesordnungspunkte beschränken; in diesem Fall gilt der jeweilige Tagesordnungspunkt als von der Tagesordnung abgesetzt (§ 55 I 3 KVG). Ein subjektives wehrfähiges Recht einer Fraktion der Vertretung ergibt sich weder aus der Regelung der Ladung zu den Sitzungen der Vertretung (§ 53 IV 3 KVG LSA) noch aus der zur fehlerhaften Ladung (§ 55 I 3 KVG LSA).[783]

---

[779] Vgl. hierzu *Grasser*, BayVBl. 1992, 129 ff.
[780] OVG LSA, Urt. v. 10.12.1998 – C 2 S 477/96 – juris Rn. 15.
[781] Ein Ladungsfehler und seine Rüge können im Prozess dahinstehen, wenn eine Satzung bereits aus anderen Gründen unwirksam ist (vgl. OVG LSA, Urt. v. 6.2.2019 – 2 K 40/16 – juris Rn, 7, 21).
[782] VG Magdeburg, Beschl. v. 28.12.2016 – 9 B 889/16 – juris Rn. 27.
[783] VG Magdeburg, Beschl. v. 28.12.2016 a.a.O. Rn. 23.

461 Mit dem organschaftlichen Anspruch des Ratsmitgliedes auf ordnungsgemäße Ladung zu den Sitzungen der Vertretung und so der Vorabmitteilung der Verhandlungsgegenstände und der Übersendung der für die Verhandlung erforderlichen Unterlagen (§ 53 Abs. 4 S. 2, 3 KVG LSA) korrespondiert eine aus dem Gebot der gewissenhaften Mandatsausübung resultierende Pflicht des einzelnen Ratsmitgliedes, bei auftretenden Fragen in der Vorbereitungsphase von sich aus eigene Erkundigungen bei dem Vorsitzenden der Vertretung u. a. Stellen einzuholen. Die Rüge kann daher rechtsmissbräuchlich sein, wenn der Rügende die jedem Zumutbaren Klärungen unterlassen hat.

462 Erforderlich i. S. d. § 53 IV 3 KVG LSA gebietet nicht eine absolute Vollständigkeit der Unterlagen, sondern lediglich die Eignung der der Ladung beizufügenden Informationen im Hinblick auf eine sachgerechte Vorbereitung auf die in der Sitzung anstehenden Verhandlungsgegenstände.

463 Die Vertretung und die Ausschüsse gelten nach Feststellung der Beschlussfähigkeit auch dann als beschlussfähig, wenn sich die Zahl der anwesenden stimmberechtigten Mitglieder im Laufe der Sitzung verringert (**Fiktion der Beschlussfähigkeit**, § 55 I 4 KVG). Diese Fiktion greift aber nur, solange nicht ein stimmberechtigtes Mitglied Beschlussunfähigkeit wegen Unterschreitens der erforderlichen Mitgliederzahl geltend macht (vgl. § 55 I 4 KVG). Dieses rügende Mitglied zählt dabei zu den Anwesenden.

464 Ist eine Angelegenheit wegen Beschlussunfähigkeit zurückgestellt worden und werden die Vertretung und die Ausschüsse zur Verhandlung über den gleichen Gegenstand zum zweiten Mal einberufen, so sind sie ohne Rücksicht auf die Zahl der anwesenden stimmberechtigten Mitglieder beschlussfähig, wenn in der Ladung zur zweiten Sitzung ausdrücklich hierauf hingewiesen worden ist (**Beschlussfähigkeit bei wiederholender Abstimmung**, § 55 II KVG).

465 Besteht bei mehr als der Hälfte der stimmberechtigten Mitglieder ein gesetzlicher Grund, der ihrer Anwesenheit oder Mitwirkung entgegensteht, so sind die Vertretung und die Ausschüsse ohne Rücksicht auf die Zahl der anwesenden stimmberechtigten Mitglieder beschlussfähig (**Beschlussfähigkeit bei gesetzlichen Hinderungsgründen**, § 55 III 1 KVG). In diesem Fall bedürfen die Beschlüsse der Vertretung der Genehmigung der Kommunalaufsichtsbehörde und die Beschlüsse der beschließenden Ausschüsse der Bestätigung durch die Vertretung (§ 55 III 2 KVG).

hh) Protokollierung

466 Über jede Sitzung des Rats ist eine **Niederschrift** anzufertigen (vgl. § 58 I 1 KVG).[784] Die Niederschrift muss mindestens 1. die Zeit und den Ort der Sitzung, 2. die Namen der Teilnehmer, 3. die Tagesordnung, 4. den Wortlaut der Anträge und Beschlüsse und 5. das Ergebnis der Abstimmungen enthalten (Mindestinhalt gem. § 58 I 2 KVG).

467 Ob als „**Ergebnis der Abstimmung**" jeweils die Angabe ausreichend ist, dass ein Beschluss mit Mehrheit gefasst worden ist, wird in der Rechtsprechung unterschiedlich beurteilt. Nach einer vom OVG LSA im Jahr 2018 vertretenen Ansicht muss das Sitzungsprotokoll keine Angaben über die Anzahl der jeweils auf „Ja" oder „Nein" lautenden Stimmen oder von Stimmenthaltungen enthal-

---

[784] Der Gesetzgeber verwendet den Begriff „aufzunehmen".

ten, sofern niedergelegt ist, dass ein Beschluss des Gemeinderats mit Mehrheit gefasst wurde.[785] Zwei Jahre später kamen dem OVG LSA jedoch insoweit Zweifel. Nach der im Jahr 2020 von ihm (zweifelnd) vertretenen Gegenansicht müsse in die Niederschrift zwingend das Stimmenverhältnis angegeben werden, mit dem ein Beschluss angenommen oder abgelehnt wurde.[786] Dies ist abzulehnen. Die Protokollierung des Stimmverhältnisses ist zwar üblich und vor allem im Hinblick auf knappe Entscheidungen sinnvoll, jedoch keine aus dem Gesetz ableitbare Rechtspflicht. Auch wenn man mit der jüngeren Ansicht einen Rechtsverstoß annimmt, wenn das Stimmverhältnis nicht dokumentiert ist, führt dies nicht zur Rechtswidrigkeit des Beschlusses und lässt dessen Gültigkeit unberührt.[787] Eine unzureichende Protokollierung wirkt sich nur auf die Beweiskraft des Protokolls und die Notwendigkeit seiner Korrektur aus.

468 Auf Verlangen des Vorsitzenden und jedes Mitglieds der Vertretung ist ihre Erklärung wörtlich in der Niederschrift festzuhalten (**Anspruch auf wörtliche Protokollierung**, § 58 I 3 KVG). Diese Pflicht besteht aber nur in den Grenzen des Rechtsmissbrauchs.

> **Bsp.:** Ratsmitglied A verliest eine zehnseitige Erklärung zum neuen Bebauungsplanentwurf und verlangt Protokollierung, weigert sich aber, seinen Text dem Protokollführer elektronisch zur Verfügung zu stellen. Der Rat stimmt auf Antrag gegen die Protokollierung. In diesem Fall genügt es im Protokoll festzuhalten, dass A die wörtliche Protokollierung beantragt hat, dies aber als rechtsmissbräuchlich abgelehnt wurde.

469 Die Niederschrift muss vom Vorsitzenden und vom Protokollführer **unterzeichnet** werden (§ 58 I 4 KVG). Sie soll innerhalb von 30 Tagen, spätestens zur nächsten Sitzung, vorliegen (§ 58 I 5 KVG). Mitgliedsgemeinden von Verbandsgemeinden müssen Zeitpunkt und Führung der Niederschrift der Sitzungen des Gemeinderates und seiner Ausschüsse rechtzeitig mit dem Verbandsgemeindebürgermeister abstimmen (§ 95 III 3 KVG).

470 Das einzelne Ratsmitglieds hat nach vorzugswürdiger Auffassung **keinen Anspruch auf Protokollberichtigung**. Nur im Hinblick auf das Verlangen nach wörtlicher Protokollierung der eigenen Aussage kommt ein Berichtigungsanspruch in Betracht. Eine Berichtigung der Niederschrift setzt einen entsprechenden Mehrheitsbeschluss des Gemeinderats voraus, soweit es sich nicht um die Berichtigung offenbarer Unrichtigkeiten handelt.[788] Über Einwendungen entscheidet der Gemeinderat. Die Annahme eines ungeschriebenen Folgenbeseitigungsanspruchs, etwa bzgl. rechtswidrigen Ordnungsmaßnahmen gegen ein Ratsmitglied (unbegründeter Ordnungsruf etc.), ist abzulehnen, wenn diese Maßnahmen tatsächlich stattgefunden haben. In diesem Fall erfüllt das Protokoll lediglich seine Dokumentationsfunktion, ohne in die Rechtsstellung des Mandatsträgers einzugreifen.

471 Über die Niederschrift stimmt die Vertretung ab (§ 58 II 1 KVG). Das Nähere regelt die Geschäftsordnung (§ 58 II 2 KVG). Sofern die GO dies nicht ausdrücklich vorgibt, muss über Anträge auf Pro-

---

[785] OVG LSA, Urt. v. 10.12.1998 – C 2 S 477/96 – juris Rn. 15 (auch Ls Nr. 3).
[786] OVG LSA, Urt. v. 2.12.2010 – 2 K 101/18 – juris Rn. 129 unter Verweis auf BayVGH, Beschl. v. 3.4.2008 – 4 N 07.1051 – juris Rn. 22; allerdings noch zweifelnd: „dürfte").
[787] OVG LSA, Urt. v. 2.12.202 a.a.O. Rn. 129.
[788] Rechtsgedanke des § 42 VwVfG LSA analog.

tokollberichtigung nicht abgestimmt werden, wenn der Antrag auf Protokollgenehmigung (als demgegenüber weitergehender Antrag) angenommen wurde.

472 Die Einsichtnahme in die Niederschriften über die öffentlichen Sitzungen ist zu gestatten (§ 58 III 1 KVG). Das Nähere regelt die Geschäftsordnung (§ 58 III 2 KVG). Das Protokoll ist eine öffentliche Urkunde, die gem. § 418 ZPO vollen Beweis über die in ihm dokumentierten Tatsachen begründet.[789]

ii) Geschäftsordnung

473 Der Rat gibt sich mit der Mehrheit seiner Mitglieder im Rahmen des KVG eine Geschäftsordnung zur Regelung seiner inneren Angelegenheiten (**Geschäftsordnungspflicht** gem. § 59 Satz 1 KVG).[790] Der Beschluss über die Geschäftsordnung ist eine nicht übertragbare Angelegenheit des Rats (vgl. § 45 II Nr. 2 KVG). Die Geschäftsordnung (ugs.: GO) regelt die inneren Angelegenheiten des Rates, insbesondere Einzelheiten des Gangs der Verhandlungen.

474 Bestimmte Gegenstände muss die GO enthalten (**Muss-Inhalt**), wobei das KVG insoweit meist vorgibt, dass die Geschäftsordnung das Nähere bzw. die Einzelheiten regelt: § 28 II 3 und 4, § 52 IV 3, § 56 V 1 und 2, § 56a II 3, III 4, § 57 I 1, § 58 II 2, III KVG. Andere Gegenstände kann die GO enthalten (**Kann-Inhalt**): § 53 III 2, IV 6, § 81 IV 3 KVG. Daneben können aber auch sonstige Inhalte Gegenstand der GO sein.

> **Bsp.:** Ausgestaltung des Rederechts (Redezeit, Mikrofonzugang etc.), Vorgaben für Antragstellungen, etwa zur Zulässigkeit von Geschäftsordnungsanträgen, Einzelheiten der Sitzordnung, Sitzungspausen, Beheizung des Sitzungsraums

475 Außer im Hinblick auf Muss-Inhalte gilt, dass die Geschäftsordnung insbesondere den Belangen der Vereinbarkeit von Familie, Beruf und Mandatsausübung Rechnung tragen soll und Bestimmungen über die Aufrechterhaltung der Ordnung, die Ladung und das Abstimmungsverfahren enthalten soll (**Soll-Inhalte**, § 59 Satz 2 KVG).

> **Bsp.:** Entscheidung über schriftliche oder elektronische Ladung (§ 53 IV 2 KVG);[791] Regelungen zu Sach- und Ordnungsruf

Nach dieser seit dem 1. Juli 2024 geltenden Regelung besteht eine Regelpflicht zur Aufnahme von Regelungen in die Geschäftsordnung, in denen sich die Berücksichtigung des Belangs der Vereinbarkeit von Familie und Beruf mit der Mandatsausübung ausdrückt. Zuvor bestand diese Pflicht nur abstrakt nach Art. 6 GG im Hinblick auf die staatliche Schutzpflicht für die Familie. Abgesehen von den Muss- und Sollinhalten steht dem Rat bei der Ausgestaltung der Geschäftsordnung ein weiter Gestaltungsspielraum zu.

476 Die Geschäftsordnung wird durch einfachen Ratsbeschluss erlassen. Eine Publikationspflicht besteht in diesem Fall nicht.[792] Die Geschäftsordnung ist organinternes Recht (organinterne Verfahrensvor-

---

[789] OVG LSA, Urt. v. 10.12.1998 – C 2 S 477/96 – juris Ls Nr. 1.

[790] Zum Geschäftsordnungsrecht allg.: *Rothe*, DÖV 1991, 486 ff.

[791] VG Magdeburg, Beschl. v. 19.1.2015 – 9 B 466/14 – juris Rn. 9.

[792] *Gern*, Deutsches Kommunalrecht, Rn. 441; *Tettinger*, Besonderes Verwaltungsrecht/1, Rn. 89.

schrift). Sie kann auch als Satzung beschlossen und veröffentlicht werden und ist dann eine sog. reine Innensatzung. Soweit sie nicht ausdrücklich in der Rechtsform der Satzung ergeht, ist sie ein **Rechtsakt eigener Art**.[793] Sie stellt nach h.M. keine Verwaltungsvorschrift dar, weil sie keine heteronome, sondern nur eine Selbstbindung begründet.[794] Als Rechtsnorm im Range unterhalb des Landesgesetzes ist sie tauglicher Gegenstand eines Normenkontrollverfahren vor dem OVG (vgl. § 47 I Nr. 2 VwGO i.V.m. § 10 AGVwGO LSA).[795] Dies gilt jedenfalls stets dann, wenn sie in abstrakt genereller Weise Rechte von Gemeinderatsmitgliedern regelt.[796] Eine Auslegungshoheit besteht nicht. Hat der Rat jedoch Meinungsverschiedenheiten mit dem Vorsitzenden über die Auslegung der GO, kann er jederzeit eine ändernde bzw. klarstellende GO-Regelung erlassen.[797]

477 Geschäftsordnungsbestimmungen sind nichtig, wenn sie gegen höherrangiges Recht verstoßen (Nichtigkeitsdogma).

> **Bsp.:** GO-Regelung, wonach nur Fraktionen ein Antragsrecht zusteht

478 Ein unter Verstoß gegen Geschäftsordnungsbestimmungen zustande gekommener Beschluss ist **rechtswidrig**.[798] Dies folgt vor allem aus der Vorgabe, dass der Gemeinderat und seine Ausschüsse nur in einer ordnungsgemäß einberufenen und geleiteten Sitzung beraten und beschließen dürfen. Verstöße gegen die Geschäftsordnung führen allerdings grundsätzlich nicht zur Nichtigkeit des Ratsbeschlusses.[799] Etwas anderes gilt aber dann, wenn die Geschäftsordnungsbestimmung unmittelbar zwingende gesetzliche Vorschriften wiedergibt, so dass zugleich ein Gesetzesverstoß vorliegt.[800] Dienen die Vorschriften dem Schutz subjektiver Rechte der Ratsmitglieder, kann die Verletzung dieser Rechte im Kommunalverfassungsstreit geltend gemacht werden.[801]

jj) Sitzungen in Notsituationen

479 In Reaktion auf die Corona-Pandemie wurden besondere Vorschriften für das **Verfahren in außergewöhnlichen Notsituationen** geschaffen (§ 56a KVG).[802] Diese Vorschriften erlauben Abweichungen vom Regelverfahren und finden Anwendung, soweit eine Naturkatastrophe, eine epidemische oder pandemische Lage oder eine sonstige außergewöhnliche Notsituation die ordnungsgemäße Durchführung der Sitzungen der Vertretung und ihrer Ausschüsse unzumutbar macht (§ 56a I 1 KVG). Die Feststellung der Notsituation erfolgt durch die Kommunalaufsichtsbehörde, sofern nicht

---

[793] *Tettinger* leitet dies daraus ab, dass Gemeinderäte keine Parlamente seien; im Ergebnis ebs. *v. Mutius,* Kommunalrecht, Rn. 714.

[794] *Maurer/Waldhoff,* Allgemeines Verwaltungsrecht, § 24 Rn. 12. Nach a.A. ist sie zumindest „bedingt und unter Vorbehalt" unter den bisherigen Begriff der Verwaltungsvorschrift einzuordnen (*Rothe,* DÖV 1991, 490).

[795] BVerwG, Beschl. v. 15.9.1987 NVwZ 1988, 1119; BayVGH, Beschl. v. 17.1.1989 BayVBl. 1990, 83; *Kopp/Schenke,* VwGO, § 47 Rn. 30 m.w.Nachw.

[796] BVerwG, Beschl. v. 15.9.1987 DVBl. 1988, 790.

[797] A.A. offenbar *Gern,* Deutsches Kommunalrecht, Rn. 442, der zu einer Auslegungshoheit des Vorsitzenden bei von ihm zu vollziehendem Recht tendiert.

[798] OVG Frankfurt Oder, Urt. v. 27.4.1994 LKV 1995, 42; *Behnel,* NWVBl. 1993, 406; a.A. *Gern,* Deutsches Kommunalrecht, Rn. 442

[799] HessVGH, Beschl. v. 17.11.1978 GemHH 1981, 271

[800] OVG NW, Urt. v. 27.8.1996 NVwZ-RR 1997, 184.

[801] Vgl. etwa HessVGH, Beschl. v. 5.1.1988 NVwZ 1988, 1155.

[802] S.a. *Grzeszick,* Digitale Sitzungen kommunaler Gremien, DVBl. 2022, 336-343; *Schürrmeier,* Sitzungen der kommunalen Vertretungen unter Pandemiebedingungen, DVP 2022, 60-65; zur Rechtslage vor der Geltung von Regelungen zu virtuellen Sitzungen s. *Seybold/Schneider,* Die Rechtmäßigkeit kommunaler Beschlüsse in virtuellen Sitzungen, DVP 2021, 194-200.

bereits der Landtag die Notsituation festgestellt hat.[803] Die Gemeinde muss sicherzustellen, dass die Öffentlichkeit in geeigneter Weise Kenntnis über die Abweichungen erhält (§ 56a I 4 KVG).

480 Zur Sicherstellung der Beratungen und Abstimmungen können notwendige Sitzungen der Vertretung und ihrer Ausschüsse mittels **Videokonferenztechnik** durchgeführt werden, an der alle oder einzelne Mitglieder, ohne in einem Sitzungsraum persönlich anwesend zu sein, im Wege zeitgleicher Übertragung von Bild und Ton teilnehmen (digitale Sitzung, § 56a II 1 KVG). Für die Beschlussfähigkeit gelten die Vorgaben des § 55 I KVG (Regelbeschlussfähigkeit, Fiktion etc.) entsprechend (§ 56a II 2 KVG). Das Nähere regelt die Geschäftsordnung (§ 56a II 3 KVG). Die Kommune hat sicherzustellen, dass die technischen Anforderungen und die datenschutzrechtlichen Bestimmungen für eine ordnungsgemäße Durchführung der Videokonferenzsitzung einschließlich Beratung und Abstimmung eingehalten werden (§ 56a II 4 KVG). Bei öffentlichen Videokonferenzsitzungen ist zu gewährleisten, dass Presse, Rundfunk und ähnliche Medien und die interessierte Öffentlichkeit in öffentlich zugänglichen Räumlichkeiten oder im Internet die Sitzung zeitgleich verfolgen können (§ 56a II 5 KVG). Zeit und Tagesordnung einer Videokonferenzsitzung sind rechtzeitig ortsüblich bekannt zu machen (§ 56a II 6 HS 1 KVG). Dabei ist die Öffentlichkeit darauf hinzuweisen, in welcher Weise die öffentliche Videokonferenzsitzung verfolgt werden kann (§ 56a II 6 HS 2 KVG).

481 Die Vertretung und ihre Ausschüsse können über Verhandlungsgegenstände im Wege eines **schriftlichen oder elektronischen Verfahrens abstimmen**, soweit sich zwei Drittel der Mitglieder der Vertretung oder des Ausschusses mit diesem Verfahren einverstanden erklären (§ 56a III 1 KVG). Im schriftlichen oder elektronischen Verfahren dürfen Wahlen[804] nicht durchgeführt werden (§ 56a III 2 KVG). Vor der Abstimmung im schriftlichen oder elektronischen Verfahren ist der Verhandlungsgegenstand grundsätzlich mittels geeigneter technischer Hilfsmittel, insbesondere in Form einer Telefonkonferenz oder einer Videokonferenz, zu beraten (§ 56a III 3 KVG). Das Nähere regelt die Geschäftsordnung (§ 56a III 4 KVG).[805] Beschlüsse, die im schriftlichen oder elektronischen Verfahren gefasst wurden, sowie das jeweilige Abstimmungsvotum der Mitglieder sind innerhalb eines Monats **ortsüblich bekannt zu machen**; § 52 II 3 KVG gilt entsprechend (§ 56a III 6 KVG).

482 Die Beteiligung der beschließenden Ausschüsse nach § 48 III 1 KVG bei der Vorbereitung der Beschlüsse der Vertretung kann unterbleiben (§ 56a IV KVG). Die Regelung zur Einberufung der Vertretung nach § 53 V 1, 2. Alt. KVG findet keine Anwendung (§ 56a V KVG). Sofern der Ortschaftsrat dies beschließt, hört der Rat den Ortsbürgermeister anstelle des Ortschaftsrates für die Ortschaft an (§ 56a VI KVG i.V.m. § 84 II KVG).

---

[803] Die Kommunalaufsichtsbehörde stellt das Vorliegen einer solchen die Notsituation fest und bestimmt den Zeitraum der Anwendbarkeit der Regelungen (§ 56a I 2 KVG). Die kommunalaufsichtliche Feststellung entfällt, soweit und solange eine landesweite epidemische oder pandemische Lage durch den Landtag nach § 161 II 2-4 KVG festgestellt wird (§ 56a I 3 KVG).

[804] Wahlen im Sinne von § 56 III KVG.

[805] Im Übrigen gelten § 52 IV und § 53 IV 2 u. 3 KVG sinngemäß (§ 56a III 5 KVG).

f) Fehlerfolgen

483 Werden Beschlüsse unter Verletzung von formellen oder materiellen gesetzlichen Anforderungen gefasst, sind sie rechtswidrig. Damit ist allerdings noch keine Aussage über die **Fehlerfolgen** getroffen.[806] Die Fehlerfolgen richten sich nach der Rechtsnatur des jeweiligen Beschlusses. Für Verwaltungsakte gilt die Fehlerfolgenlehre des VwVfG.[807] Die Kommunalverfassung enthält nur wenige explizite Regelungen zu den Rechtsfolgen von Verfahrensfehlern.

> **Bsp.:** Der unter Verstoß gegen das Mitwirkungsverbot gefasste Beschluss ist unwirksam (§ 33 V 1 KVG).

Besondere Regelung gelten für die Missachtung von Verfahrens- und Formvorschriften beim Satzungserlass, wonach der jeweilige Fehler unbeachtlich wird, wenn er nicht innerhalb einer bestimmten Frist gerügt wurde.[808] Dies gilt jedoch nicht für die Mängel der fehlenden Genehmigung oder der fehlerhaften Bekanntmachung. Zudem gelten (wenige) fachgesetzliche Sonderregelungen.

484 **Schlichte Ratsbeschlüsse** ohne Außenwirkung, die an formellen oder materiellen Mängeln leiden, sollen nach verbreiteter Literaturansicht grundsätzlich wirksam sein.[809] Dies wird mitunter mit einer analogen Anwendung der Fehlerfolgenlehre des VwVfG für Verwaltungsakte begründet. Die h.M. geht hingegen zu Recht davon aus, dass rechtsfehlerhafte schlichte Beschlüsse grundsätzlich unwirksam bzw. **nichtig** sind.[810] Die Nichtigkeitsfolge trete aber nicht ein, wenn nur „unwesentliche Vorschriften", namentlich sog. Ordnungsvorschriften, verletzt wurden.[811] Dabei handele es sich um „Verfahrensregeln ohne eigenständigen Rechtsschutzgehalt für objektive und subjektive Außenrechte"[812].

485 Alle Ansichten berücksichtigen nicht oder nur unzureichend die Bedeutung des Widerspruchsrechts des Bürgermeisters. Widerspricht nämlich der Bürgermeister, wozu er bei Erkennen der Gesetzwidrigkeit verpflichtet ist, tritt die gesetzliche Fehlerfolgenregelung der **aufschiebenden Wirkung** ein.[813] Der Beschluss ist dann schwebend unwirksam. Bei erneuter Beschlussfassung und erneutem Widerspruch bleibt der Beschluss bis zur Entscheidung der Kommunalaufsicht schwebend unwirksam[814]. Widerspricht der Bürgermeister hingegen nicht, ist der Beschluss nach der Systematik der Widerspruchsregelung zu vollziehen und mithin wirksam. Auf die Schwere eines Fehlers kommt es dabei nicht an (!).

486 Klärungsbedürftig ist demgemäß ausschließlich die **Fehlerfolge für die Zeit bis zur Erhebung des Widerspruchs bzw. bis zum Ablauf der Widerspruchsfrist.** Der Streit ist somit eher akademischer

---

[806] S. hierzu *Behnel*, NWVBl. 1993, 406f f.; *Ehlers*, NVwZ 1990, 107 ff.; *Karst*, Der rechtswidrige Ratsbeschluss, 1994; *Meyer*, Beschlüsse kommunaler Vertretungskörperschaften, 1990; *Röper*, NVwZ 1982, 298 ff.; *Schneider*, NWVBl. 1996, 89 ff.

[807] D.h. grundsätzlich Wirksamkeit trotz Rechtswidrigkeit (§ 42 II VwVfG), sofern nicht ausnahmsweise Nichtigkeit vorliegt (§ 43 III, § 44 VwVfG). Im Übrigen gelten die §§ 42, 45, 46, 47 und § 48 VwVfG.

[808] S. hierzu Rn. 906.

[809] *Ehlers*, NVwZ 1990, 108; *Heermann*, Der Gemeinderatsbeschluß, 1975, S. 259f; *Schnapp*, VerwArch. 78 (1987), 407 (436).

[810] *Fehrmann*, NWVBl. 1989, 314; *Gern*, Deutsches Kommunalrecht, Rn. 501, 460; *Papier*, DÖV 1980, 299.

[811] Vgl. *Gern*, Deutsches Kommunalrecht, Rn. 503 und 460.

[812] *Gern*, Deutsches Kommunalrecht, Rn. 503.

[813] Vgl. § 65 III 4 KVG. S. Rn. 485, 645, 725.

Natur. Vorzugwürdig erscheint, gesetzwidrige Beschlüsse während dieser Zeit grundsätzlich als schwebend unwirksam anzusehen. Dies entspricht der Gesetzesbindung bzw. dem Vorrang des Gesetzes. Auf Gesetzesverstöße dürfen grundsätzlich keine weiteren Maßnahmen gestützt werden. Gesetzesverstöße können grundsätzlich auch keine Handlungspflichten begründen. Sie lösen insbesondere keine Vollzugspflicht aus. Nach dem Vollzug des Ratsbeschlusses kommt es regelmäßig nicht mehr auf die Fehlerfolgen des rechtwidrigen Ratsbeschlusses, sondern auf die Folgen der Rechtswidrigkeit der Vollzugshandlung an.

487 Von Rspr. oder Lehre werden als **Nichtigkeitsgrund** unter anderem anerkannt:

- die fehlende oder fehlerhafte Ladung,[815] etwa Mängel der Schriftform,[816] wobei allerdings die fehlende unverzügliche Bekanntgabe von Zeit, Ort und Tagesordnung einer Sitzung des Rates nur im Hinblick auf Satzungsbeschlüsse allgemein als Nichtigkeitsgrund anerkannt ist,

- Verstoß gegen den Grundsatz der Öffentlichkeit der Sitzung,[817]

- Beschluss in geheimer Abstimmung (der offen hätte erfolgen müssen),

- Beschlüsse, die durch strafbare Handlungen zustande kamen[818] und

- fehlende Niederschrift über eine Sitzung[819].

488 Von einer schwebenden Unwirksamkeit des Beschlusses ist nach hier vertretener Ansicht u.a. auch in folgenden Fällen auszugehen:

- wenn zu einem Verhandlungsgegenstand keine Beratung zugelassen wurde,

- wenn Beschlüsse unter unzumutbaren Sitzungsbedingungen zustande kamen (extremer Lärm, Rauch etc.),

- wenn im Falle der Mitwirkung eines zu Unrecht wegen Befangenheit ausgeschlossenen Mitglieds der Ratsbeschluss anders ausgefallen wäre, es mithin auf die Stimme des Ausgeschlossenen ankam und

- Beschluss ohne Beschlussfähigkeit.

---

[814] Abweichend z.B. § 59 II GO Bay (die Entscheidung der Rechtsaufsichtsbehörde ist direkt herbeizuführen)

[815] Lit.: *Behnel*, NWVBl. 1993, 406 ff.; *Gern*, Deutsches Kommunalrecht, Rn. 460: eine Ausnahme stellten unwesentliche (Ordnungs-)Vorschriften dar; *Schmitz*, Bedeutung von Ladungsfristen kommunaler Gremien für die Rechtmäßigkeit von Beschlüssen - Rechtliche Relevanz von Bestimmungen der Geschäftsordnung zur Ladungsfrist am Beispiel der Rechtslage in Nordrhein-Westfalen, KommJur 2020, 441-446.

[816] *Gern*, Deutsches Kommunalrecht, Rn. 447.

[817] BVerwG, Urt. v. 27.9.2021 – 8 C 31.20 – juris (Ls).

[818] *Gern*, Deutsches Kommunalrecht, Rn. 498.

[819] *Stober*, Kommunalrecht, S. 201.

g) Ausschüsse

Lit.: *Hebeler*, Verteilung von Ausschusssitzen auf kommunaler Ebene, JA 2023, 791-792; *Hirte*, Folgen fehlerhafter Besetzung von Ausschüssen in kommunalen Vertretungskörperschaften, DÖV 1988, 108-113; *Kasten*, Ausschußorganisation und Ausschußrückruf: Ein Beitrag zum freien Mandat in den Parlamenten und kommunalen Vertretungskörperschaften in der Bundesrepublik Deutschland, 1983

aa) Funktionen und Bildung von Ausschüssen

489 Die kommunalen Volksvertretungen wären sachlich und zeitlich überfordert, wollten sie alle Angelegenheiten, für die sie zuständig sind, selbst beraten und beschließen. Viele Verhandlungsgegenstände sind so speziell, dass ohnehin nur einige Mitglieder der Vertretung den Gegenstand vertieft hierzu beraten können. Wie im Parlamentarismus bedienen sich daher auch die kommunalen Vertretungen der **Ausschüsse** (Haupt- und Finanz-, Bau-, Liegenschafts-, Verkehrs-, Kultur- und Sportausschuss etc.). Ausschüsse dienen der Arbeitsteilung und Spezialisierung. Nachteile der Ausschüsse sind die Gefahren der Verzögerung und Verzettelung sowie dass die Ausschussarbeit zumindest de facto weniger transparent ist als die Ratssitzung. Zudem führt die Tätigkeit beschließender Ausschüsse zu einer schmaleren demokratischen Legitimationsbasis der Entscheidungen und die Tätigkeit (vor-)beratender Ausschüsse zu einer faktischen „Entmündigung" der nicht im Ausschuss vertretenen Mandatsträger.

490 Sinn und Zweck der gesetzlichen Regelung über die Bildung und Zusammensetzung der Ausschüsse ist es, dass der Ausschuss „einen Gemeinderat im Kleinen" proporzmäßig abbildet.[820] Als verkleinerte Abbilder des Plenums spiegeln Ausschüsse das politische Meinungs- und Kräftespektrum im Rat wider (**Grundsatz der Spiegelbildlichkeit**).[821] Der Ausschuss muss dieser Funktion gerecht werden.[822]

491 Der Gemeinderat bleibt trotz der Delegation von Aufgaben auf die Ausschüsse die Zentralgestalt des Geschehens. Dies drückt sich in der **freien Widerruflichkeit der Aufgabenübertragung** aus. Der Gemeinderat kann nämlich jede Angelegenheit an sich ziehen und Beschlüsse der beschließenden Ausschüsse, solange sie noch nicht vollzogen sind, ändern oder aufheben (§ 46 II KVG). Zudem kann er Ausschüsse vor ihrer Beschlussfassung wieder auflösen.

492 Der Gemeinderat **kann** Ausschüsse bilden, d.h. die Bildung ist dem Grundsatz nach freiwillig: Die Vertretung kann zur Erfüllung ihrer Aufgaben ständige oder zeitweilige Ausschüsse bilden, die als beschließende oder als beratende Ausschüsse tätig werden (§ 46 I 1 KVG). Ständige Ausschüsse und ihre Größe sind in der Hauptsatzung festzulegen; sollen zusätzlich sachkundige Einwohner nach § 49 III KVG berufen werden, so ist deren Zahl gesondert auszuweisen (§ 46 I 2 KVG). Sowohl die Besetzung eines beratenden Ausschusses mit sachkundigen Einwohnern wie die Feststellung der veränderten Ausschussbesetzung bedarf der Mitwirkung der benennungsberechtigten Fraktionen.[823]

---

[820] Vgl. § 47 I KVG LSA. Vgl. zur bayerischen Rechtslage BayVGH, Urt. v. 17.3.2004 BayVBl. 2004, 432; *Schreiber*, BayVBl. 1996, S. 134 ff., 170 ff.

[821] BVerwG, Beschl. v. 7.12.1992 – 7 B 49.92 – DVBl. 1993, 890 (891).

[822] BVerwG, Urt. v. 10.12.2003 – 8 C 18.03 – NVwZ 2004, 621; Urt. v. 27.3.1992 NVwZ 1993, 375 (377).

[823] VG Magdeburg, Urt. v. 27.9.2021 – 9 A 152/20 MD – juris Rn. 30.

Daher darf die Vertretung nicht aus eigenem Recht sachkundige Einwohner aus einem beratenen Ausschuss abberufen.[824]

493 Neben den freiwilligen Ausschüssen gibt es **Pflichtausschüsse**.[825] In Sachsen-Anhalt sieht indes das KVG keine Pflichtausschüsse vor und solche ergeben sich hier nur nach besonderen Rechtsvorschriften.[826] Deren Tätigkeit richtet sich nach dem Fachrecht. Nur soweit das Fachrecht keine Regelung trifft, können auf diese Ausschüsse die für Ausschüsse geltenden Vorschriften des KVG ergänzend angewandt werden. Unzulässig sind Ausschüsse zu Angelegenheiten, für die der Rat nicht zuständig ist.

494 Unterschiedlich beurteilt wird, ob der Gemeinderat einen **Untersuchungsausschuss** einrichten darf.[827] Die Frage lässt sich nur anhand des jeweiligen Landesrechts beantworten. Für Sachsen-Anhalt lässt sich feststellen, dass der Gemeinderat die gesetzliche Aufgabe hat, die Ausführung seiner Beschlüsse durch den Bürgermeister zu überwachen und jederzeit Ausschüsse zu allen Gegenständen seiner Zuständigkeiten einrichten kann. Auf der Grundlage dieses Kompetenztitels darf der Gemeinderat einen „Überwachungsausschuss" bilden. Dem Ausschuss ist auf Verlangen vom Bürgermeister Akteneinsicht zu gewähren. Dieser Ausschluss ist jedoch mit einem Untersuchungsausschuss gem. Art. 44 GG nicht vergleichbar, da er die dort genannten Kompetenzen nicht besitzt (kein Recht zur Beweiserhebung, kein Anspruch auf Rechts- und Amtshilfe).[828] Im Übrigen unterscheidet sich auch die Rechtskontrolle durch Kommunalaufsicht, den Landesrechnungshof oder Gremien von Zweckverbänden von dem parlamentarischen Untersuchungsverfahren hinsichtlich Legitimation und Prüfungsmaßstab.[829]

495 Nach dem KVG sind **beschließende** und beratende **Ausschüsse** zu unterscheiden.[830] Der Gemeinderat kann durch Hauptsatzung bestimmte Angelegenheiten, ausgenommen die in § 45 II-IV KVG genannten, den Ausschüssen zur Beschlussfassung übertragen (§ 48 I KVG). Die beschließenden Ausschüsse leiten ihre Entscheidungsgewalt unmittelbar vom Gemeinderat ab. Ihre Entscheidungsgewalt kann daher niemals über die Organzuständigkeit des Rates hinausgehen. Sie dürfen sich nur innerhalb der Grenzen dieser Delegation bewegen. Eine Delegation der dem Rat nach den Katalogen vorbehaltenen Angelegenheiten ist nicht möglich, d.h. die Vorgaben zur Nichtübertragbarkeit von Aufgaben gelten nicht nur hinsichtlich des Hauptverwaltungsbeamten, sondern auch gegenüber Ausschüssen. Sie sollen jedoch dem für das Sachgebiet zuständigen Ausschuss zur Vorberatung zugewiesen werden (§ 48 III 1 KVG). Auf Antrag des Ratsvorsitzenden, eines Fünftels der

---

[824] VG Magdeburg a.a.O. Rn. 21.

[825] Z.B. Hauptausschuss, Finanzausschuss und Rechnungsprüfungsausschuss gemäß § 57 II GO NRW

[826] Vgl. § 51 KVG LSA.

[827] *Tettinger*, BesVerwR/1, Rn. 93 hält dies zu Unrecht für unzulässig. S.a. *Eiermann*, VBLBW 1999, 447-452; *Beckmann/Rühberg*, DVP 2000, 104-106; *Foerster*, VR 1989, 167-171; *Lück/Witznick*, KomJur 2021, 405-410.

[828] Es ist aber unrichtig, wenn pauschal gesagt wird, Gemeinderäte könnten keine Untersuchungsausschüsse einrichten (so aber *Tettinger*, Besonderes Verwaltungsrecht/1, Rn. 93.

[829] OVG LSA, OVG LSA, Beschl. v. 17.3.2020 – 4 M 36/20 – juris Rn. 15.

[830] Vgl. § 46 I 1 KVG LSA.

Ratsmitglieder oder einer Fraktion müssen Anträge, die nicht vorberaten worden sind, den zuständigen beschließenden Ausschüssen zur Vorberatung überwiesen werden (§ 48 III 2 KVG).

496 **Beratende Ausschüsse** kann der Gemeinderat zur Vorberatung seiner Verhandlungen oder einzelner Verhandlungsgegenstände bestellen (§ 49 I KVG).

497 Die Ausschussbesetzung richtet sich nach dem bereits erwähnten Modell der Spiegelbildlichkeit. Die Ausschüsse werden in der Weise **gebildet**, dass die von der Vertretung festgelegten Sitze auf die **Vorschläge der Fraktionen** des Gemeinderats entsprechend dem Verhältnis der Mitgliederzahl der einzelnen Fraktionen zur Mitgliederzahl aller Fraktionen verteilt werden (§ 47 I 1 KVG).[831] Jede Fraktion erhält zunächst so viele Sitze erhält, wie sich für sie ganze Zahlen ergeben (§ 47 I 2 KVG). Sind danach noch Sitze zu vergeben, so sind sie in der Reihenfolge der höchsten Zahlenbruchteile, die sich bei der Berechnung nach Satz 1 ergeben, auf die Fraktionen zu verteilen (§ 47 I 3 KVG). Bei gleichem Zahlenbruchteil entscheidet das Los, das der Ratsvorsitzende zu ziehen hat (§ 47 I 4 KVG). Die Fraktionen benennen die Mitglieder der Ausschüsse; der Bürgermeister bleibt unberücksichtigt (§ 47 I 5 KVG). Dieses Benennungsrecht der Fraktionen hat bindenden Charakter für die Vertretung und eine Benennung darf insbesondere nicht aus politischen Gründen verweigert werden.[832] Die Vertretung stellt die sich aus dem beschriebenen Verfahren ergebende Ausschussbesetzung durch Beschluss fest. Rechtsgrundlage dieses (deklaratorischen)[833] Feststellungsbeschlusses ist § 47 III 1 KVG.[834] Ein Prüfungsrecht steht der Vertretung insoweit nicht zu.[835] Scheidet ein von einer Fraktion benanntes Ausschussmitglied aus dem Ausschuss aus (etwa durch Tod oder Mandatsverlust), hat die Fraktion das Recht der Neubenennung.[836]

498 Fraktionen haben keinen allgemeinen Anspruch darauf, in jedem Ausschuss vertreten zu sein. Entfällt jedoch auf Fraktionen bei der Sitzverteilung nach § 47 I KVG in einem Ausschuss **kein Sitz**, sind diese Fraktionen berechtigt, ein **Mitglied mit beratender Stimme** in den Ausschuss zu entsenden (sog. **Grundmandat** gem. § 47 II KVG).[837] Der Gemeinderat stellt die sich nach § 47 I-II KVG ergebende Sitzverteilung und Ausschussbesetzung durch Beschluss fest (§ 47 III 1 KVG). Ausschussmitglieder können im Verhinderungsfall durch Mitglieder derselben Fraktion vertreten werden (§ 47 III 2 KVG).

499 Das für die Besetzung geltende Prinzip der Spiegelbildlichkeit ist auf die Umbildung von Ausschüssen analog anzuwenden. Ändern sich infolge des Ausscheidens eines Ausschussmitgliedes aus einer Fraktion die Repräsentationsverhältnisse, kann die hierdurch benachteiligte Fraktion eine **Neubesetzung der entsprechenden Ausschusssitze verlangen**. M.a.W. muss ein Ausschuss auf Antrag

---

[831] § 47 I KVG LSA. Bei der Berechnung des Quorums in § 47 I VI 1 KVG bleibt der Bürgermeister unberücksichtigt (§ 95 I 2 KVG). S.a. *Hebeler*, Verteilung von Aussschusssitzen auf kommunaler Ebene, JA 2023, 791-792; zu den Folgen fehlerhafter Ausschussbesetzung *Hirte*, DÖV 1988, 108 ff.

[832] OVG LSA, Beschl. v. 30.10.2023 – 4 L 222/23.Z – juris Rn. 14.

[833] VG Magdeburg, Beschl. v. 28.7.2020 – 9 B 165/20 – juris Rn. 59.

[834] VG Magdeburg, Beschl. v. 28.7.2020 – 9 B 165/20 – juris Rn. 52.

[835] VG Magdeburg, Beschl. v. 28.7.2020 a.a.O.

[836] VG Magdeburg, Beschl. v. 28.7.2020 – 9 B 165/20 – juris Rn. 52.

[837] Vgl. auch BVerwG, Beschl. v. 7.12.1992 – 7 B 49.92 – DVBl. 1993, 890: ein entsprechender bundesverfassungsrechtlicher Anspruch besteht nicht; a.A. *Groh*, NWVBl. 2001, 41 ff.

einer Fraktion neu besetzt werden, wenn seine Zusammensetzung nicht mehr dem Verhältnis der Stärke der Fraktionen in der Vertretung entspricht (Neubesetzung gem. § 47 IV 1 KVG).[838] Benennt die Fraktion ein neues Ausschussmitglied, tritt dieses zwingend an die Stelle ihres bisherigen Ausschussmitglieds.[839] Dass die Umbildung zur Gewährleistung proporzgerechter Sitzverteilung als solche nicht systemwidrig ist, ergibt sich im Übrigen daraus, dass der Rat jederzeit Ausschüsse auflösen und neu bilden kann.[840]

500 Nach Ansicht des VG Magdeburg hat eine Fraktion darüber hinaus jederzeit das Recht, ein von ihm benanntes Ausschussmitglied abzuberufen und ein dieses ersetzendes Ausschussmitglied zu benennen.[841] Wenn die Fraktion ein neues Ausschussmitglied benenne, trete dieses „zwingend an die Stelle ihres bisherigen Ausschussmitgliedes"[842]. Zwar existiere hierfür keine ausdrückliche Rechtsgrundlage, jedoch sei die Neubenennung lediglich actus contrarius der Benennung. Die Ansicht ist abzulehnen. Sie hat im Gesetz keine Stütze. Das Gericht lässt auch unklar, ob nach seiner Ansicht im Innenverhältnis zumindest ein wichtiger Grund zur Abberufung gegeben sein muss.[843]

501 **Vorsitzender** der beschließenden Ratsausschüsse ist in der Regel der Bürgermeister (§ 48 II 1 KVG). In der Hauptsatzung kann aber festgelegt werden, dass ein ehrenamtliches Mitglied des Rats einem (ausdrücklich zu bezeichnenden) beschließenden Ausschuss vorsitzt (§ 48 II KVG). Der Vorsitzende der beratenden Ausschüsse ist ebenfalls in der Regel der Bürgermeister (§ 49 II 1 KVG). Auch im Hinblick auf beratende Ausschüsse kann in der Hauptsatzung festgelegt werden, dass ein ehrenamtliches Mitglied des Rats einem beratenden Ausschuss vorsitzt, wobei der Ausschuss in der Satzung ausdrücklich zu bezeichnen ist (§ 49 II 2 KVG).

502 Ist der Bürgermeister an der Teilnahme einer Sitzung der Ausschüsse verhindert, in denen er den Vorsitz führt, kann er seinen allgemeinen Vertreter oder einen Beigeordneten **mit seiner Vertretung im Vorsitz beauftragen** (§ 50 I 1 KVG). Ist der allgemeine Vertreter oder der Beigeordnete verhindert, so bestimmt der Ausschuss aus dem Kreis seiner stimmberechtigten Mitglieder die Person, die den Hauptverwaltungsbeamten im Vorsitz vertritt (§ 50 I 2 KVG). Der allgemeine Vertreter und der Beigeordnete treten im Verhinderungsfall des Hauptverwaltungsbeamten bis auf das Stimmrecht in dessen Rechte als Vorsitzender des Ausschusses ein (§ 50 I 3 KVG).

503 Der Bürgermeister nimmt an den Sitzungen der Ausschüsse der Vertretung, denen er nicht vorsitzt, **mit beratender Stimme teil** und ihm ist auf Verlangen jederzeit das Wort zu erteilen (§ 50 II 1 KVG). Er ist verpflichtet, dem Ausschuss auf Verlangen in der Sitzung Auskunft zu erteilen (§ 50 II 2 KVG).[844] Der Hauptverwaltungsbeamte kann sich durch einen Beigeordneten oder Beschäftigten der Kommune vertreten lassen (§ 50 II 3 KVG).

---

[838] Absatz 3 gilt entsprechend (§ 47 IV 2 KVG).

[839] VG Magdeburg, Beschl. v. 28.7.2020 – 9 B 165/20 – juris Rn. 54.

[840] Argumentum a maiori ad minus.

[841] VG Magdeburg, Beschl. v. 28.7.2020 – 9 B 165/20 – juris Rn. 50, 52.

[842] VG Magdeburg a.a.O: Rn. 54.

[843] VG Magdeburg a.a.O. Rn. 59 unter Verweis auf die alte Rechtslage (hierzu VG Magdeburg, Beschl. v. 25.6.2003 – 9 B 400/03 MD – juris.

[844] Insoweit gilt § 43 III 3 KVG entsprechend (§ 50 II 2 HS 2 KVG).

504 Der Rat kann die beratenden Ausschüsse durch **sachkundige Einwohner** ergänzen, die widerruflich als Mitglieder mit beratender Stimme tätig sind (§ 49 III 1 KVG).[845] Ratsmitglieder und Beschäftigte der Gemeinde können von den Fraktionen nicht als sachkundige Einwohner benannt werden (§ 49 III 2 KVG). Die Zahl sachkundiger Einwohner darf die der Mitglieder der Vertretung in den einzelnen Ausschüssen nicht erreichen (§ 49 III 4 KVG). Der Rat stellt die sich nach § 49 III 1 KVG ergebende Verteilung der sachkundigen Einwohner auf die Fraktionen und die sich daraus ergebende Ausschussbesetzung durch Beschluss fest (Feststellungsbeschluss, vgl. § 49 III 3 KVG). Diese Feststellung der Mitgliedschaft hat nur deklaratorische Wirkung.[846] Die sachkundigen Einwohner sind ehrenamtlich tätig; die §§ 30-35 und § 43 I und II KVG sind entsprechend anzuwenden (§ 49 III 5 KVG).[847]

bb) Verfahren

505 Für das **Verfahren in den Ausschüssen** gelten im Grundsatz die Regelungen für die Vertretung entsprechend. So gelten etwa die Regelungen zur Einberufung, zur Beschlussfähigkeit und zum Mehrheitsprinzip. Für Ausschüsse gelten die § 58 I-III KVG über die Niederschrift (Protokollierung) entsprechend (§ 58 IV 1 KVG). Die Niederschrift ist zu unterzeichnen (§ 58 IV 2 KVG). Die Ausschüsse sind einzuberufen, sooft es die Geschäftslage erfordert (**Einberufung** gem. § 53 III 1 KVG). Die Einberufung erfolgt bei Einheitsgemeinden (§ 53 IV 1 KVG) wie bei Verbandsgemeinden (§ 95 II 1 2. HS KVG) durch die jeweiligen Ausschussvorsitzenden. Diesen obliegt auch die Festlegung der Tagesordnung (§ 53 IV 1 KVG bzw. § 95 II 1 KVG). Die Ausschüsse sind einzuberufen, sooft es die Geschäftslage erfordert (§ 53 III KVG). Die Ausschüsse des Rates beschließen durch Abstimmungen und Wahlen (§ 56 I KVG). Der Bürgermeister hat Stimmrecht, sofern er Ausschussvorsitzender ist (vgl. § 56 I 2 KVG). Auch allen übrigen Mitgliedern stehen Rede-, Antrags- und Stimmrecht zu. Nichtmitgliedern steht in Ausschüssen weder ein Rederecht noch ein Antragsbegründungsrecht zu.[848]

506 Der Ausschussvorsitzende leitet die Verhandlungen des Ausschusses im Rahmen der Geschäftsordnung. (**Verhandlungsleitung**, § 57 I KVG). Er handhabt die **Ordnung in den Sitzungen** und übt das Hausrecht aus (§ 57 II KVG).

507 Ausschüsse dürfen grundsätzlich **Einwohnerfragestunden** durchführen. Dies gilt auch für die öffentlichen Sitzungen beratender Ausschüsse. Das KVG enthält insoweit kein Verbot.[849] Einer solchen Erweiterung von Informationsmöglichkeiten für die Einwohner durch Fragestunden in den öffentlichen Sitzungen der beratenden Ausschüsse steht auch der Parlamentsvorbehalt für die Regelung wesentlicher Angelegenheiten nicht entgegen.[850]

---

[845] Die §§ 41 und 47 I KVG gelten entsprechend (§ 49 III 1 HS 2 KVG).

[846] OVG LSA, Beschl. v. 30.10.2023 – 4 L 222/23.Z – juris Rn. 13.

[847] Eine Aufwandsentschädigung soll jedoch, soweit sie pauschal gewährt wird, ausschließlich als Sitzungsgeld gewährt werden (§ 49 III 5 KVG).

[848] VG Würzburg, Urt. v. 9.12.2020 – W 2 K 20.1439 – Bayern.Recht.

[849] VG Magdeburg, Urt. v. 29.9.2016 – 9 A 295/15 – juris Rn. 15.

[850] VG Magdeburg a.a.O. Rn. 17.

508 Im Rahmen ihrer Zuständigkeit **entscheiden** die beschließenden Ausschüsse selbstständig **anstelle der Vertretung** (§ 48 IV 1 KVG). Ergibt sich, dass eine Angelegenheit für die Gemeinde von besonderer Bedeutung ist, können die beschließenden Ausschüsse die Angelegenheit dem Rat zur Beschlussfassung unterbreiten (Rückverweisung bedeutender Angelegenheiten, § 48 IV 2 KVG).[851] Lehnt der Rat eine Behandlung ab, weil er die Voraussetzungen für die Verweisung als nicht gegeben ansieht, entscheidet der zuständige beschließende Ausschuss (§ 48 IV 4 KVG).

509 Ausschüsse sind **abzugrenzen** von **Beiräten** (Ausländerbeirat etc.), der Mitwirkung **sachkundiger Bürger** in beratenden Ausschüssen[852] und der Mitwirkung von **Beauftragten** (Gleichstellungsbeauftragte[853], Behindertenbeauftragter etc.).

cc) Ausschüsse nach besonderen Rechtsvorschriften

510 Für **Ausschüsse nach besonderen Rechtsvorschriften gelten die** §§ 46-49 KVG subsidiär, soweit diese die Zusammensetzung, die Form der Bildung, die Auflösung, den Vorsitz oder das Verfahren nicht im Einzelnen regeln (§ 51 Satz 1 KVG). Die nicht der Vertretung angehörenden Mitglieder solcher Ausschüsse besitzen eine beratende Stimme, soweit sich aus den besonderen Rechtsvorschriften nichts anderes ergibt (§ 51 Satz 2 KVG).

511 Ein solcher Ausschuss ist der **Jugendhilfeausschuss** kreisfreier Städte (und Kreise). Er befasst sich mit allen dem örtlichen Träger der öffentlichen Jugendhilfe obliegenden Aufgaben (§ 3 I 1 KJHG).[854] Er ist ein beschließender Ausschuss i.S.d. KVG (§ 3 II 1 KJHG).[855] Die Vertretung wählt zu Beginn jeder Wahlperiode für deren Dauer die stimmberechtigten Mitglieder des Jugendhilfeausschusses und deren Stellvertreterinnen und Stellvertreter (§ 4 I 1 KJHG).[856] Die stimmberechtigten Mitglieder des Ausschusses wählen aus ihrer Mitte die Vorsitzende oder den Vorsitzenden des Jugendhilfeausschusses und eine Stellvertreterin oder einen Stellvertreter. Neben den Mitgliedern mit Stimmrecht hat der Jugendhilfeausschuss mindestens sieben beratende Mitglieder.[857] Der Jugendhilfeausschuss

---

[851] In der Hauptsatzung kann festgelegt werden, dass ein Viertel der Mitglieder eines beschließenden Ausschusses eine Angelegenheit des Rats zur Beschlussfassung unterbreiten kann (§ 48 IV 3 KVG).

[852] Vgl. § 49 III KVG LSA . S. Wacker, Sachkundige Bürger und Einwohner in gemeindlichen Ausschüssen, 2000.

[853] I.s.v. § 78 KVG.

[854] Er befasst sich insbesondere mit der Erörterung aktueller Problemlagen junger Menschen und ihrer Familien sowie der Weiterentwicklung der Jugendhilfe, der Jugendhilfeplanung, der Förderung der freien Jugendhilfe und der Anerkennung freier Träger der Jugendhilfe (§ 3 I 2 KJHG).

[855] Ihm gehören stimmberechtigte und beratende Mitglieder gemäß den §§ 4 und 5 an. (3) Die Mitglieder des Jugendhilfeausschusses üben ihre Tätigkeit nach ihrer freien, nur durch die Rücksicht auf das Wohl der Allgemeinheit geleiteten Überzeugung aus (§ 3 III 1 KJHG). Sie arbeiten ehrenamtlich und sind an Aufträge oder Weisungen nicht gebunden (§ 3 III 2 KJHG).

[856] Der Ausschuss soll mindestens zehn und höchstens 15 stimmberechtigte Mitglieder haben (§ 4 I 2 KJHG). Dabei ist eine angemessene Zahl ehrenamtlich tätiger Frauen und Männer zu berücksichtigen (§ 3 I 3 KJHG).

[857] § 5 Beratende Mitglieder des Jugendhilfeausschusses (1) Beratende Mitglieder sind: 1. die Leitung der Verwaltung der Gebietskörperschaft oder eine von ihr benannte Vertreterin oder ein von ihr benannter Vertreter, 2. die Leitung der Verwaltung des Jugendamtes oder eine von ihr benannte Vertreterin oder ein von ihr benannter Vertreter, 3. je eine oder ein, insgesamt jedoch nicht mehr als vier, Vertreterin oder Vertreter der evangelischen und katholischen Kirchen, der jüdischen Gemeinschaft und anderer religiöser oder weltanschaulicher Gemeinschaften oder Gruppierungen, sofern sie von ihrer zuständigen Stelle benannt werden, 4. die kommunale Gleichstellungsbeauftragte oder eine von der Leitung der Verwaltung des Jugendamtes zu benennende in der Mädchenarbeit erfahrene Frau auf Vorschlag der kommunalen Gleichstellungsbeauftragten, 5. eine in der Arbeit mit behinderten Kindern und Jugendlichen erfahrene Person auf Vorschlag der Leitung der Gebietskörperschaft, 6. eine Vertreterin oder ein Vertreter der Interessen

bildet einen ständigen Unterausschuss für die Jugendhilfeplanung (§ 71 Abs. 2 Nr. 2 SGB VIII), der die Beschlussfassung für den Jugendhilfeausschuss vorbereitet (§ 7 I 1 KJHG).

h) Fraktionen

512 Ehrenamtliche Mitglieder der Vertretung, die derselben Partei, politischen Vereinigung oder politischen Gruppierung angehören, können sich zu einer **Fraktion** zusammenschließen (§ 44 I 1 KVG).[858] Eine Fraktion kann aber auch aus Mitgliedern mehrerer Parteien, politischer Vereinigungen oder politischer Gruppierungen gebildet werden (§ 44 I 2 KVG). Eine Fraktion muss in Gemeinden aus mindestens zwei ehrenamtlichen Mitgliedern der Vertretung, in Gemeinden mit mehr als 50 000 Einwohnern aus mindestens drei ehrenamtlichen Mitgliedern der Vertretung bestehen (§ 44 I 3 KVG).[859] Fraktionen innerhalb kommunaler Vertretungskörperschaften werden durch Fraktionsvertrag gegründet. Über das formale Band des Fraktionsvertrages hinaus besteht eine innere Verbindung der Mitglieder darin, dass diese eine gemeinsame politische Grundüberzeugung besitzen. Die kommunalrechtliche Rechtsstellung als Fraktion endet mit dem Ablauf der Wahlzeit des jeweiligen Gremiums (Rat bzw. Verbandsgemeinderat oder Kreistag). Das BVerfG definiert wie folgt: Fraktionen sind „Teile und ständige Gliederungen der Vertretungskörperschaft. Sie haben den technischen Ablauf der Meinungsbildung und Beschlussfassung in der Vertretungskörperschaft, in der sie tätig sind, in gewissem Grade zu steuern und damit zu erleichtern."[860] Ihre Rechtsstellung gegenüber dem Rat und dem Vorsitzenden ist dem öffentlichen Recht zuzuordnen.[861] Ihr Verhalten Dritten gegenüber ist hingegen im Zweifel privatrechtlicher Natur.

513 Das Recht der Fraktionen ergibt sich vor allem aus dem KVG (§§ 44, 45 VI 1, 47 etc.) und der Geschäftsordnung des Rates (vgl. § 44 I 4 KVG). Mitglieder des Gemeinderates, die derselben Partei, politischen Vereinigung oder Gruppierung angehören, können sich zu einer Fraktion zusammenschließen. Eine Fraktion kann auch aus Mitgliedern mehrerer Parteien, politischer Vereinigungen oder politischer Gruppierungen gebildet werden. Personen außerhalb des Rates können nicht Mit-

---

ausländischer Kinder und Jugendlicher auf Vorschlag der Leitung der Gebietskörperschaft, 7. eine Vertreterin oder ein Vertreter des Kreiselternrates, bei kreisfreien Städten des Gemeindeelternrates. Eine paritätische Besetzung mit Frauen und Männern ist anzustreben. (2) Die Satzung des Jugendamtes kann bestimmen, dass dem Jugendhilfeausschuss weitere beratende Mitglieder, insbesondere 1. die bzw. der kommunale Kinderbeauftragte, 2. eine Vertreterin oder ein Vertreter der Schulen auf Vorschlag der zuständigen örtlichen Behörde, 3. eine Vertreterin oder ein Vertreter der Arbeitsverwaltung auf Vorschlag der zuständigen örtlichen Behörde, 4. eine Vertreterin oder ein Vertreter des Jugendsports auf Vorschlag des zuständigen Kreissportbundes, 5. eine bzw. ein Vormundschafts-, Jugend- oder Familienrichterin bzw. -richter auf Vorschlag der zuständigen örtlichen Behörde sowie 6. eine Vertreterin oder ein Vertreter der Polizei auf Vorschlag der zuständigen örtlichen Behörde, angehören. (3) Beratende Mitglieder haben Antrags- und Rederecht. (4) Für jedes beratende Mitglied des Jugendhilfeausschusses ist durch die nach den Absätzen 1 und 2 zuständige Stelle eine Stellvertreterin oder ein Stellvertreter zu benennen. (5) Bei Bedarf sind zu bestimmten inhaltlichen Problemen Sachverständige und Vertreterinnen oder Vertreter von Jugendverbänden einzuladen.

[858] Lit.: *Meyer*, Recht der Ratsfraktionen. Darstellung, 12. Aufl., 2024.

[859] Bei der Berechnung des Quorums § 44 I S. 3 KVG bleibt der Bürgermeister unberücksichtigt (§ 95 I 2 KVG).

[860] BVerfG, Urt. v. 5.4.1952 BVerfGE 1, 208 (229); Urt. v. 13.6.1989 DVBl. 1989, 820 (822).

[861] Zur abw. Ansicht des BayVGH, Urt. v. 15.7.1992 – 4 B 91.3106 – NVwZ-RR 1993, 503 f.

glieder einer Fraktion sein. Dies gilt insbesondere im Hinblick auf sonstige Mitglieder der Partei der jeweiligen Fraktion.[862]

514 Eine Ratsfraktion muss aus **mindestens zwei ehrenamtlichen Mitgliedern** der Vertretung, in Gemeinden mit mehr als 50 000 Einwohnern aus mindestens drei ehrenamtlichen Mitgliedern der Vertretung bestehen (§ 44 I 3 KVG). Nach h.M. soll eine höhere Zahl für die Mindeststärke einer Fraktion durch die Geschäftsordnung nicht festgesetzt werden dürfen.[863] Der Wortlaut legt jedoch nahe, dass die Geschäftsordnung eine höhere Mindestzahl festsetzen kann.[864] Die Festsetzung einer höheren Mindeststärke widerspricht auch nicht Sinn und Zweck der Vorschrift und ist gerade für große Stadträte mit 50 und mehr Ratsmitgliedern sachgerecht. Die Bestimmung der Mindeststärke muss im Hinblick auf die Größe des Rates und seine effektive Arbeit indes angemessen sein.[865] Der Gleichheitssatz bildet hier einen wichtigen Maßstab für Vorgaben der Geschäftsordnung über die Bildung von Fraktionen und ihre Rechtsstellung. Für unzulässig wird eine Geschäftsordnungsregelung gehalten, wonach nur den aus demselben Wahlvorschlag einer Partei oder Wählergruppe gewählten Ratsmitgliedern der Zusammenschluss zu einer Fraktion erlaubt ist, sofern dies nicht gesetzlich vorgegeben ist.[866] Das KVG sieht dies aber vor, dass sich auch Angehörige verschiedener politischer Parteien, Vereinigungen oder Gruppierungen zu einer Fraktion zusammenschließen können (vgl. § 44 I 2 KVG). Das Nähere über die Bildung der Fraktionen, ihre Rechte und Pflichten sowie den Umgang mit personenbezogenen Daten regelt die Geschäftsordnung (§ 44 I 4 KVG).

515 Ein Ratsmitglied hat keinen Anspruch auf die **Aufnahme in eine Fraktion**. Die Entscheidung über die Aufnahme steht nach vorzugswürdiger Auffassung im freien Belieben der Fraktion. Nach a.A. sind insoweit vereinsrechtliche Grundsätze heranzuziehen (Geltung des Willkürverbotes etc.). Die Aufnahme in eine Fraktion führt nur de facto, nicht aber de iure dazu, dass sich die Entscheidungsfreiheit des Mandatsträgers verengt und er sich an die Absprachen der Fraktion zum Abstimmungsverhalten gebunden fühlt. Der sog. Fraktionszwang ist indes rechtlich unverbindlich.

---

[862] Ihre in der Praxis anzutreffende Teilnahme an Fraktionssitzungen führt nicht zwingend zur Rechtswidrigkeit eines hierauf beruhenden Fraktionsverhaltens im Rat. Etwas anderes kann gelten, wenn die Freiheit der Willensentschließung der Fraktionsmitglieder durch die Mitwirkung von Dritten an ihren Sitzungen in unzulässiger Weise eingeschränkt wird. Erteilt etwa ein überörtlicher Vertreter der Partei in der Fraktionssitzung eine Weisung, in bestimmter Weise abzustimmen und bedroht die Fraktionsmitglieder insoweit, dann sind die darauf beruhende Stimmabgabe und der Beschluss rechtswidrig, weil sie unter Verletzung des Grundsatzes des freien Mandats zustande kamen.

[863] Für GO Rh.-Pfalz: OVG Rh.-Pfalz, Beschl. v. 22.5.1996 NVwZ-RR 1997, 310; *v. Mutius*, Kommunalrecht, Rn. 718; (für die Zulässigkeit nach der GO BW) VGH BW, Urt. v. 24.6.2002 NVwZ-RR 2003, 56; (nach BayGO) BayVGH, Urt. v. 16.2.2000 – 4 N 98.1341 – NVwZ-RR 2000, 811 m.w.Nachw.; zur Fraktionsmindeststärke s. auch *Dach*, DVBl. 1982, 1080 ff.; *Fröhlinger*, DVBl. 1982, 682 ff.

[864] In anderen Bundesländern ohne entsprechende Regelung ist das freie Ermessen bei der Festlegung des Inhalts der GO auch hinsichtlich der Mindeststärke nur durch allgemeine rechtsstaatliche Grundsätze, das Übermaßverbot und die Chancengleichheit bestimmt.

[865] Vgl. VGH BW, Beschl. v. 26.1.1989 – 1 S 3834/88; OVG Rh.-Pfalz, Beschl. v. 2.12.1987 – 10 C 33/86 – DVBl 1988, 798.

[866] Vgl. näher BayVGH, Urt. v. 16.2.2000 – 4 N 98.1341 – juris (Ls.): „1. Gewährt eine Stadt den Fraktionen Unkostenbeiträge für Geschäftsbedürfnisse auch im Hinblick auf die Mitwirkung in den Ausschüssen, so darf sie kleinere Gruppen, die ebenfalls in den Ausschüssen vertreten sind, von der Zuschussgewährung nicht grundsätzlich ausschließen. 2. Bei einem Stadtrat mit 40 Mitgliedern ist die Festsetzung einer Fraktionsmindeststärke auf 4 Mitglieder nicht grundsätzlich unzulässig."

516 Der **Ausschluss** eines Fraktionsmitglieds aus der Fraktion ist nur unter bestimmten richterrechtlich entwickelten Voraussetzungen zulässig.[867] Dabei wird zwischen formellen und materiellen Anforderungen unterschieden. In formeller Hinsicht bedarf es vor allem eines fairen Verfahrens. Dieses umfasst insbesondere eine **vorherige Anhörung** des Betreffenden. Zudem müssen zur Sitzung, in der über die Ausschließung beraten werden soll, sämtliche Fraktionsmitglieder unter Angabe dieses Verhandlungsgegenstandes geladen werden (einschließlich des Auszuschließenden).[868] In materieller Hinsicht bedarf es eines **wichtigen Grundes**. Diese Voraussetzung wird aus einer analogen Anwendung des § 626 BGB abgeleitet.[869] In der Sache erfordert der Ausschluss regelmäßig eine nachhaltige Störung des Vertrauensverhältnisses durch ein bestimmtes Verhalten des Betroffenen. Der Ausschlusswille drückt i.d.R. bereits aus, dass es zu einer nachhaltigen Störung des Vertrauensverhältnisses gekommen ist. Gerechtfertigt ist ein Ausschluss insbesondere bei einem abweichenden Stimmverhalten in politisch zentralen Fragestellungen[870] oder bei einem für das Ansehen der Fraktion in der Öffentlichkeit abträglichen Fehlverhalten. Bei der Bewertung des Verhaltens kommt der Fraktion ein gerichtlich nur eingeschränkt überprüfbarer Beurteilungsspielraum zu.[871]

517 Während nach ganz h.M. der Ausgeschlossene Rechtsschutz auf dem **Verwaltungsrechtsweg** erhält, muss er nach abzulehnender Ansicht des BayVGH, der Fraktionen als rein privatrechtliche Vereinigungen ansieht, den Zivilrechtsweg beschreiten. Der Ausschluss ist kein Verwaltungsakt, da die Fraktion keine Behörde ist.[872] Statthafte Klageart ist daher die allgemeine Feststellungsklage.

518 **Funktion** der Fraktion ist es nach dem KVG, bei der Willensbildung und der Entscheidungsfindung in der Vertretung und den Ausschüssen mitzuwirken, wobei sie insoweit ihre Auffassungen öffentlich darstellen können (§ 44 II 1 KVG). Ob sie zur selbständigen Öffentlichkeitsarbeit befugt sind, ist umstritten.[873] Ihre innere Ordnung muss demokratischen und rechtsstaatlichen Grundsätzen entsprechen (§ 44 II 2 KVG)

519 An den Fraktionsstatus knüpfen **besondere Rechte** an. Dabei handelt es sich sowohl um ausschließlich Fraktionen zustehende Rechte als auch solche, die zugleich anderen Berechtigten zustehen. Typische Fraktionsrechte sind z.B.: auf Antrag einer Fraktion muss der Vorsitzende einen von der Fraktion bestimmten Verhandlungsgegenstand auf die Tagesordnung spätestens der übernächsten Sitzung des Gemeinderates setzen (§ 53 V 2 KVG), das **Vorschlagsrecht** der Fraktionen für die Besetzung der Ausschussvorsitzenden und ein **Recht auf proporzgemäße Besetzung der Ausschüsse** einschließlich des **Rechts auf eine Neubesetzung** von Sitzen, wenn ein bisheriges Fraktionsmitglied mit Ausschusssitz aus der Fraktion ausscheidet[874] (vgl. § 47 KVG). Weder aus dem Verfassungs-

---

[867] Näher hierzu HessVGH, Beschl. v. 5.1.1998 NVwZ 1999, 1369; Beschl. v. 13.12.1989 NVwZ 1990, 391 ff.

[868] HessVGH, Beschl. v. 5.1.1998 NVwZ 1999, 1369; VG Gießen, Beschl. v. 30.5.2003 NVwZ-RR 2004, 204.

[869] Vgl. OVG NW, Beschl. v. 20.7.1992 NVwZ 1993, 399 m.w.Nachw.; VG Gießen, Beschl. v. 30.5.2003 a.a.O.

[870] HessVGH, Beschl. v. 5.1.1998 NVwZ 1999, 1369; VG Gießen, Beschl. v. 30.5.2003 a.a.O. hebt insoweit die Bedeutung der jeweiligen bei der Errichtung der Fraktion getroffenen Absprachen hervor.

[871] VG Gießen, Beschl. v. 30.5.2003 a.a.O.

[872] *Kopp*/Ramsauer, VwVfG, § 35 Rn. 93.

[873] Abl.: VG Gelsenkirchen, Beschl. v. 13.2.1987 NWVBl. 1987, 53; *Foerster*, VR 1988, 132; a.A. *Fehn*, StGR 1988, 129f.

[874] Vgl. *Buhren*, VR 2001, 73 ff.

noch dem Kommunalrecht folgt, wie dargelegt, ein Anspruch einer Ratsfraktion, in den Ausschüssen des Rates unabhängig von der Zahl ihrer Mitglieder mit Sitz und Stimme vertreten zu sein.[875]

520 Hinzu tritt ein Recht auf Unterrichtung, wonach eine Fraktion in allen Angelegenheiten der Gemeinde und ihrer Verwaltung verlangen kann, dass der Bürgermeister den Gemeinderat unterrichtet (Unterrichtungsanspruch, § 45 VI 1 KVG). Die Fraktionsrechte können gegen den Vorsitzenden bzw. den Rat im Wege des Kommunalverfassungsstreits durchgesetzt werden.

521 Fraktionen **dürfen keine Rechte des Rats geltend machen**.[876] Sie besitzen insoweit kein gesetzliches Recht zur Prozessstandschaft.[877] Fraktionen haben auch keinen allgemeinen Anspruch darauf, dass der Rat nur rechtmäßige Beschlüsse fasst (etwa, dass der Rat seine Verbands- oder Organkompetenz beachtet). Fraktionen werden durch rechtswidrige Beschlüsse grundsätzlich nicht in eigenen Rechten verletzt. Ebenso wenig verletzt die fehlende Einholung einer erforderlichen kommunalaufsichtlichen Vertragsgenehmigung die Fraktion in ihren Rechten.[878] Fraktionen sind im Übrigen auch nicht befugt, organschaftliche Rechte ihrer Mitglieder geltend zu machen.[879]

522 Nach allgemeiner Ansicht haben Fraktionen **keinen Anspruch auf finanzielle Mittel** der Gemeinde für ihre Arbeit.[880] Zahlungen der Kommune sind allerdings grundsätzlich zulässig. Die Kommune kann den Fraktionen angemessene Zuwendungen aus ihrem Haushalt zu den notwendigen sächlichen und personellen Aufwendungen für die Geschäftsführung gewähren, wozu auch eine angemessene Öffentlichkeitsarbeit in Angelegenheiten der Kommune zählt (§ 44 III 1 KVG). Über die Höhe und Form der Fraktionszuwendungen ist nach **pflichtgemäßem Ermessen** zu entscheiden.[881] Die Vertretung muss vor allem die Grundsätze der Sparsamkeit und Wirtschaftlichkeit beachten.[882] Förderungsfähige Gegenstände der Fraktionsarbeit sind die Aufwendungen für die Fraktionsgeschäftsführung, einschließlich der für die Fraktionssitzungen und eine kommunalpolitische und kommunalrechtliche Fortbildung. „Öffentlichkeitsarbeit" meint die Darstellung (Kommunikation) der eigenen Arbeit und Ziele nach außen gegenüber dem Wahlvolk in der Kommune. Diese ist in Wahlkampfzeiten meist mit Wahlwerbung verbunden. Keine Öffentlichkeitsarbeit ist aber etwa Wahlwerbung, die nur gegen den politischen Gegner hetzt bzw. diesen lächerlich zu machen sucht oder die Organisation kultureller Veranstaltungen wie Konzerten oder Feuerwerken. Was angemessen ist, kann mangels objektiven Maßstäben nur anhand der durchschnittlichen Höhe bei Kommu-

---

[875] BVerwG, Beschl. v. 7.12.1992 – 7 B 49.92 – DVBl. 1993, 890.

[876] Vgl. etwa VGH BW, Beschl. v. 26.3.2020 – 1 S 424/20 – openJur 2020, 34781, Ls Nr. 2.

[877] *Waechter*, Kommunalrecht, Rn. 411a.

[878] VG Gießen, Urt. v. 23.4.1997 HSGZ 1998, 189.

[879] VGH BW, Beschl. v. 26.3.2020 a.a.O. Ls Nr. 3.

[880] Anders in NRW: § 56 III GO NRW; HessVGH, Beschl. v. 21.11.1997 NVwZ-RR 1999, 188; Beschl. v. 11.5.1995 NVwZ-RR 1996, 105. Zur Finanzierung der Fraktionsarbeit s. *Banken*, StuGR 1994, 317 ff.; *Rothe*, DVBl.1993, 1042 ff.; *Schwarz*, NdsVBl. 1996, 155 ff.; zur Fraktionsfinanzierung s. a. *Brockmann*, NWVBl. 2004, S. 449 ff.; *Meyer*, NWVBl. 1991, S. 217 ff.

[881] OVG NW, Urt. v. 8.10.2002 NVwZ-RR 2003, 376; für die Kreisebene: HessVGH, Beschl. v. 21.11.1997 NVwZ-RR 1999, 188; Beschl. v. 11.5.1988 NVwZ-RR 1996, 105;

[882] HessVGH, Beschl. v. 11.5.1995 NVwZ-RR 1996, 105.

nen vergleichbarer Größe bewertet werden. Werden Fraktionsgelder zweckwidrig verwendet, kann die Gemeinde die Rückzahlung verlangen.[883]

523 Für zulässig wird die Bezahlung von **Fraktionsassistenten** gehalten.[884] Ihre Finanzierung ist indes nur in größeren Kommunen mit den Grundsätzen der Sparsamkeit und Wirtschaftlichkeit zu vereinbaren. Für die Beschäftigten von Fraktionen gelten die tarifrechtlichen Bindungen gem. § 76 II 1 KVG sowie die Geheimhaltungspflichten des § 32 II KVG entsprechend (§ 44 IV 1 KVG). Ein Beschäftigter einer Fraktion kann Mitglied der Vertretung sein (§ 44 IV 2 KVG).

524 Gewährt die Gemeinde Fraktionszuwendungen, muss sie auch den Grundsatz der **Chancengleichheit** beachten. Dieser Grundsatz verbietet nicht, die Höhe der Zuwendungen nach der jeweiligen Stärke der Fraktion bzw. Gruppe zu staffeln.[885] Unzulässig wäre indes etwa eine exponentielle Staffelung. Wird eine Fraktion gleichheitswidrig benachteiligt, kann sie gegen den Gleichheitsverstoß im Wege des Organstreits vorgehen.[886]

525 Über die Verwendung der Zuwendungen ist ein **Nachweis** zu führen, der die Ausgaben nach den Verwendungszwecken im jeweiligen Kalenderjahr umfasst (Verwendungsnachweis, § 44 III 2 KVG).

526 Die genannten Fraktionsrechte stehen **fraktionslosen** Einzelabgeordneten weder direkt noch analog zu.[887] Sie haben keinen Anspruch auf beratende oder beschließende Teilnahme in Ausschüssen.[888] Die Ansicht, ein fraktionsloses Ratsmitglied könne zumindest einen vollwertigen, d.h. mit Rede-, Antrags- und Stimmrecht ausgestatteten Ausschusssitz beanspruchen,[889] ist abzulehnen. Dies gilt auch für die Aussage, Gemeinderatsgruppen ohne Fraktionsstatus stehe ein Anspruch auf Sitz und Stimme in den Hauptausschüssen und auf beratende Mitgliedschaft in allen übrigen Ausschüssen zu.[890] Der Gemeinde steht es allerdings frei, auch Gruppen von Ratsmitgliedern ohne Fraktionsstatus Gemeindemittel für ihre Arbeit zuzuwenden.[891]

---

[883] S. näher *Schwarz*, NdsVBl. 1996, 155 ff.

[884] S.a. für NRW: *Keller*, Ausschluss kommunaler Aufwandsentschädigungen bei hauptberuflichen Mitarbeitern einer Fraktion (§ 46 Abs. 1 Satz 2 GO NW), NWVBl 2024, 181-185.

[885] OVG NW, Urt. v. 8.10.2002 NVwZ-RR 2003, 376.

[886] OVG NW, Urt. v. 8.10.2002 NVwZ-RR 2002, 376.

[887] BVerfG, Beschl. v. 21.6.1988 BVerfGE 78, 344 (348); VGH BW, Beschl. v. 22.3.1990 DVBl. 1990, 827 m.w.Nachw.; Urt. v. 21.12.1992 VBlBW 1993, 296. Allg. zur Stellung Fraktionsloser *Hellermann*, Jura 1995, 145 ff.

[888] BVerwG, Beschl. v. 2.7.1990 NVwZ-RR 1991, 157; Beschl. v. 13.10.1993 NVwZ-RR 1994, 109; *v. Mutius*, JuS 1978, 541f.; a.A. *Schmidt-Jortzig*, Kommunalrecht, S. 85; *Schwerdtner*, VBlBW 1993, 328 ff.; Allgemein zum Minderheitenschutz *Scholtis*, Minderheitenschutz in kommunalen Vertretungskörperschaften, 1986; *Schwerdtner*, DÖV 1990, 14 ff.

[889] OVG Bremen, Beschl. v. 31.5.1990 DVBl. 1990, 829; *Berwanger*, a.a.O., Anspruch auf Ausschusssitz gem. Art. 38 I 2 GG analog; *Tettinger*, Besonderes Verwaltungsrecht/1, Rn. 91; unklar OVG Rh.-Pfalz, Urt. v. 3.2.1995 DÖV 1996, 612: zulässig, wenn Fraktionsloser kein „volles" Mitgliedschaftsrecht im Ausschuss besitzt.

[890] *Groh*, NWVBl. 20001, 41 ff. Z.T. wird gar vertreten, dem fraktionslosen Ratsmitglied sei zur gleichberechtigten Teilhabe der Fraktionsstatus zuzuerkennen.

[891] OVG NW, Urt. v. 18.6.2002 NVwZ-RR 2003, 59.

2. Ratsmitglieder

Lit.: *Geis*, Kommunalrecht, 6. Aufl., 2023, S. 111 ff., 154; *Grunke/Thomas*, Das kommunale Mandat. Ein Handbuch, 2018 (Rechtslage Sachsen); *Kutter*, Die politisch-administrativen Herausforderungen des kommunalen Mandats – Die Reformprozesse und die kommunale Selbstverwaltung (Teil 2), VR 2023, 361-368.

a) Rechte der Ratsmitglieder

aa) Überblick

527 Ratsmitglieder haben aufgrund ihrer mitgliedschaftlichen Stellung **Mitgliedschaftsrechte** (syn.: Einzelmitgliedschaftsrechte)[892], insbesondere Anspruch darauf, zu jeder Sitzung fristgerecht geladen zu werden, unter Zusendung aller erforderlichen Sitzungsunterlagen geladen zu werden,[893] an jeder Ratssitzung teilzunehmen, an jeder Ausschusssitzung teilzunehmen, an jeder Abstimmung im Rat teilzunehmen, an jeder Abstimmung in Ausschüssen teilzunehmen (sofern sie dort einen Sitz bzw. Stimmrecht haben), von ihrem Rederecht Gebrauch machen zu können, Anträge zu stellen und eine Aufwandsentschädigung zu erhalten. Diese Ansprüche bestehen nur in der jeweiligen gesetzlichen und satzungsrechtlichen Reichweite. Sie bestehen insbesondere nicht, wenn das Ratsmitglied wirksam von der Sitzungsteilnahme ausgeschlossen wurde. Im Hinblick auf einzelne Gegenstände können Befangenheit oder Unvereinbarkeit Ansprüche vernichten oder beschränken. Die Geltendmachung von Ansprüchen kann rechtsmissbräuchlich sein. Die Rechtsstellung der Gemeinderatsmitglieder ergibt sich (allein) aus der Kommunalverfassung.

528 Da das sog. „Gemeindeparlament" kein echtes Parlament ist, haben die Ratsmitglieder auch **keine den Parlamentsabgeordneten** in jeder Hinsicht **vergleichbare Stellung**.[894] Ihre Rechtsstellung hat mit der des Parlamentsabgeordneten aber das freie Mandat, das Benachteiligungsverbot, das Rede- und Antragsrecht und den Entschädigungsanspruch gemein. Das Ratsmitglied genießt hingegen weder die Immunität, die Indemnität, den erhöhten strafrechtlichen Ehrenschutz noch das besondere Zeugnisverweigerungsrecht eines Abgeordneten. Das Ratsmitglied hat, anders als der Abgeordnete, aufgrund seiner ehrenamtlichen Stellung Pflichten wie die Pflicht zur Annahme des Mandats, die Pflicht zur Sitzungsteilnahme, zur Verschwiegenheit oder das Vertretungsverbot. Dem Parlamentsrecht sind auch die kommunalrechtlichen Befangenheits- und Inkompabilitätsregelungen fremd.

529 Der Parlamentsabgeordnete ist zumindest de facto meist Berufspolitiker, während das Ratsmitglied „Feierabendpolitiker" ist. Dies drückt sich auch in der gesetzlichen Beschreibung als „**ehrenamtliche Tätigkeit**" aus. In großen Städten gilt dies allerdings für die Vorsitzenden großer Fraktionen nur eingeschränkt, weil die Bedeutung, Schwierigkeit und der Umfang der Aufgaben des Vorsitzenden de facto eine zumindest semi-professionelle Tätigkeit erfordert. So ist etwa die volle Berufstätigkeit mit dem Vorsitz einer großen Oppositionsfraktion im Stadtrat einer kreisfreien Stadt nur schwer in Einklang zu bringen, wenn die Fraktionsarbeit dazu dienen soll, dass die Partei die Amtsführung des

---

[892] Vgl. VG Magdeburg, Beschl. v. 9.11.2015 – 9 N 745/15 – juris Rn. 11.

[893] VGH BW, Urt. v. 14.12.1987 NVwZ-RR 1989, 153; VGH BW, Urt. v. 25.3.1999 VBlBW 1999, 304.

[894] I.d.S. für das Fragerecht auch VG Magdeburg, Beschl. v. 9.11.2015 – 9 N 745/15 – juris Rn. 11.

OB wie seiner Verwaltung wirksam kontrolliert, eigene politische Initiativen vorbereitet und bei der nächsten Kommunalwahl die Mehrheit der Sitze in der Vertretung erringt. Die dauernde Beurlaubung eines Ratsmitglieds für die Wahrnehmung eines Ratssitzes wird allerdings in der Literatur für unvereinbar mit dem ehrenamtlichen Charakter gehalten.[895] Generelle Freistellungen seien unzulässig.

530 Von nur mittelbarer Bedeutung für die Rechtsstellung ist der Unterschied zum Parlamentsrecht, dass im Kommunalrecht der Grundsatz der **Diskontinuität** nicht gilt.[896] Die Mitglieder des neu gewählten Rates dürfen daher ein in der alten Ratsperiode begonnenes Satzungsverfahren zu Ende führen.

531 Die Rechtsinhaber müssen ihre Mitgliedschaftsrechte gegenüber der Kommune, der Vertretung, deren Vorsitzenden oder Ausschussvorsitzenden selbst geltend machen und entsprechende Rügen in der Vertretung bzw. ihren Ausschüssen erheben und ihre Rechte notfalls gerichtlich im Kommunalverfassungsstreit durchsetzen. **Fraktionen** sind hingegen **nicht berechtigt**, die Verletzung der Rechte ihrer Mitglieder gleichsam im Wege der Prozessstandschaft geltend zu machen und etwa gerichtlich Beschlüsse der Vertretung daraufhin überprüfen zu lassen, ob sie Rechte einzelner Fraktionsmitglieder verletzen.[897]

bb) Freies Mandat

532 Die ehrenamtlichen Mitglieder des Rats üben ihr Ehrenamt im Rahmen der Gesetze nach ihrer **freien**, dem Gemeinwohl verpflichteten **Überzeugung** aus (§ 43 I 1 KVG).[898] Sie sind an **Aufträge und Weisungen nicht gebunden** (§ 43 I 2 KVG). Man bezeichnet diese Rechtsstellung des Ratsmitgliedes auch als **freies Mandat**.[899] Mit diesem freien Mandat verbinden sich verschiedene Rechte des Ratsmitglieds. Dies sind insbesondere das Recht zur Sitzungsteilnahme, das Rederecht, das Antragsrecht, das Frage- und Auskunftsrecht, das Recht sich zu Fraktionen zusammenzuschließen, der Schutz durch Benachteiligungsverbote und Ansprüche auf Freistellung und Entschädigung. Allen Ratsmitgliedern müssen grundsätzlich die gleichen Mitwirkungsrechte zustehen.[900] Damit besteht bei kommunalen Volksvertretungen eine deutliche Parallele zum freien Mandat der Parlamente und Rechten der Abgeordneten gezogen – mag auch , wie dargelegt, beider Stellung nicht vergleichbar sein. Die Freiheit des Mandats nach dem KVG umfasst etwa nicht die Freiheit der Annahme des Mandats. Vielmehr muss der Gewählte das Mandat grundsätzlich annehmen und darf es nur unter engen Voraussetzungen ablehnen.[901]

---

[895] *Ehlers*, NWVBl. 1990, 48; *Stober*, Kommunalrecht, S. 185f.

[896] *Stober*, Kommunalrecht, S. 184.

[897] VG Magdeburg, Beschl. v. 28.12.2016 – 9 B 889/16 – juris Rn. 29 f. unter Hinweis auf OVG NW, Urt. v. 2.5.2006 – 15 A 817/04 – juris.

[898] S.a. *Nolte*, Das freie Mandat der Gemeindevertretungsmitglieder, DVBl. 2005, 870 ff.

[899] Hierzu BVerfG, Beschl. v. 12.7.1960 BVerfGE 11, 266 (273); BVerwG, Urt. v. 27.3.1992 BVerwGE 90, 104 ff.; *Frowein*, DÖV 1976, 44.

[900] BVerwG, Urt. v. 10.12.2003 NVwZ 2004, 621.

[901] S. Rn. 565.

cc) Sitzungsteilnahmerecht

533 Das Ratsmitglied hat das **Recht zur Sitzungsteilnahme**. Es darf an Beratung und Abstimmung grundsätzlich uneingeschränkt teilnehmen. Dieses Recht ist Wesensbestandteil des freien Mandats. Im Übrigen besteht ohnehin eine ausdrückliche Pflicht zur Sitzungsteilnahme. Ratsmitglieder mit Ausschusssitz dürfen und müssen an den Ausschusssitzungen teilnehmen. Die ehrenamtlichen Mitglieder der Vertretung sind auch berechtigt, an allen Sitzungen der Ausschüsse der Vertretung, denen sie nicht als Mitglieder angehören, als Zuhörer teilzunehmen (§ 43 IV 1 KVG). Ihnen kann das Wort erteilt werden (§ 43 IV 2 KVG).[902] Das Recht zur Teilnahmerecht an Sitzungen des Rats und seiner Ausschüsse kann Ratsmitgliedern allerdings wegen Fehlverhaltens nach näherer Maßgabe von Gemeinde- und Geschäftsordnung für eine begrenzte Dauer entzogen werden. Der Mandatsträger kann nach näherer Maßgabe der Gesetze auch von nachfolgenden Sitzungen ausgeschlossen werden.

dd) Rederecht

534 Ein **Rederecht** von Gemeinderäten ist zwar nicht in den Kommunalverfassungen geregelt, wird aber auch ohne ausdrückliche Rechtsgrundlage allgemein anerkannt.[903] Ein Mandat ohne Rederecht in der Vertretung wäre eine sinnentleerte Rechtsposition. Die Rechtsgrundlage wird oft nicht benannt.[904] Explizit ist das Rederecht oft nur in der Geschäftsordnung des jeweiligen Gemeinderats geregelt. Soweit das Rederecht nicht ausdrücklich durch die Geschäftsordnung gewährt wird, ist es aus Sinn und Zweck der Ratsmitgliedschaft und einer Zusammenschau der explizit geregelten Rechte der Ratsmitglieder herzuleiten. Dieses organschaftliche Rederecht besteht – anders als das Grundrecht der Meinungsäußerungsfreiheit – nur innerhalb der gemeindlichen Zuständigkeit und nur nach Maßgabe der das Verfahren im Rat und seinen Ausschüssen regelnden KVG sowie der Geschäftsordnung.[905] Insbesondere im Hinblick auf das Rederecht gilt, dass die ehrenamtlichen Ratsmitglieder dieses Recht nur nach dem Gesetz und ihrer freien, dem Gemeinwohl verpflichteten Überzeugung ausüben und an Aufträge und Weisungen nicht gebunden sind.

535 **Beschränkungen des Rederechts** sind im Interesse bzw. zum Schutz der Funktionsfähigkeit der Vertretung zulässig.[906] Dabei können inhaltliche und zeitliche Beschränkungen unterschieden werden. Um die in einer Wahlperiode anstehenden Aufgaben sachgerecht mit vertretbarem Zeitaufwand bewältigen zu können, bedarf es Instrumente, um unangemessen lange Debatten über unbedeutende Fragen zu vermeiden, den Missbrauch des Rederechts zu verhindern und die Ordnung in

---

[902] In diesem Fall steht ihnen kein Anspruch auf Auslagenersatz, Ersatz des Verdienstausfalles und Aufwandsentschädigung zu (§ 43 IV 3 KVG).

[903] Vgl. etwa HessVGH, Urt. v. 7.6.1977 DVBl.1978, 821; NdsOVG, Urt. v. 9.11.1989 DVBl. 1990, 159; vgl. zu §§ 24 I, 25 I, 37 I GO BW: VGH BW, Beschl. v. 4.11.1993 NVwZ-RR 1994, 229 (230); grundlegend: *Schnell*, Freie Meinungsäußerung und Rederecht der kommunalen Mandatsträger, 1998; s.a. *Körner*, „Schlagabtausch im Gemeinderat", VBlBW 2023, Sonderbeilage 26-32.

[904] Vgl. *Gern*, Deutsches Kommunalrecht, Rn. 492; *Rothe*, DÖV 1990, 736, 737; SächsOVG, Beschl. v. 15.8.1996 SächsVBl. 1997, 13.

[905] OVG LSA, Urt. v. 20.11.2018 – 4 K 24/17 – juris Rn. 39 unter Verweis auf BVerwG, Urt. v. 12.2.1988 – 7 B 123/87 – juris Rn. 6.

den Sitzungen aufrechtzuerhalten. Beschränkungen des Rederechts müssen im Einklang mit Gesetz und Geschäftsordnung erfolgen. Zu beachten ist vor allem der Verhältnismäßigkeitsgrundsatz. Eingriffe in das Rederecht sind insbesondere durch Maßnahmen des Vorsitzenden möglich.

Bsp.: Begrenzung und Verweigerung von Redezeit, Entzug des Rederechts, Sitzungsverweis[907]
Sie können aber auch durch Ratsbeschluss erfolgen.

Bsp.: Beschluss über Ende der Redenerliste oder dass über TOP ohne Beratung abgestimmt werden soll

Schließlich kann die Beschränkung ohne Vollzugsakt unmittelbar aus der Geschäftsordnung folgen.

536 Unzulässig ist es, das Rederecht auf Fraktionsmitglieder zu beschränken. Während es zu rechtfertigen ist, die Redezeit zur Begründung einer Beschlussvorlage auf fünf Minuten zu begrenzen, erscheint etwa eine Redezeitzuteilung von nur einer Minute als ungemessene Beschränkung des Rederechts. Eine Beschränkung der Redezeit verstößt gegen den Gleichheitssatz, wenn hierdurch nur wenige Mitglieder des Beschlussorgans sprechen dürfen, während der überwiegende Teil nicht sprechen darf, d.h. an der Ausübung des Rederechts gehindert wird.[908]

ee) Antragsrecht

537 Jedes Ratsmitglied besitzt ein **Antragsrecht** im Rat: Jedes Mitglied der Vertretung hat das Recht, in der Vertretung und in den Ausschüssen, denen es angehört, Anträge zu stellen, ohne der Unterstützung durch andere Mitglieder der Vertretung zu bedürfen (§ 43 III 1 KVG). Hat das Ratsmitglied einen Ausschusssitz inne, steht ihm auch im jeweiligen Ausschuss ein Antragsrecht zu. Das Antragsrecht zählt zu den bedeutsamsten Mitgliedschaftsrechten des Mandatsträgers.[909] Es ist ein zentrales Instrument, um eine Willensbildung des Rates herbeizuführen bzw. zu beeinflussen. Es gilt im Hinblick auf Sachanträge, aber auch bzgl. Geschäftsordnungsanträgen, d.h. Anträge, die nur den verfahrensrechtlichen Verlauf betreffen.[910]

Bsp.: Antrag auf Schluss der Rednerliste, Vertagung und namentliche Abstimmung gemäß Geschäftsordnung

Sachanträge zielen auf eine inhaltliche Entscheidung „in der Sache".

Bsp.: Förderung der Jahresfeier der FFW mit 2000 Euro

Zu den Sachanträgen zählen auch Änderungs- und Ergänzungsanträge (in der Sache).

Bsp.: Neben dem durch Beschlussvorlage angekündigten Antrag zur Förderung mit 2000 Euro wird der Änderungsantrag zur Förderung mit 5000 Euro gestellt sowie der Ergänzungsantrag ge-

---

[906] Zur Beschränkung des Rederechts OVG LSA, Urt. v. 20.11.2018 - 4 K 24/17 – juris Rn. 40 bzgl. zu § 43 KVG LSA bzgl. Gemeindevertretung; VGH BW, Beschl. v. 4.11.1993 NVwZ-RR 1994, 229; VG Stuttgart, Urt. v. 29.6.1989 NVwZ 1990, 190; *Hellermann*, Jura 1995, 145 ff.

[907] Auch Sach- und Ordnungsrufe wirken als Eingriffe, weil sie die Rede unterbrechen, den Redefluss und Konzentration auf die Sache stören und die Aufmerksamkeit der Zuhörer ablenken.

[908] So OVG LSA, Urt. v. 20.11.2018 – 4 K 24/17 – juris Rn. 42 bzgl. Gemeinderat.

[909] BayVGH, Urt. v. 10.12.1986 NVwZ 1988, 83 (85); SächsOVG, Beschl. v. 15.8.1996 LKV 1997, 229 (230).

[910] *Gern*, Deutsches Kommunalrecht, Rn. 493.

stellt, zusätzlich zur Förderung mit 2000 Euro den Ratskeller mietfrei für Veranstaltungen zur Verfügung zu stellen.

538 Anträge zum Verfahren (sog. **Geschäftsordnungsanträge**) sind hingegen Anträge auf Überweisung (auch Rücküberweisung) an Ausschüsse, Absetzung von der Tagesordnung, Änderung der Reihenfolge der Tagesordnung, Sitzungspause, Vertagung eines Gegenstands, Schluss der Beratung bzw. der Rednerliste, Antrag auf geheime Abstimmung oder sonstige das Verfahren betreffende Anträge.

539 Der Antrag muss sich auf den jeweils durch die Tagesordnung vorgegebenen Verhandlungsgegenstand beziehen.[911] Ansonsten hat der Vorsitzende den Antrag als unzulässig zurückzuweisen. Anträge können nur in der jeweiligen Sitzung gestellt werden. Dies ergibt sich aus der gesetzgeberischen Formulierung *„im Gemeinderat und in den Ausschüssen"* (**Unmittelbarkeitsprinzip**). Anträge in Beschlussvorlagen sind nur als *Ankündigung* einer Antragstellung auszulegen. Der Ersteller der Beschlussvorlage ist nicht verpflichtet den angekündigten Antrag tatsächlich zu stellen, sondern kann auf eine Antragstellung verzichten oder einen anderen als den angekündigten Antrag stellen. Ein Antrag liegt daher grundsätzlich erst dann vor, wenn das die Beschlussvorlage einbringende Ratsmitglied in der Sitzung den angekündigten Antrag mündlich stellt bzw. den Antrag unter Bezugnahme auf den allen Ratsmitgliedern vorliegenden Antragstext stellt. Die Rechtspraxis entspricht dem mitunter nicht. Eine konkludente Antragstellung ist allerdings zulässig, soweit Antragswille und Antragsinhalt zweifelsfrei feststehen.

ff) Recht der Fraktionsbildung, kein Fraktionszwang

540 Die Ratsmitglieder haben das bereits beschriebene Recht, Fraktionen zu bilden und aufzulösen, Fraktionen anzugehören, ihnen beizutreten, diese zu verlassen und über die Aufnahme neuer Mitglieder zu entscheiden.[912]

541 Aus dem freien Mandat folgt, dass ein sog. **Fraktionszwang** rechtlich nicht bindend ist.[913] Auch ein imperatives Mandat ist unzulässig. Entgegenstehende Vereinbarungen sind unwirksam. Dies gilt z.B. für einen zwischen einem Ratsmitglied und einer Fraktion (oder Partei) geschlossenen Vertrag, der finanzielle Nachteile bei abweichendem Stimmverhalten vorsieht. Ebenfalls unzulässig sind Verträge über einen Mandatsverzicht im Falle des Fraktionsaustritts. Hingegen sind Vereinbarungen über den Verlust von Ausschusssitzen für den Fall des Austritts aus der Fraktion grundsätzlich zulässig. Sie knüpfen lediglich daran an, dass die Fraktion die Neubesetzung des Ausschusssitzes verlangen kann, wenn ein Ausschussmitglied aus ihr ausscheidet.[914]

gg) Auskunfts- und Fragerecht

542 Das Ratsmitglied hat gegenüber dem Bürgermeister ein Auskunfts- und Fragerecht: Jedes ehrenamtliche Mitglied des Rats kann zur eigenen Unterrichtung in allen Angelegenheiten der Kommune und ihrer Verwaltung sowohl zu allen Aufgaben des eigenen als auch des übertragenen

---

[911] SächsOVG, Beschl. v. 15.8.1996 LKV 1997, 229.

[912] S. Rn. 512 ff.

[913] HessVGH, Beschl. v. 5.1.1998 – 8 TG 3371/97 – NVwZ 1999, 1369.

[914] Näher hierzu *Franz*, Der Anspruch von Ratsfraktionen auf die Neubesetzung von Ausschüssen, LKV 2004, 497-501.

Wirkungskreises von dem Hauptverwaltungsbeamten Auskunft verlangen; ihm muss durch den Hauptverwaltungsbeamten Auskunft erteilt werden (**Auskunftsrecht** gem. § 43 III 2 KVG).[915] Jedes Ratsmitglied kann mithin an den Bürgermeister schriftliche oder in einer Sitzung auch mündliche Anfragen über einzelne Gemeindeangelegenheiten und ihrer Verwaltung richten (**Fragerecht**).[916] Zweck von Auskunfts- und Fragerecht ist es, dem Rat eine effektive Kontrolle über die Verwaltung und eine effektive Mandatswahrnehmung (insbesondere hinsichtlich der Satzungsgebung) zu ermöglichen, da Ratsmitglieder angesichts der Vielzahl und Komplexität der dort zu beurteilenden Gegenstände auf Informationen aus dem Bereich der Verwaltung angewiesen sind.[917]

543 Das Auskunft- und Fragerecht bezieht sich auf **alle Angelegenheiten der Kommune und ihrer Verwaltung**. Hierunter werden vom OVG LSA alle Angelegenheiten der Gemeinde verstanden, „soweit der Bürgermeister im Rahmen seiner Zuständigkeit als Leiter der Gemeindeverwaltung oder, soweit die Gemeinde selbst betroffen ist, als deren gesetzlicher Vertreter nach außen Kenntnis von der Angelegenheit erlangt hat oder erlangen kann"[918]. Damit können grundsätzlich alle eigenen Angelegenheiten der Gemeinde Gegenstand des Auskunftsbegehrens sein. Mit der Änderung des KVG zum 1. Juni 2024 hat der Gesetzgeber klargestellt, dass sich das Auskunftsrecht auch auf alle Aufgaben des übertragenen Wirkungskreises erstreckt.

544 Das Fragerecht ist auf die **von der Gemeinde wahrgenommenen Aufgaben** beschränkt. Wurde eine Aufgabe übertragen (etwa auf einen Zweckverband oder den Kreis), darf sich das Fragerecht nur auf die zulässige Steuerung bzw. Überwachung der Aufgabenwahrnehmung durch die Gemeinde beziehen.[919] Ein Bescheidungsinteresse besteht nicht für Fragen, die an sich vom Fragerecht gedeckt sind, jedoch das Ratsmitglied wegen Befangenheit an dem zu verhandelnden Fragegenstand weder beratend noch entscheidend mitwirken darf.[920]

545 Unzulässig sind vor allem **Scheinfragen** oder rein theoretische Ausführungen, hypothetische Unterstellungen sowie in Fragen verkleidete Annahmen ohne jeglichen realen Hintergrund oder

---

[915] Hingegen gibt das VG Magdeburg, Beschl. v. 9.11.2015 – 9 B 745/15 – juris Rn. 11, als Rechtsgrundlage des Auskunftsrechts an: §§ 43 III 2, § 45 VII i.V.m. § 65 II KVG.

[916] Vgl. zur hessischen Rechtslage HessVGH, Beschl. v. 24.3.1998 NVwZ-RR 1998, 773. Zum Fragerecht *Schneider*, AöR 99, 629f.

[917] Vgl. OVG LSA, Beschl. v. 31.7.2009 – 4 O 127/09 – juris unter Verweis auf NdsOVG, Urt. v. 3.6.2009 – 10 LC 217/07.

[918] Zur Altregelung: OVG LSA, Beschl. v. 31.7.2009 – 4 O 127/09 – „1. Das in den §§ 42 Abs. 3 Satz 2, 44 Abs. 6 GO LSA (GemO ST) normierte Auskunftsrecht muss umfassend dahingehend verstanden werden, dass es für alle Angelegenheiten der Gemeinde besteht, soweit der Bürgermeister im Rahmen seiner Zuständigkeit als Leiter der Gemeindeverwaltung oder, soweit die Gemeinde selbst betroffen ist, als deren gesetzlicher Vertreter nach außen Kenntnis von der Angelegenheit erlangt hat oder erlangen kann." (auch Rn. 25); wohl ebs. VG Magdeburg, Beschl. v. 9.12.215 – 9 B 745/15 – juris Rn. 11: Auskunftsrecht „grundsätzlich allumfassend und bezieht sich auf alle Angelegenheiten der Gemeinde".

[919] Hierzu OVG LSA, Urt. v. 10.12.1998 – A 2 S 502/96 – juris L s Nr. 4: „Das Fragerecht aus § 44 Abs 6 S 1 GO LSA (GemO ST) steht dem einzelnen Ratsmitglied nur in dem Umfang zu, in welchem die einzelne konkrete Aufgabe noch von der Gemeinde zu erfüllen ist; ist sie auf einen Zweckverband übergegangen, so ist auch das Fragerecht des § 44 Abs 6 S 1 GO LSA (GemO ST) nur auf die Gegenstände beschränkt, welche die Wahl oder Abwahl des Delegierten für die Zweckverbandsversammlung betreffen oder von Bedeutung für Weisungen des Rats an den Delegierten sind."

[920] OVG LSA, Urt. v. 10.12.1998 – A 2 S 502/96 – juris L s Nr. 5.

ohne Bezug zum Mandat.[921] Auskunftsbegehren und Fragen von Ratsmitgliedern können **rechtsmissbräuchlich** sein. Dies ist anzunehmen, wenn kein ernsthaftes Informationsinteresse ersichtlich ist, insbesondere wenn das Begehren nur der Schikane dient (§ 226 BGB analog). Anfragen, die ersichtlich „ins Blaue hinein" vorgenommen werden, ohne dass irgendein vernünftiges Auskunftsinteresse ersichtlich ist, sind rechtsmissbräuchlich.[922] Anderer Ansicht war allerdings offenbar das OVG LSA zur früheren Gemeindeordnung, wonach diese nicht verhindern sollte, dass einzelne Ratsmitglieder Anfragen „ins Blaue hinein" stellen."[923] Jedenfalls darf ein berechtigtes Interesse nicht vorschnell abgelehnt werden, da nur in besonderen Fällen ein (evidenter) Missbrauchsfall vorliegen dürfte.

546 Ratsmitgliedern steht nicht das Recht zu sog. „großen Anfragen" (Arbeitsaufträge an die Verwaltung) zu, wie sie nach dem Parlamentsrecht zulässig sind.[924] Das Fragerecht wird aber grundsätzlich nicht dadurch ausgeschlossen, dass die Beantwortung der Frage einen erheblichen Aufwand verursachen würde, wobei eine äußerste rechtliche Grenze für die Beantwortungspflicht aber Möglichkeit und **Zumutbarkeit** der Beantwortung bilden.[925] Nach alter Rechtslage durfte der Rat in seiner Geschäftsordnung die Frage der Zumutbarkeit konkretisieren und dabei eine Abwägung zu treffen, ob das Fragerecht einschränkungslos gewährt werden sollte oder ob es in Abhängigkeit zum Arbeitsaufwand für die Antworten um der Funktionsfähigkeit der Verwaltung willen generell begrenzt werden sollte.[926] Eine solche Befugnis ist unter der Geltung des KVG nicht anzuerkennen, sondern gilt ein objektiver Zumutbarkeitsmaßstab.

547 Eine Pflicht zur *schriftlichen* Beantwortung schriftlicher Anfragen besteht nicht.[927] Unzulässig ist es, Anfragen durch einen Ratsbeschluss zu untersagen.[928] Der Bürgermeister darf seine Antwort nicht davon abhängig machen, dass der Fragesteller die Motive darlegt, die ihn veranlassen, die Frage zu stellen; es besteht keine Begründungspflicht.[929] Kann der Hauptverwaltungsbeamte Anfragen nicht unverzüglich mündlich beantworten, hat er die Auskunft binnen einer Frist von in der Regel einem Monat schriftlich zu erteilen (§ 43 III 3 KVG).[930]

---

[921] VG Magdeburg, Beschl. v. 9.11.2015 – 9 B 745/15 – juris Rn. 19 unter Verweis auf VG Arnsberg, Urt. v. 25.8.1993 – 12 K 4367/93 – juris; OVG Frankfurt/Oder, Beschl. v. 23.2.1998 – 1 B 138/97 – juris; VG Mannheim, Urt. v. 22.1.2001 – 1 S 786/00 – juris; VG Braunschweig, Urt. v. 25.4.2013 – 1 A 225/12 – juris.

[922] I.d.S. VGH BW, Urt. v. 30.3.1992 – 1 S 1762/91 – DÖV 1992, 838; gegen die Entscheidung wendet sich indes OVG LSA, Urt. v. 10.12.1998 – A 2 S 502/96 – juris.

[923] OVG LSA, Beschl. v. 31.7.2009 – 4 O 127/09 – juris Rn. 27/KommJur 2010, 179/NVwZ-RR 2010, 123.

[924] VG Magdeburg, Beschl. v. 9.11.2015 a.a.O.

[925] OVG LSA, Urt. v. 10.12.1998 – A 2 S 502/96 – juris Ls Nr. 7; VG Magdeburg, Beschl. v. 9.11.2015 –9 B 745/15 – juris Rn. 21; unter Hinweis auf OVG NW, Beschl. v. 12.4.2010 – 15 A 69/09 – juris; a.A. für BW: VGH BW, Urt. v. 30.3.1992 – 1 S 1762/91 – DÖV 1992, 838 für das Kommunalrecht BW.

[926] OVG LSA, Urt. v. 10.12.1998 a.a.O. Rn. 8 zu § 44 VI 2 GO LSA.

[927] *Rothe*, NVwZ 1990, 936 ff.

[928] VGH BW, Urt. V. 6.6.1988 DÖV 1989, 32.

[929] OVG LSA, Beschl. v. 31.7.2009 – 4 O 127/09 – juris Rn. 27/KommJur 2010, 179/NVwZ-RR 2010, 123; Urt. v. 10.12.1998 – A 2 S 502/96 – juris Ls Nr. 6 zur Vorgängerregelung des § 44 VI 1 GO LSA; VG Magdeburg, Beschl. v. 9.11.2015 – 9 B 745/15 – juris unter Hinweis auf VG Braunschweig, Urt. v. 25.4.2013 – 1 A 225/12 – juris.

[930] Ausnahmen hiervon sowie nähere Einzelheiten regelt die Hauptsatzung (§ 43 III 3 KVG).

548 Unberührt vom Auskunfts- und Fragerecht bestehen die **Informationsrechte nach dem IZG**. Der Auskunftsanspruch nach § 1 I IZG LSA besteht neben dem Akteneinsichtsrecht nach § 29 VwVfG, § 1 I VwVfG LSA.[931] Dies folgt aus § 1 III IZG LSA. Der Auskunftsanspruch kann sich insbesondere auf Akteninhalte beziehen. Gegenüber Bundesbehörden können Auskunftsansprüche nach dem IFG bestehen.[932]

hh) Recht auf Einberufung einer Sitzung

549 Ein Ratsmitglied kann verlangen, dass der Rat unverzüglich einzuberufen wird, wenn die letzte Sitzung länger als drei Monate zurückliegt und er die Einberufung unter Angabe des Verhandlungsgegenstandes beantragt (§ 53 V 1 2. Alt. KVG). Das Ratsmitglied muss abgesehen von der Benennung des Verhandlungsgegenstand keinen Grund für sein Verlangen darlegen. Der Verhandlungsgegenstand muss nicht eilbedürftig sein.

ii) Benachteiligungsverbote

550 **Vertragliche Verbote** der Annahme eines Sitzes im Rat sind unzulässig. Kein Bürger darf gehindert werden, sich um das Amt eines Gemeinderates zu bewerben, es zu übernehmen und auszuüben § 43 II 1 KVG). Gemeinderäte genießen insbesondere einen besonderen **Kündigungsschutz**: Eine Kündigung oder Entlassung aus einem Dienst- oder Arbeitsverhältnis, eine Versetzung an einen anderen Beschäftigungsort und jede sonstige berufliche Benachteiligung wegen der Mandatsübernahme oder -ausübung sind unzulässig (§ 43 II 2 KVG). Dies gilt auch für den Zeitraum von sechs Monaten nach Beendigung des Mandats (§ 43 II 3 KVG). Dem ehrenamtlichen Mitglied der Vertretung ist die für seine Tätigkeit erforderliche freie Zeit zu gewähren (§ 43 II 4 KVG). Insgesamt ergibt sich damit ein allgemeines **Benachteiligungsverbot**. Sinn des Benachteiligungsverbots ist es nicht, alles zu verbieten, was der Mandatsausübung irgendwie hinderlich sein könnte. Sie erfasst insbesondere nicht bloß mittelbare Erschwernisse, sondern nur ein Verhalten, das von der Absicht bestimmt ist, dem Mandatsträger die Ausübung seines Mandats unmöglich zu machen.[933] Eingriffe in die Kompetenz des Rates verletzen das Benachteiligungsverbot grundsätzlich nicht.

jj) Freistellungsanspruch

551 Ratsmitglieder, die in abhängiger Stellung beschäftigt sind oder in einem Dienstverhältnis stehende Beamte sind, haben gegen ihren Arbeitgeber bzw. Dienstherrn einen **Freistellungsanspruch**: einem ehrenamtlichen Mitglied der Vertretung ist die für seine Tätigkeit erforderliche freie Zeit zu gewähren (§ 43 II 4 KVG). Hieraus ergibt sich allerdings kein Anspruch eines Ratsmitgliedes auf dauerhafte Reduzierung seiner Arbeitszeit. Ein Freistellungsanspruch besteht nur, wenn die Mandatstätigkeit nicht außerhalb der Arbeitszeit ausgeübt werden kann. Dies trifft zu, wenn dem Ratsmitglied nicht zugemutet werden kann, seine berufliche Tätigkeit mit seiner Ratstätigkeit zu koordinieren. Ange-

---

[931] S.a. *Waldhoff*, Kommunalrecht und Informationsrecht: IFG-Anspruch gegenüber privatrechtlicher Sparkassen-Stiftung, JuS 2021, 1095-1096
[932] Vgl. zur Anwendbarkeit auf Bundesbehörden § 1 I IFG.
[933] Vgl. OVG NW, Urt. v. 26.4.1989 NVwZ 1989, 989 (990).

hörigen des öffentlichen Dienstes steht allerdings ein entsprechender Urlaubsanspruch unter Fortzahlung der Vergütung zu, wenn Sitzungen tatsächlich in die Dienstzeit fallen. Hingegen haben sonstige Ratsmitglieder für die infolge der Freistellung versäumte Arbeitszeit keinen Lohnanspruch. Ihnen steht aber ein kommunalrechtlicher Anspruch auf Ersatz des Verdienstausfalls zu.

kk) Anspruch auf Auslagen- und Verdienstausfallersatz

552 Die ehrenamtlichen Mitglieder des Rats haben für die Ausübung ihres Amts Anspruch auf Ersatz ihrer Auslagen und auf **Ersatz des Verdienstausfalls** (§ 35 I 1 KVG).[934] Die Ermittlung des konkreten Verdienstausfalls richtet sich nach § 13 der Verordnung über die Entschädigung bei ehrenamtlicher Tätigkeit in den Kommunen (**Kommunal-Entschädigungsverordnung** - KomEVO). Stattdessen kann die Zahlung einer Verdienstausfallpauschale in Betracht kommen (§ 14 KomEVO).

553 Die Mitglieder des Rats erhalten, soweit eine Gemeindesatzung[935] dies vorsieht, für ihre ehrenamtliche Tätigkeit eine **Aufwandsentschädigung** (vgl. § 35 I, II 1 KVG). Die Aufwandsentschädigung verdrängt den Anspruch auf Auslagenersatz weitgehend: mit der Gewährung einer Aufwandsentschädigung ist der Anspruch auf Ersatz von Auslagen abgegolten; ausgenommen hiervon sind nur Kosten für Dienstreisen außerhalb des Dienst- oder Wohnortes sowie der zusätzlichen Kosten für die Betreuung von Kindern und Pflegebedürftigen (§ 35 II 2 KVG).[936] Die Aufwandsentschädigung soll in Form einer monatlichen Pauschale gewährt werden (§ 35 II 3 KVG). Aufwandsentschädigungen unterliegen nicht den Zwecken der Haushaltskonsolidierung (§ 35 II 4 KVG).[937] Die ehrenamtlichen Ratsmitglieder haben Anspruch auf Ersatz ihrer tatsächlich entstandenen und nachgewiesenen **Fahrtkosten zum Sitzungsort**, höchstens jedoch in Höhe der Kosten der Fahrt von der Wohnung zum Sitzungsort und zurück (§ 35 II 5 KVG).[938] Im Falle eines sitzungspolizeilichen Ausschlusses eines Ratsmitglieds von der Sitzung verliert das verwiesene Mitglied seinen Anspruch auf die auf den Sitzungstag entfallende Entschädigung (§ 57 II 2 KVG).

554 Die Ansprüche auf Leistungen nach § 35 I-II KVG sind nicht übertragbar und auf sie kann auch nicht verzichtet werden (§ 35 III KVG). Mitunter treffen Parteien mit Listenkandidaten Vereinbarungen, dass diese im Fall ihrer Wahl und Mandatsannahme Ansprüche auf Aufwandsentschädigungen oder

---

[934] Bei Personen, die keinen Verdienst haben oder die Höhe des Verdienstausfalls nicht nachweisen können, wird als Ersatz für die aufgewendete Zeit eine angemessene Pauschale gewährt (§ 35 I 2 KVG). Einzelheiten sind durch Satzung zu regeln (§ 35 I 3 KVG).

[935] I.S.v. § 3 Kommunal-Entschädigungsverordnung (KomEVO).

[936] Vgl. OVG LSA, Urt. v. 11.1.2001 – A 2 S 407/98 – JMBl. 2001, 119/juris (Ls Nr. 2 und 3): „2. Die Aufwandsentschädigung des § 33 Abs 2 LSA-GO ist als pauschalierte Abgeltung der Ansprüche aus § 33 Abs 1 LSA-GO anzusehen. Dabei sind Typisierungen zulässig. 3. Entscheidet sich eine Gemeinde für eine Aufwandsentschädigung iS des § 33 Abs 2 LSA-GO, so kommt daneben keine Einzelabrechnung nach § 33 Abs 1 LSA-GO wegen derselben Leistungen mehr in Betracht (§ 33 Abs 2 S 2 LSA-GO). Ob durch eine Aufwandsentschädigung des § 33 Abs 2 S 2 LSA-GO auch jegliche Art von Verdienstausfall abgegolten wird, bleibt offen."

[937] Soweit es dem Wesen des Ehrenamtes oder der sonstigen ehrenamtlichen Tätigkeit entspricht, kann neben oder anstelle einer monatlichen Pauschale auch eine anlassbezogene Pauschale gewährt werden (§ 35 II 4 KVG).

[938] Das Gleiche gilt für Fahrten im Zuständigkeitsbereich der Vertretung, soweit diese in der Ausübung des Mandats begründet sind und mit Zustimmung des Vorsitzenden der Vertretung oder eines Ausschusses erfolgen (§ 35 II 6 KVG). Die Reisekostenvergütung erfolgt nach den für Landesbeamte geltenden Vorschriften (§ 35 II 7 KVG).

Teile hiervon an die Partei abtreten bzw. die entsprechenden Einnahmen abführen (sog. **Sonderbei-träge**). Solche (zivilrechtlichen) Vereinbarungen sind dem Grundsatz nach zulässig.[939]

555 Ratsmitglieder haben grundsätzlich **keinen Anspruch auf Ersatz von Gerichtskosten** oder sonstige Kosten der Rechtsverfolgung bzw. Rechtsverteidigung im Hinblick auf Ansprüche, die sich aus dem KVG ergeben.[940]

> **Bsp.:** kein Anspruch eines Ratsmitglieds auf Ersatz der Kosten für einen Rechtsanwalt, der das Ratsmitglied in strafrechtlichem Ermittlungsverfahren vertritt, das wegen Verdachts der Volks-verhetzung durch eine Äußerung im Gemeinderat geführt wird

Etwas anderes gilt, wenn der in ein Ehrenamt oder zu sonstiger ehrenamtlicher Tätigkeit Berufene in Bezug auf die ehrenamtliche Tätigkeit **bedroht** wird. In diesem Fall hat er Anspruch auf Über-nahme der notwendigen Kosten der Rechtsverfolgung im Strafverfahren (§ 35 VI 1 KVG).[941] Die Regelung muss m.E. erst Recht gelten, wenn das Ratsmitglied wegen seiner ehrenamtlichen Tätig-keit Geschädigter einer Straftat, etwa einer Beleidigung, Bedrohung, Körperverletzung oder Brand-stiftung wird und deswegen als Privat- oder Nebenkläger eines Strafverfahrens auftritt.

556 Erleidet ein ehrenamtliches Mitglied einer Vertretung einen **Dienstunfall**, hat es dieselben Rechte wie ein Ehrenbeamter (§ 35 V KVG).

557 Den Gemeinden steht bei der Regelung von Aufwandsentschädigungen zwar grundsätzlich ein Gestaltungsspielraum zu,[942] jedoch ist dieser durch die **KomEVO** stark beschränkt. Die Verordnung enthält zahlreiche Vorgaben für die Gewährung von Entschädigungen bei ehrenamtlicher Tätigkeit in den Gemeinden (und Verbandsgemeinden, Landkreisen sowie Zweckverbänden). Sie regelt An-forderungen an die Gewährung der Entschädigung (§ 4), deren Bemessung (§ 5), gibt Höchstbeträge für die Ratsmitglieder vor (§ 6), regelt Rahmenbeträge für ehrenamtliche Bürgermeister (§ 7),[943] Höchstbeträge für Ortschaftsräte (§ 8), für die Freiwillige Feuerwehr (§ 9) und Zweckverbände (§ 10). Die KomEVO lässt die Gewährung von Entschädigungen bei ehrenamtlicher Tätigkeit im Zusammenhang mit staatlichen Aufgaben unberührt, die den Gemeinden durch Gesetz zur Erfüllung nach Weisung übertragen sind (§ 1 Satz 2 KomEVO).

558 Nach Ansicht des OVG LSA sind **besondere** (erhöhte) **Sitzungsgelder** für Vertreter des Ratspräsiden-ten, von Ausschussvorsitzenden oder Fraktionsvorsitzenden mit dem Gleichheitssatz unverein-

---

[939] BGH, Urt. v.v. 1.1.2023 – II ZR 144/21 – Juris Rn. 18 (und Ls): „Der Anspruch einer Partei gegen ihr Mitglied auf Zahlung eines Teils seiner Aufwandsentschädigung als Sonderbeitrag ist als zivilrechtlicher Anspruch gerichtlich durchsetzbar."

[940] Vgl. zur Rechtslage nach der GO LSA: VG Magdeburg, Urt. v. 15.8.2011 – 9 A 218/10 – juris Rn. 13.

[941] Dies gilt entsprechend, wenn er oder eine ihm nahestehende Person in Bezug auf die ehrenamtliche Tätigkeit eine rechtswidrige Tat gegen die sexuelle Selbstbestimmung, die körperliche Unversehrtheit, die persönliche Freiheit oder gegen eine Sache von bedeu-tendem Wert oder· ein Verbrechen erleidet (§ 35 VI 2 KVG). Die übernommenen Kosten sind zurückzuzahlen, soweit der Betroffene Kostenerstattung durch einen Dritten erlangen kann (§ 35 VI 3 KVG).

[942] OVG LSA, Urt. v. 11.1.2001 – A 2 S 407/98 – JMBl. 2001, 119/juris (Ls Nr. 1): „Den Gemeinden kommt bei der Regelung von Auf-wandsentschädigungen iS des § 33 Abs 2 LSA-GO (GemO ST) ein Gestaltungsspielraum zu. Ob die Entschädigung die Grenze der "Angemessenheit" nicht überschreitet, ist nur auf Grund von tatsächlichen Ermittlungen zu beurteilen, welche die Gemeinde anzu-stellen hat."; VG Magdeburg, Urt. v. 17.7.2012 – 9 A 219/11 – juris Rn. 26 unter Hinweis auf SächsOVG, Urt. v. 26.5.2009 – 4 A 486/08 – juris.

[943] Näher zur Verdienstausfallentschädigung eines ehrenamtlichen Bürgermeisters s. OVG LSA, Urt. v. 3.4.2007 – 4 L 116/06 – juris Rn. 17 ff.

bar.[944] Dem ist nicht zuzustimmen. Der Rat kann grundsätzlich Differenzierungen vornehmen, etwa unterschiedliche Entschädigungen für Fraktionsvorsitzende je nach Größe der Fraktion vorsehen.[945] Das Gericht überträgt zu Unrecht die bundesverfassungsgerichtliche Rechtsprechung zum Abgeordnetenrecht insoweit auf Ratsmitglieder, obwohl ein erheblicher amts- bzw. funktionsbedingter Mehraufwand die Ungleichbehandlung rechtfertigt. Ob die Entschädigung die Angemessenheitsgrenze überschreitet, ist nur anhand tatsächlicher Ermittlungen zu beurteilen, die die Gemeinde notfalls anzustellen hat. Die Ansprüche auf die Bezüge sind nicht übertragbar, nicht pfändbar, nicht vererbbar und nicht verzichtbar.

ll) Grundrechte

559 Geht es um die Wahrnehmung einer mit Mitgliedschaftsrechten ausgestatteten Stellung, kann sich das Organ (bzw. der Organteil) nach h.M. in der Vertretung wie im Kommunalverfassungsstreit **nicht auf Grundrechte berufen**.[946] Das Mitglied der Vertretung handele dort in seiner organschaftlichen Stellung und nicht als Grundrechtsträger. Das Ratsmitglied kann in der Ratssitzung daher etwa nicht die Meinungsäußerungsfreiheit für sich beanspruchen. Nach der Gegenansicht stehen dem Ratsmitglied auch bei der Wahrnehmung seiner Mitgliedschaftsrechte die Grundrechte zu und er kann sich insbesondere auf die Meinungsäußerungsfreiheit berufen.[947] Die Grundrechte würden durch das Kommunalrecht nur eingeschränkt und zwar soweit dies im Interesse der Funktionsfähigkeit des Gremiums erforderlich sei.[948]

mm) Nicht anzuerkennende Anspruchspositionen

560 Ratsmitglieder haben nach h.M. **keinen Anspruch** darauf, dass

- der Rat nur rechtmäßige Beschlüsse fasst,[949] insbesondere nicht darauf, dass
- der Rat nur innerhalb seiner Verbandskompetenz handelt,[950]
- keine befangenen Ratsmitglieder mitwirken,[951]
- keine aus sonstigen Gründen nicht stimmberechtigten Ratsmitglieder an Abstimmungen oder Wahlen teilnehmen,[952]

---

[944] OVG LSA, Urt. v. 11.1.2001 – A 2 S 407/98 – JMBl. 2001, 119/juris (Ls Nr. 4).

[945] VG Minden, Urt. v. 26.6.1991 NVwZ-RR 1992, 266.

[946] OVG NW, Beschl. v. 29.11.1988 NWVBl. 1989, 130; Urt. v. 10.9.1982 NJW 1983, 53 (54); OVG Rh.-Pfalz, Urt. v. 19.5.1987 DÖV 1988, 40 (41); *Gern*, Deutsches Kommunalrecht, Rn. 794; grundlegend: Schnell, Meinungsäußerung und Rederecht der kommunalen Mandatsträger, 1998.

[947] VGH BW, Urt. v. 4.3.1993 NVwZ-RR 1993, 505 (506) bezeichnet seine Auffassung irrtümlich als „nicht zweifelhaft"; VG Darmstadt, Urt. v. 26.11.2002 NJW 2003, 455.

[948] Vgl. VG Darmstadt, Beschl. v. 26.11.2002 NJW 2003, 455: nur soweit „es eine Atmosphäre der Ruhe und Sachlichkeit ... erfordert".

[949] Vgl. BVerfG, Beschl. v. 27.11.1989 NVwZ 1990, 355.

[950] OVG NW, Beschl. v. 17.3.1989 NVwZ-RR 1989, 317; Urt. v. 26.4.1989 NVwZ 1989, 989; VGH BW, Urt. v. 24.2.1992 NVwZ-RR 1002, 373; a.A. Müller, NVwZ 1994,120 (123).

[951] OVG Rh.-Pfalz, NVwZ 1985, 283; a.A. OVG NW, Beschl. v. 21.12.1995 NVwZ-RR 1997, 52.

[952] A.A. OVG NW, Beschl. v. 21.12.1995 NVwZ-RR 1997, 52: hierdurch würde das Mitwirkungsrecht des einzelnen Ratsmitglieds rechtswidrig geschmälert. Diese Ansicht ist abzulehnen, weil aus der mitgliedschaftlichen Stellung nur ableitbar ist, dass die Stimme mit ihrem vollen Gewicht in das Ergebnis einfließt. Ist etwa ein Ratsmitglied wegen grober Ungebühr wirksam ausgeschlossen, so

- keine Ratsmitglieder mit dem Aufkleber einer politischen Parole an Ratssitzungen mitwirken[953] bzw. dass der Vorsitzende die Entfernung des Aufklebers anordnet und durchsetzt,
- ihnen sämtliche Bestandteile und Anlagen einer Jahresrechnung im Rahmen der Einberufung der Sitzung übermittelt werden,[954]
- der Rat nur rechtmäßige Satzungsbeschlüsse fasst[955] und
- der Bürgermeister nicht in die Ratskompetenz eingreift.[956]

Das einzelnen Ratsmitglied kann nur dann eine Einberufung zu einem bestimmten Verhandlungsgegenstand verlangen, wenn die letzte Sitzung länger als drei Monate zurückliegt (§ 53 V 1 2. Alt. KVG). Im Übrigen bestehen keine Anspruchspositionen eines einzelnen Ratsmitgliedes jenseits der dargestellten Teilnahme-, Frage- und Antragsrechte im Hinblick auf eine Sitzung.

561 Umstritten ist, ob ein Ratsmitglied einen **Anspruch hat, dass die Sitzung öffentlich** ist.[957] Da die Rechtsfrage umstritten ist, der Landesgesetzgeber einen solchen Anspruch gleichwohl nicht explizit geregelt hat, ein subjektiv-rechtlicher Bezug auch nicht anklingt und weder Systematik noch Gesetzesmaterialien einen Anspruch nahelegen, spricht letztlich nichts für einen gesetzgeberischen Willen mit § 52 KVG eine wehrfähige Anspruchsposition zu schaffen, zumal dort die Mitglieder der Vertretung nur als Adressaten von Pflichten genannt sind.

562 Ratsmitgliedern steht im Übrigen nach h.M. auch **keine Klagebefugnis** zu wegen einer
- Verletzung des Demokratieprinzips,[958]
- Verletzung des Rechtsstaatsprinzips,
- Verletzung von Grundrechten oder zur
- Geltendmachung von Mitgliedschafts- bzw. Organrechten Dritter.[959]

Nach h.M. gibt es insbesondere keine Prozessstandschaft einzelner Ratsmitglieder (oder von Fraktionen) zur Geltendmachung von Rechten des Rates.[960]

f) Pflichten der Ratsmitglieder
aa) Allgemeines

563 Ratsmitglieder haben neben Rechten auch **Pflichten**. Die Regelung zur Rechtsstellung der Mitglieder der Vertretung § 43 KVG) nennt nur Rechte, es finden sich aber verstreut im KVG auch Regelungen zu expliziten und impliziten Pflichten der Ratsmitglieder. So hat das befangene Ratsmitglied seine

---

dient der Ausschluss der Funktionsfähigkeit des Rates und nicht dem Schutz eines erhöhten Stimmengewichts der Stimmberechtigten.

[953] BVerwG, Beschl. v. 12.2.1988 NVwZ 1988, 837f.; *Kopp/Schenke*, VwGO, § 42 Rn. 80.

[954] Nicht für „erforderliche Unterlagen" gehalten von VGH BW, Urt. v. 14.12.1987 NVwZ-RR 1989, 153.

[955] BVerwG, Beschl. v. 3.2.1994 NVwZ-RR 1994, 352.

[956] OVG NW, Urt. v. 26.4.1989 NVwZ 1989, 989 (990); Beschl. v. 17.3.1988 NVwZ-RR 1989, 317.

[957] Offengelassen von OVG LSA, Beschl. v. 19.3.2019 – 4 L 158/19 – juris Rn. 7; ablehnend VGH BW, Urt. v. 24.2.1992 – 1 S 2242791 – juris Rn. 13/NVwZ-RR 1992, 373; BayVGH, Beschl. v. 29.9.1988 – 4 C 88.1919 – juris; hingegen bejahend: HessVGH, Beschl. v. 15.3.2019 – 8 A 1034/15.Z – juris Rn. 42; Urt. v. 6.11.2008 – 8 A 674/08 –juris Rn. 17; NdsOVG, Urt. v. 25.3.2014 – 15 A 1651/12 – juris Rn. 67; Urt. v. 24.4.2001 – 15 A 3021/97 – juris Rn 7/ NVwZ-RR 2002, 135; s.a. Martensen, JuS 1995, 1078.

[958] BVerwG, Beschl. v. 7.1.1994 – 7 B 224.93 – NVwZ-RR 1994, 352.

[959] *Gern*, Deutsches Kommunalrecht, Rn. 794.

[960] OVG NW, Urt. v. 26.4.1989 NVwZ 1989, 989 (990) - bzgl. Fraktion; *Waechter*, Kommunalrecht, Rn. 411a.

Befangenheit anzuzeigen und den Sitzungsraum zu verlassen (§ 33 IV 1 KVG), muss der des Sitzungsraums Verwiesene diesen verlassen (implizite Pflicht aus § 58 II KVG), ist das Ratsmitglied zur Verschwiegenheit verpflichtet (§ 52 III KVG) und hat es eine Pflicht zur Sitzungsteilnahme und Wahrnehmung zugewiesener Aufgaben (§ 54 Satz 1 KVG).

564 Es stellt sich die Frage, ob und ggfs. inwieweit die allgemeinen Regeln über die Pflichten von ehrenamtlich Tätigen (§§ 30 ff. KVG) auf Ratsmitglieder (und sonstige gewählte Mitglieder von Vertretungen anwendbar sind. Diese allgemeinen Pflichten gelten für Inhaber von Ehrenämtern bzw. alle sonstigen in eine ehrenamtliche Tätigkeit *Berufenen*.[961] Fraglos sind die Ratsmitglieder ehrenamtlich Tätige (vgl. § 36 I 2 KVG) und üben ein Ehrenamt aus (vgl. § 43 I KVG). Sie handeln daher auch „in Ausübung" eines öffentlichen Amtes und ihre gesetzlichen Pflichten sind als Amtspflichten zu bezeichnen. Der Wortlaut der § 30 II und III KVG legt aber nahe, dass die §§ 30 ff. KVG nur für die „Berufung" in das Ehrenamt bzw. die ehrenamtliche Tätigkeit gelten.[962] Die Wahl in ein Ehrenamt ist ihrem Wortlaut nach zwar keine „Berufung" in ein Ehrenamt,[963] jedoch ist der Begriff hier weit zu verstehen[964] und erfasst auch die gewählten Mitglieder von Vertretungen. Somit sind die für ehrenamtlich Tätige geltenden allgemeinen Vorschriften der §§ 30 ff. KVG auf die Mitglieder der Vertretungen anwendbar, soweit sie nicht von besonderen für die Vertretung geltenden Vorschriften verdrängt werden.

bb) Mandatsannahme

565 Die Bürger sind verpflichtet, ehrenamtliche Tätigkeiten für ihre Gemeinde zu übernehmen (und auszuüben) (§ 30 I 1 KVG). Gem. § 31 I 1 KVG darf ein Bürger die Übernahme eine ehrenamtlichen Tätigkeit (nur) aus wichtigem Grund ablehnen (§ 31 I 1 KVG). Diese Pflicht gilt dem Wortlaut nach

---

[961] Dies folgt daraus, dass die Ratsmitglieder gem. § 36 I 2 KVG ehrenamtlich Tätige sind und die Regelungen der §§ 30 ff. KVG für ehrenamtlich Tätige gelten. Daran ändern die Existenz besonderer Regelungen von Pflichten der Ratsmitglieder und fehlende Verweise der §§ 36 ff. KVG auf die §§ 30 ff. KVG nichts.

[962] Der Begriff der „Berufung" wird nicht legaldefiniert. Die Rechtsprechung hat sich, soweit ersichtlich, bisher nicht zur Frage geäußert, ob eine „Berufung" i.S.v. § 30 KVG auch die *Wahl* ins Ehrenamt umfasst. Das OVG LSA hat die Anwendbarkeit des § 32 KVG auf Mitglieder von Vertretungen und damit obiter dictum die Anwendbarkeit der §§ 30 ff. KVG der Sache nach bejaht (OVG LSA, Beschl. v. 18.10.2019 – 4 L 158/19 – juris Rn. 10 unter Verweis auf VGH BW, Urt. v. 2.8.2017 – 1 S 542/17 – juris Rn. 23).

[963] Die mögliche sprachliche Anleihe der § 30 II und III KVG an die beamtenrechtliche „Berufung in das Beamtenverhältnis" (durch Aushändigung der Ernennungsurkunde) mag für eine enge Auslegung des Begriffs „Berufung" sprechen als einen auf eine einzelne Person bezogenen Betrauungsakt. Soweit § 34 II KVG von der „Verpflichtung" der Personen spricht, legt dies ebenfalls eine enge Auslegung als Verpflichtungs- bzw. Betrauungsakt nahe. Auch das Fehlen von Verweisungen in den besonderen Pflichtenregelungen auf die §§ 30 ff. KVG könnte indizieren, dass diese auf die durch Wahl ins Amt gekommenen ehrenamtlich Tätigen keine Anwendung finden sollen. Ein Betrauungsakt liegt im Fall der Ratsmitglieder – anders als bei den von der Gemeinde bzw. vom Gemeinderat ernannten Amtsinhabern – nicht vor, denn die Ratsmitglieder erwerben ihre mitgliedschaftliche Rechtsstellung durch die Wahlentscheidung und die Annahme der Wahl bzw. Nichtäußerung zur Frage der Wahlannahme.

[964] Dafür, dass der Begriff der „Berufung" weit zu verstehen ist und auch die Wahl in das Ehrenamt erfasst, spricht vor allem, dass sich ansonsten eine Regelungslücke und Systemwidrigkeit auftun würde, die selbst grobe Pflichtverletzungen von Mitgliedern von Vertretungen weitgehend folgenlos ließe, während (nur) die sonstigen Inhaber eines Ehrenamts bzw. sonst ehrenamtlich Tätigen bei Pflichtverletzungen Ordnungswidrigkeitenverfahren und Bußgeldverhängungen zu erwarten hätten. Eine solche Schlechterstellung dürfte auch dem Gleichheitssatz widersprechen. Auch die systematische Stellung der Vorschriften in dem gleichsam vor die Klammer gezogenen allgemeinen Teil „Einwohner und Bürger" impliziert, dass es sich um Vorschriften handelt, die für jede ehrenamtliche Tätigkeit gelten sollen.

auch für Bürger, die in den Rat gewählt wurden. Gegen die Annahme einer **Mandatsannahmepflicht** scheint die Regelung über die Annahme der Wahl (§ 43 Satz 1 KWG LSA) zu sprechen, wonach der Wahlleiter die gewählten Bewerber über ihre Wahl mit dem Ersuchen benachrichtigt, ihm binnen einer Woche schriftlich mitzuteilen, ob sie die Wahl annehmen.[965] Einen wichtigen Grund für die Ablehnung bedarf es nach dem KWG LSA nicht. Hieraus kann aber m.E. nicht abgeleitet werden, dass die Pflichten zur Übernahme der ehrenamtlichen Tätigkeit erst mit der Annahme der Wahl bzw. der Fiktion der Annahme gelten. Wahlrechtlich ist zwar irrelevant, ob ein wichtiger Grund für die Ablehnung des Amtes vorliegt, jedoch ist es kommunalverfassungsrechtlich unzulässig, wenn der Gewählte das Amt ohne wichtigem Grund ablehnt und ist dies als Ordnungswidrigkeit zu sanktionieren.

> **Bsp.:** Der in den Rat gewählte A erklärt öffentlich, er habe nun „doch keinen Bock" auf einen Sitz im Rat, weil da auch „der Idiot Schulz reingewählt" sei. Hierin liegt eine Ordnungswidrigkeit gem. § 31 II 1 KVG.

566 Ein **wichtiger Grund zur Ablehnung** liegt vor, wenn dem Bürger das Amt oder die Tätigkeit wegen seines Alters, der Berufs- oder Familienverhältnisse, seines Gesundheitszustandes oder wegen sonstiger in seiner Person liegenden Umstände nicht zugemutet werden kann (§ 31 I 2 KVG). Wer ohne einen wichtigen Grund die Übernahme einer ehrenamtlichen Tätigkeit ablehnt oder ihre Ausübung verweigert, handelt **ordnungswidrig** (§ 31 II 1 KVG). Die Ordnungswidrigkeit kann mit einer Geldbuße geahndet werden (§ 31 II 2 KVG). Zuständige Behörde nach § 36 I Nr. 1 OWiG ist die Gemeinde, der die Ausführung der Rechtsvorschrift oder die Überwachung der Einhaltung der Rechtsvorschrift obliegt, gegen die sich die Zuwiderhandlung richtet (§ 31 II 3 KVG). Ob eine Ordnungswidrigkeit vorliegt und geahndet wird, entscheidet bei Ratsmitgliedern der Rat (§ 32 II 4 KVG).[966]

cc) Sitzungsteilnahmepflicht

567 Die Mitglieder des Gemeinderates sind verpflichtet, an den Sitzungen und Abstimmungen teilzunehmen und die ihnen zugewiesenen Aufgaben zu übernehmen (**Sitzungsteilnahmepflicht** gem. § 54 I KVG).[967] Der Sitzungsteilnahmepflicht unterliegt nicht, wem die Teilnahme unmöglich ist.[968] Das Ratsmitglied kann aus rechtlichen Gründen an der Teilnahme gehindert sein.

Bsp.: Ausschluss von der Sitzung wegen Fehlverhaltens; Aufenthalt in Untersuchungshaft

Weitaus häufiger sind die Fälle, in denen Ratsmitglieder aus tatsächlichen Gründen an der Teilnahme gehindert sind,

---

[965] Gibt der Gewählte bis zum Ablauf der gesetzlichen Frist keine Erklärung ab, so gilt die Wahl mit Beginn des folgenden Tages als angenommen (§ 43 Satz 2 KWG LSA). Eine Erklärung unter Vorbehalt gilt als Ablehnung (§ 43 Satz 3 KWG LSA). Eine Ablehnung kann nicht widerrufen werden (§ 43 Satz 4 KWG LSA).

[966] Im Übrigen trifft der Bürgermeister die erforderlichen Maßnahmen (§ 32 II 5 KVG).

[967] Vgl. § 54 Satz 1 KVG: „Die ehrenamtlichen Mitglieder der Vertretung sind verpflichtet, an den Sitzungen, Abstimmungen und Wahlen teilzunehmen und die ihnen zugewiesenen Aufgaben zu übernehmen."

[968] Schon im antiken Rom galt der Rechtsgrundsatz „Zu etwas Unmöglichem wird niemand verpflichtet" („ultra posse nemo obligatur").

Bsp.: Autounfall auf dem Weg zur Sitzung; ansteckende Krankheit oder die Verhandlungsfähigkeit beeinträchtigende Erkrankung

oder ihnen die Teilnahme zumindest nicht zuzumuten ist. Insoweit bedarf es einer wertenden Betrachtung des vorgebrachten Hinderungsgrundes, bei dem es sich um einen wichtigen Grund i.S.v. § 31 KVG handeln muss. Der Wunsch nach Ausübung der Erwerbstätigkeit bzw. unternehmerischen Tätigkeit ist dem Grundsatz nach kein solcher wichtiger Grund, weil das KVG für diese Fälle den Ersatz des Verdienstausfalls vorgesehen hat. Ausnahmen hiervon sind aber möglich.

Bsp.: Ratsmitglied R erwartet für den Sitzungstag den Besuch einer ausländischen Delegation eines Konzerns, mit dem er einen Großvertrag abschließen will

568 Die Geschäftsordnung kann vorsehen, dass derjenige, der nicht oder nicht rechtzeitig an einer Sitzung teilnehmen kann, dies grundsätzlich dem Vorsitzenden vor der Sitzung unter Angabe der Gründe **anzeigen** muss. Eine solche Anzeigepflicht erleichtert dem Rat die Kontrolle, ob die Teilnahmepflicht beachtet wird.

569 Eine Folge des Verstoßes gegen die Pflicht zur Sitzungsteilnahme ist in § 54 KVG nicht besonders geregelt. Es gelten jedoch auch hier die allgemeinen Regeln des § 31 II KVG für ehrenamtlich Tätige, wonach **ordnungswidrig** handelt, wer ohne vernünftigen Grund sein Amt nicht ausübt oder seine Pflichten gröblich verletzt. Auch insoweit gilt, dass bei Zuwiderhandlung gegen die Pflichten des ehrenamtlich Tätigen die Verhängung eines Ordnungsgeldes zulässig ist (§ 32 II 2 KVG). In der Rechtspraxis werden, soweit ersichtlich, Verstöße gegen die Teilnahmepflicht allerdings nicht sanktioniert. Vom Sein darf aber nicht auf das Sollen geschlossen werden.

dd) Pflicht zu uneigennützigen und verantwortlichen Handeln

570 Wer zu ehrenamtlicher Tätigkeit bestellt wird, muss die ihm übertragenen Geschäfte **uneigennützig** und verantwortungsbewusst führen. Dies folgt nach hier vertretener Ansicht aus dem für ehrenamtlich Tätige geltenden § 32 I KVG. Nicht etwa ist die Norm deshalb unabwendbar, weil es in der Natur einer politischen Interessenvertretung liegt, dass in ihr unterschiedliche Interessen vertreten werden. Die Vertretung von Interessen ändert nichts an der Gemeinwohlbindung der Gemeinde wie des Rates als solchem und seiner Mitglieder, mögen auch unterschiedliche politische Vorstellungen darüber bestehen , was im Einzelfall dem Gemeinwohl dient. Die Stellung der § 30 ff. KVG unterliegenden Ratsmitglieder unterscheidet sich insoweit von der der Abgeordneten, die nur ihrem Gewissen unterliegen. Das Ratsmitglied muss sich ausschließlich von Erwägungen des Gemeinwohls und nicht von seinen eigenen oder sonstigen Einzel- bzw. Partikularinteressen leiten lassen. Die Uneigennützigkeit der Amtsführung wird in erster Linie durch das speziellere Mitwirkungsverbot gewährleistet. Wer entgegen seiner Rechtspflicht hierzu seine Befangenheit nicht offenbart, handelt daher ordnungswidrig. Die Pflicht bezieht sich allerdings nur auf die Führung der ihm mit der Mandatsstellung übertragenen Geschäfte und nicht auf Verhalten ohne direkten Zusammenhang mit der Wahrnehmung von Mitgliedschaftsrechten.

Bsp.: Setzt sich ein Ratsmitglied für den Erlass eines vorhabenbezogenen Bebauungsplans ein, weil er dem Vorhabenträger, seinem Geschäftsfreund, einen Gefallen erweisen will, handelt es ordnungswidrig.

571 Die Pflicht zur **verantwortungsbewussten Amtsführung** hat de facto eher die Wirkung eines moralischen Postulats als dass es sich um eine vollziehbare Verhaltensanforderung handelt. Im Hinblick auf das freie Mandat wäre letztlich nur ein evidentes, grob verantwortungsloses Verhalten unter den Tatbestand subsumierbar, wobei in diesen Fällen meist die Verletzung anderer Vorgaben festzustellen ist.

ee) Verschwiegenheitspflicht

572 Ratsmitglieder sind zur **Verschwiegenheit** verpflichtet, soweit die jeweiligen Gegenstände der Geheimhaltung unterliegen. Die ehrenamtlichen Mitglieder der Vertretung sind zur Verschwiegenheit über alle in nicht öffentlicher Sitzung behandelten Angelegenheiten so lange verpflichtet, wie sie der Hauptverwaltungsbeamte nicht von der Schweigepflicht entbindet (§ 52 III 1 KVG).[969] Wurden in nicht öffentlicher Sitzung gefasste Beschlüsse nach Wiederherstellung der Öffentlichkeit oder in der nächsten öffentlichen Sitzung bekannt gegeben (vgl. § 52 II 3 KVG), endet insoweit die Verschwiegenheitspflicht (§ 52 III 2 KVG). Die Verschwiegenheitspflicht ist neben dem noch zu behandelnden Vertretungsverbot der wichtigste Ausdruck des spezifischen Treueverhältnisses, in dem das Ratsmitglied zu seiner Gemeinde steht.[970]

573 In der Rspr. wurde eine ungeschriebene Ausnahme von der Pflicht zur Verschwiegenheit hinsichtlich in nicht-öffentlicher Sitzung verhandelter Gegenstände angenommen: Steht der Rat im Begriff, durch die abschließende Behandlung einer Angelegenheit in nichtöffentlicher Sitzung den Öffentlichkeitsgrundsatz zu verletzen, kommt für das einzelne Ratsmitglied zur Wahrung seiner demokratischen Teilhabe als Ultima ratio die Preisgabe von Informationen an die Öffentlichkeit in Betracht.[971] Die Flucht eines Ratsmitgliedes an die Öffentlichkeit ist in solchen Fällen aber nur gerechtfertigt, wenn es zuvor dem an sich für die Einhaltung der genannten Grundsätze verantwortlichen Rat Gelegenheit gegeben hat, von seiner Auffassung Kenntnis zu nehmen. I.d.R. soll auch erforderlich sein, dass sich das Mitglied zunächst erfolglos an die Aufsichtsbehörde gewendet hat.[972]

574 Die allgemeinen Regelungen zur Verschwiegenheit ehrenamtlich Tätiger gelten für Ratsmitglieder jenseits des Anwendungsbereichs der speziellen Verschwiegenheitspflicht des § 52 III 1 KVG. So dürfen Ratsmitglieder als ehrenamtlich Tätige ihre Kenntnis von geheim zu haltenden Angelegenheiten nicht unbefugt verwerten (**Verwertungsverbot** gem. § 32 II 2 KVG). Diese Verpflichtungen bestehen auch nach Beendigung der ehrenamtlichen Tätigkeit fort (§ 32 II 3 KVG). Eine Geheimhal-

---

[969] Die Regelung ist lex specialis zur allgemeinen Verschwiegenheitspflicht für ehrenamtlich Tätige (vgl. § 32 II 1 KVG). Der in ein Ehrenamt oder zu einer sonstigen ehrenamtlichen Tätigkeit Berufene ist über alle Angelegenheiten, deren Geheimhaltung gesetzlich vorgeschrieben, besonders angeordnet oder ihrer Natur nach erforderlich ist, zur Verschwiegenheit verpflichtet (Verschwiegenheitspflicht gem. § 32 II 1 KVG).

[970] *Gern*, Deutsches Kommunalrecht, Rn. 572.

[971] OVG-Rh-Pfalz, Urt. v. 13.6.1995 NVwZ-RR 1996, 685 (Abschluss eines Konzessionsvertrags mit einem Stromversorger samt Nebenverträgen mit Eigengesellschaften).

[972] OVG Rh.-Pfalz, Urt. v. 13.6.1995 a.a.O.

tung kann im Übrigen aus Gründen des öffentlichen Wohls oder zum Schutz berechtigter Interessen Einzelner besonders angeordnet werden (§ 32 II 4 KVG). Die Anordnung ist aufzuheben, sobald sie nicht mehr gerechtfertigt ist (§ 32 II 5 KVG).

ff) Unterlassen der Geltendmachung von Ansprüchen (Vertretungsverbot)

575 Für Ratsmitglieder gilt als ehrenamtlich Tätige ein sog. **Vertretungsverbot**.[973] Der in ein Ehrenamt Berufene hat eine besondere Treuepflicht gegenüber der Kommune, für die er das Ehrenamt ausübt (§ 32 III 1 KVG). Er darf Dritte nicht vertreten, wenn diese ihre Ansprüche und Interessen gegenüber der Kommune geltend machen (§ 32 III 2 KVG). Hiervon ausgenommen sind Fälle der gesetzlichen Vertretung (§ 32 III 2 HS 2 KVG). Das Vertretungsverbot gilt auch für zu einer sonstigen ehrenamtlichen Tätigkeit Berufene, wenn die vertretenen Ansprüche oder Interessen mit der ehrenamtlichen Tätigkeit in Zusammenhang stehen (§ 32 III 3 KVG). Ob die Voraussetzungen eines Vertretungsverbots vorliegen, entscheidet bei Mitgliedern der Vertretung, Ortschaftsräten und Ortsvorstehern die Vertretung, im Übrigen der Hauptverwaltungsbeamte (§ 32 III 4 KVG). Für durch die Verbandsgemeinde in ein Ehrenamt oder zu einer sonstigen ehrenamtlichen Tätigkeit Berufene gilt das Vertretungsverbot auch für Angelegenheiten der Mitgliedsgemeinden (§ 32 IV KVG).

576 Das Vertretungsverbot ist verfassungsrechtlich nicht unproblematisch, zumal es etwa die Berufsfreiheit der Betroffenen erheblich einengen kann.[974] Es ist Ausdruck eines besonderen Treueverhältnisses, in dem die Mitglieder zu ihrer Gemeinde stehen. Bedeutung hat es vor allem für die in kommunalen Vertretungen häufig anzutreffenden Rechtsanwälte. Nicht erfasst werden aber z.B. Rechtsanwälte, die nur in Bürogemeinschaft[975] mit dem Ratsmitglied stehen oder in einer Sozietät[976] mit ihm arbeiten. Die prozessuale Folge des Verbots ist nach h.M. der Ausschluss im Gerichtsverfahren.[977] Das Vertretungsverbot gilt nicht für den Kommunalverfassungsstreit, weil hier nicht die Gefahr besteht, dass der Vertreter sein Wissen gegen die Gemeinde einsetzt.[978]

gg) Pflicht zur Anzeige der Befangenheit (Mitwirkungsverbot)

Lit.: *von Arnim*, JA 1986, 1 ff.; *Glage*, Mitwirkungsverbote in den Gemeindeordnungen, 1995; *Hager*, VBlBW 1994, 263 ff.; *Kazele*, Interessenkollisionen und Befangenheit im Verwaltungsrecht, 1990; *Menke*, Das kommunale Mitwirkungsverbot bei der Bauleitplanung, 1990; *Meyer*, LKV 2003, 119 ff.; *Molitor*, Die Befangenheit von Ratsmitgliedern, 1993; Seybold, Das kommunalrechtliche Mitwirkungsverbot für Abgeordnete der kommunalen Vertretung – eine Betrachtung unter Gerechtigkeitsgesichtspunkten, NdSVBl. 2023, 351-358; *Wilrichs*, JuS 2003, 587 ff.

577 Muss ein Ratsmitglied annehmen, einem Mitwirkungsverbot (der § 33 I u. II KVG) zu unterliegen und deshalb an der Beratung und Entscheidung einer Angelegenheit gehindert zu sein, hat es dies unaufgefordert der zuständigen Stelle vorher anzuzeigen (**Pflicht zur Befangenheitsanzeige**) und

---

[973] Literatur: *v. Mutius*, Zu den Rechtsfolgen des Verstoßes gegen das kommunale Vertretungsverbot, VerwArch. 71 (1980), 191 ff.; *Schoch*, das kommunale Vertretungsverbot, 1981; ders. JuS 1989, 531 ff.; *Witte-Wegmann*, DÖV 1975, 581 ff.

[974] Vgl. BVerfG, Beschl. v. 21.1.1976 BVerfGE 41, 2431 ff.; *v. Mutius,* VerwArch. 68 (1978), 73 ff.

[975] BVerfG, Beschl. v. 20.1.1981 BVerwGE 56, 99 (107 ff.).

[976] BVerfG, Beschl. v. 7.7.1982 BVerfGE 61, 68.

[977] *Stober*, Kommunalrecht, S. 192.

[978] HessVGH, Beschl. v. 5.1.1987 – 2 TG 3234/86 – juris/openJur 2012, 18132.

den Beratungsraum zu verlassen (§ 33 IV 1 KVG). Nach der Befangenheitsanzeige verlässt das jeweilige Ratsmitglied mithin den Sitzungssaal. Bei einer öffentlichen Sitzung kann sich das Ratsmitglied in dem für die Zuhörer bestimmten Teil des Beratungsraumes aufhalten (§ 33 IV 2 KVG) und er gilt in diesem Fall als nicht anwesend (§ 33 IV 3 KVG). Die Befangenheitsanzeige muss eigeninitiativ erfolgen. Klarzustellen ist daher, dass aus der Regelung des Mitwirkungsverbots keine Pflicht des Ratsvorsitzenden bzw. Rats abzuleiten ist, die Ratsmitglieder vor einer Beratung und Abstimmung jeweils zu befragen, ob ein Mitglied befangen ist oder sein könnte.[979] Dies gilt auch für die Aufstellung qualifizierte Bebauungspläne, wo die Gefahr einer Befangenheit erfahrungsgemäß hoch ist.

578 Ob die Voraussetzungen eines Mitwirkungsverbots vorliegen, entscheidet **in Zweifelsfällen** in Abwesenheit des Betroffenen bei Ratsmitgliedern der Rat, bei Ausschussmitgliedern der Ausschuss, im Übrigen der Bürgermeister (§ 33 IV 4 KVG).[980] Der Rat mag indes zum Ergebnis gelangen, dass entgegen der Befangenheitsanzeige keine Befangenheit besteht, so dass der Betreffende zur Beratung und Abstimmung wieder in den Sitzungssaal gebeten wird. Organschaftliche Rechte werden durch das Mitwirkungsrecht nicht begründet.[981] Das Ratsmitglied hat insbesondere keinen Anspruch darauf, dass der Rat seine Nichtbefangenheit feststellt.

579 Wird die Diskussion eines Tagesordnungspunktes de facto in einen früheren TOP „Bürgerfragestunde" vorgezogen, ist nach Ansicht des OVG LSA ein wegen Befangenheit an Beratung und Abstimmung des TOP gehindertes Ratsmitglied auch insoweit von der Beratung ausgeschlossen.[982]

580 Ein Ratsmitglied darf weder beratend noch entscheidend mitwirken, wenn die Entscheidung einer Angelegenheit 1. ihm selbst, 2. seinem Ehegatten oder seinem eingetragenen Lebenspartner, 3. seinen Verwandten bis zum dritten oder seinen Verschwägerten bis zum zweiten Grad während des Bestehens der Ehe oder der eingetragenen Lebenspartnerschaft oder 4. einer von ihm kraft Gesetzes oder Vollmacht vertretenen Person einen unmittelbaren Vorteil oder Nachteil bringen kann (**Mitwirkungsverbot** gem. § 33 I 1 KVG). Unmittelbar ist der Vorteil oder Nachteil, der sich aus der Entscheidung selbst ergeben würde, ohne dass, abgesehen von der Ausführung von Beschlüssen, weitere Ereignisse eintreten oder Maßnahmen getroffen werden müssen (§ 33 I 2 KVG). Das tatsächliche Bestehen einer Interessenkollision ist unerheblich. Befangenheit ist gegeben, wenn zwischen der vom Rat zu treffenden Entscheidung und dem sich für das Ratsmitglied ergebenden Vor- und Nachteil eine „**direkte Kausalbeziehung**" besteht.[983] Es genügt die Befürchtung im Sinne einer hinreichenden Wahrscheinlichkeit eines Sondervorteils oder Nachteils. Durch das Mitwirkungsver-

[979] OVG LSA, Urt. v. 2.12.2020 – 2 K 101/18 – juris Rn. 127.

[980] Ein Beschluss, der unter Verletzung der Vorschriften der Absätze 1 und 2 gefasst worden ist, ist unwirksam (§ 33 V 1 KVG). § 8 II 1 und 2 KVG gilt jedoch entsprechend (§ 33 V 2 KVG). Sofern eine öffentliche Bekanntmachung des Beschlusses nicht erforderlich ist, beginnt die Frist nach § 8 II 1 KVG mit dem Tag der Beschlussfassung (§ 33 V 3 KVG).

[981] Vgl. noch zu § 31 IV 2 GO LSA: OVG LSA, Beschl. v. 3.5.2013 – 4 L 209/12 – juris Rn. 11.

[982] OVG LSA, Urt. v. 12.12.2002 – 2 K 259/01 – juris Ls Nr. 2 (Rn. 39).

[983] VG Magdeburg, Urt. v. 25.10.2012 – 9 A 69/11 – juris Rn. 17, unter Hinweis auf OVG NW, Urt. v. 12.3.2003 – 7a D 20/02.NE – juris. Nach a.A. bedarf es keiner „direkten Kausalität" zwischen dem Ratsbeschluss und einem möglichen Vor- oder Nachteil (OVG Rh.-Pfalz, Urt. v. 24.06.2009 – 2 A 10098/09.=VG – juraforum, Ls Nr. 1).

bot soll bereits dem bösen Schein von Nepotismus (Vetternwirtschaft) bzw. nicht uneigennützigem Handeln vorgebeugt und die „Sauberkeit" der Verwaltung gewahrt werden.[984]

> **Bsp.:** Befangenheit eines Ratsmitglieds bei Beschluss über die Einziehung von Straßen, wenn das Ratsmitglied Eigentümer eines an diesen Straßen gelegenen Eckgrundstücks ist und ihm die Einziehung einen Vor- oder Nachteil bringen kann. Dies gilt nicht, wenn eine solche Vielzahl von Anliegern betroffen ist, dass diese eine Bevölkerungsgruppe mit gleichen Interessen bilden[985] (mithin kein „besonderer" Vorteil eintritt).

581 Ein Mitwirkungsverbot (i.S.v. § 33 I 1 u. 2 KVG) gilt über den Grundtatbestand hinaus für **weitere Personengruppen**. Es gilt für die in ein Ehrenamt oder zu sonstiger ehrenamtlicher Tätigkeit Berufenen, die 1. in anderer als öffentlicher Eigenschaft zu dem Beratungsgegenstand ein Gutachten abgegeben haben oder beratend oder entgeltlich tätig geworden sind, 2. bei natürlichen oder juristischen Person oder einer Vereinigung, der die Entscheidung einen unmittelbaren Vorteil oder Nachteil bringen kann, gegen Entgelt beschäftigt sind und nach den tatsächlichen Umständen der Art der Beschäftigung ein Interessenwiderstreit anzunehmen ist, 3. Mitglieder des Vorstands, des Aufsichtsrats oder eines vergleichbaren Organs einer juristischen Person oder einer Vereinigung, denen die Entscheidung einen unmittelbaren Vorteil oder Nachteil bringen kann, es sei denn, die Person gehört den genannten Organen als Vertreter der Kommune oder auf deren Vorschlag an, 4. Gesellschafter einer Kapital- oder Personengesellschaft sind, der die Entscheidung einen unmittelbaren Vorteil oder Nachteil bringen kann (§ 33 II KVG).

582 Die Mitwirkungsverbote der § 33 I, II KVG gelten nicht, 1. wenn die dort bezeichnete Personen **lediglich als Angehörige einer Berufsgruppe** oder eines Bevölkerungsteils, deren gemeinsame Belange berührt werden, betroffen sind, 2. für Beschlüsse und Wahlen, durch die jemand als Vertreter der Kommune in Organe der in Absatz 2 Nr. 3 genannten Art entsandt oder aus ihnen abberufen wird, 3. für Beschlüsse und Wahlen, welche die Berufung in ein Ehrenamt oder zu einer sonstigen ehrenamtlichen Tätigkeit oder die Abberufung aus ihnen betreffen (§ 33 III KVG).

583 Befangenheit kann insbesondere zu bejahen sein, wenn sich die Entscheidung des Rates in irgendeiner Weise auf ein Unternehmen des Ratsmitglieds oder auf sein **Grundeigentum** auswirkt. Dabei ist indes eine in hohem Maße einzelfallbezogene Bewertung angezeigt. Ein Ratsmitglied ist bei der Beratung und Abstimmung über den **Flächennutzungsplan** grundsätzlich nicht deswegen befangen, weil er im Gemeindegebiet Grundeigentum hat. Eine Ausnahme hat aber zu gelten, wenn es um die Änderung oder Ergänzung eines Flächennutzungsplans geht, die sich nur auf wenige Grundstücke, darunter solche des Ratsmitglieds bezieht.[986]

584 Ein typischer Anwendungsfall des Mitwirkungsverbots liegt vor, wenn ein Ratsmitglied im Geltungsbereich des aufzustellenden, zu ändernden oder aufzuhebenden **Bebauungsplans** Grundeigentum besitzt.[987] In besonderen Fällen kann sogar Grundeigentum des Ratsmitgliedes außerhalb

---

[984] Vgl. etwa OVG Rh.-Pfalz, Beschl. v. 26.9.2003 NVWZ-RR 2004, 134 (135).
[985] OVG LSA, Beschl. v. 3.5.2013 – 4 L 209/12 – juris Rn. 5.
[986] OVG Rh-Pfalz, Urt. v. 13.6.1995 NVwZ-RR 1996, 218
[987] Näher *v. Mutius*, VerwArch. 65 (1975), 429 ff.

des Plangebiets die Befangenheit begründen. Eine Befangenheit bei der Beratung und Beschlussfassung über Bebauungspläne kann selbstverständlich auch unabhängig davon bestehen, ob das Ratsmitglied Grundeigentum besitzt. In Angelegenheiten des Straßenbaus (wie der Straßenunterhaltung) liegt in der Regel nur dann Befangenheit vor, wenn das Ratsmitglied unmittelbar an einer zu bauenden, aus- bzw. rückzubauenden Straße Grundeigentum hat.

585 Ein Ratsmitglied, das im Plangebiet Grundeigentum hat, ist in Bezug auf eine gemeindliche Stellungnahme im **Planfeststellungsverfahren** für eine Landestraße nicht befangen.[988] Bedeutung kann das Grundeigentum auch für Stellungnahmen der Gemeinde zu **Schutzgebietsausweisungen** erlangen.

586 Von der Beratung und Beschlussfassung über die Aufstellung eines Bebauungsplans zur Erweiterung eines Golfplatzes ist ein Gemeinderatsmitglied ausgeschlossen, wenn es im Plangebiet im größeren Umfang Grundstücke (hier: insgesamt 43.000 qm) gepachtet hat und diese **als Jagdpächter** nutzt.[989]

587 Beschlüsse, die unter Verletzung des Mitwirkungsverbotes zustande kommen, sind grundsätzlich **rechtswidrig** und unwirksam (§ 33 V 1 KVG). Eine Kausalität der Befangenheit für die Entscheidung muss nicht vorliegen. Der Beschluss ist auch dann rechtswidrig, wenn ein Ratsmitglied wegen vermeintlicher Befangenheit von der Beratung zu Unrecht ausgeschlossen wurde.[990] Verlässt hingegen ein Ratsmitglied in der irrigen Meinung befangen zu sein, den Sitzungssaal, führt dies nicht zur Rechtswidrigkeit des in seiner Abwesenheit gefassten Beschlusses. Es besteht die Möglichkeit der Heilung Beschlüssen, die aufgrund Mitwirkung Befangener unwirksam sind. Der Mangel kann nach Zeitablauf unbeachtlich werden. So tritt Heilung (des schwebend unwirksamen Beschlusses) ein, wenn der Mangel nicht innerhalb eines Jahres gerügt wurde (§ 33 V 2 i.V.m. § 8 II KVG).

588 Nach Ansicht des BVerwG ist nur die Teilnahme eines befangenen Ratsmitgliedes am das Verfahren abschließenden **Satzungsbeschluss über den Bebauungsplan** bundesrechtlich erheblich.[991] Hingegen sei es für die Rechtmäßigkeit der Satzung unerheblich, ob Befangene an den vorangegangenen Beschlüssen beratend oder entscheidend mitgewirkt haben. Dies wird damit begründet, dass diese sonstigen Beschlüsse (Aufstellungs-, Auslegungsbeschluss etc.) bundesrechtlich kein Wirksamkeitserfordernis der späteren Satzung darstellten. Die Entscheidung impliziert zu Unrecht, auf das Landesrecht komme es insoweit nicht an. Der Landesgesetzgeber kann jedoch auf der Grundlage seiner Kompetenz für das Kommunalrecht die Fehlerfolgen von rechtswidrigen Beschlüssen bestimmen und dabei auch festlegen, ob aufeinander aufbauende Beschlüsse von der Fehlerhaftigkeit des jeweils vorausgehenden infiziert werden. Nur, weil sich dies nicht zweifelsfrei dem Kommunalrecht entnehmen lässt, kann dem BVerwG im Ergebnis zugestimmt werden. Zu beachten ist jedoch, dass die Mitwirkung des Befangenen im Vorfeld zu einem Abwägungsfehler führen kann.[992] Für Bebauungspläne gelten die Grundsätze der Planerhaltung nach §§ 214 ff. BauGB.

---

[988] OVG Rh.-Pfalz Urt. v. 13.6.1995 NVwZ-RR 1996, 218.

[989] OVG Rh.-Pfalz, Urt. v. 24.06.2009 – 2 A 10098/09.=VG – juraforum (Ls Nr. 2).

[990] Vgl. *Müller-Franken*, BayVBl. 2001, 136 ff.

[991] BVerwG, Beschl. v. 15.4.1988 BVerwGE 79, S. 200, 203f.; a.A. *Menke*, Das kommunale Mitwirkungsverbot bei der Bauleitplanung, 1990, S. 156 ff.

[992] OVG Rh.-Pfalz, Urt. v. 30.11.1988 BauR 1989, 433.

589 Wer pflichtwidrig seine Befangenheit nicht anzeigt und an Beratung und Abstimmung teilnimmt, handelt **ordnungswidrig**. Zudem kommt eine **Haftung** des pflichtwidrig handelnden Ratsmitglieds in Betracht.[993] Das befangene Ratsmitglied muss etwa die Kosten tragen, die durch den schuldhaft unterlassenen Hinweis auf seine Befangenheit und eine erneute Beschlussfassung (etwa durch eine Sondersitzung) entstehen.

590 Wird im Verwaltungsprozess Befangenheit behauptet und ist deren Vorliegen entscheidungsrelevant, hat das Verwaltungsgericht die Frage nach Maßgabe des § 86 VwGO zu untersuchen. Zur Beweiserhebung kann insoweit das Protokoll der streitgegenständlichen Ratssitzung herangezogen werden. Anhand der Sitzungsniederschrift kann in der Regel beurteilt werden, ob ein Verstoß gegen Befangenheitsregelungen vorlag.[994]

hh) Pflichten zum organtreuen und konsequentem Verhalten und zu gegenseitiger Rücksichtnahme

591 Das OVG LSA leitet aus dem KVG eine **Pflicht zum organtreuen Verhalten** ab.[995] Die Verletzung dieser Pflicht könne dazu führen, dass ein Anspruchsteller das Rechtsschutzinteresse für eine Durchsetzung einer Anspruchsposition verlieren könne, sofern eine rechtzeitige Rüge der Verletzung hätte vorbeugen können (**Verlust des Rügerechts**).[996] Für die Konstruktion einer solchen Pflicht besteht indes kein Bedürfnis. Es kann auf die konkreten positivrechtlichen Einzelpflichten abgestellt werden.

592 In der Rspr. wird mitunter eine allen Mitgliedern von Kommunalorganen obliegende **Pflicht zur gegenseitiger Rücksichtnahme** abgeleitet, die etwa den Auskunftsanspruch des Ratsmitglieds begrenzen würde.[997] Eine solche allgemeine ungeschriebene Pflicht zur Rücksichtnahme ist indes nicht anzuerkennen. Vielmehr sind die Grenzen von Rechtsausübungen aus der jeweiligen Rechtsposition heraus in spezifischer Weise zu bestimmen und können nicht durch eine allgemeinere ungeschriebene Pflicht konkret beschränkt werden.

593 Außerdem nimmt die Rspr. eine ungeschriebene **Amtspflicht zu konsequentem Verhalten** an, wonach eine Behörde verpflichtet sei, eine in bestimmter Weise geplante und begonnene Maßnahme auch entsprechend durchzuführen.[998] Sie dürfe sich nicht zum eigenen früheren Verhalten in Widerspruch setzen, sofern die Rücksichtnahme auf die Interessen des Betroffenen den Schutz des in den Bestand der Maßnahme gesetzte Vertrauen gebiete.[999] Auch eine solche Rechtspflicht besteht nicht. Es ist vielmehr Frage des Einzelfalls, ob aus Vertrauensschutzgründen eine begonnene

---

[993] Verletzt ein in ein Ehrenamt oder zu sonstiger ehrenamtlicher Tätigkeit Berufener vorsätzlich oder grob fahrlässig die ihm obliegenden Pflichten, so hat er der Kommune den daraus entstehenden Schaden zu ersetzen, soweit die Kommune nicht auf andere Weise Ersatz zu erlangen vermag (§ 34 I KVG).

[994] VG Magdeburg, Urt. v. 24.2.2015 – 9 A 84/14 – juris Rn. 15.

[995] OVG LSA, Beschl. v. 18.10.2019 – 4 L 158/19 – juris Rn. 10; s.a. *Schaaf*, Zum Grundsatz der Organtreue im Kommunalrecht – Teil 1, DVP 2021, 431-436, Teil 2 DVP 2021, 474-478.

[996] OVG LSA a.a.O. unter Verweis auf OVG NW, Beschl. v. 19.8.2011 – 15 A 1555/11 – juris Rn. 21.

[997] VG Magdeburg, Beschl. v. 9.11.2015 – 9 B 745/15 – juris Rn. 19; OVG NW, Beschl. v. 12.4.2010 – 15 A 69/09 – juris.

[998] BGH, Urt. v. 18.12.1997 – III ZR 241/96 – BGHZ 137, 344/DVBl 1998, 523/juris Rn. 19/NJW 1998, 1944/VersR 1998, 891.

[999] BGH, Urt. v. 18.12.1997 a.a.O.; Urt. v. 22.6.1989 – III ZR 156/86 – BGHR BGB § 839 Abs. 1 Satz 1 Konsequentes Verhalten 1 m.w.N.

Maßnahme durchgeführt werden muss. Im Einzelfall kann sogar eine Pflicht zur Aufgabe eines Vorhabens entstehen.

Bsp.: unerwartete Ereignisse (z.B. veränderte Kostenschätzungen) können eine Pflicht begründen, ein begonnenes freiwilliges Projekt zur Vermeidung einer Haushaltsnotlage abzubrechen

ii) Belehrung über die Pflichten und Folgen der Pflichtverletzung

594 Die ehrenamtlichen Mitglieder der Vertretung werden in der ersten Sitzung (konstituierende Sitzung) auf die gewissenhafte Erfüllung ihrer Amtspflichten verpflichtet, nachrückende ehrenamtliche Mitglieder bei ihrem Eintritt (§ 53 II 1 KVG). Die Verpflichtung in der ersten Sitzung wird von dem an Jahren ältesten ehrenamtlichen Mitglied der Vertretung, im Übrigen von dem Vorsitzenden durchgeführt (§ 53 II 2 KVG). Die Regelung über die Verpflichtung der Ratsmitglieder ist lex specialis zu § 30 III 1 KVG.[1000] Die Verpflichtung hat den Charakter einer Belehrung und keine Eidesleistung der Verpflichteten.[1001]

595 Zu den Folgen der Verletzung der Pflichten gilt, soweit nicht bereits hierzu ausgeführt, dass **ordnungswidrig** handelt, wer zu einer ehrenamtlichen Tätigkeit berufen ist, dieses Amt oder diese Tätigkeit nicht ausübt oder seine Pflichten nach § 32 I KVG gröblich verletzt oder seiner Verpflichtung nach § 32 II KVG zuwiderhandelt (§ 32 V i.V.m. § 31 II KVG).[1002] Es kann ein Bußgeld verhängt werden.

c) Haftung der Ratsmitglieder

596 Während auf Parlamentsebene eine Haftung für legislatives Unrecht ausgeschlossen ist, hält die h.M. eine **Amtshaftung der Ratsmitglieder** für rechtswidrige Beschlüsse grundsätzlich für möglich.[1003] Ratsmitglieder sind Inhaber eines öffentlichen Amtes im Sinne von Art. 34 GG, mithin Beamte im haftungsrechtlichen Sinn, wenn auch keine Beamte im staats- oder beamtenrechtlichen Sinne.[1004] Da sie in Ausübung eines öffentlichen Amtes gem. Art. 34 GG handeln, wird die Staatshaftung von ihnen auf die Gemeinde „umgeleitet". Die Gemeinde haftet für sie nach den Grundsätzen der Amtshaftung insbesondere für Schäden, welche die Ratsmitglieder durch eine Beschlussfassung unter Verletzung ihrer Amtspflichten verursachen (Art. 34 S. 1 GG i.V.m. § 839 BGB).

597 Gem. § 34 I KVG hat ein in ein Ehrenamt Berufener bzw. zur ehrenamtlichen Tätigkeit Berufener der Kommune Schadensersatz zu leisten, wenn er vorsätzlich oder grob fahrlässig die ihm obliegenden Pflichten verletzt, der Gemeinde hierdurch ein Schaden entsteht und die Kommune nicht auf andere Weise Ersatz zu erlangen vermag (§ 34 I KVG). Über die Geltendmachung von Schadensersatzan-

---

[1000] Wer zu einer ehrenamtlichen Tätigkeit „berufen" wird, ist vor Aufnahme der Tätigkeit durch den Hauptverwaltungsbeamten auf die ihm nach den §§ 32 und 33 KVG obliegenden Pflichten sowie auf die Haftungsregelungen des § 34 KVG hinzuweisen (§ 30 III 1 KVG). Wertet man die Wahl der Ratsmitglieder (wie hier) als „Berufung", gelten die §§ 30 ff. KVG auch für Ratsmitglieder. Die Verpflichtung ist aber eine besondere Form der Belehrung, so dass § 53 II 1 KVG hier vorgeht.

[1001] Vgl. insoweit auch den Unterschied zu § 61 IV KVG, der klar zwischen Verpflichtung und Vereidigung unterscheidet.

[1002] Dies gilt auch für den, der entgegen der Entscheidung des Rats oder des Bürgermeisters eine Vertretung § 32 III KVG ausübt.

[1003] BGH, Urt. v. 14.6.1984 – III ZR 68/83 – NVwZ 1986, 504; *Brüning*, Die Haftung der kommunalen Entscheidungsträger, 2. Aufl., 2013; *Kosmider*, NVwZ 1986, 1000 ff.; *Mader*, BayVBl. 1999, 168; *Schroer*, NVwZ 1986, 449 ff.

[1004] BGH, Urt. v. 14.6.1984 – III ZR 68/83 – NVwZ 1986, 504 (505). Im Übrigen sind sie auch bei rechtsetzender Tätigkeit Amtsträger i.S.d. § 11 I Nr. 2 StGB.

sprüchen bei von der Vertretung zur ehrenamtlichen Tätigkeit Verpflichteten entscheidet die Vertretung, im Übrigen der Hauptverwaltungsbeamte (§ 34 II KVG).[1005]

598 Die Geltendmachung von Schadensersatzansprüchen steht im Ermessen der nach § 34 II KVG zuständigen Stelle (§ 34 III 1 KVG). Soweit ein Schadensersatzanspruch verursacht wird, der auf grob fahrlässiges Handeln des in ein Ehrenamt oder zu sonstiger ehrenamtlicher Tätigkeit Berufenen zurückgeht und der Anspruch das Fünffache der durchschnittlichen jährlichen Höhe der Aufwandsentschädigungen nach § 35 II KVG übersteigt, soll die Geltendmachung dieses Anspruchs hierauf beschränkt werden (§ 34 III 2 KVG). Wird keine Aufwandsentschädigung gezahlt, ist für die Berechnung der maximalen Höhe des Anspruchs eine nach Art und Umfang der Tätigkeit angemessene Aufwandsentschädigung zugrunde zu legen (§ 34 III 3 KVG). Für Ansprüche nach § 34 I KVG gelten die Verjährungsvorschriften des BGB (§ 34 IV 1 KVG). Hat die Kommune einem Dritten Schadensersatz geleistet, tritt an die Stelle des Zeitpunkts, in dem die Kommune von dem Schaden Kenntnis erlangt, der Zeitpunkt, in dem der Ersatzanspruch des Dritten diesem gegenüber von der Kommune anerkannt oder der Kommune gegenüber rechtskräftig festgestellt wird (§ 34 IV 2 KVG).[1006]

3. Bürgermeister

a) Amtsbezeichnung

599 Hauptverwaltungsbeamter (i.S.v. § 7 I KVG) der Gemeinde ist ein Bürgermeister bzw. Oberbürgermeister. In Gemeinden (bzw. Städten) mit bis zu 25.000 Einwohnern führen die Hauptverwaltungsbeamten die Amtsbezeichnung „Bürgermeister". In Gemeinden (bzw. Städten) mit mehr als 25.000 Einwohnern führen die Hauptverwaltungsbeamten die Amtsbezeichnung Oberbürgermeister (§ 60 III 1 KVG). Der Beigeordnete einer Gemeinde, der den Oberbürgermeister als erster vertritt, führt die Amtsbezeichnung Bürgermeister (§ 60 III 2 KVG). Dieser Bürgermeister ist kein Hauptverwaltungsbeamter und nicht von den Bürgern gewählt.

b) Rechtsstellung

600 Der Bürgermeister ist **Beamter auf Zeit** und **Leiter der Verwaltung** (§ 60 I KVG). Als der Hauptverwaltungsbeamte vertritt und repräsentiert er die Gemeinde (§ 60 II KVG).[1007] Dienstvorgesetzter des Bürgermeisters, höherer Dienstvorgesetzter und oberste Dienstbehörde des Bürgermeisters ist der Rat (§ 45 V 1 KVG). Als Beamter hat er eine Folgepflicht gegenüber dem Vorgesetzten (vgl. § 35 BeamtStG). Nach der Systematik des KVG ist der Bürgermeister neben dem Hauptorgan Gemeinderat nur ein „Nebenorgan". Die wichtigen Gemeindeangelegenheiten sind nicht ihm, sondern dem Rat zur Entscheidung zugewiesen. Dem Bürgermeister stehen aber zahlreiche bedeutsame Zuständigkeiten nach außen wie gegenüber dem Rat zu, insbesondere vertritt und repräsentiert er die

---

[1005] Soweit nicht § 151 I KVG Anwendung findet (§ 34 II KVG).

[1006] Im Anwendungsbereich des § 151 I KVG tritt an die Stelle der Kenntnis der Kommune die Kenntnis der Kommunalaufsichtsbehörde (§ 34 IV 3 KVG).

[1007] Zur Vertretung der Gemeinde nach außen durch den Bürgermeister s. Rn. 651 f.

Gemeinde nach außen (als „Außenorgan"), ist aber auch hinsichtlich verschiedener „nach innen gerichteter" Zuständigkeiten ein wichtiges „Innenorgan" und kann etwa rechtswidrigen oder für die Gemeinde nachteiligen Beschlüssen mit aufschiebender Wirkung widersprechen. Zudem hat der Bürgermeister Sitz und Stimme im Rat (und ist zumeist Ausschussvorsitzender), ist mithin auch Teil des gemeindlichen „Innenorgans" Gemeinderat.[1008] Zumindest in tatsächlicher Hinsicht ist der Bürgermeister daher das „Hauptorgan".[1009] Dies gilt vor allem, wenn er sich auf eine politische Mehrheit im Rat stützen kann.

601 Im Rahmen seiner organschaftlichen Stellung stehen ihm auch organschaftliche Rechte zu.

Bsp.: Recht zur Teilnahme an Rats- und Ausschusssitzungen, Antragsrecht

Diese Rechte sind vor allem im KVG geregelt, können sich aber auch aus anderen Ermächtigungsrundlagen ergeben.[1010] Seine organschaftlichen Rechte kann er notfalls im Wege des Kommunalverfassungsstreits durchsetzen.

602 Die Oberbürgermeister der kreisfreien Städte und die Bürgermeister der Einheitsgemeinden sind **hauptamtliche Bürgermeister**. Hauptamtliche Bürgermeister unterliegen als Beamte auf Zeit (§ 60 I KVG i.V.m. §§ 1, 7 LBG LSA) dem **Beamtenrecht**. Für sie gilt das Beamtenstatusgesetz (vgl. § 1 BeamtStG) sowie das Landesbeamtengesetz (vgl. § 1 LBG LSA). Aus diesen Rechtsgrundlagen ergeben sich (neben denen des KVG) zahlreiche Pflichten des Beamten.

603 Hier sollen nur die sog. **Grundpflichten der Beamten** genannt werden. Beamte müssen dem ganzen Volk, nicht einer Partei dienen (§ 33 I 1 BeamtStG). Sie müssen ihre Aufgaben unparteiisch und gerecht erfüllen und ihr Amt zum Wohl der Allgemeinheit führen (§ 33 I 2 BeamtStG). Hieraus folgt das Gebot der Achtung der Gesetze.[1011] Es besteht die Amtspflicht zu rechtmäßigem Verhalten, die bereits aus Art. 20 III GG hergeleitet werden könnte. Beamte tragen für die Rechtmäßigkeit ihrer dienstlichen Handlungen die volle persönliche Verantwortung (§ 36 I BeamtStG).

Bsp.: Ein Verstoß gegen die Regelungen des KVG LSA ist ein Verstoß gegen die Dienstpflichten der §§ 33, 34 BeamtStG, nicht etwa nur ein Verstoß gegen die Wohlverhaltenspflicht.[1012]

604 Beamte müssen sich durch ihr gesamtes Verhalten zu der freiheitlichen demokratischen Grundordnung im Sinne des Grundgesetzes bekennen und für deren Erhaltung eintreten (**Bekenntnis und Eintreten für FDGO**, § 33 I 3 BeamtStG). Gegen Verfassungsfeinde ist aufsichtlich bzw. disziplinarrechtlich vorzugehen.[1013] Beamte haben bei politischer Betätigung diejenige Mäßigung und Zurückhaltung zu wahren, die sich aus ihrer Stellung gegenüber der Allgemeinheit und aus der Rücksicht auf die Pflichten ihres Amtes ergibt (§ 33 II BeamtStG).

[1008] Der Bürgermeister besitzt insofern eine „Doppelstellung", als er zum einen als Vertreter der Verbandsgemeinde deren Außenorgan ist, zugleich aber Sitz und Stimme im Verbandsgemeinderat hat, mithin auch Teil des Innenorgans Verbandsgemeinderat ist.

[1009] Man könnte hier auch „in verwaltungswissenschaftlicher Hinsicht" sagen, denn die Verwaltungswissenschaft untersucht in erster Linie das Sein und nicht das Sollen, fragt daher auch nach der „wahren" Steuerungsmacht" von Akteuren in der Verwaltung.

[1010] VG Magdeburg, Urt. v. 8.3.2017 – 9 A 881/16 – juris Rn. 32.

[1011] OVG LSA, Urt. v. 6.7.2022 – 10 L 1/21 – juris Rn. 127 unter Hinweis auf BayVGH, Urt. v. 16.1.2019 – 16a D 15.2672 – juris.

[1012] OVG LSA, Urt. v. 6.7.2022 – 10 L 1/21 – juris Rn. 127 gegen VG Magdeburg, Urt. v. 20.4.2021 – 15 A 14/20 – juris.

[1013] Vgl. *Schmidt*, Aufsichts- und Kontrollmöglichkeiten gegenüber radikalisierten kommunalen Wahlbeamten, ZG 2024, 122-132.

605 Beamte haben sich mit **vollem persönlichem Einsatz** ihrem Beruf zu widmen (§ 34 I 1 BeamtStG) und haben die übertragenen Aufgaben **uneigennützig** nach bestem Gewissen wahrzunehmen (§ 34 I 2 BeamtStG). Ihr Verhalten innerhalb und außerhalb des Dienstes muss der Achtung und dem Vertrauen gerecht werden, die ihr Beruf erfordert (§ 34 I 3 BeamtStG). Ein Verstoß gegen die Wohlverhaltenspflicht des § 34 I 3 BeamtStG setzt vor allem im innerdienstlichen Bereich kein strafbares Verhalten des Beamten voraus, sondern es kommt darauf an, ob das Fehlverhalten des Beamten die Funktionsfähigkeit der Verwaltung unmittelbar in der Erfüllung von Amtsaufgaben und der Wahrung dienstlicher Interessen beeinträchtigt.[1014]

606 Beamte haben bei der Ausübung des Dienstes oder bei einer Tätigkeit mit unmittelbarem Dienstbezug auch hinsichtlich ihres **Erscheinungsbilds** Rücksicht auf das ihrem Amt entgegengebrachte Vertrauen zu nehmen (§ 34 II 1 BeamtStG). Insbesondere das Tragen von bestimmten Kleidungsstücken, Schmuck, Symbolen und Tätowierungen im sichtbaren Bereich sowie die Art der Haar- und Barttracht können eingeschränkt oder untersagt werden, soweit die Funktionsfähigkeit der Verwaltung oder die Pflicht zum achtungs- und vertrauenswürdigen Verhalten dies erfordert (§ 34 II 2 BeamtStG). Das ist insbesondere dann der Fall, wenn Merkmale des Erscheinungsbilds durch ihre über das übliche Maß hinausgehende besonders individualisierende Art geeignet sind, die amtliche Funktion der Beamtin oder des Beamten in den Hintergrund zu drängen (§ 34 II 3 BeamtStG). Religiös oder weltanschaulich konnotierte Merkmale des Erscheinungsbilds können nur dann eingeschränkt oder untersagt werden, wenn sie objektiv geeignet sind, das Vertrauen in die neutrale Amtsführung der Beamtin oder des Beamten zu beeinträchtigen (§ 34 II 4 BeamtStG).[1015] Die Verhüllung des Gesichts bei der Ausübung des Dienstes oder bei einer Tätigkeit mit unmittelbarem Dienstbezug ist stets unzulässig, es sei denn, dienstliche oder gesundheitliche Gründe erfordern dies (§ 34 II 6 BeamtStG).

607 Die **Bürgermeister der Mitgliedsgemeinden** von Verbandsgemeinden werden in das **Ehrenbeamtenverhältnis** auf Zeit zu berufen (§ 96 III 1 KVG). Es handelt sich um ein Ehrenbeamtenverhältnis i.S.v. § 5 BeamtStG und § 6 LBG LSA.[1016] Das Beamtenstatusgesetz sowie das Landesbeamtengesetz gelten mithin grundsätzlich auch für Ehrenbeamte soweit die Normen auch auf Wahlämter ohne Entgelte der Sache nach anwendbar sind und auch das KVG nichts Abweichendes regelt. Für die Bürgermeister der Gemeinden gilt das Landesbeamtengesetz soweit nicht gesetzlich etwas anderes bestimmt ist (§ 1 LBG LSA). Auch für den ehrenamtlichen Bürgermeister gilt, dass der Gemeinderat sein Dienstvorgesetzter, höherer Dienstvorgesetzter und seine oberste Dienstbehörde ist (vgl. § 45 V 1 KVG).[1017] Während der hauptamtliche Bürgermeister eine Besoldung nach Maßgabe des Besoldungsrechts erhält, wird dem Bürgermeister, der Ehrenbeamter ist, eine Aufwandsentschädigung nach näherer Maßgabe der Hauptsatzung gezahlt. Die satzungsrechtliche Festlegung der Aufwandsentschädigung für den ehrenamtlichen Bürgermeister muss sich im Rahmen bewegen, der durch § 7

[1014] OVG LSA, Beschl. v. 19.2.2024 – 10 M 18/23 – juris Rn. 31.

[1015] Die Einzelheiten nach den Sätzen 2 bis 4 können durch Landesrecht bestimmt werden (§ 34 II 5 BeamtStG).

[1016] Während der hauptamtliche Bürgermeister Beamter auf Zeit i.S.d. § 7 LBG LSA ist.

[1017] S. zur Weisungsgebundenheit nach § 7 I SGB IV LSG LSA, Urt. v. 16.12.2015 – L 3 R 130/12 – juris.

KomEVO vorgegeben wird. Wegen des Überwiegens ideeller Zwecke besteht für das Ehrenbeamtenverhältnis keine Sozialversicherungspflicht.[1018]

c) Wahl

608 In Deutschland werden Bürgermeister durch die wahlberechtigten Bürger der Gemeinde in allgemeiner, unmittelbarer, freier, gleicher und geheimer Wahl für eine, je nach Bundesland, zwischen fünf[1019] bis acht[1020] Jahren dauernde Periode gewählt.[1021] In Sachsen-Anhalt werden Hauptverwaltungsbeamte von den wahlberechtigten Bürgern nach den Vorschriften des KWG LSA gewählt (§ 61 I 1 KVG).[1022] In Sachsen-Anhalt beträgt die Amts- bzw. Wahlperiode sieben Jahre.

609 Wählbar zum Bürgermeister sind Deutsche im Sinne des Art. 116 GG und Staatsangehörige anderer Mitgliedstaaten der EU, die die Gewähr dafür bieten, dass sie jederzeit für die freiheitlich demokratische Grundordnung im Sinne des Grundgesetzes und der Landesverfassung eintreten (§ 62 I 1 KVG). Die Bewerber dürfen nicht nach § 40 II KVG von der Wählbarkeit ausgeschlossen sein (§ 62 I 2 KVG). Der Wahl steht aber nicht entgegen, dass der Bewerber zuvor als Gemeindebediensteter wegen der Nichtbefolgung von Weisungen des früheren Bürgermeisters disziplinarrechtlich sanktioniert wurde.[1023] Der Hauptverwaltungsbeamte muss am Wahltag das 21. Lebensjahr vollendet, darf aber noch nicht die beamtenrechtliche Altersgrenze nach § 39 I 1 LBG erreicht haben (§ 62 I 3 KVG).[1024] Zudem gelten Unvereinbarkeitsregelungen: Personen i.S.v. § 41 I Nrn. 2-7, II, III Nr. 2-6 KVG können nicht gleichzeitig Hauptverwaltungsbeamter dieser Kommune sein (§ 62 II 1 KVG). Wer sein Amt als Bürgermeister antreten will, darf nicht gleichzeitig Mitglied des Ortschaftsrates oder Ortsvorsteher einer Ortschaft derselben Gemeinde sein (§ 62 II 2 KVG). Der Gewählte muss sich also entscheiden, welches Amt er künftig antreten bzw. ausüben will. Für Mitgliedsgemeinden von Verbandsgemeinden gilt: Der Verbandsgemeindebürgermeister kann nicht gleichzeitig Bürgermeister einer Mitgliedsgemeinde einer Verbandsgemeinde sein (§ 62 II 3 KVG).

610 Der zu wählende muss **keine fachliche Mindestqualifikationen** besitzen.[1025] Er benötigt insbesondere weder eine abgeschlossene Berufsausbildung noch Verwaltungserfahrung. Zwar hat jeder Deutsche nach seiner Eignung, Befähigung und fachlichen Leistung gleichen Zugang zu jedem öffentli-

---

[1018] LSG LSA, Urt. v. 10.5.2023 – L 3 BA 9/21 – juris Rn. 51; s.a. BSG, Urt. v. 27.4.2021 – B 12 R 8/20 – juris; *Kellner*, Sozialversicherungspflicht für kommunale Ehrenbeamte, NJW 2021, 3216; *Kluth*, Entscheidungsbesprechung. Ehrenamtsentschädigung aus dem Blickwinkel des Kommunal- und Sozialversicherungsrechts, N441-443.ZS 2022, *Greiser/Klaes*, Die Sozialversicherungspflicht von ehrenamtlichen Ortsvorstehern und Bürgermeistern, NdsVBl 2022, 171-175.

[1019] Z.B. § 65 I GO NRW

[1020] Z.B. §§ 52, 53 GemO RLP

[1021] Mitunter wird sogar eine Bestimmung der Amtszeit durch die Hauptsatzung zugelassen; siehe § 37 II 2 KV M-V.

[1022] Findet die Wahl des Hauptverwaltungsbeamten vor dem 1. Januar 2024 statt und wurde der Wahltag bereits öffentlich bekannt gemacht, bleiben § 63 I 2, II 1 in der am Tag vor dem Inkrafttreten des Gesetzes zur Änderung des Kommunalwahlgesetzes für das Land Sachsen-Anhalt und des Kommunalverfassungsgesetzes geltenden Fassung maßgeblich (§ 156 IV KVG).

[1023] OVG LSA, Beschl. v. 24.3.2014 – 10 L 14/13 – juris Rn. 26.

[1024] Der Tag der Stichwahl bleibt bei der Berechnung außer Betracht (§ 62 I 4 KVG).

[1025] Selbst für hauptamtliche Bürgermeister gelten die Anforderungen des Beamtengesetzes nicht. Trotz des Fehlens gesetzlicher Qualifikationsanforderungen, sind die tatsächlichen Anforderungen an die Qualifikation eines Bürgermeisters hoch (Verwaltungsorganisation, Personalführung, Rechtskenntnisse, Verhandlungssicherheit etc.). Er benötigt schon im Hinblick auf mögliche haftungsrechtliche Folgen seiner Amtsführung ausreichend Kenntnisse und Fähigkeiten für diese anspruchsvolle Aufgabe.

chen Amt (Art. 33 II GG), jedoch ist dieses Prinzip bei der Wahl kommunaler Wahlbeamter durch das Kommunalwahlrecht modifiziert. Die Chancengleichheit muss hier durch eine entsprechende Ausgestaltung des Verfahrens gewährleistet werden,[1026] jedoch ist die Wahlentscheidung des Wahlvolks nicht etwa daraufhin justiziabel, ob der beste Bewerber gewählt wurde. Erweist sich ein Bürgermeister aber für die Wahrnehmung der Aufgabe als völlig ungeeignet, kommt eine Amtsenthebung durch die Kommunalaufsicht in Betracht.[1027]

611 Bewerber für das das Amt des Bürgermeisters **müssen nicht in der jeweiligen Gemeinde wohnen** und keine deutschen Sprachkenntnisse besitzen.

> **Bsp.:** Zum Bürgermeister einer sachsen-anhaltischen Gemeinde kann daher auch ein in Italien lebender bulgarischer Staatsangehöriger gewählt werden, der kein Deutsch versteht.

612 Gegen die Wahl des Bürgermeisters ist der **Einspruch** nach § 50 KWG LSA statthaft, der nur damit begründet werden kann, die Wahl sei nicht den Wahlrechtsvorschriften entsprechend vorbereitet oder durchgeführt oder in anderer unzulässiger Weise in ihrem Ergebnis beeinflusst worden.

613 Ein zum Bürgermeister der Kommune gewählter Bewerber kann nach Feststellung der Gültigkeit seiner Wahl im Falle eines Wahleinspruchs mit der Mehrheit der ehrenamtlichen Mitglieder der Vertretung zum Hauptverwaltungsbeamten der Kommune bestellt werden (sog. **Bestellter Hauptverwaltungsbeamter** gem. § 74 Satz 1 KVG). Diese Möglichkeit einer gleichsam vorläufigen Bestellung soll einen raschen Amtsantritt gewährleisten und verhindern, dass Wahleinsprüche die Funktionsfähigkeit von Gemeinden stören. Der bestellte Hauptverwaltungsbeamte ist als hauptamtlicher Beamter auf Zeit zu berufen (§ 74 Satz 2 KVG).[1028]

614 Das KVG zielt darauf ab, die Neuwahl eines Hauptverwaltungsbeamten so frühzeitig durchzuführen, dass ein nahtloser Übergang der Amtsperioden ermöglicht wird (vgl. § 63 I KVG).[1029] So muss die Ausschreibung der Stelle des Bürgermeisters spätestens am 120. Tag vor der Wahl erfolgen (§ 63 II 1 KVG). Bewerbern, die nach den wahlrechtlichen Vorschriften zugelassen worden sind, ist Gelegenheit zu geben, sich den Bürgern in mindestens einer öffentlichen Versammlung vorzustellen (§ 63 II 2 KVG).[1030]

[1026] Vgl. etwa § 63 II 2 KVG.

[1027] S. Rn. 213, 618.

[1028] Seine Amtszeit beträgt zwei Jahre, Wiederbestellung ist zulässig (§ 74 Satz 3 KVG). Die Amtszeit endet vorzeitig mit der Unanfechtbarkeit der gerichtlichen Entscheidung über die Aufhebung der Gültigkeit der Wahl (§ 74 Satz 4 KVG). Im Übrigen endet die Amtszeit als bestellter Hauptverwaltungsbeamter mit der Ernennung zum Hauptverwaltungsbeamten (§ 74 Satz 5 KVG). Die Amtszeit des Hauptverwaltungsbeamten verkürzt sich um die Amtszeit, die er als bestellter Hauptverwaltungsbeamter tätig war (§ 74 Satz 6 KVG).

[1029] Die Wahl des Hauptverwaltungsbeamten hat frühestens sechs Monate und spätestens einen Monat vor Ablauf der Amtszeit zu erfolgen. In anderen Fällen des Freiwerdens der Stelle erfolgt die Wahl spätestens sechs Monate nach Freiwerden der Stelle (§ 63 I 1 KVG). Wird eine Gemeinde neu gebildet, erfolgt die Wahl unverzüglich nach Wirksamkeit der Gebietsänderung, wenn nicht von der Möglichkeit Gebrauch gemacht wird, die Wahl vor Wirksamkeit der Gebietsänderung nach Maßgabe der §§ 58 bis 65 KWG LSA durchzuführen (§ 63 I 2 KVG). Die Wahl kann in den Fällen der Sätze 1 und 2 bis zu einem Jahr nach Freiwerden der Stelle aufgeschoben werden, wenn die Auflösung der Gemeinde bevorsteht (§ 63 I 3 KVG)

[1030] Im Falle des Vorliegens einer außergewöhnlichen Notsituation im Sinne von § 56a Abs. 1 kann die Vorstellung der Bewerber nach Satz 2 im Wege einer Videokonferenz erfolgen; § 56a Abs. 2 ist entsprechend anzuwenden (§ 63 II 3 KVG). Das Nähere regelt das KWG LSA (§ 62 II 4 KVG).

d) Beginn und Ende der Amtszeit

615 Der Bürgermeister wird für eine **Amtszeit von sieben Jahren** gewählt (§ 61 I 2 KVG). Aus verschiedenen Rechtsgründen kann die Amtszeit vor Ablauf der Siebenjahresfrist enden oder sich die Amtsführung über diese Frist hinaus verlängern. Die Amtszeit beginnt mit dem Amtsantritt (§ 61 II 1 KVG).[1031] Der Ratsvorsitzende ernennt, vereidigt und verpflichtet den Bürgermeister in öffentlicher Sitzung im Namen des Rates (§ 61 IV KVG). Im Fall der Wiederwahl schließt sich die neue Amtszeit an das Ende der vorangegangenen an (§ 61 II 2 KVG). Grundsätzlich endet die Amtszeit des Bürgermeisters sieben Jahre nach dem Amtsantritt. Der Bürgermeister tritt trotz Erreichens der Altersgrenze des § 39 I 1 und II LBG LSA[1032] erst nach **Ablauf seiner Amtszeit** in den Ruhestand (§ 61 II 3 KVG). Nach Erreichen dieser Altersgrenze ist der Bürgermeister aber auf seinen **Antrag** jederzeit **in den Ruhestand zu versetzen** (§ 61 II 4 KVG).

> **Bsp.:** Bürgermeister tritt sein Amt im Alter von 66 Jahren an. Nach einem Jahr im Amt beantragt er die Versetzung in den Ruhestand und wird sodann mit 67 Jahren in den Ruhestand versetzt.

Sofern die Voraussetzungen des § 10 I Landesbeamtenversorgungsgesetzes nicht erfüllt sind, ist er zu entlassen (§ 61 II 5 KVG).

616 Nach Ablauf seiner Amtszeit und bis zum Amtsantritt des neuen Bürgermeisters führt der bisherige Amtsinhaber die Geschäfte weiter (**Weiterführung der Amtsgeschäfte**, § 61 II 6 1. HS KVG). Sein Amts- und Dienstverhältnis besteht so lange fort (§ 61 II 6 2. HS KVG). Das Weiterführen der Geschäfte bis zum Amtsantritt des neu gewählten Bürgermeisters entfällt, wenn der bisherige Bürgermeister 1. vor Ablauf seiner Amtszeit der Vertretung schriftlich mitgeteilt hat, dass er die Weiterführung der Geschäfte ablehnt (§ 61 III Nr. 1 KVG). Es entfällt auch, wenn er 2. des Dienstes vorläufig enthoben ist oder wenn gegen ihn Anklage wegen eines Verbrechens erhoben wurde (§ 61 III Nr. 2 KVG) oder er 3. ohne Rücksicht auf Wahlprüfung und Wahlanfechtung nach Feststellung des Wahlausschusses nicht wiedergewählt ist (§ 62 III Nr. 3 KVG).

617 Ein Bürgermeister kann von den Bürgern der Kommune vorzeitig abgewählt werden (**Abwahl** gem. § 64 I 1 KVG).[1033] Zur Einleitung des Abwahlverfahrens bedarf es eines Antrages von mindestens zwei Dritteln der Mitglieder der Vertretung, die nicht an der Mitwirkung gehindert sind und eines mit einer Mehrheit von drei Vierteln der Mitglieder der Vertretung, die nicht an der Mitwirkung gehindert sind, zu fassenden Beschlusses (§ 64 I 2 KVG). Der Beschluss darf frühestens drei Tage

---

[1031] Im Fall der Wiederwahl schließt sich die neue Amtszeit an das Ende der vorangegangenen an (§ 61 II 2 KVG). Der Hauptverwaltungsbeamte tritt trotz Erreichens der Altersgrenze des § 39 Abs. 1 Satz 1 und Abs. 2 des Landesbeamtengesetzes erst nach Ablauf seiner Amtszeit in den Ruhestand (§ 61 II 3 KVG). Nach Erreichen dieser Altersgrenze ist der Hauptverwaltungsbeamte auf seinen Antrag jederzeit in den Ruhestand zu versetzen (§ 61 II 4 KVG). Sofern die Voraussetzungen des § 10 Abs. 1 des Landesbeamtenversorgungsgesetzes Sachsen-Anhalt nicht erfüllt sind, ist er zu entlassen (§ 61 II 5 KVG). Der Hauptverwaltungsbeamte führt nach Ablauf seiner Amtszeit die Geschäfte bis zum Amtsantritt des neu gewählten Hauptverwaltungsbeamten weiter; sein Amts- und Dienstverhältnis besteht so lange fort (§ 61 II 6 KVG).

[1032] D.h. die Amtszeit endet gem. § 39 I LBG LSA im Grundsatz mit Ablauf des Monats, in dem der Bürgermeister die Regelaltersgrenze von 67 Jahren erreicht, sofern für ihn nicht eine niedrigere Altersgrenze gilt.

[1033] Zum deutschen Kommunalrecht allgemein: *Lenhof*, Die Abwahl des Bürgermeisters: Ein Beispiel direkter Demokratie auf kommunaler Ebene, 2013; *Waldhoff*, Allgemeines Verwaltungsrecht, Verwaltungsprozessrecht und Kommunalrecht: Rechtsschutz gegen die Abwahl als Bürgermeister, JuS 2024, 479-480.

nach Antragstellung in der Vertretung gefasst werden (§ 64 I 3 KVG). Das Nähere regelt das Kommunalwahlgesetz für das Land Sachsen-Anhalt (§ 64 I 4 KVG). § 31 KWG enthält nähere Vorgaben zur Abwahl. So muss die Abwahl spätestens drei Monate nach der Beschlussfassung[1034] der Vertretung erfolgen (§ 31 I KWG).[1035] Hat der Rat die Verfahrenseinleitung beschlossen, kann der Bürgermeister seiner möglichen Abwahl zuvorkommen, indem er auf die Durchführung des Abwahlverfahrens verzichtet (§ 64 II KVG).[1036] Der Rechtsschutz gegen die Abwahl beschränkt sich auf die Durchsetzung der Einhaltung der Verfahrensregeln.[1037]

618 Der Amtszeit des Bürgermeisters kann durch die Kommunalaufsicht vorzeitig beendet werden (aufsichtliche **Amtsenthebung**, § 153 I KVG).[1038] Bei vorzeitiger Beendigung seiner Amtszeit wird der Hauptverwaltungsbeamte besoldungs- und versorgungsrechtlich so gestellt, als wäre er abgewählt worden (§ 153 III KVG).

e) Aufgaben des Bürgermeisters

619 Die **Aufgaben** des Bürgermeisters sind vielfältig, wobei zwischen seiner Stellung im Rat und seiner Stellung als Leiter der Gemeindeverwaltung zu unterscheiden ist.

aa) Stellung im Rat und seinen Ausschüssen

620 Der Bürgermeister hat **Sitz und Stimme im Gemeinderat** (vgl. § 36 I 2 KVG)[1039]. Während der hauptamtliche Bürgermeister einer Einheitsgemeinde nicht zum Vorsitzenden des Rates gewählt werden kann (vgl. § 36 II 1 KVG),[1040] ist er bei Mitgliedsgemeinden von Verbandsgemeinden kraft Gesetzes Ratsvorsitzender (§ 96 IV 2 KVG). Bei Einheitsgemeinden ist der Bürgermeister in der Regel auch Vorsitzender der beschließenden Ausschüsse (§ 48 II 1 KVG), jedoch kann in der Haupt-

---

[1034] I.S.v. § 64, § 86 V KVG.

[1035] Aus dem KWG: „§ 31 Abwahl des Bürgermeisters und Landrates (1) Die Abwahl des Bürgermeisters, des Ortsvorstehers und des Landrates hat spätestens drei Monate nach der Beschlussfassung der Vertretung gemäß § 64 und § 86 Abs. 5 des Kommunalverfassungsgesetzes zu erfolgen. (2) Die Vertretung bestimmt den Wahltag und die Wahlzeit für die Abwahl entsprechend § 5 Abs. 2 Satz 2 und Abs. 3. (3) Der Wahlleiter hat unverzüglich nach der Bestimmung des Wahltages und der Wahlzeit den Tag der Abwahl öffentlich bekanntzumachen. (4) Die Stimmzettel müssen die zu entscheidende Abwahlfrage enthalten und auf ja" und „nein" lauten. Zusätze sind unzulässig. (5) Der Bürgermeister, Ortsvorsteher und Landrat ist abgewählt, wenn sich für die Abwahl eine Mehrheit der gültigen Stimmen ergibt, sofern diese Mehrheit mindestens 30 v. H. der Wahlberechtigten beträgt. (6) Im Übrigen gelten die Vorschriften über die Wahl des Bürgermeisters, des Ortsvorstehers und des Landrates in diesem Gesetz sowie nach dem Kommunalverfassungsgesetz entsprechend."

[1036] Der Bürgermeister gilt als abgewählt, soweit er innerhalb einer Woche nach dem Beschluss der Vertretung, das Abwahlverfahren einzuleiten, auf die Durchführung des Abwahlverfahrens verzichtet (§ 64 II 1 KVG). Der Bürgermeister hat den Verzicht schriftlich gegenüber dem Vorsitzenden der Vertretung zu erklären (§ 64 II 2 KVG). Er scheidet mit Ablauf des Tages, an dem der Wahlleiter die Abwahl bekannt gibt oder an dem die Verzichtserklärung nach Absatz 2 dem Vorsitzenden der Vertretung zugeht, aus dem Amt aus (§ 64 III KVG).

[1037] S. näher: *Waldhoff*, Rechtsschutz gegen die Abwahl als Bürgermeister, JuS 2024, 479-480

[1038] S. hierzu n. Rn. 213.

[1039] § 36 I 2 KVG: „Mitglieder der Vertretung sind der Hauptverwaltungsbeamte und die ehrenamtlichen Mitglieder."

[1040] § 36 II 1 KVG: „Die Vertretung wählt aus dem Kreis der ehrenamtlichen Mitglieder ihren Vorsitzenden und einen oder mehrere Stellvertreter."

satzung festgelegt werden, dass ein ehrenamtliches Mitglied der Vertretung einem beschließenden Ausschuss vorsitzt (§ 48 II 2 KVG).[1041]

621 Der Bürgermeister einer Einheitsgemeinde bereitet die Beschlüsse der Vertretung und ihrer Ausschüsse vor (**Beschlussvorbereitung**, § 65 I KVG). Hingegen bereitet bei Mitgliedsgemeinden von Verbandsgemeinden der Verbandsgemeindebürgermeister die Ratsbeschlüsse im Einvernehmen mit dem jeweiligen Bürgermeister des Rats und seiner Ausschüsse vor (§ 95 III 1 KVG).

622 Der Hauptverwaltungsbeamte hat die Vertretung über alle wichtigen, die Kommune und ihre Verwaltung betreffenden Angelegenheiten zu allen Aufgaben des eigenen wie des übertragenen Wirkungskreises zu unterrichten (**Unterrichtungspflicht** gem. § 65 II 1 KVG). Bei wichtigen Planungen ist die Vertretung möglichst frühzeitig über die Absichten und Vorstellungen der Verwaltung und laufend über den Stand und den Inhalt der Planungsarbeiten zu unterrichten (§ 65 II 2 KVG).[1042] Unabhängig von der Unterrichtungspflicht kann jedes ehrenamtliche Ratsmitglied zur eigenen Unterrichtung in allen Angelegenheiten der Gemeinde und ihrer Verwaltung vom Bürgermeister Auskunft verlangen (§ 43 III 2 1. HS KVG), die ihm auch erteilt werden muss. Kann der Hauptverwaltungsbeamte Anfragen nicht unverzüglich mündlich beantworten, muss er die Auskunft binnen einer Frist von in der Regel einem Monat schriftlich erteilen (§ 43 III 3 KVG).

623 Der Einfluss des Bürgermeisters auf den Rat unterscheidet sich bei Einheitsgemeinden und Mitgliedsgemeinden von Verbandsgemeinden. Trotz aller Unterschiede kann er aufgrund seiner Aufgaben und Befugnisse in beiden Fällen einen starken Einfluss auf die Entscheidungen des Rates nehmen. Der Bürgermeister hat vor allem in Einheitsgemeinden **starken Einfluss** auf die Entscheidungen des Gemeinderats und ihrer Umsetzung.[1043] In Einheitsgemeinden ist er zwar nicht Ratsvorsitzender, aber Ausschussvorsitzender und hat insofern einen maßgeblichen Einfluss auf die zu verhandelnden Gegenstände, als sein Einvernehmen mit der Tagesordnung (und Sitzungseinberufung) erforderlich ist. Die Vorbereitung der Beschlüsse verschafft dem Bürgermeister in der Regel einen erheblichen Informationsvorsprung vor den übrigen Ratsmitgliedern (sog. „Vorbereitungsherrschaft")[1044]. Von Bedeutung ist, dass der Bürgermeister meist der Mehrheitsfraktion angehört, die seine Entscheidungsvorschläge in der politischen Praxis regelmäßig stützt. Bei Mitgliedsgemeinden von Verbandsgemeinden ist der Bürgermeister vor allem bei einer engen Zusammenarbeit mit dem Verbandsgemeindebürgermeister bei Einbindung in die Beschlussvorbereitung und seine Sitzungseinberufung maßgeblicher Steuerungsakteur hinsichtlich der Frage, was wann verhandelt wird. Als Ratsvorsitzender besorgt er die Verhandlungsleitung mit weit reichenden Befugnissen etwa im Hinblick auf die Zuweisung von Redezeit und die Wahrnehmung des Ordnungsrechts. In

---

[1041] Hierfür bedarf es einer ausdrücklichen Bezeichnung des entsprechenden Ausschusses bzw. der entsprechenden Ausschüsse in der Hauptsatzung (vgl. § 48 II 2 KVG).

[1042] Die Regelung dürfte für unnötigen Streit sorgen, da sie ihrem Wortlaut nach eine Unterrichtungspflicht bei jeglicher Veränderung des Planungsstandes bzw- -inhaltes vorsieht, unabhängig davon, ob es sich um eine wesentliche Veränderung handelt. M.E. ist die Vorschrift nach ihrem Sinn und Zweck dahin einschränkend auszulegen, dass keine Unterrichtungspflicht hinsichtlich unerheblicher Änderungen besteht.

[1043] S. allg. *Buß*, Das Machtgefüge der heutigen Kommunalverfassungen, 2002.

[1044] Vgl. *Franz*, Einführung in die Verwaltungswissenschaft, S. 30.

beiden Gemeindetypen wird der starke Einfluss des Bürgermeisters auf den Rat auch durch seine Widerspruchsrechte gegenüber Ratsbeschlüssen begründet, da er gesetzwidrigen Beschlüssen widersprechen muss und er Beschlüssen widersprechen kann, die nach seiner Auffassung für die Gemeinde nachteilig sind (Beanstandungsrecht). Schließlich ist der Bürgermeister bei Einheitsgemeinden für den Vollzug der Ratsbeschlüsse verantwortlich und Leiter der die Beschlüsse umsetzenden Verwaltung. Angesichts eines meist gegebenen Vollzugsermessens im Hinblick auf das „Wann" und „Wie" kann er maßgeblich die Priorität, öffentliche Wahrnehmung und Effektivität der Umsetzung beeinflussen.

bb) Aufgaben als Leiter der Gemeindeverwaltung
α) Leitung der Gemeindeverwaltung

624　Der Bürgermeister hat die Aufgaben eines Verwaltungsleiters. Er hat die Funktion des **Leiters der Gemeindeverwaltung**, ist sog. Hauptverwaltungsbeamter im Sinne des KVG und als solcher Beamter auf Zeit (§ 60 I KVG i.V.m. § 66 I 1 KVG). Er ist m.a.W. die „Verwaltungsspitze" oder der „Verwaltungschef". Er ist für die **sachgemäße Erledigung der Aufgaben und den ordnungsgemäßen Gang der Verwaltung** verantwortlich (§ 66 I 2 KVG).

Bsp.: Weisungen, den Geschäftsgang betreffend

Er verletzt diese Pflicht, wenn er nicht für die sachgemäße Aufgabenerledigung und den ordnungsgemäßen Geschäftsgang sorgt, insbesondere die erforderlichen Leistungsmaßnahmen bei Auftreten von Fehlverhalten oder Missständen in der Verwaltung unterlässt oder gar selbst Fehlverhalten zeigt.

Bsp.: Verletzung der Pflicht durch Entfernen und Verstecken lassen dienstlicher Unterlagen.[1045]

625　Diese Aufgabe muss der Bürgermeister eigenverantwortlich wahrnehmen und kann sie nicht übertragen, mag er auch nachgeordnete Amtsträger für bestimmte Geschäftsbereiche mit dieser Aufgabe betrauen. Eine Vorprüfung einer Angelegenheit durch Gemeindebedienstete oder externe Gutachter entbindet den Bürgermeister daher nicht davon, vor der Entscheidung in der Sache eine eigenständige Prüfung der Rechtslage vorzunehmen.[1046]

626　Der Bürgermeister **regelt die innere Organisation** der Gemeindeverwaltung (vgl. § 66 I 2 KVG). Er teilt die Verwaltung demgemäß in Organisationseinheiten ein. Er kann eine reine Linienverwaltung einrichten oder dieses Grundmodell modifizieren. Er kann die Anzahl der Hierarchieebenen bestimmen.[1047] Zur Regelung der Organisation gehören auch die Geschäftsverteilung auf die jeweiligen Einheiten und Vorgaben für den Geschäftsgang. Die Einrichtung von bestimmten Ämtern ist nur ausnahmsweise fachgesetzlich vorgeschrieben.

Bsp.: Standesamt (§ 51 PersonenstandsG)

[1045] OVG LSA, Urt. v. 6.7.2022 – 10 L 1/21 – juris Rn. 125.
[1046] OVG LSA, Beschl. v. 13.7.2021 – 10 L 4/21.Z – juris Rn. 15/LKV 2021, 424/NVwZ-RR 2021, 1068.
[1047] S. hierzu auch unten Rn. 673.

Der Hauptverwaltungsbeamte muss die Vorgänge u.a. so ordnen, dass der Ort von Vorgängen feststellbar ist und Vorgänge sicher verwaltet werden.[1048]

627 Durch öffentlich-rechtlichen (verwaltungsinternen) Organisationsakt regelt er die interne Entscheidungsbefugnis (**Aufgabenzuweisung**). Dadurch vergibt der Bürgermeister die von ihm abgeleitete externe Vertretungsmacht. Dies drückt sich in der Unterzeichnung der Gemeindebediensteten auf Schriftstücken mit „im Auftrag" aus. Bei den **Stellenbesetzungen** ist der Bürgermeister an die Vorgaben des vom Rat beschlossenen Stellenplans gebunden.[1049] Dies schließt aber verwaltungsinterne Umsetzungen ebenso wenig nicht aus wie die Freiheit, welcher Einheit die Stelle im Organisationsaufbau zugeordnet wird. Der Bürgermeister ist Vorgesetzter, Dienstvorgesetzter, höherer Dienstvorgesetzter und oberste Dienstbehörde der Beigeordneten und Beschäftigten der Kommune (§ 66 V KVG). Er ist für beamtenrechtliche Entscheidungen grundsätzlich allein zuständig.[1050] Bedeutung hat die Regelung auf der Gemeindeebene nur für Einheitsgemeinden.

628 Der Bürgermeister hat als Verwaltungsleiter ein **Weisungsrecht** gegenüber den Beigeordneten und allen nachgeordneten Gemeindebediensteten. Befolgt etwa ein Beigeordneter eine Weisung des Bürgermeisters nicht, stellt dies eine Dienstpflichtverletzung gem. § 47 I BeamtStG dar, welche disziplinarrechtlich geahndet werden kann.[1051]

629 Der Bürgermeister der Einheitsgemeinde kann Beamte **entlassen** (Entlassungsrecht) und Beschäftigten kündigen (Kündigungsrecht). Er kann Bedienstete **umsetzen**. Er kann Bediensteten grundsätzlich jederzeit neue Aufgaben zuweisen.

630 Dem Bürgermeister steht als Verwaltungsleiter das **Hausrecht** in den verwaltungszwecken dienenden Gebäuden zu. Es richtet sich gegen Personen außerhalb des Gemeinderates und der Verwaltung. Das ungeschriebene allgemeine Hausrecht ist ein öffentlich-rechtliches Recht als Annex zur Sachkompetenz für die Verwaltungsaufgabe.[1052] Daneben besteht nach h.M. auch ein privatrechtliches Hausrecht aufgrund der Eigentümergewalt.[1053] Das privatrechtliche Hausrecht steht dem Verwaltungsleiter jedenfalls gegenüber Personen zu, die Amtsräume in Ausübung privatrechtlicher Befugnisse, etwa zu erwerbswirtschaftlichen Zwecken, betreten. Auf der Grundlage des öffentlich-rechtlichen und des privatrechtlichen Hausrechts kann der Bürgermeister Personen, die von dem Verwaltungsgebäude unbefugt zweckwidrigen Gebrauch machen, Hausverbot erteilen.

> **Bsp.:** betrunkener Randalierer, Querulant, der sich solange in den Rathauseingang setzen will, bis seinem Genehmigungsantrag stattgegeben wird; Gewerbetreibender, der Produkte am Rathauseingang verkauft

631 Dabei ist der **Verhältnismäßigkeitsgrundsatz** zu beachten, so dass insbesondere die Dauer des Hausverbotes oftmals zu beschränken sein wird.

[1048] OVG LSA, Urt. v. 6.7.2022 – 10 L 1/21 – juris Rn. 126.

[1049] Zum Einfluss des Rates auf die Personalpolitik im Übrigen s. *Zinell/Dorn*, VBlBW 1999, 361 ff.

[1050] OVG Rh.-Pfalz, Urt. v. 18.8.1982 NVwZ 1983, 484.

[1051] OVG LSA, Beschl. v. 24.3.2014 – 10 L 14/13 – juris Rn. 13.

[1052] OVG NW, Urt. v. 26.4.1990 NVwZ-RR 1990, 35 (36); *Gern,* Deutsches Kommunalrecht, Rn. 368.

[1053] *Gern,* Deutsches Kommunalrecht, Rn. 479; a.A. OVG NW, Urt. v. 14.10.1988 NVwZ-RR 1989, 316.

Bsp.: Unzulässig wäre es, einem Betrunkenen, der andere Rathausbesucher anpöbelt, „lebenslang" Hausverbot zu erteilen. Zulässig kann sein, zunächst ein Hausverbot „bis auf weiteres – Sie hören von uns!" zu erteilen und den Betroffenen später schriftlich über die Dauer des Verbotes zu unterrichten.

632 Der Hausrechtsinhaber darf allerdings nicht wie ein Privater alles verbieten, was aus seiner Perspektive unerwünscht ist. Er darf nur Störungen abwehren, welche die sachgemäße Erfüllung der gemeindlichen Verwaltungsaufgaben ernsthaft stören oder wenigstens gefährden.

Bsp.: Unzulässig ist die Anordnung an eine Fraktion, die an einem Fenster des Fraktionszimmers im Rathaus angebrachte Friedenstaube zu entfernen.[1054]

633 Die Meinungen über den Rechtsweg für eine Klage gegen ein Hausverbot gehen auseinander. Nach einer Ansicht ist gegen ein Hausverbot stets der Verwaltungsrechtsweg eröffnet.[1055] Ebenso wird vertreten, dass gegen ein von einem Verwaltungsträger ausgesprochenes Hausverbot **„grundsätzlich" der Verwaltungsrechtsweg** gegeben sei[1056] oder dass auf den Zweck des Besuchs abzustellen sei[1057]. Wenn das Hausverbot ausdrücklich auf die privatrechtliche Eigentümergewalt gestützt wird[1058] oder wenn es für eine kommunale Einrichtung mit privatrechtlichem Benutzungsverhältnis ausgesprochen wird, soll nach h.M. der Zivilrechtsweg einschlägig sein.[1059] Dem ist zuzustimmen, da ein Hausverbot dazu dient, die Störung der bestimmungsgemäßen Nutzung eines Amtsgebäudes abzuwehren, so dass ein Verbot öffentlich-rechtlich ist, wenn das Gebäude dem Gemein-, Anstalts- oder Verwaltungsgebrauch dient und es privatrechtlicher Natur ist, wenn das Gebäude fiskalischen Zwecken oder einer privatrechtlich organisierten Einrichtung dient.[1060]

634 Das Hausverbot gegenüber den Besuchern von Ratssitzungen ist grundsätzlich ein **Verwaltungsakt**. Dies gilt auch dann, wenn ein Ratsmitglied nach dem Ausschluss von der Sitzung wegen Störens im Zuhörerraum weiter stört und ihm gegenüber ein Hausverbot ausgesprochen wird.[1061]

ß) Vollzug der Ratsbeschlüsse

635 Der Bürgermeister von Einheitsgemeinden ist gegenüber dem Gemeinderat **für den Vollzug der Ratsbeschlüsse verantwortlich** (vgl. § 65 I KVG). Ebenso ist er für die Ausführung der Beschlüsse der Ausschüsse verantwortlich (vgl. § 65 I KVG). Vollzug meint die Umsetzung der Entscheidung des Rates.[1062]

[1054] OVG NW, Urt. v. 26.4.1990 NVwZ-RR 1991, 35 (37).

[1055] VG Frankfurt am Main, GB v. 26.2.1998 NJW 1998, 1424.

[1056] OVG NW, Urt. 14.10.1988 NVwZ-RR 1989, 316; i.d.S. auch *Rennert*, in: Eyermann, VwGO, § 40 Rn. 66.

[1057] Vgl. BVerwG, Urt. v. 13.3.1970 BVerwGE 35, 103 (106); BGH, Urt. v. 26.10.1960 BGHZ 33, 230; *Berg*, JuS 1982, 260.

[1058] So VGH BW, Beschl. v. 31.5.1994 NJW 1994, 2500; *Kopp/Schenke*, VwGO, § 40 Rn. 22.

[1059] *Kopp/Schenke*, VwGO, § 40 Rn. 22.

[1060] *Rennert*, in: Eyermann, VwGO, § 40 Rn. 66 m.w.Nachw.

[1061] *Hufen*, VerwProzR, § 21 Rn. 12.

[1062] OVG LSA, Urt. v. 6.7.2022 – 10 L 1/21 – openJur 2022, 15809, Rn. 113.

Bsp.: Gibt ein Prüfbericht des Rechnungsprüfungsamts zu Maßnahmen des Stadtrats Anlass und hat der Rat die Prüfung beauftragt, verstößt die Verhinderung der Weiterleitung des Berichts an den Rat und das Erzwingen seiner Überarbeitung gegen die Ausführungspflicht.[1063]

Der Bürgermeister führt auch die Beschlüsse des Ortschaftsrates aus (§ 83 II 1 KVG). Im Übrigen ist er grundsätzlich für die sachgemäße Erledigung aller Aufgaben der Gemeindeverwaltung und den ordnungsgemäßen Gang der Verwaltung verantwortlich. Er hat mithin dafür zu sorgen, dass die Ratsbeschlüsse tatsächlich (ordnungsgemäß) umgesetzt werden. Demgemäß muss er die Aufgabenerfüllung durch die Gemeindebediensteten überwachen und hat ein **umfassendes Weisungs- und Selbsteintrittsrecht.**[1064]

636 Bei Mitgliedsgemeinden von Verbandsgemeinden obliegt die Ausführung der Beschlüsse des Gemeinderates hingegen dem **Verbandsgemeindebürgermeister** (arg. e § 95 IV KVG). Der Verbandsgemeindebürgermeister muss den Gemeinderat der Mitgliedsgemeinde über die Ausführung der von ihm gefassten Beschlüsse schriftlich unterrichten und ihm auf Verlangen der Mehrheit seiner Mitglieder mündlich berichten (§ 95 IV KVG).

637 Die Vollzugspflicht besteht nur gegenüber gesetzmäßigen Beschlüssen. Bei gesetzwidrigen Beschlüssen hat der Bürgermeister eine **Widerspruchspflicht**, bei für die Gemeinde nachteiligen Beschlüssen ein Recht zur Beanstandung.[1065]

638 Die Vollzugspflicht ist **nicht drittschützend**. Privaten steht daher kein Vollzugsanspruch zu. Im Einzelfall kann die Vollzugspflicht aber als drittgerichtete Amtspflicht zu werten sein, bei deren Verletzung Amtshaftungsansprüche entstehen können.

γ) Geschäfte der laufenden Verwaltung

639 Der Bürgermeister erledigt in eigener Verantwortung die **Geschäfte der laufenden Verwaltung** (vgl. § 66 I 3 KVG). Hierzu gehören Angelegenheiten, die für die Gemeinde weder in wirtschaftlicher noch in sonstiger Hinsicht von wesentlicher Bedeutung sind und mit einer gewissen Häufigkeit wiederkehren.[1066] Welche Geschäfte nach Regelmäßigkeit und Häufigkeit zu den üblicherweise regelmäßig wiederkehrenden Geschäften zählen (v.a. Routineangelegenheiten) und von eher untergeordneter Tragweite sind, beurteilt sich nach den Verhältnissen in der Gemeinde, insbesondere nach ihrer Größe und Finanzkraft. Was in einer großen Stadt eine Routineangelegenheit ist, kann in einer ländlichen Zwerggemeinde eine bedeutsame Entscheidung sein. Mithin ist eine in hohem Maße von den gesamten Umständen des Einzelfalles abhängende Betrachtung geboten.[1067] Maßgeblich sind vor allem die Höhe der mit der Entscheidung verbundenen Ausgaben oder Einnahmen der Kommune und die hierdurch veranlasste Dauer ihrer rechtlichen Bindung

---

[1063] OVG LSA, Urt. v. 6.7.2022 – 10 L 1/21 – juris Rn. 107/openJur 2022, 15809 und zugleich Verstoß gegen § 139 I 1 KVG).
[1064] *Gern,* Deutsches Kommunalrecht, Rn. 368.
[1065] S.u. Rn. 645 f., 710.
[1066] *Gern,* Deutsches Kommunalrecht, Rn. 378.
[1067] Vgl. etwa BGH, Urt. v. 6.5.1997 NVwZ-RR 1997, 725 bzgl. Grundstückstauschvertrag.

Bsp.: Kein Geschäft der laufenden Verwaltung ist die Vergabe von Rettungsdienstleistungen nach §§ 12, 13 RettDG LSA über eine Konzessionszeitraum von mehreren Jahren und eine wirtschaftliche Größenordnung von mehreren Millionen Euro.[1068]

640 Der Inhalt der Geschäfte laufender Verwaltung kann durch die **Hauptsatzung** deklaratorisch erfasst, nicht aber modifiziert werden. Geht die Definition des Begriffs der Geschäfte der laufenden Verwaltung über den gesetzlichen Begriffsinhalt hinaus, kann die Satzungsregelung insoweit als Delegation der Entscheidungszuständigkeit auf den Bürgermeister umgedeutet werden.[1069]

δ) Übertragung weiterer Angelegenheiten durch den Rat

641 Der Rat kann dem Bürgermeister durch Hauptsatzung weitere Angelegenheiten zur selbstständigen Erledigung übertragen (**Übertragung weiterer Angelegenheiten**, § 66 III 1 KVG). Einer Aufgabendelegation durch den Rat nicht zugänglich sind die nach § 45 II-IV KVG nicht übertragbaren Angelegenheiten (§ 66 III 2 KVG). Der Rat kann grundsätzlich nur eigene Angelegenheiten auf den Bürgermeister übertragen, nicht aber staatliche Angelegenheiten, da die Wahrnehmung dieser Aufgaben des übertragenen Wirkungskreises kraft Gesetzes unmittelbar dem Bürgermeister (und nur diesem) obliegt.[1070] Die einzelne Aufgabenübertragung muss jeweils dem Bestimmtheitsgebot genügen, d.h. es muss zweifelsfrei erkennbar sein, wem das Entscheidungsrecht in welcher Angelegenheit zusteht.[1071] Die Form der Delegation ist für Sachsen-Anhalt allein die Hauptsatzung.

642 Der Rat kann jede Angelegenheit, die er dem Bürgermeister übertragen hat, im Einzelfall wieder an sich ziehen, solange der Bürgermeister noch nicht entschieden hat (**Rückholrecht** gem. § 66 III 3 KVG). Voraussetzung hierfür ist die wirksame Übertragung. Eine gesetzwidrige Übertragung ist nichtig und geht ins Leere.

ε) Eilzuständigkeit

643 In dringenden Angelegenheiten des Rates, deren Erledigung auch nicht bis zu einer Dringlichkeitssitzung des Rates (vgl. § 53 IV 5 KVG) aufgeschoben werden kann, entscheidet der Bürgermeister anstelle des Rates (Notkompetenz oder **Eilzuständigkeit** des Bürgermeisters gem. § 65 IV 1 KVG). Von der Eilentscheidungskompetenz werden alle Angelegenheiten erfasst, die in die Zuständigkeit des Rates fallen, mithin auch der die nicht übertragbaren Angelegenheiten wie der Satzungserlass.[1072] Der Bürgermeister hat den ehrenamtlichen Ratsmitgliedern die Gründe für seine Eilentscheidung sowie die Erledigung unverzüglich mitzuteilen (§ 65 IV 2 KVG). Die Angelegenheit ist in die Tagesordnung der nächsten Sitzung aufzunehmen (§ 65 IV 3 KVG). Das Gleiche gilt für Angele-

---

[1068] OVG LSA, Beschl. v. 24.5.2017 – 3 L 201/16 – juris Rn. 18. S.a. Ls Nr. 3: „Bei derartigen Vergabeverfahren muss nicht nur die Auswahlentscheidung, sondern müssen auch die wesentlichen, die eigentliche Auswahl vorbereitenden Entscheidungen durch das zuständige Kommunalorgan getroffen werden. Hierzu gehören auch die Festlegung der objektiven Auswahlkriterien und deren Gewichtung."

[1069] *Gern*, Deutsches Kommunalrecht, Rn. 378.

[1070] Eine Übertragung staatlicher Aufgaben kommt daher nur in Betracht, wenn deren Wahrnehmung durch Gesetz ausnahmsweise dem Rat zugewiesen wurde und das Fachgesetz die Weiterdelegation der Aufgabe an den Bürgermeister nicht verbietet.

[1071] *Erlenkämper*, in: Articus/Schneider GO NRW § 41 3.3

[1072] Hier müssen indes besondere Gründe vorliegen, die eine Eilentscheidung als zwingend geboten erscheinen lassen.

genheiten, für deren Entscheidung ein beschließender Ausschuss zuständig ist (§ 65 IV 4 KVG). Dringend ist eine Angelegenheit, wenn ohne die sofortige Entscheidung des Bürgermeisters der Gemeinde erhebliche Nachteile oder Gefahren drohen. „Dringend" stellt einen auslegungsbedürftigen unbestimmten Rechtsbegriff dar, der dem Bürgermeister keinen Beurteilungsspielraum verschafft. Es kommt jedoch allein auf eine ex ante-Bewertung an, d.h. wie sich die Sachlage zum Entscheidungszeitpunkt für den Bürgermeister darstellen musste. Die Dringlichkeit einer Angelegenheit kann darauf beruhen, dass eine Klagefrist abzulaufen droht.[1073]

644 Unterlässt der Bürgermeister die gebotene Unterrichtung des Rates über eine dringliche Angelegenheit, die vom Rat noch hätte entschieden werden können und entscheidet er stattdessen die Angelegenheit kraft seiner Eilzuständigkeit, berührt dies die Wirksamkeit der dringlichen Anordnung nicht. Eine Dringlichkeitsentscheidung bleibt wirksam, solange der Gemeinderat sie nicht aufhebt, selbst wenn zuvor die Unterrichtung und Vorlage pflichtwidrig unterbleibt.[1074] Entscheidet er aufgrund seiner Eilzuständigkeit, obwohl zu dieser Angelegenheit ordnungsgemäß eine Dringlichkeitssitzung beantragt war und diese auch durchführbar gewesen wäre, ist seine (rechtswidrige) Eilentscheidung ebenfalls nach außen wirksam (im Rahmen seiner gesetzlichen Vertretungsmacht gem. § 60 II KVG).

ζ) Kontrolle des Rates

645 Im Verhältnis Bürgermeister und Rat bestehen wechselseitig Kontrollbefugnisse. Der Rat überwacht die Amtsführung des Bürgermeisters und der Bürgermeister kontrolliert die Rechtmäßigkeit der Ratsbeschlüsse und ihrer Auswirkungen auf die Gemeinde (Kontrollpflicht). Der Bürgermeister muss Beschlüssen der Vertretung widersprechen, wenn er der Auffassung ist, dass diese **rechtswidrig** sind (**Widerspruchspflicht** gem. § 65 III 1 KVG). Die evidente Nichtigkeit eines Beschlusses entbindet den Bürgermeister nicht von seiner Widerspruchspflicht. Der Bürgermeister kann Beschlüssen widersprechen, wenn diese für die Kommune **nachteilig** sind (**Widerspruchsrecht** gem. § 65 III 2 KVG). Der Widerspruch muss binnen zwei Wochen ab Kenntnis schriftlich gegenüber dem Vorsitzenden der Vertretung eingelegt und begründet werden (§ 65 III 3 KVG). Er hat aufschiebende Wirkung (§ 65 III 4 KVG). Verbleibt die Vertretung bei erneuter Befassung bei diesem Beschluss und ist der Beschluss nach Auffassung des Hauptverwaltungsbeamten rechtswidrig, muss er erneut widersprechen und unverzüglich die Entscheidung der Kommunalaufsichtsbehörde einholen (§ 65 III 5 KVG).[1075] Der neuerliche Widerspruch hat bis zur Entscheidung der Aufsichtsbehörde Suspensivef-

---

[1073] OVG LSA, Urt. v. 15.6.2023 – 3 L 96/22 – juris Rn. 30: „Jedenfalls war der Bürgermeister gemäß § 62 Abs. 4 GO LSA a.F. zur Klageerhebung befugt. Nach dieser Vorschrift entscheidet der Bürgermeister in dringenden Angelegenheiten des Gemeinderats, deren Erledigung nicht bis zu einer ohne Frist und formlos einberufenen Gemeinderatssitzung (§ 51 Abs. 4 Satz 5 GO LSA a.F.) aufgeschoben werden kann. Ein solcher Fall kommt auch bei der Einlegung von Rechtsbehelfen in Betracht (vgl. BayVGH, Beschluss vom 5. März 2020 - 4 CE 20.278 - juris Rn. 17). Angesichts der Klagefrist von einem Monat, die bis zum 20. August 2013 lief, und der Sitzungspause aufgrund der bis zum 28. August 2013 andauernden Sommerferien war die Eilzuständigkeit nach dieser Vorschrift gegeben. Es ist nachvollziehbar, dass der Stadtrat - wie die Klägerin ausführt - vor Ablauf der Sommerferien nicht erreichbar und beschlussfähig (vgl. § 53 Abs. 1 GO LSA a.F.) war."

[1074] OVG LSA, Urt. v. 15.6.2023 – 3 L 96/22 – juris Rn. 30.

[1075] Die Sätze 3 und 4 gelten insoweit entsprechend (§ 65 III 6 KVG).

fekt. Dieses „zweite" Beanstandungsrecht gilt nicht im Hinblick auf bloß nachteilige Beschlüsse. Diese muss der Bürgermeister vollziehen, wenn der Rat den gerügten Beschluss bekräftigt und damit den Widerspruch der Sache nach zurückweist.

646 Zu den Beschlüssen i.S.d. § 65 KVG zählen auch Wahlen (etwa von Beigeordneten).[1076] Die Vorgaben zu Widerspruchspflicht und Widerspruchsrecht des Bürgermeisters gelten für Beschlüsse, die durch beschließende Ausschüsse gefasst werden entsprechend mit der Maßgabe, dass die Vertretung über den Widerspruch zu entscheiden hat (§ 65 III 7 KVG).

647 Der Bürgermeister darf nicht wider besseres Wissen handeln und die Erhebung des Widerspruchs gegen von ihm als rechtswidrig erkannte Beschlüsse ist eine Dienstpflicht des Bürgermeisters. Unterlässt der Hauptverwaltungsbeamte den Widerspruch gegen rechtswidrige Beschlüsse vorsätzlich oder grob fahrlässig, so hat er der Kommune den daraus entstehenden Schaden zu ersetzen (§ 65 III 8 KVG). Hat er nicht widersprochen, muss der Beschluss vollziehen. Allein die Rechtswidrigkeit eines Beschlusses hebt die Vollzugspflicht nicht auf. Erst der förmliche Widerspruch berechtigt den Bürgermeister, den Vollzug zu unterlassen.[1077] Bloße Untätigkeit ist eine Dienstpflichtverletzung.

648 Unabhängig vom Widerspruchsrecht des Bürgermeisters hat bei Mitgliedsgemeinden von Verbandsgemeinden auch der **Verbandsgemeindebürgermeister ein Widerspruchsrecht** und eine Widerspruchsplicht gegen gesetzwidrige Beschlüsse des Rates oder seine Ausschüsse (§ 95 V 1 KVG). Es gilt aber nicht bei bloß für die Mitgliedsgemeinde nachteiligen Beschlüssen.

η) Aufgaben des übertragenen Wirkungskreises

649 Der Bürgermeister erledigt die gemeindlichen **Aufgaben des übertragenen Wirkungskreises** in eigener Zuständigkeit, sofern gesetzlich nichts anderes bestimmt ist (vgl. § 66 IV KVG). Er nimmt diese (Organ-) Zuständigkeit für die Gemeinde wahr. Von eher untergeordneter Bedeutung im Hinblick auf ihren Umfang sind die Angelegenheiten der Verteidigung und Staatssicherheit, die er ebenfalls in originärer Organzuständigkeit wahrnimmt: so regelt der Bürgermeister in eigener Zuständigkeit 1. die den Gemeinden durch Gesetz oder aufgrund eines Gesetzes übertragenen hoheitlichen Aufgaben in Angelegenheiten der Verteidigung einschließlich des Wehrersatzwesens und des Schutzes der Zivilbevölkerung,[1078] soweit nicht für haushalts- und personalrechtliche Entscheidungen die Vertretung zuständig ist (vgl. § 66 II Nr. 1 KVG) sowie 2. die Angelegenheiten, die im Interesse der Sicherheit der Bundesrepublik Deutschland und eines ihrer Länder geheim zu halten sind (vgl. § 66 II Nr. 2 KVG). Diese Aufgaben des übertragenen Wirkungskreises nimmt die Gemeinde durch den Bürgermeister (bzw. OB) im Falle eines dreistufigen Verwaltungsaufbaus als „dritte Stufe" des Verwaltungsaufbaus neben den Kreise wahr (§ 4 III OrgG LSA). Die Gemeinde handelt inso-

---

[1076] BGH, Urt. v. 18.12.1997 – III ZR 241/96 – BGHZ 137, 344/DVBl 1998, 523/juris Rn. 18/NJW 1998, 1944/VersR 1998, 891 (auch zur Frage der Amtshaftung der Gemeinde).

[1077] Vgl. *Gern*, Deutsches Kommunalrecht, Rn. 384.

[1078] Hierzu könnten künftig auch kommunale Aufgaben im Zusammenhang mit dem bisher allein von der Bundeswehr verwalteten Heimatschutz zählen.

weit durch den Bürgermeister als eine **untere Behörde** der mittelbaren Landesverwaltung (§ 17 I OrgG LSA).

> **Bsp.:** kreisfreie Städte und Einheitsgemeinden (soweit ihnen die Aufgabe übertragen ist) als untere Abfall-, Bauaufsichts-, Jagd-, Naturschutz oder untere Wasserbehörde

650 Der Bürgermeister handelt insoweit als Organ seiner Gemeinde und nicht als ein Organ des Landes. Der Bürgermeister unterliegt bei seiner Aufgabenwahrnehmung der Fachaufsicht. Hat er Bedenken gegen die Rechtmäßigkeit dienstlicher Anordnungen der Fachaufsicht hat er wie jeder Beamte diese Bedenken unverzüglich auf dem Dienstweg geltend zu machen (Remonstration nach § 36 II BeamtStG). Hält die übergeordnete Behörde ihre Anordnung aufrecht (was auf Verlangen des Angewiesenen schriftlich zu erfolgen hat) und bestehen die Bedenken fort, muss sich der Beamte an den nächst höheren Vorgesetzten wenden. Sollte dieser die Anordnung bestätigen, muss der Beamte sie ausführen und ist dabei von der eigenen Verantwortung befreit. Ausnahmsweise besteht auch dann keine Pflicht zur Ausführung, wenn die Handlung gegen die Menschenwürde verstieße oder eine Straftat oder Ordnungswidrigkeit darstellte.

ϑ) Vertretung der Gemeinde nach außen

651 Der Bürgermeister besorgt die **Außenvertretung** der Gemeinde. Er vertritt und repräsentiert die Gemeinde (vgl. § 60 II KVG).[1079] Die gesetzliche Vertretungsmacht ist nach h.M. grundsätzlich unbeschränkt und insbesondere nicht durch einfachen Beschluss oder Satzung beschränkbar.[1080] Dies ist dem Erfordernis von Rechtssicherheit im Rechtsverkehr geschuldet. Beschränkbar ist nur die Vertretungsbefugnis des Bürgermeisters im Innenverhältnis zum Rat bzw. zur Gemeinde. Daher ist ein Vertrag des Bürgermeisters auch dann wirksam, wenn der Bürgermeister mit dem Vertragsschluss gegen derartige Beschränkungen im Innenverhältnis verstößt.[1081]

> **Bsp.:** Rat beschließt, dass das Gemeindegrundstück „Am Hasenhügel" für nicht weniger als 10.000 Euro verkauft werden soll. Der Bürgermeister veräußert das Grundstück an den A jedoch für nur 8.000 Euro. Der Grundstückskaufvertrag ist grundsätzlich wirksam.

Eine Ausnahme gilt, wenn der Vertragspartner der Gemeinde wusste oder grob fahrlässig nicht erkannt hat, dass der Bürgermeister das Geschäft nach seinen Bindungen im Innenverhältnis nicht abschließen durfte.[1082]

652 Die Vertretungsmacht des Bürgermeisters ermächtigt ihn zum Führen von Vertragsverhandlungen und zum Abschluss von Verträgen in Namen der Gemeinde sowie zur Abgabe sonstiger rechtsgeschäftlicher Erklärungen mit Wirkung für die Gemeinde (Aufrechnung, Stundung etc.). Bei Vertrags-

---

[1079] Bzw. Vertretungsmacht gemäß spezialgesetzlichen Regelungen wie § 131 I 1 HS 1 KVG.

[1080] OVG LSA, Beschl. V. 7.11.2023 – 4 L 93/22 – juris Rn. 3; Urt. v. 24.2.2000 – 2 A 208/98 – juris Ls Nr. 1; BGH Urt. v. 24.7.1998 – IV ZR 140/97 – NJW 1998, 3056; OLG Rostock, OLG-NL 1995, 145; *Gern*, Deutsches Kommunalrecht, Rn. 369; *Kluth*, in: Wolff/Bachof/Stober/Kluth, Verwaltungsrecht II, § 97 Rn. 145; a.A. (Vertragsunwirksamkeit) OLG Naumburg, Urt. v. 15.2.1994 LKV 1994, 303; dazu *Kreissl*, LKV 1997, 120 ff.

[1081] OVG LSA, Urt. v. 24.2.2000 – 2 A 208/98 – juris Ls Nr. 1: „Die Gemeinde wird auch dann wirksam durch den Bürgermeister vertreten, wenn das Rechtsgeschäft der Zustimmung des Gemeinderates (…) bedarf und diese Zustimmung nicht erteilt worden ist. Die Zuständigkeitsabgrenzungen zwischen den Gemeindeorganen sind ein Internum, das die Vertretungsmacht nicht beeinflusst."

[1082] *Heinrichs*, in: Palandt, BGB, § 164 Rn. 13f.; Kluth, a.a.O.

verhandlungen darf der Bürgermeister keine vorvertraglichen Pflichten verletzten. Andernfalls kommt eine Haftung der Gemeinde wegen **culpa in contrahendo** in Betracht (§§ 241 II, § 242, § 311 II BGB).[1083] Dies gilt etwa dann, wenn die Vertragsverhandlungen ohne triftigen Grund abgebrochen werden.[1084] Bricht der Bürgermeister die Vertragsverhandlungen ab, weil die von ihm dem Rat vorgelegte Beschlussvorlage zum Vertragsabschluss abgelehnt wird, liegt darin kein die Schadensersatzpflicht auslösendes Verschulden, sofern der Bürgermeister die Ratszustimmung nicht als sicher dargestellt hat und ein triftiger Grund vorlag, den Vertrag nicht abzuschließen.[1085]

653   Der Grundsatz der unbeschränkten Vertretungsmacht gilt auch für **Prozesshandlungen** des Bürgermeisters, so dass sich die Gemeinde auch Klagen, Klagerücknahmen, Vergleiche etc. zurechnen lassen muss, die dem erklärten Ratswillen widersprechen.[1086] Aufgrund eines Vertretungsmangels unwirksame Prozesshandlungen kann der Hauptverwaltungsbeamte genehmigen und so den Mangel heilen.[1087] Die gesetzliche Vertretungsbefugnis des Bürgermeisters bleibt auch bei der Zugehörigkeit der Gemeinde zu einer Verbandsgemeinde bestehen (vgl. § 96 IV, § 60 II KVG). Nimmt der Bürgermeister Aufgaben wahr, für die die Verbandsgemeinde zuständig ist, so führt dies nicht zur Unwirksamkeit seiner Handlungen.[1088] Auch insoweit sind jedoch die o.g. Ausnahmen sinngemäß zu beachten.

654   Rechtsgeschäfte des Bürgermeisters sind **unwirksam**, wenn die für gemeindliche **Verpflichtungsgeschäfte geltenden Formvorschriften** nicht beachtet werden.[1089] Erklärungen, durch welche die Gemeinde verpflichtet werden soll, bedürfen der Schriftform (§ 71 I 1 KVG). Sie sind, sofern sie nicht gerichtlich oder notariell beurkundet werden, nur rechtsverbindlich, wenn sie vom Bürgermeister handschriftlich unterzeichnet wurden oder von ihm in elektronischer Form mit seiner dauerhaften qualifizierten elektronischen Signatur versehen sind (§ 73 I 2 KVG). Im Fall der Vertretung des Bürgermeisters müssen Erklärungen durch dessen Stellvertreter, den vertretungsberechtigten Beigeordneten oder durch zwei vertretungsberechtigte Beschäftigte handschriftlich unterzeichnet werden oder von ihnen in elektronischer Form mit der dauerhaften qualifizierten elektronischen Signatur versehen sein (§ 73 II KVG).[1090] Eine nur mündlich mit dem Bürgermeister getroffene Vereinbarung ist wegen Verstoßes gegen die Formvorgaben ex tunc nichtig und wegen des Schutz-

---

[1083] Zur Haftung der Gemeinde aus culpa in contrahendo bei Verletzung der Pflicht für eine ordnungsgemäße Vertretung zu sorgen und sich über die Genehmigungpflicht von Verträgen zu erkundigen sowie zum Mitverschulden des Vertragspartners s. OVG LSA, Urt. v. 24.2.2000 – A 2 S 208/98 – juris.

[1084] LG Dessau-Roßlau, Urt. v. 16.3.2012 – 4 O 530/11 – juris Rn. 14.

[1085] LG Dessau-Roßlau, Urt. v. 16.3.2012 a.a.O. Rn. 17.

[1086] Vgl. OVG LSA, Beschl. v. 7.11.2023 – 4 L 93/22 – juris Rn. 34: Vertretungsmacht gilt auch für Prozesshandlungen; *Gern,* Deutsches Kommunalrecht, Rn. 369.

[1087] OVG LSA, Beschl. v. 22.11.2022 – 4 L 239/21 – juris Rn. 59.

[1088] Vgl. VG Dessau, Urt. v. 16.8.2000 LKV 2001, 426 für die Verwaltungsgemeinschaft.

[1089] Zu den Formvorschriften für Erklärungen des Bürgermeisters: *Püttner,* JZ 2002, 197 ff.; *Stelkens,* VerwArch. 2003, 48 ff. (insbes. auch zu § 179 BGB).

[1090] Den Unterschriften soll die Amtsbezeichnung und im Fall des Absatzes 2 ein das Vertretungsverhältnis kennzeichnender Zusatz beigefügt werden (§ 73 III KVG).

zwecks der Formvorgaben ist eine Haftung nach den Grundsätzen über das Verschulden beim Vertragsschluss ausgeschlossen.[1091]

655 Die strengen Formvorschriften für Verpflichtungsgeschäfte **gelten nicht für Erklärungen in Geschäften der laufenden Verwaltung** oder aufgrund einer der nach den beschriebenen Form (§ 73 I-III) ausgestellten Vollmacht (§ 73 IV KVG).[1092]

656 Die Anbringung des **Dienstsiegels** des Bürgermeisters ist nach dem KVG kein Wirksamkeitserfordernis des Verpflichtungsgeschäfts mehr.[1093] Das Siegeln bestimmter Dokumente, etwa aller Genehmigungsbescheide, ist jedoch nach Verwaltungsinnenrecht, etwa aufgrund einer Dienstanweisung, regelmäßig geboten.

657 Verstöße haben bei öffentlich-rechtlichen Verträgen deren **Nichtigkeit** zur Folge.[1094] Nach bisheriger Rspr. des BGH fand die Regelung über die Nichtigkeit formunwirksamer Verträge keine Anwendung und der Bürgermeister haftete für formunwirksame privatrechtliche Erklärungen als Vertreter ohne Vertretungsmacht.[1095] Der BGH sah die Formvorschriften als Zuständigkeitsregelung an. Die formunwirksame privatrechtliche Erklärung sei wegen „Kompetenzüberschreitung" (schwebend) unwirksam, aber heilbar.[1096] Nach neuerer Rspr. sollen im Rahmen der **Regelungen über den Vertreter ohne Vertretungsmacht die Formvorschriften nicht anwendbar** sein.[1097] Ist daher eine vom Bürgermeister abgegebene Verpflichtungserklärung formunwirksam, kann der Bürgermeister somit nicht als Vertreter ohne Vertretungsmacht auf Ersatz des Vertrauensschadens oder Erfüllung in Anspruch genommen werden. Es komme aber eine persönliche Haftung des Bürgermeisters gem. § 839 BGB in Betracht. Wegen der Verletzung der Formvorschriften bestünden keine Amtshaftungsansprüche geschädigter Vertragspartner der Gemeinde, da die Amtspflicht zu formwirksamem Handeln nicht gegenüber Dritten bestehe.[1098] In besonderen Ausnahmefällen könne die Berufung der Gemeinde auf die Formunwirksamkeit gegen Treu und Glauben verstoßen (etwa wenn das zuständige Organ den Vertragsschluss gebilligt hatte).[1099]

658 Der Bürgermeister muss beim Vollzug der Beschlüsse auch sonstige Formvorschriften beachten. Der Vollzug kann daher mehrere in unterschiedlicher Weise formgebundenen Ausführungshandlungen erfordern.

[1091] Zur Vorgängerregelung: OLG LSA, Urt. v. 2.12.2004 – 1 U 50/04 – juris/LKV 2005, 470.

[1092] S. zu Mängeln der rechtsgeschäftlichen Vertretung Koehler-Gehrig, VBlBW 1996, 441; 1997, 12 ff.

[1093] Vgl. im Hinblick auf nach der alten Rechtslage zu beurteilende Altfälle: „1. Nach § 70 Abs. 1 GO LSA a.F. sind Willenserklärungen, durch die die Gemeinde verpflichtet werden soll, nur rechtsverbindlich, wenn sie handschriftlich vom Bürgermeister unterzeichnet und mit dem Dienstsiegel versehen sind (OLG LSA, Beschl. v. 26.11.2018 – 2 U 38/18 – juris Rn. 29/ZfBR 2020, 196). „§ 70 Abs. 1 GO LSA, wonach Verpflichtungsgeschäfte der Gemeinde vom Bürgermeister unterzeichnet und mit Dienstsiegel versehen sein müssen, enthält keine Formvorschrift, sondern regelt die Vertretungsmacht, sodass die Genehmigung durch den Gemeinderat möglich ist" (OLG LSA, Urt. v. 11.6.2018 – 1 U 2/18 – juris Rn. 22).

[1094] §§ 59 VwVfG i.V.m. § 125 BGB.

[1095] BGH, Urt. v. 22.6.1989 NVwZ 1990, 403 (406); Urt. v. 13.10.1983 NJW 1984, 606; *Vogel,* JuS 1999, 966.

[1096] Zu dieser früheren Rspr. *Ludwig/Lange,* NVwZ 1999, 136 ff.; *Gern,* Deutsches Kommunalrecht, Rn. 370.

[1097] BGH, Urt. v. 10.5.2001 – III ZR 111/99 – NJW 2001, 2626.

[1098] *Gern,* Deutsches Kommunalrecht, Rn. 371.

[1099] BGH, Urt. v. 10.5.2001 – III ZR 111/99 – NJW 2001, 2626; Urt. v. 6.7.1995 DVBl. 1996, 371; *Gern,* Deutsches Kommunalrecht, Rn. 371.

659 Die Äußerungen des Bürgermeisters im Rahmen der Vertretung nach außen und der Repräsentation der Gemeinde (sowie bei allem übrigen Handeln in Ausführung seines öffentlichen Amtes) sind grundsätzlich amtliche Äußerungen, d.h. dem öffentlichen Recht unterliegende Äußerungen in seiner amtlichen Eigenschaft. Von diesen **amtlichen Äußerungen** bzw. Äußerungen in amtlicher Eigenschaft sind rein private Äußerungen abzugrenzen, die nicht in Wahrnehmung von Zuständigkeiten erfolgen. Der Bürgermeister muss bei seinen amtlichen Äußerungen ebenso wie bei der Vornahme von Rechtsakten auf deren Rechtmäßigkeit achten. Bei Äußerungen im Wahlkampf ergibt sich eine besondere Spannungslage.[1100] Äußerungen sind nur innerhalb der Verbandskompetenz der Gemeinde zulässig.

660 Der Hauptverwaltungsbeamte darf bei seinen amtlichen Äußerungen insbesondere nicht gegen **Strafgesetze** verstoßen (Verbot der Beleidigung, üblen Nachrede, Verleumdung, Volksverhetzung etc.). Die Opfer von Beleidigungsdelikten können vom Bürgermeister den Widerruf ehrverletzender Meinungsäußerungen verlangen, wenn er diese als Privatperson kundgetan hat. Hingegen richtet sich der Anspruch gegen die Gemeinde, wenn es um ehrverletzende Meinungsäußerungen geht, die der Bürgermeister mit unmittelbarem Bezug zur Wahrnehmung von Amtsgeschäften gemacht hat.[1101]

661 Stellen sich amtliche Äußerungen als Eingriffe in grundrechtlich geschützte Rechtspositionen oder sonstige subjektive öffentliche Rechte dar, ohne dass den jeweiligen Rechtsinhaber eine Duldungspflicht trifft und besteht die Gefahr der Wiederholung, steht ihm ein (ungeschriebener) **öffentlich-rechtlicher Abwehranspruch** gegen die Körperschaft zu, für die der kommunale Amtsträger handelt.[1102] Amtliche Äußerungen mögen Persönlichkeitsrechte (i.S.v. Art. 1 I i.V.m. Art. 2 I GG) verletzen, als unwahre geschäftsschädigende Äußerungen in den eingerichteten und ausgeübten Gewerbebetrieb eingreifen (geschützt durch Art. 14 I) oder sonst unzulässige faktische Grundrechtseingriffe in andere Grundrechtspositionen darstellen. Der Anspruch richtet sich auf Unterlassung derartiger Äußerungen und kann sich ebenso auf den Widerruf richten, wenn ein Rehabilitationsinteresse besteht. Ob eine konkrete Wiederholungsgefahr besteht, beurteilt sich nach den Gesamtumständen des Einzelfalls.[1103] Maßgeblich sind insoweit vor allem die Schwere des Eingriffs, die Umstände der verletzenden Handlung, der fallbezogene Grad der Wahrscheinlichkeit einer Wiederholung und die Motivation des Rechtsverletzers.[1104]

> **Bsp.:** Eine unbegründete amtliche Warnung vor dem Kauf bestimmter Produkte bzw. die öffentliche Empfehlung, von einem privaten Leistungsanbieter keine Leistungen in Anspruch zu nehmen, kann Widerrufs- und Unterlassungsansprüche (sowie Schadensersatzansprüche) auslösen.

[1100] Vgl. *Krebs*, Kommunale Wahlbeamte zwischen politischem Meinungskampf und dienstrechtlicher Zähmung – Zur Reichweite ihrer Äußerungsfreiheit anhand eines aktuellen Praxisbeispiels, VBlBW 2024, 1-8.

[1101] Vgl. zum Folgenbeseitigungsanspruch insoweit Faber, NVwZ 2003, 159 ff.

[1102] BVerwG, Beschl. v. 11.11.2010 – 7 B 54/10 – juris Rn. 14; OVG LSA, Beschl. v. 26.1.2001 – 4 M 162/20 – juris Rn. 2.

[1103] OVG LSA, Beschl. v. 26.1.2021 a.a.O. Rn. 2

[1104] OVG LSA, Beschl. v. 26.1.2021 a.a.O.

662 Mit Zusagen, einen bestimmten Verwaltungsakt zu erlassen, muss sich der Bürgermeister zurückhalten, wenn die Voraussetzungen für den Erlass des Verwaltungsaktes von der Kommunalverwaltung noch nicht abschließend geprüft sind. Die mündliche Zusage begründet zwar keinen Anspruch auf Erlass des Verwaltungsakts, kann aber zu Schadensersatzansprüchen führen.

663 Handelt der Bürgermeister **ohne Organkompetenz** bzw. überschreitet der Bürgermeister die Grenzen seiner Organkompetenz, muss nach den Folgen der fehlenden Organzuständigkeit im Innen- und im Außenverhältnis unterschieden werden. Im Innenverhältnis sind die kompetenzwidrigen Maßnahmen nichtig.[1105] Nach außen können diese allerdings wirksam sein (vgl. § 60 II KVG). Die Fehlerfolgen beurteilen sich hier ausgehend von der unbeschränkten Vertretungsmacht des Bürgermeisters nach der Rechtsnatur der Maßnahme.

cc) Informationspflicht gegenüber den Einwohnern

664 Der Bürgermeister soll die Einwohner (soweit hiervon betroffen) über allgemein bedeutsame Angelegenheiten der Gemeinde in geeigneter Form **unterrichten** (§ 28 I 1 KVG) und kann zu diesem Zweck eine **Einwohnerversammlung** einberufen, die auf Teile des Gemeindegebietes beschränkt werden kann (§ 28 I 2 KVG). Die Unterrichtungsaufgabe ist als Regelpflicht ausgestaltet, so dass der Bürgermeister nur im atypischen Fall von der Unterrichtung der betroffenen Einwohner über die allgemein bedeutsamen Angelegenheiten absehen darf.

f) Vertretung des Bürgermeisters

665 Der Bürgermeister ist zwar das einzige Außenorgan der Gemeinde, jedoch kann er naturgemäß nicht alle seine Zuständigkeiten nach außen persönlich wahrnehmen. Es bedarf daher anderer Bediensteter der Gemeinde, die für ihn Zuständigkeiten nach außen wahrnehmen. Diese können auch berechtigt sein, ihrerseits die Zuständigkeit auf Dritte zu delegieren. Die Vertretung des Bürgermeisters kommt in unterschiedlichen Rechtsformen vor. Man unterscheidet die allgemeine Vertretung durch Beigeordnete (und von ihnen Beauftragte) sowie die Beauftragung sonstiger Beschäftigter durch den Bürgermeister (allgemein oder im Einzelfall).

666 Der Bürgermeister wird im Verhinderungsfall nach außen wie nach innen von einem Beschäftigten der Gemeinde vertreten (**allgemeiner Vertreter des Bürgermeisters**). In Gemeinden ohne Beigeordnete wählt der Rat einen Beschäftigten als allgemeinen Vertreter des Bürgermeisters für den Verhinderungsfall (§ 67 I KVG). In Gemeinden mit einem Beigeordneten ist dieser der allgemeine Vertreter des Bürgermeisters (§ 67 II 1 KVG). In Gemeinden mit mehreren Beigeordneten legt der Rat die Reihenfolge der Vertreter in gesonderten Wahlgängen fest (§ 67 II 2 KVG). Dies gilt auch für die kreisfreien Städte. Der Rat kann aus dem Kreis der Beschäftigten weitere Vertreter des Bürgermeisters für den Verhinderungsfall wählen (§ 67 III 1 KVG).[1106] In Sitzungen der Vertretung hat der allgemeine Vertreter bei Verhinderung des Hauptverwaltungsbeamten Rederecht und das Recht auf

---

[1105] *Gern,* Deutsches Kommunalrecht, Rn. 432; a.A. *Ehlers,* NVwZ 1990, 108.

[1106] § 66 III 2 KVG: „Absatz 2 Satz 2 gilt entsprechend." (d.h. „In Kommunen mit mehreren Beigeordneten legt die Vertretung die Reihenfolge der Vertreter in gesonderten Wahlgängen fest.").

Einbringung von Anträgen zu Verhandlungsgegenständen der Sitzung sowie auf Anträge zur Geschäftsordnung (§ 67 IV 1 KVG). Er hat kein Stimmrecht (§ 67 IV 2 KVG).

667 Das KVG lässt auch die sog. **Beauftragung Dritter** durch den Bürgermeister zu. Der Bürgermeister kann Beschäftigte mit seiner Vertretung in bestimmten Aufgabengebieten oder in einzelnen Angelegenheiten der Verwaltung der Kommune beauftragen (§ 72 I 1 KVG). Diese Befugnis kann er auf Beigeordnete für deren Geschäftskreis übertragen (§ 72 I 2 KVG). Der Bürgermeister kann in einzelnen Angelegenheiten rechtsgeschäftliche Vollmacht erteilen (§ 72 II 1 KVG). Diese Befugnis kann er auf Beigeordnete für deren Geschäftskreis übertragen (§ 72 II 2 i.V.m. § 72 I 2 KVG). Im Einzelfall kann sich daher eine Kette der Übertragung von Vertretungsmacht ergeben

> **Bsp.:** Stadt X, gesetzlich vertreten durch den Bürgermeister B, dieser im Aufgabengebiet Schulangelegenheiten vertreten durch den Beigeordneten S, dieser kraft besonderer Vollmacht vertreten durch die Bedienstete Frau M

Die Vollmacht für einen Dritten muss bei punktuellen Vertretungen auf eine Erklärung des Bürgermeisters gegenüber dem Vollmachtnehmer zurückgeführt werden können.[1107]

g) Dienstpflichtverletzungen und Haftung

668 Den Bürgermeister treffen bei der Wahrnehmung der beschriebenen Aufgaben zahlreiche **Dienstpflichten** bzw. Amtspflichten. Er ist verpflichtet nur innerhalb seiner Zuständigkeit zu handeln und hat die allgemeine Amtspflicht zu rechtmäßigen Handeln (vgl. § 36 I BeamtStG).

> **Bsp.:** Verstöße gegen das Vergabeecht stellen einen Verstoß gegen Dienstpflicht zum rechtmäßigen Handeln dar

Er hat die Amtspflicht zum formwirksamen Handeln (vgl. § 71 KVG) und zum Widerspruch gegen die nach seiner Überzeugung rechtswidrige Beschlüsse (vgl. auch § 65 III 8 KVG).

> **Bsp.:** Der Bürgermeister muss einem Beschluss des Rats zur Wahl eines Beigeordneten widersprechen, wenn er der Überzeugung ist, dass die Wahl rechtswidrig ist.

Hinzu treten nach Ansicht der Rspr. ungeschriebene Pflichten zum organtreuen Handeln, zur gegenseitigen Rücksichtnahme und die Amtspflicht zum konsequenten Amtshandeln.[1108]

669 Fügt der Bürgermeister in Ausübung seines Amtes unter Verletzung einer drittbezogenen Amtspflicht Dritten Schaden zu, so haben diese gegen die Gemeinde als Anvertrauenskörperschaft Anspruch auf Schadensersatz (**Amtshaftung** gem. Art. 34 S. 2 GG i.V.m. § 839 BGB). Voraussetzung hierfür ist ein öffentlich-rechtliches Tätigwerden des Bürgermeisters (bzw. der von ihm Beauftragten). Dies ist etwa nicht anzunehmen, wenn der Bürgermeister für die Gemeinde als Gesellschafterin eines gemischt-wirtschaftlichen Unternehmens handelt. Hat die Gemeinde schuldhaft das Scheitern eines Vertrages bewirkt, weil sie die erforderliche aufsichtliche Genehmigung für das Rechtsgeschäft nicht erhält und erleidet der Vertragspartner hierdurch einen Schaden, kommt eine Haf-

---

[1107] OVG LSA, Urt. v. 24.2.2000 – 2 A 208/98 – juris Ls Nr. 2.
[1108] Hierzu bereits oben Rn. 593.

tung der Gemeinde nicht aus Amtshaftung, sondern allein wegen Verschuldens bei Vertragsschluss in Betracht.[1109]

670 Verletzt ein hauptamtlicher Bürgermeister vorsätzlich oder grob fahrlässig die ihm obliegenden Pflichten, hat er der Gemeinde den ihr daraus entstehenden Schaden kraft Beamtenrechts zu ersetzen. Hieraus folgt auch ein beamtenrechtlicher Regressanspruch der Gemeinde gegen den Bürgermeister nach dem jeweiligen Landesbeamtengesetz.

671 Unter einem **Dienstvergehen** versteht man die schuldhafte Verletzung einer einem Beamten obliegenden Pflicht.[1110] Die allgemeinen Dienstpflichten ergeben sich aus dem Beamtenstatusgesetz.[1111] Ein Verhalten des Bürgermeisters außerhalb des Dienstes ist ein Dienstvergehen, wenn es nach den Umständen des Einzelfalles in besonderem Maße geeignet ist, Achtung und Vertrauen in einer für sein Amt oder das Ansehen des Beamtentums bedeutsamen Weise zu beeinträchtigen.

> **Bsp.**: stark betrunkener Bürgermeister pöbelt auf einem Stadtfest mit Gästen der französischen Partnerstadt und berührt eine Auszubildende absichtlich im Schritt

672 Für Dienstvergehen hauptamtlicher Bürgermeister gilt das Disziplinargesetz des Landes. Das **Disziplinarverfahren** wird von der Kommunalaufsichtsbehörde eingeleitet. Es ist einzuleiten, wenn der Verdacht eines Dienstvergehens besteht (vgl. § 17 I 1 DG LSA). Nicht disziplinarwürdig sind **Bagatellverfehlungen**, die etwa bei Kompetenzverletzungen nicht ausgeschlossen sind.[1112] Andererseits müssen keine besonders schweren Verfehlungen vorliegen. So bedarf es etwa für eine Entfernung aus dem Beamtenverhältnis nicht der Begehung von Straftaten. Das Vertrauen in die sachgerechte Erfüllung der dem Beamten obliegenden Pflichten kann auch dann irreparabel beschädigt und endgültig entfallen sein, wenn ein schwerwiegendes Fehlverhalten unterhalb der Strafbarkeitsschwelle vorliegt.[1113] Welche Disziplinarmaßnahme notwendig ist, richtet sich nach der Schwere des Dienstvergehens (§ 13 I DG LSA). Die Maßnahme muss in Abwägung aller belastenden wie entlastenden Umstände im Ergebnis in einem gerechten Verhältnis zur Schwere des Vergehens wie zum Verschulden stehen.[1114]

[1109] OLG Sachsen-Anhalt, Urt. v. 11.3.1998 – 5 U 1705/97 – juris (Ls.): „1. Ist eine Gemeinde in Sachsen-Anhalt an einer GmbH beteiligt, die Recycling-Anlagen errichtet und betreibt, und bestellt sie in Erfüllung eines einseitigen Sicherungsvertrages Grundschulden an gemeindlichen Wohngrundstücken zur Sicherung der dieser GmbH gewährten Kredite, wobei sie aber verschweigt, daß ihr das Landratsamt die Genehmigung solcher Grundstücksbelastungen versagt hatte, haftet sie gegenüber der GmbH nach Scheitern der Grundpfandrechtsbestellung nicht aus Amtspflichtverletzung gemäß BGB § 839, GG Art 34, denn sie hat bei der Grundpfandrechtsbestellung nicht hoheitlich gehandelt. Ebenso wie die Beteiligung der Gemeinde an der GmbH ist die Bestellung von Grundpfandrechten zur Kreditsicherung dem Bereich fiskalischer Tätigkeit zuzuordnen. 2. Ein Schadenersatzanspruch der GmbH gegen die Gemeinde wegen deren pflichtwidrigen Verhaltens folgt aber aus den Grundsätzen des Verschuldens bei Vertragsschluß, denn die Gemeinde hätte der GmbH offenbaren müssen, daß das Landratsamt die Genehmigung zur Belastung gemeindlicher Wohngrundstücke mit Grundpfandrechten untersagt hatte. Die Versagung der Genehmigung hinderte nämlich die Wirksamkeit der Grundschuldbestellung gemäß GO LSA § 140 Abs 5 (juris: GemO ST). Auf einen derart wesentlichen Gesichtspunkt mußte die Gemeinde auch im Rahmen eines einseitigen Sicherungsvertrages hinweisen."
[1110] Art 84 I BayBG; § 83 I LBG NRW; § 85 I LBG RLP; § 77 I BG LSA.
[1111] S. hierzu Rn. 602, 607, 671.
[1112] OVG LSA, Urt. v. 6.7.2022 – 10 L 1/21 – juris Rn. 128.
[1113] OVG LSA, Beschl. v. 19.2.2024 – 10 M 18/23 – juris Rn. 32.
[1114] BVerwG, Urt. v. 24.10.2019 – 2 C 3.18 – juris; OVG LSA, Urt. v. 6.7.2022 a.a.O. Rn. 144.

Bsp.: vorläufige Dienstenthebung und Einbehaltung von 50 % der Dienstbezüge eines Bürgermeisters, weil dieser Gemeindegrundstück ohne Verkehrswertgutachten und unter Wert verkauft;[1115] Entfernung oder Entfernenlassen von Unterlagen aus der Stadtverwaltung und das spätere Verschweigen wesentlicher Umstände zum Aufenthaltsort der Unterlagen sowie die sachliche Einflussnahme auf das Rechnungsprüfungsamt durch das Erzwingen einer Änderung des Prüfberichts wiegen schwer und indizieren schon jeweils für sich genommen eine Entfernung aus dem Beamtenverhältnis.[1116]

Setzt sich das Dienstvergehen aus mehreren Dienstpflichtverletzungen zusammen, richtet sich die Bemessung der Maßnahme in erster Linie nach der schwersten Verfehlung.[1117]

673 Die Vorschriften über die besonderen Dienstpflichten gem. §§ 32, 33 KVG gelten für den Bürgermeister analog (vgl. § 71 KVG). § 32 V KVG verweist auf § 31 II KVG, so dass der Bürgermeister bei Verletzung dieser Pflichten **ordnungswidrig** handelt und gegen ihn ein Bußgeld verhängt werden kann.

674 Der Bürgermeister ist strafrechtlich verantwortlich für sog. **Amtsdelikte**.[1118] Dabei kann es sich um sog. echte Amtsdelikte handeln, die ausschließlich von Amtsträgern begangen werden können.

Bsp.: Falschbeurkundung im Amt (§ 348 StGB), Abgabenüberhebung und Leistungskürzung (§ 353 StGB), Vorteilsannahme (§ 331 StGB), Bestechlichkeit (§ 332, § 335 StGB), Vorteilsgewährung (§ 333 StGB), Bestechung (§ 334, § 335 StGB), Verletzung des Dienstgeheimnisses und einer besonderen Geheimhaltungspflicht (§ 353b StGB), Verletzung des Steuergeheimnisses (§ 355 StGB)

Diese sind zu unterscheiden von den sog. unechten Amtsdelikten, d.h. Delikten, die allgemein strafbar sind, aber bei Amtsträgern zu einem höheren Strafmaß führen.

Bsp.: Körperverletzung im Amt (§ 340 StGB); Strafvereitelung im Amt (§ 258a StGB), Verwahrungsbruch im Amt (§ 133 III StGB), Sexueller Missbrauch unter Ausnutzung einer Amtsstellung (§ 174b StGB), Nötigung unter Missbrauch der Amtsbefugnisse oder der -stellung (§ 240 IV 2 Nr. 2 StGB).

675 Im Übrigen kann sich der Bürgermeister im Rahmen seiner Amtsführung auch nach sonstigen Straftatbeständen strafbar machen. Zu nennen sind etwa die **Untreue** (§ 266 StGB)[1119] sowie die Urkundenfälschung § 267 StGB.

Bsp.: Ein OB begeht Untreue, wenn er nach Amtsantritt Kommunalpolitiker in seinen Stab beruft, die ihn bei der Wahl unterstützt haben, wenn er ihnen mit mindestens bedingtem Vorsatz eine eindeutig überhöhte Erfahrungsstufe zuerkennt. Es liegt aber keine Untreue vor, wenn er nach seinem Amtsantritt mehrere Stellen seines Stabes ohne vorherige Ausschreibung neu be-

---

1115 Vgl. etwa VG Magdeburg, Beschl. V. 26.5.2016 – 15 B 8/16 – Rechtsprechungsdatenbank Sachsen-Anhalt.

1116 OVG LSA, Urt. v. 6.7.2022 – 10 L 1/21 –juris Rn. 147.

1117 BVerwG, Urt. v. 23.2.2005 – 1 D 1.04 – juris; OVG LSA, Urt. v. 6.7.2022 a.a.O. Rn. 145; Urt. v. 15.7.2021 – 10 L 4/19 – juris.

1118 Näher: *Brüning*, Strafbarkeit kommunaler Amts- und Mandatsträger, in: Brüning, Die Haftung der kommunalen Entscheidungsträger, 2. Aufl., 2013; s.a. *Meyer*, Korruption in kommunalen Verwaltungen: Ein kriminologischer Beitrag zur Verwaltungswissenschaft, 2017

1119 Näher: *Hinrichs*, Zur Untreuestrafbarkeit gemeindlicher Vertreter, 2011.

setzt, selbst die Prüfung der Erfahrungsstufen nach § 16 II 3 TvÖD vornimmt und sie in die Erfahrungsstufe 5 einordnet (Fall OB Wiegand).[1120]

4. Personal und Aufbau der Gemeindeverwaltung

a) Unterschied zwischen Einheits- und Mitgliedsgemeinden

676 Im Hinblick auf Aufbau und Personal der Gemeinden bestehen **grundlegende Unterschiede zwischen Einheitsgemeinden und Mitgliedsgemeinden** von Verbandsgemeinden. Während Einheitsgemeinden über eine eigene Gemeindeverwaltung verfügen, fehlt bei Mitgliedsgemeinden ein Verwaltungsunterbau unter dem Bürgermeister nahezu völlig. Die Aufgaben der Gemeindeverwaltung werden in Mitgliedsgemeinden von Verbandsgemeinden ausschließlich von der Verbandsgemeindeverwaltung erledigt (§ 97 Satz 1 KVG). Die Mitgliedsgemeinden haben daher auch keine Kompetenz, durch Ratsbeschluss der Verbandsgemeindeverwaltung verbindliche Vorgaben für die Wahrnehmung ihre Amtsgeschäfte zu machen.[1121]

677 Der **Mitgliedsgemeinde** ist auf ihren Antrag eine **Bürokraft** zur Unterstützung des Bürgermeisters zur Verfügung zu stellen (§ 97 Satz 2 KVG). Die Mitgliedsgemeinde erstattet der Verbandsgemeinde die Personalkosten aus dieser Verwendung (§ 97 Satz 3 KVG). Soweit eine Bürokraft mehreren Mitgliedsgemeinden zur Verfügung gestellt wird, sind die Personalkosten von den Mitgliedsgemeinden anteilig zu tragen (§ 97 Satz 4 KVG). Der Einsatz der Bürokraft erfolgt im Einvernehmen zwischen dem Verbandsgemeindebürgermeister und dem Bürgermeister (§ 97 Satz 1 HS 1 KVG). Die Bürokraft ist „Dienerin zweier Herren": der Bürgermeister ist hinsichtlich der Gemeindeangelegenheiten Vorgesetzter der Bürokraft (§ 97 Satz 5 HS 2 KVG); im Hinblick auf übertragene Angelegenheiten ist der Verbandsgemeindebürgermeister Vorgesetzter.

b) Beigeordnete

678 In Mitgliedsgemeinden von Verbandsgemeinden sind keine Beigeordneten vorgesehen (vgl. § 97 Satz 1 KVG). In kreisfeien Städten und Einheitsgemeinden aber wären Bürgermeister (bzw. Oberbürgermeister) mit der Aufgabe völlig überfordert, in allen gemeindlichen Zuständigkeitsbereichen tatsächlich die Geschäfte der Gemeinde zu leiten und zahllose Leitungsentscheidungen zu treffen, Weisungen und Unterschriftsleistungen vorzunehmen, Fragen und Bitten nachgeordneter Amtsträger selbst zu bearbeiten etc. Daher ist eine ständige Vertretung des Bürgermeisters in bestimmten Geschäftskreisen erforderlich. Aus diesem Grunde lassen die Kommunalverfassungen die Wahl und Bestellung von hauptamtlichen Beigeordneten zu.[1122] In Sachsen-Anhalt können Gemeinden und Verbandsgemeinden mit mehr als 25.000 Einwohnern außer dem Hauptverwaltungsbeamten **einen Beigeordne**ten in das Beamtenverhältnis auf Zeit berufen, wenn die Hauptsatzung dies vorsieht (§ 68 I KVG). Kreisfreie Städte können mehrere Beigeordnete in das Beamtenverhältnis auf Zeit berufen, wenn die Hauptsatzung dies vorsieht (§ 68 I KVG). Der Beigeordnete (bzw. mindestens ein

---

[1120] LG Magdeburg, Urt. v. 6.10.2017 – 24 KLs 901 Js 14285/13 u.a. – juris Rn. 201.

[1121] VG Magdeburg, Urt. v. 31.8.2017 – 9 A 703/15 – juris Rn. 18.

[1122] Hierzu: *Beck*, LKV 1994, 393 ff.; *Müller*, Die Personalvertretung 1995, 4 ff.; *Wolter*, Der Beigeordnete. Amt und Rechtsstellung in der geschichtlichen Entwicklung, 1978.

Beigeordneter im Fall der kreisfreien Stadt) muss die Befähigung zur Laufbahn des allgemeinen Verwaltungsdienstes der Laufbahngruppe 2, zweites Einstiegsamt, oder zum Richteramt haben, sofern nicht der Hauptverwaltungsbeamte oder ein leitender Beschäftigter der Kommune diese Voraussetzung erfüllt (§ 68 II KVG). Die Beigeordneten in Städten (und Kreisen) führen oft die Bezeichnung „Dezernent". Ihren Geschäftskreis nennt man in diesem Fall „Dezernat".

679 Beigeordnete sind auf die Dauer von **sieben Jahren** als hauptamtliche Beamte zu bestellen (Wahl des Beigeordneten gem. § 69 I 1 KVG).[1123] Für die Wahl gilt die Regelung über die Stellenausschreibung (§ 63 I und II 1 KVG) entsprechend (§ 69 II 1 KVG). Die Vertretung kann aber im Einvernehmen mit dem Bürgermeister beschließen, von der Ausschreibung abzusehen, wenn der bisherige Stelleninhaber bereit ist, sich erneut zur Wahl zu stellen (§ 69 II 2 KVG).[1124] Beigeordnete können aufgrund eines von mindestens zwei Dritteln der Mitglieder des Rats gestellten Antrages und eines mit einer Mehrheit von mindestens drei Vierteln der Mitglieder des Rats zu fassenden Beschlusses vorzeitig abgewählt werden (**vorzeitige Abwahl** gem. § 69 III 1 KVG).[1125]

680 Der Bestellung von Beigeordneten bzw. ihrer Amtsausübung nach Bestellung können rechtliche **Hinderungsgründe** entgegenstehen. So dürfen Beigeordnete weder miteinander noch mit dem Bürgermeister in einem familienrechtlichen Verhältnis als Ehegatte, Eltern, Kinder oder Geschwister stehen oder eine eingetragene Lebenspartnerschaft führen oder als persönlich haftende Gesellschafter an derselben Handelsgesellschaft beteiligt sein (§ 70 Satz 1 KVG). Entsteht ein solches Verhältnis zwischen dem Bürgermeister und einem Beigeordneten oder zwischen Beigeordneten, ist der Beigeordnete, im Übrigen der an Dienstjahren Jüngere in den einstweiligen Ruhestand zu versetzen (§ 70 Satz 2 KVG).

681 Die Gemeinderäte müssen sich bei der Wahl eines hauptamtlichen Beigeordneten vom Prinzip der Bestenauslese gem. **Art. 33 II GG** leiten lassen, jedoch unterliegt dieses Prinzip wahlbedingten Modifikationen[1126] und die einzelnen Wahlentscheidungen selbst sind nicht gerichtlich überprüfbar.[1127] Da ein zu wählender Beigeordneter künftig vertrauensvoll mit dem Bürgermeister zusammenarbeiten muss, soll das Votum des Bürgermeisters zu Bewerbern bei der Wahl Berücksichtigung finden und darf ein Auswahlkriterium sein.[1128] Der Rat kann sog. konstitutive Anforderungsprofilmerkmale verlangen, wozu allerdings nicht gehört, dass ein Bewerber über mehrjährige Erfahrungen in Führungspositionen der kommunalen Selbstverwaltung verfügen muss.[1129] Eine Begründungspflicht für die Wahlentscheidung besteht nicht.[1130] Der Bewerbungsverfahrensanspruch der Mitbewerber

---

[1123] Die Beigeordneten werden im Benehmen mit dem Hauptverwaltungsbeamten von der Vertretung je in einem besonderen Wahlgang gewählt (§ 69 I 2 KVG). § 39 Abs. 4 des Landesbeamtengesetzes findet keine Anwendung (§ 69 I 3 KVG).

[1124] Im Fall der Wiederwahl gilt § 61 Abs. 2 Satz 2 entsprechend (§ 69 II 3 KVG).

[1125] § 56 IV 2-4 findet insoweit keine Anwendung (§ 69 III 2 KVG). Der Beschluss über die Abwahl darf frühestens drei Tage nach der Antragstellung in der Vertretung gefasst werden (§ 69 III 3 KVG).

[1126] OVG LSA, Beschl. v. 6.4.2017 – 1 M 38/17 – juris Rn. 7.

[1127] OVG LSA, Beschl. v. 6.4.2017 a.a.O. Rn. 9.

[1128] OVG LSA, Beschl. v. 6.4.2017 a.a.O. Rn. 8.

[1129] OVG LSA, Beschl. v. 6.4.2017 a.a.O. Rn. 17 und 21.

[1130] OVG LSA, Beschl. v. 6.4.2017 a.a.O. Rn. 9.

beinhaltet, das sich die Ratsmitglieder einen Eindruck von Eignung und Befähigung sowie fachlicher Leistung der Bewerber verschaffen, d.h. Zugang zu allen insoweit relevanten Bewerbungsunterlagen erhalten.[1131] Dieser Zugang muss schriftlich dokumentiert werden und aus den Akten hervorgehen.[1132]

682   Die Ausgestaltung des Amtes des Beigeordneten ist in anderen Kommunalverfassungen unterschiedlich geregelt. In **Bayern** z.B. wählt der Gemeinderat aus seiner Mitte für die Dauer seiner Amtszeit einen oder zwei weitere Bürgermeister[1133]. Diese sind Ehrenbeamte, wenn nicht durch Satzung bestimmt ist, dass sie Beamte auf Zeit sein sollen. Sie vertreten den Bürgermeister im Fall seiner Verhinderung und können im Rahmen der Geschäftsverteilung weitere Befugnisse durch den ersten Bürgermeister erhalten[1134]. In **Nordrhein-Westfalen** wird die Zahl der Beigeordneten durch die Hauptsatzung festgelegt und diese werden vom Rat gewählt[1135]. Der Rat bestellt einen Beigeordneten zum Vertreter des Bürgermeisters[1136]. Die Beigeordneten vertreten den Bürgermeister in ihrem Arbeitsgebiet und können weitere Arbeitsgebiete übertragen bekommen[1137]. Auch in **Rheinland-Pfalz** werden die Beigeordneten vom Gemeinderat gewählt.[1138] Der erste Beigeordnete ist Vertreter des Bürgermeisters im Verhinderungsfall. Der Bürgermeister kann den Beigeordneten einzelne Geschäftsbereiche übertragen, bei hauptamtlichen Beigeordneten muss er dies.

683   Der Beigeordnete vertritt den Bürgermeister ständig in seinem Geschäftskreis (**Ressortprinzip** gem. § 68 III 1 KVG). Die besonderen Dienstpflichten nach den §§ 32 und 33 KVG gelten für den die Beigeordneten entsprechend (§ 71 KVG). Der Bürgermeister kann Beigeordneten allgemein oder im Einzelfall Weisungen erteilen (**Weisungsrecht** gem. § 68 III 2 KVG). Gegen Weisungen, die das Recht verletzen, hat der Beigeordnete zu remonstrieren.[1139]

684   Nicht ausdrücklich geregelt ist, ob der Bürgermeister die Angelegenheit jederzeit an sich ziehen kann oder ob er auf Weisungen beschränkt ist. In den verfassungsrechtlichen Grenzen, insbesondere des Willkürverbots, ist ein **ungeschriebenes Selbsteintrittsrecht** des Bürgermeisters anzuerkennen.[1140] Dies ist jedenfalls im Hinblick auf geschäftskreisübergreifende Angelegenheiten anerkannt. Besonders fragwürdig ist es indes, wenn der Bürgermeister gegen den Willen des Dezernenten und des Sachbearbeiters eine Entscheidung an sich zieht und auch entgegen dem Willen der Fachvertreter entscheidet bzw. deren Entscheidung wieder aufhebt. Ein solches Verhalten kann Anlass geben,

---

[1131] OVG LSA, Beschl. v. 6.4.2017 a.a.O. Rn. 12.
[1132] OVG LSA, Beschl. v. 6.4.2017 a.a.O. Rn. 12.
[1133] Art. 35 GO Bay
[1134] Art. 39 GO Bay
[1135] § 71 I GO NRW
[1136] § 68 I 1 GO NRW
[1137] § 68 II, III GO NRW
[1138] § 53a I GemO RLP
[1139] Für die Remonstration von Beamten gilt § 36 II BeamtStG. S. näher *Felix*, Das Remonstrationsrecht und seine Bedeutung für den Rechtsschutz des Beamten, 1993; *Romann*, Remonstrationsrecht und Remonstrationspflicht im Beamtenrecht, 1996
[1140] *Gern*, Deutsches Kommunalrecht, Rn. 391; *Kluth*, in: Wolff/Bachof/Stober/Kluth, Verwaltungsrecht II, § 97 Rn. 147.

die Entscheidung durch die Dienst- oder Kommunalaufsicht straf- und dienstrechtlich prüfen zu lassen.[1141]

685 Ungeregelt ist auch, ob es einen geschützten „Kernbereich" der Aufgaben des Beigeordneten gibt, der vor einer Aushöhlung durch den Bürgermeister geschützt ist.[1142] Es ist jedenfalls weder mit den Statusrechten als Beamter[1143] noch mit der kommunalverfassungsrechtlichen Stellung des Beigeordneten in Einklang zu bringen, wenn dem Beigeordneten nahezu alle Aufgaben entzogen werden (sog. „Kaltstellen"). Eine Disziplinierung des Beigeordneten durch Aufgabenentzug ist auch deswegen sachwidrig und damit ermessensfehlerhaft, weil insoweit das Disziplinarrecht die gesetzlichen Instrumente vorhält.

686 Werden bei der Beigeordnetenwahl Mitgliedschaftsrechte von Ratsmitgliedern verletzt, können diese im Wege der Feststellungsklage die Rechtsverletzung feststellen lassen. Bei der Konkurrenz um eine Wahlbeamtenstelle in der Kommunalverwaltung hat der unterlegene Bewerber kein subjektives Recht auf Einhaltung des Wahlverfahrens.[1144]

c) Gemeindebedienstete neben Bürgermeister und Beigeordneten

687 Die Gemeinde verfügt neben Bürgermeister und (einem bzw. mehreren) Beigeordneten über weiteres Personal in Gestalt von Beschäftigten und (eventuell) auch von Beamten (sofern sie nicht Mitgliedsgemeinde einer Verbandsgemeinde ohne Verwaltungsunterbau ist). Alle Amtsträger der Gemeinde, die in einem (öffentlich-rechtlichen) Beamtenverhältnis oder einem (privatrechtlichen) Beschäftigtenverhältnis zur Gemeinde stehen, können unter den Oberbegriff **„Gemeindebedienstete"** zusammengefasst werden. Die Gemeinde beruft das Personal bzw. stellt das Personal auf Grundlage ihrer Personalhoheit im Rahmen der gesetzlichen Vorschriften an.

688 Das KVG regelt die Notwendigkeit bestimmter Fachkräfte. So sind die Gemeinden verpflichtet, die zur Erfüllung ihrer Aufgaben **erforderlichen geeigneten Beschäftigten**[1145] einzustellen (vgl. § 75 I 1 KVG).[1146] Die Gemeinde muss auch die Dienstkräfte und Einrichtungen zur Verfügung stellen, die für die Erfüllung der Aufgaben des übertragenen Wirkungskreises erforderlich sind (§ 6 IV 1 KVG).[1147]

[1141] Nur in seltenen Fällen ist indes eine Vorteilsannahme gem. § 331 StGB oder gar eine Bestechlichkeit gem. § 332 StGB nachweisbar. Die begünstigende Diensthandlung aus „Freundschaft" bzw. für irgendeinen unbestimmten Vorteil in der Zukunft ist strafrechtlich nicht erfasst.

[1142] Hierzu *Gern*, Deutsches Kommunalrecht, Rn. 391.

[1143] Vgl. BVerwG, Urt. v. 28.11.1991 BVerwGE 89, 199: „Der Dienstherr kann aus jedem sachlichen Grund den Aufgabenbereich des Beamten verändern, solange diesem ein dem statusrechtlichen Amt entsprechender Dienstposten verbleibt. Besonderheiten des bisherigen Aufgabenbereichs, auch dem Bekleiden einer etwaigen Leitungsfunktion, kommt eine das Ermessen des Dienstherrn einschränkende Bedeutung zu."; s. a. Urt. v. 27.2.1992 NVwZ 1992, 1096 (1097) zum Anspruch eines beamteten Arztes auf „amtsgemäße" Beschäftigung.

[1144] OVG LSA, Urt. v. 14.1.2001 – 2 M 257/00 – juris Ls.

[1145] Beschäftigte im Sinne dieses Gesetzes sind Beamte mit Dienstbezügen, Beamte mit Anwärterbezügen, Arbeitnehmer und die zu ihrer Berufsausbildung Beschäftigten (§ 75 I 3 KVG).

[1146] Die Erfüllung dieser Pflicht wird für viele Kommunen in Sachsen-Anhalt vor allem im ländlichen Raum immer schwieriger. Die Gründe sind neben den haushalterischen Beschränkungen vor allem ein zu geringes Angebot an geeigneten Kräften. Vgl. *Junk/Schräpler/Wiener*, Kommunale Arbeitgeberattraktivität im Kontext von kommunaler Selbstverwaltung und Haushaltskonsolidierung, DVBl. 2024, S. 669–673.

[1147] Ihr fließen die mit diesen Aufgaben verbundenen Einnahmen zu (§ 6 IV 2 KVG).

Hoheitliche Aufgaben sind in der Regel durch Beamte zu erfüllen (Regel-**Beamtenvorbehalt** des § 75 I 2 KVG). Unbeschadet dieser Verpflichtungen zur Einstellung geeigneter Beschäftigter und zum Beamtenvorbehalt muss 1. In Gemeinden mit mehr als 25.000 Einwohnern mindestens ein Beamter mit der Befähigung für die Laufbahn des allgemeinen Verwaltungsdienstes der Laufbahngruppe 2, zweites Einstiegsamt oder mit der Befähigung für das Richteramt im Dienst der Kommune stehen, wenn nicht der Hauptverwaltungsbeamte oder ein Beigeordneter diese Befähigung besitzt (§ 75 II Nr. 1 KVG), 2. in den übrigen Gemeinden, mit Ausnahme der Mitgliedsgemeinden von Verbands-gemeinden, mindestens ein Beamter mit der Befähigung für die Laufbahn des allgemeinen Verwal-tungsdienstes der Laufbahngruppe 2, erstes Einstiegsamt im Dienst der Gemeinde stehen, wenn nicht der Hauptverwaltungsbeamte diese Befähigung besitzt (§ 75 II Nr. 2 KVG). Im Einvernehmen mit den in § 75 II Nr. 1 KVG genannten Kommunen sollen Landesbeamte zur Dienstleistung zu die-sen Kommunen abgeordnet werden (§ 75 IV KVG).

689 Für Beamte der Kommunalverwaltung gilt das Beamtenrecht, einschließlich des Dienst- und Tarifrechts für Beamte und für Beschäftigte das Zivilrecht (§§ 611 ff. BGB) sowie das Tarifrecht. Während Beamte eine Besoldung nach Maßgabe der Kommunalbesoldungsverordnung (KomBes-VO) erhalten, haben Beschäftigte aufgrund des Dienstvertrages einen Anspruch auf Zahlung eines Arbeitsentgelts. Die Höhe richtet sich nach dem TvÖD. Die Eingriffe in die Vertragsfreiheit und das Selbstverwaltungsrecht der Kommunen durch die Vorgaben des TVG und die Kommunalbesol-dungsverordnung werden als verfassungsgemäß angesehen.[1148]

690 Die Qualifikation für eine berufliche Tätigkeit in der Kommunalverwaltung ist Gegenstand zahlreicher dienstlicher Vorschriften. Eine der Rechtsgrundlagen der Verwaltungsausbildung für den ehemals sog. „**gehobenen Dienst**" ist u.a. die „Ausbildungs- und Prüfungsverordnung für die Lauf-bahn Allgemeiner Verwaltungsdienst, Laufbahngruppe 2, erstes Einstiegsamt (APVO AV LSA - LG 2, 1. EA)"[1149]. Die Verordnung regelt die Ausbildung und Prüfung im Vorbereitungsdienst für die Lauf-bahn Allgemeiner Verwaltungsdienst, Laufbahngruppe 2, erstes Einstiegsamt, für die Beamtinnen und Beamten des Landes, der Gemeinden, der Verbandsgemeinden, der Landkreise und der der Aufsicht des Landes unterstehenden anderen Körperschaften, Anstalten und Stiftungen des öffent-lichen Rechts (§ 1 I VO) und erklärt zum Ziel der Ausbildung im Vorbereitungsdienst, die zur Erfül-lung der Aufgaben in der Laufbahn Allgemeiner Verwaltungsdienst, Laufbahngruppe 2, erstes Ein-stiegsamt, erforderlichen Kenntnisse und Fertigkeiten zu vermitteln (§ 1 II VO). Die Laufbahnbefä-higung kann durch ein Bachelor-Studium an der Hochschule Harz, Fachbereich Verwaltungswissen-schaften, erworben werden.

[1148] Vgl. OVG LSA, Urt. v. 28.10.2009 – 4 L 209/07 – juris Rn. 34: „1. Das Tarifvertragsgesetz nimmt dem Landesgesetzgeber nicht die Möglichkeit, aus haushaltsrechtlichen Erwägungen und im Interesse einer gleichmäßigen personalpolitischen Stabilität einheitliche Vergütungsvorschriften für die Bediensteten der Kommunen und Länder zu schaffen. Vielmehr ist es zur Schaffung eines gleichmäßi-gen Lohngefüges sogar geboten, die Besoldungsverhältnisse im öffentlichen Dienst über die einzelne Gemeinde hinaus zu vereinheit-lichen und einer staatlichen Bindung zu unterwerfen.[1148] 2. Die darin liegende Einschränkung der Vertragsfreiheit verstößt nicht gegen das allgemeine Freiheitsrecht des Art. 2 Abs. 1 GG oder die Selbstverwaltungsgarantie des Art. 28 Abs. 2 GG."
[1149] Verordnung vom 24. Juli 2018 (GVBl. LSA 232, 233), geändert durch VO vom 17.08.2020 (GVBl. LSA S. 423). Die Abkürzung „APVO AV LSA – LG 2, 1. EA" dürfte eine der unelegantesten Gesetzesabkürzungen Deutschlands sein.

691 Für den sog. **mittleren Dienst** in Gemeinden gilt u.a. die Verordnung über die Ausbildung und Prüfung der Beamten in der Laufbahn des mittleren allgemeinen Verwaltungsdienstes im Lande Sachsen-Anhalt (APVOmD)[1150]. Diese Verordnung regelt auch die Ausbildung und Prüfung für die Beamten der Laufbahn des mittleren allgemeinen Verwaltungsdienstes der Gemeinden, die hiernach auch Ausbildungsbehörden sind. Die Lehrgänge und Prüfungen werden für den für den kommunalen Bereich vom Studieninstitut für kommunale Verwaltung Sachsen-Anhalt e. V. durchgeführt (§ 3 Satz 1 VO). In den Vorbereitungsdienst einer Laufbahn kann eingestellt werden, wer 1. die persönlichen Voraussetzungen für die Berufung in das Beamtenverhältnis erfüllt, 2. mindestens den Abschluss einer Realschule oder den erfolgreichen Besuch einer Hauptschule und eine förderliche abgeschlossene Berufsausbildung oder eine Ausbildung in einem öffentlich-rechtlichen Ausbildungsverhältnis oder einen als gleichwertig anerkannten Bildungsstand nachweist, 3. erfolgreich an einem Auswahlverfahren nach § 5 VO teilgenommen hat, 4. das 32. Lebensjahr oder als Schwerbehinderter das 40. Lebensjahr noch nicht vollendet hat und 5. über die erforderliche gesundheitliche Eignung oder als Schwerbehinderter über ein Mindestmaß an körperlicher Eignung verfügt. Die gesundheitliche Eignung ist durch ein amtsärztliches Gesundheitszeugnis nachzuweisen (§ 4 I VO). Der Vorbereitungsdienst (als Beamter auf Widerruf) endet mit Bestehen der Laufbahnprüfung. Bei der Ausbildung der im Vorbereitungsdienst befindlichen Beamten für den Dienst in der Verwaltung des Landes und der Träger der Selbstverwaltung wirken die Kommunen mit den zuständigen Landesbehörden zusammen (§ 75 III KVG).

692 Die Einstellung von Kommunalbediensteten erfolgt auf Grundlage entsprechender Stellen im **Stellenplan** der Kommune, im Regelfall nach einer Stellenausschreibung.

693 Die **Rechtsverhältnisse der Beschäftigten** bestimmen sich nach den gesetzlichen und **tarifrechtlichen Vorschriften** (§ 76 II 1 KVG). Abweichungen von tarifrechtlichen Vorschriften sind zulässig, soweit sie unmittelbar und nachweisbar zu einer Verringerung im Stellenplan führen (§ 76 II 2 KVG). Die Kommune muss Maßnahmen zu Abweichungen der Kommunalaufsichtsbehörde einen Monat vor ihrer Durchführung anzeigen (§ 76 III KVG).[1151]

694 Wie bereits dargelegt, ist eine **Umsetzung** von Bediensteten möglich.[1152] Beamte wie Angestellte dürfen aus jedem sachlichen Grund umgesetzt werden.[1153] Da der Dienstherr die organisatorische Ermessensfreiheit zu Umsetzungen besitzt, steht auch Beamten kein Anspruch auf unveränderte und ungeschmälerte Ausübung des ihnen jeweils übertragenen konkreten Amtes im funktionellen Sinne zu.[1154] Ansprüche auf Übertragung konkret-funktioneller Ämter bestehen als solche nicht. Dies gilt unabhängig davon, ob das Begehren im Wege der Beförderung, schlichten Versetzung, Abordnung oder gar nur Umsetzung verfolgt wird, denn Beschäftigte des öffentlichen Dienstes

---

[1150] VO vom 20. Juli 1993 (GVBl. LSA S. 400), zuletzt geändert durch Gesetz vom 7. Juli 2020 (GVBl. LSA S. 372)

[1151] Die oberste Kommunalaufsichtsbehörde kann weitere Ausnahmen von der Anwendung tarifrechtlicher Vorschriften zulassen, soweit besondere Umstände dies erfordern (§ 76 IV KVG).

[1152] Vgl. etwa OVG LSA, Beschl. v. 26.3.2013 – 1 M 23713 – juris Rn. 5 zur Umsetzung und amtsangemessenen Beschäftigung eines Beamten bei umfangreicher Behördenumstrukturierung.

[1153] OVG LSA, Beschl. v. 15.5.2006 – 1 M 84/06 – juris (m. w. N.); Beschl. v. 27.4.2009 – 1 M 42/09 – juris.

[1154] OVG LSA, Beschl. v. 27.4.2009 – 1 M 42/09 – juris (m.w.Nachw.).

haben unabhängig von der Art des Beschäftigungsverhältnisses grundsätzlich keinen Anspruch darauf, dass ihnen bestimmte Aufgaben übertragen oder übertragene Aufgaben nicht wieder entzogen werden.[1155]

695 Dem Schutz von Beschäftigten nach dem Hinweisgeberschutzgesetz (sog. „Whistle-Blower") dient die vorgeschriebene Einrichtung sog. **Meldestellen**.[1156]

696 Der **gemeindliche Verwaltungsunterbau** besteht aus Beigeordneten sowie den weiteren Bediensteten im Rahmen der sog. Ämterverwaltung.[1157] Während die Beigeordneten i.d.R. vom Rat gewählt sind, entscheidet der Bürgermeister im Rahmen seiner Organisationsgewalt über die Bildung von Ämtern als auf die Erledigung bestimmter Verwaltungsaufgaben spezialisierte Verwaltungseinheiten. Er kann diese Befugnis grundsätzlich auch auf den jeweiligen Beigeordneten übertragen. Die Ämter sind keine Außenorgane der Gemeinde und nicht rechtsfähig,[1158] sondern unselbständige Dienststellen der Gemeinde. Sie können nicht im eigenen Namen für die Gemeinde handeln, sondern handeln im Auftrag des Bürgermeisters (bzw. Beigeordneten), der seinerseits im Namen der Gemeinde handelt

697 Der Bürgermeister **weist den Beigeordneten** (und u.U. auch sonstigen Beamten, Angestellten und Arbeitern) durch den Geschäftsverteilungsplan und im Einzelfall **Aufgaben zu**. Der entsprechende Auftrag ist ein öffentlich-rechtlicher interner Organisationsakt, mit dem i.d.R. sowohl über die interne Entscheidungsbefugnis als auch über die Reichweite der externen Vertretungsmacht entschieden wird.[1159] Die Vertretungsmacht der Gemeindebediensteten ist nicht wie die des Bürgermeisters unbeschränkt, sondern reicht regelmäßig nicht weiter, als ihre interne Geschäftsführungsbefugnis.

698 Die Gemeinden können für bestimmte Aufgabenbereiche besondere Interessenvertreter und Beauftragte bestellen sowie Beiräte bilden (§ 79 KVG). Diese Vertreter, Beauftragte bzw. Beiräte können der Gemeinde insgesamt oder dem Organ Rat oder Bürgermeister zugeordnet sein. Ausländer-, Behinderten- und sonstige **Beauftragte** besitzen grundsätzlich keine Vertretungsmacht für die Gemeinde. Sie besitzen Mitwirkungs-, aber keine Organrechte.[1160] Besondere Vorschriften gelten u.a. für **Gleichstellungsbeauftragte**. Gemeinden, die nicht Mitgliedsgemeinden von Verbandsgemeinden sind, haben zur Verwirklichung des Grundrechts der Gleichberechtigung von Frauen und Männern eine Gleichstellungsbeauftragte zu bestellen, wobei die Hauptsatzung das Nähere regelt

---

[1155] OVG LSA, Beschl. v. 15.5.2006 – 1 M 84/06 – juris (m. w. N.).

[1156] Vgl. § 76a Einrichtung und Betrieb interner Meldestellen (1) Die Kommunen sind verpflichtet, interne Meldestellen einzurichten und zu betreiben, an die sich ihre Beschäftigten zur Mitteilung von Verstößen nach § 2 des Hinweisgeberschutzgesetzes vom 31. Mai 2023 (BGBl. 2023 I Nr. 140) wenden können. Für die internen Meldestellen gelten die §§ 7 bis 11 und die §§ 13 bis 18 des Hinweisgeberschutzgesetzes entsprechend. (2) Von der Pflicht zur Einrichtung interner Meldestellen nach Absatz 1 Satz 1 ausgenommen sind Kommunen mit weniger als 10 000 Einwohnern oder mit weniger als 50 Beschäftigten. (3) Kommunen können interne Meldestellen gemeinsam einrichten und betreiben oder einen Dritten mit den Aufgaben einer internen Meldestelle beauftragen. Die Pflicht, Maßnahmen zu ergreifen, um den Verstoß abzustellen, verbleibt bei den beteiligten Kommunen." S. *Dietlein/Peters*, KomJur 2024, 201 ff.

[1157] *Kluth*, in: Wolff/Bachof/Stober/Kluth, Verwaltungsrecht II, § 97 Rn. 146.

[1158] *Kluth*, a.a.O. Rn. 148.

[1159] *Gern*, Deutsches Kommunalrecht, Rn. 373.

(§ 78 I KVG).[1161] In Gemeinden mit weniger als 25.000 Einwohnern wird eine in der Verwaltung hauptberuflich Tätige mit der Gleichstellungsarbeit betraut, die zur Wahrnehmung dieser Aufgabe von ihren sonstigen Arbeitsaufgaben entsprechend zu entlasten ist (§ 78 II 2 KVG).[1162] In Mitglieds- gemeinden von Verbandsgemeinden werden die Aufgaben der Gleichstellungsbeauftragten von der Gleichstellungsbeauftragten der Verbandsgemeinde wahrgenommen (§ 78 II 3 KVG).

699 **Beiräte** können insbesondere dazu dienen, Kinder und Jugendliche,[1163] Senioren, Menschen mit Behinderungen, Zuwanderer und andere gesellschaftlich bedeutsame Gruppen bei Planungen und Vorhaben, die deren spezifische Interessen berühren, in angemessener Weise beteiligen. Die Kom- munen sollen diese Gruppen „in angemessener Weise" beteiligen (§ 80 Satz 1 KVG). Die Beteiligung in der Form eines Beirats kann erfolgen, ist nicht geregelt. Die Gemeinde kann geeignete Verfahren zur Beteiligung dieser gesellschaftlichen Gruppen entwickeln (§ 80 Satz 2 KVG). Das Nähere be- stimmt eine gemeindliche Satzung (vgl. § 80 Satz 3 KVG).

700 Die Interessen der Beschäftigen gegenüber der jeweiligen Kommune werden durch Personalräte im Sinne des Landespersonalvertretungsgesetzes vertreten. Personalvertretungen werden gebildet in den Verwaltungen der Gemeinden, Verbandsgemeinden und Landkreise (vgl. § 1 I PersVG LSA). Auch in sonstigen kommunalen Körperschaften, Anstalten und Stiftungen des öffentlichen Rechts, die der Aufsicht des Landes unterstehen, sind nach Maßgabe des PersVG Personalvertretungen einzurichten. § 98 III PersVG LSA räumt dem Personalrat einer Kommune kein zusätzliches Beteili- gungsrecht ein, sondern dient der Präzisierung des Zeitpunkts der Mitbestimmung.[1164] Dem Perso- nalrat steht auch kein selbständiges Mitbestimmungsrecht an einem Beschlussvorschlag des Ober- bürgermeisters an den Stadtrat zu.[1165]

d) Binnenorganisation der Gemeinde

701 Wie bereits dargelegt folgt aus Art. 28 II GG eine Organisationshoheit der Gemeinde und regelt der Bürgermeister gem. § 66 I 2 KVG als Verwaltungsleiter die **innere Organisation der Verwaltung** (Binnenorganisation). Der Hauptverwaltungsbeamte ist daher grundsätzlich frei, wie viele Hierar- chieebenen er einrichtet, ob er eine reine Linienorganisation oder andere Organisationsformen wählt (Stablinienorganisation, Matrixorganisation etc.), wie viele Einheiten bzw. Sachbereiche er pro Ebene einrichtet, wie er diese bezeichnet, wie er die vorhandenen Bediensteten auf die einzel- nen Dienstposten verteilt etc. So mag er etwa als Grundstruktur fünf Dezernate einrichten (mit

---

[1160] Zum Recht Gleichstellungsbeauftragter in Personalakten Einsicht zu nehmen s. OVG NW, Urt. v. 4.5.1994 NVwZ-RR 1995, 98 ff.

[1161] In Kommunen mit mindestens 25 000 Einwohnern ist die Gleichstellungsbeauftragte hauptamtlich tätig (§ 78 II 1 KVG).

[1162] Die Gleichstellungsbeauftragte ist unmittelbar dem Hauptverwaltungsbeamten unterstellt (§ 78 III 1 KVG). Bei der Ausübung ihrer Tätigkeit ist sie nicht weisungsgebunden (§ 78 III 2 KVG). Die Hauptsatzung hat zu bestimmen, dass die Gleichstellungsbeauftragte an den Sitzungen der Vertretung und der Ausschüsse teilnehmen kann, soweit ihr Aufgabenbereich betroffen ist (§ 78 IV 1 KVG). Ihr ist in Angelegenheiten ihres Aufgabenbereiches auf Verlangen das Wort zu erteilen (§ 78 IV 2 KVG).

[1163] S.a. *Egert/Wiener*, Junge Menschen gestalten kommunale Selbstverwaltung, Der Jugendstadtrat der Stadt Zörbig, DVP 2022, 331– 337; s.a. zum Vergleich: *Böttner*, Die Beteiligung junger Menschen auf kommunaler Ebene. Rechtsgrundlagen und Herausforderun- gen in Sachsen, SächsVBl. 2024, 181 ff.; *Böttner*, Jugendbeteiligung im Thüringer Kommunalrecht, ThürVBl 2022, 253-257.

[1164] OVG LSA, Beschl. v. 25.4.2001 – 5 L 16/00 – juris Ls Nr. 1.

[1165] OVG LSA, Beschl. v. 25.4.2001 – 5 L 16/00 – juris Ls Nr. 2.

Dezernenten), in den Dezernaten Ämter in unterschiedlicher Zahl vorsehen (mit Amtsleitern) und innerhalb der Ämter jeweils Sachgebiete in unterschiedlicher Zahl (mit Sachgebietsleitern und Sachbearbeitern) organisieren. Meist belässt es ein neu gewählter Hauptverwaltungsbeamter bis zur seiner Einarbeitung bei der bestehenden Verwaltungsstruktur und nimmt eher kleinere Umorganisationen als grundlegende Änderungen vor. In seiner Organisationsplanung mag ein Hauptverwaltungsbeamter grundsätzlich frei sein, jedoch ist die Verwirklichung eines Organisationsplans in rechtlicher wie tatsächlicher Hinsicht beschränkt. Will der Bürgermeister etwa Dienstposten einrichten, die über die Zahl der vorhandenen Stellen hinausgehen, so kann er diese Stellen nicht selbst schaffen, sondern ist nach dem Haushaltsrecht auf die Einrichtung von Stellen im Stellenplan angewiesen. Die Umsetzung einer geplanten Verwaltungsstruktur (etwa der Digitalisierung eines Sachbereichs) kann auch im Übrigen von der Bereitstellung ausreichender Mittel im Haushaltsplan abhängen.

702 Heute gibt es zahlreiche **Organisationsmodelle**.[1166] Viele Bürgermeister orientieren sich bei der Binnenorganisation an den Empfehlungen der Kommunalen Gemeinschaftsstelle für Verwaltungsvereinfachung (KGSt). Ein einfaches Organisationsmodell ist etwa eine Grundgliederung nach einer Ämterstruktur in reiner Linienverwaltung mit in acht Sachbereichen: (1) Allgemeine Verwaltung, (2) Finanzverwaltung, (3) Rechts-, Sicherheits- und Ordnungsverwaltung, (4) Schul- und Kulturverwaltung, (5) Sozial-, Jugend- und Gesundheitsverwaltung, (6) Bauverwaltung, (7) Verwaltung der öffentlichen Einrichtungen, (8) Verwaltung für Wirtschaft und Verkehr.[1167] Jede Kommune muss das für ihre spezifischen Verhältnisse passende Organisationsmodell finden (Größe, Aufgabenschwerpunkte, regionale Besonderheiten, Personalverfügbarkeit, Finanzkraft etc.).

703 Oft sind in Gemeinden für sachgebietsübergreifende allgemeine Verwaltungsaufgaben sog. Hauptämter eingerichtet. Typische **Aufgaben eines Hauptamts** sind die allgemeine Aktenordnung allgemein (Einheitlichkeit, Registratur, Archivierung etc.), die Beschaffung und Inventarisierung (soweit nicht Finanz- oder Bauabteilung zuständig sind), EDV-Angelegenheiten, Hausmeisterdienst, interne Informationsweitergabe intern, Koordination von Verwaltungseinheiten der Gemeinde und Betrieb einer Poststelle.

704 Neben das Hauptamt treten bei der Ämterverwaltung die Fachämter für die jeweiligen Fachaufgaben.

    Bsp.: Bauamt, Friedhofsamt, Gartenamt, Kulturamt, Ordnungsamt, Standesamt, Umweltamt
Diese können auch zu einem Amt kombiniert werden.

    Bsp.: Bau- und Umweltamt, Garten- und Friedhofsamt

[1166] S. https://www.kgst.de/organisationsmodelle (besucht am 24.5.2024); *Franz*, Einführung in die Verwaltungswissenschaft, S. 30 ff.
[1167] Gemäß Verwaltungsgliederungsplan KGSt 1979.

5. Ortschaftsverfassung

705 Der vierte Abschnitt des KVG regelt die sog. **Ortschaftsverfassung** in Gemeinden. In einer Gemeinde können durch die Hauptsatzung Gebietsteile zu Ortschaften bestimmt und eine Ortschaftsverfassung befristet oder unbefristet geregelt werden (**Bildung von Ortschaften** gem. § 81 I 1 KVG). Der Gemeinderat kann Ortschaften wieder aufheben oder ändern (§ 87 KVG).[1168] In der Hauptsatzung ist die Abgrenzung der Ortschaften zu bestimmen und zugleich festzulegen, ob ein Ortschaftsrat (i.S.v. § 83 KVG) oder ein Ortsvorsteher gewählt wird (§ 81 I 2 KVG). Organ der Ortschaft ist mithin entweder ein Ortschaftsrat (dessen Vorsitzender gem. § 85 II 1 KVG der Ortsbürgermeister ist) **oder** aber ein Ortsvorsteher. Eine Ortschaftsverfassung ist nicht zulässig bei Mitgliedsgemeinden von Verbandsgemeinden (§ 81 III KVG). Im Falle von Gebietsänderungen gelten besondere Vorgaben zur Ortschaftsverfassung.[1169]

706 Eine Ortsteilvertretung in Gestalt eines Kollegialorgans ist der **Ortschaftsrat**.[1170] Dabei handelt es sich in erster Linie um ein den Gemeinderat beratendes Gremium. Seine Befugnisse können aber über eine bloße Beteiligung an Entscheidungen hinausgehen und eine eigenverantwortliche Aufgabenerledigung auf der Grundlage eigener Mittel umfassen.[1171] Die Vertretung kann grundsätzlich Entscheidungskompetenzen auf den Ortschaftsrat übertragen (§ 84 III 1 KVG LSA). Ausgenommen hiervon sind die nicht-übertragbaren Angelegenheiten des § 44 KVG.

707 Soweit im Vierten Abschnitt des KVG nichts Abweichendes bestimmt ist, gelten für die **Ortschaftsräte** die Vorschriften über die Gemeinderäte und für das Verfahren im Ortschaftsrat die Vorschriften über das Verfahren im Gemeinderat, abgesehen von wenigen Ausnahmen,[1172] entsprechend (§ 81 IV 1 KVG). § 55 III KVG zur Beschlussfähigkeit gilt mit der Maßgabe entsprechend, dass die Beschlüsse des Ortschaftsrates der Bestätigung durch den Gemeinderat bedürfen (§ 81 IV 2 KVG). Einzelheiten der Zusammenarbeit des Ortschaftsrates oder des Ortsvorstehers mit dem Gemeinderat und den Ausschüssen kann der Gemeinderat in der Geschäftsordnung regeln (§ 81 IV 3 KVG).

708 Die ehrenamtlichen Mitglieder des Ortschaftsrates (**Ortschaftsräte**) werden nach den für die Wahl der Gemeinderäte geltenden Vorschriften für die **Dauer von fünf Jahren gewählt** (§ 82 II 1 KVG). Die Amtszeit des Ortschaftsrates endet mit dem Zusammentritt des neu gewählten Ortschaftsrates (§ 82 II 2 KVG). Soweit eine Ortschaft während der laufenden Wahlperiode des Gemeinderates neu eingerichtet wird, wird der Ortschaftsrat erstmals nach der Errichtung der Ortschaft für die Dauer der restlichen Wahlperiode des Gemeinderates gewählt (§ 82 III 1 KVG). Entsprechendes gilt für die

---

[1168] S. hierzu VG Halle, Urt. v. 25.6.2020 – 9 A 271719 – juris Rn. 30, 41.

[1169] Schließen sich Gemeinden zusammen, kann die Ortschaftsverfassung durch Gebietsänderungsvertrag befristet oder unbefristet geregelt werden (§ 81 II 1 KVG). In dem Gebietsänderungsvertrag sind die Grenzen der Ortschaften festzulegen und zugleich zu bestimmen, ob ein Ortschaftsrat oder ein Ortsvorsteher gewählt wird (§ 81 II 2 KVG). Die Vereinbarungen des Gebietsänderungsvertrages sind in die Hauptsatzung der aufnehmenden oder neu gebildeten Gemeinde zu übernehmen (§ 81 II 3 KVG). Hieraus ergibt sich eine grundsätzlicher Bestandsschutz für Vereinbarungen aus Gebietsänderungsverträgen in der Hauptsatzung (VG Magdeburg, Urt. v. 25.6.2020 – 9 A 271/19 – juris 33). Dieser Bestandsschutz kann aber entfallen (vgl. VG Magdeburg a.a.O. Rn. 34). § 81 I-II KVG gelten nicht für Mitgliedsgemeinden von Verbandsgemeinden (§ 81 III KVG).

[1170] Vgl. §§ 83, 84 KVG LSA.

[1171] Vgl. §§ 81 ff. KVG LSA (s. a. § 37 GO NRW).

[1172] Ausgenommen wird die Geltung von § 41 I Nr. 2-7 und § 45 II Nr. 1, 4-21, III KVG.

Wahl des Ortsvorstehers (§ 82 III 2 KVG). Wahlgebiet ist die Ortschaft (§ 82 IV 1 KVG). Die in der Ortschaft wohnenden Bürger der Gemeinde sind wahlberechtigt (§ 82 IV 2 KVG). Sie sind wählbar, wenn sie am Wahltag das 18. Lebensjahr vollendet haben (passives Wahlrecht, § 82 IV 3 KVG). Der Bürgermeister einer Gemeinde kann nicht gleichzeitig Mitglied des Ortschaftsrates (oder Ortsvorsteher einer Ortschaft) derselben Gemeinde sein (§ 62 II 2 KVG). Für gescheiterte Wahlen zu Ortschaftsräten und des Ortsvorstehers gelten besondere Rechtsfolgenregelungen.[1173]

709 Die **Zahl der Ortschaftsräte** wird durch die Hauptsatzung bestimmt (§ 83 I 1 KVG). Der Ortschaftsrat besteht aus mindestens drei und höchstens neun Ortschaftsräten, in Ortschaften mit mehr als 5.000 Einwohnern aus höchstens 19 Ortschaftsräten (§ 83 I 2 KVG).

710 Der Bürgermeister **bereite**t die Beschlüsse des Ortschaftsrates **vor und führt sie aus** (§ 83 II 1 KVG). Die Widerspruchspflicht und das Widerspruchsrecht des Bürgermeisters (§ 65 III KVG) gelten für Beschlüsse des Ortschaftsrates entsprechend (§ 83 II 2 KVG). Nimmt der Bürgermeister an den Sitzungen des Ortschaftsrates teil, ist ihm vom Vorsitzenden auf Verlangen jederzeit das Wort zu erteilen (§ 83 III 1 KVG). Dies bedeutet indes nicht, dass der Bürgermeister das Recht hat, jederzeit Redebeiträge von Mitgliedern des Ortschaftsrates zu unterbrechen. Gemeinderäte, die in der Ortschaft wohnen und nicht Ortschaftsräte sind, können an den Verhandlungen des Ortschaftsrates mit beratender Stimme teilnehmen (§ 83 III 2 KVG). Die Ortschaftsräte haben das Recht, auch an nicht öffentlichen Sitzungen des Gemeinderates und seiner Ausschüsse als Zuhörer teilzunehmen, soweit Belange der Ortschaft berührt sind (§ 83 III 3 KVG).

711 § 58 KVG über die **Protokollierung** von Sitzungen der Vertretung gilt entsprechend mit der Maßgabe, dass die Sitzungsniederschrift in der Regel durch einen Beschäftigten der Verwaltung gefertigt wird (§ 83 IV 1 KVG). Der Bürgermeister kann mit Zustimmung des Ortschaftsrates Abweichendes regeln (§ 58 IV 2 KVG). Dem Grundsatz nach muss daher über jede Sitzung der Vertretung eine Niederschrift aufgenommen werden (§ 58 I 1 KVG i.V.m. § 83 IV 1 KVG). Die Niederschrift muss mindestens 1. die Zeit und den Ort der Sitzung, 2. die Namen der Teilnehmer, 3. die Tagesordnung, 4. den Wortlaut der Anträge und Beschlüsse und 5. das Ergebnis der Abstimmungen enthalten (§ 58 I 2 KVG).

712 **Aufgabe des Ortschaftsrates** ist es, die Interessen der Ortschaft zu vertreten und auf ihre gedeihliche Entwicklung innerhalb der Gemeinde hinzuwirken (§ 84 I 1 KVG). Er hat ein **Vorschlagsrecht** in **allen Angelegenheiten, die die Ortschaft betreffen** (§ 84 I 2 KVG). Hierüber hat das zuständige Gemeindeorgan innerhalb von drei Monaten zu entscheiden (§ 84 I 3 KVG).[1174] Der Ortschaftsrat ist zu wichtigen Angelegenheiten, die die Ortschaft betreffen, mit Ausnahme der Fälle des § 53 IV 5-6 KVG und der dem Bürgermeister kraft Gesetzes obliegenden Aufgaben, rechtzeitig vor der Beschlussfassung des Gemeinderates oder des zuständigen Ausschusses zu hören (**Anhörungsrecht**

[1173] Vgl. § 88 KVG.

[1174] Soweit der Gemeinderat oder ein beschließender Ausschuss zuständig ist, hat er spätestens in seiner übernächsten Sitzung, jedoch nicht später als drei Monate nach Eingang des Vorschlags zu beraten und zu entscheiden (§ 84 I 4 KVG). Der Bürgermeister hat den Ortschaftsrat über die Entscheidung zu unterrichten (§ 84 I 5 KVG).

gem. § 84 II 1 KVG).[1175] Das Anhörungsrecht dient dazu, sachgemäße Ausführungen des Ortschaftsrates zu ermöglichen.[1176] Hat der Bürgermeister einer Beschlussfassung des Gemeinderats widersprochen, muss der Ortschaftsrat nicht nochmals angehört werden.[1177] Das KVG zählt beispielhaft die dem Anhörungsrecht unterliegenden Gegenstände auf.[1178]

Bsp.: Ansatz von Haushaltsmitteln für den Ortschaftsrat, Aufstellung eines Bebauungsplans im Gebiet des Ortsteils;[1179] kein Beteiligungsrecht bei Änderung einer Satzung zur Umlage des Gewässerunterhaltungsbeitrags, wenn alle Gemeindeteile, in denen Ortschaftsräte bestehen, von der Regelung in gleichem Maße berührt sind[1180]

713 Ist der Ortschaftsrat tatsächlich oder wegen Beschlussunfähigkeit in mehr als zwei aufeinanderfolgenden Sitzungen innerhalb eines Monats an der Wahrnehmung seines Anhörungsrechts innerhalb der vom Gemeinderat (oder zuständigen Ausschuss) gesetzten angemessenen Frist gehindert und betrifft dies Angelegenheiten, die wegen besonderer Dringlichkeit keinen Aufschub dulden, gilt die Anhörung des Ortschaftsrates als erfolgt (§ 84 II 5 KVG). Das Unterlassen einer Anhörung im vorbereitenden Verfahren der Bauleitplanung ist unschädlich, wenn sie später im Rahmen des Beteiligungsverfahrens erfolgt.[1181]

714 Durch Hauptsatzung kann der Gemeinderat dem Ortschaftsrat bestimmte die Ortschaft betreffende Angelegenheiten, mit Ausnahme der Aufgaben nach § 45 II und III KVG und der dem Bürgermeister kraft Gesetzes obliegenden Aufgaben, zur Entscheidung übertragen, soweit im Haushaltsplan entsprechende Mittel veranschlagt werden (**Aufgabenübertragung** gem. § 84 III 1 KVG). Der Gemeinderat kann in der Hauptsatzung bestimmen, dass dem Ortschaftsrat zur Erfüllung der ihm obliegen-

---

[1175] Die Einzelheiten des Verfahrens kann der Gemeinderat regeln (§ 84 II 2 KVG). Dies hat in der Hauptsatzung zu erfolgen (§ 84 II 3 KVG).

[1176] VG Halle, Beschl. v. 1.2.012 – 6 B 11/12 HAL – juris Rn. 12.

[1177] OVG LSA, Beschl. v. 17.6.2015 – 4 M 71/15 – juris (Ls Nr. 1 und 2): 1. Aus § 84 Abs. 2 Satz 1 KVG LSA (juris: KomVerfG ST) ergibt sich nicht, dass der Ortschaftsrat nach Durchführung einer Anhörung nochmals zwingend angehört werden muss, wenn der Hauptverwaltungsbeamte gegen die erste Beschlussfassung des Gemeinderates gem. § 65 Abs. 3 Satz 1 bis 3 KVG LSA (juris: KomVerfG ST) Widerspruch erhebt und gem. § 65 Abs. 3 Satz 4 KVG LSA (juris: KomVerfG ST) eine erneute Beschlussfassung erfolgen muss. § 84 Abs. 2 Satz 1 KVG LSA (juris: KomVerfG ST) bezieht sich nicht auf jeden einzelnen Beschluss zu einer wichtigen Angelegenheit, sondern nur auf den die Angelegenheit entscheidenden Beschluss. 2. Eine erneute Anhörung ist nach Einlegung eines Widerspruches i.S.d. § 65 Abs. 3 KVG LSA (juris: KomVerfG ST) und vor der zweiten Beschlussfassung des Gemeinderates nur dann notwendig, wenn eine derart wesentliche Änderung der Sach- oder Rechtslage eingetreten ist oder ein derart langer Zeitraum verstrichen ist, dass der Gemeinderat davon ausgehen muss, dass die bisherige Stellungnahme des Ortschaftsrates nicht mehr ohne weiteres gelten kann."

[1178] Das Anhörungsrecht gilt gem. § 84 II 4 KVG insbesondere in folgenden Angelegenheiten: 1. Veranschlagung der Haushaltsmittel, soweit es sich um Ansätze für den Ortschaftsrat handelt, 2. Bestimmung und wesentliche Änderung der Zuständigkeiten des Ortschaftsrates durch Hauptsatzung, 3. Aufstellung, wesentliche Änderung und Aufhebung von Bauleitplänen sowie die Durchführung von Bodenordnungsmaßnahmen und Maßnahmen nach dem Baugesetzbuch, soweit sie sich auf die Ortschaft erstrecken, 4. Planung, Errichtung, wesentliche Änderung und Aufhebung öffentlicher Einrichtungen in der Ortschaft, 5. Um- und Ausbau sowie die Benennung von Gemeindestraßen, Wegen und Plätzen in der Ortschaft, soweit keine Entscheidungszuständigkeit nach Absatz 3 Satz 3 Nr. 2 besteht, 6. Erlass, wesentliche Änderung und Aufhebung von Ortsrecht, soweit es unmittelbar die Ortschaft betrifft, 7. Veräußerung, Vermietung und Verpachtung von in der Ortschaft gelegenen Grundstücken der Gemeinde, 8. Planung und Durchführung von Investitionsvorhaben in der Ortschaft.

[1179] S.a. (indes für BW) *Herrmann*, Beteiligung des Ortschaftsrats – insbesondere in Baugenehmigungsverfahren, VBlBW 2023, 227-229.

[1180] OVG LSA, Urt. v. 27.2.2020 – 2 L 35/18 – juris Rn. 57.

[1181] VG Magdeburg, Urt. v. 1.2.2012 – 6 B 11712 HAL – juris Rn. 14.

den Aufgaben auf Antrag die Haushaltsmittel als Budget zugewiesen werden (§ 84 III 2 KVG).[1182] Das KVG nennt beispielhaft der Ortschaft übertragbare Angelegenheiten.[1183]

715 Ist der Ortschaftsrat tatsächlich oder wegen Beschlussunfähigkeit in mehr als zwei aufeinanderfolgenden Sitzungen innerhalb eines Monats an der Ausübung seines Entscheidungsrechts nach § 84 III KVG gehindert, so tritt an seine Stelle für die Zeit der Verhinderung der Gemeinderat (§ 84 IV 1 KVG). Er entscheidet mit der Mehrheit seiner Mitglieder (§ 84 IV KVG). Der Ortschaftsrat kann bei seinen öffentlichen Sitzungen und denen seiner beratenden Ausschüsse Einwohnerfragestunden für die in der Ortschaft wohnenden Einwohner der Gemeinde durchführen (§ 84 V 1 KVG i.V.m. § 28 II 2 KVG analog). Einzelheiten des Verfahrens sind entsprechend der Beschlussfassung des Ortschaftsrates in der Geschäftsordnung des Gemeinderates zu regeln (§ 84 V 2 KVG).

716 Der Ortschaftsrat wählt in der ersten Sitzung aus seiner Mitte für die Dauer seiner Wahlperiode den **Ortsbürgermeister** und einen oder mehrere Stellvertreter (§ 85 I 1 KVG). Die Amtszeit des Ortsbürgermeisters beginnt mit seiner Ernennung zum Ehrenbeamten auf Zeit (§ 85 I 2 KVG). Die Amtszeit und das Ehrenbeamtenverhältnis enden mit der Amtszeit des Ortschaftsrates (§ 85 I 3 KVG). Bis zur Ernennung des Ortsbürgermeisters nimmt das älteste anwesende und hierzu bereite Mitglied des Ortschaftsrates die Aufgaben des Ortsbürgermeisters als Vorsitzender des Ortschaftsrates wahr (§ 85 I 4 KVG). Vorgesetzter, Dienstvorgesetzter, höherer Dienstvorgesetzter und oberste Dienstbehörde des Ortsbürgermeisters ist der Bürgermeister (§ 85 I 5 KVG).

717 Der Ortsbürgermeister ist **Vorsitzender des Ortschaftsrates** (§ 85 II 1 KVG). Die Festlegung der Tagesordnung und die Einberufung des Ortschaftsrates erfolgen im Einvernehmen mit dem Bürgermeister durch den Ortsbürgermeister (§ 85 II 2 KVG). Ist das Amt des Ortsbürgermeisters unbesetzt und auch eine Vertretung durch gewählte Stellvertreter nicht sichergestellt, nimmt der Bürgermeister die Aufgaben des Ortsbürgermeisters als Vorsitzender des Ortschaftsrates bis zur Wahl eines neuen Ortsbürgermeisters[1184] wahr, längstens jedoch bis zu zwei Monaten nach Freiwerden des Amtes des Ortsbürgermeisters wahr (§ 85 II 3 KVG). Nach Ablauf von zwei Monaten nimmt das älteste und hierzu bereite Mitglied des Ortschaftsrates die Aufgaben des Ortsbürgermeisters bis zur Wahl eines neuen Ortsbürgermeisters wahr (§ 85 II 4 KVG).[1185]

[1182] Hierzu: *Schmidt*, Ortsteilbudgets, DÖV 2023, 796-800; vgl. auch die Rechtslage in Brandenburg: *Schröter*, Das verpflichtende Ortsteilbudget in Brandenburg – neue Freiräume?, LKV 2022, 206-213.

[1183] Vgl. § 84 III 3 KVG LSA: „Zu den die Ortschaft betreffenden Angelegenheiten nach Satz 1 können insbesondere gehören: 1. Unterhaltung, Ausstattung und Benutzung der in der Ortschaft gelegenen öffentlichen Einrichtungen, deren Bedeutung nicht über die Ortschaft hinausgeht, einschließlich der Gemeindestraßen, 2. Festlegung der Reihenfolge der Arbeiten zum Um- und Ausbau sowie Unterhaltung und Instandsetzung von Straßen, Wegen und Plätzen, deren Bedeutung nicht über den Bereich der Ortschaft hinausgeht, einschließlich der Beleuchtungseinrichtungen, 3. Pflege des Ortsbildes sowie Teilnahme an Dorfverschönerungswettbewerben, 4. Förderung und Durchführung von Veranstaltungen der Heimatpflege, des örtlichen Brauchtums und der kulturellen Tradition sowie Entwicklung des kulturellen Lebens in der Ortschaft, 5. Förderung von Vereinen, Verbänden und sonstigen Vereinigungen in der Ortschaft, 6. Verträge über die Nutzung von in der Ortschaft gelegenen Grundstücken oder beweglichem Vermögen, im Rahmen der in der Hauptsatzung festgelegten Wertgrenzen, 7. Veräußerung von beweglichem Vermögen in der Ortschaft im Rahmen der in der Hauptsatzung festgelegten Wertgrenzen, 8. Pflege vorhandener Partnerschaften."

[1184] Vgl. § 85 VII 2 KVG.

[1185] Für den Ortsbürgermeister gilt § 65 III 1-7 entsprechend und § 65 III 8 KVG unter der Maßgabe des § 34 KVG (§ 85 II 5 KVG).

718 Der Ortsbürgermeister kann in allen Angelegenheiten des eigenen und des übertragenen Wirkungskreises, die die Ortschaft betreffen, von dem Bürgermeister **Auskünfte verlangen** (§ 85 III 1 KVG). Aufgrund eines Beschlusses des Ortschaftsrates ist dem Ortsbürgermeister in allen Angelegenheiten, die die Ortschaft betreffen, **Akteneinsicht** zu gewähren (§ 85 III 2 KVG). Der Ortsbürgermeister kann an Verhandlungen des Gemeinderates und seiner Ausschüsse mit beratender Stimme teilnehmen (§ 85 IV 1 KVG). Auf Beschluss des Ortschaftsrates hat er das Recht, in der Sitzung in allen Angelegenheiten, die die Ortschaft betreffen, Anträge zu stellen, wobei § 43 III 1 KVG entsprechend gilt (**Antragsrecht**, § 85 IV 2 KVG). Hierüber ist spätestens in der übernächsten Sitzung des Gemeinderates oder des Ausschusses, jedoch nicht später als drei Monate nach Stellung des Antrages zu beraten und zu entscheiden (§ 85 IV 3 KVG). Besondere Rechte hat der Ortsbürgermeister gegenüber der Gemeinde bei Gebietsänderungen.[1186]

719 Der Ortschaftsrat kann aufgrund eines mit einer Mehrheit seiner Mitglieder gestellten Antrages den Ortsbürgermeister aus seinem Amt mit einer Mehrheit von zwei Dritteln seiner Mitglieder abwählen (**Abwahl** gem. § 85 VI 1 KVG).[1187] Die Amtszeit und das Ehrenbeamtenverhältnis des Ortsbürgermeisters enden vor Ende der Wahlperiode des Ortschaftsrates zu dem Zeitpunkt, in dem er auf sein Amt verzichtet oder aus dem Ortschaftsrat ausscheidet (§ 85 VII 1 KVG). Endet hiernach die Amtszeit des Ortsbürgermeisters durch Verzicht, Ausscheiden oder durch Abwahl, hat der Ortschaftsrat binnen zwei Monaten nach Freiwerden des Amtes einen neuen Ortsbürgermeister für den Rest seiner Wahlperiode aus seiner Mitte zu wählen (§ 85 VII 2 KVG). Bis zum Amtsantritt des neu gewählten Ortsbürgermeisters nimmt der Stellvertreter das Amt des Ortsbürgermeisters wahr (§ 87 VII 3 KVG).

720 Der **Ortsvorsteher** wird zugleich mit den Gemeinderäten für die **Dauer von fünf Jahren**, in den Fällen des § 86 VII KVG für den Rest der Wahlperiode des Gemeinderates, von den in der Ortschaft wohnenden wahlberechtigten Bürgern der Gemeinde entsprechend den Vorschriften über die Wahl des Hauptverwaltungsbeamten gewählt, soweit sich aus den Bestimmungen des KVG und des KWG LSA nichts anderes ergibt (§ 82 I 1 KVG). Zugleich wird mindestens ein Stellvertreter gewählt.[1188] Die

---

[1186] Bei Beschlüssen des Gemeinderates oder seiner beschließenden Ausschüsse, die wichtige Angelegenheiten der Ortschaft betreffen, kann der Ortsbürgermeister in der ersten Wahlperiode nach einer Gebietsänderung verlangen, dass das Anliegen nochmals beraten und beschlossen wird (Zweitbeschlussverlangen gem. § 85 V 1 KVG). Dies gilt nicht für die Haushaltssatzung einschließlich der Wirtschaftspläne der Eigenbetriebe, die kommunalen Abgaben und die Tarife der Versorgungs- und Verkehrsbetriebe der Gemeinde (§ 85 V 2 KVG). Das Zweitbeschlussverlangen muss binnen zwei Wochen nach der Beschlussfassung schriftlich eingelegt und begründet werden (§ 85 V 3 KVG). Es hat aufschiebende Wirkung (§ 85 V 4 KVG). Die nochmalige Beratung darf frühestens zwei Wochen nach dem Zweitbeschlussverlangen angesetzt werden und muss innerhalb von drei Monaten erfolgen (§ 85 V 5 KVG). Hinsichtlich des Beschlusses über das Zweitbeschlussverlangen ist ein erneutes Zweitbeschlussverlangen unzulässig (§ 85 V 6 KVG). In dringenden Angelegenheiten, deren Erledigung nicht aufgeschoben werden kann, entscheidet der Gemeinderat oder der beschließende Ausschuss abweichend von Satz 4 und 5. § 53 V 5 KVG gilt entsprechend (§ 85 V 7 KVG).

[1187] § 56 IV 2-4 KVG findet keine Anwendung (§ 85 VI 2 KVG). Der Beschluss über die Abwahl darf frühestens drei Tage nach der Antragstellung im Ortschaftsrat gefasst werden (§ 85 VI 3 KVG). Im Falle einer Abwahl enden die Amtszeit und das Ehrenbeamtenverhältnis des Ortsbürgermeisters; die Mitgliedschaft im Ortschaftsrat bleibt unberührt (§ 85 VI 4 KVG).

[1188] Der Gemeinderat wählt für die Dauer der Amtszeit des Ortsvorstehers auf Vorschlag einzelner oder mehrerer seiner Mitglieder einen oder mehrere Stellvertreter aus dem Kreis der Bürger der Ortschaft, die nach den für die Wahl der Ortschaftsräte geltenden Vorschriften wählbar und hierzu bereit sind (§ 86 I 2 KVG). Der Gemeinderat wählt für die Dauer der Amtszeit des Ortsvorstehers auf

Amtszeit des Ortsvorstehers beginnt mit Amtsantritt (§ 86 I 1 KVG) und endet mit der Wahlperiode des Gemeinderates (Ende der Amtszeit gem. § 82 I 2 KVG). Der Ortsvorsteher vertritt die Interessen der Ortschaft und wirkt auf ihre gedeihliche Entwicklung innerhalb der Gemeinde hin (§ 86 II 1 KVG). Er nimmt die sonst dem Ortschaftsrat obliegenden Aufgaben wahr (§ 86 II 2 KVG) und hat eine vergleichbare Rechtsstellung gegenüber dem Gemeinderat bzw. der Gemeinde.[1189]

6. Besonderheiten bei Mitgliedsgemeinden von Verbandsgemeinden

721 Auf **Mitgliedsgemeinden von Verbandsgemeinden** sind die für Gemeinden geltenden Vorschriften des KVG anzuwenden, soweit nicht ausdrücklich etwas anderes bestimmt ist oder die **§§ 95-97 KVG Abweichendes** regeln (§ 12 I 3 KVG). Auf die Abweichungen wurde im Rahmen der jeweiligen Sachbereiche bereits eingegangen. Nachfolgend sind die wichtigsten Abweichungen zusammengestellt.

a) Gemeinderat

722 Unterschiede zur Einheitsgemeinde ergeben sich hinsichtlich der Festlegung der Tagesordnung und Einberufung der Sitzung (vgl. § 95 II KVG). Hier bedarf es des Einvernehmens des Bürgermeisters mit dem Verbandsgemeindebürgermeister (Satz 1) und der Verbandsgemeindebürgermeister kann verlangen, dass ein bestimmter Beratungsgegenstand auf die Tagesordnung des Gemeinderates oder eines seiner Ausschüsse gesetzt wird (Satz 2).[1190] Auch Zeitpunkt und Führung der Niederschrift der Sitzungen des Gemeinderates und seiner Ausschüsse sind rechtzeitig mit dem Verbandsgemeindebürgermeister abzustimmen (§ 95 III 3 KVG). Das Vorstehende gilt auch für die Einberufung des Gemeinderates zur konstituierenden Sitzung (§ 95 II 4 KVG).

723 Die **Vorbereitung** der Ratsbeschlüsse erfolgt nicht wie bei der Einheitsgemeinde durch den Bürgermeister, sondern durch den **Verbandsgemeindebürgermeister** im Einvernehmen mit dem jeweiligen Bürgermeister (§ 95 III 1 KVG). Dies gilt sinngemäß für die Vorbereitung der Beschlüsse der Ausschüsse des Gemeinderats (§ 95 III 1 KVG). Der Verbandsgemeindebürgermeister (oder ein von ihm beauftragter Verbandsgemeindebeschäftigter) kann an den Sitzungen der Gemeinderäte der Mitgliedsgemeinden und ihrer Ausschüsse mit beratender Stimme teilnehmen (§ 95 III 2 HS 1 KVG) und hat das Recht, Anträge (i.S.v. § 43 III 1 KVG) zu stellen (§ 95 III 2 HS 2 KVG). Er unterliegt nicht der Ordnungsbefugnis des Vorsitzenden des Gemeinderates der Mitgliedsgemeinde und auch nicht der Ordnungsgewalt der Vorsitzenden der Ausschüsse des Rats (§ 95 III 3 KVG).

724 Die **Ausführung der Beschlüsse** erfolgt nicht wie bei der Einheitsgemeinde durch den Bürgermeister, sondern durch den Verbandsgemeindebürgermeister.[1191] Er ist verpflichtet, den Gemeinderat der Mitgliedsgemeinde über die Ausführung der von ihm gefassten Beschlüsse schriftlich zu unterrichten (§ 95 IV 1 KVG) und hat dem Gemeinderat einer Mitgliedsgemeinde auf Verlangen der Mehrheit seiner Mitglieder mündlich zu berichten (§ 95 IV 2 KVG).

Vorschlag einzelner oder mehrerer seiner Mitglieder einen oder mehrere Stellvertreter aus dem Kreis der Bürger der Ortschaft, die nach den für die Wahl der Ortschaftsräte geltenden Vorschriften wählbar und hierzu bereit sind (§ 86 I 2 KVG).

[1189] Vgl. i.E. § 86 II-VII KVG.

[1190] Dabei gilt der allgemeine Grundsatz der vertrauensvollen Zusammenarbeit (vgl. § 93 I 1 KVG).

[1191] In § 95 IV 1 KVG vorausgesetzt.

725 Bei Mitgliedsgemeinden hat der Verbandsgemeindebürgermeister ein **Widerspruchsrecht** (und eine Widerspruchspflicht) bei gesetzwidrigen Beschlüssen des Rates oder seiner Ausschüsse (§ 95 V 1 KVG). Es genügt, dass er der Auffassung (im Sinne einer festen Überzeugung) ist, dass diese Beschlüsse gesetzwidrig sind. Der Widerspruch muss binnen zwei Wochen schriftlich eingelegt und begründet werden und hat **aufschiebende Wirkung** (§ 95 V 2 KVG). Verbleibt die Mitgliedsgemeinde bei erneuter Verhandlung bei dem Beschluss oder der Maßnahme und sind nach Ansicht des Verbandsgemeindebürgermeisters auch diese gesetzeswidrig, so muss er erneut widersprechen und unverzüglich die Entscheidung der Kommunalaufsichtsbehörde einholen (§ 95 V 3 KVG). Für Beschlüsse, die durch beschließende Ausschüsse des Gemeinderates der Mitgliedsgemeinden gefasst werden, gilt Entsprechendes mit der Maßgabe, dass der Gemeinderat über den Widerspruch zu entscheiden hat (§ 95 V 4 KVG).

b) Bürgermeister

726 Der Bürgermeister der Mitgliedsgemeinde wird von den wahlberechtigten Bürgern nach den Vorschriften des KWG LSA gewählt (§ 96 I 1 KVG). Die Amtszeit beträgt sieben Jahre. § 61 II und 3 KVG gelten entsprechend (§ 96 I 2 KVG). Wählbar zum Bürgermeister sind Deutsche i.S.v. Art. 116 GG und Staatsangehörige anderer Mitgliedstaaten der Europäischen Union, die die Gewähr dafür bieten, dass sie jederzeit für die freiheitlich demokratische Grundordnung im Sinne des Grundgesetzes und der Verfassung des Landes Sachsen-Anhalt eintreten (§ 96 II 1 KVG). Die Bewerber dürfen nicht nach § 40 II KVG von der Wählbarkeit ausgeschlossen sein (§ 96 II 2 KVG). Der Bürgermeister muss am Wahltag das 18. Lebensjahr vollendet haben (§ 96 II 3 KVG). Der Bewerber um das Amt genießt den gleichen Schutz (etwa vor Kündigung) wie Bewerber um ein Mandat in der Vertretung.[1192]

727 Die in § 41 I Nr. 2-6 u. II KVG Genannten können nicht gleichzeitig Bürgermeister einer Mitgliedsgemeinde sein (§ 96 II 5 KVG). Eine Person darf nicht in mehreren Mitgliedsgemeinden Bürgermeister sein (§ 96 II 6 KVG) Für die Wahl und Abwahl des Bürgermeisters gelten die §§ 63 und 64 entsprechend (§ 96 II 7 KVG). § 74 KVG ist entsprechend mit der Maßgabe anzuwenden, dass der bestellte Bürgermeister als Ehrenbeamter auf Zeit zu berufen ist (§ 96 II 8 KVG).

728 Anders als bei der Einheitsgemeinde ist der Bürgermeister der Mitgliedsgemeinde nicht Beamter auf Zeit, sondern wird in das **Ehrenbeamtenverhältnis** auf Zeit berufen (§ 96 III 1 KVG).[1193] Der Bürgermeister einer Mitgliedsgemeinde ist mangels Gemeindeverwaltung (vgl. § 97 KVG) weder

---

[1192] § 43 II KVG gilt entsprechend (§ 96 II 4 KVG). Daher darf kein Bürger gehindert werden, sich um das Amt des Bürgermeisters zu bewerben, es zu übernehmen und auszuüben. Eine Kündigung oder Entlassung aus einem Dienst- oder Arbeitsverhältnis, eine Versetzung an einen anderen Beschäftigungsort und jede sonstige berufliche Benachteiligung aus diesem Grund sind unzulässig. Dies gilt auch für den Zeitraum von sechs Monaten nach Beendigung des Mandats.

[1193] Für die Berufung von Staatsangehörigen anderer Mitgliedstaaten der Europäischen Union in das Beamtenverhältnis auf Zeit gelten die Anforderungen des § 7 II Beamtenstatusgesetz als erfüllt (§ 96 III 2 KVG). Der an Jahren älteste Gemeinderat ernennt, vereidigt und verpflichtet den Bürgermeister in öffentlicher Sitzung im Namen des Gemeinderates (§ 96 III 3 KVG). Die besonderen Dienstpflichten nach den §§ 32 und 33 gelten für den Bürgermeister der Mitgliedsgemeinde entsprechend (§ 96 III 4 KVG). Die Pflichten nach § 33 KVG gelten entsprechend; die Entscheidung in Zweifelsfällen obliegt dem Verbandsgemeinderat oder seinen Ausschüssen (§ 96 V 2 KVG).

Hauptverwaltungsbeamter (i.S.v. § 7 I KVG) noch Verwaltungsleiter (i.S.v. § 66 I 1 KVG). Der Gesetzgeber stellt klar, dass er (gleichwohl) ein Organ der Mitgliedsgemeinde ist (§ 96 IV 1 KVG) und diese vertritt und repräsentiert (§ 96 IV 2 KVG). Anders als bei der Einheitsgemeinde ist der Bürgermeister der Mitgliedsgemeinde stets Vorsitzender des Gemeinderates (§ 96 IV 2 KVG) und der vom Gemeinderat aus seiner Mitte zu wählende Stellvertreter des Bürgermeisters (vgl. § 96 IV 3 KVG) vertritt der Bürgermeister auch beim Vorsitz im Gemeinderat (§ 96 IV 4 KVG).[1194] Das Nähere regelt die Hauptsatzung (§ 96 IV 5 KVG).

729 Der Bürgermeister ist in der Regel auch Vorsitzender der Ausschüsse (§ 96 IV 6 KVG). In der Hauptsatzung kann aber festgelegt werden, dass ein Gemeinderat einem Ausschuss, der ausdrücklich zu bezeichnen ist, vorsitzt (§ 96 IV 7 KVG). Der Ausschuss bestimmt aus dem Kreis seiner stimmberechtigten Mitglieder die Person, die den Bürgermeister im Vorsitz vertritt (§ 96 IV 8 KVG). Für die Rechtsstellung des Bürgermeisters im Gemeinderat und in den Ausschüssen gelten einzelne Regelungen zum Hauptverwaltungsbeamten entsprechend.[1195] Der Bürgermeister der Mitgliedsgemeinde hat ein Recht, dass Bürgermeistern von Einheitsgemeinden schon naturgemäß nicht zustehen kann: Es darf an den Sitzungen des Verbandsgemeinderates und seiner Ausschüsse, in denen Belange seiner Mitgliedsgemeinde berührt sind, mit beratender Stimme teilnehmen (§ 96 V 1 KVG).

III. Verbandsgemeinden

1. Verbandsgemeinderat

a) Rechtsstellung

730 Der **Verbandsgemeinderat** ist – neben dem Verbandsgemeindebürgermeister – ein Organ der Verbandsgemeinde (§ 7 I, II Nr. 2 KVG). Er ist die „Vertretung" der Verbandsgemeinde (§ 7 I, II Nr. 2 KVG), nicht aber deren gesetzlicher Vertreter. Im Rahmen der dualistischen Grundstruktur der Verbandsgemeinde ist der Verbandsgemeinderat ihr Hauptorgan (§ 36 I 1 KVG). Er ist ein Kollegialorgan, weil er aus mehreren Personen besteht und kann als Innenorgan bezeichnet werden, da seine Beschlüsse in der Regel keine Außenwirkung haben. Er ist aber Behörde im funktionalen Sinn des § 1 IV VwVfG.

b) Zusammensetzung und Wahl

731 Mitglieder des Verbandsgemeinderats sind der Verbandsgemeindebürgermeister und die ehrenamtlichen Mitglieder (vgl. § 36 I 2 KVG). Die ehrenamtlichen Mitglieder heißen in den Verbandsgemeinden „Verbandsgemeinderäte" (vgl. § 36 I 3 KVG). Die **Zahl der Verbandsgemeinderäte** (nur ehrenamtliche Mitglieder) beträgt in Verbandsgemeinden mit insgesamt bis zu 12.000 Einwohnern 20, mit insgesamt 12.001 bis 15.000 Einwohnern 22, mit insgesamt 15.001 bis 20.000 Einwohnern 26, mit insgesamt 20.001 bis 25.000 Einwohnern 30 Verbandsgemeinderäte (§ 37 II

[1194] Es können auch mehrere Stellvertreter gewählt werden.
[1195] Es gelten die § 65 II, III 1-7 KVG und § 65 IV KVG entsprechend sowie § 65 III 8 KVG unter der Maßgabe von § 34 KVG (§ 96 IV 9 KVG).

1KVG). In Verbandsgemeinden mit insgesamt mehr als 25.000 Einwohnern erhöht sich die Zahl der Verbandsgemeinderäte um zwei Mitglieder je weitere angefangene 5.000 Einwohner (§ 37 II 2 KVG).

732 Der Verbandsgemeinderat wird nach den Vorschriften des KWG LSA für die Dauer von **fünf Jahren** gewählt (§ 38 I KVG). Für das aktive und passive Wahlrecht gelten die Ausführungen zur Wahl des Gemeinderats grundsätzlich entsprechend. So gelten u.a. die **Hinderungsgründe** für Gemeinderäte entsprechend für Verbandsgemeinderäte. Außerdem steht auch eine hauptamtliche Tätigkeit im Dienst einer Mitgliedsgemeinde einer Stellung als Mitglied des Verbandsgemeinderats entgegen (§ 41 I, II KVG).[1196]

733 Vorsitzender des Verbandsgemeinderats ist, wer hierzu vom Verbandsgemeinderat aus dem Kreis der ehrenamtlichen Mitglieder gewählt wurde (vgl. § 36 II KVG). Der Verbandsgemeindebürgermeister kann mithin nicht Vorsitzender des Verbandsgemeinderates sein. Er ist jedoch in der Regel Vorsitzender der beschließenden Ausschüsse des Verbandsgemeinderats (vgl. § 48 II 1 KVG), sofern nicht in der Hauptsatzung festgelegt wurde, dass ein ehrenamtliches Mitglied des Verbandsgemeinderats einem beschließenden Ausschuss, der ausdrücklich zu bezeichnen ist, vorsitzt (vgl. § 48 II 2 KVG). Diese Festlegung der Hauptsatzung bezeichnet nicht eine bestimmte Person als Vorsitzenden, sondern die Person wird jeweils durch Wahl des Verbandsgemeinderates bestimmt.

c) Zuständigkeiten

734 Die Grundstruktur der Zuständigkeitsverteilung zwischen Verbandsgemeinderat und Verbandsgemeindebürgermeister entspricht jener zwischen Gemeinderat und Bürgermeister. Daher gelten die Ausführungen zum Gemeinderat sowie zu den Rechten und Pflichten der Ratsmitglieder entsprechend. Der Verbandsgemeinderat ist im Rahmen der Gesetze für alle Angelegenheiten der Verbandsgemeinde zuständig, soweit nicht der Verbandsgemeindebürgermeister kraft Gesetzes zuständig ist oder ihm der Rat bestimmte Angelegenheiten übertragen hat (**Auffangzuständigkeit**, vgl. § 45 I 1 KVG). Die in einem Zuständigkeitskatalog geregelten Kompetenzen für wichtige Verbandsgemeindeangelegenheiten darf der Verbandsgemeinderat nicht delegieren (**nicht übertragbare Angelegenheiten** i.S.v. § 45 II KVG). Hierzu zählen insbesondere die Satzungsgebung sowie die Haushalts- einschließlich der Stellenplanung. Der Verbandsgemeinderat kann über die Angelegenheiten nach § 45 II KVG hinaus die Aufstellung, Änderung, Ergänzung und Aufhebung des Flächennutzungsplanes[1197] nicht übertragen (§ 45 IV KVG). Im Übrigen kann er aber dem Verbandsgemeindebürgermeister Zuständigkeiten übertragen.

735 Der Verbandsgemeinderat **überwacht die Ausführung seiner Beschlüsse** und sorgt dafür, dass in der Verwaltung auftretende Missstände durch den Verbandsgemeindebürgermeister beseitigt werden (vgl. § 45 I 2 KVG). Im Rahmen dieser Aufgabe stehen dem Verbandsgemeinderat gegen den Verbandsgemeindebürgermeister ein Unterrichtungsanspruch (§ 45 VI 1 KVG) und ein Akten-

---

[1196] S. oben Rn. 367 ff. Auch im Hinblick auf Verbandsgemeinderäte gelten die § 41 I, III KVG nicht für Arbeitnehmer, die überwiegend körperliche Arbeit verrichten (§ 41 IV KVG).
[1197] Nach § 90 I 1 Nr. 1, § 90 I 2-5 KVG.

einsichtsrecht (§ 45 VI 2 KVG) zu. Nicht dem Verbandsgemeinderat als solchem, aber seinen ehrenamtlichen Mitgliedern steht ein Frage- und **Auskunftsrecht** gegenüber dem Verbandsgemeindebürgermeister zu (§ 43 III 2 KVG). Der Verbandsgemeinderat ist Dienstvorgesetzter, höherer Dienstvorgesetzter und oberste Dienstbehörde des Verbandsgemeindebürgermeisters (vgl. § 45 V 1 KVG). Keine Zuständigkeit besitzt er für die Wahrnehmung staatlicher Angelegenheiten, die allein vom Landrat verwaltet werden.

d) Verfahren

736 Für das Verfahren des Verbandsgemeinderates gelten die Ausführungen zum Verfahren im Gemeinderat grundsätzlich entsprechend. Bürgermeister von Mitgliedsgemeinden dürfen an den Sitzungen des Verbandsgemeinderates und seiner Ausschüsse, in denen Belange der jeweiligen Mitgliedsgemeinde berührt sind, mit beratender Stimme teilnehmen (§ 96 V 1 KVG).

e) Rechte und Pflichten der Mitglieder

737 Die ehrenamtlichen Mitglieder des Verbandsgemeinderates üben ein **freies Mandat** aus, d.h. sie üben ihr Ehrenamt im Rahmen der Gesetze nach ihrer freien, dem Gemeinwohl verpflichteten Überzeugung aus (§ 43 I 1 KVG) und sind dabei an Aufträge und Weisungen nicht gebunden (§ 43 I 2 KVG). Ihnen stehen das Recht zur Sitzungsteilnahme, ein Rederecht, ein Antragsrecht, das Recht der Fraktionsbildung (kein Fraktionszwang), ein Auskunfts- und Fragerecht zu. Zu ihrem Schutz gelten Benachteiligungsverbote und sie haben Anspruch auf Auslagen- und Verdienstausfallersatz. Im Hinblick auf ihre Rechtsstellung kann auf die entsprechend geltenden Ausführungen zur Rechtsstellung der Gemeinderatsmitglieder verwiesen werden.

2. Verbandsgemeindebürgermeister
a) Rechtsstellung

738 Der Verbandsgemeindebürgermeister ist **Hauptverwaltungsbeamter** der Verbandsgemeinde und (neben dem Verbandsgemeinderat) ein **Organ** der Verbandsgemeinde (§ 7 I, II Nr. 2 KVG). Er ist Beamter auf Zeit und Leiter der Verwaltung (§ 60 I KVG). Er **vertritt und repräsentiert** die Verbandsgemeinde (vgl. § 60 II KVG) und ist insofern „Außenorgan" der Verbandsgemeinde[1198]. Dienstvorgesetzter, höherer Dienstvorgesetzter und oberste Dienstbehörde des Verbandsgemeindebürgermeisters ist der Verbandsgemeinderat (§ 45 V 1 KVG). Zumindest nach der Systematik des KVG ist der Verbandsgemeindebürgermeister neben dem Verbandsgemeinderat als Hauptorgan (vgl. § 36 I 1 KVG) nur ein Nebenorgan der Verbandsgemeinde, jedoch sind ihm zahlreiche, bedeutsame Zuständigkeiten nach außen und gegenüber dem Rat zugewiesen, so dass er vom Gesetzgeber nicht als Nebenorgan bezeichnet wird.[1199] Vor allem vertritt und repräsentiert der Verbandsgemeinde-

---

[1198] Der Verbandsgemeindebürgermeister besitzt insofern eine Doppelstellung, als er zum einen als Vertreter der Verbandsgemeinde deren „Außenorgan" ist, zugleich aber Sitz und Stimme im Verbandsgemeinderat hat, mithin auch Teil des Innenorgans Verbandsgemeinderat ist.

[1199] Der Gesetzgeber vermeidet diese Bezeichnung. Sie würde ein falsches Bild von der rechtstatsächlichen Stellung des Hauptverwaltungsbeamten vermitteln. Er will lediglich die demokratische Verantwortung der Volksvertretung für die wesentlichen Entscheidungen in der Kommune betonen.

bürgermeister, wie dargelegt, die Verbandsgemeinde nach außen („Außenorgan"), ist aber auch in verschiedener Hinsicht ein „Innenorgan" und kann etwa (ohne Außenwirkung) rechtswidrigen oder für die Verbandsgemeinde nachteiligen Beschlüssen mit aufschiebender Wirkung widersprechen.

739 Verbandsgemeindebürgermeister unterliegen als Beamte auf Zeit (§ 60 I KVG i.V.m. §§ 1, 7 LBG LSA) dem **Beamtenrecht**. Für sie gilt das Beamtenstatusgesetz (vgl. § 1 BeamtStG) sowie das Landesbeamtengesetz (vgl. § 1 LBG LSA). Aus diesen Rechtsgrundlagen ergeben sich (neben denen des KVG) zahlreiche Pflichten des Beamten.[1200] Insoweit wird auf die Ausführungen zum Bürgermeister in Einheitsgemeinden verwiesen.

b) Wahl

740 Für die **Wahl des Verbandsgemeindebürgermeisters** gelten grundsätzlich dieselben Vorgaben nach KVG, KWG LSA und KWO LSA wie für die Wahl des Bürgermeisters.[1201] Auf die Ausführungen zur Gemeinde wird daher verwiesen.

741 Auch im Hinblick auf die Wählbarkeit (passives Wahlrecht), einschließlich der Aspekte Mindestqualifikation und Wohnsitz, sowie auf die Ausführungen zum bestellten Hauptverwaltungsbeamten wird verwiesen.[1202] Für den Verbandsgemeindebürgermeister gelten im Wesentlichen dieselben Unvereinbarkeitsgründe wie für Verbandsgemeinderäte (vgl. § 62 II 1 KVG)[1203]. Zu beachten ist der weitere Hinderungsgrund, dass ein Verbandsgemeindebürgermeister nicht gleichzeitig Bürgermeister oder Gemeinderat einer Mitgliedsgemeinde einer Verbandsgemeinde sein kann (§ 62 II 3 KVG).

c) Aufgaben

742 Eine der Hauptaufgaben des Verbandsgemeindebürgermeisters ist die **Beschlussvorbereitung und -ausführung** für die Verbandsgemeinde wie für die Mitgliedsgemeinden. Der Verbandsgemeindebürgermeister bereitet die Beschlüsse des Verbandsgemeinderates vor und führt sie auch aus (vgl. § 65 I KVG). Er bereitet auch die Beschlüsse der Ausschüsse des Verbandsgemeinderates vor und führt sie aus (vgl. § 65 I KVG).

743 Daneben bereitet der Verbandsgemeindebürgermeister auch die Beschlüsse der Gemeinderäte der Mitgliedsgemeinden und ihrer Ausschüsse vor (§ 95 III 1 KVG). Dies muss er im Einvernehmen mit dem Bürgermeister der jeweiligen Mitgliedsgemeinde tun (vgl. § 95 III 1 KVG). Der Verbandsgemeindebürgermeister führt die Beschlüsse der Gemeinderäte der Mitgliedsgemeinden auch aus (arg. e § 95 IV 1 KVG). Er ist verpflichtet, den Gemeinderat der Mitgliedsgemeinde über die Ausführung der von ihm gefassten Beschlüsse schriftlich zu unterrichten (§ 95 IV 1 KVG). Er hat dem Gemeinderat einer Mitgliedsgemeinde auf Verlangen der Mehrheit seiner Mitglieder mündlich zu berichten (§ 95 IV 2 KVG).

[1200] S. die Ausführungen zu den beamtenrechtlichen Pflichten des Bürgermeisters Rn. 603 ff., 645 f., 710.

[1201] S. hierzu Rn. 608 ff.

[1202] S. Rn. 584 ff.

[1203] § 62 II 1 KVG: „Die in § 41 Abs. 1 Nrn. 2 bis 7, Abs. 2 und Abs. 3 Nrn. 2 bis 6 Genannten können nicht gleichzeitig Hauptverwaltungsbeamter dieser Kommune sein."

744 Der Verbandsgemeindebürgermeister oder ein von ihm beauftragter Beschäftigter der Verbandsgemeinde kann an den Sitzungen der Gemeinderäte der Mitgliedsgemeinden und ihrer Ausschüsse mit beratender Stimme teilnehmen (**Recht zur Sitzungsteilnahme**, § 95 III 2 HS 1 KVG). Er hat das Recht, Anträge nach § 43 III 1 KVG zu stellen (**Antragsrecht**, § 95 III 2 HS 2 KVG). Er unterliegt nicht der Ordnungsbefugnis des Vorsitzenden des Gemeinderates der Mitgliedsgemeinde und der Vorsitzenden seiner Ausschüsse (§ 95 III 3 KVG). Für den Verbandsgemeindebürgermeister und die von ihm beauftragten Beschäftigten der Verbandsgemeinde gilt bei Teilnahme an den Sitzungen der Gemeinderäte und ihrer Ausschüsse ein Mitwirkungsverbot (§ 33 KVG) entsprechend, wobei in Zweifelsfällen die Entscheidung dem Gemeinderat oder seinen Ausschüssen obliegt (§ 95 III 4 KVG).[1204]

745 Der Verbandsgemeindebürgermeister muss Beschlüssen des Gemeinderates und Maßnahmen der Bürgermeister der Mitgliedsgemeinden **widersprechen**, wenn er der Auffassung ist, dass diese gesetzeswidrig sind (§ 95 V 1 KVG). Der Widerspruch muss binnen zwei Wochen schriftlich eingelegt und begründet werden; er hat aufschiebende Wirkung (§ 95 V 2 KVG). Verbleibt die Mitgliedsgemeinde bei erneuter Verhandlung bei dem Beschluss oder der Maßnahme und ist nach Ansicht des Verbandsgemeindebürgermeisters auch dieses gesetzeswidrig, so muss er erneut widersprechen und unverzüglich die Entscheidung der Kommunalaufsichtsbehörde einholen (§ 95 V 3 KVG). Für Beschlüsse, die durch beschließende Ausschüsse des Gemeinderates der Mitgliedsgemeinden gefasst werden, gilt Entsprechendes mit der Maßgabe, dass der Gemeinderat über den Widerspruch zu entscheiden hat (§ 85 V 4 KVG).

746 **Gegenüber den Mitgliedsgemeinden** hat der Verbandsgemeindebürgermeister **keine Weisungsbefugnisse** (§ 93 II 1 KVG). Er muss mit den Mitgliedsgemeinden bei der Erfüllung seiner Aufgaben unter Beachtung der beiderseitigen Verantwortungsbereiche vertrauensvoll zusammenarbeiten (§ 93 I 1 KVG). Der Verbandsgemeindebürgermeister berät und unterstützt die Mitgliedsgemeinden bei der Erfüllung ihrer Aufgaben (**Beratungs- und Unterstützungspflicht** gem. § 95 II KVG).

747 Der Verbandsgemeindebürgermeister muss zudem die Bürgermeister der Mitgliedsgemeinden über alle Angelegenheiten von grundsätzlicher oder besonderer wirtschaftlicher Bedeutung, welche die Belange der Mitgliedsgemeinden unmittelbar berühren, unterrichten (**Unterrichtungspflicht** gegenüber Mitgliedsgemeinden, § 93 II 2 KVG). Zudem muss er den Gemeinderat einer Mitgliedsgemeinde über die Ausführung der vom Gemeinderat gefassten Beschlüsse schriftlich unterrichten (§ 95 IV 1 KVG).

748 Der Verbandsgemeindebürgermeister soll die Einwohner der Verbandsgemeinde (soweit hiervon betroffen) über allgemein bedeutsame Angelegenheiten der Verbandsgemeinde in geeigneter Form **unterrichten** (§ 28 I 1 KVG) und kann zu diesem Zweck eine **Einwohnerversammlung** einberufen, die auf Teile des Verbandsgemeindegebietes beschränkt werden kann (§ 28 I 2 KVG). Die Unterrichtungsaufgabe ist als Regelpflicht ausgestaltet, so dass der Verbandsgemeindebürgermeister nur im

---

[1204] Die Sätze 2 bis 4 und Absatz 2 Satz 2 gelten für Einwohnerversammlungen sinngemäß (§ 95 III 5 KVG).

atypischen Fall von der Unterrichtung der betroffenen Einwohner über die allgemein bedeutsamen Angelegenheiten absehen darf.

3. Personal und Aufbau der Verbandsgemeindeverwaltung

749 Der Verbandsgemeindebürgermeister trägt als Verwaltungsleiter die rechtliche Verantwortung für die Aufbauorganisation (und Ablauforganisation) der Verbandsgemeinde sowie als gesetzlicher Vertreter der Verbandsgemeinde und Verwaltungsleiter auch gegenüber dem Personal (vgl. § 66 I KVG). Die Wahrnehmung dieser Aufgaben richtet sich nach näherer Maßgabe der Gesetze. Für die Aufbauorganisation ergeben sich Vorgaben aus dem KVG wie aus Fachgesetzen. Im Hinblick auf die Aufbauorganisation der Verbandsgemeindeverwaltung kann auf die sinngemäß geltenden Ausführungen zur Aufbauorganisation der Gemeindeverwaltung verwiesen werden.

750 Der Verbandsgemeindebürgermeister kann dem Verbandsgemeinderat die Berufung einer bestimmten Zahl von **Beigeordneten** (für bestimmte Funktionsbereiche) in das Beamtenverhältnis auf Zeit vorschlagen. Verbandsgemeinden können mehrere Beigeordnete in das Beamtenverhältnis auf Zeit berufen, wenn die Hauptsatzung dies vorsieht (vgl. § 68 I KVG). Einer der Beigeordneten muss die Befähigung zur Laufbahn des allgemeinen Verwaltungsdienstes der Laufbahngruppe 2, zweites Einstiegsamt, oder zum Richteramt haben, sofern nicht der Verbandsgemeindebürgermeister oder ein leitender Beschäftigter der Verbandsgemeinde diese Voraussetzung erfüllt (§ 68 II KVG). Die Beigeordneten vertreten den Verbandsgemeindebürgermeister ständig in ihrem Geschäftskreis (vgl. § 68 III 1 KVG). Dieser kann ihnen allgemein oder im Einzelfall Weisungen erteilen (vgl. § 68 III 2 KVG). Beigeordnete tragen im Falle einer Dezernatsstruktur der Verbandsgemeindeverwaltung die Amtsbezeichnung „Dezernent" bzw. „Dezernentin".

751 Die Verbandsgemeinde ist verpflichtet, die zur Erfüllung ihrer Aufgaben erforderlichen geeigneten Beschäftigten einzustellen (vgl. § 75 I 1 KVG). Sie muss zur Erfüllung ihrer Aufgaben des übertragenen Wirkungskreises die Dienstkräfte und Einrichtungen zur Verfügung stellen, die für Aufgabenerfüllung erforderlich sind (§ 6 IV 1 KVG), wobei die Erforderlichkeit der Einschätzung der Fachaufsicht unterliegt. Hoheitliche Aufgaben muss sie in der Regel durch Beamte erfüllen (§ 75 I 2 KVG). Ihr fließen die mit diesen Aufgaben verbundenen Einnahmen zu (§ 6 IV 2 KVG).

4. Protokollierung

752 Über jede Sitzung des Verbandsgemeinderats ist eine **Niederschrift** anzufertigen (vgl. § 58 I 1 KVG).[1205] Die Niederschrift muss mindestens 1. die Zeit und den Ort der Sitzung, 2. die Namen der Teilnehmer, 3. die Tagesordnung, 4. den Wortlaut der Anträge und Beschlüsse und 5. das Ergebnis der Abstimmungen enthalten (Mindestinhalt gem. § 58 I 2 KVG).[1206] Bei Mitgliedsgemeinden von Verbandsgemeinden gilt, dass Zeitpunkt und Führung der Niederschrift der Sitzungen des Gemeinderates und seiner Ausschüsse rechtzeitig mit dem Verbandsgemeindebürgermeister abzustimmen

---

[1205] Der Gesetzgeber verwendet den Begriff „aufzunehmen".
[1206] S. hierzu oben Rn. 466.

sind (§ 95 II 3 KVG). Das Vorstehende gilt auch für die Einberufung des Gemeinderates zur konstituierenden Sitzung nach § 53 I KVG (§ 95 II 4 KVG).

IV. Landkreise

1. Kreistag

a) Rechtsstellung

753 Der **Kreistag** ist (neben dem Landrat) ein Organ des Landkreises (§ 7 I, II Nr. 3 KVG). Er ist die Vertretung des Landkreises (§ 7 I, II Nr. 3 KVG), nicht aber dessen gesetzlicher Vertreter. Im Rahmen der dualistischen Grundstruktur des Landkreises ist der Kreistag das Hauptorgan des Landkreises (§ 36 I 1 KVG). Er ist ein Kollegialorgan und kann als Innenorgan bezeichnet werden, da seine Beschlüsse in der Regel keine Außenwirkung haben. Er ist aber Behörde im funktionalen Sinn des § 1 IV VwVfG.

In verfassungsrechtlicher Hinsicht ist der Kreistag die Vertretung des Volkes im Kreis i.S.d. Art. 28 I 2 GG, m.a.W. die Volksvertretung auf Kreisebene. Er ist als Volksvertretung i.S.d. Art. 17 GG Adressat des Petitionsrechts.[1207]

b) Zusammensetzung und Wahl

754 Die **Zusammensetzung des Kreistages** ergibt sich aus § 37 III KVG. Hiernach beträgt die Zahl der Kreistagsmitglieder in Landkreisen mit bis zu 100.000 Einwohnern 42, in Landkreisen mit 100.001 bis 150.000 42, mit 150.001 bis 200.000 Einwohnern 54 und mit mehr als 200.00 Einwohnern 60 Mitglieder. Da der Kreistag die Vertretung der Kreisbürger ist, folgt bereits aus Art. 28 I S. 2 GG, dass dieser aus allgemeinen, unmittelbaren, freien, gleichen und geheimen Wahlen hervorgegangen sein muss. Die Wahl des Kreistags richtet sich nach dem KVG, KWG LSA sowie der KWO LSA.

755 Für die Wahl der Mitglieder des Kreistages gelten die Ausführungen zur Wahl der Gemeinderatsmitglieder grundsätzlich entsprechend. Der Kreistag wird von den wahlberechtigten Bürgern für die Dauer von **fünf Jahren** gewählt (Amts- bzw. Wahlperiode gem. § 38 I 1 KVG). Die Wahl richtet sich nach den Vorschriften des KWG LSA (§ 38 I KVG) sowie der Kommunalwahlordnung (KWO LSA). **Wahlberechtigt** zu den Kreistagswahlen sind die **Bürger** des Landkreises (Wahlrecht gem. § 23 I 1 KVG). Bürger des Landkreises sind dessen Einwohner, die Deutsche im Sinne des Art. 116 GG sind oder die Staatsangehörigkeit eines anderen EU-Mitgliedstaates besitzen, das 16. Lebensjahr vollendet haben und seit mindestens drei Monaten im Landkreis wohnen (vgl. § 21 II 1 KVG).[1208] Dieses sog. aktive Wahlrecht besteht nur „im Rahmen der Gesetze". Damit sind insbesondere das Kommunalwahlgesetz und die Kommunalwahlordnung gemeint. Ausgeschlossen vom Wahlrecht sind Bürger, die infolge Richterspruchs das Wahlrecht nicht besitzen (§ 23 II KVG).

[1207] BVerwG, Urt. v. 6.5.2020 – 8 C 12.19 – openJur 2021, 42590 (Ls Nr. 1). S.a. Ls Nr. 2: „Die Praxis eines Landratsamtes, als Geschäftsstelle des Kreistages bei ihm eingehende, an sämtliche Kreistagsmitglieder adressierte Schreiben von Privatpersonen generell nicht an die Mitglieder des Kreistages weiterzuleiten, ist mit Art. 17 GG nicht vereinbar."

[1208] Einwohner mehrerer Kommunen sind Bürger nur der Kommune, in der sie ihre Hauptwohnung haben (§ 21 II 2 KVG).

756 Gegen die Gültigkeit der Wahl des Kreistags kann binnen einer Frist von zwei Wochen nach Bekanntgabe des Wahlergebnisses **Wahleinspruch** eingelegt werden (§ 50 II KWG).[1209] Wählbar als ehrenamtliches Kreistagsmitglied ist, wer Bürger des jeweiligen Kreises ist und am Wahltag das 18. Lebensjahr vollendet hat (passives Wahlrecht, § 40 I KVG).[1210] Nicht wählbar sind Bürger, die 1. vom Wahlrecht ausgeschlossen sind, 2. infolge Richterspruchs die Wählbarkeit oder die Fähigkeit zur Bekleidung öffentlicher Ämter verloren haben, 3. Staatsangehörige anderer Mitgliedstaaten der Europäischen Union sind, wenn ein derartiger Ausschluss oder Verlust nach den Rechtsvorschriften des Staates besteht, dessen Staatsangehörigkeit sie besitzen (§ 40 II KVG).

757 Ehrenamtliche Kreistagsmitglieder eines Landkreises können nicht sein 1. der Landrat dieses Landkreises, 2. Beschäftigte des Landkreises,[1211] ausgenommen nicht leitende Beschäftigte in Einrichtungen der Jugendhilfe und Jugendpflege, der Sozialhilfe, des Bildungswesens und der Kulturpflege, des Gesundheitswesens, der Eigenbetriebe und in ähnlichen Einrichtungen, 3. leitende Beschäftigte einer kommunalen Körperschaft, deren Mitglied der Landkreis ist, 4. leitende Beschäftigte einer juristischen Person oder einer Vereinigung, wenn der Landkreis in einem beschließenden Organ mehr als die Hälfte der Stimmen hat, 5. Beschäftigte, die vorbereitend oder entscheidend unmittelbar Aufgaben der Rechts- oder Fachaufsicht über den Landkreis wahrnehmen, 6. leitende Beschäftigte der obersten Kommunalaufsichtsbehörde und des Landesrechnungshofes (**Hinderungsgründe** gem. § 41 III KVG).

758 **Vorsitzender des Kreistags** ist, wer hierzu vom Kreistag aus dem Kreis der ehrenamtlichen Mitglieder des Kreistages gewählt wurde (vgl. § 36 II KVG). Der Landrat kann mithin nicht Vorsitzender des Kreistags sein. Er ist jedoch in der Regel Vorsitzender der beschließenden Ausschüsse des Kreistages (vgl. § 48 II 1 KVG), sofern nicht in der Hauptsatzung festgelegt wurde, dass ein ehrenamtliches Mitglied des Kreistags einem beschließenden Ausschuss, der ausdrücklich zu bezeichnen ist, vorsitzt (vgl. § 48 II 2 KVG).

c) Zuständigkeiten des Kreistags

759 Die gesetzliche Zuständigkeitsverteilung zwischen Kreistag und Landrat entspricht der Zuständigkeitsverteilung zwischen Gemeinderat und Bürgermeister. Daher gelten insoweit die Ausführungen zum Gemeinderat entsprechend. So ist der Kreistag grundsätzlich für alle Angelegenheiten des Landkreises zuständig, soweit nicht der Landrat kraft Gesetzes zuständig ist oder ihm der Kreistag bestimmte Angelegenheiten zur Entscheidung übertragen hat (Regel- bzw. **Auffangzuständigkeit** gem. § 45 I 1 KVG). Die in einem Zuständigkeitskatalog geregelten Kompetenzen für wichtige Kreisangelegenheiten darf der Kreistag nicht delegieren (**nicht übertragbare Angelegenheiten** gem. § 45 II KVG), wozu insbesondere die Satzungsgebung sowie die Haushalts- einschließlich der Stellenplanung zählen. Im Übrigen kann der Kreistag aber dem Landrat Zuständigkeiten übertragen.

[1209] Vgl. Art. 51 Satz 1 GLKrWG; § 39 I KWG NRW; § 48 KWG RLP; § 50 I KWG LSA; allg. dazu Pfeiffer/Quecke, VBlBW 1989, 401, 441.
[1210] § 23 Abs. 1 Satz 2 gilt entsprechend. So bestimmt § 23 I KVG, dass die Bürger im Rahmen der Gesetze zu den Kommunalwahlen wahlberechtigt sind, die Bürger und Einwohner in sonstigen Angelegenheiten der Kommunen stimmberechtigt. Bei der Berechnung der Dreimonatsfrist nach § 21 Abs. 2 Satz 1 ist der Tag der Wohnsitz- oder Aufenthaltsnahme mitzurechnen (§ 23 I 2 KVG).
[1211] Diese müssen seit der Gesetzesänderung mit Wirkung zum 1.07.2024 nicht mehr hauptamtlich Beschäftigte sein.

760 Der Kreistag **überwacht die Ausführung seiner Beschlüsse** und sorgt dafür, dass in der Verwaltung auftretende Missstände durch den Landrat beseitigt werden (§ 45 I 2 KVG). Im Rahmen dieser Aufgabe stehen dem Kreistag ein Unterrichtungsanspruch (§ 45 VI 1 KVG) und ein Akteneinsichtsrecht (§ 45 VI 2 KVG) zu. Nicht dem Kreistag als solchem, jedoch jedem ehrenamtlichen Mitglied steht ein Frage- und **Auskunftsrecht** gegenüber dem Landrat zu (§ 43 III 2 KVG). Der Kreistag ist Dienstvorgesetzter, höherer Dienstvorgesetzter und oberste Dienstbehörde des Landrats (vgl. § 45 V 1 KVG). Keine Zuständigkeit besitzt er für die Wahrnehmung staatlicher Angelegenheiten, die allein vom Landrat verwaltet werden. Das Frage- und Auskunftsrecht bezieht sich aber auch auf Angelegenheiten des übertragenen Wirkungskreises.

d) Rechte und Pflichten der Kreistagsmitglieder

761 Die Ausführungen zur Rechtsstellung der ehrenamtlichen Gemeinderatsmitglieder gelten für die Rechtsstellung der ehrenamtlichen Mitglieder des Kreistages entsprechend. Die ehrenamtlichen Mitglieder des Kreistages üben ein **freies Mandat** aus, d.h. sie üben ihr Ehrenamt im Rahmen der Gesetze nach ihrer freien, dem Gemeinwohl verpflichteten Überzeugung aus (§ 43 I 1 KVG) und sind dabei an Aufträge und Weisungen nicht gebunden (§ 43 I 2 KVG). Ihnen stehen das Recht zur Sitzungsteilnahme, ein Rederecht, ein Antragsrecht, das Recht der Fraktionsbildung sowie ein Auskunfts- und Fragerecht zu. Zu ihrem Schutz gelten Benachteiligungsverbote und sie haben Anspruch auf Auslagen- und Verdienstausfallersatz. Im Hinblick auf ihre Rechtsstellung kann auf die entsprechend geltenden Ausführungen zur Rechtsstellung der Gemeinderatsmitglieder verwiesen werden.

2. Landrat

a) Rechtsstellung

762 Der Landrat ist der **Hauptverwaltungsbeamte** des Landkreises (neben dem Kreistag) und ein **Organ** des Kreises (§ 7 I, II Nr. 3 KVG). Er ist **Beamter auf Zeit** und Leiter der Kreisverwaltung (vgl. § 60 I KVG). Er vertritt und repräsentiert die Kommune (vgl. § 60 II KVG). Nach der Systematik des KVG ist der Landrat neben dem „Hauptorgan" Kreistag (vgl. § 36 I 1 KVG) nur ein Nebenorgan des Landkreises. Ihm sind aber viele bedeutsame Zuständigkeiten nach außen wie nach innen gegenüber dem Kreistag zugewiesen, die ihn insgesamt zumindest in tatsächlicher Hinsicht als das Hauptorgan erscheinen lassen.[1212] Der Landrat ist als gesetzlicher Vertreter des Kreises ein „Außenorgan", zugleich aber auch, soweit er „nach innen" Zuständigkeiten wahrnimmt, ein Innenorgan.

b) Wahl/Amtszeit

763 Der Landrat wird nach den Vorgaben von KVG, KWG und KWO für eine **Amtszeit von sieben Jahren** gewählt (vgl. § 61 I 2 KVG). Aus verschiedenen Rechtsgründen kann die Amtszeit vor Ablauf der Siebenjahresfrist enden oder sich die Amtsführung über diese Frist verlängern.[1213] Der Landrat muss neben den allgemeinen Wählbarkeitsvoraussetzungen und den beamtenrechtlichen Voraussetzun-

---

[1212] In verwaltungswissenschaftlicher Hinsicht sind vor allem seine „Vorbereitungsherrschaft" und sein Qualifikations- und Informationsvorsprung gegenüber den ehrenamtlichen Kreistagsmitgliedern zu betonen.
[1213] S. hierzu die entsprechend geltenden Ausführungen Rn. 615 ff.

gen keine fachliche Mindestqualifikation erfüllen. Er kann wie ein Bürgermeister vorzeitig abge-wählt oder von der Kommunalaufsicht des Amtes enthoben werden.[1214]

c) Zuständigkeiten

764 Der Landrat hat eine bunte Vielfalt von Aufgaben. In rein systematischer Hinsicht sind seine Aufgaben mit den Aufgaben des Bürgermeisters einer Einheitsgemeinde vergleichbar. Dies gilt u.a. für seine Aufgaben der **Leitung der Kreisverwaltung** (vgl. § 60 I KVG)[1215], der **Vertretung und Reprä-sentation des Landkreise** (vgl. § 60 II KVG) und der **Vorbereitung** (vgl. § 65 I KVG) **und Ausführung der Beschlüsse des Kreistages und seiner Ausschüsse** (vgl. § 65 I KVG). Er hat die Aufgabe der Un-terrichtung des Kreistags über alle wichtigen den Kreis und seine Verwaltung betreffenden Ange-legenheiten sowohl zu allen Aufgaben des eigenen als auch des übertragenen Wirkungskreises (**Un-terrichtungspflicht**, vgl. § 65 II 1 KVG). Er muss den Kreistag bei wichtigen Planungen möglichst frühzeitig über die Absichten und Vorstellungen der Verwaltung und laufend über den Stand und den Inhalt der Planungsarbeiten unterrichten (§ 65 II 2 KVG). Er hat die Aufgabe der Kontrolle des Kreistags und in diesem Rahmen die Pflicht gesetzwidrigen Kreistagsbeschlüssen zu widersprechen und das Recht für den Kreis nachteiligen Beschlüssen zu widersprechen (vgl. § 65 III KVG).

765 Der Landrat erledigt alle **Geschäfte der laufenden Verwaltung** (vgl. § 66 I 3 KVG). Der Kreistag kann dem Landrat durch Hauptsatzung weitere (eigene) Angelegenheiten des Landkreises zur selbststän-digen Erledigung übertragen (**Übertragung weiterer Angelegenheiten**, § 66 III 1 KVG).

766 In dringenden Angelegenheiten des Kreistages, deren Erledigung auch nicht bis zu einer Dringlich-keitssitzung des Kreistags (i.S.v. § 53 IV 5 KVG) aufgeschoben werden kann, entscheidet der Landrat anstelle des Kreistags (Notkompetenz oder **Eilzuständigkeit** des Landrats gem. § 65 IV 1 KVG)

767 Von den Selbstverwaltungsaufgaben des Landrats sind die von ihm wahrzunehmenden (staatlichen) Fremdverwaltungsangelegenheiten zu unterscheiden. Der Landrat erledigt die gemeindlichen **Auf-gaben des übertragenen Wirkungskreises** in eigener Zuständigkeit, sofern gesetzlich nichts anderes bestimmt ist (vgl. § 66 IV KVG). Er nimmt diese (Organ-) Zuständigkeit für den Landkreis wahr. Hinzu treten die vom Landrat wahrzunehmenden Angelegenheiten der Verteidigung und Staatssicherheit, die er ebenfalls in originärer Organzuständigkeit wahrzunehmen hat. So regelt der Landrat in eige-ner Zuständigkeit 1. die den Kreisen durch Gesetz oder aufgrund eines Gesetzes übertragenen ho-heitlichen Aufgaben in Angelegenheiten der Verteidigung einschließlich des Wehrersatzwesens und des Schutzes der Zivilbevölkerung, soweit nicht für haushalts- und personalrechtliche Entscheidun-gen die Vertretung zuständig ist (vgl. § 66 II Nr. 1 KVG) sowie 2. die Angelegenheiten, die im Inte-resse der Sicherheit der Bundesrepublik Deutschland und eines ihrer Länder geheim zu halten sind (vgl. § 66 II Nr. 2 KVG). Diese Aufgaben des übertragenen Wirkungskreises nimmt der Landkreis durch den Landrat im Falle eines dreistufigen Verwaltungsaufbaus als „dritte Stufe" des Verwal-

---

[1214] S. Rn. 617, 618.
[1215] Als Verwaltungsleiter hat er nicht nur die Aufgabe die Verwaltung zu leiten, sondern auch die innere Organisation der Verwaltung zu regeln (§ 66 I 2 KVG). Er ist für die sachgemäße Erledigung der Aufgaben und den ordnungsgemäßen Gang der Verwaltung verant-wortlich (§ 66 I 2 KVG).

tungsaufbaus neben den Kreise wahr (§ 4 III OrgG LSA). Der Kreis handelt insoweit durch den Land-rat als eine **untere Behörde** der mittelbaren Landesverwaltung (§ 17 I OrgG LSA). Der Landrat handelt dabei indes als Organ seines Landkreises und nicht als ein Organ des Landes. Der Landrat unter-liegt bei seiner Aufgabenwahrnehmung im übertragenen Wirkungskreis der Fachaufsicht.

768   Im Hinblick auf diese Aufgabenwahrnehmung ist Dienstvorgesetzter, höherer Dienstvorgesetzter und oberste Dienstbehörde des Landrats der Kreistag (vgl. § 45 V 1 KVG). Dies ändert nichts daran, dass in übertragenen Angelegenheiten nur die jeweilige Fachaufsichtsbehörde weisungsbefugt ist.

769   Die Zusammenschau der Zuständigkeiten und Befugnisse des Landrats lassen ihn, wie dargelegt, zumindest in tatsächlicher Hinsicht nicht als Nebenorgan, sondern als Hauptorgan des Kreises er-scheinen.[1216]

3. Personal und Aufbau der Kreisverwaltung

770   Der Landrat trägt als Verwaltungsleiter die rechtliche Verantwortung für die Aufbauorganisation (und die Ablauforganisation) des Kreises sowie als gesetzlicher Vertreter des Kreises und Verwal-tungsleiter auch gegenüber dem Personal. Die Wahrnehmung dieser Aufgaben richtet sich nach näherer Maßgabe der Gesetze. Für die Aufbauorganisation ergeben sich sowohl aus dem KVG wie aus Fachgesetzen Vorgaben.

a) Aufbauorganisation

771   Im Hinblick auf die Aufbauorganisation der Kreisverwaltung kann auf die sinngemäß geltenden Ausführungen zur Aufbauorganisation der Gemeindeverwaltung in Einheitsgemeinden verwiesen werden.

b) Personal

772   Der Landrat kann dem Kreistag die Berufung einer bestimmten Zahl von Beigeordneten (für bestimmte Funktionsbereiche) in das Beamtenverhältnis auf Zeit vorschlagen. Landkreise können mehrere Beigeordnete in das Beamtenverhältnis auf Zeit berufen, wenn die Hauptsatzung dies vorsieht (vgl. § 68 I KVG). Einer der Beigeordneten muss die Befähigung zur Laufbahn des allgemei-nen Verwaltungsdienstes der Laufbahngruppe 2, zweites Einstiegsamt, oder zum Richteramt haben, sofern nicht der Hauptverwaltungsbeamte oder ein leitender Beschäftigter der Kommune diese Voraussetzung erfüllt (§ 68 II KVG). Die Beigeordneten vertreten den Landrat ständig in ihrem Ge-schäftskreis (vgl. § 68 III 1 KVG). Der Landrat kann ihnen allgemein oder im Einzelfall Weisungen erteilen (§ 68 III 2 KVG). Beigeordnete tragen im Falle einer Dezernatsstruktur der Kreisverwaltung regelmäßig die Amtsbezeichnung „Dezernent" bzw. „Dezernentin".

773   Der Landkreis ist verpflichtet, die zur Erfüllung seiner Aufgaben erforderlichen geeigneten Beschäftigten[1217] einzustellen (§ 75 I 2 KVG). Hoheitliche Aufgaben hat er in der Regel durch Beamte

---

[1216] In verwaltungswissenschaftlicher Hinsicht sind vor allem seine „Vorbereitungsherrschaft" und sein Qualifikations- und Informati-onsvorsprung gegenüber den ehrenamtlichen Kreistagsmitgliedern zu betonen.
[1217] Beschäftigte im Sinne des KVG Gesetzes sind Beamte mit Dienstbezügen, Beamte mit Anwärterbezügen, Arbeitnehmer und die zu ihrer Berufsausbildung Beschäftigten (§ 75 I 3 KVG).

erfüllen zu lassen (§ 75 I 2 KVG). Der Landkreis stellt die Dienstkräfte (und Einrichtungen) zur Verfügung, die für die Erfüllung der Aufgaben des übertragenen Wirkungskreises erforderlich sind (§ 6 IV 1 KVG). Ihm fließen die mit diesen Aufgaben verbundenen Einnahmen zu (§ 6 IV 2 KVG).

V. Kommunale Zusammenschlüsse

1. Zweckverband

774   Die Gründung, Rechtsnatur und Aufgaben von Zweckverbänden wurde bereits dargestellt.[1218] **Organe des Zweckverbandes** sind die Verbandsversammlung und der Verbandsgeschäftsführer (§ 10 GKG-LSA).

775   Die **Verbandsversammlung** ist das Hauptorgan des Zweckverbandes (§ 11 I 1 GKG-LSA). Jedes Verbandsmitglied entsendet mindestens einen Vertreter mit einer Stimme in die Verbandsversammlung (§ 11 I 2 GKG-LSA). Die Verbandssatzung kann bestimmen, dass Verbandsmitglieder mehrere Stimmen haben und zur Ausübung des Stimmrechts einen Vertreter oder eine entsprechende Anzahl von Vertretern entsenden (§ 11 I 3 GKG-LSA). Die Verbandssatzung kann die Übertragbarkeit des Stimmrechts auf einen anderen Vertreter des Verbandsmitglieds oder die Benennung von Stellvertretern vorsehen (§ 11 I 4 GKG-LSA). Die Vertreter der Verbandsmitglieder sind ehrenamtlich tätig (§ 11 I 5 GKG-LSA). Für bestimmte Personengruppen gilt eine Unvereinbarkeit mit der Mitgliedschaft in der Versammlung.[1219]

776   Der von der Kommune zu entsendende **Vertreter** wird von der Vertretung der Kommune gewählt (§ 11 III 1 GKG-LSA).[1220] Er kann jederzeit abgewählt werden (§ 11 III 3 GKG-LSA).[1221] Hat eine Mitgliedskommune nach der Verbandssatzung mehrere Vertreter· in der Verbandsversammlung, werden die Vertreter nach dem für die Bildung der Ausschüsse der Vertretung vorgeschriebenen Verfahren bestimmt (§ 11 III 4 GKG-LSA). Der von einer Kommune als Verbandsmitglied entsandte Vertreter ist an die Beschlüsse des ihn entsendenden Verbandsmitglieds gebunden (§ 11 III 5 GKG-LSA) und hat die ihn entsendende Vertretung über alle wesentlichen Angelegenheiten des Zweckverbandes zu unterrichten (§ 11 III 6 GKG-LSA). Hat ein Verbandsmitglied mehrere Stimmen, sind diese einheitlich abzugeben (§ 11 IV 1 GKG-LSA).[1222]

777   Der **Verbandsgeschäftsführer** ist Mitglied der Verbandsversammlung mit **beratender Stimme** (§ 11 II 1 GKG-LSA).[1223] Die Verbandsversammlung nimmt gegenüber einem mit Anstellungsvertrag be-

---

[1218] S. Rn. 69 ff., 314 ff.

[1219] Mitglieder der Verbandsversammlung können nicht sein: 1. Beschäftigte des Zweckverbandes, 2. leitende Beschäftigte einer juristischen Person oder sonstigen Organisation des öffentlichen oder des Privatrechts, wenn der Zweckverband in einem beschließenden Organ dieser Organisation mehr als die Hälfte der Stimmen hat, 3. Beschäftigte, die vorbereitend oder entscheidend unmittelbare Aufgaben der Kommunal- oder Fachaufsicht über den Zweckverband wahrnehmen (§ 11 I 6 GKG-LSA).

[1220] Die Verbandssatzung kann die Wahl von Stellvertretern vorsehen (§ 11 III 2 GKG-LSA).

[1221] Dies gilt auch für die Stellvertreter.

[1222] Wird das Stimmrecht durch mehrere Vertreter ausgeübt, sind die Stimmen des Verbandsmitglieds durch den vom Verbandsmitglied für die Stimmabgabe namentlich bestimmten Vertreter, im Verhinderungsfall durch dessen namentlich bestimmten Stellvertreter, einheitlich abzugeben (§ 11 IV 2 GKG-LSA). Bei Kommunen, die Verbandsmitglied sind, legt die Vertretung der Kommune durch Beschluss einen namentlich bestimmten Vertreter und einen namentlich bestimmten Stellvertreter fest (§ 11 IV 3 GKG-LSA).

[1223] Die Unvereinbarkeitsregelung gilt für ihn nicht (§ 11 II 2 GKG-LSA): § 11 I 6 GKG-LSA findet auf ihn keine Anwendung.

schäftigten Verbandsgeschäftsführer die Aufgaben des Arbeitgebers wahr (§ 11 II 3 GKG-LSA). Gegenüber einem beamteten Verbandsgeschäftsführer ist sie Dienstvorgesetzte, höherer Dienstvorgesetzte und oberste Dienstbehörde (§ 11 II 4 GKG-LSA). Jedes Mitglied der Verbandsversammlung kann vom Geschäftsführer über die Angelegenheiten des Verbandes Auskunft verlangen und seinen Auskunftsanspruch unabhängig von einer Weisung der Gemeinden notfalls gerichtlich durchsetzen.[1224] Der Auskunftsanspruch richtet sich nicht gegen den Verbandsgeschäftsführer in Person oder den Zweckverband, sondern gegen den Geschäftsführer als Organ des Zweckverbands.[1225]

778 Die Verbandsversammlung ist **beschlussfähig**, wenn nach ordnungsgemäßer Einberufung mehr als die Hälfte der satzungsmäßigen Verbandsmitglieder und mehr als die Hälfte der Stimmen vertreten sind (§ 11 V 1 GKG-LSA). Bei einer Verletzung der Vorschriften über die Einberufung ist die Verbandsversammlung beschlussfähig, wenn alle satzungsmäßigen Verbandsmitglieder anwesend sind und keines der fehlerhaft geladenen Verbandsmitglieder den Einberufungsfehler rügt (§ 11 V 2 GKG-LSA).[1226]

779 Die Verbandsversammlung wählt aus ihrer Mitte den **Vorsitzenden der Verbandsversammlung** (§ 11 VI 1 GKG-LSA).[1227] Der Vorsitzende beruft die Sitzungen der Verbandsversammlung ein und bestimmt die Tagesordnung. Dies gilt nicht für die erste Sitzung, da die von der Kommunalaufsichtsbehörde nach der Bildung des Zweckverbandes einberufen wird (§ 11 VII GKG-LSA).

780 Der **Verbandsgeschäftsführer** vertritt den Zweckverband (§ 12 I 1 GKG-LSA). Er leitet die Verwaltung des Zweckverbandes, ist für die sachgemäße Erledigung der Aufgaben und den ordnungsgemäßen Gang der Verwaltung des Verbandes verantwortlich und regelt die innere Verwaltungsorganisation (§ 12 I 2 GKG-LSA). Er erledigt in eigener Verantwortung die Geschäfte der laufenden Verwaltung und entscheidet in Angelegenheiten, die ihm durch Verbandssatzung oder Beschluss der Verbandsversammlung zugewiesen sind (§ 12 I 3 GKG-LSA). Der Verbandsgeschäftsführer ist Vorgesetzter, Dienstvorgesetzter, höherer Dienstvorgesetzter und oberste Dienstbehörde der Beschäftigten des Zweckverbandes (§ 12 I 4 GKG-LSA).

781 Der Verbandsgeschäftsführer wird von der Verbandsversammlung **für die Dauer von sieben Jahren gewählt** (§ 12 II 1 GKG-LSA). Er soll zum hauptamtlichen Beamten auf Zeit ernannt werden (§ 12 II 2 GKG-LSA),[1228] kann aber nach der Verbandssatzung in ein Ehrenbeamtenverhältnis berufen werden,

---

[1224] OVG LSA, Beschl. v. 30.6.2005 – 4 L 115/05 – juris Rn. 7. „Holt das Mitglied der Verbandsversammlung keine Weisung seiner Gemeinde ein oder verstößt er gegen eine konkrete Weisung, so kann dies zwar seine Abwahl rechtfertigen; die Wirksamkeit einer Abstimmung oder sonstigen Handlung als Verbandsversammlungsmitglied ist von der Weisung aber nicht abhängig." (OVG LSA a.a.O. Rn. 8).

[1225] OVG LSA, Beschl. v. 30.6.2005 – 4 L 115/05 – juris Rn. 11.

[1226] Im Übrigen findet hinsichtlich der Beschlussfähigkeit § 55 KVG entsprechende Anwendung (§ 11 V 3 GKG-LSA).

[1227] Die Verbandssatzung regelt das Nähere zu seiner Stellvertretung (§ 11 VI 2 GKG-LSA).

[1228] § 40 des Landesbeamtengesetzes findet keine Anwendung (§ 12 II 3 GKG-LSA). Die Verbandssatzung kann abweichend von Satz 2 bestimmen, dass der Verbandsgeschäftsführer mit einem Anstellungsvertrag beschäftigt wird (§ 12 II 4 GKG-LSA). Die Verbandssatzung regelt die Vertretung des Verbandsgeschäftsführers im Verhinderungsfall (§ 12 II 5 GKG-LSA). Der Vertreter des Verbandsgeschäftsführers soll ein Beschäftigter aus der Verwaltung des Zweckverbandes sein (§ 12 II 6 GKG-LSA).

wenn seine Aufgaben eine hauptamtliche Tätigkeit nicht rechtfertigen (§ 12 III 1 GKG-LSA).[1229] Eine Wiederwahl[1230] ist ebenso wie die vorzeitige Abwahl[1231] möglich. Die Stelle des hauptamtlichen Verbandsgeschäftsführers ist grundsätzlich öffentlich auszuschreiben (§ 12 V 2 1. HS).[1232] Der zu wählende muss über eine Mindestbefähigung verfügen.[1233] Der Verbandsgeschäftsführer ist in der Regel hauptberuflich tätig (§ 12 II 2 GKG-LSA). Soweit erforderlich, darf die Verbandssatzung die Wahl eines ehrenamtlichen Geschäftsführers vorsehen.[1234] In der Satzung ist stets die Vertretung zu regeln.[1235] Er kann in ein Beamtenverhältnis auf Zeit berufen werden (§ 12 III 2 GKG-LSA).[1236]

782 Wird der hauptberufliche Verbandsgeschäftsführer mit einem **Anstellungsvertrag** beschäftigt, gelten besondere Vorgaben.[1237] Besondere Vorgaben gelten auch für die Auflösung eines Zweckverbandes hinsichtlich dessen Bediensteter.[1238]

783 Erklärungen, durch welche der Zweckverband verpflichtet werden soll (**Verpflichtungsgeschäfte**), bedürfen der Schriftform (§ 12b I 1 GKG-LSA). Sie sind, sofern sie nicht gerichtlich oder notariell beurkundet werden, nur rechtsverbindlich, wenn sie handschriftlich vom Verbandsgeschäftsführer unterzeichnet oder von ihm in elektronischer Form mit seiner dauerhaften qualifizierten elektronischen Signatur versehen wurden (§ 12b I 2 GKG-LSA). Diese Formvorschrift gilt nicht für Erklärungen

---

[1229] Der ehrenamtliche Verbandsgeschäftsführer soll aus dem Kreis der Hauptverwaltungsbeamten der kommunalen Verbandsmitglieder gewählt werden; das Amt des ehrenamtlichen Verbandsgeschäftsführers gilt in diesem Fall als Nebenamt im Sinne des § 73 Abs. 2 des Landesbeamtengesetzes (§ 12 III 2 GKG-LSA). Wenn die Aufgaben eine hauptamtliche Stellung nicht rechtfertigen, wird man sogar aufgrund des Gebots der Sparsamkeit und Wirtschaftlichkeit ein Verbot der hauptamtlichen Bestellung annehmen müssen.

[1230] Eine mehrmalige Wiederwahl ist möglich (§ 12 III 1 2. HS GKG-LSA).

[1231] Die vorzeitige Abwahl aus der Organstellung des Verbandsgeschäftsführers ist auf Antrag der Mehrheit der satzungsmäßigen Stimmenzahl der Verbandsversammlung möglich; der Antrag bedarf der Begründung (§ 12 IV 1 GKG-LSA). Der Beschluss über die Abwahl darf frühestens vier Wochen nach Antragstellung erfolgen (§ 12 IV 2 GKG-LSA). Dem Verbandsgeschäftsführer ist Gelegenheit zur Stellungnahme zu geben (§ 12 IV 3 GKG-LSA). Über den Antrag ist ohne Aussprache geheim abzustimmen (§ 12 IV 4 GKG-LSA). Der Beschluss über die Abwahl bedarf einer Mehrheit von zwei Dritteln der satzungsgemäßen Stimmenzahl der Verbandsversammlung (§ 12 IV 5 GKG-LSA). Der beamtete Verbandsgeschäftsführer scheidet mit Ablauf des Tages aus dem Amt aus, an dem er aus der Organstellung abgewählt wurde (§ 12 IV 6 GKG-LSA). In diesem Fall gelten § 78 VI 1 Landesbeamtenversorgungsgesetzes Sachsen-Anhalt und § 10 I u. II Landesbesoldungsgesetzes entsprechend (§ 12 IV 7 GKG-LSA).

[1232] Hiervon kann bei einer erneuten Bestellung durch Beschluss mit der Mehrheit der satzungsmäßigen Stimmenzahl der Verbandsversammlung abgesehen werden (§ 12 V 2 2. HS GKG-LSA).

[1233] Der Verbandsgeschäftsführer muss mindestens über die Befähigung zur Laufbahn des allgemeinen Verwaltungsdienstes der Laufbahngruppe 2, erstes Einstiegsamt, oder über einen den Anforderungen des Zweckverbandes entsprechenden Fachhochschulabschluss verfügen (§ 12 V 1 GKG-LSA).

[1234] Soweit erforderlich, kann die Verbandssatzung einen ehrenamtlichen Verbandsgeschäftsführer vorsehen (§ 12 II 3 GKG-LSA). Dieser soll aus dem Kreis der Hauptverwaltungsbeamten der kommunalen Verbandsmitglieder gewählt werden (§ 12 II 4 GKG-LSA).

[1235] Die Verbandssatzung regelt die Vertretung des Verbandsgeschäftsführers im Verhinderungsfall (§ 12 II 5 GKG-LSA). Der Vertreter des Verbandsgeschäftsführers soll ein Bediensteter aus der Verwaltung des Zweckverbandes sein (§ 12 II 6 GKG-LSA).

[1236] § 39 I, II LBG LSA ist anzuwenden (§ 12 III 2 2. HS GKG-LSA). § 39 IV LBG LSA findet keine Anwendung (§ 12 III 3 GKG-LSA).

[1237] Vgl. § 12 II 4 GKG-LSA: 1. Im Anstellungsvertrag ist festzulegen, wann der Gewählte die Stelle als Geschäftsführer antritt und dass seine Anstellung mit Ablauf der Wahlperiode oder mit Ablauf des Tages, an dem er vorzeitig abgewählt wird, endet. 2. Der Verbandsgeschäftsführer scheidet mit Ablauf der Wahlperiode aus seiner Funktion aus, es sei denn, er wurde wiedergewählt, 3. Die §§ 2, 6 und 7 KomBesV sind entsprechend anzuwenden. Unabhängig davon scheidet der Verbandsgeschäftsführer mit Ablauf des Tages aus seiner Funktion aus, an dem er abgewählt wurde. In diesem Fall gelten § 78 VI 1 Landesbeamtenversorgungsgesetzes und § 10 I 1 und 2 Landesbesoldungsgesetz entsprechend.

[1238] Vgl. § 12a GKG-LSA,

in Geschäften der laufenden Verwaltung oder aufgrund einer in Schriftform ausgestellten Vollmacht (§ 12b II GKG-LSA).

784 Die Verbandsmitglieder haben gegenüber dem Zweckverband die **Mitgliedschaftsrechte**, die sich aus Gesetz und Verbandssatzung ergeben. Da für den Zweckverband die Vorschriften für Gemeinden sinngemäß gelten (§ 16 I 1 GKG-LSA), können die einzelnen Verbandsmitglieder ähnlich wie Ratsmitglieder die beschriebenen Mitgliedschaftsrechte geltend machen. Dies sind vor allem ein Stimmrecht, aber auch ein Rede- und Antragsrecht in der Versammlung sowie Kontrollrechte gegenüber dem Verbandsgeschäftsführer. Das einzelne Verbandsmitglied hat keine Rechtsposition gegenüber der Kommunalaufsicht über den Zweckverband.[1239]

2. Zweckvereinbarung

785 Die Zweckvereinbarung ist wie bereits dargelegt *keine* institutionalisierte Form der Zusammenarbeit. Sie ist keine Körperschaft und hat keine Organe. Ihr fehlt mithin auch eine „Binnenorganisation". Die Ordnung der Aufgabenerfüllung durch die Kommunalkörperschaft, welche die Aufgaben der anderen Körperschaften aufgrund der Vereinbarung übernimmt, bestimmt grundsätzlich der Hauptverwaltungsbeamte im Rahmen seiner Zuständigkeit als Verwaltungsleiter zur Regelung der inneren Ordnung (§ 66 I 2 KVG). Er kann für die Aufgabenwahrnehmung etwa ein eigenes Dezernat und eigene Verwaltungseinheiten unterhalb der Dezernatsebene einrichten oder die Aufgaben Ämtern mit weiteren Zuständigkeiten zuordnen. Die anderen Körperschaften können sich Mitwirkungsrechte an bestimmten Angelegenheiten vorbehalten haben (vgl. § 4 I 2 GKG-LSA). Für die Aufgabenerfüllung kann die übernehmende Körperschaft grundsätzlich auch Regelungen durch Satzung für das gesamte Gebiet der beteiligten Körperschaften treffen (§ 4 II GKG-LSA).[1240]

[1239] OVG LSA, Beschl. v. 1.9.2001 – 2 M 179/01 – juris: kein unmittelbares Rechtsverhältnis zwischen einem Zweckverbandsmitglied und der Kommunalaufsichtsbehörde.
[1240] Sofern in der Zweckvereinbarung nichts anderes vereinbart ist.

VI. Kommunalverfassungsstreit

Lit.: *Ehlers*, Die Klagearten und besonderen Sachentscheidungsvoraussetzungen im Kommunalverfassungsstreitverfahren, NVwZ 1990, 105 ff.; *Franz*, Der Kommunalverfassungsstreit, JURA 2005, 156-161; *Lin*, Vorläufiger Rechtsschutz im Kommunalverfassungsstreit, 2001; *Müller*, Zu den Abwehrrechten des Ratsmitglieds gegenüber organisationsrechtswidrigen Eingriffen in seine Mitwirkungsrechte, NVwZ 1990, 120 ff.; *Schröder*, Die Geltendmachung von Mitgliedschaftsrechten im Kommunalverfassungsstreit, NVwZ 1985, 246 ff.

1. Wesen des Kommunalverfassungsstreits

786 Der **Kommunalverfassungsstreit** ist eine gerichtliche Streitigkeit zwischen Organen oder Organteilen kommunaler Gebietskörperschaften wegen einer möglichen Verletzung der ihnen als Organ bzw. Organteil zustehenden mitgliedschaftlichen Rechte. Mittlerweile ist anerkannt, dass der Organstreit nicht schlechthin unzulässig ist und auch in Innenrechtsverhältnissen wehrfähige Rechtspositionen existieren können.[1241] Beim Kommunalverfassungsstreit handelt es sich nicht etwa um einen unzulässigen Insichprozess einer Person gegen sich selbst, sondern um einen Innenrechtsstreit. Man unterscheidet den Interorganstreit und den Intraorganstreit. Der Interorganstreit ist eine Rechtsstreitigkeit zwischen zwei Organen einer kommunalen Körperschaft. Intraorganstreit hingegen nennt man den Rechtsstreit zwischen Mitgliedern eines kommunalen Kollegialorgans und diesem selbst.[1242]

787 Der Kommunalverfassungsstreit ist insbesondere abzugrenzen von kommunalen Klagen gegen Aufsichtsmaßnahmen oder sonstigen Klagen der Kommunen zur Verteidigung ihres Selbstverwaltungsrechts, Klagen Dritter gegen kommunale Organe oder Organteile, kommunalen Wahlprüfungsverfahren, Streitigkeiten zwischen Kommunen und Streitigkeiten zwischen kommunalen Rechtssubjekten[1243] sowie von beamtenrechtlichen Streitigkeiten auf kommunaler Ebene.

2. Zulässigkeit

a) Eröffnung des Verwaltungsrechtswegs

788 Da die VwGO auf den Schutz subjektiver Rechte im Außenverhältnis Staat-Bürger, nicht aber auf Innenrechtsstreitigkeiten zugeschnitten ist, stellen sich im Zusammenhang mit dem Kommunalverfassungsstreit zahllose Streitfragen. Keine Probleme ergeben sich allerdings in der Regel im Hinblick auf die Zuordnung des Rechtsstreits zum Verwaltungsrechtsweg gem. § 40 I VwGO. Dies gilt jedenfalls dann, wenn über Rechte und Pflichten gestritten wird, die sich unmittelbar aus den Kommunalverfassungen ergeben. Diese Normen sind öffentliches Recht und eine Sonderzuweisung ist regelmäßig nicht einschlägig.

789 Klarzustellen ist Folgendes: Obwohl man von einem „Kommunalverfassungsstreit" spricht, handelt es sich **nicht** um eine verfassungsrechtliche Streitigkeit. Die Streitbeteiligten sind keine Verfas-

---

[1241] *Hufen*, Verwaltungsprozessrecht, § 21 Rn. 1.

[1242] Vgl. *Tettinger*, Besonderes Verwaltungsrecht/1, Rn. 181.

[1243] Kein Kommunalverfassungsstreit ist etwa die Klage einer Mitgliedsgemeinde gegen die Verwaltungsgemeinschaft – vgl. VG Dessau, Urt. v. 18.5.1995 LKV 1996, 77.

sungsorgane und es wird auch nicht um verfassungsrechtliche Positionen, sondern über einfaches Recht gestritten.

b) Statthafte Klageart

790 Die Bestimmung der **statthaften Klageart** beim Kommunalverfassungsstreit ist umstritten. Dies rührt zum einen daher, dass die VwGO grundsätzlich auf Klagen im Außenrechtsverhältnis zugeschnitten ist. Zum anderen folgt dies aus dem Streit um die Rechtsnatur vieler Rechtsakte im Organverhältnis. [1244] Nach heute ganz h.M. finden grundsätzlich alle Klagearten der VwGO Anwendung, wobei (wie stets) das jeweilige Klageziel maßgeblich ist.[1245] Die Ansicht, es handele sich beim Kommunalverfassungsstreit um eine Klage eigener Art wird soweit ersichtlich nicht mehr vertreten.[1246] Hiergegen wäre auch vorzubringen, dass das Klagesystem der VwGO abschließend ist.[1247] Nach h.M. scheiden Anfechtungs- und Verpflichtungsklage als statthafte Klagearten aus, weil Akte im Kommunalverfassungsstreit mangels Außenwirkung keine Verwaltungsakte sind.[1248]

791 Die Gegenansicht misst Akten zwischen und innerhalb kommunaler Organe in weitem Umfang Außenwirkung bei.[1249] Eine Außenwirkung liege bereits vor, wenn Akte in die Organrechte eingreifen, was etwa im Falle der Beschränkung des Rederechts oder des Ausschlusses wegen angeblicher Befangenheit zu bejahen sei. Die h.M. lehnt dies ab, weil diese „innerbetrieblichen" Akte sich nicht auf die allgemeine Rechtsstellung der Organe bzw. Organteile auswirken. Mit der Annahme einer Außenwirkung in diesen Fällen lägen im Übrigen zahlreiche der Bestandskraft fähige Verwaltungsakte vor, was im Ergebnis zu Widerspruchsverfahren und einem Unterlaufen der gesetzlichen Kompetenzordnung führen würde.[1250]

792 Geht man davon aus, dass im Kommunalverfassungsstreit regelmäßig nur um rein verwaltungsinterne Akte gestritten wird, kommen im Wesentlichen nur zwei Klagearten in Betracht: die **allgemeine Leistungsklage** (in der VwGO nicht explizit geregelt) und die **allgemeine Feststellungsklage** (§ 43 VwGO). Geht es dem Kläger um die gerichtliche Verurteilung des Klagegegners zur Vornahme einer schlicht hoheitlichen Handlung, ist die allgemeine Leistungsklage die passende Klageart.[1251]

Bsp.: Klage auf Aufhebung eines Beschlusses des Rates oder seiner Ausschüsse

793 Richtet sich das Klagebegehren hingegen auf die gerichtliche Feststellung des Bestehens oder Nichtbestehens eines Rechtsverhältnisses, ist die allgemeine Feststellungsklage statthaft.

[1244] *Kopp/Schenke*, VwGO, Vorbem. § 40 Rn. 6; *Schröder*, NVwZ 1985, 246.

[1245] SaarlOVG, Urt. v. 3.12.1992 NVwZ-RR 1993, 210; *Kopp/Schenke*, VwGO, § 43 Rn. 10. Auf die Ermittlung dieses Ziels ist größte Sorgfalt zu legen.

[1246] Vgl. ehemals die inzwischen aufgegeben Rspr. des OVG NW, Urt. v. 2.2.1972 OVGE 27, 258; Beschl. v. 8.3.1973 DVBl. 1973, 646 (647).

[1247] Vgl. *Gern*, Deutsches Kommunalrecht, Rn. 787.

[1248] BVerwG, Beschl. v. 7.1.1994 – 7 B 224.93 – NVwZ-RR 1994, 352; VGH BW, Beschl. v. 1.9.1992 NVwZ 1993, 396.

[1249] HessVGH, Beschl. v. 23.11.1995 NVwZ-RR 1996, 409 m.w.Nachw.; *Schenke*, in: *Kopp*/Schenke, VwGO, Anh. zu § 42 Rn. 87; Seewald, in: Steiner, BesVerwR, Rn. 215a; *Bleutge*, Der Kommunalverfassungsstreit, 1970, S. 159; ähnl. *Dolde*, in: FS Menger 1985, S. 427; *Kopp/Ramsauer*, VwVfG, § 35 Rn. 92.

[1250] *Stelkens/Stelkens*, in: Stelkens/Bonk/Sachs, VwVfG, § 35 Rn. 119.

[1251] Die allgemeine Leistungsklage ist bekanntlich in der VwGO ungeregelt, wird aber durch diese vorausgesetzt (z.B. in §§ 43 II, 111, 113 IV, VwGO etc.).

Bsp.: Klage auf Feststellung des Rechts zur Sitzungsteilnahme oder des Rechts auf einen Ausschusssitz

c) Gegenstand der allgemeinen Feststellungsklage

794 Feststellungsfähig sind gem. § 43 I VwGO das Bestehen oder Nichtbestehen eines Rechtsverhältnisses sowie der Nichtigkeit eines Verwaltungsaktes. Unter Rechtsverhältnis versteht man jede rechtliche Beziehung aufgrund öffentlich-rechtlicher Norm, öffentlich-rechtlichen Vertrages oder Verwaltungsaktes, die sich aus einem hinreichend konkretem Sachverhalt für das Verhältnis einer Person zu einem Gegenstand oder mehreren Personen zueinander ergibt.[1252] Feststellungsfähig ist insbesondere jedes subjektive öffentliche Recht der Mitglieder der Vertretung oder ihrer Fraktionen sowie des Hauptverwaltungsbeamten. Gegenstand der Feststellungsklage kann etwa ein Recht im Hinblick auf den Erlass einer kommunalen Satzung oder ein Beschluss der Vertretung sein.

Bsp.: Streit über die Wirksamkeit der Änderung einer Hauptsatzung[1253] wegen unzulässigem Ausschlusses eines Mitglieds der Vertretung vom Satzungsbeschluss

795 Klarzustellen ist, dass die Feststellungsklage nicht nur Außenrechtsverhältnisse erfasst, sondern dass auch Innenrechtsbeziehungen feststellungsfähig sind.[1254] Das Rechtsverhältnis setzt notwendigerweise mindestens das **Bestehen eines subjektiven öffentlichen Rechts** voraus. Es kann aber auch aus einem Bündel wechselseitiger subjektiver Rechte und Pflichten bestehen.[1255] Meist geht es um die Feststellung eines Mitgliedschaftsrechts. Hingegen kann nicht isoliert die Feststellung der Rechtswidrigkeit eines Ratsbeschlusses begehrt werden.[1256]

Bsp.: Feststellungsfähiges Rechtsverhältnis ist z.B. das subjektive Recht eines Ratsmitglieds auf Sitzungsteilnahme oder das Recht einer Fraktion auf proporzgemäße Besetzung eines Ausschusses.

d) Subsidiarität der allgemeinen Feststellungsklage

796 Problematisch ist die Bestimmung der statthaften Klageart dort, wo der Kläger ein Feststellungsbegehren formuliert, jedoch ein Leistungsbegehren geltend machen könnte oder wo das Klageziel sowohl als Feststellungs- als auch als Leistungsklage gedeutet werden könnte. In diesen Fällen stellt sich die Frage der **Subsidiarität** der allgemeinen Feststellungsklage gegenüber Leistungsklagen gem. § 43 II VwGO. Hiernach kann die Feststellung nicht begehrt werden, wenn der Kläger seine Rechte auch durch Gestaltungs- oder Leistungsklage geltend machen kann. Die Rechtsprechung nimmt beim Kommunalverfassungsstreit eine **ungeschriebene Ausnahme** von diesem Subsidiaritätsgrundsatz an.[1257] Die Subsidiaritätsregelung gilt im Übrigen nicht für die Nichtigkeitsfeststellung (vgl. § 43

[1252] Vgl. etwa *Kopp/Schenke*, VwGO, § 43 Rn.

[1253] VG Magdeburg, Urt. v. 8.3.2017 – 9 A 881/16 – juris Rn. 27, 29.

[1254] Vgl. OVG NW, Urt. v. 5.2.2002 – 15 A 1965/99 –NVwZ-RR 2003, 225; allg. zum Rechtsverhältnis im komm. Organstreit *Kopp/Schenke*, VwGO, § 43 Rn. 10.

[1255] *Schenke*, Verwaltungsprozessrecht, Rn. 380.

[1256] Dies verkennt OVG NW, Urt. v. 5.2.2002 – 15 A 1965/99 – NVwZ-RR 2003, 225; zutr. hingegen *Ehlers*, NVwZ 1990, 107.

[1257] Vgl. zur grundsätzlichen Zulässigkeit der allgemeinen Feststellungsklage im Kommunalverfassungsstreit BVerwG, Urt. v. 7.5.1987 – 3 C 53.85 – BVerwGE 77, 207 (211)/NVwZ 1988, 410..

II 2 VwGO). Die h.L. nimmt an, die Möglichkeit der Erhebung einer allgemeinen Leistungsklage bewirke die Subsidiarität der allgemeinen Feststellungsklage gem. § 43 II VwGO.[1258] Sie stellt vor allem darauf ab, dass eine Restriktion der Subsidiaritätsklausel mit deren Wortlaut nicht zu vereinbaren sei.

e) Berechtigtes Feststellungsinteresse

797 Geht man von der Statthaftigkeit der allgemeinen Feststellungsklage im Kommunalverfassungsstreit aus, ist zu klären, ob die Klägerin ein **„berechtigtes Interesse an der Feststellung"** hat (§ 43 I VwGO). Hierfür genügt die Geltendmachung der Verletzung eigener organschaftlicher Befugnisse.[1259]

f) Klagebefugnis

798 Ob darüber hinaus im Kommunalverfassungsstreit auch eine **Klagebefugnis** vorliegen muss, ist umstritten.[1260] Sind allgemeine Feststellungsklage oder allgemeine Leistungsklage statthaft, stellt sich die umstrittene Frage der analogen Anwendung des § 42 II VwGO. Rechtsprechung und herrschende Lehre wenden im Kommunalverfassungsstreit sowohl auf die allgemeine Feststellungsklage[1261] als auch auf die allgemeine Leistungsklage[1262] § 42 II VwGO analog an. Die Geltendmachung einer eigenen Rechtsverletzung ist mithin erforderlich.[1263][1264]

799 Umstritten ist auch, welche Rechtspositionen von Organen oder Organteilen eigene Rechte i.S.d. § 42 II VwGO sind.[1265] Nach der früher herrschenden Meinung handelte es sich um bloße objektiv-rechtliche Organ*kompetenzen* bzw. um Wahrnehmungszuständigkeiten.[1266] Sie wurden mitunter als nach innen gerichtete Ansprüche der juristischen Person als solcher angesehen, die der Einzelne in Prozessstandschaft für das Organ geltend mache.[1267] Nach heute ganz h.M. handelt es sich indes um dem Organ bzw. Organteil zustehende subjektive Rechte (im weiteren Sinne) gem. § 42 II VwGO.[1268] Die h.M. sieht Rechtspositionen als subjektive Rechte an, wenn Organe bzw. Organteile kollegial organisiert sind und aufgrund dieser Struktur Interessenkonflikte nicht nur möglich, sondern vom Gesetzgeber sogar angelegt sind.[1269]

[1258] *Hufen*, Verwaltungsprozessrecht, § 18 Rn. 9 ff.; *Kopp/Schenke*, VwGO, § 43 Rn. 28 unter unzutr. Hinweis auf Saarl.OVG, Urt. v. 3.12.1992 NVwZ-RR 1993, 210; *Schenke*, Verwaltungsprozessrecht, Rn. 420.

[1259] *Gern*, Deutsches Kommunalrecht, Rn. 792.

[1260] Näher hierzu *Herbert*, DÖV 1994, 108 ff.

[1261] BVerwG, Beschl. v. 22.12.1988 – 7 B 208.87 – NVwZ 1989, 470. Nach anderer Ansicht ist § 42 II VwGO hier nicht analog anwendbar, weil keine Regelungslücke bestünde und die Beschränkung des Klagegegenstandes hier der Sache nach an die Stelle der Klagebefugnis trete (*Schenke*, VerwProzR, Rn. 410, 492, 724a; *Scholz*, JuS 1987, 790).

[1262] BVerwG, Urt. v. 28.10.1970 BVerwGE 36, 192 (199).

[1263] Vgl. *Ehlers*, NVwZ 1990, 105 (110f.). Mitunter hat die Rspr. aber auch die Geltendmachung einer eigenen Rechtsbetroffenheit ausreichen lassen (BVerwG, Beschl. v. 9.12.1981 NJW 1982, 2205).

[1264] .

[1265] Hierzu *v. Mutius*, Kommunalrecht, 1996, Rn. 844.

[1266] So jetzt noch die Diktion *Rothes*, DÖV 1991, 487, der aber ebenfalls von wehrfähigen Rechten ausgeht.

[1267] *Hoppe*, Organstreitigkeiten vor dem Verwaltungs- und Sozialgericht, 1970, S. 219.

[1268] *Kopp/Schenke*, VwGO, § 42 Rn. 44; ebs. *Schmidt-Aßmann*, in: Maunz-Dürig, GG, Art. 19 IV Rn. 148; zur älteren Diskussion s. etwa *Bleutge*, Der Kommunalverfassungsstreit, 1970, S. 27f.; *Henrichs*, DVBl. 1959, 548 ff.; *Hoppe*, a.a.O.; *Stober*, JA 1974, 45 ff.

[1269] *Von Mutius*. Kommunalrecht, Rn. 845.

800 Die Klagebefugnis **fehlt, wenn ausgeschlossen ist, dass dem Kläger das geltend gemachte Recht zustehen kann.**[1270] Es ist daher genau darauf zu achten, ob der Kläger seine Klage tatsächlich aus seiner mitgliedschaftlichen Stellung herleitet.

801 Ein Kläger kann sich im Kommunalverfassungsstreit nach h.M. **nicht auf Grundrechte berufen.**[1271] Einem Organ oder Organteil fehlt nach dieser Ansicht die Klagebefugnis, soweit es seine Klage auf angebliche Grundrechtsverletzungen stützt, jedoch der Sache nach ein Kommunalverfassungsstreit vorliegt.

802 Nach h.M. dürfen weder Ratsmitglieder noch Fraktionen Rechte des Rates geltend machen.[1272] Sie sind insoweit nicht prozessführungsbefugt. Es handelt sich um eine unzulässige Prozessstandschaft. Mandatsträger und Fraktionen können diese Rechte allenfalls im Namen des Rates auf der Grundlage einer entsprechenden Bevollmächtigung durch den Rat geltend machen.

g) Passive Prozessführungsbefugnis

803 Die Bestimmung der **passiven Prozessführungsbefugnis** ist im Kommunalverfassungsstreit ebenfalls umstritten.[1273] Sie ist nur für Anfechtungs- und Verpflichtungsklagen ausdrücklich geregelt (vgl. § 78 I Nr. 1 VwGO) und bei sonstigen Klagearten klärungsbedürftig. Die VwGO statuiert als Grundprinzip für die Bestimmung der passiven Prozessführungsbefugnis das Rechtsträgerprinzip.[1274] Nach h.M. ist in Abweichung vom Rechtsträgerprinzip im Kommunalverfassungsstreit die Klage gegen das Organ zu richten, dem die Kompetenzbeschneidung bzw. Verletzung eines Mitgliedschaftsrechts angelastet wird (**Funktionsträgerprinzip**).[1275] Dieses Organ ist mithin passiv prozessführungsbefugt.

h) Beteiligungsfähigkeit

804 Die Rechtsgrundlage der **Beteiligungsfähigkeit** von Organen und Organteilen ist umstritten.[1276] Als beteiligungsfähige Personen kommen insbesondere in Betracht: Ratsmitglieder,[1277] Mitglieder sonstiger kommunaler Vertretungen, Fraktionen, der Rat als solcher[1278] bzw. andere kommunale Vertretungen als solche, der Vorsitzende der Vertretung, ein Ausschuss, der Ausschussvorsitzende, ein Ortschaftsrat[1279], der Ortsvorsteher oder der Hauptverwaltungsbeamte.

805 Auf die Klagen von **Mitgliedern** von kommunalen Vertretungen wendet die h.M. § 61 Nr. 2 VwGO analog an.[1280] Da die natürliche Person aus ihrer spezifisch mitgliedschaftlichen Stellung heraus

[1270] Zur herrschenden Möglichkeitstheorie s. *Kopp/Schenke*, VwGO, § 42 Rn. 65f.; BayVGH, Beschl. v. 22.10.1979 BayVBl. 1980, 244 (245).
[1271] Hierzu bereits oben Rn. 389, 559.
[1272] Vgl. BVerwG, Beschl. v. 7.1.1994 – 7 B 224.93 – NVwZ-RR 1994, S. 352; SächsOVG, Beschl. v. 31.7.1996 SächsVBl. 1997, 121; VGH BW, Beschl. v. 26.3.2020 – 1 S 424/20 – openJur 2020, 34781 – Ls Nr. 2 bzgl. Fraktionen.
[1273] Vgl. *Rausch*, JZ 1994, 696 ff.
[1274] Nach abw. Ansicht regelt die Vorschrift die Passivlegitimation und wäre daher eine Begründetheitsfrage.
[1275] BVerwG, Buchholz 310 § 40 VwGO Nr. 179; SächsOVG, Beschl. v. 6.2.1997 NVwZ-RR 1998, 253.
[1276] Näher hierzu Rausch, JZ 1994, 696 ff.; Roth, Verwaltungsrechtliche Organstreitigkeiten, S. 916; Schoch, JuS 1989, 786.
[1277] Zu deren Rechten insbes. Müller, NVwZ 1994, S. 120ff.
[1278] Vgl. VG Chemnitz, Beschl. v. 29.10.1997 LKV 1998, 412: § 61 Nr. 2 VwGO unmittelbar.
[1279] Vgl. *Hufen*, Beteiligungsfähigkeit und Antragsbefugnis eines Ortsrats, JuS 2023, 1175-1176; zum hess. Ortsbeirat HessVGH, Beschl. v. 5.1.1987 NVwZ 1987, 919: § 61 Nr. 2 VwGO.
[1280] OVG NW, Urt. v. 10.9.1982 NVwZ 1983, 485 (486); VGH BW, Urt. v. 19.4.1983 DÖV 1983, 862.

prozessiere, passe die Regelung über natürliche Personen nicht. § 61 Nr. 1 VwGO sei nur auf Außenrechtsbeziehungen der Person ausgerichtet. § 61 Nr. 2 VwGO passe zwar unmittelbar ebenfalls nur auf Außenrechtsbeziehungen,[1281] jedoch sei die Regelung sachnäher. Nach a.A. gilt § 61 Nr. 1 VwGO, weil natürliche Personen auch bei der Wahrnehmung von Mitgliedschaftsrechten natürliche Personen blieben.[1282] Mitunter wird die Vorschrift auch analog angewandt.[1283] Schließlich wird vertreten, beide Vorschriften könnten (alternativ) angewandt werden.[1284] Vorzugswürdig ist die analoge Anwendung des § 61 Nr. 1 VwGO, weil das Mitglied eine natürliche Person im Sinne des Gesetzeswortlauts ist, die Regelung ihrem Sinn nach aber nicht auf Innenrechtsbeziehungen zugeschnitten wurde.[1285]

806 Auch die Beteiligungsfähigkeit von kommunalen **Fraktionen** ist im Ergebnis anerkannt. Sie sind Vereinigungen, die sowohl Merkmale einer öffentlich-rechtlichen Körperschaft als auch eines Vereins aufweisen. Fraktionen sind teilrechtsfähig, soweit ihnen nach der Kommunalverfassung eigene Rechte zustehen (so etwa gem. § 45 VI 1, § 47 KVG). Demgemäß wird meist vertreten, die Fraktion sei nach § 61 Nr. 2 VwGO beteiligungsfähig („Vereinigungen soweit ihnen ein Recht zustehen kann").[1286] Nach zutreffender Ansicht ist die Regelung des § 61 VwGO jedoch auf Innenrechtsbeziehungen nicht zugeschnitten. Die Regelung des § 61 Nr. 2 VwGO findet daher nur analoge Anwendung.[1287] Mitunter wird behauptet, die Beteiligungsfähigkeit von Fraktionen liege vor, wenn sie ihr Klagerecht aus einer Verletzung von organschaftlichen Mitgliedschaftsrechten herleiteten.[1288] Dies vermengt die Frage der Beteiligungsfähigkeit mit der der Klagebefugnis. Erscheint eine Verletzung eines subjektiven Rechts der klagenden Fraktion als unmöglich, ist die Klagebefugnis und nicht die Beteiligungsfähigkeit zu verneinen.

i) Prozessfähigkeit

807 Die **Prozessfähigkeit** bestimmt sich nach § 62 VwGO. Die Kommune als solche ist nicht prozessfähig.[1289] Die Regelung des § 62 III VwGO gilt für prozessunfähige natürliche und juristische Personen,[1290] so auch für Kommunalkörperschaften. Der Hauptverwaltungsbeamte vertritt die Kommune

---

[1281] Schoch, JuS 1987, 787.

[1282] OVG NW, Urt. v. 18.1.1973 OVGE 28, 211; Backhaus, VBlBW 1985, 236; *Hufen*, VerwProzR, § 21 Rn. 8.

[1283] *Gern,* Deutsches Kommunalrecht, Rn. 795.

[1284] OVG NW, Urt. v. 12.11.1991 NVwZ-RR 1993, 263 (264).

[1285] Im Ergebnis hat der Streit jedoch keine Bedeutung. Daher sollte man sich in einer Fallbearbeitung mit kurzer Begründung schnell für eine Rechtsansicht entscheiden. Nicht vertretbar wäre es lediglich § 61 Nr. 3 VwGO anzuwenden. Ratsmitglieder sind nämlich weder einzeln noch zusammen eine Behörde in diesem Sinne, weil ihnen die Befugnis fehlt, nach außen Verwaltungskompetenzen wahrzunehmen (vgl. *von Mutius*, Kommunalrecht, Rn. 834).

[1286] HessVGH, Urt. v. 3.9.1985 NVwZ 1986, 328; Beschl. v. 15.12.1994 DVBl. 1995, 931; Schmitt-Glaeser/Horn, VerwProzR, Rn. 94; *Tettinger*, BesVerwR/1, Rn. 186; *Ziekow*, NWVBl. 1998, 301.

[1287] Vgl. *Bier*, in: Schoch/Schmidt-Aßmann/Pietzner, VwGO, § 61 Rn. 7

[1288] VGH BW, Urt. v. 29.5.1984 NVwZ 1984, 664; *Gern,* Deutsches Kommunalrecht, Rn. 795.

[1289] *Kopp/Schenke*, VwGO, § 62 Rn. 14; a.A. *Gern,* Deutsches Kommunalrecht, Rn. 140. Ob die Kommune „über die Prozesshandlungen" des Hauptverwaltungsbeamten Prozessfähigkeit erlangt oder selbst prozessfähig ist, erscheint als eher begrifflich-akademische Frage, denn eine inhaltliche Frage von praktischer Bedeutung. Fraglos kommt es allein darauf an, dass die Kommune im Prozess wirksam vertreten wird.

[1290] Vgl. *Schmidt*, in: Eyermann, VwGO, § 62 Rn. 9.

als gesetzlicher Vertreter i.S.v. § 62 III VwGO.[1291] Auch ehrenamtliche Bürgermeister von Mitgliedsgemeinden von Verbandsgemeinden sind gesetzliche Vertreter der Gemeinde (§ 96 IV 3 KVG). Aufgrund der Verpflichtung zur vertrauensvollen Zusammenarbeit ist hier aber der Verbandsgemeindebürgermeister vor der Klageerhebung in die Entscheidung einzubinden.

808 Die **Vertretung** (Rat, Verbandsgemeinderat, Kreistag) ist ebenfalls als solche nicht prozessfähig. Auf sie ist § 62 III VwGO analog anzuwenden, wobei es einer Bevollmächtigung des Vorsitzenden der Vertretung durch Beschluss bedarf. Soweit keine Personenidentität besteht, hat der Vorsitzende keine dem Hauptverwaltungsbeamten vergleichbare Stellung. Er ist nach vorzugswürdiger Sichtweise mangels ausdrücklicher Regelung auch kein gesetzlicher Vertreter der Vertretung.[1292] Er verfügt lediglich über einzelne Kompetenzen (Einberufung der Sitzungen, Verhandlungsleitung etc.) und repräsentiert die Vertretung nur in politischer Hinsicht. Prozesshandlungen des Vorsitzenden für die Vertretung müssen daher auf einen entsprechenden Mehrheitsbeschluss zurückgehen.

809 Die gesetzliche Regelung der Prozessfähigkeit in § 62 VwGO passt nicht unmittelbar auf Klagen einer **Fraktion**. In Betracht kommt, dass für die Fraktion ihr Fraktionsvorsitzender nach § 62 III VwGO analog handelt. Da jedoch eine gesetzliche Vertretungsregelung fehlt, ist auch der Fraktionsvorsitzende kein gesetzlicher Vertreter. Daher müssen die Fraktionsmitglieder ihren Fraktionsvorsitzenden durch eine von ihnen unterzeichnete Vollmacht zu Prozesshandlungen im Namen der Fraktion ermächtigen.

j) Allgemeines Rechtsschutzbedürfnis

810 Ein **allgemeines Rechtsschutzinteresse** wird im kommunalen Organstreitverfahren meist ohne weiteres bejaht, wenn ein Eingriff in organschaftliche Kompetenzen bzw. Mitgliedschaftsrechte vorliegt. Das Bedürfnis nach gerichtlichem Schutz besteht jedoch erst dann, wenn der Rechtsinhaber zunächst einen ihm zumutbaren Versuch der außergerichtlichen Rechtsdurchsetzung bzw. -verteidigung gegenüber dem späteren Beklagten unternommen hat. Ein Rechtsschutzbedürfnis kann fehlen, wenn widersprüchliches Verhalten[1293] vorliegt, der Rechtsschutz nur der Schikane dient oder sonst gegen Treu und Glauben verstoßende Rechtsverfolgung gegeben ist.

811 Das Rechtsschutzinteresse entfällt nicht etwa deshalb, weil sich der Kläger auch an die Kommunalaufsicht wenden könnte. Ohne Bedeutung ist auch, dass der Kläger den Hauptverwaltungsbeamten bitten könnte, den rechtswidrigen Beschluss zu beanstanden.[1294]

[1291] Entsprechende Vertretungsregelungen zugunsten des Hauptverwaltungsbeamten finden sich in allen Kommunalordnungen.

[1292] A.A. offenbar *Tettinger*, BesVerwR/1, Rn. 187.

[1293] Rechtsregel „Venire contra factum proprium".

[1294] Vgl. *Kingreen*, DVBl. 1995, 1337.

3. Begründetheit

812 **Passivlegitimiert** ist im Organstreitverfahren das Organ oder der Organteil, dem die behauptete Kompetenz- bzw. Rechtsverletzung anzulasten wäre.[1295]

813 Die allgemeine Feststellungsklage im Kommunalverfassungsstreit ist **begründet**, wenn das behauptete Recht dem Organ bzw. Organteil zusteht. Der Prüfungsaufbau richtet sich nach der Klageart. Während bei der allgemeinen Leistungsklage zu prüfen ist, ob dem Kläger der geltend gemachte Anspruch tatsächlich zusteht, geht es bei der allgemeinen Feststellungsklage darum, ob das streitige Rechtsverhältnis besteht oder nicht. Das Prüfprogramm der allgemeinen Feststellungsklage kann dem der allgemeinen Leistungsklage entsprechen, wenn nämlich das Rechtsverhältnis nur durch einen Anspruch auf die Vornahme eines bestimmten Tuns bestimmt wird.

814 Die unterschiedlichen Ansichten zur Statthaftigkeit der Klagearten im Kommunalverfassungsstreit wirken sich auf die Form der **Tenorierung** aus. Bei erfolgreichen Leistungsklagen kommt es zu einer Verurteilung zur begehrten Leistung. Im Falle einer Feststellungsklage ist auszusprechen, ob das Rechtsverhältnis besteht oder nicht. Dabei geht es nur mittelbar darum, ob die beanstandete Maßnahme selbst rechtswidrig ist.[1296] Der notwendige Urteilsinhalt richtet sich im Übrigen nach § 117 VwGO. Gem. § 117 II Nr. 1 VwGO werden nur die Angaben zu Beteiligten aufgenommen, die sich aus der jeweiligen Beteiligtenstellung i.S.d. § 61 VwGO ergeben. Bei Kommunalverfassungsstreitigkeiten ist ein Zusatz, der auf die Organschaft zur Kommune hinweist, nicht erforderlich. Die Ratsmitglieder haben im Rathaus keine „Dienstanschrift".[1297]

4. Vorläufiger Rechtsschutz

815 Oft kann nicht bis zu einer Entscheidung des Streits im Klageverfahren abgewartet werden und es bedarf einer vorläufigen Sicherung oder Regelung, weil unmittelbar droht, dass die Wahrnehmung eines Mitgliedschaftsrechts vereitelt oder erschwert wird oder wesentliche Nachteile abgewendet werden müssen. In derartigen Fällen bedarf es des vorläufigen Rechtsschutzes durch das Verwaltungsgericht. Da regelmäßig nicht um Verwaltungsakte gestritten wird (vgl. § 123 V VwGO), kommt grundsätzlich nur das Verfahren auf Erlass einer **einstweiligen Anordnung gem.** § 123 I VwGO in Betracht.[1298] Führte die Anordnung zu einer Vorwegnahme der Hauptsache, gelten nach Ansicht des OVG NW im Kommunalverfassungsstreitverfahren besonders strenge Anforderungen.[1299] Im Hinblick auf das Erfordernis des Drohens schwerer und unzumutbarer Belastungen für den Antragsteller[1300] sei nämlich zu berücksichtigen, dass nicht über subjektive Individualrechte, sondern „nur" über innerorganisatorische Kompetenzen entschieden werde.

[1295] VGH BW, Urt. v. 12.2.1990 – 1 S 588/89 – juris (Ls Nr. 3)/NVwZ-RR 1990, 369.

[1296] VGH BW, Urt. v. 14.12.1987 NVwZ-RR 1989, 153.

[1297] OVG LSA, Urt. v. 10.12.1998 – A 2 S 502/96 – juris L s Nr. 2.

[1298] Zum einstweiligen Rechtsschutz im Organstreit s. BayVGH, Beschl. v. 26.10.1984 BayVBl. 1985, 88; *Bracher*, NWVBl. 1994, 409 ff.; *Gern*, Deutsches Kommunalrecht, Rn. 427, 800.

[1299] OVG NW, Beschl. v. 29.11.1988 NWVBl. 1989, 130; Beschl. v. 20.7.1992 NVwZ 1993, 399.

[1300] Vgl. etwa BVerfG, Beschl. v. 19.10.1977 BVerfGE 46, 166 (179).

5. Kosten

816 Die **Kosten** eines Verwaltungsrechtsstreits hat gem. § 154 I VwGO der unterliegende Teil zu tragen. Auch für den Kommunalverfassungsstreit gilt, dass die Kosten dem unterlegenen Beteiligten i.S.v. § 61 VwGO zur Last fallen bzw. bei Klagerücknahme dem, der Begehren aufgegeben hat (§ 154 I, II, § 155 II VwGO).[1301] Nicht etwa sind sie stets der am Verfahren nicht beteiligten Kommune aufzuerlegen.[1302] Im Innenverhältnis trägt jedoch nach allgemeiner Ansicht die Kommune die Kosten.[1303] Demgemäß hat der Unterlegene einen materiell-rechtlichen Kostenerstattungsanspruch gegen seine Körperschaft.[1304] Etwas anderes gilt aber für den Fall des mutwilligen Einleitens eines aussichtslosen Prozesses.[1305]

VII. Plebiszitäre Elemente der Kommunalverfassung

Lit.: *Hofmann*, Bürgerbegehren und Ratsbeschluss, Verwaltungsrundschau 2009, S. 224 ff.; *Huber*, Die Vorgaben des Grundgesetzes für kommunale Bürgerbegehren und Bürgerentscheide, Archiv des öffentlichen Rechts 2001, 165-203; *Seybold*, Das Recht der Bürgerbegehren und Bürgerentscheide in Brandenburg, Sachsen, Sachsen-Anhalt und Thüringen, LKV 2021, 433-440; *Tischer*, Bürgerbeteiligung und demokratische Legitimation: Erscheinungsformen von Bürgerbeteiligung auf kommunaler Ebene und ihr Aufwertungspotenzial (...), 2017

1. Verfassungsrechtliche Ausgangslage

817 In den Kreisen und Gemeinden muss das Volk eine Vertretung haben, die aus allgemeinen, unmittelbaren, freien, gleichen und geheimen Wahlen hervorgegangen ist (Gebot einer demokratisch legitimierten Vertretung gem. Art. 28 I 2 GG). Diese Vertretung muss nach Sinn und Zweck der Vorschrift zumindest die wichtigen Entscheidungen im Hinblick auf die Regelung der eigenen Angelegenheiten treffen und darf nicht nur eine Feigenblattfunktion haben. Demgemäß gilt im Grundsatz das **Prinzip der repräsentativen Demokratie** auch auf kommunaler Ebene. Das Grundgesetz lässt jedoch zu, dass an die Stelle einer gewählten Körperschaft auch eine Gemeindeversammlung treten kann. Es ist also für eine direkte oder unmittelbare (örtliche) Demokratie offen.[1306] Gleichsam eine Stellung zwischen repräsentativer und unmittelbarer Demokratie nimmt die plebiszitäre Mitwirkung der Bürger an der Willensbildung der Kommune ein. In ihrer schwächsten Form geht es dabei darum, dass die Bürger der Vertretung bestimmte Themen zur Entscheidung aufzwingen dürfen. In ihrer intensivsten Form beinhaltet plebiszitäre Mitwirkung, dass die Bürger einer Kommune anstelle der Vertretung eine kommunale Angelegenheit entscheiden. Dabei geht es gleichsam um „Volksbegehren auf der örtlichen Ebene".[1307] Die Kommunalverfassungen der Länder sehen

---

[1301] OVG LSA, Urt. v. 10.12.1998 – A 2 S 502/96 – juris Ls Nr. 3.

[1302] OVG LSA, Urt. v. 10.12.1998 a.a.O.

[1303] VG Magdeburg, Urt. v. 13.5.2014 – 9 A262/13 – juris Rn. 30; OVG NW, Urt. v. 12.11.1991 NVwZ-RR 1993, 263; Urt. v. 12.11.1991 DVBl. 1992, 444.

[1304] VG Magdeburg, Urt. v. 13.5.2014 a.a.O.; OVG NW, Urt. v. 12.11.1991 a.a.O.; *Rennert*, a.a.O.

[1305] OVG NW, Urt. v. 12.11.1991 DVBl. 1992, 444; VG Darmstadt, Urt. v. 11.3.1999 NVwZ-RR 1999, 702.

[1306] Zur verfassungsrechtlichen Zulässigkeit der plebiszitären Mitwirkung s. Huber, AöR 126 (2001), 165 ff.

[1307] Zu Zweifeln an der Wirksamkeit dieser Instrumente demokratischer Partizipation s. *Hofmann*, VR 2001, 51 ff.; *Muckel*, NVwZ 1997, 223 ff.

verschiedene Formen der bürgerschaftlichen Beteiligung vor. Allein der sog. Bürgerentscheid stellt eine echte Durchbrechung des Grundsatzes repräsentativer Demokratie auf Gemeindeebene dar. Er ist abzugrenzen von bloßen Vorbereitungshandlungen (Bürgerbegehren) und der bloßen Beteiligung am Verfahren der Willensbildung (Einwohnerantrag als Initiativrecht für Entscheidung der Vertretung).

2. Bürgerbegehren

818 Das **Bürgerbegehren** ist eine Vorstufe des Bürgerentscheids und bildet zusammen mit diesem ein zweistufiges plebiszitäres Verfahren. Die Bürger können mit einem Bürgerbegehren beantragen, dass sie über eine Angelegenheit der Kommune selbst entscheiden (§ 26 I KVG). Das Bürgerbegehren bezweckt in rechtlicher Hinsicht einzig und allein, einen Bürgerentscheid zu initiieren. Es muss formellen und materiellen Anforderungen genügen.

a) Formelle Anforderungen

819 Für ein Bürgerbegehren gelten mehrere **formelle Anforderungen**. Die Kommune ist in den Grenzen ihrer Verwaltungskraft ihren Bürgern bei der Einleitung eines Bürgerbegehrens behilflich und erteilt Auskünfte zur Sach- und Rechtslage (§ 26 III 3 KVG). Das Bürgerbegehren muss die begehrte Sachentscheidung in Form einer **mit Ja oder Nein zu beantwortenden Frage und eine Begründung** enthalten (§ 26 III 1 KVG).[1308] Unzulässig ist etwa ein Begehren, das nur auf eine resolutionsartige Meinungskundgabe und nicht auf eine Sachentscheidung der Bürger abzielt.[1309] Ebenso unzulässig ist ein Bürgerbegehren, das der Vertretung lediglich Vorgaben für eine von ihr noch zu treffende Entscheidung machen will.[1310]

820 Im Bürgerbegehren sind bis zu drei **Vertrauenspersonen zu benennen**, die berechtigt sind, verbindliche Erklärungen in den Verfahren zum Bürgerbegehren und Bürgerentscheid abzugeben, und die berechtigt und verpflichtet sind, Mitteilungen und Entscheidungen der Kommune entgegenzunehmen (§ 26 III 2 KVG). Die Vertrauenspersonen haben das Bürgerbegehren der Kommune vor Beginn der Unterschriftensammlung in schriftlicher Form anzuzeigen (§ 26 III 4 KVG).

821 Die Kommune erstellt unverzüglich nach Eingang der Anzeige des Bürgerbegehrens nach § 26 III 4 KVG eine **Schätzung der Kosten** für die Umsetzung der begehrten Sachentscheidung einschließlich der Folgekosten und teilt sie den Vertrauenspersonen schriftlich oder in elektronischer Form mit (§ 26 IIIa 1 KVG). Die Kostenschätzung der Kommune ist von den Vertrauenspersonen **in das Bürgerbegehren aufzunehmen** (§ 26 IIIa 2 KVG). Zusätzlich können die Vertrauenspersonen eine **abweichende eigene Kostenschätzung** aufnehmen; in diesem Fall ist das· geänderte Bürgerbegehren der Kommune unverzüglich anzuzeigen (§ 26 III 3 KVG)

822 Der Antrag auf die Durchführung des Bürgerentscheids bedarf der Schriftform. Das Bürgerbegehren ist mit den zu seiner Unterstützung erforderlichen Unterschriften innerhalb von sechs Monaten bei

[1308] Zur Bestimmtheit der Fragestellung s. BayVGH, Urt. v. 29.7.1998 NVwZ-RR 1999, 139.

[1309] OVG NW, Urt. v. 23.4.2002 – 15 A 5594/00 – NVwZ-RR 2002, 766.

[1310] OVG NW, Urt. v. 9.12.1997 – 15 A 974/97 – NVwZ-RR 1999, 136.

der Kommune schriftlich einzureichen, wobei die elektronische Form ausgeschlossen ist (§ 26 V 1 KVG). Die Frist beginnt einen Monat nach Bekanntgabe der Kostenschätzung der Kommune an die Vertrauenspersonen (§ 26 V 2 KVG). Richtet sich das Bürgerbegehren gegen einen Beschluss der Vertretung (sog. Kassatorisches Bürgerbegehren),[1311] muss es innerhalb von zwei Monaten nach der ortsüblichen Bekanntgabe des Beschlusses eingereicht sein (**Einreichungsfrist** des § 26 V 3 KVG).[1312] Das Begehren richtet sich gegen den Beschluss, wenn es in die von der Vertretung getroffene Regelung eingreift. Dies kann durch Aufhebung oder Ersetzung durch eine abweichende Regelung der Fall sein.[1313] Das Begehren muss nicht ausdrücklich auf die Aufhebung gerichtet sein, sondern es genügt, dass es sich inhaltlich auf einen Beschluss bezieht und auf seine Abänderung gerichtet ist.[1314] Die Ausschlussfrist greift nicht nur dann, wenn sich ein Bürgerbegehren ausdrücklich auf einen Beschluss der Vertretung bezieht, sondern bereits dann, wenn es seinem Inhalt nach auf die Korrektur eines Beschlusses gerichtet ist bzw. auf die Änderung eines Beschlusses in wesentlichen Punkten zielt.[1315] Erfolgt keine öffentliche Bekanntgabe, ist für das Bürgerbegehren keine Frist vorgesehen.[1316] Dies gilt etwa für Beschlüsse, welche nicht bekannt zu geben sind, weil sie in nichtöffentlicher Sitzung gefasst wurden und der Bekanntmachung das öffentliche Wohl oder berechtigte Interessen Einzelner entgegenstehen. Die Frist steht dem Begehren nicht entgegen, wenn sich der Beschluss der Vertretung erledigt hat oder ihm durch wesentliche tatsächliche oder rechtliche Änderungen die Grundlage entzogen wurde.[1317]

823 Das Bürgerbegehren muss auch eine **Begründung mit Kostenschätzung** enthalten (§ 26 III 1 HS 1 KVG). Nach vorzugswürdiger Ansicht ist diese Voraussetzung rein formal zu verstehen und es kommt nicht darauf an, ob die Begründung sachlich richtige oder zur Täuschung des Bürgers falsche Angaben enthält. Nach anderer Ansicht ist das Begehren unzulässig, wenn tragende Elemente seiner Begründung unrichtig sind.[1318] Anzugeben ist, mit welchen Kosten gerechnet wird. Die Angabe, wie diese gedeckt werden sollen, ist nach neuer Rechtslage nicht mehr erforderlich. Die Rechtsprechung zur Altregelung ist daher nur eingeschränkt übertragbar.[1319]

824 Das Bürgerbegehren soll bis zu drei Personen benennen, die berechtigt sind, es und die Unterzeichnenden zu vertreten (**Benennung von Vertretern**, § 26 III 1 HS 2 KVG). Diese bis zu drei zu benen-

---

[1311] Zu einer Fristproblematik (wiederholender Beschluss) s. VGH BW, Urt. v. 14.11.1983 NVwZ 1985, 288 ff. Zur Unzulässigkeit der Wiedereinsetzung in den vorigen Stand bei Fristversäumung OVG NW, Urt. v. 28.1.2003 NVwZ-RR 2003, 584 ff.

[1312] S.a. *Freitag/Meis*, Praxisprobleme des Kommunalrechts: Die (zeitliche) Zulässigkeit kassatorischer Bürgerbegehren, DVP 2024, 47-52.

[1313] OVG NW, Urt. v. 28.1.2003 NVwZ-RR 2003, 584.

[1314] VG Koblenz, Urt. v. 10.7.2001 NVwZ-RR 2002, 453.

[1315] OVG LSA, Beschl. v. 7.2.2014 – 4 L 208/12 – juris Rn. 7 (noch zur Altregelung § 25 II 5 GO LSA).

[1316] Anders § 26 III 2 GO NRW (drei Monate) vgl. aber VG Koblenz, Urt. v. 10.7.2001 NVwZ-RR 2002, 453 (454), wonach die Frist auch bei nichtöffentlicher Sitzung gefasstem Beschluss gilt.

[1317] OVG NW, Urt. v. 28.1.2003 NVwZ-RR 2003, 584.

[1318] OVG NW, Urt. v. 23.4.2002 –15 A 5594/00 – NVwZ-RR 2002, 766.

[1319] Es galt: „5. Der Kostendeckungsvorschlag muss grundsätzlich konkrete Feststellungen zu den voraussichtlichen Kosten (einschließlich von Einnahmeausfällen) enthalten sowie die Beschreibung der - nicht gegen rechtliche Bestimmungen verstoßenden - Mittel und Wege, auf denen die Kosten aufgebracht bzw. Einsparungen verwirklicht werden sollen." (OVG LSA, Beschl. v. 7.2.2014 – 4 L 208/12 – juris Rn. 11).

nenden Vertreter müssen nach vorzugswürdiger Auffassung keine Bürger der Gemeinde sein. Sind sie Bürger der Gemeinde, können sie sogar Amts- oder Mandatsträger der Gemeinde sein.[1320] Nach h.M. bedürfen die Vertreter einer besonderen Legitimation, welche sie von den Unterzeichnern aufgrund ihrer Namensangabe auf den Unterschriftenlisten erhalten.[1321]

825 Das Begehren muss von einer Mindestzahl von Unterstützern unterzeichnet sein (**Mindestquorum von Unterzeichnern**), wobei jede Unterschriftsleistung für das Bürgerbegehren auf Unterschriftslisten erfolgen muss (§ 26 IV 1 KVG). Auf der Unterschriftsliste sind Vor- und Familienname, Geburtsdatum, bei mehreren Wohnungen die Anschrift der Hauptwohnung des Unterzeichners sowie das Datum der Unterschrift handschriftlich und deutlich lesbar einzutragen (§ 26 IV 2 KVG). Auf jeder Unterschriftsliste müssen der Wortlaut des Bürgerbegehrens und die Begründung mit Kostenschätzung vollständig enthalten sein (§ 26 IV 3 KVG). Das Bürgerbegehren muss von mindestens 10 v. H. der stimmberechtigten Bürger unterzeichnet sein, höchstens jedoch unterzeichnet sein in Kommunen 1. mit bis zu 20.000 Einwohnern von 1.000 stimmberechtigten Bürgern, 2. mit mehr als 20.000 bis zu 40.000 Einwohnern von 2.000 stimmberechtigten Bürgern, 3. mit mehr als 40.000 bis zu 100.000 Einwohnern von 3.000 stimmberechtigten Bürgern, 4. mit mehr als 100.000 bis zu 200.000 Einwohnern von 5.000 stimmberechtigten Bürgern und 5. mit mehr als 200.000 Einwohnern von 7.500 stimmberechtigten Bürgern (§ 26 IV 4 KVG). Das Bürgerbegehren kann nur von Bürgern unterzeichnet werden, die am Tag des Antragseingangs stimmberechtigt sind. Unterschriftsberechtigt sind auch die Bürger der Kommune, die die Staatsangehörigkeit eines anderen EU-Staates besitzen.[1322] Nach h.M. müssen sich alle vorgenannten Angaben (Fragestellung, Begründung, Deckungsvorschlag etc.) auf jeder einzelnen Unterschriftenliste selbst befinden.[1323] Dies ist jedoch mit der Gegenansicht abzulehnen, da sich dieses Erfordernis nicht zweifelsfrei aus dem Gesetz ableiten lässt.[1324] Es genügt, dass die Unterschriftenlisten zweifelsfrei dem Begehren zugeordnet werden können, wofür allerdings erforderlich ist, dass mindestens die Bezeichnung „Bürgerbegehren" und die jeweilige Fragestellung auf den einzelnen Unterschriftenlisten erscheinen.[1325]

826 In der Angelegenheit darf **nicht innerhalb der letzten zwei Jahre** ein Bürgerentscheid durchgeführt worden sein (§ 26 II 1 KVG).

[1320] OVG Rh.-Pfalz, Urt. v. 6.2.1996 NVwZ-RR 1997, 241: keine gesetzlichen Ausschließlichkeitsregeln.

[1321] BayVGH, Beschl. v. 8.7.1996 NVwZ-RR 1997, 109

[1322] Hieran ändert sich dadurch nichts, dass Bürgerbegehren bzw. Bürgerentscheid keine „Kommunalwahlen" i.S.v. Art. 19 EG-Vertrag sind und das Unionsbürgerwahlrecht insoweit nicht eingreift (vgl. *Kluth*, in: Callies/Ruffert, Kommentar zum EU-Vertrag und EG-Vertrag, 2002, Art. 19 Rn. 11). Das Kommunalrecht geht mithin über diese europarechtlichen Vorgaben hinaus. Die Vereinbarkeit der Regelung mit dem Grundgesetz (vgl. Art. 20 II, 28 I GG) ist allerdings umstritten (s. hierzu *Burkholz*, DÖV 1995, 816 ff.; *Engelken*, NVwZ 1995, 432 ff.; ders., DÖV 1996, 737 ff.; *Hofmann/Meyer-Teschendorf*, ZRP 1995, 290ff.

[1323] OVG NW, Urt. v. 15.2.2000 NVwZ-RR 2001, 49; Zum Erfordernis der Unterschrift auf Vor- und Rückseite s. HessVGH, Beschl. v. 25.8.1997 NVwZ-RR 1998, 255.

[1324] OVG Rh.-Pfalz, Urt. v. 6.2.1996 NVwZ-RR 1997, 241.

[1325] Vgl. BayVGH, Beschl. v. 30.11.1995 NVwZ-RR 1996, 284.

b) Materielle Anforderungen

827 Das Begehren muss Voraussetzungen in **materieller Hinsicht** erfüllen. Gegenstand eines Bürgerbegehrens können nur Angelegenheiten des eigenen Wirkungskreises der Kommune sein, die in der Entscheidungszuständigkeit der Vertretung liegen und zu denen nicht innerhalb der letzten zwei Jahre ein Bürgerentscheid durchgeführt worden ist[1326] (§ 26 II 1 KVG).

828 Der Gesetzgeber schließt zahlreiche Gegenstände im Rahmen eines **Negativkatalogs** für Bürgerentscheide aus. Ein Bürgerbegehren ist unzulässig über 1. die innere Organisation der Verwaltung der Kommune, 2. die Rechtsverhältnisse der ehrenamtlichen Mitglieder der Vertretung, des Hauptverwaltungsbeamten, des Bürgermeisters der Mitgliedsgemeinde einer Verbandsgemeinde und der Beschäftigten der Kommune, 3. die Haushaltssatzung, einschließlich der Haushaltspläne oder der Wirtschaftspläne der Eigenbetriebe, die kommunalen Abgaben und die Tarife der Versorgungs- und Verkehrsbetriebe der Kommune, 4. die Feststellung des Jahresabschlusses der Kommune und der Jahresabschlüsse der Eigenbetriebe und des Gesamtabschlusses, 5. Entscheidungen über Rechtsbehelfe und Rechtsstreitigkeiten, 6. die Aufstellung, Änderung, Ergänzung und Aufhebung von Bauleitplänen und sonstigen Satzungen nach dem Baugesetzbuch, 7. Angelegenheiten, die im Rahmen eines Planfeststellungsverfahrens, eines förmlichen Verwaltungsverfahrens mit Öffentlichkeitsbeteiligung oder eines abfallrechtlichen, immissionsschutzrechtlichen, wasserrechtlichen oder vergleichbaren Zulassungsverfahrens zu entscheiden sind, sowie 8. Angelegenheiten, die ein gesetzeswidriges Ziel verfolgen (§ 26 II 2 KVG). Unzulässig wäre daher etwa eine Entscheidung über eine in die Organzuständigkeit des Hauptverwaltungsbeamten fallende Angelegenheit. Nicht anzuerkennen ist ein ungeschriebener Missbrauchstatbestand dergestalt, dass eine unterlegene Minderheit der Vertretung nicht befugt sei, Rechtsverletzungen durch die Verlagerung der Entscheidungszuständigkeit auf die Bürger geltend zu machen.[1327] Dem initiativ wirkenden Bürgerbegehren steht nicht entgegen, dass insoweit noch andere Gebietskörperschaften ihre Zustimmung geben müssen.[1328] Das Bürgerbegehren kann auch eine politische Willensentschließung der Vertretung bzw. eine Grundsatzentscheidung zum Ziel haben.[1329]

829 Anders als nach früherem Recht muss es sich nicht um eine **wichtige Angelegenheit** der Kommune handeln. So wurde etwa das Verlassen einer Verbandsgemeinde und die Eingemeindung in eine Einheitsgemeinde als wichtige Gemeindeangelegenheit gewertet.[1330] Ein aus Sicht der Bürger unwichtiges Anliegen dürfte ohnehin nie die erforderlichen Unterstützerunterschriften erhalten haben.

[1326] Dies wird oben als formelle Anforderung gewertet.

[1327] So aber (Missbrauchstatbestand bejaht) *v. Danwitz*, DVBl. 1996, 132 (142).

[1328] OVG LSA, Beschl. v. 7.2.2014 – 4 L 208/12 – juris Rn. 9.

[1329] OVG LSA, Beschl. v. 7.2.2014 – 4 L 208/12 – juris Rn. 9.

[1330] OVG LSA, Beschl. v. 7.2.2014 – 4 L 208/12 – juris Rn. 9.

c) Feststellung der Zulässigkeit

830 Liegen die formellen und materiellen Voraussetzungen vor, stellt die Vertretung die Zulässigkeit des Bürgerbegehrens fest. Über die Zulässigkeit des Begehrens entscheidet die Vertretung unverzüglich, spätestens innerhalb von sechs Wochen nach Eingang aller für die Zulässigkeit des Begehrens erforderlichen Unterlagen, in öffentlicher Sitzung (**Feststellung der Zulässigkeit**, § 26 VI 1 KVG). Die Vertrauenspersonen des Bürgerbegehrens haben ein Anwesenheits- und Anhörungsrecht in allen Sitzungen der Vertretung und ihrer Ausschüsse, in denen es beraten wird (§ 26 VI 2 KVG). Die Beratungen der Vertretung und ihrer Ausschüsse zum Bürgerbegehren sind öffentlich (§ 26 VI 3 KVG).[1331]

831 Die Entscheidung der Vertretung über die Zulässigkeit des Bürgerbegehrens ist den Vertrauenspersonen unverzüglich bekannt zu geben (§ 26 VI 4 KVG).[1332] Hat die Vertretung die Zulässigkeit des Bürgerbegehrens festgestellt, dürfen bis zur Durchführung des Bürgerentscheids dem Begehren **entgegenstehende Entscheidungen nicht mehr getroffen** und dem Begehren entgegenstehende Vollzugshandlungen nicht vorgenommen werden, es sei denn, dass zu diesem Zeitpunkt rechtliche Verpflichtungen der Kommune hierzu bestanden (**Sperrwirkung**, § 26 VI 6 KVG).[1333] Die Sperrwirkung beinhaltet allerdings keine aufschiebende Wirkung für die Wirksamkeit bereits bekannt gemachter Satzungen oder Verwaltungsakte. Klarzustellen ist im Übrigen, dass die Sperrwirkung nicht schon vor der Zulässigkeitsentscheidung eintritt. Zögert die Vertretung jedoch die Zulässigkeitsentscheidung hinaus und möchte „vollendete Tatsachen" durch den Vollzug der umstrittenen Maßnahme schaffen, so kommt der Erlass einer einstweiligen Verfügung in Betracht.

832 Die Vertretung muss Handlungen unterlassen, welche mit dem **ungeschriebenen Gebot der Neutralität** unvereinbar sind.[1334] Zulässig ist allerdings eine objektive und sachliche Stellungnahme der Vertretung. Diese darf sogar kurz vor der Abstimmung über das Bürgerbegehren abgegeben werden.[1335]

833 Der Beschluss der Vertretung über die Zulässigkeit des Bürgerbegehrens besitzt nach vorzugswürdiger Ansicht Außenwirkung und ist daher ein **Verwaltungsakt**.[1336] Für die Annahme einer Außenwirkung spricht, dass die Entscheidung über die Zulässigkeit des Bürgerbegehrens ortsüblich bekannt zu machen ist. Spätestens mit der Bekanntmachung wirkt der Beschluss daher unmittelbar nach außen. Nach der Gegenansicht ist die Entscheidung über die Zulassung ein Innenrechtsakt und kein Verwaltungsakt.[1337]

[1331] § 52 II KVG findet Anwendung (§ 26 VI 3 KVG).

[1332] § 25 VI 2-4 KVG gilt entsprechend (§ 26 VI 5 KVG).

[1333] Zur Sperrwirkung auch ohne ausdrückliche Rechtsgrundlage s. BayVGH, Urt. v. 2.7.2002 NVwZ-RR 2003, 448; a.A. OVG NW, Beschl. v. 15.7.1997 NVwZ-RR 1999, 140

[1334] OVG NW, Beschl. v. 16.12.2003 NVwZ-RR 2004, 283.

[1335] VG Darmstadt, Beschl. v. 17.1.2002 NVwZ-RR 2002, 365.

[1336] OVG MV, Beschl. v. 24.7.1996 NVwZ 1997, 306 (307); BayVGH, Beschl. v. 12.9.1997 NVwZ-RR 1998, 252 (253).

[1337] SächsOVG, Beschl. v. 6.2.1997 NVwZ-RR 1998, 253 (254); OVG Rh.-Pfalz, Beschl. v. 1.12.1994 NVwZ-RR 1995, 411 (412).

834 Nach Feststellung der Zulässigkeit führt die Vertretung unverzüglich bzw. innerhalb von drei Monaten den Bürgerentscheid durch.[1338] Erfüllt das Begehren hingegen die genannten Voraussetzungen nicht, stellt sie dessen Unzulässigkeit fest. Auch diese Entscheidung ist ortsüblich bekannt zu machen.

d) Rechtsschutz

835 Geht man davon aus, dass die Entscheidung über die Zulässigkeit des Bürgerbegehrens durch Verwaltungsamt erfolgt, so ist gegen die Zurückweisung des Bürgerbegehrens der Verpflichtungswiderspruch gem. § 68 I, II VwGO statthaft.

836 Die Vertreter des Bürgerbegehrens können den **Verwaltungsrechtsweg** beschreiten. Dies gilt selbst dann, wenn der Sache nach um Zivilrecht gestritten wird, etwa um die Anfechtung eines Kaufvertrags durch die Gemeinde.

837 Wertet man wie hier den Beschluss der Vertretung über die Zulässigkeit als Verwaltungsakt, ist die Verpflichtungsklage gem. § 42 I VwGO die **statthafte Klageart**.[1339] Daher liegt auch kein Kommunalverfassungsstreit vor. Vielmehr handelt es sich um einen Streit um Außenrechtsbeziehungen, auf den die Grundsätze des Kommunalverfassungsstreits keine Anwendung finden.[1340]

838 Die **Klagebefugnis** folgt im Falle der Zurückweisung des Begehrens aus der möglichen Verletzung eines Zulassungsanspruchs. Anspruchsberechtigt sind die Vertreter des Begehrens. Vertreten wird auch, dass jeder Unterzeichner klagebefugt sein soll.[1341] Gegenüber konkurrierenden Bürgerbegehren besteht keine Klagebefugnis.[1342] Das Begehren als solches ist nicht klagebefugt.[1343] Nach Ansicht des OVG NW sind die Vertreter des Begehrens jedoch wie Prozessstandschafter zur Geltendmachung der Rechte des Begehrens im eigenen Namen befugt.[1344]

839 Nach einer Ansicht ist die Klage gegen die Vertretung zu richten. Nach vorzugswürdiger Auffassung ist jedoch die Kommune **passiv prozessführungsbefugt**.[1345] Dies ergibt sich aus § 78 I Nr. 1 VwGO, da die Vertretung hier (im funktionellen Sinn) als Behörde der Kommunalkörperschaft handelt. Der Hauptverwaltungsbeamte vertritt die Kommune im Prozess selbst dann, wenn er zuvor den streitgegenständlichen Beschluss selbst beanstandet hat.[1346]

840 Das **allgemeine Rechtsschutzbedürfnis** kann teilweise entfallen, wenn die Vertretung dem Bürgerbegehren vor der Durchführung des Bürgerentscheids teilweise entspricht.[1347]

[1338] Die Feststellung des Ergebnisses des Bürgerentscheids ist kein Verwaltungsakt (VGH BW, Beschl. v. 6.3.2000 NVwZ-RR 2001, 51).

[1339] Näher: *Hilgers/Müller*, Statthafte Klageart auf und gegen die Entscheidung über die Zulässigkeit eines Bürgerbegehrens, DÖV 2021, 1016-1023.

[1340] OVG MV, Beschl. v. 24.7.1996 NVwZ 1997, 306 (307); BayVGH, Beschl. v. 12.9.1997 NVwZ-RR 1998, 252 (253).

[1341] Vgl. aber abw. VG Darmstadt, Beschl. v. 17.6.1994 NVwZ-RR 1995, 156.

[1342] Vgl. BayVGH, Urt. v. 2.7.2002 NVwZ-RR 2003, 448.

[1343] *Kopp/Schenke*, VwGO, § 42 Rn. 80.

[1344] OVG NW, Urt. v. 9.12.1997 NVwZ-RR 1999, 136; ebs. *Fischer*, DÖV 1996, 183.

[1345] OVG MV, Beschl. v. 24.7.1996 NVwZ 1997, 306 (307); ebs. *Gern*, Deutsches Kommunalrecht, Rn. 586 bzgl. der vergleichbaren Situation beim Einwohnerantrag; a.A. OVG Rh.-Pfalz, Beschl. v. 1.12.1994 NVwZ-RR 1995, 411 (Bürgermeister).

[1346] OVG NW, Urt. v. 15.2.2000 NVwZ-RR 2001, 49.

[1347] HessVGH, Beschl. v. 23.11.1995 NVwZ-RR 1996, 409. S. im Übrigen zur Zulässigkeit von Begehren, bei denen die gewünschte Sachentscheidung nicht mehr erreichbar ist *Kurbjuhn*, NdsVBl. 1998, 230ff.

841 Die Verpflichtungsklage ist gem. § 113 V VwGO **begründet**, wenn dem Kläger ein Anspruch auf Zulassung des Bürgerbegehrens zusteht. Hierzu muss das Bürgerbegehren die im KVG angeführten Voraussetzungen erfüllen und Kläger muss passivlegitimiert sein.

842 Umstritten ist, ob das Verwaltungsgericht über die Zulassung eines Bürgerbegehrens im **Eilverfahren** entscheiden darf. Dies wird mitunter verneint, weil die Frage der Rechtmäßigkeit des Begehrens aufgrund der weitreichenden Folgen dieser Entscheidung einer nur summarischen Prüfung der Nichtzulassung in einem Eilverfahren nicht zugänglich sei[1348] und zudem eine Vorwegnahme der Hauptsache drohe.[1349] Mit der h.M. ist jedoch davon auszugehen, dass ein Anordnungsgrund gegeben ist, wenn im Falle der Versagung vorläufigen Rechtsschutzes das Initiativrecht, das auf die Durchführung des Bürgerentscheids gerichtet ist, durch Maßnahmen der Kommunalverwaltung ins Leere liefe, indem vollendete Tatsachen geschaffen würden, die dem Begehren jede Grundlage entzögen.[1350] Die Vertreter des Bürgerbegehrens haben daher trotz möglicher Vorwegnahme der Hauptsache ausnahmsweise einen sicherungsfähigen Anspruch auf Feststellung der Zulässigkeit, wenn andernfalls ihr Begehren gegenstandslos zu werden droht. Dies gilt jedenfalls dann, wenn den Antragstellern ein nicht mehr gutzumachender und unzumutbarer Nachteil droht.[1351]

3. Bürgerentscheid
a) Allgemeines

843 Beim **Bürgerentscheid** wird eine (wichtige) Angelegenheit der Kommune der Entscheidung durch ihre Bürger unterworfen. Die Bürger entscheiden in diesem Fall anstelle der Vertretung (§ 27 IV 1 KVG). Ein Bürgerentscheid findet statt, wenn die Vertretung die Zulässigkeit eines Bürgerbegehrens festgestellt hat (§ 27 I 1 KVG) oder wenn die Vertretung mit Zweidrittelmehrheit beschließt, eine Angelegenheit der Kommune einem Bürgerentscheid zu unterwerfen (§ 27 II 1 KVG)[1352]. Stellt die Vertretung die Zulässigkeit eines Bürgerbegehrens statt, muss die Kommune innerhalb von drei Monaten der Bürgerentscheid durchführen (§ 27 I 1 KVG). Eine Fristverlängerung ist möglich.[1353]

844 Zu einem Bürgerentscheid kommt es nicht, wenn die Vertretung die Durchführung der mit dem Bürgerbegehren verlangten Maßnahme beschließt (**Erledigung aufgrund Durchführungsbeschluss,** § 27 I 3 KVG).[1354] Der Bürgerentscheid entfällt auch, wenn die Vertretung das Begehren in einer veränderten Form, die jedoch dem Grundanliegen des Bürgerbegehrens entspricht, annimmt und die Vertretung auf Antrag der Vertretungsberechtigten des Bürgerbegehrens die Erledigung des

---

[1348] VG Darmstadt, Beschl. v. 25.7.1997 HSGZ 1998, 246.

[1349] VGH BW, Beschl. v. 6.9.1993 NVwZ 1994, 397.

[1350] HessVGH, Beschl. v. 17.5.1995 NVwZ 1996, 721; SächsOVG, Beschl. v. 6.2.1997 NVwZ-RR 1998, 253

[1351] HessVGH, Beschl. v. 17.5.1995 NVwZ 1996, 721; Beschl. v. 17.5.1995 NVwZ 1996, 721

[1352] § 26 II KVG gilt entsprechend (§ 27 II 2 KVG).

[1353] Soweit dies zur Zusammenlegung der Durchführung des Bürgerentscheids mit einer Wahl erforderlich ist, kann die Vertretung die Frist nach Satz 1 im Benehmen mit den Vertretungsberechtigten des Bürgerbegehrens um bis zu drei Monate verlängern (§ 27 I 2 HS 1 KVG); in allen anderen Fällen ist für eine Fristverlängerung das Einvernehmen mit den Vertretungsberechtigten des Bürgerbegehrens erforderlich (§ 27 I 2 HS 2 KVG).

[1354] Dies ist nicht der Fall, wenn der Rat seinen mit dem Begehren angegriffenen Beschluss aufhebt, jedoch dem in der Sache selbst verfolgten Begehren nicht beitritt (OVG Rh.-Pfalz, Urt. v. 6.2.1996 NVwZ-RR 1997, 241).

Bürgerbegehrens feststellt (Erledigung durch das Grundanliegen verwirklichenden Beschluss, § 27 I 4 KVG).

b) Verfahren

845 Spätestens am 25. Tag vor dem Bürgerentscheid hat die Kommune den stimmberechtigten Bürgern die Auffassung der Vertretung und die Auffassung der Vertretungsberechtigten des Bürgerbegehrens zum Gegenstand des Bürgerbegehrens durch eine öffentliche Bekanntmachung oder Zusendung einer schriftlichen Information darzulegen (§ 27 IIa 1 KVG). Wird ein Bürgerentscheid aufgrund eines Beschlusses der Vertretung nach § 27 II KVG durchgeführt, beschränkt sich die Darlegung auf die Auffassung der Vertretung (§ 27 IIa 2 KVG).

846 Beim Bürgerentscheid kann über die zu entscheidende Frage nur mit Ja oder Nein abgestimmt werden (§ 27 III 1 KVG). Der Bürgerentscheid ist erfolgreich, wenn eine **„doppelte Mehrheit"** vorliegt: Bei einem Bürgerentscheid ist die gestellte Frage in dem Sinne entschieden, in dem sie von der Mehrheit der gültigen Stimmen mit „Ja" beantwortet wurde und diese Mehrheit mindestens 20 v. H. der stimmberechtigten Bürger beträgt (§ 27 III 2 KVG). Bei Stimmengleichheit gilt die Frage als mit „Nein" beantwortet (§ 27 III 3 KVG). Ist diese erforderliche Mehrheit nicht erreicht worden, hat die Vertretung die Angelegenheit zu entscheiden (§ 27 III 4 KVG).

c) Rechtswirkung

847 Ein Bürgerentscheid, der die nach § 27 III 2 KVG erforderliche Mehrheit erreicht, hat die **Wirkung eines Beschlusses** der Vertretung (§ 27 IV 1 KVG). Das Ergebnis des Bürgerentscheids kann durch Beschluss festgestellt werden. Die Feststellung ist kein Verwaltungsakt.[1355] Die Regelung zum Widerspruchsrecht des Hauptverwaltungsbeamten (§ 65 III KVG) findet keine Anwendung (§ 27 IV 2 KVG). Vor Ablauf von zwei Jahren kann er nur durch einen neuen Bürgerentscheid abgeändert oder aufgehoben werden, es sei denn, dass sich die dem Bürgerentscheid zugrunde liegende Sach- und Rechtslage wesentlich geändert hat. Im Übrigen regelt das Nähere das KWG LSA (§ 27 V KVG).

848 Die **Verfassungsmäßigkeit** der Regelungen über Bürgerentscheide wird grundsätzlich bejaht.[1356] Der Bürgerentscheid sei insbesondere mit Art. 28 I 3 GG vereinbar, zumal er die Stellung der Vertretung als politisches Hauptorgan nicht aushebelt.

4. Sonstige Formen der Mitwirkung i.w.S.

849 Eine schwächere Form der Mitwirkung an der kommunalen Willensbildung stellt der **Einwohnerantrag** dar. Er zielt auf eine Beratung (und Beschlussfassung) der Vertretung in einer bestimmten Angelegenheit der Kommune. Einwohner der Kommune, die das 14. Lebensjahr vollendet haben, können beantragen, dass die Vertretung bestimmte Angelegenheiten berät (Einwohnerantrag, § 25 I 1 KVG). Es bedarf einer gesetzlichen Mindestzahl von unterzeichnenden Unterstützern (§ 25 III

[1355] VGH BW, Beschl. v. 6.3.2000 NVwZ-RR 2001, 51.
[1356] Vgl. BVerfG, Beschl. v. 23.11.1988 - 2 BvR 1619/83 etc. - BVerfGE 79, 127 (150).

KVG).[1357] Es gelten Form- und Fristvorgaben.[1358] Der Einwohnerantrag muss ein bestimmtes Begehren mit Begründung enthalten (3 25 II 1 KVG). Er muss bis zu drei Vertrauenspersonen benennen, die berechtigt sind, die Unterzeichnenden zu vertreten[1359] (§ 25 II 1 KVG). Die Verwaltung ist in den Grenzen ihrer Verwaltungskraft ihren Einwohnern bei der Einleitung des Einwohnerantrages behilflich (§ 25 II 2 KVG).

850 Einwohneranträge dürfen **nur Angelegenheiten des eigenen Wirkungskreises** der Kommune zum Gegenstand haben, die in der gesetzlichen Zuständigkeit der Vertretung liegen und zu denen in den letzten zwölf Monaten nicht bereits ein zulässiger Einwohnerantrag gestellt wurde (§ 25 I 2 KVG). Einwohneranträge, die ein gesetzeswidriges Ziel verfolgen, sind unzulässig (§ 25 I 3 KVG).

851 Wie beim Bürgerbegehren kommt es zu einer **Entscheidung der Vertretung über die Zulässigkeit des Antrags**. Der Beschluss ist als Verwaltungsakt zu werten.[1360] Die Vertretung stellt die Zulässigkeit des Einwohnerantrages in öffentlicher Sitzung fest (§ 25 V 1 KVG). Ist der Antrag zulässig, hat die Vertretung innerhalb einer Frist von drei Monaten nach Eingang des Antrages über diesen zu beraten (§ 25 V 2 KVG). Die Vertrauenspersonen des Einwohnerantrages sind bei der Beratung zu hören und haben ein Anwesenheits- und Anhörungsrecht in allen Sitzungen der Vertretung und ihrer Ausschüsse, in denen der Einwohnerantrag beraten wird (§ 25 V 3 KVG). Die Beratungen der Vertretung und ihrer Ausschüsse zum Einwohnerantrag sind öffentlich (§ 25 V 4 KVG).[1361] Das Ergebnis der Beratung oder die Gründe für die Entscheidung, den Einwohnerantrag für unzulässig zu erklären, sind ortsüblich bekannt zu machen (§ 25 V 5 KVG).[1362] Außerdem ist die Entscheidung der

---

[1357] Der Einwohnerantrag muss von mindestens 3 v. H. der stimmberechtigten Einwohner unterzeichnet sein, höchstens jedoch in Kommunen 1. mit bis zu 10 000 Einwohnern von 240 stimmberechtigten Einwohnern, 2. mit mehr als 10 000 bis zu 20 000 Einwohnern von 360 stimmberechtigten Einwohnern, 3. mit mehr als 20 000 bis zu 30 000 Einwohnern von 480 stimmberechtigten Einwohnern, 4. mit mehr als 30 000 bis zu 50 000 Einwohnern von 540 stimmberechtigten Einwohnern, 5. mit mehr als 50 000 bis zu 100 000 Einwohnern von 900 stimmberechtigten Einwohnern, 6. mit mehr als 100 000 bis zu 200 000 Einwohnern von 2 000 stimmberechtigten Einwohnern, 7. mit mehr als 200 000 Einwohnern von 2 500 stimmberechtigten Einwohnern (§ 25 III KVG).

[1358] Jede Unterschriftsleistung für den Einwohnerantrag erfolgt auf Unterschriftslisten (§ 25 II 3 KVG). Jede Liste mit Unterzeichnungen muss den vollen Wortlaut des Begehrens des Einwohnerantrages mit Begründung enthalten; Vor- und Familienname, Geburtsdatum, bei mehreren Wohnungen die Anschrift der Hauptwohnung des Unterzeichners sowie das Datum der Unterschrift sind handschriftlich und deutlich lesbar einzutragen (§ 25 II 4 KVG). Die Kommune ist in den Grenzen ihrer Verwaltungskraft ihren Einwohnern bei der Einleitung des Einwohnerantrages behilflich (§ 25 II 5 KVG). Der Einwohnerantrag ist mit den zu seiner Unterstützung erforderlichen Unterschriften bei der Kommune schriftlich einzureichen; die elektronische Form ist ausgeschlossen (§ 25 IV KVG). Richtet sich der Einwohnerantrag gegen einen Beschluss der Vertretung oder eines beschließenden Ausschusses, muss er innerhalb von zwei Monaten nach der ortsüblichen Bekanntgabe des Beschlusses eingereicht werden (§ 25 IV 2 KVG). Das Nähere regelt das Kommunalwahlgesetz für das Land Sachsen-Anhalt (§ 25 VII KVG).

[1359] D.h. „die jede für sich berechtigt sind, verbindliche Erklärungen in den Verfahren zum Einwohnerantrag abzugeben, und die berechtigt und verpflichtet sind, Mitteilungen und Entscheidungen der Kommune entgegenzunehmen".

[1360] *Gern*, Deutsches Kommunalrecht, Rn. 586; a.A. *Erlenkämper*, NVwZ 1990, 126.

[1361] § 52 II KVG findet Anwendung (§ 25 V 4 HS 2 KVG).

[1362] Dies ist problematisch, weil die Gründe für das individuelle Abstimmungsverhalten unterschiedlich und üblicherweise nicht Gegenstand der Sitzungsniederschrift sind. Es werden allenfalls die Gründe der Mitglieder der Vertretung erfasst, die sich in der Sitzung hierzu geäußert haben. Um eine Begründung für die Entscheidung des Kollegialorgans angeben zu können, wäre es erforderlich, über die Gründe bzw. die Begründung einen Beschluss zu fassen, was in der Praxis nicht geschieht. Der Protokollführer hält allenfalls fest, was seiner Meinung nach der Grund für den Beschluss war. Dies wird dann als der (vermutete) Grund der Mitglieder angegeben.

Vertretung über die Unzulässigkeit eines Einwohnerantrages ist den Vertrauenspersonen unverzüglich bekannt zu geben (§ 25 VI 1 KVG)

852 Die **Zurückweisung** („Unzulässigkeitsentscheidung") der Vertretung kann entsprechend den o.g. Grundsätzen angegriffen werden. Gegen die Zurückweisung eines Einwohnerantrages können die Vertrauenspersonen den Verwaltungsrechtsweg beschreiten (§ 25 VI 2 KVG). Die einzelnen Unterzeichner sind nicht widerspruchs- und klagebefugt. Über den Widerspruch im Vorverfahren entscheidet die Kommunalaufsichtsbehörde kostenfrei (§ 25 VI 3 und 4 KVG). Die Unterzeichner können vorläufigen Rechtsschutz durch einen Antrag auf eine einstweilige Anordnung suchen.[1363]

853 Eine Form der beratenden Mitwirkung von Einwohnern an Entscheidungen der Vertretung und ihren Ausschüssen stellt die Tätigkeit von **kommunalen Beiräten** dar (Ausländer-, Jugendbeiräte etc.).[1364] Ebenso ist die Mitwirkung sachkundiger Einwohner an der Ausschussarbeit eine Form demokratischer Teilhabe an der Willensbildung unterhalb der Schwelle der Mitentscheidung.

5. Abgrenzung zu nicht-plebiszitären Elementen

854 Von den Formen plebiszitärer unmittelbarer Mitwirkung der Einwohner an der kommunalen Willensbildung sind die Einwohnerversammlung, die Einwohnerfragestunde und die Bürgerbefragung abzugrenzen. Hierbei geht es nur um die öffentliche Erörterung gemeindlicher Angelegenheiten bzw. darum, durch die Einräumung einer Fragemöglichkeit mehr „Bürgernähe" zu erreichen.

855 In Gemeinden und Verbandsgemeinden kann der Hauptverwaltungsbeamte eine **Einwohnerversammlung** einberufen, die dazu dient die betroffenen Einwohner über allgemein bedeutsame Angelegenheiten der Kommune in geeigneter Form zu unterrichten (§ 28 I 1-2 KVG). Die Einwohnerversammlung kann auf Teile des Gemeindegebietes oder Verbandsgemeindegebietes beschränkt werden (§ 28 I 2 HS 2 KVG).

856 Bei öffentlichen Sitzungen der Vertretung und ihrer beschließenden Ausschüsse ist Einwohnern die Möglichkeit einzuräumen, in Angelegenheiten der Kommune Fragen zu stellen (**Einwohnerfragestunde**, § 28 II 1 KVG).[1365] Bei öffentlichen Sitzungen der beratenden Ausschüsse können Einwohnerfragestunden durchgeführt werden (§ 28 II 2 KVG). Einzelheiten regelt die Geschäftsordnung (§ 28 II 3 KVG).[1366]

857 Die Vertretung kann beschließen, zu Angelegenheiten des eigenen Wirkungskreises der Kommune eine Befragung der Bürger durchzuführen (**Bürgerbefragung**, § 28 III 1 KVG).[1367] Die Befragung hat in anonymisierter Form zu erfolgen (§ 28 III 3 KVG). Die Abstimmung kann auch als Onlineabstimmung erfolgen, soweit hinreichend sichere Vorkehrungen gegen Missbrauch und zur Sicherung der Integrität der Ergebnisermittlung getroffen werden (§ 28 III 4 KVG). Die Teilnahme ist freiwillig (§ 28 III 5 KVG). Einzelheiten sind in der Hauptsatzung zu regeln (§ 28 III 6 KVG).

[1363] Vgl. OVG Rh.-Pfalz, Beschl. v. 1.12.1994 NVwZ-RR 1995, 411.

[1364] Zu Ausländerbeiräten allg. *Hoffmann*, ZAR 2002, 63 ff. Zur Neutralitätspflicht von Ausländerbeiräten im Wahlkampf s. VG Darmstadt, Beschl. v. 24.9.1997 HSGZ 1998, 247

[1365] Vgl. zur Rechtslage in NRW: *Smith*, Der Adressat der Einwohnerfrage in Rat und Ausschuss, NWVBl 2024, 185-190.

[1366] Die Geschäftsordnung kann vorsehen, Fragen zu Beratungsgegenständen zu ermöglichen (§ 28 II 4 KVG).

[1367] Dies gilt nicht in Angelegenheiten nach § 26 II 2 Nn. 4-8 (§ 28 III 2 KVG).

D. Kommunales Satzungsrecht

Lit.: *Adler*, Das Satzungsrecht der Gemeinden als verfassungsrechtlich eigenständiges Rechtsetzungsrecht?, 1997; *Becker*, Einführung in die kommunale Rechtsetzung am Beispiel gemeindlicher Benutzungssatzungen, JuS 2000, 144 ff., 348 ff., 552 ff.; *Boland*, Gemeindliches Satzungsrecht und Gesetzesvorbehalt, 1999; *Ellerbrok*, Die öffentlich-rechtliche Satzung: Dogmatische und theoretische Grundlagen (...), 2020; *Lange*, Fehler kommunaler Satzungen und ihre Folgen, DVBl. 2017, 928 ff.; *Longo*, Neue örtliche Energieversorgung als kommunale Aufgabe: Solarsatzungen zwischen gemeindlicher Selbstverwaltung und globalem Klima- und Ressourcenschutz, 2010; *Lübbe-Wolff/Wegener*, Umweltschutz durch kommunales Satzungsrecht, 3. Aufl., 2002; *Mann*, in: Kahl/Ludwigs, Handbuch des Verwaltungsrechts, Band V, 1. Kommunale Satzungsgebung, 2023; *Mauer*, Rechtsfragen kommunaler Satzungsgebung, DÖV 1993, 184 ff.; *Oebbecke*, Kommunale Satzungsgebung und verwaltungsgerichtliche Kontrolle, NVwZ 2003, 1313 ff.

I. Allgemeines

1. Begriff

858 Eine **Satzung** ist eine von einer Körperschaft zur Regelung ihrer eigenen Angelegenheiten erlassene (abstrakt-generelle) Rechtsnorm. Die kommunale Satzung ist die von einer Kommunalkörperschaft erlassene, abstrakt generelle Regelung ihrer eigenen Angelegenheiten. Satzungen sind Gesetze (nur) im materiellen Sinn. Die Außenwirkung der Satzung ist die Regel, jedoch kein zwingendes Merkmal der Satzung, da der Gesetzgeber auch für nach innen gerichtete Regelungen die Rechtsform der Satzung vorgeben kann.

Bsp.: Haushaltssatzung als bloß „formelle" Satzung

Auch die Allgemeinheit der Satzung ist die Regel, jedoch gelten hiervon Ausnahmen, da der Gesetzgeber für bestimmte einzelfallbezogene Regelungen die Satzungsform vorschreiben kann.

Bsp.: Satzung über den vorhabenbezogenen Bebauungsplan gem. § 12 BauGB

2. Rechtsgrundlage und Reichweite des Satzungsrechts

859 Die **gemeindliche Satzungsautonomie** ist verfassungsrechtlich durch Grundgesetz (Art. 28 II) und Landesverfassung (Art. 87 I) gewährleistet. Sie gehört als solche zum unantastbaren Kernbereich der Selbstverwaltung. Der Gesetzgeber kann aber den Gemeinden gewährte sonstige (spezialgesetzliche) Satzungsermächtigungen grundsätzlich entziehen oder beschränken, sofern er insbesondere den Gesetzesvorbehalt und das Verhältnismäßigkeitsgebot wahrt. Einfachgesetzlich folgt das Satzungsrecht der Gemeinden aus § 8 I 1 KVG, wonach die Kommunen ihre eigenen Angelegenheiten durch Satzung regeln können.[1368] Zudem wird die Satzungsbefugnis auch durch andere Regelungen des KVG sowie durch fachgesetzliche Regelungen gewährt. Die Verleihung der Satzungsautonomie an die Kommunen bezweckt, den Gesetzgeber zu entlasten, den Abstand zwischen Normgeber und Normadressat zu verringern und die gesellschaftlichen Kräfte zur Selbstregulation zu aktivieren.

[1368] Dies gilt nur, sofern gesetzlich nichts anderes bestimmt ist (vgl. § 8 I KVG).

860 Die Satzungsautonomie besteht **nicht für Aufgaben des übertragenen Wirkungskreises.**[1369] Satzungen dürfen insoweit nur aufgrund besonderer gesetzlicher Ermächtigung erlassen werden (§ 8 I 2 KVG). Die gesetzgeberische Bezeichnung dieser Rechtsakte als „Satzungen" ist verfehlt, weil die Satzung eine Rechtsnorm der Selbstverwaltungskörperschaft zur Regelung ihrer *eigenen* Angelegenheiten ist und für den Fremdverwaltungsbereich gerade keine Satzungsautonomie gilt. In rechtsdogmatischer Hinsicht handelt es sich daher bei diesen Rechtsnormen der Sache nach um Verordnungen.

861 Im Unterschied zu den Gemeinden wird den **Kreisen** eine originäre Satzungsautonomie nicht bereits durch das Grundgesetz gewährt, da ihnen das Selbstverwaltungsrecht nur nach Maßgabe der Gesetze zusteht (Art. 28 II 2 GG). Ihnen steht aber einfachgesetzlich wie den Gemeinden das Satzungsrecht zur Regelung der eigenen Angelegenheiten zu (§ 8 I 1 KVG). Auch Verbandsgemeinden steht als Kommunen das Satzungsrecht des § 8 I 1 KVG zu. Hingegen folgt das Satzungsrecht von Zweckverbänden aus § 9 I 2 GKG-LSA. Dessen Reichweite bestimmt sich nach der jeweiligen Aufgabenübertragung durch die Verbandssatzung.

3. Satzungstypen

862 Man kann verschiedene **Arten von Satzungen** unterscheiden. Eine mögliche Einteilung ist die Unterscheidung nach Pflichtsatzungen und freiwilligen Satzungen. Im Grundsatz steht der Satzungserlass im Ermessen der Gemeinde. Die Gemeinden müssen nur wenige Satzungen aufgrund einer gesetzlichen Pflicht hierzu beschließen. Nach dem KVG sind die Hauptsatzung (vgl. § 10 I 1 KVG) und die Haushaltssatzung (§ 101 I KVG) Pflichtsatzungen. Eine Zwischenstellung nehmen Satzungen ein, die zu erlassen sind, sofern ihr Erlass im Einzelfall erforderlich ist,

> **Bsp.:** Bebauungspläne (Satzungen) sind nur zu erlassen, wenn dies erforderlich ist (§ 1 III, § 10 BauGB).

und Satzungen, die Voraussetzung einer Abgabenerhebung sind

> **Bsp.:** Kommunale Abgaben dürfen nur auf Grund einer Satzung erhoben werden (§ 2 I 1 KAG-LSA).

Unterscheiden lassen sich Satzungen weiterhin danach, ob sie Rechtswirkungen nach außen gegenüber Privaten erzeugen („Außensatzung") oder nur „nach innen" gerichtete Rechtswirkungen erzeugen („Innensatzung").

> **Bsp.:** Eine Außensatzung ist eine Erschließungsbeitrags- oder eine Kostenerstattungsbetragssatzung.

Reine Innensatzungen sind etwa die Hauptsatzung und die Haushaltssatzung.

Schließlich kann man Satzungen nach Sach- bzw. Rechtsbereichen unterscheiden (abgaben-, bau-, wasserrechtliche etc. Satzungen) unterscheiden.

863 Eine herausgehobene Bedeutung als Grundsatzung der inneren Kommunalverfassung nimmt die **Hauptsatzung** ein, die eine bunte Vielfalt von Regelgegenständen umfasst. Sie ist eine Pflichtsat-

---

[1369] Wolff/Bachof/*Stober*, Verwaltungsrecht, Bd. 1, § 25 Rn. 50.

zung (§ 10 I 1 KVG). In ihr ist zu regeln, was nach dem KVG der Hauptsatzung vorbehalten ist (§ 10 1 2 KVG). Auch andere für die Verfassung der Kommune wesentliche Angelegenheiten können in der Hauptsatzung geregelt werden (§ 10 I 3 KVG). Regelungsgegenstände der Hauptsatzung sind u.a.: ortsübliche Form der öffentlichen Bekanntmachung von Satzungen (§ 9 I 3 KVG), Hinweis darauf, wo Satzungen eingesehen und kostenpflichtig Kopien gefertigt werden können (§ 9 I 4 KVG), Einwohnerfragestunden (§ 28 II 2 KVG), Wertgrenzen (§ 45 II Nr. 13 sowie 7, 10, 16 KVG), Übertragung der Personalhoheit auf den Hauptverwaltungsbeamten (§ 46 V 2 Nr. 1 KVG), ständige Ausschüsse und ihre Größe (§ 46 I 2 KVG), Übertragung auf beschließende Ausschüsse (§ 48 I, IV KVG), abweichender Vorsitz beratender Ausschüsse (§ 48 IV KVG), Übertragung weiterer Angelegenheiten auf den Bürgermeister (§ 66 III KVG), Zahl der Beigeordneten (nur soweit vorgesehen: § 68 I KVG), evtl. etwa auch Ehrenbürgerregelung (§ 31 IV, §§ 81 ff. KVG)[1370].

864 Die Hauptsatzung und ihre Änderung werden mit der **Mehrheit der Mitglieder** der Vertretung beschlossen (§ 10 II 1 KVG). Das frühere Erfordernis aufsichtlicher Genehmigung wurde mit Wirkung zum 1. Juli 2024 aufgehoben. Erlass und Änderungen der Hauptsatzung sind der Kommunalaufsichtsbehörde nur noch anzuzeigen (Anzeigepflicht gem. § 10 II 2 KVG).

4. Kein Anspruch auf Satzungen

865 Der Bürger hat grundsätzlich **keinen Anspruch auf Erlass, Aufhebung oder Änderung von Satzungen**, weil das Satzungsrecht nicht dem privaten Interesse dient.[1371] Für Satzungen über Bebauungspläne ist dieser Rechtsgrundsatz ausdrücklich geregelt (§ 2 III BauGB). Eine Ausnahme gilt im Hinblick auf den Erlass eines vorhabenbezogenen Bebauungsplans, da dem Vorhabenträger insoweit zumindest ein Anspruch auf ermessensfehlerfreie Entscheidung über die Verfahrenseinleitung zusteht.[1372] Eine weitere (seltene) Ausnahme kommt in Betracht, wenn eine Rechtspflicht zum Satzungserlass dem Schutz Betroffener dient.[1373]

866 Jeder hat das Recht, Satzungen einschließlich aller Anlagen und Pläne innerhalb der öffentlichen Sprechzeiten der Verwaltung einzusehen und sich gegen Erstattung der dadurch entstehenden Kosten Kopien geben zu lassen (**Recht auf Einsichtnahme und Kopien**, § 8 IV KVG). Die Einsichtnahme vor Ort kann durch die Möglichkeit der Betrachtung der Satzung in analoger oder digitaler Form (am Computerbildschirm) gewährt werden. Rechtsmissbräuchlich ist die Geltendmachung, wenn die Satzung im Internet als ausdruckbares Dokument veröffentlicht ist und der Anspruchstel-

---

[1370] Vgl. § 17 KVG: „§ 22 Ehrenbürgerrecht, Ehrenbezeichnung (1) Die Kommune kann lebenden Personen, die sich um sie besonders verdient gemacht haben, das Ehrenbürgerrecht verleihen. (2) Eine Kommune kann Personen, die über einen längeren Zeitraum ehrenamtlich tätig gewesen und in Ehren ausgeschieden sind, sowie anderen, die sich um die Kommune verdient gemacht haben, eine Ehrenbezeichnung verleihen. (3) Die Kommune kann das Ehrenbürgerrecht und die Ehrenbezeichnung wegen unwürdigen Verhaltens wieder entziehen. Das Ehrenbürgerrecht und die Ehrenbezeichnung erlöschen mit dem Tod des Geehrten. (4) Die Hauptsatzung kann vorsehen, dass die Verleihung oder Aberkennung des Ehrenbürgerrechts oder der Ehrenbezeichnung einer Mehrheit von zwei Dritteln der stimmberechtigten Mitglieder der Vertretung bedarf."

[1371] *Gern*, Deutsches Kommunalrecht, Rn. 307 m.w.Nachw.

[1372] Vgl. *Krautzberger*, in: Battis/Krautzberger/Löhr, BauGB, § 12 Rn. 22 und 44.

[1373] In diesem Fall ist die Normerlassklage als allgemeine Leistungsklage statthaft.

ler, der die Einsicht verlangt, über einen PC mit Internetzugang verfügt bzw, wenn er Kopien verlangt, über die Möglichkeit des Ausdruckens verfügt.

II. Rechtmäßigkeitsanforderungen

1. Formelle Rechtmäßigkeit

867 Die **formellen Rechtmäßigkeitsanforderungen** an eine kommunale Satzung lassen sich nach Zuständigkeits-, Verfahrens- und Formanforderungen unterscheiden. In sachlicher Hinsicht muss die Kommune die Verbandskompetenz zum Erlass der jeweiligen Satzung besitzen. In räumlicher Hinsicht wird die Rechtsetzungsmacht der Kommunen durch ihre Gebietshoheit beschränkt, die an den Grenzen der Kommune endet.[1374] Dies bedeutet jedoch nicht, dass der Anwendungsbereich in personeller Hinsicht nur Bürger oder Einwohner des Gebietes erfasst.[1375]

Bsp.: Satzung über die Benutzung des städtischen Museums gilt auch für ortsfremde Besucher

868 Die die Satzung erlassende Kommune muss die **Verbandskompetenz** für den Satzungserlass für die jeweilige Materie besitzen. Diese folgt für Selbstverwaltungsangelegenheiten der Gemeinden aus Art. 28 II GG und für Verbandsgemeinden und Landkreise aus der Landesverfassung. Die Reichweite der Verbandskompetenz in Selbstverwaltungsangelegenheiten kann durch einfaches Gesetz konkretisiert und ausgeformt werden. Aufgrund des Gesetzesvorbehalts für Eingriffe in Freiheit und Eigentum bedarf es in der Regel einer besonderen Ermächtigungsgrundlage, aus der sich die Verbandskompetenz und ihre Reichweite ergeben. So können die Kommunen insbesondere durch Satzung als eigene Angelegenheiten die Benutzung ihres Eigentums und ihrer öffentlichen Einrichtungen regeln und Gebühren für die Benutzung festsetzen (vgl. § 8 I, § 11 II KVG). In Fremdverwaltungsangelegenheiten muss die Kompetenz, wie dargelegt, ohnehin stets durch Gesetz der Gemeinde ausdrücklich zugewiesen sein. Die Reichweite der Verbandskompetenz ist in hohem Maße Einzelfallfrage. Besondere Vorgaben ergeben sich aus dem jeweiligen Fachrecht.

Bsp.: Während im Rahmen von gemeindlichen Baugestaltungssatzungen Werbeverbote erlassen werden dürfen, sind kommunale Verbote von Außenwerbung, die sich auf bestimmte Produkte beziehen, unzulässig.[1376]

869 **Organzuständig** für den Satzungserlass ist **ausschließlich die Vertretung** (Gemeinderat, Verbandsgemeinderat bzw. Kreistag). Ihr steht m.a.W. die Organkompetenz zu.[1377] Die Vertretung darf ihre Zuständigkeit weder auf den Hauptverwaltungsbeamten noch auf einen beschließenden Ausschuss übertragen. Dies kann als Ausfluss einer auf die kommunale Ebene bezogenen „Wesentlichkeitsleh-

---

[1374] Ausnahmen gelten insoweit, als der Gesetzgeber das gesetzliche Satzungsrecht grundsätzlich auf gemeindefreie Grundstücke ausdehnen darf (vgl. BVerwG, Beschl. v. 11.3.1998 NVwZ 1998, 952) sowie im Hinblick auf die Erstreckung auf Nachbargemeinden kraft intergemeindlicher Vereinbarung (VGH BW, Urt. v. 6.11.1989 VBlBW 1990, 378 [380]).

[1375] S. *Papenfuß*, Die personellen Grenzen der Autonomie öffentlich-rechtlicher Körperschaften, 1991, S. 33. Zu den Grenzen im Übrigen s. *Oerder*, NJW 1990, 2104 ff.

[1376] *Brüning/Rambow/Yazin*, Kommunales Verbot von Außenwerbung am Beispiel alkoholhaltiger Getränke, 2021.

[1377] Unzulässig ist daher die Anordnung des Zwangs durch die Betriebsleitung eines Eigenbetriebs (vgl. OVG NW, Urt. v. 7.12.1988 NVwZ-RR 1989, 576).

re" verstanden werden, wonach das Haupt- und Beschlussorgan die wesentlichen Entscheidungen selbst treffen muss.

870 Eine besondere Satzungsbefugnis steht der Kommunalaufsicht zu. Sie darf im Wege der **Ersatzvornahme** anstelle der Vertretung eine Satzung erlassen, wenn die Kommune der Anordnung zum Erlass einer Pflichtsatzung nicht Folge leistet.[1378]

871 In **verfahrensrechtlicher Hinsicht** bedarf es vor allem einer ordnungsgemäßen Einberufung der Sitzung (Ladung unter Angabe der TO mit angemessener Frist), Öffentlichkeit der Sitzung (dem Grundsatz nach), Beschlussfähigkeit und Mehrheitsbeschluss. Beim Beschluss dürfen keine befangenen Ratsmitglieder mitwirken (Mitwirkungsverbot).

872 Satzungen sind vom Hauptverwaltungsbeamten zu unterzeichnen (sog. Ausfertigung) und **öffentlich bekannt zu machen** (Publizitätsgrundsatz,[1379] § 9 I 1 KVG). Die öffentliche Bekanntmachung kann durch Aushang, in einem amtlichen Bekanntmachungsblatt, in einer oder mehreren Zeitungen oder im Internet erfolgen, soweit gesetzlich nichts anderes bestimmt ist (§ 9 I 2 KVG). Bei der Bekanntmachung einer kommunalen Satzung sind auch die **Unterschrift als auch das Datum** der Unterschriftsleistung mitzuveröffentlichen.[1380] Dies gilt nicht für die nach Maßgabe des § 10 I BauGB beschlossenen Bebauungspläne.[1381] Die Bekanntmachung erfordert im Übrigen nicht die Wiedergabe der eigenhändigen Unterschrift des Hauptverwaltungsbeamten in Gestalt einer Fotokopie der Originalunterschrift.[1382] Es ist vielmehr ausreichend, wenn die Wiedergabe der Unterschrift als „maschinengedruckte" Namensangabe erfolgt.[1383] Die Veröffentlichung einer „Bekanntmachungsanordnung" ersetzt aber nicht den erforderlichen Ausfertigungsvermerk, weil die Zielrichtung der Anordnung allein der technische Vorgang der Veröffentlichung ist, sie jedoch nicht dazu dient, die Authentizität des Satzungsinhalts mit dem entsprechenden Ratsbeschluss zu bezeugen.[1384]

873 Die **ortsübliche Form der öffentlichen Bekanntmachung** ist in der Hauptsatzung zu bestimmen (§ 9 I 3 KVG).[1385] Ist die Hauptsatzung mit ihrer Regelung der Verkündungsform für Satzungen nichtig, kann nach hier vertretener Ansicht gleichwohl eine Satzung wirksam sein, sofern sie tatsächlich in der (bisher) ortsüblichen Form bekannt gemacht wurde.[1386] Das Fehlen der Festlegung, was ortsüblich ist, stellt auch keinen Verstoß gegen das Rechtsstaatsprinzip dar.[1387] In der Hauptsatzung ist darauf hinzuweisen, dass in der Kommunalverwaltung Satzungen eingesehen und kostenpflichtig Kopien gefertigt werden können (§ 9 I 4 KVG). Fehlt dieser Hinweis, führt dies nicht zur Unwirksam-

---

[1378] S. Rn. 210 ff.

[1379] Der allgemeine rechtsstaatliche Publizitätsgrundsatz für Rechtsnormen gebietet, dass allen Normadressaten in zumutbarer Weise die Gelegenheit zur Kenntnisnahme vom Erlass und Inhalt einer Rechtsnorm verschafft wird. Zu verlangen ist zudem, dass der Normsetzer die Art und Weise der Bekanntmachung eindeutig und dauerhaft festlegt.

[1380] OVG LSA, Urt. v. 16.4.2013 – 2 L 97/12 – juris Rn. 56.

[1381] OVG LSA, Beschl. v. 3.1.2018 – 2 L 71716 – juris Rn. 13/KomJur 2018, 274.

[1382] OVG LSA, Beschl. v. 23.12.2011 – 4 L 135/12 – juris Rn. 6.

[1383] OVG LSA, Beschl. v. 23.12.2011 – 4 L 135/12 – juris Rn. 6.

[1384] OVG LSA, Beschl. v. 23.12.2011 – 4 L 135/12 – juris Rn. 7.

[1385] Hierzu OVG LSA, Beschl. v. 3.1.2018 – 2 L 71/16 – juris Rn. 11; zur Vorgängerregelung: Urt. v. 21.11.2003 – 2 K 94/01 – juris Rn. 35.

[1386] Für die alte Rechtslage: OVG LSA, Beschl. v. 13.1.2003 – 2 L 417/00 – JMBl LSA 2003, 272/juris Ls Nr. 1.

keit der Hauptsatzung.[1388] Erfolgt die öffentliche Bekanntmachung durch Aushang, in einem amtlichen Bekanntmachungsblatt oder in einer oder mehreren Zeitungen, soll der Text bekannt gemachter Satzungen auch über das Internet zugänglich gemacht werden (§ 9 I 5 KVG). Rechtsstaatlichen Anforderungen genügt es nicht, wenn die Hauptsatzung Alternativen bestimmt, wonach Satzungen entweder in einem oder aber in einem anderen Amtsblatt bekannt gemacht werden können.[1389] Es reicht auch nicht aus, wenn in einem der zwei Amtsblätter auf die konkrete Veröffentlichung im dem anderen hingewiesen wird.[1390] Sieht die Hauptsatzung vor, dass in zwei Publikationsorganen bekanntzumachen ist, genügt zur Wirksamkeit die Bekanntmachung in nur einem Organ nicht.[1391]

874 Sieht die Hauptsatzung vor, dass die Veröffentlichung in einem bestimmten Druckwerk als Bekanntmachungsorgan erfolgt,

Bsp.: Amtsblatt der Gemeinde X; Amtsblatt der Verbandsgemeinde Y; Tageszeitung Z

ist eine Satzung auch dann ordnungsgemäß verkündet, wenn der Text dem Bekanntmachungsorgan nur lose beigelegt ist.[1392] Die Gemeinde darf ein Verkündungsorgan wählen, das nicht kostenlos verteilt wird, sondern an Verkaufsstellen innerhalb des Gemeindegebiets käuflich erworben werden kann,[1393] wobei die Hauptsatzung die Verkaufsstellen nicht aufführen muss.[1394] Die tatsächliche Möglichkeit der Kenntnisnahme darf aber hierdurch für die Normadressaten nicht unzumutbar eingeschränkt werden. Dies ist anzunehmen, wenn die unzureichende Zahl, Erreichbarkeit und Kenntnis der Verkaufsstellen oder der Preis Normadressaten davon abhält, das Amtsblatt zu erwerben.

875 Die öffentliche **Bekanntmachung im Internet** erfolgt durch Bereitstellung der Satzung auf einer Internetadresse der Kommune unter Angabe des Bereitstellungstages (§ 9 II 1 KVG).[1395] Satzungen sind mit ihrer Bereitstellung öffentlich bekannt gemacht (§ 9 II 2 KVG). Die Kommune hat auf die Internetadresse, unter der die Bereitstellung der Satzung erfolgt ist, unverzüglich durch Aushang, im amtlichen Bekanntmachungsblatt oder in einer Zeitung nachrichtlich hinzuweisen (§ 9 II 3 KVG). Die Form der Bekanntmachung des Hinweises nach dieser Vorschrift und die Internetadresse sind in der Hauptsatzung zu bestimmen (§ 9 II 4 KVG). Satzungen, die durch das Internet bekannt gemacht wurden, sind für die Dauer ihrer Gültigkeit im Internet bereitzustellen und in der bekannt gemachten Fassung durch technische und organisatorische Maßnahmen zu sichern (§ 9 II 5 KVG). Die Be-

---

1387 So zur alten Rechtslage: OVG LSA, Beschl. v. 13.1.2003 – 2 L 417/00 – JMBl LSA 2003, 272/juris Ls Nr. 1.

1388 OVG LSA, Beschl. v. 9.4.2019 – 2 R 123/18 – juris Rn. Ls Nr. 2.

1389 OVG LSA, Beschl. v. 11.11.2004 – 2 M 528/04 – juris Rn. 9.

1390 OVG LSA, Beschl. v. 11.11.2004 – 2 M 528/04 – juris Rn. 9.

1391 Vgl. aber OVG LSA, Beschl. v. 21.12.2006 – 4 L 411/06 – juris Rn. 3: „Wenn eine Bekanntmachungsregelung kumulativ die Veröffentlichung in verschiedenen Bekanntmachungsorganen vorsieht, erfasst zwar grundsätzlich der Fehler eines Teils der Bekanntmachungsregelung die Regelung im Ganzen. In Konstellationen, in der die Veröffentlichung auf Grund der Auflösung von Körperschaften und des Wegfalls ihrer Amtsblätter tatsächlich unmöglich wird, gebietet das Rechtsstaatsprinzip, das den Zweck satzungsrechtlicher Bekanntmachungsregelungen bestimmt, eine solch weitgehende Rechtsfolge aber nicht."

1392 OVG LSA, Beschl. v. 7.6.2005 – 4 L 664/04 – juris Ls Nr. 1 (Rn. 2).

1393 OVG LSA, Beschl. v. 7.6.2005 – 4 L 664/04 – juris Ls Nr. 2 (Rn. 3).

1394 OVG LSA, Beschl. v. 7.6.2005 – 4 L 664/04 – juris Ls Nr. 3 (Rn. 3).

reitstellung im Internet darf nur auf einer ausschließlich in der Verantwortung der Kommune betriebenen Internetadresse erfolgen, wobei sich die Kommune zur Einrichtung und Pflege dieser Internetadresse eines Dritten bedienen darf (§ 9 II 6 KVG). Die digitale Veröffentlichung beseitigt i.Ü. nicht das Jedermannsrecht auf Einsichtnahme in Satzungen in der Verwaltung.[1396]

876 Der Publizitätsgrundsatz verlangt vor allem dann besondere Beachtung, wenn die Hauptsatzung nicht bestimmt, dass die Veröffentlichung im Internet erfolgt. Der Grundsatz gebietet mehr als nur die theoretische Möglichkeit der Wahrnehmung eines Druckwerkes zu schaffen. Die große Mehrzahl der Normadressaten muss tatsächlich in die Lage versetzt werden, ohne besonderen Aufwand vom Norminhalt Kenntnis zu erlangen. Ein Aushang an der Satzung an einem Schwarzen Brett genügt daher allenfalls in Zwergengemeinden den Publizitätsanforderungen.[1397] In keinem Falle reicht der Aushang einer Gemeindesatzung am Sitz der Verbandsgemeinde aus (sofern die Orte nicht identisch sind).[1398] In der Regel muss die Hauptsatzung daher die Veröffentlichung in einem Amtsblatt[1399] oder einer Tageszeitung vorsehen.

877 Dem Publizitätsgrundsatz genügt nicht die Veröffentlichung in einem Amtsblatt oder einer Tageszeitung, die nur einen kleinen Teil der Normadressaten tatsächlich erreicht und nicht **örtlich verbreitet** ist. Es muss sich um ein in der jeweiligen Gemeinde tatsächlich verbreitetes (verteiltes bzw. versandtes) Amtsblatt[1400] bzw. eine dort tatsächlich örtlich verbreitete Tageszeitung handeln. In Zeiten sich verändernder Lesegewohnheiten muss notfalls überprüft werden, ob die gewählte Tageszeitung in dem Gebiet der Kommune weiterhin tatsächlich verbreitet ist. Es reicht nicht aus, wenn das Druckwerk nahezu Verwaltungsinternum ist und nur über das Internetportal des Herausgebers verfügbar gemacht,[1401] sofern nicht die Hauptsatzung eine Veröffentlichung im Internet vorsieht. Ein Bekanntmachungsmangel ist stets beachtlich.[1402]

878 Sind Pläne, Karten oder Zeichnungen sowie Begründungen oder Erläuterungsberichte Bestandteile von Satzungen, kann die öffentliche Bekanntmachung dieser Teile dadurch ersetzt werden, dass sie bei der Kommune während der öffentlichen Sprechzeiten der Verwaltung öffentlich ausgelegt werden und in der Bekanntmachung des textlichen Teils der Satzung auf die Dauer und den Ort der Auslegung hingewiesen wird (**Ersatzbekanntmachung**, § 9 III 1 KVG). Die Ersatzbekanntmachung ist

---

[1395] Vgl. zur Rechtslage in BW: *Gaß/Weinbeer*, Digitale amtliche Bekanntmachungen und ihre rechtliche Umsetzung, KommunalPraxis BY 2024, 126-131.

[1396] S. Rn. 866.

[1397] Vgl. etwa OVG NW, Urt. v. 20.11.1972 DÖV 1973, 528: „es ist ständige Rechtsprechung des Gerichtshofes, dass ein Aushang am schwarzen Brett bei Gemeinden und Kreisen mit mehr als 35.000 Einwohnern eine absolut ungeeignete Form der Bekanntmachung von Ortsrecht ist."

[1398] Vgl. auch OVG LSA, Urt. v. 15.5.1997 VwRR MO 1997, 9: bzgl Bekanntmachung in Trägergemeinde einer Verwaltungsgemeinschaft: „Hat die Verwaltungsgemeinschaft kein eigenes Verkündungsrecht erlassen, so muss ihr Satzungsrecht in allen angeschlossenen Gemeinden nach dem jeweiligen Ortsrecht bekannt gemacht werden".

[1399] Vgl. zu diesem (nicjt nur für Thüringen) s. *Ebert*, Das kommunale Amtsblatt – Inhalt, Ausgestaltung, Präsentation, ThürVBl 2022, 52.

[1400] Vgl. VG Magdeburg, Urt. v. 11.11.2013 – 9 A 213/13 – juris Rn. 35.

[1401] VG Magdeburg, Urt. v. 11.11.2013 a.a.O. Rn. 36.

[1402] Unbeachtlichkeitsklauseln finden keine Anwendung.

nur zulässig, wenn der Inhalt dieser Satzungsbestandteile (Pläne, Karten etc.) im textlichen Teil der Satzung hinreichend beschrieben wird (§ 9 III 2 KVG).

879 Keine Ersatzbekanntmachung in diesem Sinne ist die ortsübliche **Bekanntmachung nach § 10 III BauGB:**[1403] Hierbei ist nur die Tatsache des Beschlusses und der Hinweis darauf, wo der Bebauungsplan eingesehen werden kann, ortsüblich bekanntzumachen.[1404] Es muss daher insoweit nicht etwa gem. § 9 II 1 KVG (i.V.m. mit der jeweiligen Regelung der Hauptsatzung) auf die Dauer der Auslegung von zwei Wochen hingewiesen werden.[1405] Da es in Sachsen-Anhalt an einer näheren landesrechtlichen Ausgestaltung dessen fehlt, was eine ortsübliche Bekanntmachung (i.S.v. § 10 III BauGB) ist, richtet sich die vorgeschriebene Form der öffentlichen Bekanntmachung regelmäßig nach der Hauptsatzung der Gemeinde.

880 Die Regelungen über die Bekanntmachung und Ersatzbekanntmachung von Satzungen (§ 9 I-III KVG) gelten entsprechend für **Verordnungen** und sonstige öffentliche Bekanntmachungen der Kommunen sowie für Bekanntmachungen von **Genehmigungen des Flächennutzungsplanes**, soweit gesetzlich nichts anderes bestimmt ist (§ 9 IV KVG). Satzungsregelungen zur Bekanntmachung gelten nur dann entsprechend für Verordnungen, wenn die Hauptsatzung dies in jeder Hinsicht eindeutig regelt.

881 Kommunale Satzungen bedürfen dem Grundsatz nach **keiner Genehmigung**. Einer Genehmigung der Kommunalaufsichtsbehörde bedarf es nur, soweit dies gesetzlich bestimmt ist.[1406] Eine Pflicht zur Anzeige bzw. Mitteilung von Satzungen gegenüber der Kommunalaufsichtsbehörde besteht nicht mehr.[1407] Sinn und Zweck der Anzeigepflicht ist es, der Kommunalaufsicht zu ermöglichen, ihrer Aufsichtsfunktion ausreichend nachkommen zu können. Die Nichtanzeige oder späte Anzeige haben keinen Einfluss auf die Wirksamkeit der Satzung. Die Bekanntmachung der Satzung noch vor der Anzeige ist zulässig.[1408]

882 Ausnahmen von der Genehmigungsfreiheit können sich aus Bundes- oder Landesrecht ergeben. **Genehmigungspflichtig** nach Bundesrecht sind die Satzungen über bestimmte Bebauungspläne i.S.v. § 10 II BauGB (i.V.m. § 8 II 2, III 2 und IV BauGB). Eine Ausnahme von der Genehmigungsfreiheit galt bis zum 1. Juli 2024 im Falle der Hauptsatzung.[1409] Verstieß der Inhalt der Hauptsatzung nicht gegen das Gesetz, dann musste die Aufsicht genehmigen.[1410] Haushaltssatzungen sind genehmigungspflichtig soweit sie genehmigungspflichtige Teile enthalten.[1411]

[1403] OVG LSA, Urt. v. 2.12.2020 – 2 K 101/18 – juris Rn. 125.

[1404] OVG LSA a.a.O.

[1405] OVG LSA a.a.O:

[1406] Ehemals geregelt in 8 II 2 KVG a.F. Der Rechtssatz wurde aufgehoben, gilt der Sache nach aber fort.

[1407] Vgl. § 8 II 1 KVG a.F.

[1408] OVG MV, Beschl. v. 7.12.2000 VA 2001, 166

[1409] Ihr Erlass und ihre Änderung bedurfte der Genehmigung der Kommunalaufsichtsbehörde (§ 10 II 2 KVG a.F.). Regelungen in der Hauptsatzung nach § 46 I 2, § 48 I, II 2 und IV 3 sowie § 49 II 2 KVG waren von der Genehmigungspflicht ausgenommen (§ 10 II 3 1. HS KVG a.F.). Diese Regelungen waren unmittelbar nach der Beschlussfassung ortsüblich bekannt zu machen (§ 10 II 3 1. HS KVG a.F.).

[1410] VG Magdeburg, Urt. v. 29.9.2016 – 9 A 295/15 – juris Rn. 15.

[1411] S. Rn. 1062.

883 Die Genehmigung muss erteilt werden, wenn die Genehmigungsvoraussetzungen vorliegen. Die Kommune hat in diesem Fall einen **Anspruch auf die Genehmigung**. Die Genehmigung einer Satzung darf nicht deshalb versagt werden, weil Verwaltungsbestimmungen über Dienstsiegel besondere Anforderungen stellen, die die Satzung nicht erfüllt.[1412] Die Erteilung oder Versagung der Genehmigung ist gegenüber der Kommune ein Verwaltungsakt. Gegen die rechtswidrige Versagung der Genehmigung kann die Kommune mit der Verpflichtungsklage vorgehen.

884 Jenseits der genannten Inhalte muss die Hauptsatzung keine sonstigen formellen Vorgaben für die Verkündung von Satzungen enthalten. Formelle Vorgaben können auch Gegenstand einer besonderen Verkündungssatzung sein.[1413]

2. Materielle Rechtmäßigkeit

885 Satzungen müssen zahlreichen **materiellen Anforderungen** entsprechen. Diese ergeben sich aus dem Unionsrecht, dem Verfassungsrecht und dem einfachen Bundes- sowie Landesrecht, wobei zwischen allgemeinen Anforderungen (etwa aus Art. 1 III und 20 III GG) und besonderen Anforderungen (v.a. aus Fachgesetzen) unterschieden werden kann.

a) Ermächtigungsgrundlage

886 Die allgemeine Satzungsautonomie von Kommunen aus dem Grundgesetz, der Landesverfassung und dem Kommunalverfassungsgesetz berechtigt nicht zu Grundrechtseingriffen. Nach der Lehre vom Gesetzesvorbehalt bedürfen Eingriffe in Freiheit und Eigentum der Normadressaten vielmehr grundsätzlich einer (parlaments-) gesetzlichen Grundlage (sog. klassischer **Eingriffsvorbehalt**).[1414] Meist wird dieser Vorbehalt aus dem Rechtsstaatsprinzip hergeleitet. Er gilt auch in Bezug auf kommunale Satzungen.

887 Die Ermächtigungsgrundlage darf nicht gegen den **Parlamentsvorbehalt** verstoßen. Über die Reichweite des Eingriffsvorbehalts hinaus bedürfen alle für das Gemeinwesen, insbesondere die Grundrechtsausübung, wesentlichen Entscheidungen eines Parlamentsgesetzes.

Bsp.: Unzulässig wäre daher ein Gesetz, dass den Landkreisen unter Aufhebung des KAG-LSA „unbeschränkte" Satzungsgewalt zur Erhebung kommunaler Abgaben einräumt.

Aufgrund seiner unmittelbaren demokratischen Legitimation ist der kommunalen Vertretung allerdings ein höheres Maß an Entscheidungsmacht als dem Verordnungsgeber zuzubilligen.

888 **Ermächtigungsgrundlagen** zum Erlass grundrechtsbeschränkender Satzungen finden sich im KVG etwa in § 11 II sowie im Kommunalabgabengesetz des Landes sowie im Baugesetzbuch.

Bsp.: § 10 BauGB; § 5 KAG LSA

Weitere Grundlagen liegen verstreut in sonstigen Fachgesetzen. Die gesetzliche Ermächtigungsgrundlage muss ihrerseits verfassungsgemäß sein. Anlass zur Prüfung dieser Frage besteht indes

---

[1412] OVG LSA, Beschl. v. 9.2.2000 – A 2 S 404/97 – juris (Ls Nr. 1).

[1413] OVG LSA, Beschl. v. 24.6.2003 – 2 M 255/03 – juris Ls Nr. 1 (Rn. 25).

[1414] BVerfG, Urt. v. 7.5.1998 BVerfGE 98, 106 (107); BVerwG, Beschl. v. 7.9.1992 7.9.1992 – 7 NB 2.92 – BVerwGE 90, 359/ NJW 1993, 411/HSGZ 1993, 78 zum satzungsrechtlichen Verbot von Einwegerzeugnissen; *Gern*, Deutsches Kommunalrecht, Rn. 251 m.w.Nachw.; *Jachmann*, JuS 1996, Heft 3 L 20 Fn. 41

selten. Soweit Ermächtigungsgrundlagen Kommunen zur Regelung einer Angelegenheit ermächtigen, gilt ein ungeschriebener Satzungsvorbehalt und die vorgesehenen Rechtsfolgen können nicht durch schlichten Ratsbeschluss oder Maßnahmen des Hauptverwaltungsbeamten herbeigeführt werden.[1415]

889 Die Ermächtigungsgrundlage muss zum Zeitpunkt, an dem die Satzung in Kraft treten soll, ihrerseits **wirksam** sein. Der Wegfall der gesetzlichen Ermächtigungsgrundlage bewirkt nicht, dass eine rechtmäßig erlassene Satzung unwirksam wird.[1416]

890 Während Art. 28 II GG lediglich eine „eigene Angelegenheit" der Gemeinde verlangt, müssen im Falle spezialgesetzlicher Ermächtigungsgrundlagen deren **besondere tatbestandliche Voraussetzungen** vorliegen.

> **Bsp.:** So ist etwa die Anordnung des Anschluss- und Benutzungszwangs nur zulässig, wenn hierfür ein dringendes öffentliches Bedürfnis besteht.

Aufgrund der Einschränkung der gerichtlichen Kontrolldichte dürfen nur im Ausnahmefall Beurteilungsspielräume anerkannt werden. Man findet sie stets dort, wo sich die Eigenart der Entscheidung einer vollen gerichtlichen Überprüfung entzieht.

891 Nach dem KVG hat der Satzungsgeber grundsätzlich ein **weites Satzungsermessen**.[1417] Dies gilt auch im Hinblick auf die Regelungsdichte.

> **Bsp.:** Eine Satzung über die Benutzung einer öffentlichen Einrichtung muss nicht das Konzept der Einrichtung enthalten.[1418]

Auch die fachgesetzlichen Ermächtigungsgrundlagen gewähren den Kommunen in unterschiedlicher Ausprägung und Reichweite ein Satzungsermessen im Hinblick auf das „Ob" (Ausnahme: die Pflichtsatzung) und das „Wie" der Satzung. Das Ermessen des Satzungsgebers reicht aber aufgrund der Gesetzesbindung weit weniger weit als das Ermessen des Gesetzgebers. Sehr enge Vorgaben bestehen namentlich im Kommunalabgabenrecht (etwa zur Bestimmung von Beitragssätzen).

892 Eine Sonderform des allgemeinen Satzungsermessens stellt das aus der Planungshoheit folgende **Planungsermessen** dar. Ein Planungsermessen gilt nur bei echten Planungsentscheidungen und unterliegt der richterrechtlichen Abwägungsfehlerlehre.

> **Bsp.:** gemeindliches Planungsermessen bei der Bebauungsplanung

893 Das Satzungsermessen (der Rechtsfolgenseite) darf nicht mit dem Beurteilungsspielraum auf der Tatbestandsseite verwechselt werden. Von ihrem Ermessen darf die Gemeinde nur im Rahmen des höherrangigen Rechts Gebrauch machen. Wenn auch nicht im Rang innerhalb der Normenhierarchie, so doch im Hinblick auf diese Gestaltungsfreiheit steht die Satzung sogar meist über der Rechtsverordnung.

[1415] Für die Gewährung von Zuschüssen an einzelne Gemeinden aus Mitteln der Kreisumlage durch den Kreis gilt kein Satzungsvorbehalt (BVerwG, Beschl. v. 24.4.1996 – 7 NB 2.95 – BVerwGE 101, 99).

[1416] OVG LSA, Beschl. v. 27.5.2004 – 1 L 117/02 – juris Ls Nr. 2 (Rn. 8).

[1417] OVG LSA, Urt. v.22.6.2011 – 3 K 483/10 – juris Rn. 21 (noch zur Altregelung § 8 Nr. 1 GO LSA).

[1418] OVG LSA, Urt. v.22.6.2011 – 3 K 483/10 – juris Rn. 21 bzgl. Kindertageseinrichtung.

b) Höherrangiges Recht

894 Die Gestaltungsfreiheit des Satzungsgebers findet ihre Grenze in den Gesetzen. Kommunale Satzungen müssen **europarechtlichen** Verordnungen und (bei Umsetzungsdefiziten eventuell unmittelbar geltenden) Richtlinien entsprechen. Das Europarecht genießt im Kollisionsfall Anwendungsvorrang.[1419] Notfalls sind Satzungen europarechtskonform auszulegen. Sie dürfen auch keinem Verfassungsrechtssatz des Bundes- oder Landesverfassungsrechts widersprechen.

895 Die Verfassungsbindung erlangt in erster Linie im Hinblick auf die **Grundrechte** Bedeutung. Der kommunale Satzungsgeber muss bei der Ermessensbetätigung die grundrechtlichen Vorgaben genauso sorgsam beachten wie der Gesetzgeber.[1420] Besonders häufig betroffen sind von den Freiheitsgrundrechten die Eigentums- und die Berufsfreiheit sowie von den Gleichheitsgrundrechten der allgemeine Gleichheitssatz.[1421]

896 Satzungen müssen dem **Rechtsstaatsprinzip** genügen.[1422] Zum rechtsstaatlichen Eingriffsvorbehalt wurde bereits ausgeführt. Die Regelungen einer Satzung müssen zudem in rechtsstaatlicher Hinsicht hinreichend klar und bestimmt sein.[1423]

> **Bsp.:** Eine Satzung über die Umlage des Gewässerunterhaltungsbeitrags der Gemeinde muss auch im Hinblick auf die Heranziehung von Eigentümern, Erbbauberechtigten und Grundstücksnutzern und hinsichtlich der Frage, wann eine dieser Personen nicht zu ermitteln ist, hinreichend bestimmt sein.[1424]

Das verfassungsrechtliche **Bestimmtheitsgebot** gem. Art. 103 II GG erlangt vor allem für bußgeldbewehrte Satzungen Bedeutung. Die ordnungswidrige Handlung muss nämlich so bestimmt wie möglich beschrieben sein.[1425] Diese Anforderung dient zum einen dem rechtsstaatlichen Schutz des Betroffenen und zum anderen der klaren Gewaltenteilung, damit nicht letztlich die Verwaltung über die Voraussetzungen einer Sanktion entscheidet. Das Bestimmtheitsgebot steht jedoch der Verwendung unbestimmter Rechtsbegriffe („wesentlich", „zumutbar" etc.) in Satzungen grundsätzlich nicht entgegen.[1426] Ein Element des Rechtsstaatsprinzips ist das **Rückwirkungsverbot**. Satzungen können wie Gesetze nur innerhalb der verfassungsrechtlichen Grenzen rückwirkend erlassen werden (§ 2 II 1 KAG-LSA). Nach der Rechtsprechung des Bundesverfassungsgerichts ist insoweit zwischen echter und unechter Rückwirkung zu unterscheiden. Eine Satzung kann insbesondere rückwirkend erlassen werden, wenn sie ausdrücklich eine Satzung ohne Rücksicht auf deren Wirksamkeit ersetzt, die eine gleiche oder gleichartige Abgabe regelte (§ 2 II 2 KAG-LSA). Die Rückwirkung

---

[1419] BVerwG, Beschl. v. 14.6.1996 NVwZ-RR 1997, 111 (112); *Becker*, JuS 2000, 348 (350); *Gern*, Deutsches Kommunalrecht, Rn. 299.

[1420] Vgl. BVerfG, Beschl. v. 10.5.1972 BVerfGE 33, 171 (185). Die Grundrechte sind somit oft auf zwei Ebenen zu prüfen: Verfassungsmäßigkeit der Ermächtigungsgrundlage und Verfassungsmäßigkeit der Ermessensbetätigung.

[1421] Vgl. etwa BVerwG, Beschl. v. 5.4.1988 NVwZ-RR 1988, 41 (42)

[1422] So etwa OVG LSA, Urt. v. 22.6.2011 – 3 K 483/10 – juris Rn. 16.

[1423] Die Wahrung dieser Anforderungen unterliegen auch der revisionsgerichtlichen Überprüfung und betreffen nicht die Auslegung des Landesrechts (vgl. BVerwG, Beschl. v. 24.1.2019 –
10 BN 2/18 – juris Rn. 3.

[1424] Vgl. OVG LSA, Urt. v. 27.2.2020 – 2 L 35/18 – juris Rn. 64, 67.

[1425] BVerfG, Beschl. v. 23.10.1985 BVerfGE 71, 108 (114), Beschl. v. 8.3.1990 NVwZ 1990, 751.

[1426] Vgl. BVerfG, Beschl. v. 8.8.1978 BVerfGE 49, 89 (134); ThürOVG, Beschl. v. 12.7.2002 NVwZ-RR 2003, 229 ff.

kann bis zu dem Zeitpunkt ausgedehnt werden, zu dem die zu ersetzende Satzung in Kraft getreten war oder in Kraft treten sollte (§ 2 II 3 KAG-LSA). Durch die rückwirkend erlassene Satzung darf die Gesamtheit der Abgabepflichtigen nicht ungünstiger gestellt werden als nach der ersetzten Satzung (§ 2 II 4 KAG-LSA).

897 Nach ständiger Rechtsprechung ist auf die Satzungsgebung **Art. 80 GG weder direkt noch analog anwendbar**.[1427] Die im Vergleich zur Verordnungsgebung schwächere Bindung der Kommune rechtfertigt sich damit, dass der Gesetzgeber die Rechtsetzungsgewalt nicht an eine Verwaltungsbehörde ohne transparente Entscheidungswege abgibt, sondern einer unmittelbar demokratisch legitimierten Selbstverwaltungskörperschaft überlässt, deren Satzungsgebung sich in einem transparenten, öffentlichen Verfahren vollzieht. Die Gefahr eines Machtmissbrauchs ist hier deutlich geringer.

898 Kommunale Satzungen dürfen weder **einfachen Gesetzen** noch Rechtsverordnungen des Bundes- oder Landesrechts widersprechen.[1428]

899 Ein satzungsrechtlicher **Ausschluss der Amtshaftung** ist unzulässig. Der Amtshaftungsanspruch kann nämlich als gesetzlicher Anspruch nicht durch das rangniedere Satzungsrecht beschränkt werden.[1429] Zulässig ist nach h.M. jedoch eine satzungsrechtliche Beschränkung der Haftung aus verwaltungsrechtlichen Schuldverhältnissen. Die Haftung darf auf Vorsatz und grobe Fahrlässigkeit begrenzt werden, sofern dies im Einzelnen mit dem Verhältnismäßigkeitsgebot, dem Gleichheitssatz oder dem Sozialstaatsprinzip vereinbar ist.[1430] Würde man einen Haftungsausschluss für leichte Fahrlässigkeit nicht zulassen, müssten die Gebühren (bzw. Entgelte) kommunaler Einrichtungen stark erhöht werden, um das Haftungsrisiko kalkulatorisch abzufangen. Dies würde mit anderen Rechtsgrundsätzen (Sozialstaatsprinzip, Sparsamkeit) kollidieren.

c) Ausgewählte fachgesetzliche Schranken

900 Je nach Regelungsmaterie ergeben sich unterschiedliche fachgesetzliche Anforderungen an die materielle Rechtmäßigkeit von Satzungen. Im Folgenden können nur eine wenige besonders bedeutsame Satzungen herausgegriffen werden.

901 Fachgesetzliche Vorgaben ergeben sich für kommunale **Abgabensatzungen** neben den Vorgaben des KAG-LSA aus unterschiedlichen Gesetzen sowohl des Bundesrechts (für Erschließungsbeiträge gem. §§ 127 ff. BauGB, Kostenerstattungsbeiträge gem. §§ 135a ff. BauGB etc.) wie des Landesrechts (etwa nach AbfG LSA oder WG LSA).

902 **Baurechtliche Satzungen** müssen auch im Einklang mit den zahlreichen baurechtlichen Vorgaben stehen. Dies gilt etwa im Hinblick auf Bebauungspläne,[1431] Innenbereichssatzungen,[1432] Außenbe-

---

[1427] BVerfG, Beschl. v. 23.2.1972 BVerfGE 32, 346 (360); Beschl. v. 12.10.1978 BVerfGE 49, 343 (362), BVerwG, Urt. v. 9.3.1990 NVwZ 1990, 867 (868); *Gern*, Deutsches Kommunalrecht, Rn. 264.

[1428] Dies gilt nach umstrittener Auffassung selbst dann, wenn diese Gesetze verfassungswidrig sind (vgl. *Hederich*, NdsVBl. 1997, 270ff., der jedoch bei Offensichtlichkeit ein Recht zur Nichtanwendung annimmt).

[1429] BayVGH, Urt. v. 6.4.1970 DÖV 1970, 488; *Gern*, Deutsches Kommunalrecht, Rn. 277.

[1430] BGH, Urt. v. 17.5.1973 BGHZ 61, 7 (13); *Stober*, Kommunalrecht, § 20 V 2 m.w.Nachw.; *Seibert*, DÖV 1986, 957 ff.

[1431] Näher hierzu *Franz*, Öffentliches Baurecht in Sachsen-Anhalt. Handbuch, 2024.

[1432] *Franz* a.a.O. Rn. 393 f.

reichssatzungen,[1433] Entwicklungssatzungen,[1434] Sanierungssatzungen[1435] oder Gestaltungssatzungen[1436].

903 Satzungen zu **kommunalen Kindertageseinrichtungen** müssen im Einklang mit dem Kinderförderungsgesetz stehen.[1437] Die Kommune kann durch die Satzung den Zugang zur Einrichtung regeln (und beschränken), muss dabei aber dem Gewicht des gesetzlichen Betreuungsanspruchs hinreichend Rechnung tragen.[1438] Satzungsbestimmungen über die Kündigung des öffentlich-rechtlichen Benutzungsverhältnisses wegen Unverhältnismäßigkeit sind ungültig, wenn für die Eltern keine Rechtspflicht besteht, ihren Kindern die Teilhabe an der gemeinsamen Mittagsmahlzeit zu ermöglichen, jedoch die Kündigung daran anknüpft, dass die Eltern die ihnen gegenüber von privaten Dritten in Rechnung gestellten Zahlungsforderungen nicht beglichen haben.[1439]

904 Fachgesetzliche Anforderungen ergeben sich für **naturschutzrechtliche Satzungen** wie kommunale Baumschutzsatzungen und Gehölzschutzsatzungen.[1440]

III. Folgen von Satzungsmängeln und Satzungsverstößen
1. Fehlerfolgen

905 Nach dem sog. **Nichtigkeitsdogma** führen Rechtsfehler von Normen grundsätzlich zu deren Nichtigkeit.[1441]

906 Im Grundsatz führen zwar auch formelle Mängel der Satzung zu deren Nichtigkeit, jedoch ist die Regelung der **Fehlerfolgen** des § 8 II KVG zu beachten. Ist eine Satzung unter Verletzung von Verfahrens- oder Formvorschriften, die in diesem Gesetz enthalten oder aufgrund dieses Gesetzes erlassen worden sind, zustande gekommen, so ist diese Verletzung unbeachtlich, wenn sie nicht schriftlich innerhalb eines Jahres seit Bekanntmachung der Satzung gegenüber der Kommune geltend gemacht worden ist (**Unbeachtlichkeit** gem. § 8 II 1 KVG). In der Rüge sind die verletzte Vorschrift und die Tatsache, die den Mangel ergibt, zu bezeichnen (§ 8 II 2 KVG). Die Unbeachtlichkeit tritt nicht ein, wenn die Vorschriften über die Genehmigung oder die öffentliche Bekanntmachung der Satzung verletzt wurden (§ 8 II 3 KVG). Rügeberechtigt ist jedermann. Die Fristberechnung richtet sich nach den §§ 187 I, 188 II BGB analog.[1442] Klarzustellen ist, dass die Unbeachtlichkeits- und

---

[1433] *Franz* a.a.O. Rn. 480 f.

[1434] *Franz* a.a.O. Rn. 394 f.

[1435] *Franz* a.a.O. Rn. 484.

[1436] *Franz* a.a.O. Rn. 692.

[1437] S.a. *Bock-Pünder*, Rechtsanspruch auf Besuch eines Kindergartens. Voraussetzungen daseinsvorsorgender Verwaltung im sozialen Rechtsstaat, 1998.

[1438] OVG LSA, Urt. v. 22.6.2011 – 3 K 483/10 – juris Rn. 25.

[1439] OVG LSA, Urt. v. 22.6.2011 a.a.O. juris Rn. 27.

[1440] Hierzu *Franz*, Naturschutzrecht von A bis Z. Handbuch für den Naturschutz in Sachsen-Anhalt, 4. Aufl. 2024, Stichworte Baumschutzsatzung, Gehölzschutzverordnung, Geschützter Landschaftsbestandteil

[1441] Vgl. *Ossenbühl*, NJW 1986, 2805; *Schmidt-Aßmann*, in: Maunz/Dürig, GG, Art. 19 IV Rn. 287

[1442] Nicht etwa findet die Verweisungsregelung LVwVfG Anwendung, da diese Vorschrift sich nur auf Verwaltungsverfahren bezieht, hier aber kein solches Verfahren auf Erlass eines Verwaltungsaktes oder Abschluss eines öffentlich-rechtlichen Vertrages geführt wird. Schon gar nicht findet § 32 VwVfG Anwendung, der nur für bundesbehördliche Verwaltung und landesbehördliche Auftragsverwaltung gilt.

Heilungsregelungen des Landes-VwVfG unanwendbar sind, weil sie nicht für den Normerlass gelten.[1443]

907 Formelle und sogar materielle Fehler können zudem nach Maßgabe von **besonderen Vorschriften** unbeachtlich sein.[1444] Für Bebauungspläne gelten die besonderen Vorschriften über die Planerhaltung gem. §§ 214-215a BauGB. Hier muss zwischen ungültigen und unwirksamen Bebauungsplänen unterschieden werden. Lediglich (schwebend) unwirksam sind Bebauungspläne, wenn der Mangel heilbar ist.

908 Führt eine einzelne Satzungsregelung zur Nichtigkeit der Satzung im Ganzen, kann der Satzungsgeber den Mangel heilen, indem er einer Änderungssatzung mit einer wirksamen Regelung Rückwirkung auf den Zeitpunkt beimisst, zu dem die zu ändernde Satzung in Kraft treten sollte.[1445]

909 Vertreten wird, dass **unwesentliche Verfahrensverstöße** (gegen bloße „Ordnungsvorschriften ohne eigenständigen Rechtsschutzgehalt für objektive und subjektive Rechte und Interessen") nicht zur Ungültigkeit führen würden.[1446] Dabei handele es sich um einen ungeschriebenen Rechtsgrundsatz. So sollen etwa Mängel der Auslegung des Haushaltsplans dessen Rechtswirksamkeit nicht beeinflussen.[1447] Dem ist nicht zu folgen, da es allein dem Gesetzgeber obliegt, die Folgen von Rechtsverstößen zu regeln. Der Gesetzgeber müsste deutlich machen, dass er von dem allgemein anerkannten Nichtigkeitsdogma abweichen will. Im Zweifel ist daher stets von dessen Geltung auszugehen.

910 Die Satzungen unterliegen der **Kontrolle durch die Hauptverwaltungsbeamten, die Rechtsaufsichtsbehörde und die Verwaltungsgerichte**. Der Hauptverwaltungsbeamte muss Satzungsbeschlüsse beanstanden, wenn er ihre Gesetzwidrigkeit erkennt und kann sie beanstanden, wenn er der Meinung ist, dass sie für die Kommune nachteilig sind (Beanstandungs-, Rüge- oder **Widerspruchsrecht**); seine Beanstandung hat aufschiebende Wirkung.[1448]

911 Die Rechtsaufsichtsbehörde kann rechtswidrige Satzungen beanstanden (**Beanstandungsrecht**). Die Satzungsbetroffenen haben keinen Anspruch gegen den Hauptverwaltungsbeamten oder die Aufsicht auf ein Einschreiten. Sie können aber die Satzung unmittelbar oder mittelbar auf dem Verwaltungsrechtsweg angreifen.[1449] Der unmittelbaren Satzungskontrolle dient das Normenkontrollverfahren vor dem Oberverwaltungsgericht gem. § 47 I VwGO i.V.m. § 10 AGVwGO LSA.[1450] Satzungen sind ein tauglicher Antragsgegenstand. Allein das Normenkontrollgericht ist berechtigt, die Ungültigkeit der Norm festzustellen.[1451] Ein Verwaltungsgericht kann im Rahmen einer inzidenten Normenkontrolle zwar die Unwirksamkeit einer entscheidungsrelevanten Satzung mit Wirkung für die

---

[1443] BVerwG, Beschl. v. 5.4.1988 NVwZ-RR 1988, 42 zu verwaltungsverfahrensrechtlichen Heilungsregelungen.

[1444] In seltenen Fällen gelten speziellere Regelungen der Unbeachtlichkeit.

[1445] OVG LSA, Urt. v. 27.2.2020 – 2 L 35/18 – juris Rn. 53.

[1446] *Gern*, Deutsches Kommunalrecht, Rn. 297; *Stober*, Kommunalrecht, § 18 III 3c.

[1447] *Gern*, Deutsches Kommunalrecht, Rn. 689.

[1448] S. Rn. 485, 645, 725.

[1449] Zur gerichtlichen Satzungskontrolle *Huber*, BayVBl. 1998, 584 ff.; *Meyer*, NdsVBl. 2003, 117 ff.; *Oebbecke*, NVwZ 2003, 1313 ff.

[1450] Nicht in Nordrhein-Westfalen, Berlin und Hamburg vorgesehen.

[1451] Die Kommunalaufsicht darf dies nicht (BVerwG, Urt. v. 21.11.1986 NJW 1987, 1344).

Prozessparteien feststellen, hat jedoch keine Befugnis eine Satzung mir Wirkung gegenüber jedermann[1452] zu verwerfen.

912 Hingegen ist die Gemeinde nicht befugt, durch schlichten Beschluss die Ungültigkeit festzustellen (**kein gemeindliches Normverwerfungsrecht**).[1453] Sie kann aber jederzeit die Satzung aufheben, um den Rechtsschein der Gültigkeit zu zerstören. Als Kehrseite[1454] des Erlasses bedarf die Aufhebung der Satzungsform.[1455] Im Normenkontrollverfahren sind Behörden antragsbefugt und außerdem jede Person, die eine eigene Rechtsverletzung plausibel darlegt. Antragsbefugt sind etwa die von einer Abgabensatzung erfassten Abgabenpflichtigen. Neben der „prinzipalen" Normenkontrolle kann es auch zu einer inzidenten verwaltungsgerichtlichen Überprüfung der Satzung kommen, namentlich, wenn Ausführungsakte angefochten werden. Die inzidente Feststellung der Satzungsnichtigkeit wirkt zwar nur innerhalb des jeweiligen Klageverfahrens, kann aber bei ihrem Bekanntwerden faktische Wirkungen über das Einzelverfahren hinaus entfalten, sofern sie neue Widersprüche und Klagen provoziert. So mögen Presseberichte über erfolgreiche Anfechtungsklagen gegen einen Abgabenbescheid oder die bescheidmäßige Anordnung des Anschluss- und Benutzungszwangs eine Klageflut nach sich ziehen.

913 Nach Erschöpfung des Rechtswegs kann ein Grundrechtsträger gegen eine kommunale Satzung auch **Verfassungsbeschwerde** vor dem BVerfG erhoben werden. In den meisten Bundesländern kann er überdies eine Verfassungsbeschwerde vor dem Landesverfassungsgericht erheben. Dies gilt auch für Sachsen-Anhalt.

914 Die von einer Satzung Betroffenen können sich schließlich mit einer **Petition** oder einem **Bürgerbegehren** an eine kommunale Volksvertretung wenden. Sie können den Hauptverwaltungsbeamten und die Kommunalaufsicht bitten, den Satzungsbeschluss zu beanstanden. Ein subjektives öffentliches Recht auf ein Einschreiten des Hauptverwaltungsbeamten oder der Aufsicht steht ihnen jedoch nicht zu.

915 Die Kommune haftet gem. § 839 I BGB i.V.m. Art. 34 GG für Schäden, die Personen infolge einer rechtswidrigen Satzung entstehen (**Amtshaftung**). I.d.R. liegt allerdings keine Verletzung einer drittbezogenen Amtspflicht vor, da die meisten auf den Satzungserlass bezogenen Amtspflichten nur dem öffentlichen Interesse dienen. Eine Amtshaftung kommt etwa bei der rechtswidrigen Festsetzung eines Wohngebiets durch Bebauungsplan auf einem für diese Nutzung ungeeigneten Boden (Altlasten, Bergbau etc.) in Betracht.[1456] Die Gemeinde haftet im Übrigen nicht gem. des fortgeltenden § 1 Staatshaftungsgesetz DDR bzw. des jetzigen § 1 Entschädigungsgesetz[1457] für die Beschlüsse

---

[1452] Sog. Wirkung „inter omnes".

[1453] SaarlOVG, Urt. v. 20.2.1989 DÖV 1990, 152. Die Kommunalverwaltung hat auch nicht das Recht, von sich aus rechtswidrige Normen nicht anzuwenden (Volhard, NVwZ 1986, 105).

[1454] So die actus contrarius-Theorie.

[1455] Vgl. OVG Schleswig, B. v.18.5.1999 NVwZ-RR 2000, 313.

[1456] S. hierzu BGH, Urt. v. 26.1.1989 DVBl. 1989, 504; *Franz*, Freiraumschutz und Innenentwicklung, 2000, S. 493f.

[1457] Nach Ansicht des ThürOVG, Urt. v. 6.11.2001 OLG-NL 2002, 38 kommt neben dem Staatshaftungsgesetz der DDR kein Anspruch aus enteignungsgleichem Eingriff in Betracht.

der Ratsmitglieder, weil diese weder Mitarbeiter noch Beauftragte der Kommunen i.S.d. Gesetzes sind.[1458]

916 Sofern eine Satzung nicht infolge formeller oder materieller Mängel nichtig ist und im Falle der Genehmigungspflicht eine wirksame Genehmigung vorliegt, wird die Satzung zu dem in ihr bestimmten Zeitpunkt wirksam (Inkrafttreten). Satzungen treten, wenn kein anderer Zeitpunkt bestimmt ist, **am Tag nach der öffentlichen Bekanntmachung** in Kraft (§ 8 III KVG). Regelt die Satzung einen späteren Zeitpunkt gilt dieser. Regelt die Satzung eine rückwirkende Geltung, ist dies nur nach der Rechtsprechung von BVerfG und BVerwG zu rückwirkenden Satzungen zulässig.

2. Rechtsschutz gegen Satzungen

917 Kommunale Satzungen sind tauglicher Antragsgegenstand eines **Normenkontrollantrags** (vgl. § 47 I Nr. 2 VwGO i.V.m. § 10 AG VwGO LSA). Vorschriften rein ordnungswidrigkeitsrechtlichen Inhalts unterliegen nach Ansicht des OVG LSA aber nicht der Prüfung im Normenkontrollverfahren nach § 47 VwGO.[1459]

918 Soweit ein Kläger einen belastenden Verwaltungsakt einer Kommune anficht, der sich auf eine kommunale Satzung stützt, kann er die Gültigkeit der Satzung rügen, was zu einer inzidenten Überprüfung der Wirksamkeit der Satzung durch das VG führt (**inzidente Normenkontrolle**). Das erkennende Verwaltungsgericht kann die Satzung im Rahmen seiner Verwerfungskompetenz für untergesetzliches Recht als unwirksam behandeln.

IV. Folgen der Nichtbeachtung von Satzungsrecht

1. Nichtbeachtung durch Private

919 Verstöße gegen satzungsrechtliche Gebote oder Verbote können **Gefahrenabwehrmaßnahmen** rechtfertigen, sofern im Einzelfall eine Ermächtigungsgrundlage zur Durchsetzung des Gebots- oder Verbots durch Verwaltungsakt vorhanden ist. Sofern keine besondere Ermächtigungsgrundlage einschlägig ist, können Gefahrenabwehrmaßnahmen auf die polizeiliche Generalklausel des § 13 SOG LSA gestützt werden.

> **Bsp.:** Stadt kann das Verteilen von Werbeflyern oder Flugblättern in einem städtischen Freibad durch Anordnung untersagen, sofern dies gegen die Badeordnung verstößt.

920 **Ordnungswidrig** handelt, wer vorsätzlich oder fahrlässig einem Gebot oder Verbot einer Satzung zuwiderhandelt, soweit die Satzung für einen bestimmten Tatbestand auf diese Bußgeldvorschrift verweist (§ 8 V 1 KVG). Die Ordnungswidrigkeit kann mit einer Geldbuße bis zu fünftausend Euro geahndet werden (§ 8 V 2 KVG). Verwaltungsbehörde im Sinne des § 36 I Nr. 1 OWiG ist die Kommune, der die Ausführung der Rechtsvorschrift oder die Überwachung der Einhaltung der Rechtsvorschrift obliegt, gegen die sich die Zuwiderhandlung richtet (§ 8 V 3 KVG).

[1458] *Ossenbühl*, Staatshaftungsrecht, S. 480, der jedoch darauf hinweist, dass im Falle der (regelmäßig erforderlichen) Umsetzung des Ratsbeschlusses durch den Bürgermeister bzw. einen Beauftragten der Akt einer Einzelperson vorliegt, der einen Anspruch begründen kann.

[1459] OVG LSA, Urt. v. 10.4.2014 – 4 K 180/12 – juris Rn. 26.

2. Nichtbeachtung durch kommunale Organe und Organteile

921 Beachten Organe der Kommune oder Organteile satzungsrechtliche Vorgaben nicht, hängen die möglichen Rechtsfolgen davon ab, welches Organ welche Rechtspflicht missachtet. Im Einzelfall kann etwa die Missachtung einer satzungsrechtlichen Zuständigkeitsregelung zu einem Widerspruch des Hauptverwaltungsbeamten gegen einen Beschluss der Vertretung führen, kann die Vertretung den Hauptverwaltungsbeamten abwählen, kann eine kommunalaufsichtliche Maßnahme gegenüber einer Kommune erfolgen oder kann der Verstoß einen Kommunalverfassungsstreit veranlassen.

V. Anhang: Kommunale Rechtsverordnungen

922 Kommunale **Verordnungskompetenzen** ergeben sich vor allem aus dem allgemeinen Sicherheits- und Ordnungsrecht (örtliche Gefahrenabwehrverordnungen). Hinzu treten verstreut liegende Verordnungsermächtigungen.

> **Bsp.:** Die Landkreise und kreisfreien Städte können als unteren Wasserbehörden (vgl. § 10 III, 12 I WG LSA) den Gemeingebrauch an Gewässern regeln (§ 29 II-V WG LSA).

Von vergleichbarer Rechtswirkung, aber von kommunalen Verordnungen abzugrenzen, sind kommunale Allgemeinverfügungen.

> **Bsp.:** Gem. § 23 Ladenschlussgesetz erteilte Ausnahmegenehmigungen zum Sonntagsverkauf sind keine Verordnungen, sondern Allgemeinverfügungen. Dies gilt entsprechend für eine allgemeine Wassersparanordnung (mit Beschränkungen von Rasensprengen, Autowaschen, Pool-Befüllung etc.) auf Grundlage der Generalklausel § 100 I WHG.

923 Handelt es sich um eine Aufgabe des übertragenen Wirkungskreises, ist in der Einheitsgemeinde der Bürgermeister für den Verordnungserlass **zuständig**. Für die Verbandsgemeinde ist der Verbandsgemeindebürgermeister, für den Kreis der Landrat zuständig. Im Hinblick auf das Verfahren des Verordnungserlasses gelten keine besonderen Vorschriften des KVG, sondern sind die auch sonst für das jeweils zuständige Organ geltenden Verfahrensregeln zu beachten.

924 Die Regelungen über das Inkrafttreten (§ 8 III KVG), das Recht zur Einsichtnahme und auf Kopien (§ 8 IV KVG), Zuwiderhandlung gegen Ge- oder Verbote als Ordnungswidrigkeit (§ 8 V KVG) **gelten entsprechend** für Verordnungen der Kommune, soweit gesetzlich nichts anderes bestimmt ist (§ 8 VI KVG).[1460] Entsprechend gelten gem. § 9 IV KVG für kommunale Verordnungen auch die Vorschriften über die Ausfertigung etc. (§ 9 I KVG), Internet-Bekanntmachung (§ 9 II KVG) und Ersatzbekanntmachung (§ 9 III KVG).

925 Kommt es in Siedlungen bzw. im öffentlichen Raum von Sport-, Park- und Erholungsanlagen etc. zu gehäuften Normverstößen, wie Sachbeschädigungen, Diebstählen, Bedrohungen und Beleidigungen, und droht hier das Entstehen rechtsfreier Räume, können kommunale Ordnungskräfte eine wichtige Bedeutung als Anzeigeerstatter und Zeuge von Straftaten (Beweissicherung) erlangen und

---

[1460] Die Regelung gilt auch für die Erteilung von Genehmigungen für den Flächennutzungsplan.

hierbei eng mit den Strafverfolgungsbehörden zusammenarbeiten. Daneben kann die strikte Durchsetzung der Normen kommunaler Gefahrenabwehrverordnungen und kommunaler Satzungen (etwa einer Badeordnung oder Ordnung für öffentliche Grünanlagen) mit der entschlossenen Verfolgung und Ahndung von Ordnungswidrigkeiten, der Durchsetzung von Platzverweisen und Hausverboten ein wichtiger Baustein im Rahmen einer **Zero Tolerance-Strategie** sein, um auch mithilfe einer verstärkten Videoüberwachung des öffentlichen Raums[1461] diese Räume als sichere Orte des friedlichen Miteinanders wiederzugewinnen. Entstehen erst Bürgerwehren ist dies meist ein Indiz für Staatsversagen. Zu prüfen ist zudem, ob an sozialen Brennpunkten begleitend Jugend-Sozialarbeit präventiv wirken kann.

[1461] *Zitzen*, Kommunale Videoüberwachung, 2015.

E. Recht kommunaler Einrichtungen

Lit.: *Bartels*, Die rechtliche Ordnung der Benutzung öffentlicher Einrichtungen: Kommunalrecht, Anstaltsrecht, Sachenrecht, 2000; *Ehlers*, Rechtsprobleme der Nutzung kommunaler öffentlicher Einrichtungen, Teil 1 und 2, Jura 2012, 692 ff., 849 ff.; *Fischedick*, Die Wahl der Benutzungsform kommunaler Einrichtungen, 1986; *Knieriem*, Belastende Benutzungsregelungen. Zu Grundlagen und Reichweite der Regelungsbefugnisse kommunaler Einrichtungsträger, 2021; *Köster*, Der Anschluss- und Benutzungszwang für kommunale Wärmenetze, NWVBl. 2023, 353-359; *Ludwig*, Der Anspruch auf Benutzung gemeindlicher öffentlicher Einrichtungen, 2000; *Scholz*, Das Wesen und die Entwicklung der gemeindlichen öffentlichen Einrichtungen, 1967; *Waldhoff*, Kommunalrecht: Öffentliche Einrichtungen der Kommunen und AfD-Parteitage, JuS 2023, 612-614; *Zöllner*, Schulmensen, Wildtierzirkusse und Silent Discos – aktuelle Rechtsfragen kommunaler Einrichtungen, BayVBl 2024, 293-300

I. Wesen und Entstehen kommunaler Einrichtungen

1. Begriff der öffentlichen Einrichtung

926 **Öffentliche Einrichtungen** sind Personen- und Sachgesamtheiten die der Benutzung durch die Öffentlichkeit derart gewidmet sind, dass Einzelnen ein Anspruch auf die Zulassung zur Benutzung zusteht. Kommunale Einrichtungen sind einer Kommune zugeordnete Personen- und Sachgesamtheiten, die der Benutzung durch die Einwohner der jeweiligen Kommune gewidmet sind. Auf der gemeindlichen Ebene bietet sich ein buntes Bild sozialer, kultureller und wirtschaftlicher öffentlicher Einrichtungen. Gemeindliche (öffentliche) Einrichtungen können z.B. sein: Stadtkrankenhaus, Kindergarten, Schule,[1462] Altersheim, Friedhof, Stromversorgung, Trinkwasserversorgung, Abwasserbeseitigung, Gasheizwerk, Straßenreinigung, Saal einer Bibliothek,[1463] Stadthalle, Museum, Bibliothek, Theater, Musikschule, Bildungs- und Begegnungsstätte, Obdachlosenheim, Badeanstalt (evtl. sogar Badesee!), Schlachthof, Marktplatz[1464] und Zuchtbulle.

927 Eine reine Sachgesamtheit ohne Personal stellen i.d.R. Fest- und Marktplätze dar, die aber gleichwohl öffentliche Einrichtung sein können.[1465] Öffentliche Einrichtung ist auch der regelmäßig stattfinde Markt als solcher. Hingegen sind Sachen im Gemeingebrauch und Sachen im Verwaltungsgebrauch (Verwaltungseinrichtungen)[1466] sowie das Privatvermögen der Gemeinde keine öffentlichen Einrichtungen (z.B. Gemeindestraße oder Rathausbrunnen). Ebenso wenig ist ein Bürgerbüro, in dem Bürger Informationen über die zuständigen Stellen erhalten und Anträge stellen können, eine öffentliche Einrichtung.

928 Problematisch ist, ob der Inserateteil eines kommunalen **Amtsblattes** eine öffentliche Einrichtung darstellt. Ein Zulassungsanspruch i.S.v. § 24 KVG LSA dürfte zu verneinen sein. Der Gemeinde bzw. der Redaktion steht vielmehr ein Ermessen zu, was sie (jenseits der einer Verkündungspflicht unterliegenden Satzungsbeschlüsse und sonstiger Entscheidungen) in das Amtsblatt aufnimmt.[1467] Bei Ausübung des Ermessens muss aber u.a. der Gleichheitssatz beachtet werden. Der Gleichheitssatz

---

[1462] Insoweit gelten allerdings die Sonderregelungen des Schulrechts.

[1463] OVG LSA, Beschl. v. 19.8.2018 – 4 M 172/18 – juris Rn. 1, 7.

[1464] S. zur Beachtung der Schrankentrias durch einen kommunalen Wochenmarkt s. OVG LSA, Urt. v. 17.2.2011 – 2 L 126/09 – juris.

[1465] Bzgl. Festplatz OVG NW, Urt. v. 16.9.1975 NJW 1976, 820.

[1466] Vgl. zum Einrichtungsbegriff des Eigenbetriebsrechts VG Dessau, Beschl. v. 14.6.2000 – 1 B 164/00.DE – LKV 2001, 233.

[1467] Vgl. OVG LSA, Beschl. v. 5.1.2021 – 4 M 139/20 – juris Rn. 6.

kann in Verbindung mit der ständigen Verwaltungspraxis bzw. verwaltungsinternen Richtlinien einen Anspruch auf Veröffentlichung erzeugen.[1468]

929 **Einrichtungen in Privatrechtsform** sind dann (gemeindliche) öffentliche Einrichtungen, wenn sie den von der Kommune verfolgten öffentlichen Zwecken dienen und die Kommune sich den maßgeblichen Einfluss auf die Zweckbestimmung und den Betrieb vorbehält.[1469] Zudem hebt die Rechtsprechung auch auf das Letztentscheidungsrecht[1470] und die tatsächliche Kontrolle[1471] ab. Die Kommune muss die Zulassungsansprüche durchsetzen können sowie die weitere betriebliche Entwicklung und die Ausgestaltung des Benutzungsverhältnisses vorgeben können.[1472]

930 Die Verantwortung für den Einrichtungsbetrieb muss im Fall einer öffentlichen Einrichtung bei der Gemeinde liegen.[1473] Auch die **Übertragung der Betriebsführung auf Private** lässt die Verantwortung der Kommune für den Betrieb und dessen Charakter als öffentliche Einrichtung unberührt, sofern sie weiterhin den maßgeblichen Einfluss auf die wesentlichen Fragen der Betriebsführung hat.[1474] Sie muss zudem die Benutzungsansprüche der § 24 I KVG LSA gewährleisten und die Ausgestaltung der Benutzungsverhältnisse sowie die weitere betriebliche Entwicklung vorgeben können.[1475] Dies heißt, die Kommune muss sowohl rechtlich in der Lage sein, in diesen Bereichen ihre Vorstellungen gegenüber dem Privaten durchzusetzen als auch tatsächlich bereit sein, von ihren rechtlichen Einwirkungsmöglichkeiten Gebrauch zu machen.[1476] Das kommunale Einwirkungsrecht muss vertraglich gesichert sein. Ebenso wenig wie die Organisationsform für die Eigenschaft als öffentliche Einrichtung Bedeutung hat, gilt dies im Hinblick auf die Rechtsnatur des Benutzungsverhältnisses. Auch dieses kann mithin privatrechtlicher Natur sein.

931 Die ausdrückliche **Widmung**[1477] ist ein kundgemachter Organisationsakt, durch den der Nutzungszweck einer Einrichtung festgelegt und diese zur Benutzung freigegeben wird. Die Widmung bestimmt neben dem Zweck der Einrichtung vor allem den Benutzerkreis. Die Einrichtung muss nach dem erkennbaren Willen des zuständigen Organs dem öffentlichen Zweck dienen. Sie muss primär

---

[1468] OVG LSA, Beschl. v. 5.1.2021 – 4 M 139/20 – juris Rn. 6. S.a. Rn. 13 (Ls Nr. 3): „Entspricht es sowohl der maßgeblichen Richtlinie als auch der Verwaltungspraxis der Behörde grundsätzlich, Beiträge, die Meinungen enthalten, zu veröffentlichen, genügt es zur Ablehnung der Veröffentlichung eines Beitrages nicht, darauf zu verweisen, dass nach der Verwaltungspraxis Beiträge, die herabwürdigend oder ehrverletzend sind oder Beleidigungen oder Diffamierungen enthalten, nicht veröffentlicht werden, sofern die Behörde zur Definition dieser Begriffe nicht auf die allgemein durch die (strafrechtliche) Rechtsprechung entwickelten Definitionen zurückgreift, sondern diese einer eigenen subjektiven Wertung unterliegen."

[1469] VG Freiburg, Urt. v. 18.12.2000 GewArch. 2001, 244; *Gern*, Deutsches Kommunalrecht, Rn. 605.

[1470] VG Augsburg, Urt. v. 24.2.2000 – Au 8 K 99.1187 – NVwZ-RR 2001, 468.

[1471] OVG Rh.-Pfalz, Beschl. v. 12.9.1985 – 7 B 69/85.OVG – DÖV 1986, 153.

[1472] OVG LSA, Urt. v. 21.2.2017 – 4 K 185/16 – juris Rn. 35; Urt. v. 8.4.2008 – 4 K 95/07 – juris; hierzu DVBl. 2012, 543 (544) m.w.Nachw.

[1473] OVG LSA, Urt. v. 21.2.2017 – 4 K 168/14 – juris Rn. 54.

[1474] OVG LSA, Urt. v. 21.3.2018 – 4 K 181/15 – juris Ls Nr. 2; Urt. v. 21.2.2017 – 4 K 185/16 – juris Rn. 35; Urt. v. 21.2.2017 – 4 K 168/14 – juris Rn. 55/CuR 2017, 21; OVG LSA, Urt. v. 8.4.2008 – 4 K 95/07 – juris Rn. 16/JMBl. LSA 2008, 202/NVwZ-RR 2008, 810.

[1475] OVG LSA, Urt. v. 21.3.2018 – 4 K 181/15 – juris Ls Nr. 2.

[1476] OVG LSA, Urt. v. 21.3.2018 – 4 K 181/15 – juris Ls Nr. 2.

[1477] Hierzu *Kluth*, in: Wolff/Bachof/Stober/Kluth, Verwaltungsrecht II, § 75; *Axer*, Die Widmung als Schlüsselbegriff des Rechts der öffentlichen Sachen, 1994; ders., NVwZ 1996, 114 ff.

der örtlichen Bevölkerung gewidmet werden.[1478] Die Nutzung kann aber auch Auswärtigen eröffnet werden. Die Widmung ist ihrer Rechtsnatur nach eine verwaltungsrechtliche Willenserklärung.[1479] Eine ausdrückliche Widmung kann durch Satzung und durch einfachen Ratsbeschluss erfolgen. Der einfache Beschluss wird mitunter als (dinglicher) Verwaltungsakt angesehen.[1480]

932 Die Widmung kann auch durch schlüssiges Verhalten erfolgen (**konkludente Widmung**).[1481] Für die Annahme einer konkludenten Widmung reicht die ständige (von der Gemeinde geduldete) Nutzung einer Einrichtung durch die Einwohner aus.[1482] Es gilt eine (ungeschriebene) widerlegbare Vermutung, dass eine von den Einwohnern genutzte Einrichtung eine gemeindliche Einrichtung im Sinne der Kommunalverfassung ist.[1483] Zudem wird die Widmung durch eine Benutzungsordnung oder eine einheitliche Vergabepraxis gegenüber der Öffentlichkeit indiziert. Für die Reichweite der konkludenten Widmung ist die bisherige Überlassungs- und Nutzungspraxis maßgeblich. Umstritten ist, ob eine von einer ausdrücklichen Widmung abweichende Vergabepraxis den Inhalt der Widmung verändern kann.[1484] Eine über die Grundsätze der Selbstbindung nach Art. 3 I GG hinausgehende Bindung ist insoweit jedoch zu verneinen.

933 Die Widmung ist **unwirksam**, wenn dem Satzungsgeber die hierzu erforderliche Aufgaben- und Sachzuständigkeit fehlt.[1485] Die Widmung setzt allerdings nicht voraus, dass die zu widmende Sache im Eigentum der Kommune steht. Noch nicht einmal ein dingliches oder vertragliches Nutzungsrecht an einer privaten Anlage ist erforderlich. Der Private muss jedoch der Widmung der Sache zustimmen.[1486] Man wird darüber hinaus verlangen müssen, dass die Zustimmung in rechtsverbindlicher Form gesichert sein muss. Diese Sicherung erfolgt regelmäßig durch eine vertragliche Vereinbarung (z.B. beim sog. Betreibermodell). Die Einrichtung kann sogar ganz oder teilweise auf dem Gebiet einer benachbarten Gemeinde liegen, wenn diese zustimmt, insbesondere wenn es sich um eine gemeinsame Einrichtung auf der Grundlage einer interkommunalen Vereinbarung handelt.[1487] Die Widmung wird auch nicht dadurch gehindert, dass örtliche Sportvereine mit Sachmitteln der Gemeinde die Einrichtung errichten.[1488] Die Widmung ist aber unwirksam, soweit sie gegen Gesetze, etwa gegen Grundrechte,[1489] verstößt.

[1478] A.A. BayVGH, Urt. v. 25.11.1992 KStZ 1993, 32, wonach auch ausschließlich für Ortsfremde vorgesehene Einrichtungen zulässig sind.

[1479] *Kluth*, in: Wolff/Bachof/Stober/Kluth, Verwaltungsrecht II, § 97 Rn. 187.

[1480] *Gern*, Deutsches Kommunalrecht, Rn. 529; *Kluth*, in: Wolff/Bachof/Stober/Kluth, Verwaltungsrecht II, § 97 Rn. 188.

[1481] S. *Hettich*, Die Widmung kommunaler Einrichtungen durch tatsächliche Indienststellung, NVwZ 2023, 1689-1694.

[1482] BayVGH, Urt. v. 11.12.1968 BayVBl. 1969, 102; VG Gera, Beschl. v. 15.2.2001 LKV 2002, 39.

[1483] So jedenfalls die Rspr.: BayVGH, Beschl. v. 14.9.1990 BayVBl. 1991, 86; *Gern*, Deutsches Kommunalrecht, Rn. 529.

[1484] Bejahend VGH BW, Beschl. v. 29.10.1997 – 1 S 2629/97 – NVwZ 1998, 540; verneinend: *Kluth*, in: Wolff/Bachof/Stober/Kluth, Verwaltungsrecht II, § 97 Rn. 193.

[1485] VG Dessau, Urt. v. 8.4.1999 – A 1 K 945/96 – LKV 2000, 219 f.

[1486] BVerwG, Urt. v. 1.2.1980 NJW 1980, 2538 (2540); *Gern*, Deutsches Kommunalrecht, Rn. 529.

[1487] BVerwG, Beschl. v. 26.2.1990 – 4 B 31.90 – NVwZ 1990, 657; VGH BW, Urt. v. 6.11.1989 NVwZ 1990, 390.

[1488] HessVGH, Beschl. v. 9.1.1998 NVwZ 1998, 1096.

[1489] S. *Drechsler*, Die Grundrechtsbindung der Kommunen bei Widmungsbeschränkungen öffentlicher Einrichtungen, NdsVBl. 2023, 6-11.

Bsp.: Unwirksamkeit einer Widmungsbeschränkung einer Veranstaltungshalle, wonach die Halle nur Nutzern offensteht, die sich verpflichten, bei Veranstaltungen gendergerechte Sprache zu verwenden; Beschränkung des Widmungsumfangs kommunaler Einrichtung, die deren Nutzung allein aufgrund der Befassung mit einem bestimmten Thema ausschließt, verletzt die Meinungsfreiheit[1490]

934 Die **Organzuständigkeit** für die Gründung von kommunalen Einrichtungen und zur Regelung ihrer Benutzung bestimmt sich nach dem Kommunalverfassungsrecht. Die Errichtung, Übernahme, wesentliche Erweiterung beziehungsweise Einschränkung oder Auflösung kommunaler Einrichtungen sowie die Umwandlung kommunaler Einrichtungen ist eine stets vom Rat zu entscheidende Angelegenheit. Für die Regelung der Benutzung einer gemeindlichen Einrichtung ist der Rat jedenfalls dann ausschließlich zuständig, wenn sie durch Satzung erfolgt. Ob der Rat die Festlegung von Benutzungsbedingungen auf den Bürgermeister delegieren kann, erscheint fraglich, wenn man die Wesentlichkeitslehre des BVerfG auf die kommunale Ebene überträgt.[1491] Um ein vom Bürgermeister zu besorgendes Geschäft der laufenden Verwaltung handelt es sich jedenfalls nicht. Im Übrigen ist nach der Bedeutung, insbesondere für die Grundrechtsausübung, zu differenzieren. Man wird etwa angesichts der rechtlichen und wirtschaftlichen Bedeutung der Angelegenheit selbst für Großstädte davon ausgehen müssen, dass es grundsätzlich Aufgabe des Gemeinderates ist, durch den Erlass von allgemeinen Richtlinien die Grundsätze festzulegen, nach denen Bewerber von Volksfesten und Märkten zugelassen bzw. von einer Zulassung ausgeschlossen werden.[1492]

2. Bereitstellungspflicht

935 Die Kommunen stellen in den Grenzen ihrer Leistungsfähigkeit die für ihre Einwohner erforderlichen sozialen, kulturellen und wirtschaftlichen öffentlichen Einrichtungen bereit (§ 4 Satz 2 KVG). Angesichts dieser allgemeinen **Bereitstellungspflicht** kann nicht gesagt werden, dass die Errichtung von öffentlichen Einrichtungen in Sachsen-Anhalt im Ermessen der Kommunen stünde.[1493] Die Vorschriften bestätigen und erweitern einfachgesetzlich die verfassungsrechtlich vorgegebene Zuständigkeit und Pflicht der Kommunen zur Versorgung ihrer Einwohner mit einem Angebot an Basisdienstleistungen, soweit dies erforderlich ist. Der Kommune ist bei der Normanwendung eine verwaltungsgerichtlich nur eingeschränkt nachprüfbare Einschätzungsprärogative zuzubilligen.[1494] Die Bereitstellungspflicht dürfte einer Einrichtungstätigkeit für andere Personenkreise als Gemeindeeinwohner sogar entgegenstehen, soweit die Leistungserbringung gegenüber anderen Personen nicht ausdrücklich erlaubt ist.[1495] Die allgemeine kommunalrechtliche Bereitstellungspflicht wird in Bezug auf bestimmte Pflichtbetriebe fachgesetzlich konkretisiert.

[1490] BVerwG, Urt. v. 20.1.2022 – 8 C 35.20 – openJur 2022, 8665.

[1491] Vgl. *Kluth*, in: Wolff/Bachof/Stober/Kluth, Verwaltungsrecht II, § 97 Rn. 190, der den Bürgermeister insoweit für unzuständig hält.

[1492] VGH BW, Urt. v. 27.8.1990 NVwZ-RR 1992, 91. Zur Problematik eines „Stadthallenvergabeausschusses" s. den Klausurfall in JA 2002, 145 ff.

[1493] Vgl. aber *Gern*, Deutsches Kommunalrecht, Rn. 533

[1494] *Kluth*, WiVerw. 2000, 191; *Tettinger*, Besonderes Verwaltungsrecht/1, Rn. 166; enger *Pappermann*, DVBl 1980, 705.

[1495] I.d.S. *Kluth*, WiVerw. 2000, 206.

936 Einige Fachgesetze begründen ausdrücklich oder implizit eine Pflicht der Gemeinde, bestimmte öffentliche Einrichtungen zu errichten und zu unterhalten (**Pflichteinrichtungen**).

> **Bsp.:** Einrichtung zur Durchführung der gebotenen gemeindlichen Abwasserbeseitigung gem. § 78 I WG LSA; Pflicht der Gemeinden zur Einrichtung von Friedhöfen gem. § 19 II BestattG LSA (übertragener Wirkungskreis)

937 Aus der Bereitstellungspflicht folgt nicht, wie die Einrichtung beschaffen sein muss. Die Kommune hat grundsätzlich einen **weiten Spielraum** hinsichtlich der konkreten **Ausgestaltung** ihrer öffentlichen Einrichtung. Dies gilt etwa im Hinblick auf die Dimensionierung der Einrichtung, der eingesetzten Technik, der Zusammenarbeit mit Nachbarkommunen, der Rechtsform etc. Diese Entscheidungen sind nur eingeschränkt, insbesondere auf Willkürfreiheit, überprüfbar, sofern nicht besondere fachgesetzliche Vorgaben die Gestaltungsfreiheit einschränken. Ob etwa eine abwasserbeseitigungspflichtige Gemeinde bei der Planung und Herstellung der Kanalisation in jeder Hinsicht die zweckmäßigste und kostengünstigste Lösung gewählt hat, steht nicht zur Entscheidung des Verwaltungsgerichts.[1496] Die Gestaltungsschranke des Willkürverbots nimmt der Gemeinde grundsätzlich nicht die Freiheit, darüber zu entscheiden, welches technische System sie verwenden will und ob dieses System durchgängig für alle Gemeindeteile Verwendung finden soll.[1497]

3. Organisationsformen

938 Der Gemeinde steht im Hinblick auf die Organisationsform der Einrichtung grundsätzlich eine **Formenwahlfreiheit** zu. Die Wahl der Rechtsform ist, soweit sie nicht durch das Gesetz eingeschränkt wird, eine Frage der Zweckmäßigkeit.[1498] Formen der öffentlich-rechtlichen Organisation einer Einrichtung sind die nichtrechtsfähige Anstalt ohne betriebliche Strukturen, der Regiebetrieb, der Eigenbetrieb und die rechtsfähige Anstalt des öffentlichen Rechts.

a) Öffentlich-rechtliche Organisationsformen

939 Der **Regiebetrieb** ist ein rechtlich wie organisatorisch unselbständiger Teil der ihn tragenden Körperschaft und verfügt über keinen eigenen Haushalt.[1499] Um von einem Betrieb sprechen zu können, müssen betriebliche Strukturen im Sinne einer abgrenzbaren Funktions- und Organisationseinheit vorhanden sein. Nach h.M.[1500] können auch Regiebetriebe wirtschaftliche Unternehmen sein.

[1496] OVG LSA, Urt. v. 21.4.2009 – 4 L 360/06 – juris Rn. 24.

[1497] OVG LSA, Urt. v. 21.4.2009 – 4 L 360/06 – juris Rn. 24.

[1498] Lit.: *Gusy*, JA 1995, 170; *Giebler*, Kommunale Wohnungsunternehmen – Organisationsformen, Gemeindehaushalt 2020, 1-9.

[1499] Vgl. *Henneke*, Öffentliches Finanzwesen, Rn. 470; *Rickards/Wolf*, GemHH 1996, S. 1: auch „Bruttobetriebe" (bzw. Bruttoregiebetrieb" - *Giebler*, KStZ 1991, S. 187) genannt, weil man seine Einnahmen und Ausgaben auf getrennten Stellen im Haushaltsplan veranschlagt. Rechtliche Unselbständigkeit bedeutet u.a., dass der Betrieb keine eigenen Bediensteten anstellen und keine Kredite aufnehmen kann.

[1500] So z.B. *Tettinger*, Besonderes Verwaltungsrecht/1, Rn. 209; *Gern*, Deutsches Kommunalrecht, Rn. 747; abweichend: *Püttner*, Die öffentlichen Unternehmen, S. 59, der Regiebetriebe „auf Grund ihrer wirtschaftlichen Aufgaben und ihrer Trennung von der übrigen Verwaltung" zu den wirtschaftlichen Unternehmen zählt; abweichend auch *Ellwein/Buck*, Privatisierung, S. 57, die offenbar davon ausgehen, dass der Regiebetrieb keine Form wirtschaftlicher Betätigung ist.

940 Der **Eigenbetrieb** ist die klassische öffentlich-rechtliche Organisationsform des wirtschaftlichen Kommunalunternehmens und auch derzeit noch die bedeutsamste Organisationsform kommunalwirtschaftlicher Betätigung.[1501] Der Eigenbetrieb unterscheidet sich als ein Unternehmen von der allgemeinen Verwaltung durch seine wirtschaftliche Zielsetzung[1502] sowie organisatorische Abgrenzung.[1503] Es handelt sich um eine nicht rechtsfähige öffentliche Einheit des kommunalen Verwaltungsträgers,[1504] die in finanzrechtlicher Hinsicht kommunales Sondervermögen ist.[1505] Mit dem kommunalen Regiebetrieb verbindet ihn, dass er vom kommunalen Verwaltungsträger geführt wird und keine eigene Rechtspersönlichkeit besitzt. Vom kommunalen Regiebetrieb unterscheidet ihn neben seiner Eigenwirtschaftlichkeit[1506] vor allem sein wesentlich höherer Grad organisatorischer Selbständigkeit[1507], den er nach Maßgabe des Eigenbetriebsgesetzes und der Eigenbetriebsverordnung besitzt. Dies drückt sich vor allem in einer eigenständigen Betriebsleitung, einem Betriebsausschuss und einem eigenen Wirtschaftsplan aus.[1508] Das Rechnungswesen des Eigenbetriebes ist nicht kameralistisch, sondern es wird i.d.R. eine kaufmännische doppelte Buchführung angewandt (Doppik).[1509] Dem Haushaltsplan der Gemeinde werden lediglich ein Erfolgs- und Vermögensplan des Eigenbetriebs sowie eine Stellenübersicht als Anlage beigefügt.[1510] Die rechnungsmäßige Verselbständigung verschafft Transparenz.[1511] Eigenbetriebe unterliegen nach näherer Maßgabe des Landesrechts regelmäßig nicht den Vorschriften über die kommunale Haushaltswirtschaft. Die Rechtsform des Eigenbetriebs dient damit sowohl einer gegenüber dem Regiebetrieb „elastischeren Betriebsführung"[1512] als auch einer gleichzeitigen „Anbindung des Unternehmens an die Gemeindepolitik"[1513].

941 Für Eigenbetriebe der Kommunen gelten das Gesetz über die kommunalen Eigenbetriebe (Eigenbetriebsgesetz – EigBG) und die Verordnung über die Wirtschaftsführung und das Rechnungswesen der Eigenbetriebe (Eigenbetriebsverordnung - EigBVO). Die Prozessvertretung des Eigenbetriebs richtet sich nach § 7 I EigBG, der die KVG-Regelung über die Vertretungsmacht des Hauptverwaltungsbeamten verdrängt.[1514] Die Kommune wird gem. § 62 III VwGO durch die Be-

---

[1501] *Henneke*, Öffentliches Finanzwesen, Rn. 471.

[1502] In der Regel ist das Eigenbetriebsrecht ausschließlich auf wirtschaftliche Betriebe anwendbar (Boysen, VR 1996, S. 77).

[1503] *Theiß*, Das Recht der gemeindlichen Eigenbetriebe, Teil R Rn. 25.

[1504] *Theiß*, Das Recht der gemeindlichen Eigenbetriebe, Teil R Rn. 26 und 41, der zudem eine Übersicht zu den einzelnen Betätigungszweigen kommunaler Eigenbetriebe gibt (Rn. 28).

[1505] Zeiss, in: Püttner, HdkWP, Band 5, § 95 S. 155; Boysen, VR 1996, S. 77. Vgl. etwa § 110 Abs. 1 Nr. 3 GO LSA: Sondervermögen der Gemeinde ist „das Vermögen der Eigenbetriebe".

[1506] Als Hauptinhalt des Eigenwirtschaftlichkeitsprinzips bei öffentlichen Unternehmen wird hier mit *Kilian*, Nebenhaushalte des Bundes, S. 770, die „notwendige Deckung aus eigenen Einnahmen des Nebenhaushalts" verstanden.

[1507] *Zeiss*, in: Püttner, HdkWP, Band 5, § 95 S. 154; *Tomerius*, GemHH. 2000, S. 50.

[1508] Hierzu *Theiß*, Das Recht der gemeindlichen Eigenbetriebe, Teil W Rn. 77 ff.

[1509] Vgl. *Theiß*, Das Recht der gemeindlichen Eigenbetriebe, Teil W Rn. 122f.; Rickards/Wolf, GemHH 1996, S. 1.

[1510] Man spricht daher im Gegensatz zum Regiebetrieb von einem Nettobetrieb, weil das Nettoergebnis im Haushaltsplan ausgewiesen wird (*Rickards/Wolf*, GemHH 1996, S. 1).

[1511] *Gern*, Deutsches Kommunalrecht, Rn. 741.

[1512] *Vitzthum*, AÖR 104 (1979), S. 607.

[1513] *Vitzthum*, a.a.O.

[1514] OVG LSA, Beschl. v. 8.5.2009 – 4 L 272/07 – juris Rn. 3/LKV 2009, 527 (noch zur GO LSA).

triebsleitung des Eigenbetriebes vertreten.[1515] Bedienstete i.S.d. § 7 II 1 Alt. 1 EigBetrG LSA sind nur bei dem Eigenbetrieb beschäftigte Bedienstete der Kommune i.S.d. § 11 EigBetrG LSA.[1516]

942 Für kommunale **Anstalten des öffentlichen Rechts**[1517] gelten das Anstaltsgesetz des Landes (AnstG) sowie die Anstaltsverordnung. Kommunale Gebietskörperschaften können selbstständige Unternehmen als rechtsfähige Anstalten des öffentlichen Rechts (sog. Kommunalunternehmen)[1518] errichten oder bestehende Regiebetriebe und Eigenbetriebe im Wege der Gesamtrechtsnachfolge in rechtsfähige Anstalten des öffentlichen Rechts umwandeln (§ 1 I 1 AnstG). Auch Zweckverbände dürfen Kommunalunternehmen errichten (§ 1 II 1 AnstG).[1519] Zweckverbände können zudem durch Formwechsel die Rechtsform einer Anstalt des öffentlichen Rechts erhalten (§ 1 I 2 AnstG).[1520] Die allgemeinen Vorschriften des kommunalen Wirtschaftsrechts gelten entsprechend (§ 1 I 3 AnstG). Die kommunale Gebietskörperschaft regelt die Rechtsverhältnisse der Anstalt durch eine Unternehmenssatzung (§ 2 S. 1 AnstG). Sie kann der Anstalt einzelne oder alle mit einem bestimmten Zweck zusammenhängende Aufgaben ganz oder teilweise übertragen (§ 3 S. 1 AnstG).

943 Zur gemeinsamen Erfüllung öffentlicher Aufgaben können kommunale Gebietskörperschaften durch Vereinbarung eine gemeinsame kommunale Anstalt (**gemeinsames Kommunalunternehmen**) errichten oder einem bestehenden Kommunalunternehmen beitreten (§ 1a I 1 AnstG). Auch Zweckverbände dürfen gemeinsame Kommunalunternehmen errichten (vgl. § 1 II 1 AnstG).

b) Privatrechtliche Organisationsformen

944 Kommunale Einrichtungen können, wie dargelegt, auch **privatrechtlich organisiert** sein, wobei im Grundsatz alle Organisationsformen des Privatrechts in Betracht kommen. In Betracht kommen insbesondere die GmbH und für größere Stadtwerke oder sonstige Kommunalunternehmen die Rechtsform der Aktiengesellschaft. Zu beachten sind dabei vor allem die Schranken der §§ 128, 129 KVG, auf die im Rahmen der Darstellung des kommunalen Wirtschaftsrechts eingegangen wird.

945 Bei privatrechtlicher Organisation einer Einrichtung muss die Gemeinde ihre Ingerenz sicherstellen (vgl. § 129 I 1 Nr. 3 KVG). Hierzu kommen insbesondere die Sicherung eines Weisungsrechts[1521] oder einer Sperrminorität in Betracht. Dies erlangt vor allem im Falle gemischt-wirtschaftlicher Kommunalunternehmen (mit privater Beteiligung) Bedeutung. Im Grundsatz ist eine Zusammenarbeit mit Privaten im Rahmen gemischtwirtschaftlicher Unternehmen zulässig, soweit dies geboten ist, um privates Kapital oder Fachwissen für die Aufgabenerfüllung nutzbar zu machen und diese

---

[1515] OVG LSA, Beschl. v. 8.5.2009 – 4 L 272/07 – juris Rn. 3/LKV 2009, 527.
[1516] OVG LSA, Beschl. v. 8.5.2009 – 4 L 272/07 – juris Rn. 6/LKV 2009, 527.
[1517] Lit.: *Henneke*, Kommunale Aufgabenerfüllung in Anstaltsform, 2000; *Tilp*, Kommunale Anstalt öffentlichen Rechts: Vor- und Nachteile der neuen Rechtsform interkommunaler Zusammenarbeit, 2017.
[1518] Der Begriff ist missverständlich und sollte daher vermieden werden, denn jedes kommunalwirtschaftliche Unternehmen, gleich welcher Rechtsform, könnte als kommunales Unternehmen, mithin als „Kommunalunternehmen" bezeichnet werden.
[1519] In diesem Falle tritt anstelle des Hauptorgans der kommunalen Gebietskörperschaft die Verbandsversammlung und anstelle des Hauptverwaltungsbeamten der kommunalen Gebietskörperschaft der Verbandsgeschäftsführer (§ 1 II 2 AnstG).
[1520] Gilt für die Fälle des § 15a GKG-LSA.
[1521] BVerwG, Urt. v. 31.8.2011 – 8 C 16.10 – juris (zum gemeindlichen Weisungsrecht an Aufsichtsratsmitgliedern in einem fakultativen Aufsichtsrat).

Form der Aufgabenerfüllung dem Gebot der Sparsamkeit und Wirtschaftlichkeit entspricht. Man spricht insoweit auch von einer Form einer **öffentlich-privaten Partnerschaft**.[1522]

4. Benutzungsverhältnis

946 Die **Wahlfreiheit** der Kommune bezieht sich nicht nur auf die Organisationsform, sondern auch auf das **Benutzungsverhältnis**. Die Gemeinde kann nach Rspr.[1523] und h.L.[1524] grundsätzlich wählen, in welcher Rechtsform sie das Benutzungsverhältnis der öffentlichen Einrichtung ausgestaltet, es sei denn, etwas anderes ist gesetzlich bestimmt.

947 Selbst die Anordnung eines Anschluss- und Benutzungszwangs hindert nach zutreffender Ansicht nicht die Wahl der privatrechtlichen Ausgestaltung des Benutzungsverhältnisses.[1525] Nach h.M. ist die Kommune lediglich im Falle privatrechtlicher Organisation grundsätzlich gezwungen, auch das Benutzungsverhältnis privatrechtlich auszugestalten.[1526] Private können allerdings auf der Grundlage einer Beleihung hoheitlich handeln.

948 In der Regel ist die Bestimmung der Rechtsnatur des Benutzungsverhältnisses unproblematisch. Wird das Benutzungsverhältnis durch Satzung bzw. Anstaltsordnung geregelt, ist es öffentlich-rechtlicher Natur. Für die öffentlich-rechtliche Natur spricht auch die einseitige Festlegung von Pflichten durch Bescheid mit Rechtsmittelbelehrung.[1527] Wird das Verhältnis hingegen ausdrücklich durch Vertrag und Allgemeine Geschäftsbedingungen bestimmt, ist es privatrechtlicher Natur.

949 Kann die Rechtsnatur nicht zweifelsfrei bestimmt werden, ist von folgender **Vermutungsregel** auszugehen: Im Zweifel ist bei öffentlich-rechtlicher Organisationsform auch das Benutzungsverhältnis öffentlich-rechtlicher Natur.[1528] M.a.W. gilt eine Vermutung zu Gunsten des Vorliegens öffentlich-rechtlicher Leistungsbeziehungen.[1529] Dies wird mit dem Erfordernis nach Rechtssicherheit begründet. Das öffentlich-rechtliche Benutzungsverhältnis wird gelegentlich als ein verwaltungsrechtliches Schuldverhältnis bezeichnet,[1530] wobei sich allerdings keine einheitliche Terminologie durchgesetzt hat.

[1522] Lit.: *Burghardt*, Wirtschaftlichkeitsuntersuchungen bei Öffentlich-Privaten Partnerschaften mit kombiniertem gemeinwohl- und wettbewerbsorientiertem Leistungsangebot - Rechtsprobleme "hybrider" Öffentlich-Privater Partnerschaften (2. Teil), KommJur 2022, 285-288; *Müller/Brauser-Jung*, Öffentlich-Private-Partnerschaften und Vergaberecht – Ein Beitrag zu den vergaberechtlichen Rahmenbedingungen, NVwZ 2007, 884 ff.; *Schäfer/Rethmann*, Öffentlich-Private Partnerschaften: Auslaufmodell oder eine Strategie für kommunale Daseinsvorsorge?, 2020.

[1523] BGH, Urt. v. 5.4.1984 BGHZ 91, 84 (96) - Wasserversorgung; BGH, Urt. v. 10.10.1991 NJW 1992, 171 (172) - Abwasserbeseitigung.

[1524] *Gern*, Deutsches Kommunalrecht, Rn. 730.

[1525] Die Zulässigkeit bejahen: BGH, Urt. v. 11.10.1991 NVwZ-RR 1992, 223 (224); Urt. v. 28.2.1991 NVwZ 1991, 606 (607); a.A. NdsOVG, Urt. v. 20.12.1995 NVwZ-RR 1997, 47 (48).

[1526] *Gern*, Deutsches Kommunalrecht, Rn. 730; *Ehlers*, JZ 1990, 1094. Nach a.A. (OVG SH, Urt. v. 24.6.1998 ZUR 1999, 160; ebs. *Dahmen*, in: Driehaus, Kommunalabgabenrecht, § 4 Rn. 61) kann die Kommune das Benutzungsverhältnis auch dann öffentlich-rechtlich ausgestalten und Gebühren erheben, wenn sie etwa als öffentlich-rechtlicher Entsorgungsträger einen privaten Dritten mit der Wahrnehmung der Abfallentsorgung gem. § 3 II 2 KrW-/AbfG beauftragt hat. Dies sei aber nur zulässig, wenn der Entsorgungsträger die für die Abfallentsorgung maßgebliche Entscheidungsbefugnis behalte.

[1527] VGH BW, Beschl. v. 30.11.1988 NVwZ-RR 1989, 267; BGH, Urt. v. 11.10.1990 NVwZ-RR 1992, 223.

[1528] BGH, Urt. v. 12.10.1971 DÖV 1972, 313; VGH BW, Beschl. v. 8.5.1978 NJW 1979, 1900.

[1529] BGH, Urt. v. 10.10.1991 BGHZ 115, 311 (316); VGH BW, Beschl. v. 30.11.1988 NVwZ-RR 1989, 267.

[1530] Vgl. *Ehlers*, DVBl. 1986, 912.

950 Für kommunale Monopole gilt ein **Monopolmissbrauch**s- bzw. **Koppelungsverbot** derart, dass bei kommunalen Unternehmen i.S.d. § 128 I KVG, für die kein Wettbewerb gleichartiger Privatunternehmen besteht, der Anschluss und die Belieferung nicht davon abhängig gemacht werden dürfen, dass auch andere Leistungen oder Lieferungen abgenommen werden (§ 132 KVG).

951 Einen allgemeinen **Kontrahierungszwang** öffentlicher Unternehmen gibt es nicht. Ein Zwang zum Vertragsschluss ergibt sich nur aufgrund besonderer gesetzlicher Anordnung

    Bsp.: § 22 PBefG (Verkehrsbetriebe), § 10 I EnWG (Energie- und Gasversorgung)

oder aus entsprechenden Regelungen kommunaler Satzungen. Hinsichtlich der Trinkwasserversorgung besteht kein ausdrücklicher gesetzlicher Kontrahierungszwang. Seine Geltung ist jedoch allgemein anerkannt, mag auch seine Rechtsgrundlage umstritten sein (vgl. zur gemeindlichen Trinkwasserversorgungspflicht: § 50 WHG, § 70 I WG LSA). Im Übrigen kommt nach Maßgabe der Allgemeinen Wasserversorgungsbedingungen (AVBWasserV) bereits dadurch ein Vertrag zustande, dass Leitungswasser aus dem Verteilungsnetz entnommen wird.[1531] Soweit aus § 826 BGB ein Kontrahierungszwang für öffentliche Unternehmen mit rechtlichem oder faktischem Monopol abgeleitet wird,[1532] ist dies abzulehnen, weil § 826 BGB Anspruchs- und nicht Gebotsnorm ist.

952 Für die nähere Ausgestaltung des Benutzungsverhältnisses steht der Kommune grundsätzlich ein **weiter Gestaltungsspielraum** zu.[1533] Dabei gilt wie auch sonst, dass die Kommune die europa-, bundes- und landesrechtlichen Grenzen dieser Gestaltungsfreiheit zu beachten hat.

II. Zulassungsanspruch

953 Zu unterscheiden sind der allgemeine Zulassungs- bzw. Benutzungsanspruch, die besonderen kommunalrechtlichen Zulassungsansprüche, der Teilnahmeanspruch gem. § 70 GewO und der Gleichbehandlungsanspruch gem. § 5 I 1 ParteienG.

1. Allgemeiner Einwohner-Zulassungsanspruch
a) Gemeinde als Einrichtungsträger

954 Das KVG verleiht jedem Einwohner das Recht, die öffentliche Einrichtungen seiner Kommune im Rahmen der bestehen Vorschriften zu benutzen (§ 24 I KVG). Dies gilt entsprechend für juristische Personen und Personenvereinigungen (§ 24 III KVG). Der hieraus abzuleitende **Anspruch auf Zulassung** ist durch den Widmungszweck und die Kapazität begrenzt. Er richtet sich insbesondere auf die Benutzung von Einrichtungen der Daseinsvorsorge. Einrichtungen für Grundbesitzer und Gewerbetreibende unterliegen einem besonderen Zugangsanspruch dieser Personengruppen. Im Unterschied zum Gemeingebrauch, der unmittelbar die Befugnis zur Benutzung vermittelt, richtet sich

---

[1531] § 2 II AVBWasserV. Die früher vertretene Lehre vom faktischen Vertrag ist indes entbehrlich, da sich selbst derartige Vertragsbeziehungen mit den gesetzlich vorgegeben Strukturen von Annahme und Angebot erfassen lassen (vgl. hierzu Heinrichs, in: Palandt, Einf. vor § 145 Rn. 25 ff.).

[1532] *Hempel*, in: Ludwig/Odenthal, Recht der Elektrizitäts-, Gas- und Wasserversorgung, Band 2, AVBWasserV, Einführung, Rn. 137; *Salzwedel*, in: *Erichsen*, Allgemeines Verwaltungsrecht, 10. Aufl. (Vorauflage), § 41 Rn. 4.

[1533] *Gern*, Deutsches Kommunalrecht, Rn. 539 m.w.Nachw. Zu den Anforderungen an belastenden Benutzungsregelungen s. Knieriem, Belastende Benutzungsregelungen. Zu Grundlagen und Reichweite der Regelungsbefugnisse kommunaler Einrichtungsträger, 2021.

der kommunalrechtliche Zulassungsanspruch auf die Zulassung zur Benutzung. Die Zulassung ist Verwaltungsakt.[1534]

955 Der Zulassungsanspruch berechtigt nur zur Benutzung „**im Rahmen des geltenden Rechts**". Hierzu zählen die jeweilige Benutzungsordnung und die Grundrechte, insbesondere der Gleichheitsgrundsatz.[1535] Einige Kommunalverfassungen (so auch § 24 I KVG LSA) berechtigen zur Benutzung „**im Rahmen der bestehenden Vorschriften**". Hier stellt sich die Frage, ob hierunter nicht nur Rechtsnormen zu verstehen sind, sondern auch Richtlinien sowie die bisherige Verwaltungsübung der Gemeinde. Diese Ansicht ist jedoch vom Wortlaut der Norm nicht mehr gedeckt und würde im Übrigen zu einem Zirkelschluss führen, da nicht durch innerbehördliches Recht ein gesetzlicher Anspruch begrenzt werden darf. Daher handelt es sich bei den „Vorschriften" nur um Gesetze im materiellen Sinn und z.B. nicht die „Benutzungsrichtlinien" eines Bürgermeisters.

956 Ist der Bewerber um den Zugang zur gemeindlichen Einrichtung ein Gemeindeeinwohner und steht dessen beabsichtigte Nutzung im Einklang mit dem Widmungszweck und den geltenden Rechtsvorschriften, dann hat er bei ausreichender Kapazität einen (unbedingten) **Anspruch auf Zulassung**, ohne dass der Kommune insoweit ein Ermessen zusteht.[1536] Der Zulassungsanspruch richtet sich gegen die jeweilige Kommune als Einrichtungsträgerin. Er ist auch dann dem öffentlichen Recht zuzurechnen, wenn das Benutzungsverhältnis privatrechtlich ausgestaltet ist.[1537] Die Kommune darf einen Zulassungsanspruch nicht dadurch unterlaufen, dass sie die Zulassung gewährt, jedoch den Abschluss eines zivilrechtlichen Nutzungsvertrages verweigert.[1538]

957 Liegen hingegen miteinander **konkurrierende Nutzungsanträge** von Personen vor, die Berechtigte im Sinne der Kommunalverfassungen sind, muss die Kommune eine Auswahlentscheidung unter den Antragstellern treffen. In diesem Fall hat der Antragsteller aufgrund der **Kapazitätsgrenzen** keinen Anspruch auf Zulassung, sondern lediglich einen **Anspruch auf ermessensfehlerfreie Entscheidung** über die Zulassung.[1539] Die Reichweite des Ermessensspielraums wird in der Rechtsprechung tendenziell als „weit" angesehen.[1540] Die Kommune muss jedoch ihr Ermessen entsprechend dem Zweck der Ermächtigung ausüben und die gesetzlichen Grenzen des Ermessens einhalten. Gesetzliche Grenzen des Ermessens bilden insbesondere die Grundrechte.

958 Die **Vergabepraxis** muss insbesondere Art. 3 I GG genügen. Im Grundsatz zulässige Auswahlkriterien sind nach der Rechtsprechung etwa das Prioritätsprinzip („Windhundprinzip"), der Grundsatz „bekannt und bewährt", die Attraktivität und der Losentscheid. Soweit die Vergabe durch Satzungsbestimmungen geregelt ist, müssen diese Vorgaben beachtet werden.

[1534] *Müller*, in: Wolff/Bachof/*Stober*, VerwR, Bd. 3, Band 3, § 88 Rn. 62.

[1535] *Gern*, Deutsches Kommunalrecht Rn. 537

[1536] Für gebundene Entscheidung Ossenbühl, DVBl. 1973, 295.

[1537] HessVGH, Beschl. v. 28.9.1976 ESVGH Bd. 27, 118; VGH BW, Beschl. v. 7.7.1975 ESVGH Bd. 25, 203.

[1538] BayVGH, Urt. v. 16.9.1994 NVwZ 1995, 812.

[1539] VGH BW, Urt. v. 9.5.1988 NVwZ-RR 1989, 135 (136)

[1540] BayVGH, Beschl. v. 29.1.1991 NVwZ-RR 1991, 550 (weiter Ermessensspielraum des Veranstalters eines Volksfestes bei der Auswahl der Art der zuzulassenden Geschäfte).

959 Beansprucht eine **politische Partei** die Zulassung, muss die Zulassungsentscheidung der verfassungsrechtlichen Sonderstellung der Parteien nach Art. 21 GG i.V.m. dem Parteiengesetz gerecht werden. Aus § 24 I KVG, § 5 I ParteienG i.V.m. Art. 3, 21, 38 GG ist ein Zulassungsanspruch von Parteien herzuleiten.[1541] „1. Die Entscheidungsfreiheit der Kommune, in welchem Umfang Zugang zu ihren Räumlichkeiten gewährt wird, ist auch im Verhältnis zu Parlamentsfraktionen jedenfalls durch das allgemeine Willkürverbot gemäß Art. 3 Abs. 1 GG begrenzt. Die jeweilige Vergabepraxis und -entscheidung muss durch sachliche Gründe gerechtfertigt sein."[1542] Dem Grundsatz nach darf die Kommune aber die **Benutzung einer Einrichtung durch politische Parteien allgemein ausschließen**.[1543] „Wenn eine Kommune städtische Räumlichkeiten in der Vergangenheit politischen Parteien oder Fraktionen für politische Veranstaltungen zur Verfügung gestellt hat, so hat sie damit eine entsprechende Vergabepraxis bzw. konkludente Widmung der Räumlichkeiten begründet, von der sie nicht ohne sachlichen Grund zu Ungunsten einer politischen Partei oder einer Fraktion abweichen darf."[1544] Nach Ansicht des OVG LSA kommt ein Anspruch auf Zulassung zur Benutzung entgegen der Benutzungssatzung aufgrund des Rechts der Parteien auf Gleichbehandlung oder Chancengleichheit in Betracht, wenn anderen Parteien in vergleichbaren Situation entgegen der Benutzungssatzung die Nutzung der Einrichtung eingeräumt wurde.[1545]

960 Eine Vergabe knapper Nutzungsressourcen nach dem **Prioritätsprinzip** ist grundsätzlich nicht zu beanstanden.[1546] Ist für die Nutzungswilligen bereits absehbar, dass nicht alle Nutzungswünsche befriedigt werden können, kann das Prioritätsprinzip allerdings zu einer „Drängelei" und Manipulationsversuchen der Bewerber führen, die die Sachgerechtigkeit des Auswahlkriteriums in Zweifel ziehen. In diesen Fällen mag ein Losverfahren gerechter erscheinen. Ein genereller Vorrang eigener kommunaler Nutzungswünsche wird für unzulässig gehalten, weil er den Grundsatz gleicher Zugangsberechtigung außer Acht lasse.[1547]

961 Bei einer die Kapazität übersteigenden Bewerberzahl ist ein **Losentscheid** grundsätzlich zulässig.[1548] Das Losverfahren darf keinen Bewerber benachteiligen, was beim Streichholzziehen angesichts möglicher Manipulationen nicht gewährleistet ist.[1549]

962 Als sachgerecht wird von der Rechtsprechung das Auswahlkriterium **„bekannt und bewährt"** grundsätzlich anerkannt.[1550] Es darf aber nicht dazu führen, dass Neubewerbern jede Zulassungs-

---

[1541] VG Halle, Beschl. v. 17.9.2018 – 3 B 414/18 –; offengelassen von der nachfolgenden Instanz OVG LSA, Beschl. v. 19.9.2018 – 4 M 172/18 – juris Rn. 7/openJur 2019, 39586.

[1542] OVG LSA, Beschl. v. 19.9.2018 – 4 M 172/18 – juris Ls Nr. 1.

[1543] Vgl. *Ferreau*, Fortgeschrittenenklausur Öffentliches Recht – Verwaltungsprozessrecht und Kommunalrecht – Parteien müssen draußen bleiben, JuS 2023, 1125-1129.

[1544] OVG LSA, Beschl. v. 19.9.2018 – 4 M 172/18 – juris Ls Nr. 2.

[1545] OVG LSA, Beschl. v. 10.10.2011 – 4 M 179/11 – DVBl. 2012, 591/juris Rn. 10 (letztlich aber offengelassen, ob ein solcher Anspruch tatsächlich anzuerkennen ist).

[1546] Vgl. BayVGH, Beschl. v. 10.12.1981 BayVBl. 1982, 658.

[1547] VGH BW, Beschl. v. 5.10.1993 NVwZ-RR 1994, 111.

[1548] HessVGH, Beschl. v. 13.2.1985 NJW 1987, 146.

[1549] BVerwG, Beschl. v. 15.5.1991 NJW 1991, 3231 (3232).

[1550] BVerwG, Beschl. v. 14.9.1981 NVwZ 1982, 194; BayVGH, Urt. v. 14.5.1997 NVwZ-RR 1998, 193; OVG NW, Urt. v. 12.11.1990 NVwZ-RR 1991, 551.

chance genommen wird.[1551] Vielmehr muss diesen in einem erkennbaren zeitlichen Turnus eine Zulassungschance eingeräumt werden.[1552] So kann etwa stets ein bestimmter Prozentsatz der Plätze für Neubewerber freigehalten werden. Die Auswahl unter den Neubewerbern muss ihrerseits nach sachgerechten Kriterien erfolgen. Dabei darf grundsätzlich auch die **finanzielle Leistungsfähigkeit** der Bewerber in die Betrachtung einbezogen werden, sofern sie für eine verlässliche Erfüllung der Pflichten oder die Attraktivität der Darbietung von Bedeutung ist.[1553]

963 Als einschränkende Auswahlkriterien sind neben „bekannt und bewährt" vor allem Gesichtspunkte der **Attraktivität**[1554] und **Originalität**[1555] anerkannt. Das Auswahlkriterium der Attraktivität verstößt nicht gegen § 70 III GewO.[1556] Es ist auch nicht in rechtsstaatswidriger Weise unbestimmt. Die Bewertung eines Standes als „wenig attraktiv" ist eine nur eingeschränkt gerichtlich überprüfbare Wertungsentscheidung. Das Attraktivitätskriterium ist im Übrigen als einschränkendes Korrektiv des Grundsatzes „bekannt und bewährt" geeignet, um Neubewerbern eine Zugangschance zu verschaffen.

964 Zulässig ist grundsätzlich eine **abwechselnde Berücksichtigung** von Bewerbern dergestalt, dass ein zugelassener Bewerber beim nächsten Vergabetermin unberücksichtigt bleibt und erst zu einem späteren Termin berücksichtigt wird.[1557]

965 Die Vergabepraxis gegenüber Vereinen und Verbänden darf sich bei unzureichender Kapazität an der **örtlichen Bedeutung**, insbesondere der Mitgliederzahl ausrichten.[1558] Allerdings vermitteln umgekehrt Traditionsreichtum, Bekanntheitsgrad oder höhere Zuschauerzahlen noch keinen Anspruch auf eine bevorzugte Vergabe.[1559]

966 Eine Begünstigung von Einheimischen bzw. eine Benachteiligung von Auswärtigen ist nach h.M. grundsätzlich mit dem Gleichheitssatz zu vereinbaren.[1560] So soll etwa ein **Auswärtigenzuschlag** bei Benutzungsgebühren grundsätzlich zulässig sein.[1561] Soweit der Zulassungsanspruch gemäß der Kommunalverfassung auswärtige Berufsausübende benachteiligt, stellt er grundsätzlich eine sachgerechte Begrenzung des Rechts auf ungestörte Berufsausübung gem. Art. 12 I GG dar.[1562] Bei rechtswidriger Vergabepraxis drohen Amtshaftungsansprüche. Im Übrigen besteht die Möglichkeit zur Konkurrentenklage. Da der Rechtsschutz regelmäßig eilbedürftig ist, wird oft vorläufiger Rechtsschutz begehrt, wobei sich das Problem der Vorwegnahme der Hauptsache stellt.

[1551] BVerwG, Urt. v. 27.4.1984 NVwZ 1984, 585; BayVGH, Beschl. v. 9.1.2003 NVwZ-RR 2004, 837.

[1552] BVerwG, Urt. v. 18.2.1976 GewArch. 1976, 379; OVG NW, Urt. v. 12.11.1990 NVwZ-RR 1991, 551.

[1553] Vgl. zur finanziellen Leistungsfähigkeit VGH BW, Beschl. v. 10.9.2003 NVwZ-RR 2004, 63 (64).

[1554] VGH BW, Beschl. v. 10.9.2003 NVwZ-RR 2004, 63 (64).

[1555] OVG Bremen, Urt. v. 27.4.1993 NVwZ-RR 1994, 24.

[1556] BayVGH, Beschl. v. 29.1.1991 NVwZ-RR 1991, 551.

[1557] So wohl BVerwG, Beschl. v. 14.9.1981 NVwZ 1982, 194.

[1558] VGH BW, Urt. v. 19.10.1992 VBlBW 1993, 225.

[1559] VG Wiesbaden, Beschl. v. 24.8.1998 HSGZ 1999, 110 bzgl. Rasenplatzvergabe an Sportvereine.

[1560] S. auch *Schmidt*, DÖV 2002, 696 ff. zur Rechtsstellung von Nichteinwohnern. Zur Legitimität von Einheimischenprivilegien im „globalen Dorf" s. Burgi, JZ 1999, 873 ff.

[1561] OVG NW, Urt. v. 23.10.1978 NJW 1979, 565 - muss aber dem Äquivalenzprinzip entsprechen.

[1562] Zur Vergabe von Standplätzen auf kommunalen Volksfesten: Lässig, NVwZ 1983, 20.

967 Nach der Rspr. kommt eine **faktische Widmungserweiterung** gegenüber einer die Benutzung der Einrichtung regelnden Benutzungssatzung in Betracht.[1563] Dies setzt voraus, dass es jedenfalls in mehreren Fällen zu einer tatsächlichen Vergabe gekommen ist,[1564] die hinreichend den Willen der Kommune zur faktischen Erweiterung der Widmung dokumentiert, was in seiner Außenwirkung mit einer eigentlich gebotenen Änderung der Benutzungssatzung vergleichbar sein muss.[1565]

968 Kommunale Auswahlentscheidungen nach § 70 III GewO müssen der gesetzlichen Zuständigkeitsverteilung unter den Kommunalorganen entsprechen.[1566]

969 Einen **Anspruch auf Schaffung, Beibehaltung oder auf Kapazitätserweiterung** einer Einrichtung besteht grundsätzlich **nicht**.[1567] Die Einwohner sind insoweit im Grundsatz nicht klagebefugt.[1568] Nach Maßgabe der Fachgesetze müssen jedoch bestimmte Einrichtungen zwingend errichtet und unterhalten werden.[1569]

970 Die Kommunen können nur dann durch Satzung die Benutzung von der vorherigen Leistung einer Sicherheit abhängig machen, wenn dies aufgrund besonderer Gründe erforderlich erscheint, um die Gefahr eines Schadens für die Kommune abzuwenden.[1570]

b) Verschaffungsanspruch

971 Unterschiedliche Auffassungen bestehen im Hinblick auf die Rechtsnatur und den Anspruchsgegner des Zulassungsanspruchs, wenn nicht die Gemeinde, sondern eine Person des Privatrechts Einrichtungsträger ist. In diesem Fall richtet sich der kommunalrechtliche Zulassungsanspruch nach h.M. in Gestalt eines (öffentlich-rechtlichen) **Verschaffungs- und Einwirkungsanspruchs** gegen die Kommu-

---

[1563] Letztlich indes offengelassen von OVG LSA, Beschl. v. 10.10.2011 – 4 M 179/11 – DVBl. 2012, 591/juris Rn. 5.

[1564] OVG LSA, Beschl. v. 10.10.2011 – 4 M 179/11 – DVBl. 2012, 591/juris Rn. 5.

[1565] OVG LSA, Beschl. v. 10.10.2011 – 4 M 179/11 – DVBl. 2012, 591/juris Rn. 6.

[1566] OVG LSA, Beschl. v. 24.5.2017 – 3 L 201/16 – juris Rn. 15: „Ohne Erfolg beruft sich der Beklagte zunächst auf die Rechtsprechung verschiedener Oberverwaltungsgerichte, die für Auswahlentscheidungen auf der Grundlage von § 70 Abs. 3 GewO davon ausgehen, Bewerbern sei eine Berufung auf etwaige interkommunale Zuständigkeitsverstöße von vornherein verwehrt (OVG NRW, Urteil vom 27. Mai 1993 - 4 A 2800/92 -, GewArch 1994, 25; OVG Nds., Urteil vom 16. Juni 2005 - 7 LC 201/03 -, juris Rn. 40; ebenso: OVG R-Pf., Beschluss vom 22. Dezember 2000 - 11 A 11462/99 -, juris Rn. 4). Zum einen lagen der Auswahlentscheidung, die Gegenstand der Entscheidung des Oberverwaltungsgerichts des Landes Nordrhein-Westfalen vom 27. Mai 1993 (a.a.O.) gewesen ist und auf die sich die beiden anderen zitierten Obergerichte zur Begründung ihrer Rechtsauffassung maßgeblich stützen, Vergaberichtlinien zugrunde. Zum anderen trennt diese Sichtweise nicht hinreichend zwischen dem formell-rechtlichen Aspekt der Zuständigkeit für die Auswahlentscheidung und der materiell-rechtlichen Frage der fehlerfreien Ermessensausübung. Der Senat geht deshalb mit dem Bayerischen Verwaltungsgerichtshof davon aus, dass die gesetzliche Zuständigkeitsverteilung unter den Kommunalorganen grundsätzlich auch gegenüber Außenstehenden rechtliche Bedeutung besitzt, weil sie auf dem Gedanken einer organadäquaten Aufgabenzuweisung beruht und damit auch im Interesse der Betroffenen für möglichst sachgerechte Entscheidungen sorgen soll (BayVGH, Urteil vom 15. März 2004 - 22 B 03.1362 -, juris Rn. 34 m.w.N.)."

[1567] Vgl. OVG NW, Beschl. v. 18.12.1992 NVwZ-RR 1993, 318; OVG Rh.-Pfalz, Urt. v. 9.5.1984 DVBl. 1985, 176; *Gern*, Deutsches Kommunalrecht, Rn. 534; *Roth*, a.a.O., S. 67 ff:; *Tettinger*, Besonderes Verwaltungsrecht/1, Rn. 166 m.w.Nachw.

[1568] Die Auflösung einer kommunalen Schule ist zwar primär nach innen gerichtet, stellt gegenüber den betroffenen Eltern und Schülern jedoch eine Allgemeinverfügung dar (vgl. OVG NW, Beschl. v. 23.2.1989 DVBl. 1989, 1272), so dass Widerspruch und Anfechtungsklage statthaft sind. I.d.R. scheitert der Rechtsbehelf jedoch, weil eine eigene Rechtsverletzung nicht möglich erscheint.

[1569] Zu den Pflichteinrichtungen s.o.

[1570] Hierzu: *Hettich*, Sicherheitsleistungen für gefahrgeneigte Veranstaltungen in kommunalen öffentlichen Einrichtungen – Grundfragen der Ausgestaltung des Benutzungsverhältnisses, VBlBW 2022, 45-55.

ne.[1571] Ein Direktanspruch gegen das Betreiberunternehmen besteht hingegen nicht.[1572] Der Verschaffungsanspruch verpflichtet die Gemeinde, auf „ihre" Gesellschaft (GmbH, AG etc.) dahingehend einzuwirken, dass diese den Anspruchsteller zur Benutzung zulässt. Die Einwirkung der Gemeinde auf die Gesellschaft ist kein Verwaltungsakt gem. § 35 VwVfG, sondern eine gesellschaftsrechtliche Einflussnahme (aufgrund öffentlichen Rechts).

c) Prozessuales

972 Der Verwaltungsrechtsweg ist gem. § 40 I VwGO eröffnet, wenn die streitigen Rechte und Pflichten durch öffentliches Recht geregelt sind. Öffentliches Recht sind die Normen, die notwendigerweise einen Träger hoheitlicher Gewalt berechtigen oder verpflichten (modifizierte Subjektstheorie). Stützt sich der geltend gemachte Anspruch unmittelbar auf die Kommunalverfassung, ist der Streit ebenso wie die Rechtsnatur der Anspruchsgrundlage stets öffentlich-rechtlicher Art. Dies gilt auch dann, wenn die Gemeinde die Organisationsform oder das Benutzungsverhältnis privatrechtlich ausgestaltet hat. Wird hingegen aus einem privatrechtlichen Benutzungsvertrag geklagt, liegt eine zivilrechtliche Streitigkeit vor. Der Zulassungsanspruch ist mit der Verpflichtungsklage in Gestalt der Versagungsgegenklage zu verfolgen. Besteht nur ein Anspruch auf ermessensfehlerfreie Neubescheidung, ist Bescheidungsklage zu erheben.[1573] Einstweiliger Rechtsschutz auf die Vergabe eines Standplatzes ist wegen der Vorwegnahme der Hauptsache nur beim Drohen besonders schwerer Nachteile zulässig.[1574]

973 Zu denselben Ergebnissen gelangt man bei Anwendung der **Zweistufentheorie**, die zur Rechtswegbestimmung im Hinblick auf § 40 I VwGO danach unterscheidet, ob der Streit um das „Ob" oder das „Wie" der Zulassung geführt wird.[1575] Ein Streit um das „Ob" sei stets (wie auch der dem Rechtsstreit zugrunde liegende Zulassungsanspruch) öffentlich-rechtlicher Natur. Gehe es hingegen um das „Wie" der Benutzung, richte sich die Rechtsnatur des Streits danach, ob das Benutzungsverhältnis öffentlich- oder privatrechtlich ausgestaltet wurde. Dieser Theorie bedarf es allerdings bei einer gesetzlichen Anspruchsgrundlage nicht. Die Theorie vermag auch nicht stets brauchbare Ergebnisse zu liefern. Wird nämlich ein Verschaffungs- und Einwirkungsanspruch geltend gemacht, entscheidet die Gemeinde nur mittelbar über das „Ob" oder „Wie" und in erster Linie darüber, ob sie auf den Einrichtungsträger einwirkt. Für Klagen gegen die Betreiber-GmbH im Hinblick auf das „Wie" der Benutzung ist stets der ordentliche Rechtsweg gegeben.[1576] Dies gilt auch für Abwehransprüche der Nachbarn einer privatrechtlich organisierten Einrichtung.[1577]

[1571] BVerwG, Beschl. v. 21.7.1989 NJW 1990, 134; OVG Rh.-Pfalz, Urt. v. 9.5.1984 DVBl. 1985, 176 (177); *Ehlers*, in: *Erichsen/Ehlers*, AllgVerwR, § 2 Rn. 84; *Herdegen*, DÖV 1986, 908; *März*, BayVBl.1992, 98; *Püttner*, DVBl. 1975, 357; *Wolff/Bachof/Stober*, VerwR, Band 1, § 22 Rn. 67; allg.: *Herdegen*, DÖV 1986, 906 ff.

[1572] So jedenfalls die h.M. *Herdegen*, DÖV 1986, 908; anders etwa *Ossenbühl*, DVBl. 1973, 294.

[1573] § 115 V 2 VwGO.

[1574] Vgl. den Übungsfall (Zulassung zu Volksfest) bei *Pinski*, DVP 2002, 513 ff.

[1575] Nachweise bei *Kopp/Schenke*, VwGO, § 40 Rn. 16 ff., 20.

[1576] BVerwG, Beschl. v. 29.5.1990 DÖV 1990, 977.

[1577] Vgl. den Übungsfall (lautes kommunales Jugendzentrum) bei *Büchner*, VBlBW. 2002, Beil. Zu Heft Nr. 4.

2. Besondere Zulassungs- und Benutzungsansprüche

974 Neben dem allgemeinen Einwohner-Zulassungsanspruch bestehen **besondere Zulassungsansprüche**. Hierbei handelt es sich um weitere aus den Kommunalverfassungen folgende Ansprüche sowie um solche aus sonstigen Gesetzen wie der Gewerbeordnung oder dem Parteiengesetz.

975 Grundbesitzer und Gewerbetreibende, die nicht in der Kommune wohnen, sind in gleicher Weise wie ihre Einwohner (vgl. § 24 I KVG) berechtigt, die öffentlichen Einrichtungen zu benutzen, die in der Kommune für Grundbesitzer und Gewerbetreibende bestehen (§ 24 II 1 KVG).

> **Bsp.:** Marktplatz, Herbstmesse, Gewerbepark,

Dies gilt sinngemäß für juristische Personen und Personenvereinigungen (§ 24 III KVG).

Jene Grundbesitzer und Gewerbetreibenden sind verpflichtet, für ihren Grundbesitz oder Gewerbebetrieb im Gebiet der Kommune die Kosten für die Einrichtungen mitzutragen, soweit dies Rechtsvorschriften bestimmen (§ 24 II 2 KVG). Ein und derselben Person kann naturgemäß nicht zugleich der Zulassungsanspruch auswärtiger Grundbesitzer und Gewerbetreibender und der allgemeine Einwohneranspruch zustehen. Gewerbetreibende müssen im Übrigen nach h.M.[1578] immer mit der Errichtung, Schließung oder Umwidmung einer öffentlichen Einrichtung rechnen und genießen daher insoweit keinen Vertrauensschutz.

976 Der **Anspruch aus § 70 I GewO** auf gleiche Teilhabe an den zugelassenen Märkten richtet sich gegen den jeweiligen Veranstalter. Die Vorschrift gilt gleichermaßen für öffentlich-rechtliche und privatrechtliche Veranstalter, der in der GewO genannten Messen, Ausstellungen und Märkte.[1579] Zuordnungssubjekt dieser Vorschrift ist daher nicht notwendig ein Träger hoheitlicher Gewalt. Hieraus folgt aber nicht, dass Streitigkeiten, in denen es um ein auf die Gewerbeordnung gestütztes Teilnahmerecht eines Bewerbers geht, stets privatrechtlicher Natur wären. Der gewerberechtliche Anspruch soll vielmehr die Rechtsnatur des an sich gegebenen Zulassungsverhältnisses zwischen Veranstalter und Teilnehmer nicht verändern.[1580] Es kommt daher darauf an, ob die für die Teilnahme an der Veranstaltung festgesetzten Bestimmungen zivilrechtlicher oder öffentlich-rechtlicher Natur sind. Die Teilnahmefreiheit des § 70 I GewO besteht unabhängig von einem etwaigen kommunalrechtlichen Zulassungsanspruch. Das Gewerberecht verbietet nicht das Nebeneinander des Rechts auf Zugang zu gemeindlichen Einrichtungen und den §§ 64 ff GewO.[1581] Hinsichtlich seines Inhalts, insbesondere hinsichtlich der Zulässigkeit von Auswahlkriterien bei nicht ausreichenden Standplätzen, kann auf die Ausführungen zum kommunalrechtlichen Zulassungsanspruch sinngemäß verwiesen werden. Beide Anspruchsgrundlagen gelten unabhängig voneinander. Ein Anspruch auf Erweiterung der bisherigen Kapazität ist aus der Vorschrift nicht abzuleiten.[1582] Die Festsetzungsbehörde darf bei der von ihr zu treffenden Auswahlentscheidung nach § 69 I GewO der

---

[1578] BVerfG, Beschl. v. 16.10.1968 BVerfGE 24, 236 (251); BVerwG, Beschl. v. 21.3.1995 DVBl. 1996, S. 152 (153); BGH, Urt. v. 19.6.1986 NJW 1987, 60 (62); *Pieroth*/Hartmann, DVBl. 2002, 425.

[1579] Vgl. §§ 64 ff. GewO.

[1580] Vgl. BT-Dr. 7/3859, S. 16 zu § 70 I GewO; HessVGH, Beschl. v. 29.11.1993 NVwZ-RR 1994, 651; OVG Rh.-Pfalz, Beschl. v. 9.9.1986 NVwZ 1987, 519; verfehlt: *Gern,* Deutsches Kommunalrecht, Rn. 536: stets privatrechtlich.

[1581] *Stober,* Kommunalrecht, § 46 III 1.

[1582] BayVGH, Beschl. v. 9.1.2003 NVwZ-RR 2003, 837 (Glühweinstand auf Weihnachtsmarkt).

historisch gewachsenen Tradition eines Marktes der Gemeinde ein besonderes Gewicht beimessen, wenn nun ein Privater mit der Gemeinde in Konkurrenz tritt.[1583]

977 Die Kommunen sind im Hinblick auf den Umgang mit Parteien an die Vorgaben des Parteiengesetzes gebunden. Wenn ein Träger öffentlicher Gewalt den Parteien Einrichtungen zur Verfügung stellt oder andere Leistungen gewährt, sollen alle Parteien gleichbehandelt werden (**Gleichbehandlungsanspruch gem. § 5 I 1 ParteienG**).[1584] Der Anspruch von Parteien gem. § 5 ParteienG kann sich zu einem Zulassungsanspruch verdichten. Als Rechtsgrundlage dieses Anspruchs wird mitunter Art. 21 GG i.V.m. Art. 3 GG und § 5 I ParteienG genannt.[1585] Der Umfang der Gewährung kann nach der Bedeutung der Parteien gestuft werden (§ 5 I 2 und 3 ParteienG). Zulässig ist es, wie dargelegt, durch die Widmung generell politische Parteien von der Benutzung einer gemeindlichen Einrichtung auszuschließen.[1586] Unzulässig ist eine Zurückweisung des Zulassungsantrags des Ortsvereins einer Partei mit der Begründung, diese verfolge verfassungsfeindliche Ziele. Allein das BVerfG darf über die Frage der Verfassungswidrigkeit von Parteien entscheiden (Parteienprivileg des Art. 21 II 2 GG). Klarzustellen ist, dass der Schutz des Parteiengesetzes nicht für die sog. Rathausparteien gilt (Organisationen ohne Parteienstatus gem. Art. 21 GG, § 2 ParteienG).

III. Anschluss- und Benutzungszwang

Kommunen können nach Maßgabe des § 11 KVG einen **Anschluss- und Benutzungszwang** anordnen.

1. Voraussetzungen

978 Kommunen können im eigenen Wirkungskreis durch Satzung 1. für die Grundstücke ihres Gebietes den Anschluss a) an die öffentliche Wasserversorgung, die Abwasserbeseitigung, die Abfallentsorgung, die Straßenreinigung und die Fernwärmeversorgung[1587] und b) an ähnliche der Gesundheit der Bevölkerung dienende Einrichtungen anordnen (**Anschlusszwang**) sowie 2. die Benutzung a) der in Nummer 1 genannten Einrichtungen, b) der öffentlichen Begräbnisstätten und Bestattungseinrichtungen und c) der Schlachthöfe vorschreiben (**Benutzungszwang**), wenn sie ein dringendes öffentliches Bedürfnis dafür feststellen. Die Satzung kann Ausnahmen vom Anschluss- oder Benutzungszwang zulassen und den Zwang auf bestimmte Gebietsteile der Kommune und auf bestimmte Gruppen von Personen oder Grundstücken beschränken (§ 11 I KVG). Der Anschluss- und Benutzungszwang ist eine verfassungsrechtlich zulässige Inhalts- und Schrankenbestimmung des Eigentums.[1588]

[1583] OVG LSA, Urt. v. 17.2.2011 – 2 L 126/09 – juris Rn. 73 (Ls Nr. 5).

[1584] Zum gleichen Zugang der Parteien zu öffentlichen Einrichtungen s. BVerwG, Beschl. v. 21.7.1989 NJW 1990, 134; Beschl. v. 27.8.1991 DVBl. 1992, 430; *Gassner*, VerwArch. 1994, 533 ff.; *Zundel*, JuS 1991, 472 ff.

[1585] VGH BW, Beschl. v. 30.4.1994 NVwZ 1995, 813; Beschl. v. 18.2.1994 NVwZ 1994, 587.

[1586] Vgl. VGH BW, Beschl. v. 16.5.1988 NVwZ-RR 1988, 43 bzgl. Übernachtung in städtischen Schulen.

[1587] Hierzu OVG LSA, Urt. v. 21.2.2017 – 4 K 185/16 – juris Rn. 35 ff.

[1588] OVG LSA, Beschl. v. 27.5.2004 – 1 L 117/02 – juris Ls Nr. 3 (Rn. 10).

979 Von der Regelung über den Anschluss- und Benutzungszwang umfasst ist auch die Befugnis, durch Satzung dazu zu verpflichten, die Erneuerung des Trinkwasseranschlusses zu **dulden**.[1589] Dies gilt entsprechend für sonstige Duldungspflichten, deren satzungsrechtliche Anordnung erforderlich ist, um die Unterhaltung der Einrichtung sicherzustellen.

980 Der Anschluss- und Benutzungszwang ist nur gedeckt, wenn es sich um eine **öffentliche Einrichtung** i. S. v. § 11 II, § 24 I, § 4 Satz 2 KVG LSA handelt.[1590] Der Anschlusszwang beinhaltet, dass sich der Pflichtige auf eigene Kosten anschließen muss. Der Benutzungszwang verpflichtet nicht nur dazu, die Einrichtung auch tatsächlich in Anspruch zu nehmen, sondern verbietet im Umkehrschluss auch, eigene bzw. ähnliche Einrichtungen zu benutzen.[1591]

981 Der Anschluss- und Benutzungszwang kann **Annexkompetenzen** zur Regelung von Gegenständen begründen, die vom Wortlaut der Norm nicht erfasst werden, deren Regelung aufgrund Sachzusammenhangs aber unerlässlich ist, um den mit dem Anschlusszwang verfolgten Zweck erreichen zu können. Vgl. hierzu aus der Rspr.: „Es handelt sich bei der Befugnis der jeweiligen Körperschaft, einen zur öffentlichen Einrichtung gehörenden Revisionsschacht auf dem Grundstück des Anschlusspflichtigen errichten zu können, um eine notwendige Annexkompetenz zur Durchsetzung des in § 11 Satz 1 Nr. 1 Buchst. a und Nr. 2 Buchst. a KVG LSA geregelten Anschluss- und Benutzungszwangs."[1592]

982 Der Zwang ist nur zulässig, wenn ein **dringendes öffentliches Bedürfnis** für ihn besteht (§ 11 I 1 KVG).[1593] Es ist grundsätzlich ausreichend, dass das öffentliche Bedürfnis generell vorliegt. Nach h.M. handelt es sich bei dem Tatbestandsmerkmal „öffentliches Bedürfnis" um einen unbestimmten Rechtsbegriff, wobei ein gremiengebundener Beurteilungsspielraum bzw. eine kommunale Einschätzungsprärogative anzuerkennen sei.[1594]

[1589] OVG LSA, Urt. v. 8.8.2002 – 1 L 428/01 – JMBl. 2002, 30/juris/LKV 2003, 287: „Die Pflicht zur Duldung von Arbeiten zur Erneuerung der Hausanschlussleitung auf dem Grundstück entfällt nur, wenn die Nutzbarkeit des Grundstücks durch die Erneuerung der Anschlussleitung über das bestehende Maß hinaus eingeschränkt wird oder der Anschlussnehmer sonst in unzumutbarer Weise belastet wird. Deshalb ist der Einwand, es bedürfe der Erneuerung nicht, weil die vorhandene Leitung den Anforderungen den anerkannten Regeln der Technik genüge, für sich besehen unbeachtlich."

[1590] Zur alten Rechtslage nach der GO LSA: OVG LSA, Urt. v. 8.4.2008 – 4 K 95/07 – juris Rn. 15/JMBl. LSA 2008, 202/NVwZ-RR 2008, 810; Urt. v. 21.3.2018 – 4 K 181/15 – juris Ls Nr. 1.

[1591] BVerwG, Urt. v. 27.5.1981 BVerwGE 62, 224.

[1592] OVG LSA, Beschl. v. 8.10.2018 – 4 L 139/18 – juris Rn. 8 (Ls Nr. 1)/ KomJur 2018, 462/LKV 2018, 522.

[1593] *Weiß*, Öffentliche Monopole, S. 436 fordert überdies eine verfassungskonforme Auslegung dahingehend, dass der Zwang nur zulässig ist, soweit es der Schutz eines überragend wichtigen Gemeinschaftsguts erfordert.

[1594] OVG LSA, Urt. v. 8.4.2008 – 4 K 95/07 – juris Rn. 24/JMBl. LSA 2008, 202/NVwZ-RR 2008, 810; Beschl. v. 27.5.2004 – 1 L 117/02 – juris Ls Nr. 1 (Rn. 7); s.a. NdsOVG, Urt. v. 8.1.1991 NVwZ-RR 1991, S. 576: „Die gerichtliche Überprüfung des dringenden öffentlichen Bedürfnisses beschränkt sich darauf, ob nach den örtlichen Gegebenheiten Sinn und Zweck der Ermächtigung verkannt worden sind"; ähnl. OVG Schleswig-Holstein, Urt. v. 20.12.1995 NVwZ-RR 1997, S. 47, 48; OVG NW, Urt. v. 28.11.1986 NVwZ 1987, S. 727; *Schenke*, Verwaltungsprozeßrecht, Rn. 761a: „unbestimmter Rechtsbegriff mit politischem Gehalt"; *Schmidt/Kneipp*, HessGO, § 19 Rn. 5; *Waechter*, Kommunalrecht, Rn. 574 m.w.Nachw. Die Regelungen des § 8 Nr. 2 NdsGO und § 8 Nr. GO LSA stellen darauf ab, dass die Kommune ein dringendes öffentliches Bedürfnis „feststellt". Dies dürfte den gesetzgeberischen Willen zur Anerkennung eines Beurteilungsspielraums ausdrücken (vgl. *Gern*, Deutsches Kommunalrecht, Rn. 806, wonach es darauf ankommt, ob der Gesetzgeber ausdrücklich oder nach dem offensichtlichen Zweck der Regelung den Sachverhalt der Alleinentscheidung durch die Gemeinde zugeordnet hat), lässt aber die Frage der verfassungsrechtlichen Zulässigkeit eines Beurteilungsspielraums insoweit unberührt. Nach der Gegenansicht ist der unbestimmte Rechtsbegriff voll gerichtlich überprüfbar (HessVGH, Beschl. v. 24.6.1974 ESVGH Bd. 25, S. 59,

Bsp.: Ob ein dringendes öffentliches Bedürfnis für die Benutzung einer gemeindlichen Niederschlagswasserbeseitigungsanlage gegeben ist, unterliegt nur eingeschränkter gerichtlicher Kontrolle.[1595]

Bei der Feststellung eines dringenden öffentlichen Bedürfnisses für die Anordnung des Anschluss- und Benutzungszwangs an die öffentliche Einrichtung räumt der Gesetzgeber der Kommune zwar einen vom Gericht nur eingeschränkt überprüfbaren Beurteilungsspielraum ein, jedoch muss die Kommune den ihrer Entscheidung zugrunde gelegten **Sachverhalt vollständig und zutreffend ermitteln** und hebt das Gericht jede auf Grundlage eines unvollständigen oder nicht zutreffend ermittelten Sachverhalts getroffene Ermessens- oder Beurteilungsentscheidung als fehlerhaft auf.[1596]

983 Dem ist aus den Gründen zuzustimmen, die auch zu einer Anerkennung eines Einschätzungsspielraums im Rahmen der Schrankentrias des kommunalen Wirtschaftsrechts führen. Die strenge Verhältnismäßigkeitsprüfung des Anschluss- und Benutzungszwangs, der als intensiver Eingriff in die Grundrechte der Anschlusspflichtigen und der privaten Wirtschaftssubjekte besonders strengen Rechtfertigungsanforderungen unterliegt, gewährleistet – ebenso wie die europarechtlichen Restriktionen gegenüber dieser wettbewerbsfeindlichen Maßnahme –, dass die Betroffenen nicht schutzlos bleiben und die Einschätzung des öffentlichen Bedürfnisses wie auch der Erforderlichkeit des Zwangs justiziabel bleibt.

984 Dringende Gemeinwohlgründe im Sinne eines dringenden öffentlichen Bedürfnisses sind insbesondere solche der **Volksgesundheit**. Das OVG LSA hatte zunächst eine Anordnung des Anschluss- und Benutzungszwangs zur Verbesserung des globalen Klimaschutzes für unzulässig erklärt, da diese nicht zum Schutze der Gesundheit der (örtlichen) Bevölkerung erforderlich sein könne.[1597] So könne ein dringendes öffentliches Bedürfnis im Hinblick auf den Umwelt- oder Klimaschutz nur gegeben sein, wenn das Ziel verfolgt werde, die lokale Umweltsituation zu verbessern.[1598] Für die Anordnung des Anschluss- und Benutzungszwangs aus Zwecken des globalen Klimaschutzes können jedoch auf das die kommunalrechtliche Regelung des Anschluss- und Benutzungszwangs i.V.m. § 16 EEWärmeG als Rechtsgrundlage zurückgegriffen werden.[1599] Die Gesetzgebungskompetenz des Bundesgesetzgebers zum Erlass des § 16 EEWärmeG folge jedenfalls aus Art. 74 I Nr. 24 GG. Ob noch zusätzlich oder sogar vorrangig eine Gesetzgebungskompetenz aus Art. 74 I Nr. 11 GG gegeben sei, könne offen bleiben.[1600] § 16 EEWärmeG sei mit Art. 84 I 7 GG vereinbar.[1601] Die Gemeinde müsse im Rahmen der Prüfung des dringenden Bedürfnisses i.V.m. § 16 EEWärmeG ermitteln, in

---

S. 74f.; *Gern*, Deutsches Kommunalrecht, Rn. 615; *Herzog*, NJW 1992, S. 2602; *Schoch*, NVwZ 1990, S. 810: „nicht frei von Bedenken"; *Wiegand/Grimberg*, GO LSA, § 8 Rn. 8; vgl. auch *Weiß*, Öffentliche Monopole, S. 433 und 435: Kontrolle muss über Vertretbarkeitsprüfung hinausgehen).

[1595] OVG LSA, Beschl. v. 27.5.2004 – 1 L 117/02 – juris Ls Nr. 1 (Rn. 7).

[1596] OVG LSA, Urt. v. 8.4.2008 – 4 K 95/07 – juris Rn. 24/JMBl. LSA 2008, 202/NVwZ-RR 2008, 810

[1597] OVG LSA, Urt. v. 8.4.2008 – 4 K 95/07 – juris Rn. 18/JMBl. LSA 2008, 202/NVwZ-RR 2008, 810 (bzgl. § 8 Nr. 2 GO LSA).

[1598] OVG LSA, Urt. v. 10.4.2014 – 4 K 180/12 – juris Rn. 30; Urt. v. 8.4.2008 – 4 K 95/07 – juris.

[1599] OVG LSA, Urt. v. 10.4.2014 – 4 K 180/12 – juris Rn. 30.

[1600] OVG LSA, Urt. v. 10.4.2014 – 4 K 180/12 – juris Rn. 39.

[1601] OVG LSA, Urt. v. 10.4.2014 – 4 K 180/12 – juris Rn. 42.

welchem Umfang eine Fernwärmeversorgung unter der Geltung des Anschluss- und Benutzungs-zwangs zu einer Reduzierung von CO_2-Emissionen führe.[1602]

985 Auch das Interesse an allseits tragbaren Belastungen für eine daseinswichtige Leistung kann die Anordnung des Anschluss- und Benutzungszwangs rechtfertigen. Hingegen begründet etwa das gemeindliche Interesse an der Gewinnerzielung kein dringendes öffentliches Bedürfnis, weil es nicht in spezifischer Weise hinsichtlich der jeweiligen Einrichtung besteht. Der Zwang ist nur so weit gerechtfertigt, wie das öffentliche Bedürfnis jeweils reicht. Bei der Frage, welche Gebietsteile vom Anschlusszwang erfasst werden sollen, muss die Gemeinde den **Gleichheitssatz** beachten. Mit dem Gleichheitssatz vereinbar ist, wenn eine Gemeinde bei der Entscheidung, für welche Teile ihres Gemeindegebiets ein Anschluss- und Benutzungszwang an die Fernwärmeversorgung gelten soll, eine historisch gewachsene Struktur berücksichtigt, die durch eine stark verdichtete Bebauung geprägt ist und wo bereits eine Fernwärmeversorgung vorhanden ist.[1603]

986 Es ist grundsätzlich ausreichend, dass das öffentliche Bedürfnis generell vorliegt. Es muss **nicht hinsichtlich jedes einzelnen Anschlusspflichtigen** bzw. jedes einzelnen Grundstücks gegeben sein.[1604] Nach h.M. handelt es sich bei dem Tatbestandsmerkmal „öffentliches Bedürfnis" um einen unbestimmten Rechtsbegriff, wobei ein gremiengebundener Beurteilungsspielraum bzw. eine kommunale **Einschätzungsprärogative** anzuerkennen sei.[1605] Soweit die Regelungen darauf abstel-len, dass die Kommune ein dringendes öffentliches Bedürfnis „feststellt", dürfte dies den gesetzge-berischen Willen zur Anerkennung eines Beurteilungsspielraums ausdrücken.[1606] Dies stellt die Pflichtigen indes nicht schutzlos. Die strenge Verhältnismäßigkeitsprüfung des Anschluss- und Be-nutzungszwangs, der als intensiver Eingriff in die Grundrechte der Anschlusspflichtigen und der privaten Wirtschaftssubjekte besonders strengen Rechtfertigungsanforderungen unterliegt, ge-währleistet zusammen mit den europa- und verfassungsrechtlichen Beschränkungen gegenüber dieser wettbewerbsfeindlichen Maßnahme, dass die Betroffenen nicht schutzlos sind und die Ein-schätzung des öffentlichen Bedürfnisses wie auch der Erforderlichkeit des Zwangs justiziabel bleibt. Nach der Gegenansicht ist der unbestimmte Rechtsbegriff hingegen voll gerichtlich überprüfbar.[1607] Der Einwand der Unzumutbarkeit des Anschlusses der privaten Grundstücksentwässerungsanlagen an die öffentlichen Entwässerungsanlagen bzw. zur Benutzung dieser öffentlichen Anlagen kann im Übrigen nicht gegenüber der Anordnung des Anschluss- und Benutzungszwangs an die zentrale Abwasseranlage erhoben werden, sondern allenfalls im Rahmen eines Antrags auf eine Befreiung vom Anschluss- und Benutzungszwang verfolgt werden.[1608]

987 Das KVG ermöglicht die Anordnung des Anschluss- und Benutzungszwangs für öffentliche Einrichtungen **unabhängig davon, ob diese öffentlich-rechtlich oder privatrechtlich organisiert**

[1602] OVG LSA, Urt. v. 10.4.2014 – 4 K 180/12 – juris Rn. 45.

[1603] OVG LSA, Beschl. v. 21.2.2007 – 2 L 156/05 – juris Rn. 5.

[1604] BayVGH, Urt. 28.10.1994 – 23 N 90.2272 – NVwZ-RR 1995, 345.

[1605] NdsOVG, Urt. v. 8.1.1991 – 9 L 280/98 – DVBl 1991, 1004/NVwZ-RR 1991, 576.

[1606] Vgl. *Gern*, Deutsches Kommunalrecht, Rn. 806.

[1607] HessVGH, Beschl. v. 24.6.1974 ESVGH Bd. 25, 59 [74f.]; *Gern*, Deutsches Kommunalrecht, Rn. 615.

[1608] OVG LSA, Beschl-. v. 8.10.2018 – 4 L 139/18 – juris Rn. 13 (Ls Nr. 2)/KomJur 2018, 462/LKV 2018, 522.

sind.[1609] Die Kommune kann etwa den Anschluss- und Benutzungszwang durch eine sog. Rumpfsatzung anordnen und im Übrigen die Bedingungen privatrechtlich ausgestalten.[1610] Der Wortlaut der Vorschrift steht zudem einer Anordnung des Anschluss- und Benutzungszwangs zu Gunsten wirtschaftlicher Unternehmen der Kommune nicht entgegen. Die Erhebung von gewinnorientierten Benutzungsgebühren im Rahmen eines Anschluss- und Benutzungszwangs ist jedoch verfassungswidrig.[1611] Der Anschluss- und Benutzungszwang kann sich auch aus **Fachgesetzen** ergeben bzw. durch die Fachgesetze modifiziert werden.

988 Wer im Einzelfall der Anschlusspflicht unterliegt (**Anschlusspflichtiger**), bestimmt sich nach näherer Maßgabe der Satzung. Im Regelfall sind Grundstückseigentümer und Erbbauberechtigte eines genau zu bezeichnenden Gebietes anschlusspflichtig. Bei Personenmehrheiten müssen grundsätzlich alle Miteigentümer herangezogen werden, sofern sie nach dem Gesetz den Anschluss nur gemeinschaftlich ausführen dürfen.[1612] Dies erfordert den Erlass eines einheitlichen Verwaltungsakts, aus dem hervorgehen muss, dass die Miteigentümer nicht einzeln, sondern aufgrund ihrer gemeinschaftlichen Verbundenheit verpflichtet werden. Die Inanspruchnahme von Miteigentümern mit gesonderten Bescheiden, die die gemeinschaftliche Verpflichtung der Miteigentümer in keiner Weise zum Ausdruck bringen, genügt diesen Anforderungen nicht.[1613]

989 Die Satzung begründet zwar unmittelbar eine Anschluss- und Benutzungspflicht, jedoch bedarf es einer **Konkretisierung der Pflicht durch Verwaltungsakt**, damit diese auch vollstreckbar wird. Dabei handelt es sich um einen Dauerverwaltungsakt.[1614] Die Verwaltungsaktbefugnis ergibt sich aus der jeweiligen Regelung in den Kommunalverfassungen i.V.m. der Satzung. Die grundstücksbezogene Konkretisierung des Anschluss- und Benutzungszwangs durch Verwaltungsakt muss hinreichend bestimmt sein, was bei fehlenden Vorgaben zur Art und Weise des Anschlusses fraglich sein kann.

2. Befreiung

990 Die Kommunalverfassungen sehen vor, dass die Satzung **Ausnahmen** vom Anschluss- und Benutzungszwang zulassen kann. Die Ausnahmemöglichkeit dient der Einzelfallgerechtigkeit in atypischen Sonderfällen bzw. Härtefällen.[1615] Auf der Grundlage einer Ermessensbetätigung bzw. Abwägung wird eine Billigkeitsentscheidung getroffen. Verbreitet sind Befreiungsregelungen, die im Falle der „**Unzumutbarkeit**" oder „**unbilligen Härte**" der Behörde ein Befreiungsermessen einräumen. Sie konkretisieren das verfassungsrechtliche Verhältnismäßigkeitsprinzip. Hieraus folgt im Übrigen, dass die Anordnung des Zwangs verfassungswidrig ist, wenn sie für die Mehrheit der Anschlusspflichtigen unzumutbar wirkt.[1616]

[1609] Vgl. *Gern,* Deutsches Kommunalrecht, Rn. 529, 532, 605; *v. Mutius,* Kommunalrecht, Rn. 435.

[1610] Vgl. etwa *Ludwig/Odenthal,* Recht der Elektrizitäts-, Gas- und Wasserversorgung, AVBEltV III, Rn. 22.

[1611] Näher hierzu: *Franz,* Gewinnerzielung durch kommunale Vorzugslasten, 2003.

[1612] OVG LSA, Beschl. v. 19.6.2006 – 4 L 347/05 – juris Rn. 20.

[1613] OVG LSA, Beschl. v. 19.6.2006 – 4 L 347/05 – juris Rn. 20.

[1614] NdsOVG, Beschl. v. 19.1.1993 – 9 L 297/89 – DÖV 1993, 1057/NVwZ 1993, 1017.

[1615] OVG Frankfurt (Oder), Urt. v. 31.7.2003 LKV 2004, 277.

[1616] NdsOVG, Beschl. v. 14.6.1999 NVwZ-RR 1999, 678.

991 Im Einzelfall kann sich das **Befreiungsermessen auf null reduzieren** und ein Anspruch auf Befreiung bestehen, soweit nicht die Satzung sogar ausdrücklich Ansprüche auf Befreiung regelt. Die Gemeinde ist verpflichtet, den Grundstückseigentümer vom Anschlusszwang freizustellen, wenn er ungeeignet, unnötig oder unangemessen ist, um den mit ihm verfolgten öffentlichen Zweck zu erreichen.[1617] Die Prüfung der Angemessenheit beinhaltet eine (umfassende) Abwägungsentscheidung. Eine Verletzung des Verhältnismäßigkeitsgrundsatzes im engeren Sinne (Angemessenheit) kommt (nur) dann in Betracht, wenn der Anschluss des Grundstücks an die öffentliche Versorgungs- bzw. Entsorgungseinrichtung für den Betroffenen **ausnahmsweise unzumutbar** ist.[1618] Während die Betroffenen verständlicherweise oft behaupten, der Zwang sei unzumutbar, legt die Rechtsprechung diesen Begriff tendenziell sehr restriktiv aus.[1619] Es besteht Einigkeit, dass der bloße Umstand, dass eine bereits auf einem privaten Grundstück bestehende Einrichtung (Brunnen, Kleinkläranlage etc.) nicht mehr genutzt werden könnte oder nur diese den ökologischen Grundvorstellungen des Betreibers entspricht, keinen Befreiungsanspruch begründet.[1620] Ebenso führt die Nutzlosigkeit der Investition in die bisherige Eigenanlage grundsätzlich nicht zur Unverhältnismäßigkeit des Anschlusszwangs.[1621] Dies gilt auch dann, wenn die private Anlage zum Zeitpunkt des In-Kraft-Tretens des Zwangs in jeder Hinsicht ordnungsgemäß funktioniert.[1622] „Selbst der Betrieb einer biologischen Kleinkläranlage wie einer Pflanzenbeetanlage, bei der kein überlassungspflichtiges Abwasser anfällt, hat nicht zur Folge, dass ein Anschluss- und Benutzungszwang an die zentrale Abwasserbeseitigungseinrichtung für den betroffenen Grundstückseigentümer unzumutbar ist."[1623] Erfüllt die Einzelanlage jedoch sogar strengere Umweltstandards als die kommunale Anlage, indiziert dies die Unzumutbarkeit des Anschlusses.[1624] Hingegen soll nach der Rechtsprechung nicht ausreichen, dass das selbstgeförderte Wasser eine bessere Qualität als das von der Kommune geförderte Wasser hat.[1625] „Ein Anschluss für den Grundstückseigentümer an eine öffentlich-rechtliche Abwasserbeseitigungseinrichtung ist wegen der Anschlusskosten dann unzumutbar, wenn diese Kosten **gemessen am Verkehrswert** des Grundstücks unverhältnismäßig sind."[1626]

[1617] BVerwG, Beschl. v. 12.1.1988, a.a.O.; ebs. VG Minden, Urt. v. 24.6.1993 VersorgW 1994, 9; i.d.S. auch *Schmidt-Aßmann*, in: ders., Besonders Verwaltungsrecht, Kommunalrecht, Rn. 116f.

[1618] BVerwG, Beschl. v. 13.6.1997 FiWi 1998, 69; Beschl. v. 12.1.1989 a.a.O.

[1619] Vgl. etwa zur Befreiung vom Anschluss- und Benutzungszwang für eine Fernwärmeversorgung (OVG LSA, Beschl. v. 21.2.2007 – 2 L 156/05 – juris Rn. 4).

[1620] BVerwG, Beschl. v. 19.12.1997 – 8 B 234.97b – NVwZ 1998, 1080/UPR 1998, 192 (193); OVG Frankfurt (Oder), Urt. v. 31.7.2003 – 2 A 316/02 – LKV 2004, 277.

[1621] Vgl. OVG NW, Urt. v. 7.3.1994 – 22 A 753/92 – NVwZ-RR 1995, 244.

[1622] BVerwG, Urt. v. 19.12.1997 – 8 B 234.97b – NVwZ 1998, 1080/UPR 1998, 192 (193).

[1623] OVG LSA, Beschl-. v. 8.10.2018 – 4 L 139/18 – juris Rn. 21 (Ls Nr. 4).

[1624] Ähnl. *Gern*, Deutsches Kommunalrecht, Rn. 620 unter Verweis auf § 15 II BbgGO.

[1625] BayVGH, Urt. v. 16.12.1992 – 23 B 89.3170 – NVwZ-RR 1994, 412.

[1626] OVG LSA, Beschl-. v. 8.10.2018 – 4 L 139/18 – juris Rn. 16 (Ls Nr. 3).

992 Nach einer Ansicht bleiben im Rahmen der Zumutbarkeitsprüfung **persönliche und wirtschaftliche Verhältnisse** des Anschlusspflichtigen bei der Frage einer Befreiung generell außer Betracht.[1627] Nach der Gegenansicht sind die finanziellen Probleme des Anschlussverpflichteten im Rahmen der Verhältnismäßigkeitsprüfung berücksichtigungsfähig.[1628] Es bedarf insoweit indes einer differenzierenden Betrachtung. Auszugehen ist davon, dass das Übermaßverbot eine Unangemessenheit des Staatshandelns gegenüber dem konkreten Grundrechtsträger in dessen konkreter Situation verbietet. Die persönlichen wirtschaftlichen Verhältnisse sind daher grundsätzlich in die Bewertung mit einzubeziehen. Dabei darf aber nicht übersehen werden, dass der Gesetzgeber einen weiten Entscheidungsspielraum dahingehend hat, wie er die Verhältnismäßigkeit im Einzelfall gewährleistet. Er kann Subventionen zahlen. Ebenso kann er zulassen, dass Abgabenforderungen ganz oder teilweise erlassen oder gestundet werden. Zudem sind Möglichkeiten der privaten Kreditfinanzierung zu berücksichtigen. Die Rechtsprechung mutet den Betroffenen grundsätzlich zu, die aus dem Anschluss folgenden Kosten (Hausanschluss, Ausbaubeiträge etc.) notfalls durch einen Kredit vorzufinanzieren und ihr Grundstück zu belasten! Finanzielle Probleme des Anschlusspflichtigen sollen nicht zu einem Leerlaufen verwaltungsrechtlicher Pflichten führen.

3. Drittschutz

993 Die Anordnung des Anschluss- und Benutzungszwangs dient allein öffentlichen Interessen. Dies geht aus ihrer Voraussetzung „öffentliches Bedürfnis" hervor. Die Vorschriften über den Anschlusszwang dienen nicht zugleich privaten Interessen und sind mithin keine „**drittschützenden**" Normen. Die Vorschrift in der jeweiligen Kommunalverfassung vermittelt daher kein subjektives Recht eines privaten Leistungsanbieters, dass die Gemeinde den Anschluss- und Benutzungszwang nur bei Vorliegen eines öffentlichen Bedürfnisses anordnet. Deckt die Ermächtigungsgrundlage jedoch den Eingriff in das Grundrecht des Gewerbetreibenden nicht, so kommen Abwehransprüche unmittelbar aus den Grundrechten in Betracht.

4. Europa- und Bundesrechtskonformität des Zwangs

994 Die Anordnung eines Anschluss- und Benutzungszwangs zugunsten kommunaler Unternehmen ist ohne Ausschreibung der Versorgungs- bzw. Entsorgungsaufgabe mangels Erforderlichkeit dann **europarechtswidrig**, wenn privatwirtschaftliche Anbieter bereit und in der Lage sind, die Dienstleistung von allgemeinem wirtschaftlichen Interesse unter Beachtung der Gemeinwohlverpflichtung zu erbringen. Die Vorschriften zum Anschluss- und Benutzungszwang sind in diesem Sinne europarechtskonform auszulegen bzw. anzuwenden.

995 Die Rechtsprechung hat den Anschluss- und Benutzungszwang bislang vorwiegend auf seine Vereinbarkeit mit den **Grundrechten der Anschlusspflichtigen** überprüft. Im Vordergrund der Ent-

---

[1627] OVG Saarland, Urt. v. 7.4.1994 - 1 R 48/91 – juris/WoltersKluwer: „Eine Befreiung vom Anschluß- und Benutzungszwang kommt nur in Ausnahmefällen bei Vorliegen ganz besonderer objektiver, d.h. sich aus dem Grundstück selbst oder seiner räumlichen Beziehung zur Umgebung ergebenden Umstände in Betracht."
[1628] VGH BW, Urt. v. 20.6.1994 BWGZ 1995, 33.

scheidungen stand demzufolge meist das Eigentumsgrundrecht der Anschlusspflichtigen. Das BVerwG sieht die Vorschriften über den Anschluss- und Benutzungszwang bislang als eine verfassungsgemäße Ausformung der Sozialbindung des Eigentums an.[1629] Der BGH ist gar der Auffassung, die Eigentumsgarantie werde durch den kommunalrechtlichen Anschluss- und Benutzungszwang überhaupt nicht berührt,[1630] was indes falsch ist. Die Einführung des Anschluss- und Benutzungszwangs verstoße, soweit mit ihr zu rechnen war, auch dann nicht gegen Art. 14 I GG, wenn sie zur Aufgabe eines bestehenden privaten Betriebes zwinge (!).[1631]

996 Die bundesrechtlichen Verordnungen über **Allgemeine Versorgungsbedingungen** stehen der Anordnung eines Anschluss- und Benutzungszwangs weder für öffentlich-rechtlich noch für privatrechtlich organisierte oder benutzte Einrichtungen entgegen.[1632]

IV. Regelungen von Benutzung und Benutzungsgebühren/Haftung

997 Die Kommunen können die Benutzung ihres Eigentums und ihrer öffentlichen Einrichtungen regeln und Gebühren für die Benutzung festsetzen (§ 11 II KVG).

> **Bsp.:** Regelung einer Freibadsatzung, wonach ein Besucher bei schuldhafter Störung der Ordnung des Badebetriebs des Bades verwiesen werden kann.

In welcher Rechtsform die Kommunen die Benutzung ihres Eigentums und ihrer öffentlichen Einrichtungen regeln, ist nicht vorgegeben. In Betracht kommen daher insbesondere Satzung und Allgemeinverfügung.

998 Nach Ansicht des OVG NW folgt aus der gesetzlichen Befugnis zur Unterhaltung gemeindlicher Einrichtungen unmittelbar auch das **Annexrecht**, den Betrieb der Einrichtung aufrechtzuerhalten und Störungen abzuwehren (soweit nichts spezialgesetzlich geregelt ist).[1633] Dies umfasse etwa das Recht, auch ohne besondere gesetzliche Grundlage Störer aus einer Einrichtung zu entfernen. Dem ist zu folgen. Soweit daher die Kommune die Befugnis zur Störungsabwehr nicht besonders geregelt hat, kann sie gleichwohl, gestützt auf jene Annexkompetenz, die erforderlichen Maßnahmen zur Störungsabwehr ergreifen.

999 Das Recht zur Erhebung von **Benutzungsgebühren** richtet sich im Einzelnen nach dem KAG-LSA. Insoweit kann auf die Ausführungen hierzu verwiesen werden.[1634]

1000 Erleiden die Benutzer öffentlicher Einrichtungen infolge der Benutzung Schäden, kommen verschiedene **Haftungsgrundlagen** in Betracht. Bei öffentlich-rechtlicher Ausgestaltung des Benutzungsverhältnisses sind insbesondere Ansprüche aus positiver Vertragsverletzung des verwaltungs-

---

[1629] Vgl. BVerwG, Urt. v. 19.12.1997 – 8 B 234.97b – NVwZ 1998, 1080/UPR 1998, 192; BGH, Urt. v. 30.9.1963 BGHZ 40, 355 (358f.).

[1630] BGH, Urt. v. 30.9.1963 BGHZ 40, 355 (358); zust. *Papier*, in: Maunz/Dürig, GG, Art. 14 Rn. 103; *Depenheuer*, in: v. Mangoldt/Klein/Starck, GG, Art. 14 Rn. 362.

[1631] BGH, Urt. v. 30.9.1963 BGHZ 40, 355 (360); BVerwG, Urt. v. 27.5.1981 BVerwGE 62, 224 (226).

[1632] Vgl. BVerwG, Beschl. v. 12.7.1991 NVwZ-RR 1992, 37 (38).

[1633] OVG NW, Urt. v. 28.11.1994 – 22 A 2478/93 – NVwZ 1995, 814/NWVBl. 1995, 313.

[1634] S. Rn. 997 f., 1056 f., 1127, 1133 f., 1137.

rechtlichen Schuldverhältnisses, aus Amtshaftung gem. Art. 34 GG i.V.m. § 839 BGB[1635] oder in Sachsen-Anhalt auch aus Staatshaftung gem. § 1 StHG[1636] in Betracht zu ziehen. Zudem können sich Ansprüche aus der Anlagenhaftung gem. § 2 HPflG ergeben, sofern es sich nicht um höhere Gewalt handelt.[1637] Bei privatrechtlicher Ausgestaltung ist vornehmlich an vertragliche und deliktische Ansprüche zu denken. Die Gemeinde ist für ihre Anlagen verkehrssicherungspflichtig.

1001 Ein satzungsrechtlicher **Ausschluss der Amtshaftung** ist unzulässig. Die Amtshaftung kann als gesetzlicher Anspruch nicht durch Satzungsrecht beschränkt werden.[1638] Im Übrigen ist nach h.M. jedoch eine satzungsrechtliche Beschränkung der Haftung aus verwaltungsrechtlichen Schuldverhältnissen auf Vorsatz und grobe Fahrlässigkeit zulässig, falls dies im Einzelnen mit dem Verhältnismäßigkeitsgebot, dem Gleichheitssatz oder dem Sozialstaatsprinzip vereinbar ist.[1639] Demgemäß ist allenfalls ein Ausschluss der Haftung für leichte Fahrlässigkeit zulässig. Würde man die Zulässigkeit eines solchen Haftungsausschlusses ablehnen, müssten die Entgelte bei kommunalen Einrichtungen stark erhöht werden, um das Haftungsrisiko kalkulatorisch abzufangen. Dies würde aber wiederum mit anderen Rechtsgrundsätzen kollidieren (Sozialstaatsprinzip, Sparsamkeit).

[1635] Nach h.M. ist die Verwaltung in Privatrechtsform allerdings nicht an Art. 34 GG gebunden, da nicht in Ausübung eines „öffentlichen Amtes" gehandelt werde (s. hierzu *Kluth*, in: Wolff/Bachof/Stober/Kluth, Verwaltungsrecht II, § 67 Rn. 33 ff.; *Finckh*, Öffentliche Unternehmen und Staatshaftung, 1995, S. 71 ff.)

[1636] Staatshaftungsgesetz v. 12.5.1969 (GBl. I DDR S. 34) i.V.m. EV v. 31.8.1990 (BGBl. II S. 889), zuletzt geändert durch G. v. 26.6.1992 (BGBl. I S. 1147). Die Vorschrift begründet allerdings keine Haftung für rechtswidrige Gemeinderatsbeschlüsse (vgl. *Ossenbühl*, StaatshaftR, S. 480).

[1637] So etwa bei einem Schaden infolge Rückstaus in der Abwasserkanalisation aufgrund eines Jahrhundertregens (BGH, Urt. v. 22.4.2004 DVBl. 2004, 948; s. a. Urt. v. 11.3.2004 DVBl. 2004, 945).

[1638] *Gern*, Deutsches Kommunalrecht, Rn. 277; *Seibert*, DÖV 1986, 963f.

[1639] BGH, Urt. v. 17.5.1973 BGHZ 61, 7 (13); *Stober*, Kommunalrecht, § 20 V 2 m.w.Nachw.; s. auch *Reiter*, BayVBl. 1990, 711ff.; *Seibert*, DÖV 1986, 957 ff.

F. Wirtschaftsrecht und Haushaltsrecht

1002 Das kommunale Wirtschaftsrecht und das kommunale Haushaltsrecht haben gemein, dass beide Rechtsgebieten ein „Wirtschaften" der Kommunen regeln. Unter der „Kommunalwirtschaft" wird in der Praxis meist nur die kommunalwirtschaftliche Betätigung durch kommunale Unternehmen verstanden. Der Begriff lässt sich aber weiter fassen. Wie auch in manchen Kommunalverfassung lassen sich unter Kommunalwirtschaft neben dem Bereich „Unternehmen und Beteiligungen" auch folgende Bereiche fassen: „Haushaltswirtschaft", „Sondervermögen und Treuhandvermögen", sowie „Rechnungs- und Prüfungswesen".

I. Kommunales Wirtschaftsrecht

Lit.: *Cronauge*, Kommunale Unternehmen, 6. Aufl., 2016; *Dümke*, Daseinsvorsorge, Wettbewerb und kommunale Selbstverwaltung im Bereich der liberalisierten Energiewirtschaft (KWI-Gutachten), 2023; *Franz*, Gewinnerzielung durch kommunale Vorzugslasten, 2005; *Geis*, Kommunalrecht, 6. Aufl., 2023, S. 164 ff. m.w.Nachw.; *Kirchmer/Meinecke*, Wirtschaftsrecht der Kommunen des Landes Sachsen-Anhalt, 2016; *Mann*, Öffentliche Unternehmen – öffentliches Gesellschaftsrecht?, NdsVBl 2022, 197-203; *Münkler*, Kommunen als Akteure in der ambulanten Gesundheitsversorgung?, GesR 2024, 341-352; *Pfannkuch*, Erforderlichkeit übergebietlicher wirtschaftlicher Tätigkeit der Gemeinden zur Daseinsvorsorge, 2013; *Saulin,* Public Corporate Governance kommunaler Unternehmen: Rechtliche Grundlagen, Hemmnisse und praktische Umsetzung eines Konzepts zur Sicherung kommunaler Ingerenzrechte, 2021; *Schwarting*, Wirtschaftliche Unternehmen der Kommunen, in: Schwarting, Der kommunale Haushalt, 5. Aufl., 2019; *Thye*, Rechtspraxis der kommunalen Unternehmen, NdsVBl. 2023, 224; *Waldhoff*, Kommunalrecht und Wirtschaftsverwaltungsrecht: Wochenmarkt als gemeindliche Einrichtung, JuS 2023, 799-800; *Waldsauer*, Die Kommune als Adressatin widersprüchlicher Verpflichtungen aus dem Gemeindewirtschaftsrecht und dem Gesellschaftsrecht, 2023

1003 Das **kommunale Wirtschaftsrecht** ist – neben verfassungsrechtlichen Grundaussagen – vor allem in den §§ 128-135 KVG geregelt. Zentrale Aussage des kommunalen Wirtschaftsrechts ist, dass sich die Kommune in Angelegenheiten der örtlichen Gemeinschaft auch außerhalb ihrer öffentlichen Verwaltung in den Rechtsformen des Eigenbetriebes, der Anstalt des öffentlichen Rechts oder in einer Rechtsform des Privatrechts wirtschaftlich betätigen darf, wenn 1. ein öffentlicher Zweck die Betätigung rechtfertigt, 2. wirtschaftliche Betätigungen nach Art und Umfang in einem angemessenen Verhältnis zur Leistungsfähigkeit der Kommune und zum voraussichtlichen Bedarf stehen und 3. der Zweck nicht besser und wirtschaftlicher durch einen anderen erfüllt wird oder erfüllt werden kann (§ 128 I 1 KVG).

1. Wirtschaftliche Unternehmen
a) Begriff

1004 Der Begriff des **wirtschaftlichen Unternehmens** taucht zwar unter anderem in der Überschrift der Grundsatznorm des § 128 KVG auf, ist jedoch gesetzlich nicht definiert und nur negativ abgegrenzt.[1640] Eine allgemein anerkannte Definition existiert nicht. Man versteht hierunter meist Ein-

---

[1640] *Cronauge*, Kommunale Unternehmen, Rn. 444.

richtungen und Anlagen der Gemeinde, die auch von einem Privatunternehmen mit der Absicht der Gewinnerzielung betrieben werden könnten (sog. *Popitz*-Formel). Es geht m.a.W. darum, ob die Tätigkeit typischerweise zum Erzielen von Gewinnen geeignet ist.[1641] Folgt man der *Popitz*-Formel, kommt es nicht auf eine Gewinnerzielungsabsicht der Gemeinde, sondern allein auf die hypothetische Gewinnerzielungsmöglichkeit eines Privaten an, der die gleiche Leistung erbringen würde. Es spricht allerdings einiges dafür, das Wesen des wirtschaftlichen Unternehmens gerade in der Kombination von öffentlichem Zweck und Gewinnorientierung zu erblicken, mag die Gewinnerzielung auch dem öffentlichen Zweck untergeordnet sein. Das kommunale Wirtschaftsrecht enthält selten ausdrücklich ein Ertragsprinzip[1642] für das kommunale Wirtschaftsunternehmen, jedoch kann aus den Bestimmungen für dieses i.V.m. dem Wirtschaftlichkeitsprinzip das ungeschriebene Gebot abgeleitet werden, dass diese Unternehmen allgemeine Deckungsmittel für den Kommunalhaushalt erwirtschaften sollen.[1643] Dies macht die Besonderheit des kommunalen Wirtschaftsunternehmens gegenüber kostenrechnenden Einrichtungen aus. Das allein für wirtschaftliche Unternehmen geltende ungeschriebene Ertragsprinzip ist somit neben seinem gegenleistungsabhängigen Güter- bzw. Leistungsangebot sein entscheidende Wesensmerkmal. Die Zuordnung einer Einrichtung zum Bereich der kommunalen Daseinsvorsorge schließt die Annahme der wirtschaftlichen Betätigung nicht aus.[1644] In Sachsen-Anhalt sind anders als in manch anderen Bundesländern öffentliche Einrichtungen im Bereich der kommunalen Daseinsvorsorge nicht generell aus dem Geltungsbereich des kommunalen Wirtschaftsrechts ausgenommen.[1645]

> **Bsp.:** Betrieb eines Wochenmarktes durch eine Gemeinde ist ein wirtschaftliches Unternehmen, sofern die Kommune nicht nur als Verwaltungsbehörde i. S. d. § 69 I GewO, sondern auch als Eigentümer des Veranstaltungsplatzes und konkurrierender Veranstalter eines eigenen Wochenmarktes auftritt.[1646] Wirtschaftliche Tätigkeit ist auch Errichtung und Betrieb einer Photovoltaikanlage in Solarpark durch eine Kommune auf in ihrem Eigentum stehenden Grundstücken.[1647]

b) Abgrenzung von Hoheitsbetrieben

1005 Nach herkömmlicher Dogmatik sind die wirtschaftlichen von den nicht-wirtschaftlichen Unternehmen abzugrenzen. Die nicht-wirtschaftlichen Unternehmen werden auch als Hoheitsbetriebe bezeichnet.[1648] Die meisten Kommunalverfassungen treffen entweder ausdrücklich oder der Sache nach diese Unterscheidung, teilweise ist diese aber auch aufgegeben worden. Zur Abgrenzung zwischen den beiden Unternehmensformen, ist der Begriff des wirtschaftlichen Unternehmens

---

[1641] *Peine*, DÖV 1997, 363; *Waechter*, Kommunalrecht, Rn. 600.

[1642] Ein Beispiel für die Verankerung des Ertragsprinzips ist § 85 II GemO RLP.

[1643] Das Maximalprinzip des Wirtschaftlichkeitsgebots gebietet die Gewinnerzielung so weit zu steigern, wie der Unternehmenshauptzweck und sonstige öffentlich-rechtlichen Bindungen ihr nicht entgegenstehen.

[1644] OVG LSA, Urt. 19.5.2005 – 1 L 40/04 – juris Ls Nr. 2.

[1645] OVG LSA, Urt. 19.5.2005 – 1 L 40/04 – juris Ls Nr. 2.

[1646] OVG LSA, Urt. 19.5.2005 – 1 L 40/04 – JMBl. LSA 2005, 297/juris Ls Nr. 1; s.a. *Waldhoff*, Kommunalrecht und Wirtschaftsverwaltungsrecht: Wochenmarkt als gemeindliche Einrichtung, JuS 2023, 799-800.

[1647] OVG LSA, Urt. v. 7.5.2015 – 4 L 163/14 – juris Ls Nr. 1 (Rn. 29)/NVwZ 2015, 1231/KommJur 2015, 342/ZNER 2015, 601.

[1648] *Gern*, Deutsches Kommunalrecht, Rn. 726; *Cronauge*, Kommunale Unternehmen, Rn. 447.

anzuwenden. Fällt das Unternehmen nicht unter diesen, handelt es sich um einen Hoheitsbetrieb. Die Kommunalverfassungen begrenzen die Möglichkeit der Gemeinden Unternehmen zur Gewinnerzielung zu betreiben, in dem sie die Voraussetzungen dafür an bestimmte Bedingungen knüpfen, etwa dass ein öffentlicher Zweck die Betätigung rechtfertigen muss. Es gilt m.a.W. ein Verbot der Gewinnerzielung mit anderen wirtschaftlichen Unternehmen. Die Einhaltung der für wirtschaftliche Unternehmen geltenden Schranken liegt gleichsam in der Natur der nicht-wirtschaftlichen Unternehmen.[1649]

2. Organisationsformen

a) Öffentlich-rechtliche und privatrechtliche Organisationsformen

1006 **Öffentlich-rechtliche Rechtsformen** des kommunalen Wirtschaftsunternehmens sind der Eigenbetrieb, der Zweckverband und die Anstalt des öffentlichen Rechts.[1650] In der Rechtspraxis hat vor allem der Eigenbetrieb eine große Bedeutung. Der Regiebetrieb ist kein eigenständiges Unternehmen, sondern unselbständiger Teil der ihn tragenden Körperschaft.

1007 Kommunale Wirtschaftsunternehmen können, nach näherer Maßgabe des KVG, privatrechtlich organisiert sein. Am häufigsten ist die Rechtsform der **Gesellschaft mit beschränkter Haftung**. Seltener erscheint die **Aktiengesellschaft**. Die privatrechtliche Rechtsnatur eines privatrechtlich organisierten Unternehmens wird durch die Gesellschafterstellung der öffentlichen Hand grundsätzlich nicht berührt. Es handelt sich in privatrechtlicher Hinsicht nicht um eine „Mischform", mögen auch gewisse öffentlich-rechtliche Besonderheiten zu beachten sein. Es ist daher nur eingeschränkt zutreffend, wenn behauptet wird, das sog. gemischtwirtschaftliche Unternehmen stehe zwischen dem rein öffentlichen und dem rein privatwirtschaftlichen Unternehmen. Hält die Kommune alle Geschäftsanteile des Unternehmens, spricht man von einer kommunalen **Eigengesellschaft**.[1651] Im Falle einer Unternehmensbeteiligung Privater liegt ein sog. **gemischtwirtschaftliches Unternehmen** vor, wobei es sich, wie dargelegt, nur dann um eine kommunale Einrichtung handeln kann, wenn die Kommune den beherrschenden Einfluss ausübt. Diesen sichert meist eine Mehrheitsbeteiligung (**Mehrheitsbeteiligungsgesellschaft**).

b) Besondere Anforderungen an Unternehmen in Privatrechtsform

1008 Die Kommune darf gem. § 129 I KVG ein **Unternehmen in einer Privatrechtsform** nur unterhalten, errichten, übernehmen, wesentlich erweitern oder sich daran beteiligen, wenn die Voraussetzungen des § 128 vorliegen und 1. der öffentliche Zweck des Unternehmens nicht ebenso durch einen Zweckverband, einen Eigenbetrieb oder eine Anstalt des öffentlichen Rechts erfüllt wird oder erfüllt werden kann, 2. durch die Ausgestaltung des Gesellschaftsvertrages oder der Satzung sichergestellt ist, dass der öffentliche Zweck des Unternehmens erfüllt wird, 3. die Kommune einen angemesse-

---

[1649] Bei nicht-wirtschaftlichen Unternehmen müssen die Zulässigkeitsvoraussetzungen für wirtschaftliche Unternehmen nicht eigens dargelegt werden, „da diese aus der Natur der Sache heraus vermutet werden" (*Otting*, NWVBl. 2000, 208; *Ehlers*, Gutachten E, S. 75, der von einer Widerlegbarkeit der Vermutung ausgeht).

[1650] S. hierzu Rn. 942.

[1651] Vgl. *Faber*, DVBl. 2001, 249; *Henneke*, Öffentliches Finanzwesen, Rn. 473; *Kraft*, in: Püttner, HdkWP, Bd. 5, S. 168 ff.

nen Einfluss, insbesondere im Aufsichtsrat oder in einem entsprechenden Überwachungsorgan des Unternehmens, erhält und dieser durch Gesellschaftsvertrag, Satzung oder in anderer Weise gesichert wird, 4. die Haftung der Kommune auf einen ihrer Leistungsfähigkeit angemessenen Betrag begrenzt wird, 5. die Einzahlungsverpflichtungen der Kommune in einem angemessenen Verhältnis zu ihrer Leistungsfähigkeit stehen, 6. die Kommune sich nicht zur Übernahme von Verlusten in unbestimmter oder unangemessener Höhe verpflichtet.

1009 Die Kommunen dürfen wirtschaftliche Unternehmen in Privatrechtsform nur dann errichten, wenn durch die Ausgestaltung des Gesellschaftsvertrages oder der Satzung sichergestellt ist, dass der öffentliche Zweck des Unternehmens erfüllt wird, die Gemeinde einen angemessenen Einfluss erhält und dieser Einfluss durch Gesellschaftsvertrag, Satzung oder in anderer Weise gesichert wird (§ 129 I Nr. 3 KVG, sog. **Ingerenzgebot**). Eine Kapitalmehrheit sichert nicht notwendig den beherrschenden Einfluss im Sinne der Direktionsgewalt der öffentlichen Hand.[1652] Zudem muss die Gemeinde ihre Haftung ebenso wie ihre Einzahlungsverpflichtung auf einen im Hinblick auf ihre Leistungsfähigkeit angemessenen Betrag begrenzen und darf sich nicht zur Übernahme von Verlusten in unbestimmter oder unangemessener Höhe verpflichten. Eine Ingerenzpflicht wird bisweilen sogar aus Verfassungsrecht abgeleitet.[1653]

1010 Die Beschränkungen für kommunale Unternehmen in privatrechtsform (Regelungen des § 129 I Nrn. 2-6 KVG) gelten entsprechend, wenn ein Unternehmen in einer Rechtsform des Privatrechts, an dem eine Kommune allein oder zusammen mit anderen kommunalen Körperschaften mit mehr als 50 % **beteiligt** ist, eine Gesellschaft oder eine andere Vereinigung in einer Rechtsform des privaten Rechts unterhalten, errichten, übernehmen, wesentlich erweitern, sich daran beteiligen oder eine Beteiligung aufrechterhalten will (§ 129 II 1 KVG). Bei einer geringeren Beteiligung als 50 % genannten hat die Kommune zumindest darauf hinzuwirken, dass die Regelungen des § 129 I Nr. 2-6 KVG umgesetzt werden (§ 129 II 2 KVG).

Die Kommune stellt in einem kommunalen oder kommunal kontrollierten Unternehmen die Einrichtung und den Betrieb einer internen Meldestelle in entsprechender Anwendung von § 76a sicher (§ 129 III 1 KVG).[1654]

1011 Die **Vertretung der Kommune in Unternehmen in Privatrechtsform** bestimmt sich nach § 131 KVG. Der Hauptverwaltungsbeamte vertritt die Kommune in der Gesellschafterversammlung oder in dem entsprechenden Organ der Unternehmen in einer Rechtsform des Privatrechts, an denen die Kommune beteiligt ist (§ 131 I 1 HS 1 KVG). Er kann einen Beschäftigten der Kommune mit seiner Vertretung beauftragen (§ 131 I 1 HS 2 KVG). Bei Mitgliedsgemeinden von Verbandsgemeinden vertritt der Bürgermeister die Gemeinde in der Gesellschafterversammlung, der Gemeinderat wählt aus seiner Mitte einen oder mehrere Stellvertreter des Bürgermeisters für den Verhinderungsfall (§ 131

[1652] Vgl. *Mann,* JZ 2002, 819.

[1653] Vgl. VerfGH Berlin, Urt. v. 21.10.1999 ZUR 2000, 32 (34) sowie *Mann,* JZ 2002, 821; *Mayen,* DÖV 2001, 113 (Demokratieprinzip).

[1654] Die Kommune kann vorsehen, dass die für sie zuständige interne Meldestelle zugleich die Aufgaben der internen Meldestelle für ihre kommunalen oder kommunal kontrollierten Unternehmen wahrnimmt (§ 129 III 2 KVG).

I 2 KVG).[1655] Die Vertretung der Kommune durch eine Person in einem Vorstand eines Unternehmens sowie deren Beauftragung mit der Geschäftsführung ist mit der Vertretung der Kommune in der Gesellschafterversammlung, dem Aufsichtsrat oder einem entsprechenden Gremium durch diese Person nicht vereinbar (§ 131 II KVG).

1012 Die Vorgaben zur Vertretung gem. § 131 I KVG gelten entsprechend, wenn der Kommune das Recht eingeräumt ist, in den **Vorstand**, den **Aufsichtsrat** oder ein gleichartiges Organ einer Gesellschaft Mitglieder zu entsenden (Entsenderecht gem. § 131 III 1 KVG). Soweit mit dem Recht auch die Pflicht korrespondiert, Mitglieder in den Aufsichtsrat eines wirtschaftlichen Unternehmens zu entsenden, die Kommune dieser Pflicht aber nicht nachkommt bzw. weniger als die vertraglich vorgesehenen Mitglieder beruft, kann die Aufsicht die Entsendung anordnen.[1656] Im Falle seiner Entsendung kann der Hauptverwaltungsbeamte die Wahrnehmung der Aufgaben in diesen Gremien einem geeigneten Beschäftigten übertragen (§ 131 III 2 KVG).[1657] Ist der Hauptverwaltungsbeamte Mitglied des Aufsichtsrates einer Gesellschaft, so wird er in der Gesellschafterversammlung bei der Entscheidung über die Entlastung des Aufsichtsrates von seinem Stellvertreter im Amt vertreten (§ 131 III 4 KVG). Die Mitgliedschaft der Vertreter der Kommune endet, soweit durch Gesetz nichts anderes bestimmt ist, mit ihrem Ausscheiden aus dem Haupt- oder Ehrenamt der Kommune (§ 131 III 5 KVG). Der Hauptverwaltungsbeamte ist gegenüber der Vertretung informationspflichtig, unterliegt jedoch einer **gesellschaftsrechtlichen Verschwiegenheitspflicht** im Hinblick auf geheimhaltungsbedürftige Umstände.[1658]

1013 Werden Vertreter der Kommune aus ihrer Tätigkeit in einem Organ eines Unternehmens in einer Rechtsform des privaten Rechts haftbar gemacht, hat ihnen die Kommune den Schaden zu ersetzen, es sei denn, dass sie ihn vorsätzlich oder grob fahrlässig herbeigeführt haben (§ 131 IV 1 KVG). Auch in diesem Fall ist die Kommune schadensersatzpflichtig, wenn ihre Vertreter nach Weisung gehandelt haben (§ 131 IV 2 KVG).

[1655] Die Kommune kann weitere Vertreter entsenden, die über die jeweils notwendige wirtschaftliche Erfahrung und Sachkunde verfügen sollen (§ 131 I 3 KVG). Sie kann die Entsendung jederzeit zurücknehmen (§ 131 I 4 KVG). Sind zwei oder mehr Vertreter zu entsenden und kommt eine Einigung über deren Entsendung nicht zustande, finden die Vorschriften über das Verfahren zur Bildung beschließender Ausschüsse der Vertretung Anwendung (§ 131 I 5 KVG). Die Kommune kann ihren Vertretern Weisungen erteilen (§ 131 I 6 KVG). Der Hauptverwaltungsbeamte, der Bürgermeister oder die Vertreter nach den Sätzen 1 bis 3 haben die Kommune über alle Angelegenheiten des Unternehmens von besonderer Bedeutung frühzeitig zu unterrichten (§ 131 I 7 KVG). Die Vertreter nach den Sätzen 1 bis 3 erstatten dabei dem Hauptverwaltungsbeamten oder Bürgermeister Bericht, der in jedem Fall einen beschließenden, nicht öffentlichen Ausschuss der Vertretung oder die Vertretung über diese Angelegenheiten informiert § 131 I 8 KVG). Die Sätze 6 bis 8 gelten nur, soweit durch Vorgaben des Gesellschaftsrechts nichts anderes bestimmt ist (§ 131 I 9 KVG).
[1656] VG Halle, Beschl. v. 22.3.2016 – 6 B 11/16 – Juris Rn. 12.
[1657] Die Pflichten des Hauptverwaltungsbeamten nach § 131 I 7 u. 8 KVG gelten für diesen Beschäftigten entsprechend (§ 131 III 3 KVG).
[1658] S. näher *Gaß*, Pflichtenbindung und Pflichtenkollisionen der Gemeindevertreter – Über die Rechtsstellung der kommunalen Vertreter in den Organen privatrechtlicher Organisationsformen, BayVBl 2024, 360; Horsten, Das Spannungsverhältnis von Verschwiegenheits- und Berichtspflicht des kommunalen Amts- und Mandatsträgers in Organen juristischer Personen und Personengesellschaften, VR 2023, 145-148; *Weirauch*, Die gesellschaftsrechtliche Verschwiegenheitsverpflichtung im Aufsichtsrat öffentlicher Unternehmen, DÖV 2024, 146-150; s.a. *Dombert*, Kommunale Amts- und Mandatsträger in privaten Unternehmen: Weisungsrechte und Unterrichtungspflichten, NdsVBl 2022, 133-137; OVG NW, Urt. v. 12.12.2022 – 15 A 2689/20 – AG 2023, 332-336.

1014 Beabsichtigt die Kommune, ein Unternehmen in einer Rechtsform des öffentlichen Rechts oder des Privatrechts zu errichten, zu übernehmen oder wesentlich zu erweitern oder seine Rechtsform innerhalb des Privatrechts zu ändern, so hat der Hauptverwaltungsbeamte eine **Analyse** zu erstellen, in der die **Vor- und Nachteile** der öffentlichen und der privatrechtlichen Organisationsformen im konkreten Einzelfall dargestellt werden (§ 135 I 1 KVG). Dabei sind die organisatorischen, personalwirtschaftlichen, mitbestimmungsrechtlichen sowie die wirtschaftlichen, finanziellen, haftungsrechtlichen und steuerlichen Unterschiede und die Auswirkungen auf den Haushalt der Kommune sowie die Entgeltgestaltung gegenüberzustellen (§ 135 I 2 KVG).[1659] Beabsichtigt die Kommune, sich an einem Unternehmen, das an einem gesetzlich liberalisierten Markt in den Bereichen Strom-, Gas- und Wärmeversorgung tätig ist, mit mehr als dem 20. Teil der Anteile des Unternehmens mittelbar zu beteiligen, hat sie die geplante Beteiligung möglichst frühzeitig, spätestens einen Monat vor der Beschlussfassung, der Kommunalaufsichtsbehörde anzuzeigen und das Vorliegen der gesetzlichen Voraussetzungen zu begründen (**Anzeige- und Begründungspflicht**, § 135 I 6 KVG).[1660]

1015 Entscheidungen der Kommune über 1. die Errichtung, Auflösung, Übernahme und wesentliche Erweiterung sowie die Änderung der Rechtsform oder des öffentlichen Zwecks von Unternehmen der Kommune, 2. die unmittelbare oder mittelbare Beteiligung der Kommune an Unternehmen, 3. die gänzliche oder teilweise Veräußerung von Unternehmen oder Beteiligungen der Kommune sind einschließlich des Gesellschaftsvertrags oder der Satzung der Kommunalaufsichtsbehörde rechtzeitig, mindestens aber sechs Wochen vor ihrem Vollzug vorzulegen (**Vorlagepflicht** für Entscheidungen gem. § 135 II 1 KVG). Auch der Beteiligungsbericht[1661] ist mit der von der Vertretung beschlossenen Haushaltssatzung der Kommunalaufsichtsbehörde vorzulegen (Vorlage des Beteiligungsberichts, § 135 III KVG).

3. Schrankentrias

1016 Die Errichtung wirtschaftlicher Unternehmen ist nur unter den Voraussetzungen der sog. **Schrankentrias** zulässig. Hiernach darf sich die Kommune in Angelegenheiten der örtlichen Gemeinschaft auch außerhalb ihrer öffentlichen Verwaltung in den Rechtsformen des Eigenbetriebes, der Anstalt des öffentlichen Rechts oder in einer Rechtsform des Privatrechts (nur) wirtschaftlich betätigen, wenn 1. ein öffentlicher Zweck die Betätigung rechtfertigt, 2. wirtschaftliche Betätigungen nach Art und Umfang in einem angemessenen Verhältnis zur Leistungsfähigkeit der Kommune und zum voraussichtlichen Bedarf stehen und 3. der Zweck nicht besser und wirtschaftlicher durch einen

---

[1659] Die Analyse ist der beschließenden Vertretung zur Vorbereitung der Entscheidung, der Kommunalaufsichtsbehörde jedoch unverzüglich, spätestens sechs Wochen vor der Entscheidung vorzulegen (§ 135 I 3 KVG). Dies gilt entsprechend, wenn zur Herstellung der beihilferechtlichen Zulässigkeit von Ausgleichszahlungen ein Betrauungsakt gemäß Beschluss 2012/21/EU der KOM vom 20.12.2011 über die Anwendung von Art. 106 II AEUV auf staatliche Beihilfen in Form von Ausgleichsleistungen zugunsten bestimmter Unternehmen, die mit der Erbringung von Dienstleistungen von allgemeinem wirtschaftlichem Interesse betraut sind (ABl. L 7 vom 11.1. 2012, S. 3) erforderlich sein sollte (§ 135 I 4 KVG). Die Sätze 1 bis 3 gelten bei einer wesentlichen Änderung des Gesellschaftsvertrags oder der Satzung entsprechend (§ 135 I 5 KVG).

[1660] Die Vorlagepflicht nach § 135 II 1 Nr. 2 KVG entfällt in diesem Fall (§ 135 I 7 KVG).

[1661] Dieser ist gem. § 130 KVG aufzustellen.

anderen erfüllt wird oder erfüllt werden kann (§ 128 I 1 KVG).[1662] Die begrenzende Wirkung der Schrankentrias für die unternehmerische Betätigung der Kommunen wird allerdings allgemein als gering eingeschätzt.

a) Zweckbindung

1017 Die Gemeinde darf wirtschaftliche Unternehmen - ungeachtet ihrer Rechtsform - nur unterhalten, errichten, übernehmen, wesentlich erweitern oder sich daran beteiligen, wenn der **öffentliche Zweck** das Unternehmen rechtfertigt (Nr. 1). Die wirtschaftliche Betätigung ist mithin kein Selbstzweck. Ein öffentlicher Zweck liegt vor, wenn die Leistungen des kommunalen Betriebs sachlich und räumlich grundsätzlich im gemeindlichen Wirkungskreis zur Befriedigung der Bedürfnisse der Gemeindeeinwohner erbracht werden.[1663] Dies darf nicht nur ein Nebenzweck des Unternehmens sein.[1664] Der öffentliche Zweck liegt im Rahmen der Daseinsvorsorge in der Versorgung der örtlichen Bevölkerung mit Basisgütern wie Strom, Gas und Wasser sowie mit Basisdienstleistungen wie der Abwasserentsorgung,[1665] ist aber nicht notwendig auf die Daseinsvorsorge beschränkt.[1666]

> **Bsp.:** So ist die Durchführung eines gemeindlichen Wochenmarkts regelmäßig durch einen öffentlichen Zweck gedeckt.[1667]

1018 Für mehrere Tatbeständen wird ein öffentlicher Zweck fingiert bzw. **unwiderlegbar vermutet**. So dienen nach gesetzlicher Festlegung Betätigungen in den Bereichen der Strom-, Gas- und Wärmeversorgung, der Wasserversorgung, Abfallentsorgung, Abwasserbeseitigung, Breitbandversorgung, Wohnungswirtschaft, der ambulanten Pflege und ambulanten ärztlichen Versorgung, der Hafenwirtschaft und des öffentlichen Verkehrs einem öffentlichen Zweck und sind unter der Voraussetzung des § 128 I 1 Nr. 2 KVG zulässig (§ 128 II 1 KVG). Die Betätigung der Kommune im Bereich der Erzeugung und Einspeisung von Strom aus erneuerbaren Energien zu dem in § 1 EEG genannten Zweck ist zulässig, wenn sie nach Art und Umfang in einem angemessenen Verhältnis zur Leistungsfähigkeit der Kommune steht (§ 128 II 2 KVG). Die gesetzliche Vermutung, dass alle genannten Betätigungen einem öffentlichen Zweck dienen, gilt grundsätzlich nur für die **örtliche** Versorgung bzw. Entsorgung (**Örtlichkeitsgrundsatz**). Das Zweckerfordernis korrespondiert insoweit mit der Verbandskompetenz der Kommune nach Art. 28 II GG.[1668] Vom Örtlichkeitsgrundsatz gelten indes weitreichende Ausnahmen.[1669]

[1662] Lit.: *Kirchmer/Meinecke*, Wirtschaftsrecht der Kommunen des Landes Sachsen-Anhalt, 2016; *Meyer-Hetling/Doms/Haupt*, Fachkräftemangel. Rechtliche Zulässigkeit der Übernahme von Handwerksbetrieben durch Standwerke, Versorgungswirtschaft 223, 11-15.

[1663] *Henneke*, Öffentliches Finanzwesen, Rn. 511.

[1664] *Ehlers*, Gutachten E, S. 73.

[1665] Vgl. VerfGH Rh.-Pfalz, Urt. v. 28.3.2000 DVBl. 2000, 992 (994).

[1666] BVerwG, Urt. v.22.2.1972 BVerwGE 39, 329 (333).

[1667] OVG LSA, Urt. v. 17.2.2011 – 2 L 126/09 – juris Rn. 31.

[1668] *Enkler*, ZG 1998, 332.

[1669] S.u. Rn. 1028.

1019 Dem Gemeinderat steht bei dem wertausfüllungsbedürftigen Merkmal des „öffentlichen Zwecks" nach nahezu einhelliger Auffassung eine (weite) Einschätzungsprärogative zu.[1670] Das BVerwG führt insoweit aus, es sei hauptsächlich den Anschauungen und Entschließungen der maßgeblichen Gemeindeorgane überlassen und hänge von den örtlichen Verhältnissen, finanziellen Möglichkeiten der Gemeinde, Bedürfnissen der Einwohner und anderen Faktoren ab, worin die Gemeinde das gemeinsame Wohl ihrer Einwohner erblicke, so dass es sich bei dem Merkmal öffentlicher Zweck „im Grunde ... um eine Frage sachgerechter Kommunalpolitik" handele, die „der Beurteilung durch den Richter weitgehend entzogen" ist.[1671] Angesichts dieser Unbestimmtheit ist das Kriterium als Leerformel bezeichnet worden.[1672]

1020 Die **Gewinnerzielung** dient zwar öffentlichen Zwecken, ist jedoch selbst kein das Unternehmen rechtfertigender öffentlicher Zweck. Alle Tätigkeiten oder Tätigkeitsbereiche, mit denen die Kommune an dem vom Wettbewerb beherrschten Wirtschaftsleben teilnimmt, um **ausschließlich Gewinn zu erzielen**, entsprechen keinem öffentlichen Zweck (§ 128 I 2 KVG). Dienstleistungen, die mit der wirtschaftlichen Betätigung verbunden sind, sind zulässig, wenn ihnen im Vergleich zum Hauptzweck eine untergeordnete Bedeutung zukommt und die Voraussetzung des Satzes 1 Nr. 3 vorliegt (§ 128 I 3 KVG). Zulässig ist daher nur eine „Gewinnmitnahme".

b) Angemessenheit

1021 Die zweite Vorgabe der Schrankentrias ist, dass das Kommunalunternehmen nach Art und Umfang in einem **angemessenen Verhältnis zur Leistungsfähigkeit der Gemeinde** und zum voraussichtlichen Bedarf stehen muss. Angemessenheit ist insoweit ein unbestimmter Rechtsbegriff mit Beurteilungsspielraum.[1673] Sie wird bisweilen als Ausdruck des Wirtschaftlichkeitsprinzips gewertet.[1674] Die Vorschrift dient dem Schutz der Kommunen vor Tätigkeiten, die ihre Finanz- und Verwaltungskraft überfordern,[1675] mithin der Risikobegrenzung[1676].

> **Bsp.:** Die Durchführung eines gemeindlichen Wochenmarkts steht nach Art und Umfang der Betätigung regelmäßig in einem angemessenen Verhältnis zur Leistungsfähigkeit einer Gemeinde.[1677]

c) Subsidiarität

1022 Die dritte Klausel der Schrankentrias ist die **Subsidiaritätsklausel**. Sie besagt, dass die Errichtung, Unterhaltung etc. der kommunalen Einrichtung nur zulässig ist, wenn der öffentliche Zweck nicht ebenso gut und wirtschaftlich oder durch einen anderen erfüllt werden kann oder wenn die Gemeinde nachweist, dass sie den Zweck besser und wirtschaftlicher als ein anderer erfüllt. Diese

---

[1670] BVerwG, Urt. v. 22.2.1972 BVerwGE 39, 329 (334); VerfGH Rh.-Pfalz, Urt. v. 28.3.2000 DVBl. 2000, 992 (994).

[1671] BVerwG, Urt. v. 22.2.1972 BVerwGE 39, 329 (334).

[1672] *Ehlers*, Gutachten E, S. 71; *Gusy*, JA 1995, 169; *Schink*, NVwZ 2002, 132.

[1673] *Gern*, Deutsches Kommunalrecht, Rn. 728; *Moraing*, GemHH 1998, 227; *Schink*, NVwZ 2002, 132.

[1674] Vgl. etwa *Ehlers*, Gutachten E, S. 116.

[1675] Vgl. BGH, Urt. v. 19.6.1986 NJW 1987, 60; *Ehlers*, Gutachten E, S. 77; *Gern,* Deutsches Kommunalrecht, Rn. 728.

[1676] *Ehlers*, Gutachten E, S. 77.

[1677] OVG LSA, Urt. v. 17.2.2011 – 2 K 126/09 – juris Rn. 31.

Subsidiaritätsklausel ist etwas enger gefasst und zielt auf einen wirksamen Vorrang der Privatwirtschaft. Die Klausel dient dazu, die Gemeinden von riskanten wirtschaftlichen Unternehmungen abzuhalten.[1678] Letztlich geht es hierbei darum, dass die öffentliche Unternehmenstätigkeit nicht mehr dem Gemeinwohl diente, wenn die Privatwirtschaft sie besser und wirtschaftlicher erfüllen würde.[1679]

1023 Rspr.[1680] und Lit.[1681] billigen der Gemeinde bei der Subsumtion von Sachverhalten unter die Subsidiaritätsklausel eine **weite Einschätzungsprärogative** zu. Ob ein Privater den öffentlichen Zweck künftig besser erfüllen werde als bisher die Gemeinde, muss Gegenstand einer plausiblen und nachvollziehbaren Prognose sein. Diese Prognose ist nur in engen Grenzen verwaltungsgerichtlich überprüfbar.[1682] Ein Verwaltungsgericht kann insoweit nur nachprüfen, ob die Behörde von einem zutreffend und vollständig ermittelten Sachverhalt ausgegangen ist, ihre Prognose einleuchtend begründet hat und keine offenkundig fehlerhafte, insbesondere widersprüchliche Einschätzung vorgenommen hat.[1683] „Bei Prognoseentscheidungen kann es letztlich an einer im strengen Sinne beweisbaren Grundlage für die Prognose fehlen, ohne dass diese dadurch fehlerhaft würde; es kann nicht jeder von der Behörde bezeichnete Einzelumstand isoliert auf seine Tauglichkeit darauf untersucht werden, ob er die tatsächliche Grundlage für die angestellte Prognose abgeben kann."[1684] Dem ist zu folgen, zumal bereits im Merkmal des öffentlichen Zwecks ein weiter kommunaler Einschätzungsspielraum angelegt ist. Die Prärogative bezieht sich insbesondere auch auf die Güte, Dauerhaftigkeit, Zuverlässigkeit und soziale Gerechtigkeit der Zweckerfüllung durch die Privatwirtschaft.[1685] Die Subsidiaritätsklausel greift daher nicht schon dann ein, wenn die Kommune Leistungen anbietet, die auch Private anbieten.

1024 Aufgrund der nur eingeschränkt justiziablen Einschätzungsprärogative und der Weite der Begriffe wurde die Subsidiaritätsklausel zu Recht als „zahnlos"[1686] bezeichnet. Hinzu kommt, dass allgemein anerkannte geeignete Berechnungs- und Vergleichsmaßstäbe fehlen, die einen aussagekräftigen Vergleich zuließen.[1687] Einige Bundesländer haben das Subsidiaritätserfordernis daher um die Verpflichtung zur Durchführung eines Markterkundungsverfahrens ergänzt[1688], um zumindest prozedurale Mindestanforderungen zu sichern. Gleichwohl ist eine tatsächliche Bedarfsermittlung bzw. -prognose auch in den anderen Bundesländern nicht entbehrlich.[1689]

[1678] *Gern*, Deutsches Kommunalrecht, Rn. 729; *Meyer*, LKV 2000, 323; *Waechter*, Kommunalrecht, Rn. 597.

[1679] *Badura*, DÖV 1998, 822.

[1680] VerfGH Rh.-Pfalz, Urt. v. 28.3.1999 DVBl. 2000, 992, 995.

[1681] *Ehlers*, DVBl. 1998, 502; *Henneke*, Öffentliches Finanzwesen, Rn. 522f.; *Schneider*, DVBl. 2002, 1257.

[1682] OVG LSA, Urt. v. 17.2.2011 – 2 L 126/09 – juris Rn. 42 (Ls Nr. 3).

[1683] OVG LSA, Urt. v. 17.2.2011 a.a.O. (Ls Nr. 4).

[1684] OVG LSA, Urt. v. 17.2.2011 a.a.O. Rn. 43 (Ls Nr. 4).

[1685] Vgl. VerfGH Rh.-Pfalz, Urt. v. 28.3.2000 DVBl. 2000, 992 (995).

[1686] *Schoch*, DVBl. 1994, 972.

[1687] *Hill*, BB 1997, 430; *Moraing*, GemHH 1998, 227; *Schink*, NVwZ 2002, 137.

[1688] Vgl. § 107 V GO NRW

[1689] *Gern*, Deutsches Kommunalrecht, Rn. 728.

1025 Nach Ansicht des OVG LSA[1690] und der wohl h.L.[1691], ist die verschärfte Subsidiaritätsklausel, **nicht drittschützend**. Die sog. (verschärfte) Subsidiaritätsklausel diene ihrem Wortlaut und ihrem erkennbaren Schutzzweck nach neben dem öffentlichen, allgemeinen Interesse (an einer wirtschaftlichen Haushaltsführung der Kommunen ohne überhöhte Risiken durch unternehmerische Experimente) nicht zugleich dem Schutz von Individualinteressen privater Wettbewerber. Nach der engen Ansicht soll sich der Konkurrent der öffentlichen Hand allein auf eine fehlende Vereinbarkeit der wirtschaftlichen Betätigung der Kommune mit Grundrechten oder auf Verstöße gegen das Wettbewerbsrecht berufen können, während die Gegenansicht den Vorschriften Drittschutz zuerkennt. Die Auslegung muss bei der jeweiligen landesrechtlichen Ausformung der Subsidiaritätsklausel ansetzen. Soweit eine Regelung die Gemeinde explizit zu einer „Berücksichtigung der Auswirkungen auf das Handwerk und die mittelständische Wirtschaft" auffordert, wird dem eine drittschützende Wirkung nicht zu versagen sein.[1692]

4. Randnutzung und außergebietliche Wirtschaftstätigkeit
a) Randnutzung

1026 Erweiterte Möglichkeiten der Gewinnerzielung durch wirtschaftliche Unternehmen bietet die sog. Randnutzung. Man spricht insoweit auch von Annextätigkeit. Hierunter versteht man die wirtschaftliche Ausnutzung von ohnehin vorhandenen produktiven Kapazitäten, die für die Aufgabenerfüllung nicht notwendig sind.[1693]

> **Bsp.**: Vermietung von Reklameflächen auf städtischen Straßenbahnen oder an Gebäuden gemeindlicher Einrichtungen

Die Zulässigkeit der Randnutzung ist jedoch dadurch beschränkt, dass die Gemeinde die kompetenziellen Grenzen des Art. 28 II GG und die grundrechtlichen Schranken der Wirtschaftstätigkeit beachten muss. So müssen im Falle einer Beeinträchtigung der Berufsfreiheit der Mitbewerber vernünftige Erwägungen des Gemeinwohls den Grundrechtseingriff durch die Randnutzung erfordern. Auszugehen ist im Übrigen davon, dass die Gemeinde **Überkapazitäten tunlichst zu vermeiden** hat.[1694] Dauernd entbehrlich gewordene Kapazitäten sind abzubauen.[1695] Insbesondere darf die Gemeinde sich den die Betätigung rechtfertigenden Zweck nicht erst dadurch schaffen, indem sie

---

[1690] OVG LSA, Urt. V. 29.10.2008 – 4 L 146/05 – juris Rn. 138 (noch zur alten Rechtslage nah § 116 I 1 Nr. 3 GO LSA). Drittschutz der Schrankentrias verneinend auch: BVerwG, Beschl. v. 21.3.1995 DVBl. 1996, 152 (153); NdsOVG, Urt. v. 24.1.1990 NVwZ-RR 1990, 506, 507; bejahend: OLG Hamm, Urt. v. 23.9.1997 NJW 1998, 3504 (3505)-Gelsengrün; VerfGH Rh.-Pfalz, Urt. v. 28.3.2000 DVBl. 2000, 992 (995).

[1691] Drittschutz verneinend *Badura*, DÖV 1998, 821; *Boysen*, VR 1996, 79; *Dolderer*, BayVBl. 1998, 13; bejahend: *Cronauge*, Kommunale Unternehmen, Rn. 503; *Kluth*, Grenzen kommunaler Wettbewerbsteilnahme, S. 90; ders., WiVerw. 2000, 206 ders., JA 2001, 374; *Löwer*, VVDStRL 60 (2001), 446; *Pielow*, NWVBl. 1999, 379.

[1692] Vgl. hierzu *Pielow*, NWVBl. 1999, 378; a.A. *Frenz*, DÖV 2000, 809.

[1693] Vgl. BVerwG, Urt. v. 21.4.1989 BVerwGE 82, 29 (34); *Cronauge*, GemHH 1997, 269.

[1694] *Frenz*, DÖV 2000, 807; *Müller*, JZ 1998, 579.

[1695] VerfGH Rh.-Pfalz, Urt. v. 28.3.2000 DVBl. 2000, 992 (994); *Enkler*, ZG 1998, 335.

die Einrichtung so dimensioniert, dass diese erst bei zusätzlicher Randnutzung wirtschaftlich arbeiten kann.[1696]

b) Außergebietliche Wirtschaftstätigkeit

1027 Die wirtschaftliche Betätigung **außerhalb des Gemeindegebietes** kollidiert mit der Regelung des Art. 28 II GG. Wirtschaftliche Unternehmen der Kommunen dürfen nämlich nur im Rahmen ihrer Verbandskompetenz agieren.[1697] Damit greift eine außergebietliche Wirtschaftstätigkeit in die Kompetenzen der betroffenen Gemeinden ein. Will sich eine Gemeinde im Bereich anderer Gemeinden wirtschaftlich betätigen, ist eine Ausweitung ihrer Kompetenz notwendig, was wegen des Gesetzesvorbehalts des Art. 28 II GG nur mittels eines Gesetzes notwendig ist.[1698]

1028 Vom Örtlichkeitsgrundsatz ausgenommen ist die **außergebietliche Strom, Gas- und Wärmeversorgung**, der Erzeugung und Einspeisung von Strom aus erneuerbaren Energien zu dem in § 1 EEG genannten Zweck, der ambulanten Pflege und ambulanten ärztlichen Versorgung sowie der Hafenwirtschaft, für die nunmehr ein öffentlicher Zweck gesetzlich vermutet wird (vgl. § 128 III 1 KVG). Frühere Entscheidungen der Rspr. zur Wahrung des Örtlichkeitsprinzips bei der Strom-, Gas- und Wasserversorgung haben keine Bedeutung mehr.[1699] Zur kommunalen Stromversorgung gehört auch die Erzeugung von erneuerbarem Strom etwa durch eine Photovoltaikanlage.[1700] Eine bloße Beteiligung an Unternehmen der Strom-, Gas- oder Wärmeversorgung muss die Kommune der Kommunalaufsicht anzeigen.[1701] Die außergebietliche wirtschaftliche Betätigung in den genannten Bereichen dient einem öffentlichen Zweck und ist zulässig, wenn sie nach Art und Umfang in einem angemessenen Verhältnis zur Leistungsfähigkeit der Kommune steht, die Voraussetzung des § 128 I Nr. 3 KVG vorliegt und die berechtigten Interessen der betroffenen Kommune gewahrt sind (§ 128 III 1 KVG). Bei Aufgaben, die im Wettbewerb wahrgenommen werden, gelten Interessen nur so weit als berechtigt, als der jeweilige Ordnungsrahmen eine Einschränkung des Wettbewerbs zulässt (§ 128 III 2 KVG). Die betroffene Kommune ist so rechtzeitig vor der Aufnahme der wirtschaftlichen Tätigkeit in ihrem Gebiet zu informieren, dass sie ihre berechtigten Interessen geltend machen kann (§ 128 III 3 KVG). In den genannten Wirtschaftsbereichen muss die betroffene Gemeinde hiernach

---

[1696] OLG Hamm, Urt. v. 23.9.1997 NJW 1998, 3504 (3505).

[1697] *Gern*, Deutsches Kommunalrecht, Rn. 731.

[1698] *Gern*, Deutsches Kommunalrecht, Rn. 731.

[1699] Damit das Örtlichkeitsprinzip nicht verletzt war, musste nach der maßgeblichen funktionsbezogenen Betrachtung zu einem bestimmten Anteil eine gezielte Versorgung von Abnehmern im Gebiet der betreibenden Kommune durch den erzeugten Strom erfolgen, d.h. die Anlage muss im Ergebnis zumindest teilweise zielgerichtet der Stromversorgung dieser Kommune dienen. Eine solche zielgerichtete Versorgung lag nicht vor, wenn der erzeugte Solarstrom nach dem EEG in vollem Umfang in ein überörtliches Netz gegen Vergütung eingespeist wurde (OVG LSA, Urt. v. 7.5.2015 – 4 L 163/14 – juris Ls Nr. 3 (Rn. 37)/NVwZ 2015, 1231/KommJur 2015, 342/ZNER 2015, 601).

[1700] OVG LSA, Urt. v. 7.5.2015 – 4 L 163/14 – juris Ls Nr. 2 (Rn. 36)/NVwZ 2015, 1231/KommJur 2015, 342/ZNER 2015, 601.

[1701] Vgl. § 135 I 6 KVG: „Beabsichtigt die Kommune, sich an einem Unternehmen, das an einem gesetzlich liberalisierten Markt in den Bereichen Strom-, Gas- und Wärmeversorgung tätig ist, mit mehr als dem 20. Teil der Anteile des Unternehmens mittelbar zu beteiligen, hat sie die geplante Beteiligung möglichst frühzeitig, spätestens einen Monat vor der Beschlussfassung, der Kommunalaufsichtsbehörde anzuzeigen und das Vorliegen der gesetzlichen Voraussetzungen zu begründen."

eine „feindliche" Wirtschaftstätigkeit anderer Gemeinden grundsätzlich hinnehmen. Dies wird mitunter als „Kommunalkannibalismus" kritisiert.

1029 Wirtschaftliche Betätigungen in **anderen Wirtschaftsbereichen** als den genannten Bereichen außerhalb des Gebiets der Kommune sind nur in begründeten Ausnahmefällen zulässig, wenn ein öffentlicher Zweck die Betätigung rechtfertigt, die Betätigung nach Art und Umfang in einem angemessenen Verhältnis zur Leistungsfähigkeit der Kommune steht und die berechtigten Interessen der betroffenen Kommune gewahrt sind (§ 128 IV 1 KVG). Bei Aufgaben, die im Wettbewerb wahrgenommen werden, gelten Interessen nur so weit als berechtigt, als der jeweilige Ordnungsrahmen eine Einschränkung des Wettbewerbs zulässt (§ 128 IV 2 KVG). Die betroffene Kommune ist so rechtzeitig vor der Aufnahme der wirtschaftlichen Tätigkeit in ihrem Gebiet zu informieren, dass sie ihre berechtigten Interessen geltend machen kann (§ 128 IV 3 KVG).

1030 Die Aufnahme einer wirtschaftlichen Betätigung im Ausland bedarf der Genehmigung (§ 128 V KVG). Zuständig für die Genehmigungserteilung ist die jeweils zuständige Kommunalaufsichtsbehörde.

1031 Ob Sachsen-Anhalt und andere Länder zum Erlass von Regelungen zur Zulässigkeit außergebietlicher Wirtschaftstätigkeit befugt sind, ist zweifelhaft.[1702] Die entsprechenden Regelungen werden z.T. als **verfassungswidrig** angesehen, weil sie einen unnötigen und unverhältnismäßigen Eingriff in die Selbstverwaltungshoheit der betroffenen Gemeinden darstellen[1703] oder es wird zumindest eine verfassungskonforme Auslegung gefordert.[1704]

5. Sparkassen

1032 Bankunternehmen darf die Kommune weder betreiben noch sich an ihnen beteiligen (§ 128 VI 1 KVG).[1705] Für das öffentliche Sparkassenwesen verbleibt es bei den besonderen Vorschriften (§ 128 VI 2 KVG). So ist insbesondere das Sparkassengesetz des Landes Sachsen-Anhalt (SpkG-LSA)[1706] zu beachten. Landkreise, kreisfreie Städte oder von ihnen gebildete Zweckverbände können **Sparkassen** errichten (§ 1 I 1 SpkG-LSA), bedürfen hierzu aber der vorherigen Zustimmung des für Sparkassen zuständigen Ministeriums (§ 1 I 2 SpkG-LSA).[1707] Die von Landkreisen oder kreisfreien Städten errichteten Sparkassen sowie die von Landkreisen und kreisfreien Städten durch Zweckverbände als Träger errichteten Sparkassen (Zweckverbandssparkassen) sind rechtsfähige Anstalten des öffentli-

---

[1702] Bejahend: *Burgi*, VerwArch. 93 (2002), 261; *Kühling*, NJW 2001, 179; a.A. *Meyer*, LKV 2000, 323; *Nierhaus*, in: Sachs, GG, Art. 28 Rn. 32; *Schmidt-Aßmann*, in: Schmidt-Aßmann, BesVerwR, 17.

[1703] *Becker*, DÖV 2000, 1039; *Ehlers*, NWVBl. 2000, 6.

[1704] *Gern*, NVwZ 2002, 2596, plädiert dafür, die Regelungen zumindest „verfassungskonform zu reduzieren".

[1705] S.a. zur Zulässigkeit *Preiß/Ramin*, Teilnahme kommunaler Gebietskörperschaften an Regionalwährungssystemen. Rechtliche Gegebenheiten und Voraussetzungen – Teil 2: Kommunalrechtliche Möglichkeiten, KomJur 2023, 5-8.

[1706] Gesetz vom 4.3.2016 (GVBl. LSA S. 114, 115).

[1707] Dieses entscheidet im Einvernehmen mit dem für Kommunalangelegenheiten zuständigen Ministerium und nach Anhörung des Ostdeutschen Sparkassenverbandes (§ 1 I 2 SpkG-LSA).

chen Rechts (§ 1 II SpkG-LSA).[1708] Die Sparkassen sind Wirtschaftsunternehmen mit der Aufgabe, in ihrem Geschäftsgebiet die Versorgung mit geld- und kreditwirtschaftlichen Leistungen sicherzustellen (**Zweck der Sparkassen**, § 2 I 1 SpkG-LSA). Sie stärken den Wettbewerb im Kreditgewerbe, erbringen ihre Leistungen für die Bevölkerung, die Wirtschaft, insbesondere den Mittelstand, und die öffentliche Hand unter Berücksichtigung der Markterfordernisse und fördern das Sparen sowie die allgemeine Vermögensbildung (§ 2 I 3-5 SpkG-LSA).

1033 Die Rechtsverhältnisse einer Sparkasse sind jeweils durch Satzung zu regeln (§ 4 I SpkG-LSA). Zuständig zum Satzungserlass ist die Vertretung des jeweiligen Trägers (§ 4 III SpkG-LSA). Das Geschäftsgebiet der Sparkasse ist das Gebiet ihres Trägers und sie soll sich nur in ihrem Geschäftsgebiet betätigen (sog. **Regionalprinzip**, § 5 I 1 u. 2 SpkG-LSA). Organe der Sparkasse sind der Verwaltungsrat und der Vorstand (§ 7 SpkG-LSA).

6. Offenlegung von Ergebnissen, Beteiligungen

1034 Die Gemeinde muss im Rahmen des § 130 KVG wirtschaftliche Ergebnisse und Beteiligungen offenlegen.[1709] Führt eine Kommune ein Unternehmen in den Rechtsformen des Eigenbetriebes oder der Anstalt des öffentlichen Rechts, hat sie den Beschluss über die Feststellung des Jahresabschlusses zusammen mit dem Ergebnis der Prüfung des Jahresabschlusses und des Rechenschaftsberichts oder des Lageberichts sowie der beschlossenen Verwendung des Jahresüberschusses oder der Behandlung des Jahresfehlbetrages unbeschadet der bestehenden gesetzlichen Offenlegungspflichten öffentlich bekannt zu machen (**Bekanntmachung von Ergebnissen** gem. § 130 I 1 KVG).[1710] Mit dem Entwurf der Haushaltssatzung ist der Vertretung ein Bericht über die unmittelbare und mittelbare Beteiligung an Unternehmen in einer Rechtsform des öffentlichen Rechts und des Privatrechts, an denen die Kommune mit mindestens 5 v. H. beteiligt ist, vorzulegen (**Beteiligungsbericht**, § 130 II 1 KVG).[1711] Die Kommune hat die Einwohner über den Beteiligungsbericht in geeigneter Form zu unterrichten (§ 130 III KVG). Ist eine Kommune i.S.v. § 130 II 1 KVG beteiligt, hat sie ein **Beteiligungsmanagement** zu gewährleisten, das sowohl die Mitglieder der Vertretung, die Vertreter

---

[1708]Haben mehrere Landkreise oder kreisfreie Städte gemeinsam eine Sparkasse errichtet (Mehrträgersparkasse), so finden die Bestimmungen des SpkG-LSA über Zweckverbandssparkassen mit Ausnahme des § 11 SpkG-LSA entsprechende Anwendung (§ 1 III SpkG-LSA).

[1709] S.a. *Baumgarten*, Anmerkung zu einer Entscheidung des OVG Münster, Urteil vom 12.12.2022 (15 A 2689/29) – Zur kommunalrechtlichen Berichtspflicht über die wirtschaftlichen Betätigungen einer Kommune, NVwZ 2023, 849-850.

[1710] Mit der Bekanntmachung sind der Jahresabschluss und Rechenschaftsbericht oder der Lagebericht an sieben Werktagen öffentlich auszulegen; in der Bekanntmachung ist auf die Auslegung hinzuweisen (§ 130 I 2 KVG).

[1711] Der Beteiligungsbericht hat insbesondere Angaben zu enthalten über: 1. den Gegenstand des Unternehmens, die Beteiligungsverhältnisse, die Besetzung der Organe und die Beteiligungen des Unternehmens, 2. den Stand der Erfüllung des öffentlichen Zwecks durch das Unternehmen, 3. die Grundzüge des Geschäftsverlaufs, die Lage des Unternehmens, die wichtigsten Kennzahlen der Vermögens-, Finanz- und Ertragslage des Unternehmens, die Kapitalzuführungen und -entnahmen durch die Kommune und die Auswirkungen auf die Haushaltswirtschaft für das jeweilige letzte Geschäftsjahr sowie im Vergleich mit den Werten des vorangegangenen Geschäftsjahres die durchschnittliche Zahl der beschäftigten Arbeitnehmer, 4. die Gesamtbezüge nach § 285 Nr. 9 Buchst. a des Handelsgesetzbuches, die den Mitgliedern der Organe des Unternehmens zugeflossen sind; § 286 Abs. 4 des Handelsgesetzbuches findet sinngemäß Anwendung (§ 130 II 2 KVG). Der Beteiligungsbericht ist in der Vertretung in öffentlicher Sitzung zu erörtern; § 52 Abs. 2 findet Anwendung (§ 130 II 3 KVG).

der Kommune in den Gremien der Beteiligungen als auch die Beschäftigten der Kommune fachlich unterstützt und ausreichende Informationen bereithält (§ 130 IV KVG).[1712]

7. Rechtsstellung der privaten Wettbewerber
a) Schutz der Wirtschaftsgrundrechte

1035 Nach ständiger Rspr. von BVerfG,[1713] BVerwG[1714] und BGH[1715] sowie nach Ansicht der h.L.[1716] sichert das **Grundgesetz** weder Erwerbschancen und gewährleistet **keinen Konkurrenzschutz**, schützt auch nicht vor der Konkurrenz der öffentlichen Hand. Private Wirtschaftssubjekte müssten immer mit der Errichtung einer öffentlichen Einrichtung bzw. Kommunalunternehmens rechnen und genössen daher insoweit keinen Vertrauensschutz. Das Grundgesetz lasse jedoch keine schrankenlose Teilnahme der öffentlichen Hand am Wettbewerb zu. Die Rspr. und die h.L. vertreten die Ansicht, der Private habe aufgrund der Wirtschaftsgrundrechte Anspruch darauf, dass die Betätigung der öffentlichen Hand seine Wettbewerbsmöglichkeiten nicht ohne gesetzliche Grundlage unzumutbar beeinträchtige.[1717] Dies sei aber nur bei einer unerlaubten Monopolstellung der öffentlichem Hand[1718] bzw. bei einem „unerträglichem Maß" der Beeinträchtigung im Sinne eines Verdrängungswettbewerbs[1719] oder einer sonstigen empfindlichen Belastung der Fall.[1720]

1036 Hingegen wird in der jüngeren Literatur, ausgehend vom **modernen Eingriffsbegriff**, zu Recht darauf abgestellt, ob das staatliche Verhalten in zurechenbarer Weise das durch den jeweiligen Schutzbereich erfasste Verhalten in einer erheblichen, eine Bagatellgrenze überschreitenden Weise, beeinträchtigt.[1721] Jede „spürbare Beeinträchtigung" der Privatwirtschaft ist als rechtfertigungsbedürftiger Grundrechtseingriff zu werten. Werden die Kompetenzschranken des kommunalen Wirtschaftsrechts überschritten, stellt eine spürbare Beeinträchtigung einen rechtswidrigen Grundrechtseingriff dar.

b) Gesetz gegen den unlauteren Wettbewerb

1037 Nach der Rechtsprechung[1722] und h.L.[1723] gilt das UWG auch für die kommunalwirtschaftliche Tätigkeit, soweit eine konkrete Wettbewerbssituation vorliegt.[1724] § 1 UWG verbietet einen Verstoß

[1712] S. hierzu: *Tegtmeier* u.a., Praxisleitfaden Kommunales Beteiligungsmanagement, 2021.

[1713] BVerfG, Beschl. v. 16.10.1968 BVerfGE 24, 236 (251); Beschl. v. 1.2.1973 BVerfGE 34, 252 (256).

[1714] BVerwG, Urt. v. 22.2.1972 BVerwGE 39, 329 (336f.); Beschl. v. 21.3.1995 DVBl. 1996, 152 (153).

[1715] BGH, Urt. v. 19.6.1986 NJW 1987, 60 (62) - kommunaler Bestattungsbetrieb.

[1716] Vgl. nur *Dickersbach*, WiVerw. 1983, 208; *Gern*, Deutsches Kommunalrecht, Rn. 731; *Meyer*, LKV 2000, 322; *Pieroth*/Hartmann, DVBl. 2002, 425; *Ronellenfitsch*, in: Isensee/Kirchhof, HdbStR, Band III, § 84 Rn. 35.

[1717] Vgl. etwa BVerwG, Beschl. v. 21.3.1995 DVBl. 1996, 152 (153) - konkurrenzwirtschaftliche Maklertätigkeit im Rahmen kommunaler Wirtschaftsförderung; *Hill*, BB 1997, 428.

[1718] S. insbes. BVerwG, Urt. v. 22.2.1972 a.a.O.; HessVGH, Beschl. v. 17.1.1996 DÖV 1996, 476.

[1719] OVG NW, Urt. v. 2.12.1985 NVwZ 1986, 1045 (1046); VerfGH Rh.-Pfalz, Urt. v. 28.3.2000 DVBl. 2000, 992 (993).

[1720] BVerwG, Beschl. v. 21.3.1995 NJW 1995, 2938 (2939); BGH, Urt. v. 18.12.1981 BGHZ 82, 375 (390f.); VGH BW, Urt. v. 15.8.1994 NJW 1995, 274 (275).

[1721] *Schliesky*, DVBl. 1999, 82; *Ruffert*, NVwZ 2000, 764; *Löwer*, VVDStRL 60 (2001), 444f.

[1722] BGH, Beschl. v. 22.3.1976 BGHZ 66, S. 229, 233 bzgl. Werbung für öffentlich-rechtliche Ersatzkassen; zur Zulässigkeit kommunaler Bestattungsunternehmen BGH, Urt. v. 19.6.1986 GRUR 1987, S. 116 und 119.

gegen die guten Sitten. Das Verhältnis der öffentlich-rechtlichen Schranken kommunalwirtschaftlicher Betätigung zum UWG ist umstritten. Nach wohl h.M. ist jede nach öffentlichem Recht rechtswidrige Wirtschaftsbetätigung der öffentlichen Hand auch sittenwidrig,[1725] d.h. jede Missachtung der kommunalrechtlichen Grenzen der Wirtschaftsbetätigung bewirkt die Sittenwidrigkeit.[1726] Hervorzuheben sind insofern Entscheidungen nordrhein-westfälischer Oberlandesgerichte zur Unzulässigkeit entgeltlichen Nachhilfeunterrichts einer Volkshochschule[1727], einer unternehmerisch tätigen Grünflächen- und Friedhofsverwaltung[1728] und des sog. Gebäudemanagements[1729] oder des LG München zu kommunaler Elektroinstallation auf kommunalen Märkten und Volksfesten[1730] sowie des LG Offenburg[1731] zum kommunalen Landschaftsgartenbau. Mitunter wird sogar ausdrücklich auf einen Drittschutz der verletzten Norm verzichtet.[1732] Hingegen soll nach BGH[1733] und h.L.[1734] die

---

[1723] *Ehlers*, DVBl. 1998, S. 502; *Cronauge*, Kommunale Unternehmen, Rn. 501; *Schünemann*, in: Stober/Vogel, Wirtschaftliche Betätigung der öffentlichen Hand, S. 56; a.A. (gegen Bindung der öffentlichen Hand an das Wettbewerbsrecht): *Erichsen*, Gemeinde und Private im wirtschaftlichen Wettbewerb, 1987, S. 36ff; *Schachtschneider*, Staatsunternehmen und Privatrecht, 1986, S. 438ff.; einschränkend auch *Kluth*, Grenzen kommunaler Wettbewerbsteilnahme, S. 100f.; *Gern*, Deutsches Kommunalrecht, Rn. 735 für den Bereich öffentlich-rechtlichen Tätigwerdens; weitere Nachweise zum Streitstand bei *Koch*, Der rechtliche Status kommunaler Unternehmen in Privatrechtsform, S. 41f.

[1724] Literatur zur kommunalen Erwerbswirtschaft und Wettbewerbsrecht (Auswahl): *Brohm*, NJW 1994, S. 281; *Gaa*, Anwendung privaten Wettbewerbsrechts bei schlicht hoheitlichem Handeln?, WRP 1997, S. 837; *Hefermehl*, Wettbewerbsrecht, § 1 Rn. 928; *Otting*, DVBl. 1997, S. 1258; *Kluth*, Grenzen kommunaler Wettbewerbsteilnahme, 1988; *Schärich*, Wettbewerbsverzerrung durch Steuerfreiheit der Hoheitsbetriebe, KStZ 1995, S. 97; *Schliesky*, Der Rechtsweg bei wettbewerbsrelevantem Staatshandeln, DÖV 1994, S. 114; *Schliesky*, Öffentliches Wettbewerbsrecht, 1997; *Schliesky*, DVBl. 1999, S. 78; *Tettinger*, NJW 1998, S. 3473.

[1725] *Emmerich*, AG 1985, S. 293, 298; ders., Das Recht des unlauteren Wettbewerbs, 4. Aufl., 1995, S. 382; wohl auch, *Wiedemann*, VerwArch. 90 (1999), S. 533, 547f. Klärungsbedürftig ist im Übrigen ebenso das Verhältnis der Einordnung eines kommunalen Wettbewerbsverhaltens als unlauter i.S.d. § 1 UWG und als Eingriff durch Konkurrenz in die Berufsfreiheit. Mögen insoweit auch Interdependenzen bestehen (vgl. *Kluth*, WiVerw. 2000, S. 206), ist doch zu beachten, dass es sich um Normenkreise mit unterschiedlichen Schutzzwecken handelt (*Selmer*, in: Stober/Vogel, Wirtschaftliche Betätigung der öffentlichen Hand, S. 99).

[1726] Verstoß gegen Kommunalrecht für ausreichend haltend: BGH, Urt. v. 18.12.1981 BGHZ 82, S. 375; OLG Düsseldorf, Urt. v. 10.10.1996 NJW-RR 1997, S. 1470, 1471 (Volkshochschule); ebs. OLG Hamm, „Gelsengrün"-Urt. v. 23.9.1997 NJW 1998, S. 3504 (städtischer Gartenbaubetrieb); OLG Düsseldorf, Urt. v. 28.10.1999 ZUR 2000, S. 289, 290, jedoch unter fehlerhafter Annahme dies sei ständige Rechtsprechung des Bundesgerichtshofs; LG München, Urt. v. 19.5.1999 GewArch. 1999, S. 413; LG Wuppertal, Urt. v. 29.10.1998 DVBl. 1999, S. 939 (Altautorecycling): „wertbezogene Normen"; ausdrücklich offengelassen von BGH, Urt. v. 12.2.1965 DVBl. 1965, S. 362, 364 (Blockeis); zustimmend *David*, NVwZ 2000, S. 738 und 741; *Emmerich*, AG 1985, S. 298; im Ergebnis ebs. *Löwer*, VVDStRL 60 (2001), S. 447; wohl auch *Darsow*, LKV 2002, S. 4.

[1727] OLG Düsseldorf, Urt. v. 10.10.1996 NJW-RR 1997, S. 1470, 1471.

[1728] OLG Hamm, Urt. v. 23.9.1997 NJW 1998, S. 3504, 3505 (Gelsengrün). Das kommunale Angebot gärtnerischer Leistungen wurde als wettbewerbswidrig angesehen. Da der BGH, Beschl. v. 8.10.1998 - I ZR 284/97 -, die Entscheidung des OLG nicht aufgehoben hatte und durch sie im Ergebnis die Rechte der privaten Mitbewerber gegenüber der Kommunalwirtschaft gestärkt wurden, befürchtete *Gronemeyer*, in: Stober/Vogel, Wirtschaftliche Betätigung der öffentlichen Hand, S. 171, eine Klagewelle von Konkurrenten. Das BGH-Urteil vom 25.4.2002 (NVwZ 2002, S. 1141- hierzu sogleich) dürfte indes die Klagebereitschaft abgeschwächt haben (zu den Auswirkungen der Entscheidung *Steckert*, Kommunalwirtschaft im Wettbewerb, S. 34ff.).

[1729] OLG Düsseldorf, Urt. v. 29.5.2001 NVwZ 2002, S. 248ff.

[1730] LG München, Urt. v. 19.5.1999 GewArch. 1999, S. 413.

[1731] LG Offenburg, Urt. v. 3.12.1999 NVwZ 2000, S. 717.

[1732] So ausdrücklich *David*, NVwZ 2000, S. 741.

[1733] BGH, Urt. v. 25.4.2002 NVwZ 2002, S. 1141 (Kommunale Elektroarbeiten); zust. z.B. *Warneke*, JuS 2003, S. 960.

[1734] *Kluth*, Grenzen kommunaler Wettbewerbsteilnahme, S. 102; *Ehlers*, DVBl. 1998, S. 503; ders., JZ 1990, S. 1098; *Köhler*, in: Püttner, Zur Reform des Gemeindewirtschaftsrechts, S. 114: reine Marktzugangsregelungen sind grundsätzlich ohne Wettbewerbsbezug; *Moraing*, NWVBl. 1997, S. 355; *Pagenkopf*, GewArch. 2000, S. 185 passim mit z.T. heftiger Kritik der jüngeren zivilgerichtlichen Rechtsprechung: „klare Kompetenzüberschreitung" (S. 183), „defizitärer Interpretation von öffentlich-rechtlichen Vorschriften" (S.

Sittenwidrigkeit nicht in einem Verstoß gegen die kommunalrechtlichen Grenzen wirtschaftlicher Betätigung liegen, da diese nicht für die privaten Mitbewerber gelte. Zuvor hatte die kasuistisch geprägte Rechtsprechung des BGH[1735] bisweilen die Verletzung der kommunalrechtlichen Grenzen der wirtschaftlichen Betätigung zur Begründung der Sittenwidrigkeit ausreichen lassen, meist aber mit der h.L.[1736] eine Sittenwidrigkeit im Einzelfall gefordert und dabei bestimmte Fallgruppen[1737] des unlauteren Wettbewerbs der öffentlichen Hand herausgearbeitet. Als bedeutsamste Fallgruppe der Sittenwidrigkeit wird insoweit meist genannt, dass sich der Hoheitsträger durch einen Gesetzesverstoß einen ungerechtfertigten Vorsprung vor gesetzestreuen Mitbewerbern zu verschaffen versucht.[1738]

1038 Die herrschende Ansicht erscheint im Kern zutreffend. Eine Verletzung des Kommunalrechts hat nur indizielle Bedeutung für das Vorliegen eines Sittenverstoßes, da der Hauptzweck der kommunalrechtlichen Beschränkungen wirtschaftlicher Betätigung darin liegt, die Kommunen vor wirtschaftlichen Risiken zu schützen.[1739] Die Kommunalrechtsverletzung allein reicht aber nicht aus, da der Schutz der Privatwirtschaft allenfalls untergeordneter Nebenzweck des Kommunalrechts ist. Daher ist zu verlangen, dass die Auswirkungen der Kommunalrechtsverletzung auf den Wettbewerb von solcher Art und solchem Gewicht sind, dass sie einem sittenwidrigen Verhalten durch private Wettbewerber vergleichbar sind. Die Schrankentrias ist im Hinblick auf die Sittenwidrigkeit eine wertneutrale Vorschrift. Nur durch die Abwägung der widerstreitenden Interessen im Einzelfall gelangt man zu einem gerechten Interessenausgleich. Zu bedenken ist zudem, dass es nicht Aufgabe des Wettbewerbsrechts ist, die Einhaltung sämtlicher öffentlich-rechtlicher Bindungen zu sanktionieren.[1740] Im Übrigen regelt das Wettbewerbsrecht nicht den Marktzutritt, sondern das Marktverhalten.[1741] Es schützt demgemäß nicht vor neuen Wettbewerbern.

---

185); *Pünder*, DVBl. 1997, S. 46; *Schink*, NVwZ 2002, S. 139; scharf *Tettinger*, NJW 1998, S. 3474: „zivilgerichtliches Dilletieren" und „Zuständigkeitsüberschreitung" sowie „systemwidrige Expansion des Wettbewerbsrechts"; *Tomerius*, LKV 2000, S. 46; der Sache nach auch *Brohm*, NJW 1994, S. 287.

[1735] Qualifizierten Verstoß fordernd: BGH, Urt. v. 26.5.1961 DVBl. 1962, S. 102, 104; Urt. v. 26.4.1974 DÖV 1974, S. 785; vgl. auch Urt. v. 11.7.1991 NVwZ-RR 1992, S. 180 bzgl. Verstoß gegen HandwO: bewusstes und planmäßiges Hinwegsetzen über die insoweit „wertneutralen Ordnungsvorschriften" der HandwO erforderlich.

[1736] *Henneke*, Öffentliches Finanzwesen, Rn. 525; *Moraing*, StT 1997, S. 285; *Pagenkopf*, GewArch. 2000, S. 183; *Püttner*, Die öffentlichen Unternehmen, S. 279.

[1737] Vgl. *Püttner*, Die öffentlichen Unternehmen, S. 279.

[1738] *Badura*, DÖV 1998, S. 818, 822; *Henneke*, NdsVBl. 1999, S. 1, 6; ders., Öffentliches Finanzwesen, Rn. 525; *Otting*, SächsVBl. 1998, S. 93, 94. Allg. zur Fallgruppe „Vorsprung durch Rechtsbruch" s. etwa BGH, Urt. v. 26.3.1998 NJW-RR 1998, S. 1497, 1498.

[1739] Vgl. *Cronauge*, Wirtschaftliche Unternehmen, Rdnr. 503; *Meyer*, LKV 2000, S. 323; a.A. *Tettinger*, NJW 1998, S. 3474, wonach die Vorschriften „wohl allein dem Selbstschutz der Gemeinde" dienen.

[1740] *Henneke*, Öffentliches Finanzwesen, Rdnr. 525.

[1741] *Köhler*, in: Püttner, Zur Reform des Gemeindewirtschaftsrechts, S. 113f. passim; *Schink*, NVwZ 2002, S. 139; *Tomerius*, LKV 2000, S. 46.

c) Gesetz gegen Wettbewerbsbeschränkungen

1039 Die kommunalen Unternehmen unterliegen angesichts des weiten Unternehmensbegriffs des § 1 GWB dem **Kartellverbot** und sonstigen Bestimmungen des GWB,[1742] wobei sie eine Sonderstellung nach § 108 GWB[1743] innehaben.[1744] Das GWB schränkt ihre Möglichkeiten der Gewinnerzielung nicht nur unerheblich ein. Da die Beteiligung der öffentlichen Hand an oft ohnehin marktbeherrschenden privaten Ver- und Entsorgungsunternehmen zu einer noch stärkeren Konzentration wirtschaftlicher Macht führt, wird hierdurch in besonderer Weise der Regelungsansatz des Kartellrechts berührt und sind die Kartellbehörden gefordert.[1745] Auf Unternehmen, die ganz oder teilweise im Eigentum der öffentlichen Hand stehen oder die von ihr verwaltet oder betrieben werden, gilt für die **Vergabe von öffentlichen Aufträgen** § 130 I GWB,[1746] der mithin auch die kommunalwirtschaftliche Betätigung erfasst.[1747]

8. Unionsrecht

1040 Das kommunale Wirtschaftsrecht bzw. die Wirtschaftstätigkeit der Kommunen ist europarechtlich unproblematisch, soweit die Kommunen die Wettbewerbsregeln beachten und ihren Unternehmen keine Monopole bzw. Sonderrechte einräumen. Nur kommunale Unternehmen, die mit Dienstleistungen von allgemeinem wirtschaftlichem Interesse betraut sind, dürfen von den Vorgaben des AEUV abweichen, wenn die Anwendung der Vertragsvorschriften die Erfüllung ihrer öffentlichen Aufgabe rechtlich oder tatsächlich verhindern würde.[1748]

> **Bsp.:** Der EuGH erklärte Ausgleichsleistungen an Unternehmen, die im allgemeinen Interesse Nahverkehrsdienstleistungen erbringen, für grundsätzlich zulässig, insbesondere mit dem Beihilfeverbot für vereinbar, sofern bestimmte Voraussetzungen vorliegen (Fall Altmark-Trans).[1749]

[1742] *Enkler*, ZG 1998, S. 342 zum GWB (in der Neufassung vom 26.8.1998 [BGBl. I S. 2546]).

[1743] Lit.: *Ahlers/Böhme*, Die kommunalfreundliche Auslegung des § 108 GWB, KommJur 2023, 404-408.

[1744] § 108 I GWB: „(1) Dieser Teil ist nicht anzuwenden auf die Vergabe von öffentlichen Aufträgen, die von einem öffentlichen Auftraggeber im Sinne des § 99 Nummer 1 bis 3 an eine juristische Person des öffentlichen oder privaten Rechts vergeben werden, wenn 1. der öffentliche Auftraggeber über die juristische Person eine ähnliche Kontrolle wie über seine eigenen Dienststellen ausübt, 2. mehr als 80 Prozent der Tätigkeiten der juristischen Person der Ausführung von Aufgaben dienen, mit denen sie von dem öffentlichen Auftraggeber oder von einer anderen juristischen Person, die von diesem kontrolliert wird, betraut wurde, und 3. an der juristischen Person keine direkte private Kapitalbeteiligung besteht, mit Ausnahme nicht beherrschender Formen der privaten Kapitalbeteiligung und Formen der privaten Kapitalbeteiligung ohne Sperrminorität, die durch gesetzliche Bestimmungen vorgeschrieben sind und die keinen maßgeblichen Einfluss auf die kontrollierte juristische Person vermitteln."

[1745] *Tomerius*, GemHH 2000, S. 50, unter Hinweis auf ein entsprechendes Tätigwerden der Kartellbehörden und auf *Pauly/Figgen/Hünnekens*, Gemischtwirtschaftliche Entsorgungsunternehmen, 1997, S. 77ff., 104ff.

[1746] Vgl. § 130 I GWB: „Bei der Vergabe von öffentlichen Aufträgen über soziale und andere besondere Dienstleistungen im Sinne des Anhangs XIV der Richtlinie 2014/24/EU stehen öffentlichen Auftraggebern das offene Verfahren, das nicht offene Verfahren, das Verhandlungsverfahren mit Teilnahmewettbewerb, der wettbewerbliche Dialog und die Innovationspartnerschaft nach ihrer Wahl zur Verfügung. Ein Verhandlungsverfahren ohne Teilnahmewettbewerb steht nur zur Verfügung, soweit dies aufgrund dieses Gesetzes gestattet ist." Zur Vorfassung *Kluth*, Grenzen kommunaler Wettbewerbsteilnahme, 1988, S. 94 ff.

[1747] Zu § 130 GWB a.F.: *Kluth*, Grenzen kommunaler Wettbewerbsteilnahme, S. 95; *Cronauge*, Kommunale Unternehmen, Rdnr. 494; *Boysen*, VR 1996, S. 79 m.w.Nachw.

[1748] S. hierzu bereits oben Rn. 13, 994.

[1749] EuGH, Urt. v. 24.7.2003 NJW 2003, 2515 ff. (Altmark-Trans); hierzu *Kämmerer*, NVwZ 2003, 28 ff.

F. Wirtschaftsrecht und Haushaltsrecht

II. Haushaltsrecht

Lit.: *Brenner/Wiener*, Finanz- und Abgabenrecht Sachsen-Anhalt, Lehrbuch, 2021; *Gnädinger/Burth*, Haushaltskonsolidierung in Kommunen, 4. Aufl., 2021; *Hesse*, Haushaltskonsolidierung in Kommunen: Möglichkeiten und Grenzen kommunaler Konsolidierungspolitik (...), 2019; *Junk/Pritzl/Wiener*, Die Haushaltssatzung für zwei Jahre – doppelt hält besser? GemH 2023, 175–180; *Pfeiffer/Wiener*, Kommunale Buchführung Sachsen-Anhalt, 2021; *Schwarting*, Der kommunale Haushalt, 5. Aufl., 2019; *Truckenbrodt/Zähle*, Der kommunale Haushalt in Aufstellung, Ausführung und Abschluss, 6. Aufl., 2020 (Niedersachsen); *Wiener*, Kommunales Haushalts- und Kassenrecht Sachsen-Anhalt: Lehr- und Arbeitsbuch mit über 100 praktischen Fallkonstellationen, 4. Aufl., 2021; *Wiener*, Die Haushaltssatzung, Lehrorientierte Kommentierung des verbindlichen Musters, DVP 2019, 147–153; *Wiener*, Kommunen in der vorläufigen Haushaltsführung, Lehrorientierte Kommentierung der rechtlichen Handlungsmöglichkeiten, DVP 2019, 424–432

1. Überblick

1041 Das kommunale Haushaltsrecht ist die Gesamtheit der Rechtsnormen, die in spezifischer Weise den Haushalt kommunaler Körperschaften regeln. **Rechtsquellen** des kommunalen Haushaltsrechts sind in Sachsen-Anhalt vor allem das Kommunalverfassungsgesetz (§§ 98-120 KVG) und die Kommunalhaushaltsverordnung. Zum kommunalen Haushaltsrecht im weitesten Sinne lassen sich auch das kommunale Vermögensrecht der §§ 121-127 KVG sowie die Kommunalbesoldungsverordnung und die Kommunalentschädigungsverordnung zählen. Das kommunale Haushaltsrecht umfasst sowohl formell-rechtliche Vorgaben als auch mit ihnen korrespondierende materiell-rechtliche Vorgaben. In ihrem Zusammenwirken regeln sie die Haushaltsführung der Kommunen.

1042 **Verstöße gegen das Haushaltsrecht** können im Hinblick auf Mittel der präventiven Kommunalaufsicht vor allem zur Verweigerung erforderlicher Genehmigungen führen. Zudem stehen der Aufsicht die Mittel der repressiven Aufsicht zur Durchsetzung des Haushaltsrechts zur Verfügung.

Bsp.: Die Kommunalaufsicht kann rechtswidrige Gemeinderatsbeschlüsse ersetzen[1750] oder einen staatlichen Beauftragten bestellen, um einen gesetzmäßigen Vollzug des Haushaltsrechts zu erzwingen.

2. Allgemeine Grundsätze
a) Stetige Aufgabenerfüllung, Sparsamkeit und Wirtschaftlichkeit, Haushaltsausgleich

1043 Der Abschnitt des KVG zur Haushaltswirtschaft (§§ 98-120 KVG) nennt zunächst drei **allgemeine Grundsätze der Haushaltswirtschaft**. Hierbei handelt es sich um die Gebote der stetigen Aufgabenerfüllung, der Sparsamkeit und Wirtschaftlichkeit und des ausgeglichenen Haushalts. Sie gelten für die Aufstellung des Haushaltsplans ebenso wie für die Verausgabung der Mittel. Im Hinblick auf die Einnahmebeschaffung gelten die sog. Einnahmebeschaffungsgrundsätze, auf die noch einzugehen sein wird.

1044 Die Kommunen haben ihre Haushaltswirtschaft so zu planen und zu führen, dass die stetige Erfüllung ihrer Aufgaben gesichert ist (**Stetigkeitsgebot**, § 98 I 1 KVG). Dabei ist den Erfordernissen des gesamtwirtschaftlichen Gleichgewichts grundsätzlich Rechnung zu tragen (§ 98 I 2 KVG). Das Stetigkeitsgebot gilt als zentraler Leitgedanke des Haushaltsrechts.

[1750] VG Dessau, Urt. v. 12.2.1998 LKV 1998, 413 zum ehem. § 138 GO LSA.

1045 Die Haushaltswirtschaft ist sparsam und wirtschaftlich zu führen (**Sparsamkeit und Wirtschaftlichkeit** gem. § 98 II 1 KVG). Spekulative Finanzgeschäfte sind verboten (§ 98 II 2 KVG). Die Grundsätze der Sparsamkeit und Wirtschaftlichkeit können als die zentralen materiellen Haushaltsgrundsätze bezeichnet werden:[1751] Das Wirtschaftlichkeitsprinzip wird mitunter sogar als Verfassungsprinzip gewertet. Ebenso wird aber auch seine Verfassungswidrigkeit, Inhaltsleere sowie Inoperationabilität behauptet. Die ganz h.M. sieht das Prinzip jedoch zu Recht als verfassungsgemäß und operationabel an.[1752] Die landesgesetzlichen Regelungen enthalten keine Legaldefinition der Sparsamkeit und Wirtschaftlichkeit, was sehr unterschiedliche Auslegungen provoziert. Unter Sparsamkeit versteht man meist die Minimierung des Mitteleinsatzes, d.h. das Ziel, mit geringstmöglichen Mitteln einen bestimmten Erfolg zu erzielen (Sparsamkeits- oder Minimalprinzip).[1753] Unter Wirtschaftlichkeit i.S. des Ökonomischen Prinzips versteht man meist das sog. Maximalprinzip, d.h. das Ziel, mit bestimmten Mitteln den größtmöglichen Erfolg zu erzielen.[1754] Die Sparsamkeit wird zwar heute überwiegend als Teilprinzip der Wirtschaftlichkeit verstanden,[1755] dabei darf aber nicht übersehen werden, dass die Prinzipien im Einzelfall kollidieren können.

1046 Sparsames und wirtschaftliches Verhalten kann sich **in vielfältiger Weise ausdrücken**. Da der Kommune allerdings **weitreichende Einschätzungsspielräume** zustehen, ob und welche Möglichkeiten sie nutzt, um Einnahmen zu erzielen und Ausgaben zu kürzen. Angesichts dieser Spielräume ist die Pflicht nur eingeschränkt justiziabel. Nur in Fällen evident grundloser Nichtausnutzung einer sich aufdrängenden Einnahmemöglichkeit oder eindeutig unnötigen Verausgabung von Mitten wird man eine Verletzung des Wirtschaftlichkeitsgrundsatzes annehmen können.

1047 Der Haushalt ist in jedem Haushaltsjahr in Planung und Rechnung auszugleichen (**Gebot des Haushaltsausgleichs** gem. § 98 III 1 KVG). Dies verlangt lediglich eine rechnerische Ausgeglichenheit und keine „Ausgewogenheit". Ein Haushaltsausgleich ist unter zwei Voraussetzungen anzunehmen: Der Haushalt ist ausgeglichen, wenn 1. im Ergebnishaushalt die Erträge die Höhe der Aufwendungen mindestens erreichen. Dies gilt als erfüllt, wenn ein Fehlbetrag in Planung und Rechnung durch die Inanspruchnahme von Rücklagen aus Überschüssen der Ergebnisse gedeckt werden kann (§ 98 III 2 Nr. 1 KVG) und wenn 2. im Finanzhaushalt der Saldo der Ein- und Auszahlungen aus laufender Verwaltungstätigkeit ausreicht, um mindestens die Auszahlungen für die planmäßige Tilgung von Krediten für Investitionen und für zu bilanzierende Investitionsfördermaßnahmen zu decken (§ 98 III 2 Nr. 2 KVG). Dies gilt als erfüllt, wenn ein Fehlbetrag in Planung und Rechnung durch die Inanspruchnahme von **Liquiditätsreserven** gedeckt werden kann (§ 98 III 3 KVG).[1756]

[1751] Vgl. *Dahmen*, in: Driehaus, Kommunalabgabenrecht, § 6 Rn. 115.

[1752] *Fischer*, JZ 1982, 7; *Gaentzsch*, DVBl. 1998, 952 ff.

[1753] Vgl. *v. Arnim*, Wirtschaftlichkeit als Rechtsprinzip, S. 48

[1754] *Gern*, Deutsches Kommunalrecht, Rn. 659; ähnl. Schmidt, Wirtschaftlichkeit in der öffentlichen Verwaltung, 6. Aufl., 2002, S. 20 und 241; nur Maximalprinzip bei Wolff/Bachof/*Stober*, VerwR, Bd. 1, § 18 Rn. 33: „Ertragsmaximierung". Der Begriff der Effizienz wird teilweise synonym verwandt.

[1755] So etwa *Cromme*, DVBl. 2001, 759; *Gern*, Deutsches Kommunalrecht, Rn. 659; a.A. *Rischer*, Finanzkontrolle, 258f., 348.

[1756] Vgl. VG Magdeburg, Urt. v. 28.10.2021 – 9 A 183/20 MD – juris Rn. 47.

1048 Diese „Pflichtenlage" ist in der Haushaltssatzung zu dokumentieren.[1757] Von dieser Pflicht zum Haushaltsausgleich darf nur in dem extremen Ausnahmefall der Unmöglichkeit abgewichen werden, wenn nämlich von vornherein objektiv feststeht, dass ein Haushaltsausgleich nicht erreicht werden kann.[1758]

1049 Die Kommune hat ihre Zahlungsfähigkeit sowie die Finanzierung der Investitionen und Investitionsfördermaßnahmen sicherzustellen (§ 98 IV KVG). Dies geschieht durch die genannten Liquiditätsreserven. Die Kommune darf sich nicht überschulden (**Überschuldungsverbot** gem. § 98 V 1 KVG).[1759] Sie ist überschuldet, wenn nach der Haushaltsplanung das Eigenkapital im Haushaltsjahr aufgebraucht wird oder in der Vermögensrechnung ein „nicht durch Eigenkapital gedeckter Fehlbetrag" auszuweisen ist (§ 98 V 2 KVG).

b) Haushaltskonsolidierungskonzept

1050 Das KVG nennt drei Fälle, in denen die Kommune ein **Haushaltskonsolidierungskonzept** aufstellen muss, wobei unterschiedliche Ziele gelten. Im Gesetz erstgenannte Fallgruppe ist, dass der **Haushaltsausgleich** entgegen den Grundsätzen des § 98 III KVG **nicht erreicht werden kann** ((Aufstellungspflicht bei Nichterreichbarkeit des Ausgleichs, § 100 III 1 KVG). Dieses Haushaltskonsolidierungskonzept dient dem Ziel, die künftige, dauernde Leistungsfähigkeit der Kommune zu erreichen (§ 100 III 2 KVG). Der Haushaltsausgleich ist zum nächstmöglichen Zeitpunkt wiederherzustellen,[1760] spätestens jedoch im fünften Jahr, das auf die mittelfristige Ergebnis- und Finanzplanung folgt (§ 100 III 3 KVG). Im Haushaltskonsolidierungskonzept ist der Zeitraum festzulegen, innerhalb dessen der Haushaltsausgleich wieder erreicht werden kann (§ 100 III 4 KVG). Dabei sind die Maßnahmen darzustellen, durch die der Haushaltsausgleich gemäß § 98 III KVG wieder erreicht werden soll sowie ein in der Vermögensrechnung ausgewiesener Fehlbetrag abgebaut und das Entstehen eines neuen Fehlbetrages in künftigen Jahren vermieden werden soll (§ 100 III 5 KVG).

1051 Zweite Fallgruppe der Aufstellungspflicht ist, wenn die Kommune den Haushaltsausgleich gemäß § 98 III KVG zwar erreicht, aber gemäß § 98 V 2 KVG **überschuldet ist** (Aufstellungspflicht bei Überschuldung, § 100 IV 1 KVG). Das Haushaltskonsolidierungskonzept dient dem Ziel, den „Nicht durch Eigenkapital gedeckten Fehlbetrag" vollständig abzubauen (§ 100 IV 2 KVG). Im Haushaltskonsolidierungskonzept sind der erforderliche Zeitraum und die Maßnahmen für den Abbau des Fehlbetrages zum nächstmöglichen Zeitpunkt festzulegen (§ 100 IV 3 KVG).

1052 Dritte Fallgruppe einer Aufstellungspflicht ist, wenn die Kommune nicht mehr in der Lage ist, innerhalb des mittelfristigen Finanzplanungszeitraumes ihren bestehenden Zahlungsverpflichtungen ohne Überschreiten der Genehmigungsgrenze nach § 110 III KVG nachzukommen (Aufstel-

---

[1757] VG Magdeburg, Urt. v. 28.10.2021 – 9 A 183/20 MD – juris Rn. 44.

[1758] OVG LSA, Beschl. v. 7.6.2011 – 4 L 21609- juris; Beschl. v. 30.1.2007 – 4 L 708/04 – juris; VG Magdeburg, Urt. v. 28.10.2021 – 9 A 183/20 MD – juris Rn. 44; Urt. v. 17.2.2016 – 9 A 290/14 MD.

[1759] Grundlegend: *Bravidor*, Die Vereinbarkeit der Schuldenbegrenzungsregelungen mit der Garantie der kommunalen Selbstverwaltung, 2016.

[1760] Vgl. OVG LSA, Beschl. v. 15.1.2008 – 4 M 269/07 – juris Rn. 7, wonach Im Wortlaut des § 92 III GO LSA nicht hinreichend bestimmt zum Ausdruck kam, dass ein im Vorjahr erstelltes Haushaltskonsolidierungskonzept zwingend im Folgejahr umzusetzen war.

lungspflicht bei mittelfristig gegebener **Zahlungsunfähigkeit**, § 100 V 1 KVG). Im Haushaltskonsolidierungskonzept sind der erforderliche Zeitraum und die Maßnahmen festzulegen, um die Zahlungsfähigkeit innerhalb des mittelfristigen Finanzplanungszeitraumes ohne Überschreiten der Genehmigungsgrenze nach § 110 III KVG wiederherzustellen (§ 100 V 2 KVG).

1053 Die dargestellten Maßnahmen der Haushaltskonsolidierung gem. § 100 III-V KVG sind für die Kommune grundsätzlich **verbindlich** (§ 100 VI 1 KVG). Abweichungen von diesen bindenden Festlegungen und die jährlichen Fortschreibungen des Haushaltskonsolidierungskonzeptes sind nur zulässig, wenn das Haushaltskonsolidierungsziel auf andere Weise erreicht wird oder sich die Planungsgrundlagen rechtlich oder tatsächlich ändern (§ 100 VI 2 KVG). Das Haushaltskonsolidierungskonzept ist spätestens mit der Haushaltssatzung von der Vertretung zu beschließen und der Kommunalaufsichtsbehörde mit der Haushaltssatzung vorzulegen (§ 100 VI 3 KVG). Es ist nicht Bestandteil der Haushaltssatzung.[1761]

c) Einnahmebeschaffungsgrundsätze

1054 Kommunen müssen die gesetzlichen Grundsätze der Finanzmittelbeschaffung beachten (syn.: **Einnahmebeschaffungsgrundsätze**).[1762]. Die Kommunen erheben Abgaben nach den gesetzlichen Vorschriften (§ 99 I KVG). Sie haben die zur Erfüllung ihrer Aufgaben erforderlichen Finanzmittel 1. aus Entgelten für ihre Leistungen, soweit dies vertretbar und geboten ist (Vorrang der Entgelterhebung),[1763] 2. im Übrigen aus Steuern zu beschaffen, soweit die sonstigen Finanzmittel nicht ausreichen (§ 99 II 1 KVG). Sie haben dabei auf die wirtschaftlichen Kräfte ihrer Abgabepflichtigen Rücksicht zu nehmen (§ 99 II 2 KVG). Von der Verpflichtung, vorrangig Entgelte zu erheben, sind Beiträge, die auf der Grundlage des § 18a I KAG erhoben werden, ausgenommen (§ 99 II 3 KVG).

1055 Die Kommunen dürfen Kredite nur aufnehmen, wenn eine andere Finanzierung nicht möglich ist oder wirtschaftlich unzweckmäßig wäre (**Nachrang der Kreditfinanzierung**, § 99 V KVG). Die Entscheidung über die Kreditaufnahme muss die Vertretung treffen (§ 45 II Nr. 10 KVG). Die vorgesehenen Kreditaufnahme für Investitionen und Investitionsfördermaßnahmen (Kreditermächtigung) ist im Haushaltsplan zu veranschlagen (§ 100 II Nr. 2 KVG).

1056 Bei dem **Entgeltlichkeitsprinzip** der Einnahmebeschaffungsgrundsätze handelt es sich nach h.M. nicht nur um einen finanzpolitischen Programmsatz bzw. um einen Ratschlag, sondern um eine rechtlich verbindliche Vorgabe.[1764] Sie entfaltet allerdings zu Gunsten des Bürgers keine „Außenwirkung". Der Abgabenschuldner kann sich daher nicht darauf berufen, die Kommune erhebe im Verhältnis zur Steuer in zu niedrigem (oder zu weitem) Umfang Gebühren.[1765] Der Passus „soweit vertretbar und geboten" schränkt den Vorrang der Entgeltfinanzierung erheblich ein. Umstritten ist, ob

---

[1761] OVG LSA, Beschl. v. 5.8.2009 – 4 L 353/08 – juris Rn. 8.

[1762] Zu diesem Prinzip *Driehaus*, in: Driehaus, Kommunalabgabenrecht, § 8 Rn. 14.

[1763] Im Hinblick auf den Vorrang der Entgelte spricht man auch vom „Entgeltlichkeitsprinzip" als Pflicht zur Vermeidung entgeltloser Bereicherungen durch die Abschöpfung individuell zurechenbarer Vorteile; vgl. *Driehaus*, in: Driehaus, Kommunalabgabenrecht, § 8 Rn. 14 (näher: *Dahmen*, in: Driehaus, Kommunalabgabenrecht, § 6 Rn. 5 ff.).

[1764] Vgl. HessVGH, Beschl. v. 15.3.1991 DVBl. 1991, 1308 (1309); OVG Rh.-Pfalz, Urt. v. 25.5.1981 KStZ 1983, 144.

[1765] Vgl. *Lichtenfeld*, in: Driehaus, Kommunalabgabenrecht, § 4 Rn. 144 unter Hinweis u.a. auf BVerwG, Urt. v. 11.6.1993 DVBl. 1993, 1366.

das Tatbestandsmerkmal „geboten" einen gemeindlichen Entscheidungsspielraum eröffnet.[1766] Dies kann dahinstehen, soweit die Erhebung von Gebühren aufgrund ausdrücklicher Rechtspflicht „geboten" ist. Soweit nicht auch für Benutzungsgebühren ein Erhebungszwang gilt,[1767] ist das Erhebungsermessen jedenfalls bei leitungsgebundenen Einrichtungen, die vorwiegend Einzelnen Vorteile bringen, auf null reduziert[1768]. Die Gemeinden sind aber haushaltsrechtlich, jedenfalls bei ausgeglichener Haushaltslage, nicht zur Erhebung einer kostendeckenden Gebühr etwa für die öffentliche Einrichtung Friedhof verpflichtet.[1769]

1057 Die haushaltsrechtlichen Vorgaben werden teilweise durch die **abgabenrechtliche Vorgaben** überlagert. So müssen die Landkreise und Gemeinden als Gegenleistung die für die Inanspruchnahme öffentlicher Einrichtungen erforderlichen Benutzungsgebühren erheben, soweit nicht ein privatrechtliches Entgelt gefordert wird (**Erhebungspflicht**, § 5 I 1 KAG). Das Gebührenaufkommen soll die Kosten der jeweiligen Einrichtung decken (Kostendeckungsprinzip, § 5 I 2 HS 1 KAG). Es soll die Kosten aber auch nicht überschreiten (Kostenüberschreitungsverbot (§ 5 I 2 HS 2 KAG). Landkreise und Gemeinden können niedrigere Gebühren erheben oder von Gebühren absehen, soweit daran ein öffentliches Interesse besteht (§ 5 I 2 HS 3 KAG).

1058 Die Erhebung von Beiträgen steht nach neuer Rechtslage grundsätzlich im **Beitragserhebungsermessen** der Kommune: Die Landkreise und Gemeinden können zur Deckung ihres Aufwandes für die erforderliche Herstellung, Anschaffung, Erweiterung, Verbesserung und Erneuerung ihrer öffentlichen leitungsgebundenen Einrichtungen Beiträge von den Beitragspflichtigen (i.S.v. § 6 VIII KAG) erheben, denen durch die Inanspruchnahme oder die Möglichkeit der Inanspruchnahme dieser Einrichtungen ein Vorteil entsteht, soweit nicht privatrechtliche Entgelte gefordert werden (§ 6 I KAG LSA). Nach alter Rechtslage bestand hingegen Beitragserhebungspflicht (unabhängig davon, ob die Erhebung auf eine schwierige soziale Situation traf).[1770]

1059 Der Grundsatz der **Einmaligkeit der Beitragserhebung** besagt, dass für die Kosten derselben beitragsfähigen Anlagen nicht noch einmal herangezogen werden darf, wer bereits in vollem Umfang zum endgültigen Beitrag veranlagt wurde. Dies verbietet Nach-Veranlagungen bis zur Grenze der Beitragspflicht nicht, wobei für die Höhe die Verhältnisse zum Zeitpunkt des Entstehens der sachlichen Beitragspflicht maßgeblich sind.[1771]

1060 Die Kommune darf zur Erfüllung einzelner Aufgaben nach § 4 KVG **Spenden, Schenkungen und ähnliche Zuwendungen** einwerben und annehmen oder an Dritte vermitteln, die sich an der Erfüllung von Aufgaben nach § 4 KVG beteiligen (§ 99 VI 1 KVG). Die Einwerbung und die Entgegennah-

---

[1766] Abl.: OVG NW, Urt. v. 7.9.1989 NVwZ 1990, 393f., 394: nur das Merkmal „vertretbar" räume einen Spielraum ein; bejahend: VG Stade, NST-N 1990, 116 (117); *Corsten*, GemHH 1990, 57; *Schoch*, NVwZ 1990, 809.

[1767] Eine Erhebungspflicht begründet § 5 I 1 KAG-LSA

[1768] *Lohmann*, in: Driehaus, Kommunalabgabenrecht, § 6 Rn. 662.

[1769] VG Magdeburg, Urt. v. 17.2.2016 – 9 A 383/14 – juris Rn. 25.

[1770] Vgl. OVG LSA, Beschl. v. 18.03.2005 – 4 M 701/04 – juris Rn. 5 (Ls Nr. 2): „Die Gemeinden und Zweckverbände sind verpflichtet, die Beitragspflicht der durch die Anlage Begünstigten in vollem Umfang auszuschöpfen (Beitragserhebungspflicht). Ist ein Beitragspflichtiger zu niedrig veranlagt worden, so ist bis zum Eintritt der Festsetzungsverjährung nachzufordern (Nach-Veranlagung)."

[1771] OVG LSA, Beschl. v. 18.03.2005 – 4 M 701/04 – juris Rn. 8 f. (Ls Nr. 3).

me des Angebots einer Zuwendung obliegen dem Hauptverwaltungsbeamten (§ 99 VI 2 KVG). Über die Annahme oder Vermittlung entscheidet die Vertretung (§ 99 VI 3 KVG). Abweichend hiervon kann die Vertretung die Entscheidung über die Annahme oder Vermittlung bei geringfügigen Zuwendungen auf den Hauptverwaltungsbeamten oder einen beschließenden Ausschuss übertragen (§ 99 VI 4 KVG). Die Wertgrenzen in diesem Sinne sind in der Hauptsatzung zu bestimmen (§ 99 VI 5 KVG). Dabei sind die Zuständigkeitsgrenze der Geringfügigkeit und das Willkürverbot zu beachten.[1772]

> **Bsp.:** Unzulässig ist die Festlegung einer Wertgrenze von 10.000 Euro je Einzelfall für Spendenannahmen durch den OB, da es sich hierbei nicht um einen geringfügigen Betrag handelt.[1773]

1061 Die Kommune erstellt jährlich einen Bericht, in welchem die Geber, die Zuwendungen und die Zuwendungszwecke anzugeben sind, und übersendet ihn der Kommunalaufsichtsbehörde (**Zuwendungsbericht**, § 99 VI 6 KVG).

3. Haushaltssatzung

1062 Unter Beachtung der vorgenannten allgemeinen Grundsätze hat die Gemeinde für jedes Haushaltsjahr eine **Haushaltssatzung** zu erlassen (vgl. § 100 I 1 KVG). Sie muss ihre Haushaltssatzung öffentlich bekanntmachen (§ 102 II 1 KVG). Die Haushaltssatzung ist dem Grundsatz nach genehmigungsfrei, jedoch kann sie **genehmigungspflichtige Teile** enthalten. Genehmigungspflichten können sich aus den § 107 IV, § 108 II und § 110 III KVG ergeben. Enthält die Haushaltssatzung genehmigungspflichtige Teile, darf sie erst nach der Genehmigung öffentlich bekannt gemacht werden (§ 102 II 2 KVG).[1774] Enthält die Haushaltssatzung keine genehmigungspflichtigen Teile, darf sie auch nach Ablauf des Beanstandungsrechts der Kommunalaufsichtsbehörde gemäß § 146 II KVG erst nach Übergabe des prüffähigen Jahresabschlusses an das Rechnungsprüfungsamt bekannt gemacht werden (§ 102 III 2 KVG).

1063 Die Haushaltssatzung enthält gem. § 100 II 1 KVG die Festsetzung 1. des **Haushaltsplans** a) im Ergebnisplan unter Angabe des Gesamtbetrags der Erträge und Aufwendungen des Haushaltsjahres, b) im Finanzplan unter Angabe des Gesamtbetrags der Einzahlungen und Auszahlungen aus laufender Verwaltungstätigkeit, des Gesamtbetrags der Einzahlungen und Auszahlungen aus Investitionstätigkeit und aus der Finanzierungstätigkeit des Haushaltsjahres, 2. der vorgesehenen **Kreditaufnahme** für Investitionen und Investitionsfördermaßnahmen (Kreditermächtigung), 3. der vorgesehenen Ermächtigungen zum Eingehen von Verpflichtungen, die künftige Haushaltsjahre mit Auszahlungen für Investitionen und Investitionsfördermaßnahmen belasten (**Verpflichtungsermächtigung**), 4. des Höchstbetrags der **Liquiditätskredite**, 5. der **Steuersätze**, wenn sie nicht in einer Steuersatzung festgelegt sind, 6. der **Umlagehebesätze** für Landkreise oder Verbandsgemeinden. Sie

---

[1772] VG Magdeburg, Urt. v. 8.3.2017 – 9 A 881/16 – juris Rn. 33, 36.

[1773] OVG LSA, Beschl. v. 27.6.2016 – 4 L 77/16 – juris Rn. 5; VG Magdeburg, Urt. v. 23.3.2016 – 9 A 186/15 – juris Rn. 24/Rechtsprechungsdatenbank Sachsen-Anhalt Rn. 24.

[1774] Die Kommunalaufsichtsbehörde hat beginnend mit der Haushaltssatzung für das Haushaltsjahr 2025 die Genehmigung gemäß § 107 IV, § 108 II und § 110 III KVG so lange zurückzustellen, bis der prüffähige Jahresabschluss des Vorvorjahres dem Rechnungsprüfungsamt gemäß § 120 I 2 KVG übergeben wurde (§ 102 III 1 KVG).

kann weitere Vorschriften enthalten, die sich auf die Erträge und Aufwendungen, Einzahlungen und Auszahlungen, den Stellenplan für das Haushaltsjahr und das Haushaltskonsolidierungskonzept beziehen (§ 100 II 2 KVG).

1064 Die Haushaltssatzung tritt mit Beginn des Haushaltsjahres in Kraft und gilt für das Haushaltsjahr (§ 100 I 2 KVG). Sie kann Festsetzungen für zwei Haushaltsjahre, nach Jahren getrennt, enthalten (sog. **Doppelhaushalt** gem. § 100 I 3 KVG).[1775] Haushaltsjahr ist das Kalenderjahr, soweit durch Gesetz oder Verordnung nichts anderes bestimmt ist (§ 100 I 5 KVG).[1776] Haben Verbandsgemeinden oder Landkreise die Umlage ihrer Mitglieder fehlerhaft festgesetzt, kann dieser Mangel geheilt werden: Zur Heilung einer fehlerhaft festgesetzten Umlage im Sinne von § 99 III oder IV KVG kann der Umlagesatz durch Änderung oder Erlass der Haushaltssatzung auch nach Ablauf des Haushaltsjahres neu festgesetzt werden, wobei die Höhe des ursprünglichen Umlagesatzes nicht überschritten werden darf (§ 100 I 6 KVG).[1777]

1065 Die Haushaltssatzung **ermächtigt den Hauptverwaltungsbeamten**, die veranschlagten Ausgaben zu leisten. Über- und außerplanmäßige Ausgaben sind nur in engen Grenzen zulässig, namentlich wenn sie unabweisbar sind und die Deckung gewährleistet ist. Fehlt zu Beginn des Haushaltsjahres eine (gültige) Haushaltssatzung, ist eine vorläufige Haushaltsführung nur nach näherer Maßgabe der Kommunalverfassung zulässig.

1066 Die Haushaltssatzung kann durch **Nachtragshaushaltssatzung** geändert werden, die bis zum Ablauf des Haushaltsjahres zu beschließen ist (§ 103 I 1 KVG i.V.m. § 7 KomHVO). Das für die Nachtragshaushaltssatzung entsprechend geltende Verfahren nach § 102 KVG muss bis zum 31.12 des Haushaltsjahres abgeschlossen sein (§ 103 I 2 KVG).[1778]

1067 Die Kommune **muss unverzüglich eine Nachtragshaushaltssatzung erlassen**, wenn 1. sich zeigt, dass trotz Ausnutzung jeder Sparmöglichkeit ein erheblicher Fehlbetrag entstehen wird und der Haushaltsausgleich nur durch eine Änderung der Haushaltssatzung erreicht werden kann, 2. bisher nicht veranschlagte oder zusätzliche Aufwendungen oder Auszahlungen bei einzelnen Haushaltsposten in einem im Verhältnis zu den Gesamtaufwendungen oder Gesamtauszahlungen des Haushaltsplans erheblichen Umfang geleistet werden müssen, 3. Auszahlungen für bisher nicht veranschlagte Investitionen oder Investitionsfördermaßnahmen geleistet werden sollen, 4. Beschäftigte eingestellt, angestellt, befördert oder in eine höhere Entgeltgruppe eingestuft werden sollen und der Stellenplan die entsprechenden Stellen nicht enthält (§ 103 II KVG).

[1775] Soweit die Haushaltssatzung Festsetzungen zu Umlagen im Sinne von § 99 III oder IV KVG enthält, findet die Vorschrift keine Anwendung (§ 100 I 4 KVG).

[1776] S.a. *Gundlach*, Eine "Heilung" von Haushaltssatzungen durch § 100 I 5 SachsAnhKVG?, LKV 2021, 481-485.

[1777] Zur Vereinbarkeit dieser Regelung mit dem Rückwirkungsverbot s. BVerwG, Urt. v. 27.9.2021 – 8 C 30/20 – juris Rn. 17.

[1778] § 100 I 6 KVG findet auf Nachtragshaushaltssatzungen entsprechend Anwendung (§ 103 I 3 KVG). Hiernach sind die dargestellten Maßnahmen gemäß § 100 III-V KVG für die Kommune grundsätzlich verbindlich. Abweichungen von diesen bindenden Festlegungen und die jährlichen Fortschreibungen des Haushaltskonsolidierungskonzeptes sind nur zulässig, wenn das Haushaltskonsolidierungsziel auf andere Weise erreicht wird oder sich die Planungsgrundlagen rechtlich oder tatsächlich ändern. Das Haushaltskonsolidierungskonzept ist spätestens mit der Haushaltssatzung von der Vertretung zu beschließen und der Kommunalaufsichtsbehörde mit der Haushaltssatzung vorzulegen.

Bsp.: Ein Landkreis ist verpflichtet eine Nachtragssatzung zu erlassen, wenn sich durch die Veränderung des Umlagesatzes eine (mehr als nur unerhebliche) Änderung des Finanzbedarfs des Kreises ergibt.[1779]

1068 Gem. § 103 III KVG gilt die Pflicht zum Erlass einer Nachtragssatzung nach § 103 II Nr. 2-4 KVG nicht für 1. **geringfügige Investitionen** und Investitionsfördermaßnahmen sowie unabweisbare Aufwendungen und Auszahlungen, 2. die **Umschuldung von Krediten**, 3. Abweichungen vom Stellenplan und die Leistung höherer Personalausgaben, die sich unmittelbar aus einer **Änderung des Besoldungs- oder Tarifrechts** ergeben, 4. eine Vermehrung oder Hebung von Stellen für Beamte im Rahmen der Besoldungsgruppen A 4 bis A 10 und für Arbeitnehmer[1780]. § 103 III Nr. 4 KVG kann nicht dahingehend einschränkend ausgelegt werden, dass die Vorschrift keine Anwendung findet, wenn die Stelle nicht besetzt werden soll, da die Norm nur der Verwaltungsvereinfachung und der flexiblen Personalwirtschaft dient[1781].

1069 Eine **vorläufige Haushaltsführung** der Kommune ist unter engen Voraussetzungen zulässig. Ist die Haushaltssatzung bei Beginn des Haushaltsjahres noch nicht erlassen, darf die Kommune 1. Aufwendungen entstehen lassen und Auszahlungen leisten, zu deren Leistung sie rechtlich verpflichtet ist oder die für die Weiterführung notwendiger Aufgaben unaufschiebbar sind; sie darf insbesondere Bauten, Beschaffungen und sonstige Investitionsleistungen, für die im Haushaltsplan eines Vorjahres Finanzposten oder Verpflichtungsermächtigungen vorgesehen waren, fortsetzen, 2. Abgaben vorläufig nach den Sätzen des Vorjahres erheben und 3. Kredite umschulden (§ 104 I KVG). Reichen die Finanzmittel für die Fortsetzung von Bauten, Beschaffungen und sonstigen Investitionsleistungen des Finanzhaushaltes nach § 104 I Nr. 1 KVG oder für den Beginn von unaufschiebbaren Investitionsmaßnahmen nicht aus, darf die Kommune mit Genehmigung der Kommunalaufsicht Kredite für Investitionen und Investitionsfördermaßnahmen bis zur Hälfte des durchschnittlichen Betrags der Kreditermächtigungen für die beiden Vorjahre aufnehmen (§ 104 II 1 KVG).[1782] Der Stellenplan des Vorjahres gilt weiter, bis die Haushaltssatzung für das neue Jahr erlassen ist (§ 104 III KVG).

1070 Der **Haushaltsplan** ist, wie dargelegt, Teil der Haushaltssatzung (§ 101 I 1 KVG). Er enthält alle im Haushaltsjahr für die Erfüllung der Aufgaben der Kommune voraussichtlich 1. anfallenden Erträge und eingehenden Einzahlungen,[1783] 2. entstehenden Aufwendungen und zu leistenden Auszahlungen,[1784] 3. notwendigen Verpflichtungsermächtigungen (§ 101 I 2 KVG). Der Haushaltsplan enthält ferner den Stellenplan nach § 76 KVG (§ 101 I 3 KVG). Der Haushaltsplan ist in **einen Ergebnisplan und einen Finanzplan** sowie in Teilpläne zu gliedern (§ 101 II KVG). Die Inhalte des Ergebnisplans

---

[1779] OVG LSA, Beschl. v. 22.11.2022 – 4 L 30/21 – juris Rn. 71.

[1780] Die Hebung oder Senkung wird nur erfasst, wenn sie im Verhältnis zur Gesamtzahl der Stellen für diese Beschäftigten unerheblich ist.

[1781] OVG LSA, Urt. v. 6.7.2022 – 10 L 1/21 – juris Rn. 98.

[1782] § 108 II 2 KVG gilt entsprechend (§ 104 II 2 KVG).

[1783] Gem. § 1 I 2 KomHVO umfassen die im Haushaltsplan zu veranschlagenden Erträge und Aufwendungen sowie Einzahlungen und Auszahlungen die Ansätze des laufenden Haushaltsjahres (Vorjahr), des zu planenden Haushaltsjahres (Planjahr) und die darauf folgenden drei Jahre (§ 1 I 3 KomHVO). Die Ergebnisse des Jahresabschlusses des Vorvorjahres sind voranzustellen (§ 1 I 4 KomHVO).

[1784] Dito.

und der Finanzplans sind in der KomHVO geregelt (§§ 2, 3 KomHVO). Alle Bestandteile des Haushaltsplans ergeben sich aus § 1 I 1 KomHVO: 1. Ergebnisplan, 2. Finanzplan, 3. Teilpläne[1785] und 4. dem Stellenplan[1786]. Zudem sind dem Haushaltsplan gem. § 1 II 1 KomHVO beizufügen: 1. Vorbericht[1787], 2. Übersicht über die aus Verpflichtungsermächtigungen in den einzelnen Jahren voraussichtlich fällig werdenden Auszahlungen,[1788] 3. Übersicht über den voraussichtlichen Stand der Rücklagen und der Verbindlichkeiten zu Beginn des Haushaltsjahres, 4. Übersicht über die Zuwendungen an die Fraktionen, 5. Haushalts- oder Wirtschaftspläne und neuesten Jahresabschlüsse der Sondervermögen, für die Sonderrechnungen geführt werden,[1789] 6. Übersicht über die Budgets nach § 4 V KomHVO und 7. das Haushaltskonsolidierungskonzept, soweit erforderlich. Aus der KomHVO ergeben sich weitere Vorgaben für seine Aufstellung. Der Haushaltsplan ist nach Maßgabe des KVG und der aufgrund des KVG erlassenen Vorschriften (wie der KomHVO) für die Führung der Haushaltswirtschaft verbindlich (§ 101 III 1 KVG). Ansprüche und Verbindlichkeiten werden durch ihn weder begründet noch aufgehoben (§ 101 III 2 KVG).

1071 Der Haushaltsplan wird grundsätzlich für ein Haushaltsjahr erlassen, das sich grundsätzlich mit dem Kalenderjahr deckt (**Jährlichkeitsprinzip** gem. § 100 I 1 und 5 KVG). Er muss allerdings in eine fünfjährige sog. **mittelfristige Ergebnis- und Finanzplanung** eingebunden sein. Die Kommune hat ihrer Haushaltswirtschaft eine solche Fünfjahresplanung zugrunde zu legen und in ihren Haushaltsplan einzubeziehen (§ 106 Satz 1 KVG i.V.m. § 8 KomHVO). Das erste Planungsjahr ist das laufende Haushaltsjahr (§ 106 Satz 2 KVG). Die mittelfristige Ergebnis- und Finanzplanung ist jährlich der Entwicklung anzupassen und fortzuführen (§ 106 Satz 3 KVG).

1072 Der kommunale Haushalt war nach früherem Recht in einen **Verwaltungs- und einen Vermögenshaushalt zu trennen**. Diese Trennung wurde aufgegeben. Der Vermögenshaushalt enthielt alle Einnahmen (und Ausgaben), die den Bestand des Gemeindevermögens berührten, die m.a.W. vermögenswirksam sind,[1790] während der Verwaltungshaushalt alle sonstigen (nichtvermögenswirksamen) Einnahmen (und Ausgaben) erfasste. Der Verwaltungshaushalt wurde auch als „Verbrauchshaushalt" bezeichnet, weil er die laufenden Kosten, Personal- und Sachausgaben sowie Zinszahlungen betraf. Hingegen wurde der Vermögenshaushalt auch „Investitionshaushalt" genannt, weil in ihm alle vermögenswirksamen Einnahmen und Ausgaben angeführt waren. Nach neuem Recht gibt es zwar eine „Vermögensrechnung", diese ist aber Bestandteil des Jahresabschlusses (§ 118 II Nr. 3 KVG) und hat daher mit einem Vermögenshaushalt nichts gemein.

4. Veranschlagungsgrundsätze

[1785] S. § 4 KomHVO.

[1786] S. § 5 KomHVO.

[1787] S. § 6 KomHVO.

[1788] Werden Auszahlungen in den Jahren fällig, auf die sich die Ergebnis- und Finanzplanung noch nicht erstreckt, so ist die voraussichtliche Deckung des Auszahlungsbedarfs dieser Jahre besonders darzustellen.

[1789] Das Gleiche gilt für die Unternehmen und Einrichtungen mit eigener Rechtspersönlichkeit, an denen die Kommune beteiligt ist; ausgenommen sind Beteiligungen gemäß § 119 I 2 KVG (vgl. § 1 II KomHVO).

[1790] *Gern*, Deutsches Kommunalrecht, Rn. 687.

1073 Im Hinblick auf die Haushaltsplanung (wie für die Bewirtschaftung der Mittel) gelten im Hinblick auf die veranschlagenden Einnahmen und Ausgaben die sog. **Veranschlagungsgrundsätze** der Vollständigkeit (und Einheit), der Klarheit und Wahrheit, der Einzel- und der Bruttoveranschlagung, welche sich berühren bzw. überlagern.

1074 Der Grundsatz der **Vollständigkeit des Haushaltsplans** ist sowohl ein verfassungsrechtlicher[1791] als auch ein kommunalrechtlicher Grundsatz des Haushaltsrechts[1792]. In der Vermögensrechnung sind das Anlage- und das Umlaufvermögen, das Eigenkapital, die Sonderposten, die Rückstellungen und die Verbindlichkeiten sowie die Rechnungsabgrenzungsposten vollständig auszuweisen (§ 34 I 1 KomHVO). Insbesondere dürfen nicht zu erwartende Ausgaben weggelassen werden, um den Haushalt zu „schönen". Der Grundsatz der Einheit verbietet vor allem Schattenhaushalte, lässt aber Ausnahmen etwa im Hinblick auf Eigenbetriebe zu.

1075 Das kommunale Haushaltsrecht bestimmt, dass die Ausgaben nach den im Haushaltsjahr voraussichtlich zu leistenden Beträgen zu veranschlagen und sorgfältig zu schätzen sind, soweit sie nicht errechenbar sind. Man spricht insoweit auch vom (ungeschriebenen) **Prinzip der Klarheit und Wahrheit**.[1793] Es leitet sich aus einer Zusammenschau verschiedener Vorgaben ab. So sind die Erträge, Aufwendungen, Einzahlungen und Auszahlungen in voller Höhe und getrennt voneinander zu veranschlagen (§ 9 I KomHVO). Die Erträge und Aufwendungen sind in ihrer voraussichtlichen Höhe in dem Haushaltsjahr zu veranschlagen, dem sie wirtschaftlich zuzurechnen sind (§ 9 II 1 KomHVO). Die Einzahlungen und Auszahlungen sind nur in Höhe der im Haushaltsjahr voraussichtlich eingehenden oder zu leistenden Beträge zu veranschlagen (§ 9 II 2 KomHVO). Bei den Veranschlagungen hat eine Zuordnung jeweils nach Maßgabe der verbindlichen Produkt- und Kontenrahmenpläne fachspezifisch so genau wie möglich zu erfolgen (§ 9 II 3 KomHVO). Die Planansätze sind sorgfältig zu schätzen, soweit sie nicht errechenbar sind (§ 9 II 4 KomHVO). Für die Veranschlagung der zu erwartenden Einnahmen gelten entsprechende Regelungen wie für die Kalkulation der Ausgaben (vgl. § 25 I KomHVO). Die haushaltsrechtlichen Vorschriften über die sorgfältige Kostenschätzung und den Ansatz lediglich angemessener kalkulatorischer Kosten verbieten ganz allgemein die wissentliche oder fahrlässige Veranschlagung von Kosten über die Höhe hinaus, die sich bei sorgfältiger Schätzung bzw. betriebswirtschaftlicher Berechnung kalkulatorischer Kosten ergibt.

1076 Die Ausgaben und Einnahmen sind **einzeln zu veranschlagen** (vgl. u.a. § 4 IV 1 u. 2, § 9 I KomHVO). Dies gilt sinngemäß für die Bewertungen (vgl. § 37 I Nr. 1 KomHVO).

[1791] Vgl. zu Art. 110 I 1 GG BVerfG, Beschl. v. 7.11.1995 BVerfGE 93, 319 (343); *Wegge*, KStZ 1999, 43f.

[1792] *Gern*, Deutsches Kommunalrecht, Rn. 690; *Faiss* et alt., Kommunales Wirtschaftsrecht, Rn. 112 ff.

[1793] *Gern*, Deutsches Kommunalrecht, Rn. 692.

5. Ausgaben, Einnahmen und Kassenführung

a) Grundsätze für Ausgaben

1077 Die Kommune ist an ihren Haushaltsplan gebunden. Sie darf grundsätzlich nur so weit Mittel verausgaben, wie dies im Haushaltsplan im Hinblick auf Zweck der Ausgaben und Höhe der Ausgaben vorgesehen ist. Sog. **über- und außerplanmäßige Ausgaben** sind nur unter engen Voraussetzungen zulässig. Über- und außerplanmäßige Aufwendungen und Auszahlungen sind zulässig, wenn die Aufwendungen und Auszahlungen unabweisbar sind und die Deckung gewährleistet ist (§ 105 I 1 KVG). Sind die Aufwendungen und Auszahlungen nach Umfang oder Bedeutung erheblich, bedürfen sie der Zustimmung der Vertretung (§ 105 I 2 KVG).[1794] Für Investitionen und Investitionsfördermaßnahmen, die im folgenden Jahr fortgesetzt werden, sind überplanmäßige Auszahlungen auch dann zulässig, wenn ihre Deckung im folgenden Jahr gewährleistet ist; sie bedürfen der Zustimmung der Vertretung (§ 105 II KVG).[1795]

1078 Verpflichtungen zur Leistung von Auszahlungen für Investitionen und Investitionsfördermaßnahmen in künftigen Jahren (sog. **Verpflichtungsermächtigungen**) dürfen nur eingegangen werden, wenn der Haushaltsplan hierzu ermächtigt (§ 107 I KVG).[1796] Die Verpflichtungsermächtigungen dürfen zulasten der dem Haushaltsjahr folgenden drei Jahre veranschlagt werden, erforderlichenfalls bis zum Abschluss einer Maßnahme; sie sind nur zulässig, wenn durch sie der Ausgleich künftiger Haushalte nicht gefährdet wird (§ 107 II KVG). Verpflichtungsermächtigungen gelten weiter, bis die Haushaltssatzung für das folgende Jahr erlassen ist (§ 107 III KVG). Der Gesamtbetrag der Verpflichtungsermächtigungen bedarf im Rahmen der Haushaltssatzung insoweit der **Genehmigung** der Kommunalaufsichtsbehörde, als in den Jahren, in denen voraussichtlich Auszahlungen aus den Verpflichtungen zu leisten sind, Kreditaufnahmen vorgesehen sind (§ 107 IV KVG). Verpflichtungsermächtigungen dürfen überplanmäßig oder außerplanmäßig eingegangen werden, wenn sie unvorhergesehen und unabweisbar sind und der in der Haushaltssatzung festgesetzte Gesamtbetrag der Verpflichtungsermächtigungen nicht überschritten wird (§ 107 V KVG).

b) Grundsätze für Einnahmen

1079 Im kommunalen Haushaltsrecht gilt der Grundsatz der **Non-Affektation**, wonach im Regelfall eine Zweckbindung der Einnahmen nicht vorgegeben ist (Grundsatz der Gesamtdeckung).[1797] Jede Einnahme fließt daher dem Grundsatz nach ohne Zweckbindung als allgemeine Deckungsmittel in den Haushalt. Einnahmen dürfen nur dann für bestimmte Ausgaben beschränkt verwendet werden,

---

[1794] Im Übrigen kann die Hauptsatzung bestimmen, dass die Zustimmung zu erheblichen über- und außerplanmäßigen Aufwendungen und Auszahlungen bis zu bestimmten Wertgrenzen ein beschließender Ausschuss trifft (§ 105 I 3 KVG). § 103 II KVG findet Anwendung (§ 105 I 4 KVG).

[1795] Für Maßnahmen, durch die über- oder außerplanmäßige Aufwendungen und Auszahlungen entstehen können, gelten die Absätze 1 und 2 des § 105 KVG entsprechend (§ 105 III KVG). Eine Zustimmung der Vertretung nach Absatz 1 Satz 2 ist bei über- und außerplanmäßigen Aufwendungen, die erst bei der Aufstellung des Jahresabschlusses festgestellt werden können und nicht zu Auszahlungen führen, entbehrlich (§ 105 IV KVG).

[1796] Dies gilt „unbeschadet" des § 107 V KVG, der Verpflichtungsermächtigungen für außer- und überplanmäßige Ausgaben ermöglicht.

[1797] *Gern*, Deutsches Kommunalrecht, Rn. 691; *Henneke*, Öffentliches Finanzwesen, Rn. 389.

wenn dies durch Gesetz vorgeschrieben ist oder die Beschränkung sich zwingend aus der Herkunft oder der Natur der Einnahme ergibt.

Bsp.: Eine bestimmte Verwendung von Gewinnen aus der Erhebung kommunaler Vorzugslasten, etwa ihre Verrechnung im „Gebührenhaushalt", ist daher haushaltsrechtlich nicht vorgegeben.

1080 Eine **Kreditaufnahme** der Gemeinde ist nur zulässig, wenn eine andere Finanzierung nicht möglich ist oder wirtschaftlich unzweckmäßig wäre (vgl. **Nachrangigkeit der Kreditaufnahme**, § 99 V KVG). In der Reihenfolge der Einnahmebeschaffungsgrundsätze folgt die Kreditaufnahme demgemäß noch hinter der vorrangigen Steuererhebung. Kredite dürfen unter den Voraussetzungen des § 99 V KVG **nur für Investitionen, Investitionsfördermaßnahmen und zur Umschuldung** aufgenommen werden. (§ 108 I 1 KVG). Kredite dürfen daher nicht zur Finanzierung nicht-investiver, laufender Ausgaben aufgenommen werden.

Bsp.: Unzulässig ist die Veranschlagung von Krediten, um neue Stellen zu finanzieren.

Die aus der Kreditaufnahme folgenden Verpflichtungen müssen mit der dauernden Leistungsfähigkeit der Kommune in Einklang stehen (§ 108 I 2 KVG).

1081 Der Gesamtbetrag der vorgesehenen Kreditaufnahmen für Investitionen und Investitionsfördermaßnahmen bedarf im Rahmen der Haushaltssatzung der Genehmigung der Kommunalaufsichtsbehörde (**Gesamtgenehmigung** gem. § 108 II 1 KVG). Die Genehmigung soll nach den Grundsätzen einer geordneten Haushaltswirtschaft erteilt oder versagt werden und kann unter Bedingungen und Auflagen erteilt werden (§ 108 II 2 KVG). Sie ist in der Regel zu versagen, wenn die Kreditverpflichtungen mit der dauernden Leistungsfähigkeit der Kommune nicht in Einklang stehen (§ 108 II 3 KVG).[1798]

1082 Zur Gesamtgenehmigung kann das Erfordernis von **Einzelgenehmigungen** treten. Die Aufnahme der einzelnen Kredite, deren Gesamtbetrag nach § 108 II KVG genehmigt worden ist, bedarf der Genehmigung der Kommunalaufsichtsbehörde (Einzelgenehmigung), soweit nach § 19 des Gesetzes zur Förderung der Stabilität und des Wachstums der Wirtschaft die Kreditaufnahmen beschränkt worden sind (§ 108 IV 1 KVG). Die Einzelgenehmigung kann nach Maßgabe der Kreditbeschränkungen versagt werden (§ 108 IV 2 KVG). Auch der Abschluss von Derivatgeschäften oder vergleichbaren Finanzgeschäften bedarf der Genehmigung der oberen Kommunalaufsichtsbehörde (§ 108 V KVG). Weiterhin bedarf die Begründung einer Zahlungsverpflichtung, die wirtschaftlich einer Kreditaufnahme gleichkommt, der Genehmigung der Kommunalaufsichtsbehörde (§ 108 VI 1 KVG).[1799] Eine Genehmigung ist nicht erforderlich für die Begründung von Zahlungsverpflichtungen im Rahmen der laufenden Verwaltung (§ 108 VI 3 KVG).[1800]

1083 Die Kommune darf **keine Sicherheiten zugunsten Dritter** bestellen (§ 109 I 1 KVG). Die Kommunalaufsichtsbehörde kann Ausnahmen zulassen (§ 109 I 2 KVG). Die Kommune darf Bürgschaften

---

[1798] Die Kreditermächtigung gilt weiter, bis die Haushaltssatzung für das übernächste Jahr erlassen ist (§ 108 III KVG).

[1799] § 108 II 2 und 3 KVG gelten entsprechend (§ 108 VI 2 KVG).

[1800] Das für Kommunalangelegenheiten zuständige Ministerium kann die Genehmigung für Rechtsgeschäfte, die zur Erfüllung bestimmter Aufgaben dienen oder den Haushalt der Kommune nicht besonders belasten, allgemein erteilen (§ 108 VI 4 KVG).

und Verpflichtungen aus Gewährverträgen nur zur Erfüllung ihrer Aufgaben übernehmen (§ 109 II 1 KVG). Die Rechtsgeschäfte bedürfen der kommunalaufsichtlichen Genehmigung (§ 109 II 2 KVG).[1801]

1084 Die Kredite für Investitionen, Investitionsförderungsmaßnahmen und zur Umschuldung sind abzugrenzen von den sog. **Liquiditätskredite** (syn.: Kassenkredite). Die Kommune hat durch eine Liquiditätsplanung die Verfügbarkeit liquider Mittel für eine rechtzeitige Leistung der Auszahlungen jederzeit sicherzustellen (§ 110 I KVG) und darf zur rechtzeitigen Leistung ihrer Auszahlungen die nach dieser Liquiditätsplanung erforderlichen Kredite (Liquiditätskredite) bis zu dem in der Haushaltssatzung festgesetzten Höchstbetrag aufnehmen, soweit dafür keine anderen Mittel zur Verfügung stehen (Nachrang des Liquiditätskredits, § 110 II 1 KVG).[1802]

> **Bsp.:** Verspäteter Eingang eingeplanter Steuermittelzuweisungen führt zur vorübergehenden Unterdeckung, so dass keine Gehälter gezahlt werden könnten. Der Kassenkredit verschafft die nötige Liquidität.

1085 Liquiditätskredite werden in der Haushaltssatzung **gesondert** und zwar nur **mit einem Höchstbetrag veranschlagt** (§ 100 II Nr. 4 KVG). Der Höchstbetrag der Liquiditätskredite bedarf im Rahmen der Haushaltssatzung der **Genehmigung** der Kommunalaufsichtsbehörde, wenn er ein Fünftel der Einzahlungen aus laufender Verwaltungstätigkeit im Finanzplan übersteigt (§ 110 III KVG).

1086 Die Kommune muss prüfen, ob der Liquiditätsengpass durch Zugriff auf die **allgemeine Rücklage** überwunden werden kann, die ebenfalls die rechtzeitige Leistung von Ausgaben sichern soll (Betriebsmittel der Kasse). Rücklagen sind durch Zuführung der Überschüsse der Ergebnisrechnung zu bilden (§ 111 I 1 KVG). Weitere zweckgebundene Rücklagen sind zulässig (§ 111 I 2 KVG). **Rückstellungen** sind in erforderlicher Höhe zu bilden (§ 111 II KVG).

1087 Eine **Insolvenz** von kommunaler Gebietskörperschaften ist gesetzlich ausgeschlossen (Insolvenzunfähigkeit aller juristischen Personen des Kommunalrechts).[1803] Gem. § 12 I Nr. 2 Insolvenzordnung ist ein Insolvenzverfahren gegen Körperschaften des öffentlichen Rechts eines Landes unzulässig, wenn das jeweilige Landesrecht dies bestimmt. Das Land Sachsen-Anhalt hat durch § 6 I AG Inso LSA bestimmt, dass ein Verfahren nach der Insolvenzordnung über das Vermögen juristischer Personen des öffentlichen Rechts, die der Aufsicht des Landes unterstehen, nicht stattfindet. Das Bundesland muss für seine Kommunen notfalls einstehen. Umgekehrt können Kommunen aber selbstverständlich Gläubiger eines Schuldners im Insolvenzverfahren sein.[1804]

[1801] Dies gilt entsprechend für Rechtsgeschäfte, die den in Absatz 2 genannten Rechtsgeschäften wirtschaftlich gleichkommen, insbesondere für die Zustimmung zu Rechtsgeschäften Dritter, aus denen der Kommune Aufwendungen entstehen und in künftigen Haushaltsjahren Verpflichtungen zur Leistung von Auszahlungen erwachsen können (§ 109 III KVG). Das für Kommunalangelegenheiten zuständige Ministerium kann die Genehmigung allgemein erteilen für Rechtsgeschäfte, die 1. von der Kommune zur Förderung des Städte- und Wohnungsbaus eingegangen werden, 2. den Haushalt der Kommune nicht besonders belasten (§ 109 IV KVG).

[1802] Die Ermächtigung gilt weiter, bis die Haushaltssatzung für das folgende Jahr erlassen ist (§ 110 II 2 KVG).

[1803] Näher: *Engelsing*, Zahlungsunfähigkeit von Kommunen und anderen juristischen Personen des öffentlichen Rechts, 1999; *Faber*, Insolvenzfähigkeit für Kommunem, DVBl. 2005, 933 ff.; *Katz*, Haftung und Insolvenz der Kommunen und ihrer Unternehmen, GemHH 2004, 49 ff.; *Nolte*, Insolvenzfähigkeit für Kommunen?, DVBl. 2005, 933 ff.; *Wilke*, Restrukturierung und Insolvenz von Kommunen, 2021.

[1804] Hierzu: *Schmittmann*, Beteiligung der Kommune am Insolvenzverfahren: Darstellung, 4. Aufl., 2024.

c) Kassenführung

1088 Die gemeindlichen Kassengeschäfte werden von der **Kommunalkasse** erledigt (§ 116 I 1 KVG). Die gemeindliche **Kassenführung** und Buchführung muss den Vorgaben des KVG (§§ 116 ff.) und der KomHVO entsprechen. Der Kassenverwalter und sein Stellvertreter dürfen mit dem Bürgermeister, Beigeordneten oder dem Leiter des Finanzwesens (Kämmerer) weder verwandt noch verschwägert sein.[1805] Der Hauptverwaltungsbeamte überwacht den gesamten Geschäftsgang der Kommunalkasse (§ 116 VI 1 KVG). Dazu führt er regelmäßige Kassenprüfungen und Kassenbestandsaufnahmen durch (§ 116 VI 2 KVG).

1089 Eine externe Kassenführung ist dem Grundsatz nach zulässig.[1806]

1090 Die Gemeinde muss einen **Jahresabschluss** (§ 118 KVG) und einen Gesamtabschluss (§ 119 KVG) erstellen. Der Gemeinderat beschließt über den Jahres- und den Gesamtabschluss (§ 120 KVG). Der Jahresabschluss besteht aus 1. einer Ergebnisrechnung, 2. einer Finanzrechnung, 3. einer Vermögensrechnung (Bilanz), 4. einem Anhang (§ 118 II KVG). Ihm ist ein Rechenschaftsbericht als Anlage beizufügen, der den Abschluss erläutert (§ 118 III KVG). Zudem sind weitere Anlagen beizufügen.[1807] Für den Jahresabschluss und dessen Prüfung bei Unternehmen in Privatrechtsform gelten besondere Vorgaben (§ 133 KVG).[1808]

[1805] Der Kassenverwalter, sein Stellvertreter und andere Beschäftigte der Kommunalkasse dürfen untereinander und mit dem Hauptverwaltungsbeamten, einem Beigeordneten, einem Stellvertreter des Hauptverwaltungsbeamten, dem Leiter des Finanzwesens (Kämmerer) der Kommune sowie dem Leiter und den Prüfern des Rechnungsprüfungsamtes nicht bis zum dritten Grade verwandt oder bis zum zweiten Grade verschwägert oder durch die Ehe oder eine eingetragene Lebenspartnerschaft verbunden sein (§ 116 III 1 KVG). Entsteht der Hinderungsgrund im Laufe der Amtszeit, so sind die Amtsgeschäfte anderweitig zu verteilen (§ 116 IV 2 KVG). Der Hinderungsgrund der Schwägerschaft entfällt mit der Auflösung der sie begründenden Ehe oder der Aufhebung der sie begründenden eingetragenen Lebenspartnerschaft (§ 116 IV 3 KVG).

[1806] Vgl. „§ 117 Übertragung von Kassengeschäften (1) Die Kommune kann ihre Kassengeschäfte ganz oder zum Teil von einer Stelle außerhalb ihrer Verwaltung besorgen lassen, wenn die ordnungsgemäße Erledigung und Prüfung nach den für die Kommune geltenden Vorschriften gewährleistet sind. Die Besorgung der Zwangsvollstreckung durch private Dritte ist unzulässig. Der Beschluss hierüber ist der Kommunalaufsichtsbehörde anzuzeigen. (2) Lässt die Kommune ihre Kassengeschäfte durch eine Stelle außerhalb ihrer Verwaltung besorgen, findet § 116 Abs. 2 keine Anwendung."

[1807] § 118 IV KVG: „Dem Jahresabschluss sind insbesondere folgende weitere Anlagen beizufügen: 1. Übersichten über das Anlagevermögen, die Forderungen und die Verbindlichkeiten sowie 2. eine Übersicht über die in das folgende Jahr zu übertragenden Ermächtigungen für Aufwendungen und Auszahlungen sowie eine Übersicht über die Verpflichtungsermächtigungen."

[1808] Vgl.: „Gehören der Kommune an einem Unternehmen Anteile in dem in § 53 des HGrG bezeichneten Umfang, hat sie dafür zu sorgen, dass 1. für jedes Wirtschaftsjahr ein Ergebnis- und Finanzplan, eine Stellenübersicht und eine mittelfristige Planung aufgestellt und der Kommune zur Kenntnis gebracht werden, 2. die Feststellung des Jahresabschlusses, die Verwendung des Ergebnisses sowie das Ergebnis der Prüfung des Jahresabschlusses und des Lageberichts ortsüblich bekannt gegeben werden, gleichzeitig der Jahresabschluss und der Lagebericht ausgelegt werden und in der Bekanntgabe auf die Auslegung hingewiesen wird, 3. in der Satzung oder im Gesellschaftsvertrag die Aufstellung des Jahresabschlusses und des Lageberichts in entsprechender Anwendung der Vorschriften des Dritten Buchs des Handelsgesetzbuches für große Kapitalgesellschaften und deren Prüfung in entsprechender Anwendung dieser Vorschriften oder der Vorschriften über die Jahresabschlussprüfung bei Eigenbetrieben vorgeschrieben werden, sofern nicht die Vorschriften des Handelsgesetzbuches bereits unmittelbar gelten oder weitergehende gesetzliche Vorschriften gelten oder andere gesetzliche Vorschriften entgegenstehen, 4. ihr der Prüfungsbericht des Abschlussprüfers übersandt wird, sofern dies nicht bereits gesetzlich vorgesehen ist (§ 133 I KVG). Wird der Jahresabschluss nach anderen Vorschriften als denen über die Jahresabschlussprüfung bei Eigenbetrieben geprüft, soll die Kommune im Fall des Absatzes 1 die Rechte nach § 53 Abs. 1 Nrn. 1 und 2 des Haushaltsgrundsätzegesetzes ausüben, und kann die Kommunalaufsichtsbehörde verlangen, dass die Kommune ihr den Prüfungsbericht mitteilt (§ 133 III KVG).

1091 Der Jahresabschluss der Kommune wird Bestandteil des grundsätzlich zu erstellenden **Gesamtabschlusses**, der mehrere Jahresabschlüsse zusammenfasst. Zum Gesamtabschluss gehören weiterhin die Jahresabschlüsse 1. der Sondervermögen, für die Sonderrechnungen geführt werden, 2. der Unternehmen und Einrichtungen mit eigener Rechtspersönlichkeit, ausgenommen die Sparkassen und Sparkassenzweckverbände, an denen die Kommune beteiligt ist; für mittelbare Beteiligungen gilt § 290 HGB und 3. der Zweckverbände und Arbeitsgemeinschaften nach dem GKG-LSA, bei denen die Kommune Mitglied ist (§ 120 I 1 KVG). Vom Grundsatz, dass eine Gesamtabschluss zu erstellen ist, gelten Ausnahmen.

6. Vermögen der Kommune

1092 Der Erwerb, die Verwaltung und Veräußerung von kommunalem **Vermögen** muss einem öffentlichen Zweck dienen. Die Kommune soll Vermögensgegenstände nur erwerben, soweit dies zur Erfüllung ihrer Aufgaben in absehbarer Zeit erforderlich ist (§ 112 I KVG). Die Vermögensgegenstände sind pfleglich und wirtschaftlich zu verwalten und ordnungsgemäß nachzuweisen (§ 112 II 1 KVG). Bei Geldanlagen ist auf eine ausreichende Sicherheit zu achten und die Geldanlagen sollen einen angemessenen Ertrag bringen (§ 112 II 2 KVG).

1093 Besondere Rechtsvorschriften für die Bewirtschaftung des Waldes der Kommune finden Anwendung (§ 112 III KVG). Körperschaftswald darf nicht allein der Gewinnerzielung dienen, sondern muss dem Allgemeinwohl in besonderem Maße dienen (§ 13 Satz 1 LWaldG), wobei seine Nutz-, Schutz- und Erholungsfunktion eine Einheit bilden (§ 13 Satz 2 LWaldG). Die Gemeinde muss in ihren Wirtschaftszielen die Erhaltung und nachhaltige Bewirtschaftung des Waldes als Gesamtressource gewährleisten (§ 13 Satz 3 LWaldG) und den Körperschaftswald nach ökologischen und wirtschaftlichen Erfordernissen bewirtschaften (§ 13 Satz 4 LWaldG).

1094 Vermögensgegenstände sind zu **inventarisieren** und zu **bewerten**.[1809] Sie mussten bei Einführung der doppelten Buchführung in die **Eröffnungsbilanz eingestellt** werden.[1810] Näheres zur Eröffnungs-

---

[1809] S. hierzu § 113 KVG (Inventur, Inventar und Vermögensbewertung): „(1) Die Kommune hat zum Schluss eines jeden Haushaltsjahres sämtliche Vermögensgegenstände, ihre Verbindlichkeiten und Rechnungsabgrenzungsposten in einer Inventur unter Beachtung der Grundsätze ordnungsmäßiger Inventur vollständig aufzunehmen und dabei den Wert der einzelnen Vermögensgegenstände und Verbindlichkeiten anzugeben (Inventar). (2) Für die im Jahresabschluss auszuweisenden Wertansätze sind 1. Vermögensgegenstände mit den Anschaffungs- oder Herstellungskosten, vermindert um die planmäßigen und außerplanmäßigen Abschreibungen, 2. Verbindlichkeiten zu ihrem Rückzahlungsbetrag, Rentenverpflichtungen, für die eine Gegenleistung nicht mehr zu erwarten ist, zu ihrem Barwert und Rückstellungen nur in Höhe des Betrages, der voraussichtlich notwendig ist, anzusetzen. Die Bewertung ist unter Anwendung der Grundsätze ordnungsmäßiger Buchführung, soweit dieses Gesetz nichts anderes vorsieht, vorzunehmen."

[1810] S. § 114 (Eröffnungsbilanz): „(1) Die Kommune hat zu Beginn des Haushaltsjahres, in dem sie erstmals ihre Geschäftsvorfälle nach dem System der doppelten Buchführung erfasst, eine Eröffnungsbilanz unter Beachtung der Grundsätze ordnungsmäßiger Buchführung aufzustellen, soweit durch Gesetz oder Verordnung nichts anderes bestimmt ist. § 120 Abs. 1 Satz 2 und 3 sowie Abs. 2 ist entsprechend anzuwenden. Die Eröffnungsbilanz wird durch einen Anhang ergänzt. Ihr sind Übersichten über das Anlagevermögen, die Forderungen und die Verbindlichkeiten als Anlage beizufügen. (2) Die Eröffnungsbilanz hat zum Bilanzstichtag ein den tatsächlichen Verhältnissen entsprechendes Bild der Vermögenslage der Kommune zu vermitteln. (3) Die Ermittlung der Wertansätze für die Eröffnungsbilanz ist auf der Grundlage der Anschaffungs- oder Herstellungskosten, vermindert um die Abschreibungen, vorzunehmen. Soweit Anschaffungs- oder Herstellungskosten nicht ermittelt werden können oder deren Ermittlung in keinem Verhältnis zum Wert steht, sind vorsichtig geschätzte Zeitwerte zugrunde zu legen. Die in der Eröffnungsbilanz angesetzten Werte für die Vermögensgegenstände gelten für die künftigen Haushaltsjahre als Anschaffungs- oder Herstellungskosten, soweit nicht Wertberichtigun-

bilanz regeln die § 114 KVG und §§ 53, 54 Kommunalhaushaltsverordnung. Ergibt sich bei der Aufstellung späterer Jahresabschlüsse, dass in der Eröffnungsbilanz Vermögensgegenstände fehlerhaft angesetzt worden sind, so ist der Wertansatz zu berichtigen oder nachzuholen, soweit es sich um einen wesentlichen Betrag handelt (vgl. § 114 VII 1 KVG).[1811]

1095 Die **Veräußerung von Vermögen** der Gemeinde ist nur eingeschränkt zulässig. Die Gemeinde darf Vermögensgegenstände, die sie zur Erfüllung ihrer Aufgaben in absehbarer Zeit nicht braucht, veräußern (§ 115 I 1 KVG). Die Vorbereitung einer Veräußerung durch eine kostenpflichtige Vermessung von Grundstücken ist noch keine solche Veräußerung.[1812] Vermögensgegenstände dürfen in der Regel nur zu ihrem vollen Wert veräußert werden (§ 115 I 2 KVG). Grundsätzlich dürfen Grundstücke nur in einem transparenten Verfahren veräußert werden, das gleich zu behandelnden Bietern offensteht.[1813]

Die Gemeinde darf Vermögensgegenstände, die sie zur Erfüllung ihrer Aufgaben in absehbarer Zeit nicht braucht, anderen zur Nutzung überlassen. Insoweit gilt § 52 Satz 2 LHO entsprechend, wobei die oberste Kommunalaufsichtsbehörde die Entscheidung trifft (§ 115 II KVG).

1096 Sonderregelungen gelten für den Umgang mit Kommunalgliedervermögen (§ 124 KVG), Sondervermögen (§ 121 KVG) und Treuhandvermögen (§ 122 KVG). Die Veräußerung eines Unternehmens, von Teilen eines solchen oder einer Beteiligung an einem Unternehmen sowie andere Rechtsgeschäfte, durch welche die Kommune ihren Einfluss auf das Unternehmen verliert oder vermindert, sind nur zulässig, wenn die Erfüllung der Aufgaben der Kommune nicht beeinträchtigt wird (§ 134 I KVG). Dies gilt entsprechend, wenn eine Gesellschaft, an der die Kommune allein oder zusammen mit anderen Gebietskörperschaften mit mehr als 50 v. H. beteiligt ist, Veräußerungen oder andere der genannten Rechtsgeschäfte vornehmen will (§ 134 II KVG).

---

gen nach Absatz 7 vorgenommen werden. (4) Die Eröffnungsbilanz ist dahingehend zu prüfen, ob sie ein den tatsächlichen Verhältnissen entsprechendes Bild der Lage der Kommune unter Beachtung der Grundsätze ordnungsmäßiger Buchführung vermittelt. Die Prüfung erstreckt sich darauf, ob die gesetzlichen Vorschriften und die sie ergänzenden Bestimmungen beachtet worden sind. (5) Die Eröffnungsbilanz unterliegt der örtlichen Prüfung. Die Inventur, das Inventar und die Übersicht über örtlich festgelegte Restnutzungsdauern der Vermögensgegenstände sind in die Prüfung einzubeziehen. Über Art und Umfang der Prüfung sowie über das Ergebnis der Prüfung ist ein Prüfungsbericht zu erstellen. Der Bestätigungsvermerk oder der Vermerk über seine Versagung ist in den Prüfungsbericht aufzunehmen. § 139 Abs. 3 und 4 und § 141 Abs. 1 Nr. 2 finden entsprechende Anwendung. (6) Die Eröffnungsbilanz unterliegt der überörtlichen Prüfung nach § 137. (7) (...)".

[1811] Die Eröffnungsbilanz gilt dann als geändert (§ 114 VII 2 KVG). Eine Berichtigung kann letztmals mit dem für das Haushaltsjahr 2025 zu erstellenden Jahresabschluss vorgenommen werden (§ 114 VII 3 KVG). Vorherige Jahresabschlüsse sind nicht zu berichtigen (§ 114 VII 3 KVG).

[1812] OVG LSA, Beschl. v. 17.8.2015 – 2 M 61/15 – juris Rn. 18. S. zur Kostenverantwortung bei solchen Vermessungen Ls Nr. 1 und 2: „1. Die Erbringung von Vermessungsleistungen bei dem Erwerb einer noch zu vermessenden Teilfläche eines Grundstücks erfolgt jedenfalls dann zur Erfüllung eigener Aufgaben im Sinne des § 1 Abs. 3 VermGeoG LSA, wenn die Fläche anschließend von der Gemeinde im Rahmen ihrer Aufgabe der Daseinsvorsorge der Öffentlichkeit zur Nutzung zur Verfügung gestellt wird.2 . Auch die Durchführung von Zerlegungsvermessungen bei dem Verkauf von Teilflächen eigener Grundstücke an Dritte durch eine Gemeinde erfolgt jedenfalls dann zur Erfüllung eigener Aufgaben im Sinne des § 1 Abs. 3 VermGeoG LSA, wenn die Vermessungen im Zusammenhang mit der den Gemeinden gesetzlich zugewiesenen Aufgabe der Vorbereitung und Durchführung städtebaulicher Entwicklungsmaßnahmen gemäß §§ 165 ff. BauGB erfolgt."

[1813] Vgl. *Pustal*, Grundsätze der Transparenz und Gleichbehandlung gelten auch bei Bietungsverfahren von Kommunen zur Vergabe von Grundstücken, VGH Mannheim v. 19.07.2022 – 1 S 1121/22, jurisPR-VergR 12/2022 Anm. 4.

1097 Für kommunales Vermögen in **Stiftungen** bzw. die Einbringung kommunalen Vermögens in Stiftungen gelten das Stiftungsgesetz des Landes Sachsen-Anhalt sowie die §§ 125-127 KVG.

7. Rechnungsprüfung

Lit.: *Geis*, Kommunalrecht, 6. Aufl., 2023, S. 230 ff.; *Jury*, Rechnungsprüfung der Gemeinden, Verwaltungsaktbefugnis des Rechnungshofs und Ermessen bei der Bestimmung des zu prüfenden Zeitraums, SächsVBl. 2023, 297-306; *Wiener*, Kommunales Haushalts- und Kassenrecht Sachsen-Anhalt: Lehr- und Arbeitsbuch mit über 100 praktischen Fallkonstellationen, 4. Aufl., 2021

1098 Die Kommunen und Zweckverbände sowie die Anstalten des öffentlichen Rechts unterliegen der Prüfung durch kommunale Prüfeinrichtungen (örtliche Prüfung) nach den §§ 138-142 (§ 136 KVG).

1099 Von dieser örtlichen Prüfung ist die **überörtliche Prüfung** i.S.d. § 137 KVG zu unterscheiden. Die überörtliche Prüfung der kreisangehörigen Gemeinden und Verbandsgemeinden obliegt dem Rechnungsprüfungsamt des Landkreises als **Gemeindeprüfungsamt** (§ 137 I 1 KVG). Die überörtliche Prüfung der Kommunen mit mehr als 20.000 Einwohnern sowie der Zweckverbände obliegt dem **Landesrechnungshof** (§ 137 I 2 KVG).[1814] Darüber hinaus kann der Landesrechnungshof auf Ersuchen der Kommunalaufsichtsbehörde oder der oberen Kommunalaufsichtsbehörde auch andere kreisangehörige Gemeinden und Verbandsgemeinden überörtlich prüfen (§ 137 I 3 KVG).

1110 Der Landesrechnungshof leitet die Prüfungsberichte den Kommunalaufsichtsbehörden zu (§ 137 II 2 KVG). Diese veranlassen die geprüften Kommunen zur Erledigung von Beanstandungen (§ 137 II 3 KVG). Die Rechnungsprüfungsämter der Kommunen und die mit der Durchführung überörtlicher Prüfungen beauftragten Prüfer sind bei der sachlichen Beurteilung der Prüfungsvorgänge unabhängig und insoweit an Weisungen nicht gebunden (§ 137 III KVG). Das KVG regelt den Gegenstand der Wirtschaftlichkeits- und Organisationsprüfung[1815] und den Inhalt des Prüfberichts[1816]. Der Hauptverwaltungsbeamte leitet den Prüfungsbericht mit seiner Stellungnahme an die Vertretung weiter (§ 137 VI KVG).

1101 Landkreise und Gemeinden mit mehr als 25 000 Einwohnern müssen ein **Rechnungsprüfungsamt** als besonderes Amt einrichten, sofern sie sich nicht eines anderen kommunalen Rechnungsprüfungsamtes bedienen (§ 138 I 1 KVG). Andere Gemeinden und Verbandsgemeinden können ein Rechnungsprüfungsamt einrichten, wenn die Kosten in einem angemessenen Verhältnis zum Umfang der Verwaltung stehen (§ 138 I 2 KVG). In Gemeinden oder Verbandsgemeinden, in denen ein Rechnungsprüfungsamt nicht eingerichtet ist und die sich nicht eines anderen kommunalen Rech-

---

[1814] Der Landesrechnungshof legt im Benehmen mit dem für Kommunalangelegenheiten zuständigen Ministerium im Rahmen der Gesetze die allgemeinen Grundsätze zum Prüfungsverfahren, die zu prüfenden Kommunen sowie die Zusammenarbeit mit den Kommunalaufsichtsbehörden fest (§ 137 II 1 KVG).

[1815] Die überörtliche Prüfung stellt fest, ob 1. die Haushalts- und Wirtschaftsführung der Kommunen den Gesetzen und den zur Erfüllung von Aufgaben ergangenen Weisungen entspricht und die zweckgebundenen Zuschüsse Dritter bestimmungsgemäß verwendet sind (Ordnungsprüfung), 2. das Kassenwesen zuverlässig eingerichtet ist (Kassenprüfung), 3. die Verwaltung der Kommune wirtschaftlich und zweckmäßig durchgeführt wird (Wirtschaftlichkeits- und Organisationsprüfung, § 137 IV KVG).

[1816] Das Ergebnis der überörtlichen Prüfung wird in Form eines Prüfungsberichtes 1. der geprüften Kommune, 2. der Kommunalaufsichtsbehörde, 3. den Fachaufsichtsbehörden, soweit ihre Zuständigkeit berührt ist, 4. dem Landesrechnungshof, soweit dieser nicht selbst geprüft hat, zugeleitet (§ 137 V KVG).

nungsprüfungsamtes bedienen, obliegt die Rechnungsprüfung im Rahmen des § 140 I KVG dem Rechnungsprüfungsamt des Landkreises auf Kosten der Gemeinde oder der Verbandsgemeinde (§ 138 II KVG). Hieraus folgt keine Befugnis des Landkreises, die Kostenerstattung für die Rechnungsprüfung gegenüber der Gemeinde durch Verwaltungsakt geltend zu machen.[1817] Zweckverbände werden durch das gem. § 8 II Nr. 6 GKG-LSA in der Verbandssatzung zu bestimmende Rechnungsprüfungsamt örtlich geprüft (§ 138 III KVG).

1102 Das Rechnungsprüfungsamt genießt eine besondere Rechtsstellung, die seine Aufgabe sichern soll. Es ist bei der Erfüllung der ihm zugewiesenen Prüfungsaufgaben **unabhängig und nicht weisungsgebunden** (§ 139 I 1 KVG). Der Hauptverwaltungsbeamte hat jede Einflussname auf die sachliche Erledigung der Prüfaufgabe zu unterlassen.[1818]

> **Bsp.:** Erzwingung der Überarbeitung des Prüfberichts durch ihn verstößt gegen § 139 I KVG.[1819]

1103 Das Rechnungsprüfungsamt untersteht im Übrigen dem Hauptverwaltungsbeamten unmittelbar (§ 139 I 2 KVG). Der **Leiter des Rechnungsprüfungsamtes** muss hauptamtlicher Beamter sein (§ 139 II 1 KVG).[1820] Es gelten besondere Unvereinbarkeitsregelungen.[1821] Der Leiter und die Prüfer des Rechnungsprüfungsamtes dürfen außerdem Zahlungen durch die Kommune weder anordnen noch ausführen (§ 139 IV 2 KVG). Die Leitung des Rechnungsprüfungsamtes kann einem Beschäftigten nur durch Beschluss der Vertretung entzogen werden (§ 139 V 1 KVG).[1822]

1104 Die **Aufgaben des Rechnungsprüfungsamtes** sind folgende: 1. die Prüfung der Eröffnungsbilanz, 2. die Prüfung des Jahresabschlusses und des Gesamtabschlusses, 3. die Prüfung der ordnungsgemäßen Wahrnehmung der Kassenaufsicht gemäß § 116 VI KVG sowie der Vorgänge in der Kommunalkasse zur Vorbereitung der Prüfung des Jahresabschlusses, 4. die Vornahme von regelmäßigen und unvermuteten Kassenprüfungen in der Kommune und ihren Sondervermögen, unbeschadet der Vorschriften über die Kassenaufsicht, 5. die Prüfung der Jahresabschlüsse der Eigenbetriebe und Anstalten des öffentlichen Rechts nach Maßgabe des § 142 KVG und 6. die Prüfung von Vergaben (§ 140 I KVG).

[1817] OVG LSA, Beschl. v. 27.5.2020 – 4 L 54/20 – juris Rn. 6.

[1818] OVG LSA, Urt. v. 6.7.2022 – 10 L 1/21 – juris Rn. 107.

[1819] OVG LSA, Urt. v. 6.7.2022 – 10 L 1/21 – juris Rn. 107.

[1820] Die Kommunalaufsichtsbehörde darf in besonderen Fällen Ausnahmen von Satz 1 zulassen (§ 139 II 3 KVG). Der Leiter des Rechnungsprüfungsamts muss die für sein Amt erforderliche Erfahrung und Eignung besitzen (§ 139 II 2 KVG).

[1821] Der Leiter und die Prüfer des Rechnungsprüfungsamtes dürfen mit dem Hauptverwaltungsbeamten, dessen Stellvertreter, den Beigeordneten, dem für das Finanzwesen zuständigen Beschäftigten sowie dem Kassenverwalter, dessen Stellvertreter und mit den anderen Beschäftigten der Kommunalkasse nicht bis zum dritten Grade verwandt, bis zum zweiten Grade verschwägert oder durch Ehe oder eine eingetragene Lebenspartnerschaft verbunden sein (§ 139 III 1 KVG). Entsteht der Hinderungsgrund im Laufe der Amtszeit, so sind die Amtsgeschäfte anderweitig zu verteilen (§ 139 III 2 KVG). Der Hinderungsgrund der Schwägerschaft entfällt mit der Auflösung der sie begründenden Ehe oder der Aufhebung der sie begründenden eingetragenen Lebenspartnerschaft (§ 139 III 3 KVG). Der Leiter und die Prüfer des Rechnungsprüfungsamtes dürfen eine andere Stellung in der Kommune nur innehaben, wenn dies mit ihren Prüfungsaufgaben vereinbar ist (§ 139 IV 1 KVG).

[1822] Die Abberufung bedarf der Zustimmung der Kommunalaufsichtsbehörde (§ 139 V 2 KVG).

1105 Die Vertretung kann dem Rechnungsprüfungsamt **weitere Aufgaben** übertragen; im Fall des § 138 II KVG geschieht dies durch entsprechende Vereinbarung (§ 140 II KVG).[1823] Der Prüfungsbericht des Rechnungsprüfungsamtes ist der Vertretung zuzuleiten (§ 140 II 2 KVG).

1106 Für den Fall, dass die Kommune Anteile an einem Unternehmen hält, gelten besondere Regeln.[1824]

1107 Das Rechnungsprüfungsamt **prüft den Jahresabschluss und den Gesamtabschluss** mit allen Unterlagen[1825] und zwar daraufhin, ob sie ein den tatsächlichen Verhältnissen entsprechendes Bild der Ertrags-, Finanz- und Vermögenslage der Kommune darstellen (§ 141 II KVG). Das Rechnungsprüfungsamt fasst das Ergebnis seiner Prüfung in einem Prüfungsbericht zusammen (§ 141 III 2 KVG).[1826] Das Rechnungsprüfungsamt kann zur Prüfung des Jahresabschlusses und des Gesamtabschlusses einen Wirtschaftsprüfer hinzuziehen (§ 141 IV KVG). Für die Prüfung bei Eigenbetrieben und Anstalten des öffentlichen Rechts gelten besondere Vorgaben.[1827]

[1823] Übertragen werden können insbesondere 1. die Prüfung der Organisation, Zweckmäßigkeit und Wirtschaftlichkeit der Verwaltung, 2. die Prüfung der Vorräte und Vermögensbestände der Kommune und der Eigenbetriebe, 3. die Prüfung der Wirtschaftsführung der Sondervermögen, 4. die Prüfung der Betätigung der Kommune als Gesellschafter oder Aktionär in Unternehmen mit eigener Rechtspersönlichkeit, 5. die Buch-, Betriebs- und Kassenprüfungen, die sich die Kommune bei einer Beteiligung, bei der Hingabe eines Darlehens oder sonst vorbehalten hat (§ 140 II 1 KVG).

[1824] Gehören einer Kommune an einem Unternehmen mit eigener Rechtspersönlichkeit Anteile in dem in § 53 des Haushaltsgrundsätzegesetzes bezeichneten Umfang, hat sie darauf hinzuwirken, dass den für sie zuständigen Prüfungseinrichtungen die in § 54 des Haushaltsgrundsätzegesetzes vorgesehenen Befugnisse eingeräumt werden (§ 140 III KVG). Ist eine Kommune allein oder zusammen mit anderen Gebietskörperschaften an einem Unternehmen mit eigener Rechtspersönlichkeit nicht in dem in § 53 des Haushaltsgrundsätzegesetzes bezeichneten Umfang beteiligt, so soll die Kommune, soweit ihr Interesse dies erfordert, darauf hinwirken, dass ihr die Rechte nach § 53 Abs. 1 des Haushaltsgrundsätzegesetzes sowie ihr und den für sie zuständigen Prüfungseinrichtungen die Befugnisse nach § 54 des Haushaltsgrundsätzegesetzes eingeräumt werden (§ 140 IV KVG)

[1825] Das Rechnungsprüfungsamt prüft die Abschlüsse daraufhin, ob 1. bei den Erträgen, Einzahlungen, Aufwendungen und Auszahlungen sowie bei der Verwaltung des Vermögens und der Verbindlichkeiten nach dem Gesetz und den bestehenden Vorschriften verfahren worden ist, 2. die einzelnen Rechnungsbeträge sachlich und rechnerisch in vorschriftsmäßiger Weise begründet und belegt sind, 3. der Haushaltsplan eingehalten worden ist, 4. die Anlagen zum Jahresabschluss und die dem Gesamtabschluss nach Maßgabe von § 119 V KVG beizufügenden Unterlagen vollständig und richtig sind (§ 141 I KVG).

[1826] Der Prüfungsbericht hat einen Bestätigungsvermerk zu enthalten (§ 141 III 2 KVG). Dieser muss, soweit er nicht einzuschränken oder zu versagen ist, bestätigen, dass der Jahresabschluss nach pflichtgemäßer Prüfung den gesetzlichen Vorschriften entspricht und unter Beachtung der Grundsätze ordnungsmäßiger Buchführung ein den tatsächlichen Verhältnissen entsprechendes Bild der Kommune vermittelt (§ 141 III 3 KVG).

[1827] Der Jahresabschluss, der Rechenschaftsbericht oder der Lagebericht und die Buchführung der Eigenbetriebe und der Anstalten des öffentlichen Rechts sind daraufhin zu prüfen, ob sie den gesetzlichen Vorschriften entsprechen (§ 142 I 1 KVG). Des Weiteren sind zu prüfen 1. die Ordnungsmäßigkeit der Geschäftsführung; dabei ist auch zu prüfen, ob das Unternehmen wirtschaftlich geführt wird, 2. die Entwicklung der Vermögens- und Ertragslage sowie die Liquidität und Rentabilität, 3. die verlustbringenden Geschäfte und die Ursachen der Verluste, 4. die Ursachen eines in der Ergebnisrechnung oder in der Gewinn- und Verlustrechnung ausgewiesenen Jahresfehlbetrages (§ 142 I 2 KVG). Das Rechnungsprüfungsamt kann sich hierzu eines Wirtschaftsprüfers bedienen (§ 142 II KVG). Die Prüfung erfolgt auf Kosten der Eigenbetriebe und der Anstalten des öffentlichen Rechts (§ 142 III KVG).

G. Finanzierung der Kommunen

Lit.: *Geis/Madeja*, Kommunales Wirtschafts- und Finanzrecht, JA 2013, 248 ff., 321 ff.; *Henneke/Waldhoff*, Handbuch Recht der Kommunalfinanzen. Finanzverfassungsrechtliche Stellung der kommunalen Ebene, kommunale Abgaben und andere Einnahmen, kommunaler Finanzausgleich, 2. Aufl., 2023; *Mann/Püttner* (Hrsg.), Handbuch der kommunalen Wissenschaft und Praxis: Band 4: Kommunale Finanzen, 3. Aufl., 2018; *Reinhardt*, Neue kommunale Finanzierungsmodelle und Zukunftsgerechtigkeit: Zugleich ein Plädoyer für den Schutz nachfolgender Generationen, 2006; *Schmidt*, Bedarfsorientierung im kommunalen Finanzausgleich, LKV 2022, 193-197; *Zimmermann*, Kommunalfinanzen. Eine Einführung in die finanzwissenschaftliche Analyse der kommunalen Finanzwirtschaft, 2009.

I. Verfassungsrechtliche Grundlagen

1108 Das System der Kommunalfinanzierung ist komplex. Es ergibt sich aus einer Zusammenschau von Regelungen des Grundgesetzes, der Landesverfassung sowie des einfachen Bundes- und Landesrechts. Am stärksten ausdifferenziert ist das Gemeindefinanzierungssystem. Weniger komplex sind das Kreisfinanzierungssystem und das System der Verbandsgemeindefinanzierung. Am einfachsten aufgebaut ist das System der Finanzierung der Zweckverbände.

1108 Nach dem Grundgesetz umfasst die Gewährleistung der Selbstverwaltung auch die **Gewährleistung der Grundlagen der finanziellen Eigenverantwortung** (Art. 28 II HS 1 3 GG). Dies gilt im Hinblick auf die Gemeinden und Gemeindeverbände i.S.d. Grundgesetzes. Zu diesen gewährleisteten Grundlagen gehört eine den Gemeinden mit Hebesatzrecht zustehende wirtschaftskraftbezogene Steuerquelle (Art. 28 II 3 HS 2 GG). Das Finanzverfassungsrecht findet sich daneben vor allem im Art. 106 GG, auf den bei der Behandlung der Gemeinde- und der Kreisfinanzierung noch einzugehen sein wird.

1109 Der Bund muss einen Mehr- bzw. **Sonderbelastungsausgleich** für von ihm verantwortete besondere Einrichtungen der Gemeinden oder Gemeindeverbände leisten: Veranlasst der Bund in einzelnen Ländern oder Gemeinden (Gemeindeverbänden) besondere Einrichtungen, die diesen Ländern oder Gemeinden (Gemeindeverbänden) unmittelbar Mehrausgaben oder Mindereinnahmen (Sonderbelastungen) verursachen, gewährt er den erforderlichen Ausgleich, wenn und soweit den Ländern oder Gemeinden (Gemeindeverbänden) nicht zugemutet werden kann, die Sonderbelastungen zu tragen (Art. 106 VIII 1 GG). Entschädigungsleistungen Dritter und finanzielle Vorteile, die diesen Ländern oder Gemeinden (Gemeindeverbänden) als Folge der Einrichtungen erwachsen, werden bei dem Ausgleich berücksichtigt (Art. 106 VIII 2 GG).

1110 Auch die **Landesverfassung** ist auf eine aufgabengemäße Finanzierung der Kommunen ausgerichtet. Die Landesverfassung verpflichtet das Land bei einer Aufgabenübertragung gleichzeitig die Deckung der Kosten zu regeln (Art. 87 III 2 VerfLSA). Führt die Aufgabenwahrnehmung zu einer Mehrbelastung der Kommunen, ist ein angemessener Ausgleich zu schaffen (**Mehrbelastungsausgleich** oder **Konnexitätsprinzip**, Art. 87 III 3 VerfLSA).[1828] Dem Konnexitätsprinzip unterfallen auch Finanzierungspflichten, die als integraler Bestandteil einer lediglich Dritten übertragenen Aufgabe neu be-

---

[1828] S. hierzu allgemein: *Engelken*, Das Konnexitätsprinzip im Landesverfassungsrecht, 2009; *Mückl*, Konnexitätsprinzip in der Verfassungsordnung von Bund und Ländern. In Henneke/Pünder/Waldhoff (Hrsg.): Recht der Kommunalfinanzen, 2006, S. 33 ff.; *Röhl*, Konnexitätsprinzip und Konsultationsverfahren als Ausdruck kommunaler Selbstverwaltung, 2006; *Tappe/Wernsmann*, Öffentliches Finanzrecht, 3. Aufl., 2023.

gründet werden.[1829] Wie die Übertragung einer neuen Aufgabe auf die Kommune zu werten ist, wenn der Gesetzgeber die Regelung zur Deckung der Kosten einer früher übertragenen Aufgabe aufhebt oder so ändert, dass sie ihre Kostendeckungsfunktion nicht mehr so erfüllt wie vorher.[1830]

1111 Dem Konnexitätsprinzip unterliegen nicht die sog. **Existenzaufgaben** der Kommunen.[1831] Dies sind die Aufgaben der Selbstorganisation im Hinblick auf die Aufbau- und Ablauforganisation einschließlich der eigenen Personal- und Vermögensverwaltung.

1112 Mit den Vorgaben zum Mehrbelastungsausgleich vereinbar ist die gewählte Ersatzfinanzierung nach der gesetzlichen **Abschaffung der Erhebung von Straßenausbaubeiträgen**[1832] nach dem KAG. „Soweit die Kosten übertragener Aufgaben den finanziellen Spielraum der Kommunen zur Wahrnehmung von Selbstverwaltungsaufgaben verringern, ergibt sich der verfassungsrechtliche Maßstab speziell aus Art. 87 Abs. 3 S. 2 und 3 LVerf."[1833] Der Mehrbelastungsausgleich beruht auf einer Prognose, die notfalls der tatsächlichen Kostenentwicklung angepasst werden muss.[1834] „Die aus Art. 87 Abs. 3 LVerf folgende Pflicht des Gesetzgebers, Kostendeckungsregelungen einer von der ihnen zugrundeliegenden Prognose abweichende Entwicklung anzupassen, fordert keine Festlegung von Überprüfungszeiträumen im Gesetz selbst."[1835] „Die Verteilung eines Mehrbelastungsausgleichs für Straßenausbaukosten nach Siedlungsflächen ist vom Gestaltungsspielraum des Gesetzgebers gedeckt. Mögliche Disparitäten bei der Bestimmung der Siedlungsflächen im Gesetzesvollzug berühren nicht die Verfassungsmäßigkeit des gesetzlichen Verteilungsmaßstabs, sondern sind im verfassungskonformen Gesetzesvollzug zu vermeiden."[1836]

1113 Gegenstand verfassungsrechtlicher Überprüfung war u.a. die Verfassungskonformität der Belastung der Kommunen mit kostenauslösenden Aufgaben im Rahmen des letzten Zensus: „Den Anforderungen des Konnexitätsprinzips in Art. 87 Abs. 3 S. 2 und 3 LVerf genügt es, wenn der Landesgesetzgeber der Kostendeckungsregelung und dem Mehrbelastungsausgleich für die örtliche Durchführung **statistischer Erhebungen** durch Kommunen (hier: Zensus 2022) ein Berechnungsschema zugrundelegt, das den Personal- und Sachaufwand zur Aufgabenerfüllung nachvollziehbar bestimmt und

---

[1829] LVerfG LSA, Urt. v. 20.10.2015 – LVG 2/14 – juris Rn. 90.
[1830] LVerfG LSA, Urt. v. 19.7.2022 – LVG 44/21 – juris Ls Nr. 1 (Rn. 56)/KStZ 2022, 193/LVerfGE 33, 521/NVwZ 2022, 1542/ZKF 2022, 258.
[1831] LVerfG LSA, Urt. v. 16.1.2023 – LVG 6/22 – juris Ls Nr. 2 (Rn. 74, 76, 80; LVerfG MV, Urt. v. 26.11.2009 – 9/08 – openJur 2012, 55131.
[1832] Hierzu: *Driehaus*, Beurteilung der Verfassungsmäßigkeit des Gesetzes zur Abschaffung der Straßenausbaubeiträge in Sachsen-Anhalt, LKV 2022, 289-297.
[1833] LVerfG LSA, Urt. v. 19.7.2022 – LVG 44/21 – juris Ls Nr. 2 (Rn. 61). S.a.: „Für einen weitergehenden Rückgriff auf Art. 2 Abs. 3, Art. 87 Abs. 1 und 2 LVerf bleibt kein Raum."
[1834] „Für die von Art. 87 Abs. 3 S.3 LVerf geforderte Prognose über die Kosten der Aufgabenwahrnehmung und eine daraus herrührende Mehrbelastung kann der Gesetzgeber unter mehreren geeigneten Methoden wählen. Dabei darf er grundsätzlich auch Erfahrungswerte aus der Vergangenheit in die Zukunft projizieren. Insbesondere darf er bei der Änderung einer Kostendeckungsregelung für eine den Kommunen bereits übertragene und von ihnen wahrgenommene Aufgabe die Prognose aus dem Umfang der bisherigen Kostendeckung ableiten, solange die Prognose nicht durch abweichende Entwicklungen widerlegt ist" (LVerfG LSA, Urt. v. 19.7.2022 – LVG 44/21 – juris Ls Nr. 3, Rn. 82.
[1835] LVerfG LSA, Urt. v. 19.7.2022 – LVG 44/21 – juris Ls Nr. 4 (Rn. 92).
[1836] LVerfG LSA, Urt. v. 19.7.2022 – LVG 44/21 – juris Ls Nr. 5 (Rn. 96 f.).

nicht durch konkret gegen die Berechnungsgrundlage oder -methode gerichtete Einwände als ungeeignet oder fehlerhaft erwiesen wird."[1837] „Die Kommunen haben keinen Anspruch auf einen Ausgleich nach Art. 87 Abs. 3 S. 3 LVerf für eine Mehrbelastung durch Personalaufwand, der nicht durch die gesetzlichen Anforderungen an die Aufgabenerfüllung bedingt ist." [1838] „Wenn ein Mehrbelastungsausgleich nach Art. 87 Abs. 3 S. 3 LVerf bereits ohne Berücksichtigung einer kommunalen ‚Interessenquote' angemessen ist, kann eine Kommune dagegen nicht einwenden, dass sie an der Aufgabenerfüllung kein eigenes Interesse habe." [1839]

II. Gemeinden
1. Finanzierung nach dem Grundgesetz

1114 Die Stellung der Gemeinden in der grundgesetzlichen **Finanzverfassung** ergibt sich wie dargelegt vor allem aus Art. 106 GG. Die Landesfinanzverfassung regelt die Gemeindefinanzierung in Art. 88 VerfLSA.

1115 Zu den Grundlagen der finanziellen Eigenverantwortung der Gemeinden gehört nach dem Grundgesetz wie dargelegt eine den Gemeinden mit Hebesatzrecht zustehende Steuerquelle (Art. 28 II 3 HS 2 GG). Steuerquellen dieser Art sind derzeit die Realsteuern **Grund- und Gewerbesteuer**, deren Höhe sich nach den bundesgesetzlichen Vorgaben (GrdStG, GewStG) und vor allem nach den gemeindlichen Festlegungen der Hebesätze durch Satzung richtet (vgl. Art. 106 VI 2 GG).[1840] Der Bund hat zwar die konkurrierende Gesetzgebung über die Grundsteuer (Art. 105 I 1 GG),[1841] jedoch steht das Aufkommen der Grundsteuer den Gemeinden zu (Art. 106 VI GG). Das den Gemeinden zustehende Aufkommen der Grundsteuer und Gewerbesteuer hat eine erhebliche Bedeutung für ihre Finanzierung.

1116 Grund- und Gewerbesteuer sind für Gemeinden wichtige Steuerquellen, jedoch sind sie nicht ihre wichtigsten Finanzquellen. Die Gemeinden erhalten (über die Länder) Anteile an den im Verbundsystem verteilten Gemeinschaftssteuern Einkommens-[1842], Umsatz-[1843] und Körperschaftssteuer[1844] und werden vorrangig durch diese Steuermittelzuweisungen aus den Gemeinschaftssteuern finanziert.[1845] Die Gemeinden erhalten einen **Anteil am Aufkommen der Einkommensteuer**, der von den Ländern an ihre Gemeinden auf der Grundlage der Einkommensteuerleistungen ihrer Einwohner

---

[1837] LVerfG LSA, Urt. v. 16.1.2023 – LVG 6/22 – juris Ls Nr. 1 (Rn. 65).

[1838] LVerfG LSA, Urt. v. 16.1.2023 – LVG 6/22 – juris Ls Nr. 2 (Rn. 74, 76, 80).

[1839] LVerfG LSA, Urt. v. 16.1.2023 – LVG 6/22 – juris Ls Nr. 3 (Rn. 82).

[1840] Art. 106 VI 2 GG: Den Gemeinden ist das Recht einzuräumen, die Hebesätze der Grundsteuer und Gewerbesteuer im Rahmen der Gesetze festzusetzen.

[1841] Bundesgesetze über Steuern, deren Aufkommen den Ländern oder den Gemeinden (Gemeindeverbänden) ganz oder zum Teil zufließt, bedürfen der Zustimmung des Bundesrates (Art. 105 III GG).

[1842] Vgl. Art. 106 V 1 GG.

[1843] Vgl. Art. 106 Va GG.

[1844] Vgl. Art. 106 VII 1 GG.

[1845] Diese Steuern haben auch für die Umlagenberechnung Bedeutung: Die Grundsteuer und Gewerbesteuer sowie der Gemeindeanteil vom Aufkommen der Einkommensteuer und der Umsatzsteuer können vom Landesgesetzgeber als Bemessungsgrundlagen für Umlagen zugrunde gelegt werden (Art. 106 VI 6 GG).

weiterzuleiten ist (Art. 106 V 1 GG).[1846] Diese staatlichen Schlüsselzuweisungen[1847] haben in der Regel die größte Bedeutung für die Gemeindefinanzierung. Im Einzelfall kann ausnahmsweise die Gewerbesteuer eine größere Bedeutung haben, wenn in kleineren Gemeinden Großunternehmen[1848] sehr hohe Gewerbesteuerzahlungen leisten.

1117 Die Gemeinden erhalten einen **Anteil am Aufkommen der Umsatzsteuer** (Art. 106 Va 1 GG). Er wird von den Ländern auf der Grundlage eines orts- und wirtschaftsbezogenen Schlüssels an ihre Gemeinden weitergeleitet (Art. 106 Va 2 GG).[1849]

1118 Da den Gemeinden und Gemeindeverbänden vom Länderanteil am Gesamtaufkommen der Gemeinschaftssteuern insgesamt ein von der Landesgesetzgebung zu bestimmender Hundertsatz zufließt (Art. 106 VII 1 GG), kommt den Gemeinden und Gemeindeverbänden auch ein **Anteil an der Körperschaftssteuer** zu, die zu den Gemeinschaftssteuern gehört.[1850]

1119 Die Einzelheiten der Berechnung der den Gemeinden zustehenden Anteile ergeben sich aus dem für die jeweilige Steuerart geltenden Bundesrecht sowie dem **Finanzausgleichsgesetz** (FAG) des Landes Sachsen-Anhalt.[1851] Das FAG regelt die Ausstattung der Gemeinden, Verbandsgemeinden und Landkreise mit den für die Aufgabenwahrnehmung angemessenen finanziellen Mitteln sowie den zwischengemeindlichen Finanzausgleich (§ 1 I FAG). Den Gemeinden (sowie den Verbandsgemeinden und Landkreisen) werden im übergemeindlichen Finanzausgleich nach Maßgabe des FAG Finanzmittel in Ergänzung ihrer eigenen Einnahmen zur Erfüllung ihrer eigenen und der übertragenen Aufgaben zur Verfügung gestellt (§ 1 II 1 FAG), wobei der Umfang mindestens 18 v. H. des Landesanteils am Aufkommen der Gemeinschaftssteuern beträgt (§ 1 II 2 FAG). Außerdem erhalten die Gemeinden sowie die Verbandsgemeinden und Landkreise) neben den Finanzmitteln Zuweisungen vom Land zur Sicherstellung ihres Finanzbedarfs außerhalb des FAG (§ 1 II 3 FAG).

1120 Das Land hat nach dem Grundgesetz zwar die Befugnis zur Gesetzgebung über die **örtlichen Verbrauch- und Aufwandsteuern**, solange und soweit sie nicht bundesgesetzlich geregelten Steuern gleichartig sind (Art. 105 IIa 1 GG), jedoch hat das Land Sachsen-Anhalt dieses Recht auf seine Kommunen übertragen (s. § 3 I KAG-LSA).[1852]

1121 Zudem erhalten die Gemeinden nach Maßgabe des Landesrechts **Anteile am Aufkommen der Landessteuern**.[1853] Landessteuern sind etwa Erbschafts- und Grunderwerbssteuer. Das Nähere regelt das Finanzausgleichsgesetz des Landes (anknüpfend an die jeweiligen Steuergesetze wie Grunderwerbssteuer- und Schenkungssteuergesetz, Grunderwerbssteuergesetz etc.).

[1846] Das Nähere bestimmt ein Bundesgesetz, das der Zustimmung des Bundesrates bedarf (Art. 105 I 2 GG). Es kann bestimmen, dass die Gemeinden Hebesätze für den Gemeindeanteil festsetzen (Art. 105 V 3 GG).

[1847] Vgl. Art. 106 III, V, Va, VII GG.

[1848] Dies gilt nur für Unternehmen, deren Einnahmen steuerlich auch vor Ort entstanden gewertet werden und nicht maßgeblich im Ausland veranlagt werden.

[1849] Das Nähere wird durch Bundesgesetz, das der Zustimmung des Bundesrates bedarf, bestimmt (Art. 106 Va 3 GG).

[1850] Im Übrigen bestimmt die Landesgesetzgebung, ob und inwieweit das Aufkommen der Landessteuern den Gemeinden (Gemeindeverbänden) zufließt (Art. 106 VII 2 GG).

[1851] FAG in der Fassung der Bekanntmachung vom 20. März 2024 (GVBl. LSA S. 34, 35).

[1852] S. hierzu sogleich Rn. 1131.

[1853] Vgl. Art. 116 VII 2 GG.

1122 Den Gemeinden wird in der Finanzverfassung abgesehen von der Bestimmung des Hebesatzrechtes für die Grund- und die Gewerbesteuer gem. Art. 106 VI 2 GG keine steuerbezogene Rechtsetzungskompetenz eingeräumt.[1854] Aus der Bundesfinanzverfassung folgt insbesondere die **Absage an ein originäres (verfassungsrechtliches) Steuerfindungsrecht der Gemeinden**.[1855] Das kommunale Steuerfindungsrechts für Verbrauch- und Aufwandsteuern beruht lediglich auf einer Delegation der entsprechenden Steuergesetzgebungshoheit der Länder gem. Art. 105 IIa GG.

2. Finanzierung nach der Landesverfassung

1123 Wie bereits dargelegt verpflichtet die Landesverfassung das Land bei einer Aufgabenübertragung auf Gemeinden gleichzeitig die Deckung der Kosten zu regeln (vgl. Art. 87 III 2 VerfLSA). Führt die Aufgabenwahrnehmung zu einer Mehrbelastung der Gemeinde, ist ein angemessener Ausgleich zu schaffen (**Mehrbelastungsausgleich**, Art. 87 III 3 VerfLSA).[1856] Ein Sonderfall ist einfachgesetzlich geregelt: Hat die Kommune bei der Erfüllung von Aufgaben des übertragenen Wirkungskreises eine Maßnahme aufgrund einer Weisung der Fachaufsichtsbehörde getroffen und wird die Maßnahme aus rechtlichen oder tatsächlichen Gründen aufgehoben, so erstattet das Land der Kommune alle notwendigen Kosten, die ihr durch die Ausführung der Weisung entstanden sind (§ 6 V KVG).

3. Sonstiges

1124 Die Einwohner sind verpflichtet, die Lasten der Kommune mitzutragen (§ 24 I KVG). Dies gilt entsprechend für juristische Personen und Personenvereinigungen mit Sitz in der Kommune (§ 24 III KVG). Diese Regelungen bieten keine ausreichende Rechtsgrundlage, um gemeindliche Abgaben zu erheben. Sie haben aber Bedeutung etwa für die innere Rechtfertigung für die Bestimmung der Höhe von Hebesätzen der Realsteuern.

1125 Sonderregelungen zur Kostentragungspflicht bzw. Kostenverantwortung finden sich etwa im KWG. So trägt die Gemeinde trägt die ihr entstehenden Kosten der Gemeindewahl, die Verbandsgemeinde die ihr entstehenden Kosten der Verbandsgemeindewahl (§ 54 I KWG). Der Landkreis erstattet den Gemeinden die durch die Kreiswahl und die Verbandsgemeinden erstatten den Gemeinden die durch die Verbandsgemeindewahl veranlassten notwendigen Ausgaben durch einen festen Betrag je Wahlberechtigten (§ 54 III 1 KWG). Ein Teil der Ausgaben kann unabhängig von der Zahl der Wahlberechtigten durch einen Grundbetrag abgegolten werden (§ 54 III 2 KWG)

3. Gemeindeabgabenrecht
a) Gesetzgebungskompetenz und Rechtsquellen

[1854] Die Regelung korrespondiert hinsichtlich der Gewerbesteuer mit Art. 28 II 2 GG, der den Gemeinden eine mit Hebesatzrecht zustehende wirtschaftskraftbezogene Steuerquelle zusichert.

[1855] *Stern*, Das Staatsrecht der Bundesrepublik Deutschland, Bd. II, 1980, 1051 (1124); *Wendt*, in: Isensee/Kirchhof, HdbStR, Band IV, § 104 Rn. 41; a.A. *Mohl*, Die Einführung und Erhebung neuer Steuern aufgrund des kommunalen Steuerfindungsrechts, 1992, *Suhr*, ZKF 1992, 2; allg. zum Steuerfindungsrecht der Gemeinden *Winands*, JuS 1986, 942 ff.

[1856] S. hierzu allgemein: *Röhl*, Konnexitätsprinzip und Konsultationsverfahren als Ausdruck kommunaler Selbstverwaltung, 206.

1126 Von den genannten Steuermittelzuweisungen aus Bundes- und Landessteuern ist die Gemeindefinanzierung durch Gemeindeabgaben zu unterscheiden.[1857] Das Gemeindeabgabenrecht stellt ein Teilgebiet des **Kommunalabgabenrechts** dar. Die Rechtsquellen des Kommunalabgabenrechts sind so vielfältig wie die Gegenstände der Abgabenerhebung. Sie finden sich vor allem in GG, dem KAG-LSA, abgabenrechtlichen Fachgesetzen sowie teilweise in der Abgabenordnung. Aus dem Grundgesetz lassen sich zahlreiche allgemeine Rechtsgrundsätze des Abgabenrechts ableiten, die Bedeutung für die Zulässigkeit der Abgabenerhebung besitzen. Materielle Rechtmäßigkeitsanforderungen als spezifisch abgabenrechtliche Ausprägung allgemeiner Verfassungsrechtssätze sind etwa die Tatbestandsmäßigkeit der Erhebung (Vorrang und Vorbehalt des Gesetzes), die Belastungsgleichheit (Art. 3 I GG) und der Verhältnismäßigkeitsgrundsatz (Äquivalenzprinzip). Entsprechende abgabenrechtliche Grundsätze lassen sich dem jeweiligen Landesverfassungsrecht entnehmen. Grundlegend ist die Unterscheidung zwischen Abgabenrechtsetzungskompetenz (wer darf Abgabengesetze erlassen), Abgabenverwaltungshoheit (wer hat das Abgabenrecht zu vollziehen) und Abgabenertragshoheit (wem steht der Ertrag zu). Auf einfachgesetzlicher Ebene stellt das Kommunalabgabengesetz das „Grundgesetz" des Kommunalabgabenrechts dar.

b) Gemeindeabgaben

1127 Bei den **Gemeindeabgaben** handelt es sich um eigene Einnahmequellen der Gemeinden. Nach der klassischen Abgabentrias unterscheidet man Steuern, Gebühren und Beiträge. Neben Gemeindesteuern erheben die Gemeinden sonstige Gemeindeabgaben in Gestalt von Verwaltungs- und Benutzungsgebühren, Erschließungs- und Ausbaubeiträgen sowie Sonderabgaben i.w.S. (Kurtaxe etc.). Hinzu treten Einnahmen aus sonstigen öffentlich-rechtlichen Geldleistungspflichten.

Bsp.: Verwarnungsgelder und Geldbußen, Säumniszuschläge, Stundungszinsen

Diese öffentlich-rechtlichen Geldleistungspflichten sind abzugrenzen von den nicht-hoheitlichen Einnahmen aus privatrechtlichen Benutzungsentgelten, sonstigen Erträgen wirtschaftlicher Gemeindeunternehmen, Vermögens- und Veräußerungserträgen, Konzessionsabgaben, Krediten etc.

aa) Steuern

1128 Landkreise und Gemeinden können **Steuern** erheben (§ 3 I KAG-LSA). Gemeindesteuern sind von der Gemeinde erhobene Steuern. Der Steuerbegriff wird in § 3 I AO legaldefiniert: „Steuern sind Geldleistungen, die **nicht Gegenleistung** für eine besondere Leistung darstellen und von einem öffentlichen Gemeinwesen zur Erzielung von Einnahmen allen auferlegt werden, bei denen der Tatbestand zutrifft, an den das Gesetz die Leistungspflicht knüpft; die Erzielung von Einnahmen kann Nebenzweck sein." Gemeinden erheben als eigene Steuern die Realsteuern (Grundsteuer und Gewerbesteuer).[1858]

[1857] Unter (öffentlichen) Abgaben versteht man die von einem Hoheitsträger auf der Grundlage öffentlichen Rechts auferlegten Geldleistungspflichten.
[1858] Vgl. § 3 II AO.

1129 Die Erhebung der **Grundsteuer** richtet sich nach dem Grundsteuergesetz sowie der örtlichen Bestimmung des Hebesatzes durch Gemeindesatzung[1859]. Steuergegenstand sind bei der Grundsteuer A die Betriebe der Land- und Forstwirtschaft, bei der Grundsteuer B die Grundstücke.[1860] Zwar obliegt den Gemeinden die Verwaltung der Grundsteuer (§ 3 III HS 1 KAG-LSA), jedoch gilt dies nicht für die Festsetzung und Zerlegung der Steuermessbeträge (§ 3 III HS 2 KAG-LSA). Die Festsetzung und Zerlegung der Steuermessbeträge (vgl. §§ 184 ff AO) nimmt das Finanzamt vor.[1861]

1130 Die Erhebung der **Gewerbesteuer** folgt dem Gewerbesteuergesetz und der Hebesatzbestimmung durch Gemeindesatzung[1862]. Die Gewerbesteuer ist derzeit die durch Art. 28 II 3 GG garantierte wirtschaftskraftbezogene Steuerquelle. Ihr Aufkommen macht ca. ein Drittel der Einnahmen der Gemeinden aus, so dass sie für die Finanzautonomie eine sehr hohe Bedeutung hat.[1863] Zwar obliegt den Gemeinden die Verwaltung der Gewerbesteuer (§ 3 III HS 1 KAG-LSA), jedoch gilt wie für die Grundsteuer, dass die Gemeinden nicht für die Festsetzung und Zerlegung der Steuermessbeträge zuständig sind (§ 3 III HS 2 KAG-LSA), sondern dies vom Finanzamt besorgt wird.[1864]

1131 Die Befugnis zur Gesetzgebung über die **örtlichen Verbrauch- und Aufwandsteuern** steht, solange und soweit sie nicht bundesgesetzlich geregelten Steuern gleichartig sind, nach dem Grundgesetz den Ländern zu. Die Länder haben ihren Kommunen die Steuergesetzgebungskompetenz für die örtlichen Verbrauch- und Aufwandsteuern übertragen und ihnen insoweit ein kommunales Steuerfindungsrecht eingeräumt (§ 3 I KAG-LSA). Die ihrem Wortlaut nach unbeschränkte Regelung muss dahingehend verfassungskonform ausgelegt werden, dass nur örtliche Verbrauch- und Aufwandsteuern geschaffen werden dürfen, die überdies mit bundesrechtlich geregelten Steuern nicht gleichartig sein dürfen.[1865] Verbrauchsteuern sind Steuern, deren Erhebung an den Verbrauch oder Verzehr von Wirtschaftsgütern anknüpft.[1866] Aufwandsteuern sind solche, die an den sonstigen Konsum anknüpfen, auch wenn es dabei nicht zum Verzehr von Gütern kommt.[1867] Die Kommunen haben insoweit zahlreiche Steuerarten „erfunden":

> **Bsp.:** Hundesteuer, Zweitwohnungssteuer,[1868] Spielautomatensteuer,[1869] Übernachtungssteuer,[1870] Verpackungssteuer[1871]

Hierzu existiert eine reiche Rechtsprechung, die hier nicht referiert werden kann.

[1859] Vgl. § 25 GrStG.

[1860] Gegenstand der abgeschafften Grundsteuer C waren baureife Grundstücke.

[1861] Das Finanzamt kann für die Bekanntgabe der Messbescheide die Hilfe der hebeberechtigten Gemeinde in Anspruch nehmen (§ 3 III 2 KAG-LSA).

[1862] Vgl. § 16 GewStG.

[1863] *F. Kirchhof*, in: Achterberg u.a., Besonderes Verwaltungsrecht, Kap. 6 Rn. 172.

[1864] Das Finanzamt kann für die Bekanntgabe der Messbescheide die Hilfe der hebeberechtigten Gemeinde in Anspruch nehmen (§ 3 III 2 KAG-LSA).

[1865] Vgl. *Jarass*, in: Jarass/Pieroth, GG, Art. 106 Rn. 11; *Winands*, JuS 1986, 942.

[1866] BVerwG, Beschl. v. 19.8.1994 BVerwGE 96, 272 (281); *Wendt*, in: Isensee/Kirchhof, HdbStR/IV, § 104 Rn. 38.

[1867] BVerfGE, Beschl. v. 6.12.1983 BVerfGE 65, 325 (345 ff.); BVerwG, a.a.O., 281.

[1868] Vgl. *Stöckel/Volquardsen*, Festsetzung der Grundsteuer mit aktuellen Rechtsfragen zur Zweitwohnungssteuer, 2017.

[1869] Vgl. etwa HessVGH, Beschl. v. 12.8.2004 – 5 N 4228.98 – judicialis.

[1870] Vgl. hierzu indes *Waldhoff*, Verfassungsmäßigkeit von kommunalen Übernachtungssteuern, JuS 2023, 92-95.

[1871] Vgl. *Waldhoff*, Tübinger Verpackungssteuer, JuS 2023, 1172-1175.

Das Aufkommen der örtlichen Verbrauch- und Aufwandsteuern steht den Gemeinden zu, soweit es der Landesgesetzgeber nicht den Kreisen zugewiesen hat (Art. 106 VI 1 GG). Jagdsteuern werden nicht erhoben (§ 3 II KAG-LSA).

1132 Das aus dem Gleichheitssatz folgende Gebot der **Steuergerechtigkeit** verbietet für den Bereich der Steuer eine willkürliche Ungleichbehandlung von wesentlich gleichen Sachverhalten, d.h. das Fehlen sachlich einleuchtender Gründe für eine Differenzierung.[1872] Der Grundsatz der Lastengleichheit muss im Sinne einer Gleichheit im Belastungserfolg beachtet werden.[1873] Die Steuergerechtigkeit verlangt, die Besteuerung grundsätzlich am Maßstab der **wirtschaftlichen Leistungsfähigkeit** auszurichten.[1874] Dies kann als tragendes Prinzip des Steuersystems bezeichnet werden.[1875] Die Verfolgung von Lenkungszwecken als Nebenzweck ist grundsätzlich zulässig

> **Bsp.:** erhöhte Besteuerung von Killerautomaten[1876]

Ein Steuergesetz darf keine „erdrosselnde Wirkung" haben. Das ungeschriebene Erdrosselungsverbot verbietet Steuersätze, die dem Abgabenschuldner die freie persönliche und wirtschaftliche Entfaltung unmöglich machen bzw. diese unverhältnismäßig einschränken.[1877]

bb) Gebühren

1133 Der Begriff der **Gebühr** ist bundesrechtlich nicht vorgegeben.[1878] Landkreise und Gemeinden erheben im eigenen Wirkungskreis **Verwaltungsgebühren** als Gegenleistung für Amtshandlungen und sonstige Verwaltungstätigkeiten, wenn die Beteiligten hierzu Anlass gegeben haben (§ 4 I KAG-LSA). Landkreise und Gemeinden erheben als Gegenleistung die für die Inanspruchnahme öffentlicher Einrichtungen erforderlichen **Benutzungsgebühren**, soweit nicht ein privatrechtliches Entgelt gefordert wird (§ 5 I 1 KAG-LSA). Prägendes Merkmal dieser herkömmlichen Gebührenarten ist ihr **Gegenleistungscharakter**.

1134 Bei der Kalkulation von Benutzungsgebühren sind die Kosten der Einrichtung **nach betriebswirtschaftlichen Grundsätzen** zu berechnen (§ 5 II KAG-LSA). Im KAG werden die ansatzfähigen Positionen beispielhaft angeführt.[1879] Hierzu gehören u.a. Abschreibungen von den Anschaffungs- und

---

[1872] Vgl. BVerfG, Beschl. v. 9.7.1969 BVerfGE 26, 302 (310).

[1873] BVerfG, Beschl. v. 27.6.1991 BVerfGE 84, 239 (268f.).

[1874] *Schoch*, DVBl. 1988, 863 (881).

[1875] Vgl. die Nachw. der Rspr. bei *Vogel/Waldhoff*, Grundlagen des Finanzverfassungsrechts, Rn. 516 ff.

[1876] BVerwG, Urt. v. 22.12.1999 BVerwGE 110, 248; Beschl. v. 19.8.1994 KStZ 1995, 12; *Kluth*, NuR 1997, 108.

[1877] BVerfG, Beschl. v. 28.11.1984 BVerfGE 68, 287 (310); Beschl. v. 17.7.1974 BVerfGE 38, 61 (81).

[1878] Nach dem „klassischen" Gebührenbegriff, der auch dem Kommunalabgabenrecht zugrunde liegt, sind Gebühren Abgaben, die als Gegenleistung für Amtshandlungen oder sonstige Tätigkeiten der Verwaltung oder für die tatsächliche Inanspruchnahme öffentlicher Einrichtungen oder Anlagen erhoben werden. Man unterscheidet Verwaltungs- und Benutzungsgebühren. Der bundesverfassungsgerichtliche Begriff der Gebühr ist weiter als der landesrechtliche und umfasst alle „öffentlich-rechtliche Geldleistungen, die aus Anlass individuell zurechenbarer, öffentlicher Leistungen dem Gebührenschuldner durch eine öffentlich-rechtliche Norm oder sonstige hoheitliche Maßnahme auferlegt werden und dazu bestimmt sind, in Anknüpfung an diese Leistung deren Kosten ganz oder teilweise zu decken" (BVerfG, Beschl. v. 16.6.1976 BVerfGE 50, 217 (226) m.w.Nachw.).

[1879] Vgl. § 5 II 2 KAG-LSA: „ Zu den Kosten gehören auch Aufwendungen für Roh-, Hilfs- und Betriebsstoffe sowie Personalkosten, ferner Entgelte für in Anspruch genommene Fremdleistungen, Abschreibungen von den Anschaffungs- oder Herstellungswerten sowie Zinsen auf Fremdkapitalien; eine angemessene Verzinsung des von den kommunalen Gebietskörperschaften aufgewandten Eigenkapitals kann in Ansatz gebracht werden. Die Abschreibungen sind nach der mutmaßlichen Nutzungsdauer oder Leistungsmen-

herstellungswerten und eine Eigenkapitalverzinsung. Für die Gebührenkalkulation wird im Regelfall ein Kalkulationszeitraum von bis zu drei Jahren zugrunde gelegt.[1880]

1135 Zwar gelten die haushaltsrechtlichen Vorgaben sowie das Gebot der Kostenermittlung nach betriebswirtschaftlichen Grundsätzen nicht ausdrücklich für die Verbandsbeitragserhebung durch Unterhaltungsverbände (vgl. § 55 VI, VII WG LSA), jedoch ist dieses Prinzip zur Wahrung der Verhältnismäßigkeit auch bei der Kalkulation des Verbandsbeitrags durch die Unterhaltungsverbände anzuwenden.[1881]

1136 Materielle Rechtmäßigkeitsanforderungen an die Gebührenerhebung ergeben sich vor allem aus dem Gleichheitssatz (Gebührengerechtigkeit), dem Erforderlichkeitsgrundsatz sowie dem Kostendeckungs- und Äquivalenzprinzip sowie aus den satzungsrechtlichen Vorgaben zur Beitragsbemessung (Gebührenmaßstab etc.).

1137 Für die Kalkulation von Benutzungsgebühren gilt ein **Kostendeckungsprinzip**: Das Gebührenaufkommen soll die Kosten der jeweiligen Einrichtung decken, jedoch nicht überschreiten (§ 5 I 2 HS 1 KAG-LSA). Landkreise und Gemeinden können niedrigere Gebühren erheben oder von Gebühren absehen, soweit daran ein öffentliches Interesse besteht (§ 5 I 2 HS 2 KVG). Kosten, die aufgrund ungenutzter, die Sicherheitsreserve überschreitender Kapazitäten entstanden sind, dürfen nicht in die Gebührenberechnung einbezogen werden (§ 5 I 3 KVG). Das Kostendeckungsprinzip wird auf die Kalkulation von Benutzungsgebühren angewandt, kann der Sache nach aber sinngemäß auch auf Verwaltungsgebühren[1882] und Beiträge[1883] Anwendung finden. Es hat zwei **Schutzrichtungen**.[1884] In erster Linie ist es ein „**haushaltsschützendes**"[1885] Kostendeckungsgebot und in zweiter Linie ein „**bürgerschützendes**"[1886] Kostenüberschreitungsverbot.[1887]

---

ge gleichmäßig zu bemessen; Berechnungsgrundlage sind die Anschaffungs- und Herstellungskosten oder der Wiederbeschaffungszeitwert, jeweils vermindert um Beiträge oder ähnliche Entgelte sowie Zuwendungen Dritter. Die Verzinsung des Eigenkapitals richtet sich nach den für Kommunalkredite geltenden Zinsen. Bei der Bemessung des Eigenkapitals bleibt der durch Beiträge und ähnliche Entgelte oder Zuwendungen Dritter aufgebrachte Anteil außer Betracht."

[1880] Vgl. § 5 IIb KAG-LSA: „Die Kostenermittlung kann für einen Kalkulationszeitraum erfolgen, der drei Jahre nicht übersteigen soll. Weichen am Ende eines Kalkulationszeitraumes die tatsächlichen von den kalkulierten Kosten ab, so sind Kostenüberdeckungen innerhalb der nächsten drei Jahre auszugleichen; Kostenunterdeckungen sollen innerhalb dieser drei Jahre ausgeglichen werden."

[1881] OVG LSA, Urt. v. 26.9.2023 – 4 L 15/23 – Rechtsprechungsdatenbank Sachsen-Anhalt, Rn. 52.

[1882] Vgl. *Gern*, Deutsches Kommunalrecht, Rn. 1067.

[1883] Vgl. *Gern*, Deutsches Kommunalrecht, Rn. 1122; *F. Kirchhof*, Grundriß des Abgabenrechts, Rn. 185.

[1884] *Dahmen*, in: Driehaus, Kommunalabgabenrecht, § 6 Rn. 26, spricht allgemeiner von den zwei „Alternativen" des Kostendeckungsgebotes, die unter dem Sammelbegriff Kostendeckungsprinzip behandelt werden.

[1885] Vgl. *Weyreuther*, UPR 1997, S. 261.

[1886] Vgl. *Weyreuther*, UPR 1997, S. 261. Mit *Theiß*, Das Recht der gemeindlichen Eigenbetriebe, Teil R Rn. 86, kann insoweit auch vom „Verbot der Gewinnerzielung" gesprochen werden.

[1887] Diese beiden Aspekte des Prinzips der Kostendeckung kommen etwa in § 5 Abs. 1 Satz 2 1.HS KAG-LSA zum Ausdruck, wenn es dort heißt: „Das Gebührenaufkommen soll die Kosten der jeweiligen Einrichtung decken, jedoch nicht übersteigen". Brüning, KStZ 1990, S. 25, bringt dies auf die saloppe Formel, die Gemeinde solle durch die Aufgabenwahrnehmung weder ärmer noch reicher werden (vgl. auch S. 41: weder Überschüsse erwirtschaften noch Subventionszahlungen leisten müssen). Zu Unrecht kritisiert dies *Gawel*, VerwArch. 86 (1995), S. 78 („Paraphrasierung" ohne „weiterem exegetischen Ertrag"), der den Wert derartiger plastischer einprägsamer Formulierungen für Lehre und Praxis verkennt. Von einer „oberen" und einer „unteren Grenze" spricht *Giesen*, KStZ 1985, S. 101; *von Zwehl*, DB 1989, S. 1349, spricht vom „Verbot der Überdeckung der Kosten" bzw. vom „Kostenüberdeckungsverbot", ohne damit dem Kostenüberschreitungsverbot eine anderen Inhalt geben zu wollen.

1138 Das Kostendeckungsprinzip kann im Grundsatz in generalisierender und individualisierender Betrachtungsweise anwendbar sein.[1888] Die meisten Formen der Leistungserbringung im Bereich kommunaler Daseinsvorsorge lassen eine Anwendung der individualisierenden Betrachtungsweise jedoch aus tatsächlichen Gründen nicht zu, weil die Kosten der Einzelbenutzung nicht oder nur mit einem unwirtschaftlichen Aufwand exakt ermittelt werden könnten.[1889] Daher ist das Kostendeckungsprinzip in Bezug auf Benutzungsgebühren regelmäßig als **Globalprinzip** ausgestaltet. Die Kommune muss demnach in generalisierender Betrachtungsweise auf die Gesamtsumme der Kosten der Einrichtung im Verhältnis zur Gesamtsumme der zu erwartenden Gebühren im Veranschlagungszeitraum abstellen.[1890]

1139 Das Kostendeckungsprinzip schützt als Globalprinzip den einzelnen Abgabenpflichtigen nicht davor, mehr Gebühren zahlen zu müssen, als auf ihn Kosten entfallen.[1891] Übersteigen die Gebühren die individuell zurechenbaren Kosten, so führt eine solche „Überschusserzielung" im einzelnen Abgabenverhältnis nach der globalisierenden Betrachtungsweise des Kostenüberschreitungsverbots nicht zwingend zu einer unzulässigen Gewinnerzielung, da bei einer rein kostendeckenden Kalkulation der Überschuss im einzelnen Abgabenverhältnis durch Defizite in anderen Abgabenverhältnissen kompensiert werden kann. Als Kostenüberschreitungsverbot schützt es den einzelnen Schuldner aber zumindest mittelbar, weil die Begrenzung des Gebührenbedarfs auf die Kosten in Verbindung mit dem Grundsatz der Belastungsgleichheit die individuelle Gebührenlast begrenzt.

1140 Nach allgemeiner Ansicht ist die Gebührenerhebung am Kostendeckungsprinzip aus einer **ex-ante-Betrachtung** zu messen.[1892] Das Kostenüberschreitungsverbot wird daher gemeinhin als Veranschlagungs- oder Kalkulationsmaxime bezeichnet.[1893] Eine Divergenz zwischen Kostenschätzung und tatsächlichen Kosten, die im Verlauf oder am Ende der Rechnungsperiode zutage tritt, kann Anpas-

---

[1888] *Gern*, Deutsches Kommunalrecht, Rn. 1003. Keine der Betrachtungsweisen begünstigt notwendig eine verdeckte Gewinnerzielung, mag auch das Globalprinzip eher zu einer Veranschlagung aller mit der jeweiligen öffentlichen Einrichtung in Zusammenhang stehenden Kosten tendieren.

[1889] Weitergehend *Zimmermann*, DVBl. 1989, S. 904, der meint, es sei „kostenrechnerisch nicht möglich..., den genauen Anteil jedes Entgeltschuldners an den Gesamtkosten der Leistungsproduktion (die individuelle Kostenprovokation) mit vertretbarem Aufwand zu ermitteln".

[1890] BGH, Urt. v. 10.10.1991 BGHZ 115, S. 311, 320; BayVGH, Urt. v. 3.3.1995 NVwZ-RR 1996, S. 290; HessVGH, Beschl. v. 17.1.1995 NVwZ-RR 195, S. 596, 598; *Gern*, Deutsches Kommunalrecht, Rn. 1084; ebs. *Dahmen*, in: Driehaus, Kommunalabgabenrecht, § 6 Rn. 29.

[1891] HessVGH, Beschl. v. 28.9.1976 NJW 1977, S. 452; *Dahmen*, in: Driehaus, Kommunalabgabenrecht, § 6 Rn. 30; *Henneke*, Öffentliches Finanzwesen, Rn. 401; *Schulte/Wiesemann*, in: Driehaus, Kommunalabgabenrecht, § 6 Rn. 26.

[1892] Vgl. OVG NW, Urt. v. 5.9.1986 GemHH 1987, S. 117; *Aengenvoort*, NWVBl. 1997, S. 412. Die Gültigkeit des Tarifs muss bereits zum Zeitpunkt des Erlasses der Gebührenbescheide überprüfbar sein. Dies wäre unmöglich, wollte man die Rechtmäßigkeitsprüfung von der Abrechnung am Abschluss der Rechnungsperiode abhängig machen (ähnl. BayVGH, Urt. v. 3.3.1993 NVwZ-RR 1994, S. 290).

[1893] BVerwG, Urt. v. 17.4.2002 NVwZ 2002, S. 1123, 1124; Urt. v. 8.12.1961 BVerwGE 13, S. 214, 223 bzgl. eines Gebührengesetzes; BayVGH, Urt. v. 15.3.1995 NVwZ-RR 1996, S. 224, 225; Urt. v. 3.3.1993 NVwZ-RR 1994, S. 290; HessVGH, Beschl. v. 27.4.1999 ZUR 2000, S. 22, 23; OVG Bremen, Urt. v. 17.5.1988 DVBl. 1988, S. 906; VGH BW, Urt. v. 2.3.2000 - 2 S 689/99 - Juris; BGH, Urt. v. 10.10.1991 BGHZ 115, S. 311, 320; *Dahmen*, in: Driehaus, Kommunalabgabenrecht, § 6 Rn. 27; *Giesen*, KStZ 1985, S. 102; *Lichtenfeld*, in: Driehaus, Kommunalabgabenrecht, § 6 Rn. 50; *Tettinger*, NWVBl. 1996, S. 88;

sungspflichten auslösen.[1894] Im Übrigen kann ein Überschuss die Fehlerhaftigkeit der Kalkulation indizieren.[1895] Grundsätzlich kann bereits zum Zeitpunkt des Satzungserlasses geprüft werden, ob das Kostenüberschreitungsverbot eingehalten wurde. Bestimmt die Satzung einen Gebührensatz und liegt eine Gebührenbedarfsberechnung[1896] vor, kann überprüft werden, ob die zu erwartenden Gebühreneinnahmen die zu erwartenden Kosten (abzüglich zu verrechnender Nicht-Gebühreneinnahmen) voraussichtlich decken. Liegt hingegen keine Gebührenkalkulation vor, so kann anhand des gewählten Gebührensatzes allein nicht kontrolliert werden, ob das Kostenüberschreitungsverbot beachtet wurde.

1141 Das Vorliegen einer **Gebührenbedarfsberechnung** zum Zeitpunkt der Beschlussfassung über die Gebührensatzung ist nach h.M.[1897] keine Gültigkeitsvoraussetzung der Gebührensatzung. Vielmehr könne eine stimmige Gebührenkalkulation (im Prozess) nachgeschoben werden. Die Kalkulation wäre somit nachholbar. Dem ist jedoch mit der Gegenansicht zu widersprechen, weil der Gemeinderat sein Satzungsermessen bei der Festlegung des Gebührensatzes nur auf der Grundlage einer Gebührenbedarfsberechnung fehlerfrei ausüben kann.[1898] Aus dem Willkürverbot sowie aus Sinn und Zweck der Kommunalabgabengesetze, insbesondere dem Kostendeckungsprinzip, folgt, dass der Gebührensatz auf der Grundlage der tatsächlich zu erwartenden ansatzfähigen Kosten (unter Abzug der zu verrechnenden Einnahmen) zu bestimmen ist.

cc) Beiträge

1142 Das Grundgesetz gibt den **Beitrag**sbegriff nicht vor.[1899] Ein Beitrag im Sinne des Kommunalabgabenrechts ist eine Abgabe, die als Gegenleistung für die Möglichkeit der Benutzung, für die Herstellung, Anschaffung, Erweiterung, Verbesserung und Erneuerung von leitungsgebundenen öffentlichen Einrichtungen erhoben wird.[1900] Gem. § 6 I KAG-LSA können die Landkreise und Gemeinden zur Deckung ihres Aufwandes für die erforderliche Herstellung, Anschaffung, Erweiterung, Verbesserung und Erneuerung ihrer öffentlichen leitungsgebundenen Einrichtungen Beiträge von den Bei-

---

[1894] Vgl. *Schulte*, in: Driehaus, Kommunalabgabenrecht, § 6 *Rn.* 34 (bis 25. EL), und zur Verrechnung von Überdeckungen näher unten Teil 3 F. III. 1.

[1895] BayVGH, Urt. v. 3.3.1993 NVwZ-RR 1994, S. 290.

[1896] Hierunter versteht man nicht (nur) die Ermittlung des zur Kostendeckung erforderlichen Bedarfs an Gebühreneinnahmen, sondern den gesamten Berechnungsvorgang zur Bestimmung der Gebührensätze (*Lohmann*, in: Driehaus, Kommunalabgabenrecht, § 6 Rn. 676). Dies umfasst die Kostenrechnung sowie die Gebührensatzkalkulation i.e.S. Zum Teil werden die Begriffe Gebührenbedarfsberechnung, Gebührenkalkulation und Gebührensatzkalkulation synonym gebraucht (vgl. *Dahmen*, in: Driehaus, a.a.O., § 6 Rn. 65; *Lichtenfeld*, in: Driehaus, Kommunalabgabenrecht, § 6 Rn. 727 sowie *Schulte/Wiesemann*, a.a.O., § 6 Rn. 27 bzgl. Gebührenkalkulation und Gebührenbedarfsberechnung).

[1897] BayVGH, Urt. v. 15.3.1995 NVwZ-RR 1996, S. 224, 225; HessVGH, Urt. v. 16.10.1997 DVBl. 1998, S. 717, 718; OVG NW, Urt. v. 24.7.1995 NVwZ-RR 1996, S. 695; Urt. v. 5.8.1994 NVwZ 1995, S. 1233; Urt. v. 18.5.1992 NVwZ-RR 1993, S. 48. Laut OVG LSA, Urt. v. 7.9.2000 NVwZ-RR 2001, S. 471; VG Dessau, Urt. v. 26.11.1998 LKV 1999, S. 472, OVG NW, Urt. v. 5.8.1994 a.a.O. und HessVGH, Urt. v. 16.10.1997 NVwZ-RR 1999, S. 197, soll es ausreichen, wenn im Prozess eine den Gebührensatz deckende Betriebsabrechnung vorgelegt wird. Weitere Nachweise bei *Gern*, NVwZ 1995, S. 1150; ders., Deutsches Kommunalrecht, Rn. 300; *Lohmann*, in: Driehaus, Kommunalabgabenrecht, § 6 Rn. 676; *Schulte/Wiesemann*, in: Driehaus, Kommunalabgabenrecht, § 6 Rn. 122.

[1898] Vgl. BayVGH, Urt. v. 3.3.1993 NVwZ-RR 1994, S. 290; VGH BW, Beschl. v. 31.8.1993 NVwZ 1994, S. 194, 196 m.w.Nachw.

[1899] *Lichtenfeld*, in: Driehaus, Kommunalabgabenrecht, § 4 Rn. 145; *Henneke*, Öffentliches Finanzwesen, Rn. 413.

[1900] Vgl. § 6 I KAG-LSA sowie etwa Art. 5 I KAG Bay; § 8 I, II KAG NRW; § 7 II KAG RLP.

tragspflichtigen erheben, denen durch die Inanspruchnahme oder die Möglichkeit der Inanspruchnahme dieser Einrichtungen ein Vorteil entsteht, soweit nicht privatrechtliche Entgelte gefordert werden. Es ist nicht Voraussetzung einer Beitragserhebung, dass der Beitragspflichtige die ihm gewährten Vorteile tatsächlich wahrnimmt.[1901] Es genügt m.a.W. eine nur **potenzielle Begünstigung** des Abgabenpflichtigen[1902] bzw. die Möglichkeit der Inanspruchnahme. Die Unabhängigkeit des Beitrags von einer tatsächlichen Benutzung der Anlage bildet den wesentlichen Unterschied zur Benutzungsgebühr, mit der er den Gegenleistungscharakter gemein hat.[1903] Es reicht nicht aus, dass der Beitrag in irgendeiner Hinsicht auch Gegenleistung ist. Der Gegenleistungscharakter muss vielmehr in dem Sinne prägend sein, dass die abgegoltene öffentliche Leistung überwiegend dem Vorteil des Einzelnen dient, denn jeder soll nur gemäß seinem individuellen Vorteil Beiträge zahlen (sog. **Vorteilsgerechtigkeit**).[1904]

> **Bsp.:** „Die in dem Vorteilsprinzip begründete Verpflichtung, die Schuld anteilig zu berechnen, wenn der Schuldner der Umlage eines Gewässerunterhaltungsbeitrags im Verlauf eines Kalenderjahrs wechselt, verlangt nicht, dass die Anteile so exakt wie möglich bestimmt werden müssen, und insbesondere keine taggenaue Ermittlung."[1905]

1143 Für das Entstehen der beitragsrechtlichen Vorteilslage ist der Zeitpunkt maßgeblich, ab dem die Kommune die auf einem Grundstück die tatsächlichen Verhältnisse herbeiführt, die den Beitragsanspruch begründen.[1906] Ein Vorteil fehlt, wenn eine Inanspruchnahme der Einrichtung aufgrund vom Anschlusspflichtigen nicht zu vertretender Rechtshindernisse unmöglich ist. Ist die Anschlussmöglichkeit bei Erlass der Beitragsbescheide noch nicht rechtlich gesichert, sind die Bescheide rechtswidrig.[1907]

1144 Zu unterscheiden sind die persönliche Beitragspflicht (§ 6 VIII KAG-LSA) und die **sachliche Beitragspflicht**. Die sachliche Beitragspflicht haftet gleichsam dinglich an dem Grundstück (vgl. § 6 IX KAG-LSA) und ist Voraussetzung dafür, dass eine bestimmte Person als persönlich Beitragspflichtiger bestimmt werden kann.

> **Bsp.:** In Bezug auf ein Grundstück eines unbekannten Eigentümers entsteht durch gemeindlichen Kanalausbau die sachliche Beitragspflicht. Zwar könnte die Höhe der Beitragsschuld schon rechnerisch ermittelt werden, jedoch muss der persönlich Beitragspflichtige noch ermittelt werden.

[1901] Vgl. BVerfG, Beschl. v. 24.1.1995 BVerfGE 92, 91 (115); Beschl. v. 7.11.1995 BVerfGE 93, 319 (346); BVerwG, Urt. v. 19.10.1966 BVerwGE 25, 147 (148f.); Wolff/Bachof/*Stober*, Verwaltungsrecht, Bd. 1, § 42 Rn. 19 m.w.Nachw.

[1902] *Kluth*, Funktionale Selbstverwaltung, S. 311; *Vogel/Waldhoff*, Grundlagen des Finanzverfassungsrechts, Rn. 416.

[1903] Vgl. *Driehaus*, in: Driehaus, Kommunalabgabenrecht, § 8 Rn. 9 und 11.

[1904] Dies setzt voraus, dass überhaupt ein Vorteil zugewachsen ist. Es stellt sich etwa die Vorfrage, ob die Möglichkeit einer nur untergeordneten baulichen Ausnutzbarkeit des Grundstücks ausreicht, um eine sachliche Beitragspflicht im Hinblick auf den Ausbau der Kanalisation entstehen zu lassen (hierzu etwa VG Würzburg, Urt. v. 30.3.1983 KStZ 1983, 192 ff.). Zum Vorteilsbegriff s. *Driehaus*, in: Driehaus, Kommunalabgabenrecht, § 8 Rn. 265 ff.

[1905] OVG LSA, Urt. v. 27.2.2020 – 2 L 35/18 – juris Ls Nr. 3.

[1906] VG Halle, Urt. v. 26.2.2024 – 4 A 452/21/HAL – Rechtsprechungsdatenbank Sachsen-Anhalt, Rn. 154.

[1907] VG Halle, Urt. v. 26.2.2024 – 4 A 452/21/HAL – Rechtsprechungsdatenbank Sachsen-Anhalt, Rn. 134.

Für die Bestimmung der Höhe der Beitragsschuld gelten das KAG-LSA sowie die Beitragssatzung. Das zum Zeitpunkt des Entstehens der sachlichen Beitragspflicht geltende Recht gibt vor, nach welcher satzungsrechtlichen Grundlage ein Beitrag zu bemessen ist.[1908] Das Kommunalabgaben-recht Sachsen-Anhalts unterscheidet nicht zwischen formell- und materiell-rechtlichen Beitrags-pflichten und enthält auch kein Verbot der Nacherhebung von Beiträgen.[1909] Der Beitragsbescheid begründet bei nicht voller Ausschöpfung der Beitragspflicht in der Regel keinen Vertrauensschutz gegen eine Nach-Erhebung.[1910]

1145 Die Beschränkung des Beitragsrechts auf den Investitionsaufwand ist zwar kein Wesensmerkmal des Beitrags,[1911] jedoch für den kommunalrechtlichen Beitrag prägend. Es besteht insoweit ein **Aufwandsüberdeckungsverbot**.

1146 Einen praktisch bedeutsamen Sonderfall der Beiträge auf gemeindlicher Ebene bilden die **Erschließungsbeiträge**, die von den sog. Ausbaubeiträgen abzugrenzen sind. Das Erschließungsbei-trags- geht dem Ausbaubeitragsrecht vor, wobei diese Konkurrenz nur hinsichtlich der Erschließung und dem Ausbau von nichtleitungsgebundenen Anlagen besteht. Während Erschließungsbeiträge im Wesentlichen nur für die erstmalige Herstellung von gemeindlichen Verkehrsanlagen erhoben werden, dienen Ausbaubeiträge der Deckung des Aufwands für die Verbesserung und Erneuerung von gemeindlichen Verkehrsanlagen sowie für die erstmalige Herstellung, Verbesserung und Erneu-erung von leitungsgebundenen Einrichtungen der Kommune.[1912]

dd) Sonstige Abgaben

1147 Gemeinden und Verbandsgemeinden können von ihnen zu zahlende Verbandsbeiträgen umlegen: Sie ziehen die Eigentümer, Erbbauberechtigten und ersatzweise auch Nutzer von Grundstücken im Gebiet eines (Gewässer-) Unterhaltungsverbandes zu den Beiträgen heran, die die Gemeinde bzw. Verbandsgemeinde als Verbandsmitglied an den Unterhaltungsverband zu zahlen hat.[1913] Diese Umlagen werden wie Gebühren nach dem KAG LSA erhoben.[1914]

c) Satzungszwang

1148 Gemeindeabgaben dürfen **nur auf der Grundlage von Satzungen** erhoben werden.[1915] Eine kommunale Abgabensatzung muss einen gesetzlichen Mindestinhalt aufweisen.[1916] Sie muss min-destens den Kreis der Abgabenschuldner, den die Abgabe begründenden Tatbestand, den Maßstab und den Satz der Abgabe sowie ihre Entstehung und den Zeitpunkt der Fälligkeit der Schuld be-

---

[1908] VG Halle, Urt. v. 26.2.2024 – 4 A 452/21/HAL – Rechtsprechungsdatenbank Sachsen-Anhalt, Rn. 127.

[1909] OVG LSA, Beschl. v. 18.03.2005 – 4 M 701/04 – juris Rn. 11 (Ls Nr. 5).

[1910] OVG LSA, Beschl. v. 18.03.2005 – 4 M 701/04 – juris Rn. 13 f. (Ls Nr. 6).

[1911] Insoweit zutreffend: Wolff/Bachof/*Stober*, Verwaltungsrecht, Bd. 1, § 42 Rn. 19.

[1912] Zu dem Konkurrenzverhältnis im Einzelnen: *Driehaus*, in: Driehaus, Kommunalabgabenrecht, § 8 Rn. 201 ff. Beitragsfähige Er-schließungsanlagen sind gem. § 127 II BauGB vor allem die „öffentlichen zum Anbau bestimmten Straßen, Wege und Plätze" sowie nicht befahrbare Verkehrsanlagen und Sammelstraßen sowie Parkflächen und öffentliche Grünanlagen.

[1913] § 56 I 1 WG LSA.

[1914] § 56 II KAG LSA.

[1915] Art. 2 I 1 KAG Bay; § 2 I 1 KAG NRW; § 2 I 1 KAG RLP; § 2 I 1 KAG.

stimmen. Bei der Ausgestaltung der Satzung hat der Rat als Satzungsgeber grundsätzlich ein weites Satzungsermessen etwa im Hinblick auf die Wahl des Gebührenmaßstabes, so dass ein Verwaltungsgericht nicht überprüfen darf, ob die Kommune den zweckmäßigsten, vernünftigsten, gerechtesten und wahrscheinlichsten Gebührenmaßstab gewählt hat.

III. Verbandsgemeinden

1149 Das Recht zur Erhebung kommunaler Abgaben steht gem. § 1 KAG nur „Gemeinden und Landkreisen" zu. Soweit die Verbandsgemeinden für ihre Mitgliedsgemeinden Aufgaben wahrnehmen, erheben sie auf der Grundlage des Abgabenerhebungsrechts der Mitgliedsgemeinden auch Abgaben.

> **Bsp.:** Die Verbandsgemeinden nehmen für die Mitgliedsgemeinden die Aufgaben der Trinkwasserversorgung und Abwasserbeseitigung wahr (§ 90 I Nr. 6 KVG)[1917] und dürfen in diesem Rahmen auch Abgaben (Abwassergebühren etc.) erheben, wobei sie diese Verwaltungsgeschäfte im eigenen Namen ausführen (§ 91 I, II KVG).

1150 Die Verbandsgemeinde erhebt, soweit ihre sonstigen Erträge und Einzahlungen nicht ausreichen, von den Mitgliedsgemeinden nach den hierfür geltenden Vorschriften eine Umlage (**Verbandsgemeindeumlage**), um ihren erforderlichen Bedarf zu decken (§ 99 IV KVG). Die Rechtsprechung des OVG LSA zur Festsetzung des Kreisumlagesatzes ist auf die Festsetzung der Verbandsgemeindeumlage übertragbar.[1918] Die Verbandsgemeinde hat daher wie der Landkreis den Grundsatz des Gleichrangs und die beschriebenen Ermittlungspflichten sowie Beteiligungsrechte zu beachten. Über die beabsichtigte Erhöhung der Umlage sind die Mitgliedsgemeinden vorab zu informieren (§ 20 FAG LSA). Der gemeindliche Anspruch auf eine finanzielle Mindestausstattung muss gewahrt werden. Dabei ist die Dauer einer mittelfristigen Finanzplanung nach der KomHVO zugrunde zu legen.[1919] Der Finanzbedarf der Mitgliedsgemeinde einer Verbandsgemeinde ist angesichts deren geringeren Aufgabenumfangs zwar regelmäßig weit geringer als der Finanzbedarf kreisangehöriger Einheitsgemeinden, jedoch ändert dies nichts an der Pflicht der Verbandsgemeinde (wie des Kreises) den Finanzbedarf von Verbandsgemeinde wie Mitgliedsgemeinden zutreffend anhand der jeweiligen Aufgabenverteilung zu ermitteln.[1920]

IV. Landkreise

[1916] Art. 2 I 2 KAG Bay; § 2 I 2 KAG NRW; § 2 I 2 KAG RLP; § 2 I 2 KAG.

[1917] Meist wird die Aufgabe indes von Zweckverbänden wahrgenommen.

[1918] OVG LSA, Urt. v. 17.7.2020 – 4 L 176/19 – juris Rn. 32. S. Ls.: „Durch den landesrechtlichen Verweis auf die entsprechende Anwendung der Vorschriften über die Kreisumlage sowie die hierzu entwickelte Rechtsprechung wollte der Landesgesetzgeber einen Gleichklang bei der Erhebung der Kreisumlage und der Verbandsgemeindeumlage regeln. Aus diesem Gleichklang folgt auch eine verfahrensrechtliche Gleichbehandlung, sodass die vom erkennenden Senat entwickelte Rechtsprechung zur Festsetzung eines Kreisumlagesatzes auch auf die Festsetzung eines Verbandsgemeindeumlagesatzes anwendbar ist." OVG LSA, Urt. v. 16.07.2020 – 4 L176/19 – juris Ls.

[1919] VG Halle, Urt. v. 11.4.2019 – 3 A 476716 – juris Rn. 66.

[1920] Diese Aufgabenverteilung ist für die Frage, ob das Selbstverwaltungsrecht verletzt wird, maßgeblich (VG Halle, Urt. v.11.4.2019 a.a.O. Rn. 60).

1. Stellung der Kreise in der Finanzverfassung[1921]

1151 Den Kreisen wird durch Art. 28 II 2 und 3 GG das Recht zur eigenverantwortlichen Einnahmen- und Ausgabenwirtschaft im Rahmen eines gesetzlich geordneten Haushaltswesens gewährleistet (**Finanzhoheit**).[1922] Diese Gewährleistung umfasst nicht einzelne Vermögenspositionen, so dass sich ein Kreis nicht darauf berufen kann, ihm würden einzelne Einnahmen entzogen.[1923] Der Landkreis hat aber ein Recht auf eine aufgabenadäquate Finanzausstattung.[1924] Hierzu das BVerwG[1925]: „Diese setzt voraus, dass die verbandseigenen Finanzmittel ausreichen, um dem Gemeindeverband die Erfüllung aller zugewiesenen und im Rahmen der kommunalen Selbstverwaltung auch die Erfüllung selbst gewählter Aufgaben zu ermöglichen. Die generell ausreichende, aufgabenangemessene Finanzausstattung der Selbstverwaltungskörperschaft ist im Land Sachsen-Anhalt dabei nach Maßgabe der beiden landesverfassungsrechtlichen Ausformungen der finanziellen Absicherung der Kommunen (Gemeinden und Landkreise; vgl. Art. 87 Abs. 1 der Verfassung des Landes Sachsen-Anhalt), mithin der ‚Grundausstattung' nach Art. 88 der Verfassung des Landes Sachsen-Anhalt (LVerf LSA) vom 16. Juli 1992 (GVBl. LSA S. 600) sowie des Mehrbelastungsausgleichs gemäß Art. 87 Abs. 3 Satz 3 der Verfassung des Landes Sachsen-Anhalt (LVerf LSA), vom Landesgesetzgeber bereitzustellen (...)[1926]. Ausgehend davon kann sich ein Gemeindeverband dann gegen finanzielle Belastungen durch staatliches Handeln wenden, wenn er eine nachhaltige, von ihm nicht mehr zu bewältigende und hinzunehmende Einengung seiner Finanzspielräume darlegt und nachweist (...)[1927]. Dieser Maßstab für eine Verletzung der Finanzhoheit eines Gemeindeverbandes gilt nicht nur gegenüber normativen Regelungen, sondern auch bei Einzelmaßnahmen der Verwaltung (...)[1928]."

2. Finanzzuweisungen und Kommunalabgaben

1152 Die Finanzierung der **Kreise** erfolgt in erster Linie durch das jeweilige Bundesland über den Finanzausgleich nach Maßgabe der Finanzausgleichsgesetze[1929] der Länder. Der Kreis erhebt zudem Kommunalabgaben nach Maßgabe des KAG. Die Kreise zählen neben den Gemeinden zu den unmittelbar kraft Gesetzes Abgabenerhebungsberechtigten. Für die Erhebung von Kommunalabgaben gelten daher die Ausführungen zur Erhebung von Gemeindeabgaben sinngemäß. Die Abgabenarten Grundsteuer, Gewerbesteuer, Kurtaxe, betriebliche Tourismusabgabe dürfen von Kreisen allerdings

---

[1921] *Henneke*, LKV 1993, 365 ff.

[1922] BVerfG, Beschl v. 7.7.2020 – 2 BvR 696/12 – BVerfGE 155, 310 Rn. 54; BVerwG, Urt. v. 9.12.2021 – 4 C 3.20 – juris Rn. 16.

[1923] BVerwG, Urt. v. 9.1.2021 a.a.O. Rn. 16; Urt. v. 15.6.2011 – 9 C 4.10 – BVerwGE 140, 34 Rn. 22.

[1924] BVerfG, Beschl. v. 7.7.2020 – 2 BvR 696/12 – BVerfGE 155, 310 Rn. 56.

[1925] BVerwG, Urt. v. 9.12.2021 – 4 C 3.20 – juris Rn. 16.

[1926] Hier nicht abgedruckt: „LVerfG LSA, Urteile vom 17. September 1998 - LVG 4/96 - NVwZ-RR 1999, 96 <98> und vom 26. November 2014 - LVG 12/13 - NVwZ 2015, 1131 <1132>)".

[1927] Hier nicht abgedruckt: „BVerwG, Urteile vom 25. März 1998 - 8 C 11.97 - BVerwGE 106, 280 <287> und vom 5. Dezember 2000 - 11 C 6.00 - BVerwGE 112, 253 <258>)".

[1928] Hier nicht abgedruckt: „BVerwG, Urteil vom 15. Juni 2011 - 9 C 4.10 - BVerwGE 140, 34 Rn. 23)".

[1929] Vgl. FAG Bay; LFAG RLP; FAG LSA

nicht erhoben werden. Der Kreis verfügt wie die Gemeinden über privatrechtliche Einnahmen aus Benutzungsentgelten, Vermögenserträgen etc.

3. Kreisumlage

1153 Der Landkreis erhebt, soweit seine sonstigen Erträge und Einzahlungen nicht ausreichen, von den kreisangehörigen Gemeinden nach den hierfür geltenden Vorschriften eine Umlage (**Kreisumlage**), um seinen erforderlichen Bedarf zu decken (§ 99 III 1 KVG). Man könnte daher auch von einer „Fehlbetragsdeckungsumlage" sprechen. Das OVG LSA betont, dass es sich bei der Kreisumlage um ein anerkanntes Instrument handelt, mit dem bestimmte Finanzmittel im kreisangehörigen Raum zwischen dem Kreis und den Gemeinden verteilt würden.[1930]

1154 Die Umlagesätze sind in der **Haushaltssatzung** für jedes Haushaltsjahr festzusetzen (§ 99 III 2 KVG). Eine genehmigungspflichtige Erhöhung der Umlagesätze ist nur zulässig, wenn in angemessenem Umfang die anderen Möglichkeiten, den Kreishaushalt auszugleichen, ausgeschöpft sind (§ 99 III 3 KVG). Die Aufsichtsbehörde kann die Genehmigung mit Auflagen und Bedingungen für die Gestaltung der Haushaltswirtschaft des Landkreises verbinden, sofern diese dazu dient, eine Rückführung der Umlagesätze zu erreichen (§ 99 III 4 KVG).

1153 Die **Höhe** der von der einzelnen Gemeinde zu zahlenden Umlage richtet sich nach ihrer Steuerkraft und dem vom Kreis zu bestimmenden Umlagesatz. Die Einzelheiten regeln das Finanzausgleichsgesetz sowie die Haushaltssatzung des Kreises. Die Genehmigung der Kreisumlage darf nur aus Rechtsgründen und nicht aus Ermessenserwägungen zur Zweckmäßigkeit des Umlagesatzes versagt werden.[1931] Der Kreis darf die Kreisumlage u.a. für Zwecke der Ergänzungs- und Ausgleichsfunktion einsetzen und an einzelne Gemeinden insoweit Zuschüsse für bestimmte Zwecke gewähren.[1932]

1156 Die Höhe der Umlage wird zunächst durch den **Finanzbedarf** des Kreises beschränkt.

> **Bsp.:** Führt ein Kreisumlagesatz beim Landkreis zu einem Haushaltsüberschuss von 51 Millionen Euro, verstößt er gegen § 99 III, § 100 I KVG.[1933]

Der kommunale Finanzbedarf umschreibt nach Ansicht des OVG LSA als unbestimmter Rechtsbegriff die „allgemein die einer Körperschaft zur Erfüllung ihrer Ausgaben notwendigen oder erforderlichen Finanzmittel"[1934]. Die finanzielle Leistungsfähigkeit bzw. die finanzielle Gesamtsituation der Gemeinden und Landkreise sei dabei der maßgebliche Indikator für die Beurteilung der Fähigkeit zur Aufgabenerfüllung.[1935]

[1930] OVG LSA, Urt. v. 17.3.2020 – 4 L 184/18 – juris Rn. 49.

[1931] OVG NW, Urt. v. 15.12.1989 NVwZ 1990, 689; SaarlOVG, Urt. v. 29.8.2001 FiWi. 2002, 82; Urt. v. 19.12.2001 FiWi. 2002, 278.

[1932] BVerwG, Beschl. v. 24.4.1996 – 7 NB 2.95 – BVerwGE 101, 99 (102). Zur Finanzierung des ÖPNV durch die Kreisumlage s. *Ehlers/Baumann*, DVBl. 2004, 525 ff.

[1933] OVG LSA, Urt. v. 22.11.2022 – 4 L 239/21 – juris Rn. 67.

[1934] OVG LSA, Urt. v. 22.11.2022 – 4 L 30/21 – juris Rn. 74. Worin der Unterschied zwischen den üblicherweise synonym verwendeten Begriffen „erforderlich" und „notwendig" liegen soll, macht das Gericht nicht deutlich.

[1935] OVG LSA, Urt. v. 22.11.2022 a.a.O. Rn. 74.

1157 Die Festlegung des Umlagesatzes darf nicht gegen den Grundsatz des **finanziellen Gleichrangs** der finanziellen Interessen von Kreis und Mitgliedsgemeinden verstoßen.[1936] Er verpflichtet den Kreis bei der Umlageerhebung den Finanzbedarf der umlagepflichtigen Gemeinden zu ermitteln (**Ermittlungspflichten**) und ihn gleichrangig mit seinem eigenen (zu ermittelnden) Finanzbedarf zu berücksichtigen.[1937] Hierzu müssen dem Kreistag die gemeindlichen Bedarfsansätze vorliegen.[1938] Wie der Landkreis seine Ermittlungspflichten erfüllt, ist verfassungsrechtlich nicht vorgegeben.[1939] Mangels näherer gesetzlicher Vorgaben darf der Kreis die Verfahrensweise regeln,[1940] die aber verfassungsrechtlichen Mindestanforderungen aus Art. 28 II GG, Art. 87 I, II VerfLSA genügen muss[1941]. Dabei geht es um die Kernpflichten in Gestalt jener Ermittlungs- und Beteiligungspflichten sowie der **Abwägungspflicht**.[1942]

1158 Zur Ermittlungspflicht gehört eine **Querschnittsbetrachtung des Finanzbedarfs** aller kreisangehörigen Gemeinden.[1943] Diese gebotene Querschnittsbetrachtung gibt keine Mindestzahl defizitärer Gemeinden vor, ab welcher der einen ausgeglichenen Haushalt erzielende Landkreis begründen muss, dass er gleichwohl der Grundsatz finanziellen Gleichrangs gewahrt hat. Dies richtet sich vielmehr nach den Umständen des Einzelfalls.[1944] Die Verfahrensanforderungen sind nicht nur Obliegenheiten, sondern Rechtspflichten.[1945] Der Kreis muss seine Entscheidung in geeigneter Form, etwa durch eine Begründung der Haushaltsplanansätze, offenlegen, um den Gemeinden eine effektive Überprüfung der Entscheidung zu ermöglichen.[1946]

1159 Bei der Ermittlung des eigenen Finanzbedarfs und des der kreisangehörigen Gemeinden kommt dem Landkreis ein Bewertungs- und Einschätzungsspielraum zu, der die gerichtliche Kontrolle beschränkt (**eingeschränkte Justiziabilität**).[1947] Das Gericht kann nur überprüfen, ob der Kreis den von ihm sachgerecht ermittelten Finanzbedarf berücksichtigt und gewürdigt, ob das Ergebnis evident fehlerhaft ist oder ohne erkennbare sachliche Begründung ist.[1948] Überprüfbar ist, ob nicht nur der Kreisverwaltung, sondern auch dem Kreistag die gewonnenen Informationen für seine Abwägungsentscheidung zur Verfügung gestanden haben.[1949] Eine nachträgliche Bestätigung oder Nachholung

---

[1936] Hierzu BVerwG, Urt. v. 27.9.2021 – 8 B C 30.20 – juris Rn. 21; OVG LSA, Urt. v. 17.3.2020 – 4 L 184/18 – juris Rn. 49; Urt. v. 17.3.2020 – 4 L 14/19 – juris Rn. 49.

[1937] BVerwG, Urt. v. 27.9.2021 a.a.O.; BVerwG, Urt. v. 27.9.2021 – 8 C 29.20 – juris Rn. 15; OVG LSA, Urt. v. 17.3.2020 – 4 L 184/18 – juris Rn. 50; hierzu auch: *Sander*, Zur Ermittlungspflicht des Landkreises bei der Erhebung der Kreisumlage, LKV 2022, 253-255.

[1938] BVerwG, Urt. v. 27.9.2021 a.a.O.

[1939] OVG LSA, Urt. v. 17.3.2020 – 4 L 184/18 – juris Rn. 52; Urt. v. 17.3.2020 – 4 L 14/19 – juris Rn. 52.

[1940] OVG LSA, Urt. v. 17.3.2020 – 4 L 14/19 – juris Rn. 52.

[1941] OVG LSA, Urt. v. 17.3.2020 – 4 L 14/19 – juris Rn. 52; VG Magdeburg, Urt. v. 11.9.2018 – 9 A 117/17 – juris Rn. 56.

[1942] VG Magdeburg, Urt. v. 11.9.2018 – 9 A 117/17 – juris Rn. 59. Soweit das Gericht die Abwägungspflicht indes als Verfahrenspflicht einordnet, ist dies abzulehnen.

[1943] OVG LSA, Urt. v. 17.3.2020 – 4 L 14/19 – juris Rn. 12.

[1944] OVG LSA, Beschl. v. 6.5.2024 – 4 L 236/23.Z – Rechtsprechungsdatenbank Sachsen-Anhalt (unter Verweis auf OVG LSA, Urt. v. 7.11.2023 – 4 L 93/22 Rn. 5).

[1945] OVG LSA, Urt. v. 17.3.2020 – 4 L 184/18 – juris Rn. 60; Urt. v. 17.3.2020 – 4 L 14/19 – juris Rn. 60.

[1946] BVerwG, Urt. v. 27.9.2021 – 8 C 29.20 – juris Rn. 15; OVG LSA, Urt. v. 17.3.2020 – 4 L 14/19 – juris Rn. 51.

[1947] OVG LSA, Urt. v. 22.11.2022 – 4 L 30/21 – juris Rn. 80.

[1948] OVG LSA, Urt. v. 22.11.2022 – 4 L 30/21 – juris Rn. 80.

[1949] Vgl. OVG LSA, Urt. v. 17.3.2020 – 4 L 14/19 – jursi Rn. 52, 53.

der Einbeziehung heilt den Verfahrensverstoß nicht.[1950] Die Bedarfsansätze der Beschlussvorlage müssen nicht den letztlich vom Kreistag beschlossenen Umlagesatz einbeziehen, sondern es genügt, wenn der Kreistag auf der Grundlage vorliegenden Informationen die finanziellen Auswirkungen eines sodann beabsichtigen Umlagesatzes einschätzen und bewerten kann.[1951] Ein Verletzung des Gleichrangs ist anzunehmen, wenn der Kreis **seine eigenen finanziellen Belange einseitig und rücksichtslos** über die der Gemeinden des Kreises stellt.[1952] Dies ist nicht bereits dann anzunehmen, wenn ein Kreis mit dem Umlagesatz einen möglichst weitgehenden Haushaltsausgleich anstrebt.[1953] Soll etwa der Hälfte der Gemeinden durch den Umlagesatz ein negativer Haushaltssaldo zugemutet werden, während der Kreis nach der Prognose einen ausgeglichenen Haushalt erzielen wird, müssen zusätzliche offenzulegende und überprüfbare Erwägungen aufzeigen, dass der Gleichrang gleichwohl gewahrt wird.[1954]

1160 Bei der Festsetzung des Umlagesatzes nach dem Ablauf des Haushaltsjahres muss der Kreis die zum Zeitpunkt der Beschlussfassung vorliegenden (aktuellen) Daten zur Finanzsituation des Kreises und der Gemeinden im betroffenen Haushaltsjahr berücksichtigen und alte Daten aktualisieren (**Aktualisierungspflicht**).[1955] „Der Landkreis muss sicherstellen, dass der Festsetzung des Umlagesatzes aktuelle Finanzdaten der Gemeinden zugrunde liegen. Dies kann entweder durch eine zeitnahe Festsetzung des Umlagesatzes nach Abschluss der Datenerhebung erfolgen, bei einem längeren Zeitraum oder sonstigen für die Ermittlung der Finanzbedarfe relevanten Umständen (z. B. des zwischenzeitlichen Beschlusses von Haushaltssatzungen der kreisangehörigen Gemeinden) aber auch eine Aktualisierung der Datengrundlage erforderlich machen."[1956] Es ist nicht ausreichend, wenn der Kreis seiner Umlageentscheidung den Finanzbedarf der kreisangehörigen Gemeinden des Vorjahres zugrunde legt.[1957]

1161 Die Höhe der Umlage wird auch durch das **Selbstverwaltungsrecht** der Gemeinden beschränkt.[1958] Hieraus folgt zwar kein Recht, bei schwieriger Finanzlage dauerhaft von der Heranziehung zur Umlage dauerhaft verschont zu bleiben, jedoch muss eine aufgabenangemessene Finanzausstattung der Gemeinden gewährleistet bleiben.[1959] Die Umlageerhebung darf nicht dazu führen, dass eine **verfassungsrechtlich garantierte finanzielle Mindestausstattung** der Gemeinden unterschritten wird, was anzunehmen ist, wenn mehr als ein Viertel der Gemeinden die Umlage ohne Eingriff in

---

[1950] OVG LSA, Urt. v. 17.3.2020 – 4 L 14/19 – juris Rn. 61.

[1951] OVG LSA, Urt. v. 22.11.2022 – 4 L 98/21 – juris Rn. 53.

[1952] OVG LSA, Urt. v. 22.11.2022 – 4 L 239/21 – juris Rn. 74; Urt. v. 17.3.2020 – 4 L 184/18 – juris Rn. 50; Urt. v. 17.3.2020 – 4 L 14/19 – juris Rn. 50.

[1953] OVG LSA, Urt. v. 22.11.2022 – 4 L 30/21 – juris Rn. 94.

[1954] OVG LSA, Urt. v. 22.11.2022 – 4 L 98/21 – juris Rn. 56, 78.

[1955] OVG LSA, Beschl. v. 7.9.2023 – 4 L 22/22 – juris Rn. 25; Beschl. v. 5.9.2023 – 4 L 14/22 – juris Rn. 24.

[1956] OVG LSA, Beschl. v. 16.5.2024 – 4 L 272/23.Z – Rechtsprechungsdatenbank Sachsen-Anhalt.

[1957] OVG LSA, Urt. v. 17.3.2020 – 4 L 184/18 – Juris Rn. 9.

[1958] Vgl. etwa OVG LSA, Urt. v. 17.3.2020 – 4 L 14/19 – juris Rn. 52.

[1959] BVerwG, Urt. v. 27.9.2021 – 8 C 29.20 – juris Rn. 13.

ihre Mindestausstattung nicht vollständig erbringen könnte.[1960] Vgl. aus der Rspr. des OVG LSA[1961]:

„Aus dem anerkannten ‚Kernbereich' der kommunalen Selbstverwaltungsgarantie nach Art. 28 Abs. 2 Satz 1 GG, der gemäß Art. 28 Abs. 2 Satz 3 Halbs. 1 GG auf die Grundlagen der finanziellen Eigenverantwortung zu erstrecken ist, ergibt sich, dass die Gemeinden mindestens über so große Finanzmittel verfügen müssen, dass sie ihre pflichtigen (Fremd- wie Selbstverwaltungs-)Aufgaben ohne (nicht nur vorübergehende) Kreditaufnahme erfüllen können und darüber hinaus noch über eine ‚freie Spitze' verfügen, um zusätzlich freiwillige Selbstverwaltungsaufgaben in einem bescheidenen, aber doch merklichen Umfang wahrzunehmen (vgl. BVerwG, Urteil vom 31. Januar 2013 - 8 C 1.12 -, juris, Rn. 19 f.). Dieser ‚Kerngehalt' bezeichnet die äußerste Grenze des verfassungsrechtlich Hinnehmbaren - das verfassungsrechtliche Minimum -, das einer weiteren Relativierung nicht zugänglich ist (vgl. BVerwG, Urteil vom 31. Januar 2013 - 8 C 1.12 -, juris, Rn. 22). Der Schutz- und Garantiegehalt des Art. 28 Abs. 2 Satz 1 und 3 GG gilt zugunsten der Gemeinden auch in deren Verhältnis zum Kreis. Für "den kommunalen Raum", also das Gesamt von Kreis und kreisangehörigen Gemeinden, besteht kein abweichendes Sonderrecht. Daraus folgt, dass der oben umschriebene ‚Kernbereich' der gemeindlichen Selbstverwaltungsgarantie auch nicht zugunsten des jeweiligen Kreises angetastet werden darf. Das gilt für jedwede Finanzregelung, gleichgültig ob sie vom Land oder vom Kreis selbst erlassen wurde; weder darf eine Regelung des Landesgesetzgebers zu einer strukturell unzureichenden Finanzausstattung der Gemeinden führen, noch darf eine Regelung eines Kreises diese Wirkung haben. Damit wird auch der Kreisumlage eine absolute Grenze gezogen; ihre Erhebung darf nicht dazu führen, dass das absolute Minimum der Finanzausstattung der kreisangehörigen Gemeinden unterschritten wird (vgl. BVerwG, Urteil vom 31. Januar 2013 - 8 C 1.12 -, juris, Rn. 36)."

1162 Zur Beurteilung der Frage, ob eine dauerhafte strukturelle Unterschreitung der finanziellen Mindestausstattung eintritt, ist ein **neunjähriger Betrachtungszeitraum** zugrunde zu legen.[1962]

1163 Gemeinden haben kein aus Art. 28 II 1 GG ableitbares Recht im Verfahren zur Festsetzung des Kreisumlagesatzes durch den Landkreis förmlich angehört zu werden.[1963] Die Gemeinden können aber verlangen, dass sie die zur Beurteilung des Finanzbedarfs **nötigen Informationen** vom Kreis erhalten. Diese Informationen muss der Kreis notfalls aktualisieren, etwa wenn sie ihm erst nach Erstellung der Beschlussvorlage zur Kreisumlage zugegangen sind.[1964]

4. Sonderregelungen

1164 Verstreut in Einzelgesetzen finden sich verschiedene Regelungen zur Aufgabenfinanzierung bzw. Kostenverantwortung der Landkreise bzw. des Landes gegenüber den Landkreisen.

[1960] OVG LSA, Urt. v. 22.11.2022 – 4 L 30/21 – juris Rn. 105; s.a. *Kluth*, Die interpretative Konkretisierung der kommunalen Mindestfinanzausstattung im bundesstaatlichen Verfassungsgefüge ZG 2021, 348-370; *Petit*, Der kommunale Mindestausstattungsanspruch im Verfassungsrecht von Bund und Ländern, 2020.

[1961] OVG LSA, Urt. v. 22.11.2022 – 4 L 30/21 – juris Rn. 105.

[1962] OVG LSA, Urt. v. 22.11.2022 – 4 L 30/21 – juris Rn. 106.

[1963] BVerwG, Urt. v. 15.09.2020 – 8 CN 4.19 – juris Rn. 14.

[1964] OVG LSA, Beschl. v. 7.11.2023 – 4 L 93/22 – juris Rn. 49; Urt. v. 22.11.2022 – 4 L 30/21 – juris Rn. 71.

Bsp.: Der Landkreis trägt die ihm entstehenden Kosten der Kreiswahl (§ 54 II KWG)

V. Zweckverbände

1165 Die **Zweckverbände** finanzieren sich vornehmlich durch die Erhebung von Kommunalabgaben und durch Umlagen. Ein eigenes Abgabenerhebungsrecht der Zweckverbände ist in den Kommunalabgabengesetzen nicht vorgesehen. Nach h.M. ist jedoch das Abgabenerhebungsrecht der Gemeinden auf Zweckverbände übertragbar, soweit das jeweilige Zweckverbandsrecht allgemein die Übertragung von Aufgaben auf die Zweckverbände zulässt.[1965] Auch für die zweckverbandliche Abgabenerhebung, soweit möglich, gelten der Satzungszwang und grundsätzlich auch alle sonstigen gesetzlichen Anforderungen. Soweit seine sonstigen Einnahmen den Finanzbedarf nicht decken, erhebt der Zweckverband von seinen Mitgliedern eine Verbandsumlage.[1966]

1166 Die Deckung des Finanzbedarfs der Zweckverbände erfolgt in erster Linie durch Umlagen. Der Zweckverband erhebt eine **allgemeine Umlage**, wenn die Erträge einschließlich der besonderen Umlagen die Aufwendungen nicht decken (§ 13 I 1 GKG-LSA). Er kann eine allgemeine Umlage auch zur Deckung des Liquiditätsbedarfs oder des Vorjahresfehlbetrages erheben (§ 13 I 2 GKG-LSA). Den Umlagebedarf und seine Verteilung auf die Mitglieder regelt der Verband in seiner Haushaltssatzung. Soweit im Rahmen der Aufgabenerfüllung des Zweckverbandes die Übernahme und Tilgung besonderer Verbindlichkeiten zu Gunsten einzelner Zweckverbandsmitglieder erforderlich wird oder soweit die Aufgabenwahrnehmung einzelnen Zweckverbandsmitgliedern besondere Vorteile vermittelt, kann der Zweckverband auch von einzelnen Mitgliedern **besondere Umlagen** erheben (§ 13 II 1 GKG-LSA). Die besonderen Umlagen müssen in einem angemessenen Verhältnis zu den Leistungen des Zweckverbandes für seine Mitglieder stehen (§ 13 II 3 GKG-LSA). Die Umlagen sind in der Haushaltssatzung festzusetzen (§ 13 III 1 GKG). Die nach dem KVG genehmigungspflichtigen Teile der Haushaltssatzung bedürfen der Genehmigung durch die Kommunalaufsichtsbehörde (§ 13 III 2 GKG-LSA).

[1965] SächsOVG, Beschl. v. 10.12.1996 DVBl. 1997, 507; vgl. auch VG Gera, Beschl. v. 14.7.1997 LKV 1997, 423; *Driehaus*, in: ders., Kommunalabgabenrecht, § 1 Rn. 26f.
[1966] Art. 42 I 1 KommZG Bay; § 19 I 1 GKG NRW; § 10 I ZwVG RLP; § 13 I 1 GKG-LSA.

Literatur

Lehrbücher

Burgi, Kommunalrecht, 7. Aufl., 2024

Geis, Kommunalrecht, 6. Aufl., 2023

Gern/Brüning, Deutsches Kommunalrecht, 5. Aufl., 2024 (Erscheinen angekündigt für August 2024)

Kues, CRASHKURS Öffentliches Recht - Sachsen-Anhalt: Länderspezifisch - Ab dem Hauptstudium bis zum Referendariat, 2024

Schmidt, Kommunalrecht (Prüfe dein Wissen), 2. Aufl., 2022

Klausuren/Falllösungen

Bätge, (Original-) Referendarexamensklausur - Öffentliches Recht: Kommunalrecht und Ordnungsrecht - Dringliche Ladenöffnung, JuS 2021, 351-359

Böhm/van Leeuwen, ÖR-Fortgeschrittenenhausarbeit zum Kommunalrecht, Jura 2021, 1237-1251

Dederer/Kasper, Fortgeschrittenenklausur – Öffentliches Recht: Kommunalrecht – „Green Economy" kommunal und digital, JuS 2021, 656-660

Ferreau, Fortgeschrittenenklausur Öffentliches Recht – Verwaltungsprozessrecht und Kommunalrecht – Parteien müssen draußen bleiben, JuS 2023, 1125-1129

Friehe/Schäfer, Referendarexamensklausur Öffentliches Recht: Kommunalrecht – Konkurrenzstreit, JuS 2023, 571-578

Hartmann/Welzel, Original-Examensklausur Kommunalrecht/Methodenlehre, Jura 2023, 885-896

Heger/Kirchner, ÖR-Fortgeschrittenenklausur zum Bau- und Kommunalrecht, Jura 2022, 115-122.

Heinze, „Der Streit um die Wagnerhalle", JA 2024, 319-327

Henrich, „Wider die Zersplitterung der Stadtverordnetenversammlung!", JA 2022, 396-405

Kau/Joder, ÖR-Anfängerklausur im Allgemeinen Verwaltungsrecht/Kommunalrecht, Jura 2021, 438-446

Klenner, ÖR-Fortgeschrittenenklausur zum Kommunalrecht, Jura 2021, 1502-1507

Ludwigs/Hainthaler, ÖR-Fortgeschrittenenklausur im Kommunalrecht, Jura 2021, 832-843

Schuhmacher, Lösungsskizze zur Klausur „Perspektivlos in den Ausschuss" (BayVBl. 2024, 321), BayVBl 2024, 352-359

Kommentare

Bücken-Tielmeyer / Grimberg / Miller / Schneider / Wiegand / Gundlach / Fenzel, Kommunalverfassungsrecht Sachsen-Anhalt: Kommunalverfassungsgesetz des Landes Sachsen-Anhalt (KVG LSA), Gesetz über kommunale Gemeinschaftsarbeit in (...), Kommentar, Loseblattwerk, Stand 2023

Schmid/Reich u.a., Kommunalverfassung für das Land Sachsen-Anhalt. Kommentar, 2015

Rechtsprechungsübersichten

Heusch, Rechtsprechungsübersicht. Neue Rechtsprechung zum Kommunalrecht, NVwZ 2023, 568-574

Heusch/Kolbe, Rechtsprechungsübersicht. Neue Rechtsprechung zum Kommunalrecht, NVwZ 2023, 1628-1633

Heusch, Rechtsprechungsübersicht. Neue Rechtsprechung zum Kommunalrecht, NVwZ 2022, 523-528 und NVwZ 2022, 1432-1437

Heusch/ Rosarius, Neue Rechtsprechung zum Kommunalrecht, NVwZ 2021, 604-610

Sachverzeichnis

Die Zahlenangaben beziehen
sich auf Randnummern!

Zum Autor: Thorsten Franz, geb. 1967, ist Professor für Öffentliches Recht an der Hochschule Harz in Halberstadt. Am dortigen Fachbereich Verwaltungswissenschaften arbeitet er vor allem im Bau-, Planungs- und Umweltrecht. An der Martin-Luther-Universität Halle-Wittenberg wurde er zum außerplanmäßigen Professor ernannt (Promotion 1999, Habilitation 2003).

Weitere Bücher des Autors:

Kommunalrecht Sachsen-Anhalt. Vorschriftensammlung, 2. Aufl., 2024 – ISBN 9783759749895 (286 Seiten, 10,99 €)

Öffentliches Baurecht in Sachsen-Anhalt. Handbuch, 2024 – ISBN 9783759723406 (612 Seiten; 20 €; ebook 5,49 €); als Ausgabe mit festem Einband unter dem Titel **„Öffentliches Baurecht im Land Sachsen-Anhalt. Handbuch"**, 2024 – ISBN 9783839109519 (29,00 €) oder in den zwei Teilbänden: **Bauplanungsrecht in Sachsen-Anhalt**, 2024 – ISBN 9783759729859 (14,99 €; ebook 4,49 €) und **Bauordnungsrecht Sachsen-Anhalt**, 2024 – ISBN 9783758330568 (11,99 €)

Denkmalrecht Sachsen-Anhalt. Darstellung für Studium und Praxis, 1. Aufl., 2024, 304 Seiten, ISBN 9783758330049 (12,99 €, ebook 5,49 €)

Jagdrecht Sachsen-Anhalt. Handbuch für Jäger, Jagdschüler und Jagdgenossen, 2024, 488 Seiten, ISBN 9783758320620 (19,99 €, ebook 5,49 €)

Naturschutzrecht von A bis Z. Handbuch für den Naturschutz in Sachsen-Anhalt, 4. Aufl., 2024, ISBN 978-3-755-767206 (676 Seiten, 22 €)

Aktenführung in Sachsen-Anhalt. Glossar, Prüfungsfragen, Vorschriftensammlung 3. Aufl., 2024, 208 Seiten, ISBN 9783756870233 (7,99 €, ebook 2,49 €)

Prüfungsfragen und Übungsaufgaben zum Verwaltungsrecht – mit Verwaltungsvollstreckungs- und Verwaltungsprozessrecht. Rechtslage Sachsen-Anhalt, 3. Aufl., 2023, 154 S., ISBN 9-783-75627620-2 (6,99 €)

Systematik der Ziele und Aufgaben von Forstverwaltungen, 2022, 174 Seiten, ISBN 9-783-75682919-4 (7,99 €; ebook 2,49 €)

Naturschutzrecht in Sachsen-Anhalt. Vorschriftensammlung, 2022, 336 Seiten, ISBN 978-3-75685852-1 (11,99 €)

Waldgesetze des Bundes und der Länder, 2022, 386 Seiten, ISBN 9783756206339 (14,99 €; ebook 5,99 €)

Juristisches Debakel, 2022, 100 Seiten, ISBN 9783756833139 (5,99 €; ebook 3,99 €)

Öffentliches Baurecht. Kompendium, 2022, 226 Seiten, ISBN 9783755767114 (9,99 €; ebook 5,99 €)

Jägerprüfung in Sachsen-Anhalt. Wissensgebiet Jagdrecht, 2022, 204 Seiten, ISBN 9783755748427 (9,99 €; ebook 6,49 €)

Geschichte der deutschen Forstverwaltung, 2020, 514 Seiten, ISBN 9783658286576 (64,99 €)

Ältere Werke:

Forstrecht. Lehrbuch und Vorschriftensammlung, 4. Auflage, 2014 (wird nicht mehr verlegt)

Einführung in die Verwaltungswissenschaft, 2013, 554 S., ISBN 978-3531-19493-6 (49,99 €; ebook 20,67 €)

Forstverwaltungssysteme, 2010 (wird nicht mehr verlegt)

Gewinnerzielung durch kommunale Vorzugslasten, 2005, 902 Seiten, ISBN 978-3161485824 (Kindle 154 €)

Umweltrecht für Sachsen-Anhalt, 2003 (veraltet)

Hessisches Naturschutzgesetz. Kommentar, Stand 4. EL, 2002, 1146 Seiten (wird nicht mehr verlegt)

Freiraumschutz und Innenentwicklung. Das Verhältnis von Freirauminanspruchnahme und Innenentwicklung vor der Forderung nach ökologischem Bauen, 2000

Milton Keynes UK
Ingram Content Group UK Ltd.
UKHW050004300824
447492UK00007B/23